苏州大学年鉴

SOOCHOW UNIVERSITY YEARBOOK

2014

苏州大学档案馆　编

苏州大学出版社

江苏省省长李学勇一行调研苏州纳米科技协同创新中心

教育部副部长杜玉波一行视察学校

教育部副部长杜占元来学校调研“2011计划”

江苏省委宣讲团“党的十八届三中全会精神”宣讲报告会举行

学校深入开展党的群众路线教育实践活动

学校召开本科教学工作会议

学校召开六届四次教职工代表大会

苏州纳米科技协同创新中心揭牌仪式暨苏州纳米技术应用联盟成立大会举行

学校领导调研张家港工业技术研究院

苏州大学唐仲英医学研究院奠基仪式举行

学校隆重举行朱敬文奖助学金设立二十五周年庆典

学校第二十二届周氏教育科研奖、第十三届周氏音乐创作奖颁奖音乐会举行

音乐学院创院庆典音乐会隆重举行

苏州独墅湖医院（苏州大学附属总医院）举行奠基仪式

学校与工业园区全面合作第五次工作会议举行

常熟市委副书记、市长王飚一行来校访问

学校与相城区人民政府全面合作恳谈会举行

苏州基层统战理论与实践研究所在学校揭牌成立

第169场中国工程科技论坛、第十四届全国血栓与止血学术会议举行

国家自然科学基金委信息科学部在学校举行学术研讨会

2013年全国地方高水平大学发展峰会在学校举行

苏州大学·邦城未来城市研究中心城市转型国际研讨会举行

第一届中国心理学博士后论坛在学校举办

第四届体育学博士生导师论坛在学校举办

苏州大学-中科院武汉病毒所联合举办“高尚荫菁英班”签约仪式举行

匈牙利国会副主席Istvan Ujhelyi博士访问学校

加拿大维多利亚大学校长David H.Turpin率团访问学校

台湾东吴大学副校长赵维良一行访问学校

李永舫教授当选中国科学院院士

诺贝尔化学奖得主艾伦·黑格受聘学校名誉教授

英国皇家科学院院士刘富友教授加盟学校担任讲座教授

中央电视台“名嘴”郎永淳受聘学校兼职教授

“挑战创新路　共圆中国梦”第十三届“挑战杯”
全国大学生课外学术科技作品竞赛决赛开幕

东吴艺术团赴东南大学交流演出

“感恩·梦想”苏州大学2014
新年慈善晚会举行

东吴大学旧址晋级全国重点文物保护
单位名单

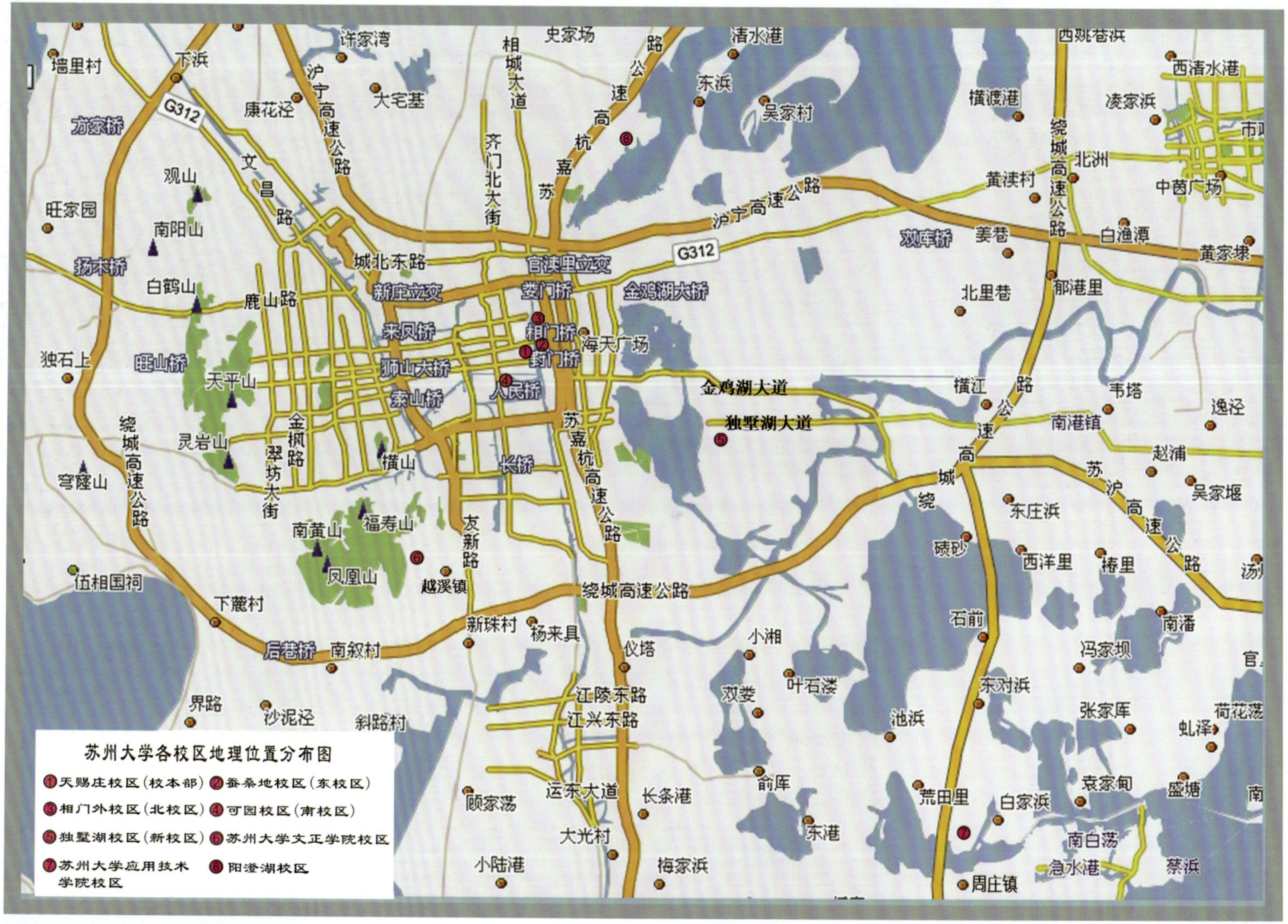

苏州大学各校区地理位置分布图

苏州大学年鉴

2014

苏州大学档案馆　编

苏州大学出版社

图书在版编目(CIP)数据

苏州大学年鉴. 2014 / 朱秀林主编；苏州大学档案馆编. —苏州：苏州大学出版社，2015. 2
ISBN 978-7-5672-1249-7

Ⅰ. ①苏… Ⅱ. ①朱… ②苏… Ⅲ. ①苏州大学—2014—年鉴 Ⅳ. ①G649.285.33-54

中国版本图书馆 CIP 数据核字(2015)第 040797 号

苏州大学年鉴 2014
苏州大学档案馆　编
责任编辑　王　亮

苏州大学出版社出版发行
（地址：苏州市十梓街 1 号　邮编：215006）
苏州工业园区美柯乐制版印务有限责任公司印装
（地址：苏州工业园区娄葑镇东兴路 7-1 号　邮编：215021）

开本 787 mm×1 092 mm　1/16　印张 48.75　插页 6　字数 1 180 千
2015 年 2 月第 1 版　2015 年 2 月第 1 次印刷
ISBN 978-7-5672-1249-7　定价：120.00 元

苏州大学版图书若有印装错误，本社负责调换
苏州大学出版社营销部　电话：0512-65225020
苏州大学出版社网址　http://www.sudapress.com

《苏州大学年鉴 2014》编委会名单

学 校 综 述

重 要 文 献

2013年大事记

目录

各类机构设置、机构负责人及有关人员名单

目录

院（部）简介

附属医院简介

表彰与奖励

重要资料及统计

目录

目录

学校沿革示意图

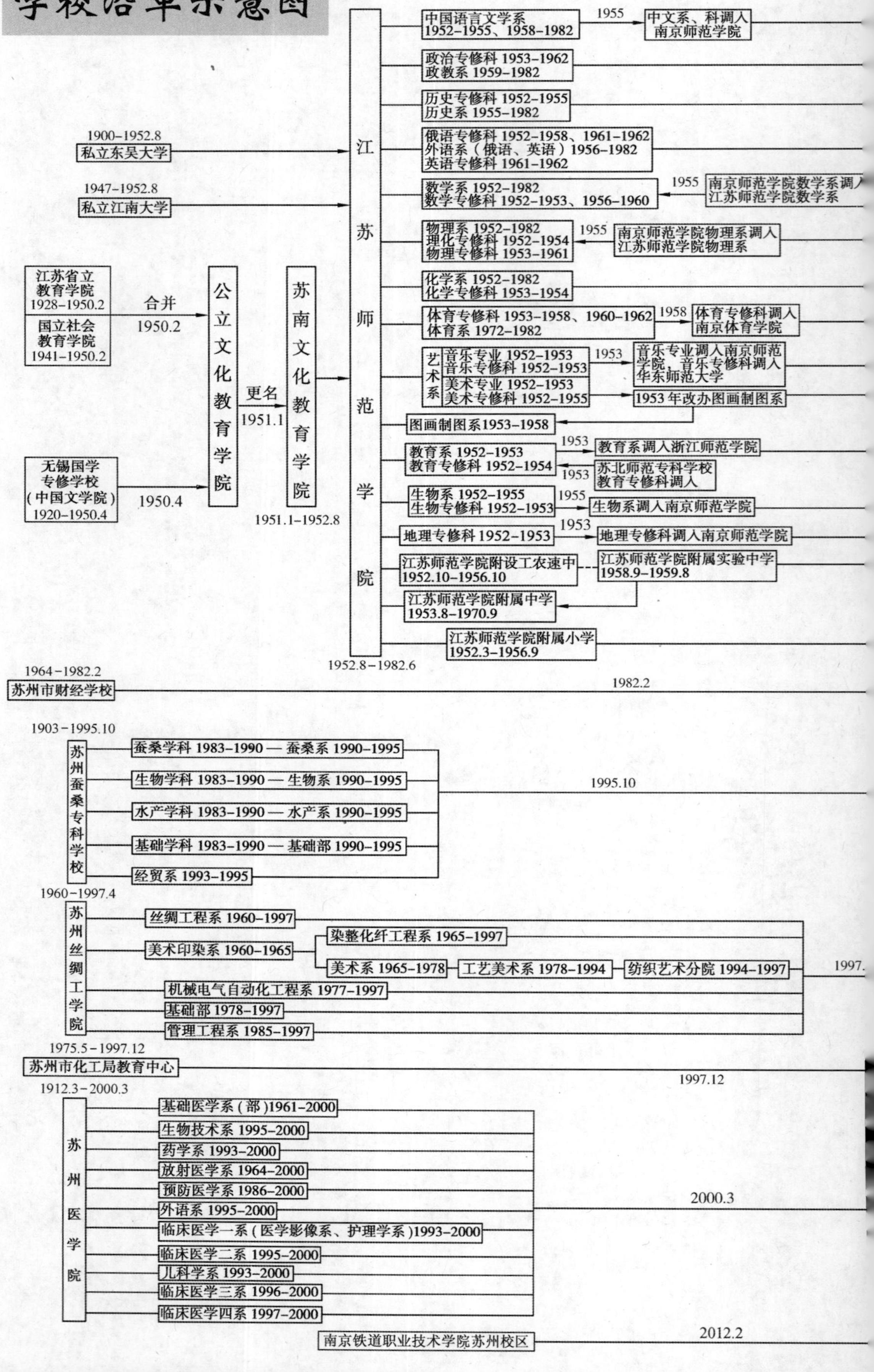

江苏师范学院
1952.8-1982.6
中国语言文学系 1952-1955、1958-1982
1955
中文系、科调入南京师范学院
政治专修科 1953-1962
政教系 1959-1982
历史专修科 1952-1955
历史系 1955-1982
俄语专修科 1952-1958、1961-1962
外语系（俄语、英语）1956-1982
英语专修科 1961-1962
数学系 1952-1982
数学专修科 1952-1953、1956-1960
1955
南京师范学院数学系调入江苏师范学院数学系
物理系 1952-1982
理化专修科 1952-1954
物理专修科 1953-1961
1955
南京师范学院物理系调入江苏师范学院物理系
化学系 1952-1982
化学专修科 1953-1954
体育专修科 1953-1958、1960-1962
体育系 1972-1982
1958
体育专修科调入南京体育学院
艺术系
音乐专业 1952-1953
音乐专修科 1952-1953
美术专业 1952-1953
美术专修科 1952-1955
1953
音乐专业调入南京师范学院，音乐专修科调入华东师范大学
1953 年改办图画制图系
图画制图系1953-1958
教育系 1952-1953
教育专修科 1952-1954
1953
教育系调入浙江师范学院
1953
苏北师范专科学校教育专修科调入
生物系 1952-1955
生物专修科 1952-1953
1955
生物系调入南京师范学院
地理专修科 1952-1953
1953
地理专修科调入南京师范学院
江苏师范学院附设工农速中 1952.10-1956.10
江苏师范学院附属实验中学 1958.9-1959.8
江苏师范学院附属中学 1953.8-1970.9
江苏师范学院附属小学 1952.3-1956.9
1900-1952.8
私立东吴大学
1947-1952.8
私立江南大学
江苏省立教育学院 1928-1950.2
国立社会教育学院 1941-1950.2
合并
1950.2
公立文化教育学院
更名
1951.1
苏南文化教育学院
1951.1-1952.8
无锡国学专修学校（中国文学院）1920-1950.4
1950.4
1964-1982.2
苏州市财经学校
1982.2
1903-1995.10
苏州蚕桑专科学校
蚕桑学科 1983-1990 — 蚕桑系 1990-1995
生物学科 1983-1990 — 生物系 1990-1995
水产学科 1983-1990 — 水产系 1990-1995
基础学科 1983-1990 — 基础部 1990-1995
经贸系 1993-1995
1995.10
1960-1997.4
苏州丝绸工学院
丝绸工程系 1960-1997
美术印染系 1960-1965
染整化纤工程系 1965-1997
美术系 1965-1978
工艺美术系 1978-1994
纺织艺术分院 1994-1997
机械电气自动化工程系 1977-1997
基础部 1978-1997
管理工程系 1985-1997
1997.
1975.5-1997.12
苏州市化工局教育中心
1997.12
1912.3-2000.3
苏州医学院
基础医学系（部）1961-2000
生物技术系 1995-2000
药学系 1993-2000
放射医学系 1964-2000
预防医学系 1986-2000
外语系 1995-2000
临床医学一系（医学影像系、护理学系）1993-2000
临床医学二系 1995-2000
儿科学系 1993-2000
临床医学三系 1996-2000
临床医学四系 1997-2000
2000.3
南京铁道职业技术学院苏州校区
2012.2

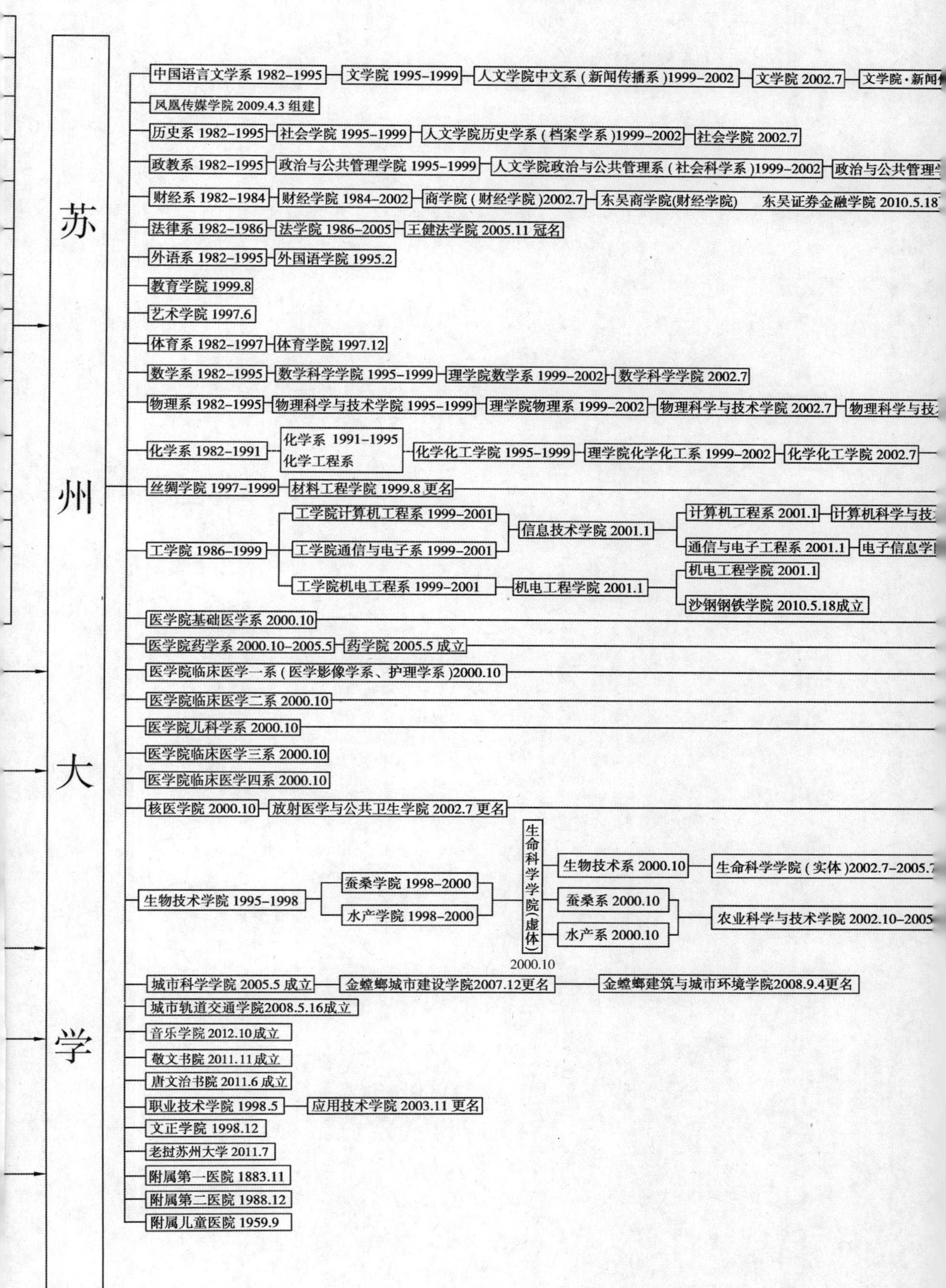

苏州大学
中国语言文学系 1982–1995
文学院 1995–1999
人文学院中文系（新闻传播系）1999–2002
文学院 2002.7
凤凰传媒学院 2009.4.3 组建
历史系 1982–1995
社会学院 1995–1999
人文学院历史学系（档案学系）1999–2002
社会学院 2002.7
政教系 1982–1995
政治与公共管理学院 1995–1999
人文学院政治与公共管理系（社会科学系）1999–2002
财经系 1982–1984
财经学院 1984–2002
商学院（财经学院）2002.7
东吴商学院(财经学院)
法律系 1982–1986
法学院 1986–2005
王健法学院 2005.11 冠名
外语系 1982–1995
外国语学院 1995.2
教育学院 1999.8
艺术学院 1997.6
体育系 1982–1997
体育学院 1997.12
数学系 1982–1995
数学科学学院 1995–1999
理学院数学系 1999–2002
数学科学学院 2002.7
物理系 1982–1995
物理科学与技术学院 1995–1999
理学院物理系 1999–2002
物理科学与技术学院 2002.7
化学系 1982–1991
化学系 1991–1995
化学工程系
化学化工学院 1995–1999
理学院化学化工系 1999–2002
化学化工学院 2002.7
丝绸学院 1997–1999
材料工程学院 1999.8 更名
工学院 1986–1999
工学院计算机工程系 1999–2001
工学院通信与电子系 1999–2001
工学院机电工程系 1999–2001
信息技术学院 2001.1
机电工程学院 2001.1
计算机工程系 2001.1
通信与电子工程系 2001.1
机电工程学院 2001.1
沙钢钢铁学院 2010.5.18成立
医学院基础医学系 2000.10
医学院药学系 2000.10–2005.5
药学院 2005.5 成立
医学院临床医学一系（医学影像学系、护理学系）2000.10
医学院临床医学二系 2000.10
医学院儿科学系 2000.10
医学院临床医学三系 2000.10
医学院临床医学四系 2000.10
核医学院 2000.10
放射医学与公共卫生学院 2002.7 更名
生物技术学院 1995–1998
蚕桑学院 1998–2000
水产学院 1998–2000
生命科学学院（虚体）
2000.10
生物技术系 2000.10
蚕桑系 2000.10
水产系 2000.10
城市科学学院 2005.5 成立
金螳螂城市建设学院2007.12更名
金螳螂建筑与城市环境学院2008.9.4更名
城市轨道交通学院2008.5.16成立
音乐学院 2012.10成立
敬文书院 2011.11成立
唐文治书院 2011.6 成立
职业技术学院 1998.5
应用技术学院 2003.11 更名
文正学院 1998.12
老挝苏州大学 2011.7
附属第一医院 1883.11
附属第二医院 1988.12
附属儿童医院 1959.9

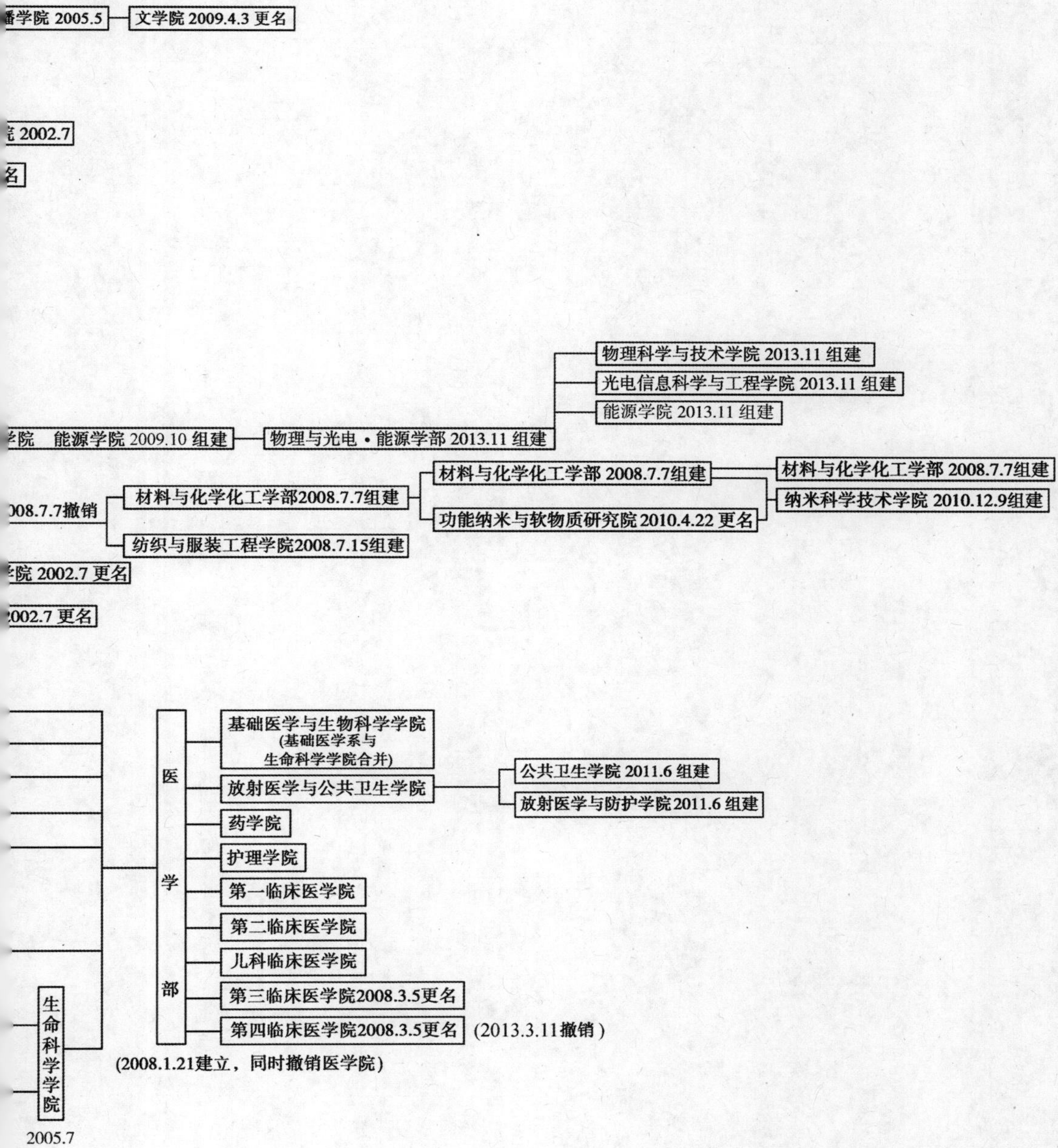
播学院 2005.5
文学院 2009.4.3 更名
院 2002.7
名
学院
能源学院 2009.10 组建
物理与光电 · 能源学部 2013.11 组建
物理科学与技术学院 2013.11 组建
光电信息科学与工程学院 2013.11 组建
能源学院 2013.11 组建
008.7.7撤销
材料与化学化工学部2008.7.7组建
材料与化学化工学部 2008.7.7组建
材料与化学化工学部 2008.7.7组建
功能纳米与软物质研究院 2010.4.22 更名
纳米科学技术学院 2010.12.9组建
纺织与服装工程学院2008.7.15组建
学院 2002.7 更名
2002.7 更名
医学部
基础医学与生物科学学院
(基础医学系与
生命科学学院合并)
放射医学与公共卫生学院
公共卫生学院 2011.6 组建
放射医学与防护学院 2011.6 组建
药学院
护理学院
第一临床医学院
第二临床医学院
儿科临床医学院
第三临床医学院2008.3.5更名
第四临床医学院2008.3.5更名
(2013.3.11撤销)
(2008.1.21建立，同时撤销医学院)
生命科学学院
2005.7

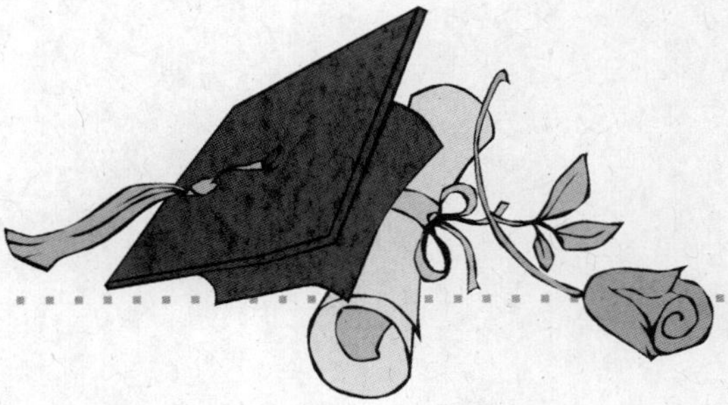

学校综述

苏州大学概况

（二〇一三年十二月）

苏州大学坐落于素有“人间天堂”之称的古城苏州，是国家“211 工程”重点建设高校、“2011 计划”首批认定高校，是江苏省属重点综合性大学，其主要前身为创建于1900 年的东吴大学。一个多世纪以来，一代代苏大人始终秉承“养天地正气，法古今完人”的校训精神，坚守“学术至上，学以致用，培养模范公民”的办学理念，传承和弘扬“自由开放，包容并蓄，追求卓越”的优良校风和“博学笃行，止于至善”的优良学风，努力培育兼具“自由之精神、卓越之能力、独立之人格、社会之责任”的拔尖创新人才。

作为全国最早创建的现代高等学府之一，苏州大学曾创造了中国近代高等教育史上的若干个第一：第一家以西式办学体制举办大学，第一家开展研究生教育并最早授予硕士学位，第一家开设法学专业教育，第一家创办大学学报，等等。1952 年全国院校调整时，东吴大学文理学院与苏南文化教育学院（新中国成立之初由省立教育学院、国立社会教育学院和无锡国学专修学校合并组建而成）、江南大学数理系合并为苏南师范学院，同年定名为江苏师范学院，在原东吴大学校址办学。1982 年，经国务院批准，学校更名为苏州大学（Soochow University）。后经教育部和江苏省人民政府批准，1995 年苏州蚕桑专科学校、1997 年苏州丝绸工学院、2000 年苏州医学院先后并入苏州大学。目前，苏州大学已发展成为一所拥有哲学、经济学、法学、教育学、文学、历史学、理学、工学、农学、医学、管理学、艺术学等十二大学科门类，具有相当规模，基础较为雄厚，办学效益显著，在国内外具有一定知名度的综合性大学。

一百一十多年来，苏州大学始终坚持以人才培养为根本，为社会输送了30 多万名各类专业人才，包括许德珩、周谷城、费孝通、雷洁琼、孙起孟、赵朴初、钱伟长、董寅初、李政道、倪征日奥、郑辟疆、杨铁樑、查良镛（金庸）等一大批精英栋梁和社会名流，谈家桢、陈子元、郁铭芳、宋大祥、詹启敏等30 多位两院院士都是我校校友，为国家建设与社会发展作出了重要贡献。

苏州大学现有26 个博士后流动站；24 个一级学科博士学位授权点，167 个博士学位授权点（含自设专业），1 个一级学科专业学位博士点，47 个一级学科硕士学位授权点，244 个硕士点（含自设专业）以及 21 个专业学位硕士点；124 个本科专业；4 个国家重点学科，7 个江苏高校优势学科，12 个省级一级学科重点学科（含 2 个培育学科），22 个省级重点学科；1 个国家文科基础学科人才培养基地，1 个国家理科基础科学研究和教学人才培养基地，3 个国家级实验教学示范中心，2 个国家级人才培养模式创新实验区；1 个国家工程实验室，3 个国家级公共服务平台，1 个国家大学科技园，1 个国家重点实验室培育基地，1 个教育部人文社科重点研究基地，1 个国家体育总局社会科学重点研究基地，20 个省部级重点实验室，7

个省部级公共服务平台,4 个省部级工程中心。目前,拥有各类在校生 5 万余人,其中研究生 14 249 人,本科生 25 450 人,留学生 1 433 人。教职工 5 047 人,其中中科科学院和中国工程院院士 5 人、外籍院士 1 人、“千人计划”入选者 12 人、“青年千人计划”入选者 15 人、“长江学者”特聘教授 5 人、国家杰出青年基金获得者 12 人,具有副高职称及以上人员 2 241 人,一支力量比较雄厚、结构比较合理的师资队伍已初步形成。

苏州大学将人才培养作为学校的中心工作,明确了“育人为本、教学为重”的教育理念,以通才教育为基础,以分类教学为引导,加强基础,拓宽口径,强化应用,重视实践,积极深化人才培养系统化改革,全面实施“卓越人才”教育培养工程,不断提高人才培养质量。学校共有 24 个学院(部),其中纳米科学技术学院进入了全国首批 17 所国家试点学院行列;设立了 2 个书院,积极探索人才培养新模式,其中敬文书院定位于专业教育之外的“第二课堂”,唐文治书院在“第一课堂”开展博雅教育。学校学生每年获得国家级奖项超过 150 人次。2013 年我校成功举办第十三届“挑战杯”竞赛,这是“挑战杯”历史上首次由省属重点大学承办,首次校地联合承办。在本届“挑战杯”全国大学生课外学术科技作品竞赛中,我校囊获 1 个特等奖、3 个一等奖、2 个二等奖以及 1 个交叉创新奖一等奖,以团体总分 390 分的优异成绩位列全国第二、江苏第一,再捧“优胜杯”,并喜获高校优秀组织奖。在第 29 届北京奥运会和第 30 届伦敦奥运会上,陈艳青、吴静钰和周春秀三位同学共获得了“三金一铜”的佳绩,时任国际奥委会主席罗格先生还特别致信表示感谢。

学校实施“顶天立地”科技创新战略,学科科研工作取得累累硕果。截至 2013 年 9 月,我校化学、物理、材料科学、临床医学、工程学、生物和生物化学 6 个学科进入全球 ESI(基本科学指标)前 1% 学科。2013 年,自然科学领域获得国家级项目 321 项,其中国家自然科学基金项目 311 项、国家重大重点项目 22 项,国家自然科学基金项目数位列全国高校第 18 位;人文社科领域获得国家社科基金项目 23 项,其中重大重点项目 2 项,1 项成果获教育部优秀成果(人文社会科学)三等奖,新增省部级以上科研平台 5 个,在 *Science* 上发表论文 1 篇。2011 年 SCI 索引排名位列全国学术机构第 26 位。2012 年我校共申报专利 689 件,授权专利 302 件。2013 年 4 月 11 日,我校牵头的苏州纳米科技协同创新中心通过了国家首批“2011 计划”认定工作。

苏州大学现有天赐庄校区、独墅湖校区、阳澄湖校区三大校区,占地面积 4 058 亩,建筑面积 182 余万平方米;学校图书资料丰富,藏书近 400 万册,中外文期刊 30 余万册,中外文电子书刊 110 余万册,中外文数据库 82 个。学校主办有《苏州大学学报(哲学社会科学版)》、教育科学版和法学版三份学报及《代数集刊》《现代丝绸科学与技术》和《中国血液流变学》等专业学术期刊。其中,《苏州大学学报(哲学社会科学版)》作为全国中文核心期刊,2010 年被评为“全国高校三十佳社科学术期刊”,2012 年刊载文章被《新华文摘》等权威期刊二次文献转载和摘编 77 篇次,列全国综合性大学学报第 6 位。

苏州大学全面推进教育国际化战略,积极扩大对外合作与交流。学校先后与美国、英国、加拿大、澳大利亚、法国、德国、意大利、俄罗斯、日本、韩国、新加坡等 20 余个国家以及香港、澳门、台湾等地区的 150 余所高校和研究机构建立了校际交流关系。学校每年接收各类外国留学生 2 000 余人次(含短期培训),来校学习医学类、国际贸易、工商管理、计算机、化学化工、建筑、社会学、英语、日语及汉语等专业。学校与英国曼彻斯特大学合作举办国际纺织专业,与加拿大维多利亚大学合作举办国际金融专业。学校与新加坡国立大学、加拿大滑铁卢大学等国际知名高校开展了双学位博士、本硕连读、双学位学士等40多个学生国际交流项目。学校与新加坡国立大学共建了“中新联合开放实验室”和“功能高分子研究所”，与加拿大滑铁卢大学共建了“纳米科技联合研究院”和“绿色高分子工程与催化技术实验室”，与法国爱迪特集团共建了“测控技术国际联合实验室”等科研机构，有效地提升了国际联合研究的能力与水平。苏州大学积极探索境外办学的新路，与美国波特兰州立大学合作建设了波特兰州立大学孔子学院。2012年10月，作为我国首个在国外举办的大学，老挝苏州大学迎来了首届学生。

苏州大学以昂扬的姿态、开放的胸襟、全球的视界，顺天时，乘地利，求人和，人才强校，质量强校，文化强校，依托长三角地区雄厚的经济实力和优越的人文、地域条件，努力将学校建设成为具有学科、区域和国际化特色的“国内一流、国际知名”的高水平研究型大学，成为区域内高水平创新人才培养、高新技术研究、高层次决策咨询的重要基地，引领区域经济、社会和文化的发展。

苏州大学2013年度工作总结

2013年，学校坚持以科学发展观统领全局，深入学习贯彻党的十八大、十八届三中全会和校第十一次党代会精神，扎实开展党的群众路线教育实践活动，以立德树人为根本，以内涵建设为重点，以改革创新为动力，学校事业保持了快速和谐发展的良好势头。

一、以科学发展观为统领，加强领导班子办学治校能力建设

学校领导班子重点围绕学习贯彻党的十八大、十八届三中全会和省委十二届六次全会，以及习近平总书记系列重要讲话精神，通过中心组学习、宣讲团、培训班、研讨会、座谈会等形式，不断提高班子践行群众路线、把握办学规律、推动科学发展的能力和水平。学校党委被评为全省首届学习型党组织建设工作先进单位。

领导班子积极推进办学资源的整合和现代大学制度建设，促进学科交叉融合与可持续发展，组建物理与光电·能源学部，单独组建沙钢钢铁学院；深化内部管理体制改革，调整组建国有资产与实验室管理处、信息化建设与管理中心；全面清理各类非常设机构，加强奖励工作制度化建设，规范二级学院管理人员编制和内部机构设置，降低管理重心，激发基层办学活力；以平稳过渡、加快融合、促进发展为重点，积极妥善地推进阳澄湖校区与校部的对接和融合；学校被确定为全省首批教育现代化示范点建设高校。

领导班子坚持以推进高素质干部队伍建设为重点，积极提升干部选拔任用工作科学化水平，为学校事业科学发展构建坚强的组织保证。完成新一轮机关部门、群直单位处级领导职务干部任聘工作，创新完善后备干部选拔机制和培训模式，依托干部在线学习中心增强处级干部教育培训的实效性。一年来，共选拔任用处级干部33名。其中，正处级领导职务干部6名，副处级领导职务干部25名，副处级非领导职务干部2名；女干部9名，党外干部2名。

二、认真开展群众路线教育实践活动，切实加强和改进党的建设

以开展党的群众路线教育实践活动为抓手，扎实推进学校党的建设，为学校事业发展奠定坚实的思想和组织基础。在学习教育、听取意见环节，领导班子通过中心组学习、专题报告会等形式，带头学习宣传贯彻习近平总书记系列重要讲话精神。班子成员通过走访“两室一厅一舍”、召开座谈会、发放征求意见表等形式，共汇总梳理干部群众意见建议108条。在查摆问题、开展批评环节，领导班子根据师生所提意见建议认真撰写对照检查材料，明确整改方向，开展谈心谈话，适时召开专题民主生活会。在整改落实、建章立制环节，领导班子认真制订整改方案、专项整治方案和制度建设计划，并按规定在全校范围内予以公示。在全

体党员和全校师生员工的共同努力下，我校教育实践活动取得了良好成效，初步实现了“思想进一步提高，作风进一步转变，党群干群关系进一步密切，为民务实清廉形象进一步树立”的目标要求，受到了省委常委联系点领导、省委督导组的高度评价，并在全省高校党建工作会议上进行了大会交流发言。

开展“学习党章、遵守党章”“我的中国梦”“毕业生党员教育管理月”“纪念建党92周年”等主题教育、服务群众活动，增强基层组织的凝聚力与战斗力，一批基层组织、党员受到省市表彰。加强党内民主建设，探索党代表任期制，推进党代表联系党员、群众及党支部工作；完善党校综合教育培训管理系统，规范发展党员工作细则及责任追究办法，一年来发展党员2 375名；探索党员出口机制试点，获得“江苏高校2011—2012年度党建工作创新奖”。

三、深化教育教学改革，人才培养质量全面提高

深入实施“本科教学工程”六大计划，加强课程的过程化考核体系建设，通过开设微课群、网络进阶式课程、全英文示范课程等实现优质教学资源共享，通过学分互认、创新学分设计、国际化绩点计算等助推创新型和国际化人才培养。培育建成1个国家级和2个省级实验教学示范中心，在教育部综合改革试点专业、国家精品视频公开课、省级教学成果奖及教改项目等评选中取得较好成绩。加强大学生创新创业训练计划的项目建设管理；尊重学生学习主体地位，全面规范开展转专业工作；实施临床医学教育督学制度；推进各类型创新人才培养，学生竞赛获奖率、各类本科教学工程项目立项率等均有明显增长。成功承办第十三届“挑战杯”大赛，再创历史最好成绩。深化“校企合作带薪实习项目”，开发职业生涯教育课程体系。以“江苏省研究生教育创新计划”“苏州大学卓越研究生人才培养计划”及研究生工作站建设为抓手，狠抓研究生培养过程管理，拓宽国(境)外博士研究生联合培养渠道，在省“优秀博士论文”“教改课题”“企业研究生工作站”等立项建设中取得佳绩，获资助经费列全省高校第一；探索硕士“预录取”及博士招生“申请—考核”制度，提升生源质量。文正学院、应用技术学院应用型人才培养成效明显。

四、促进交叉协同，学科科研竞争力持续增强

积极优化学科布局，召开学科建设推进会，推进“重点学科提升建设计划”，加快优势学科建设步伐。制定二级学科自主设置与管理办法，强化学科优势，培育新增长点，促进学科交叉与协同发展。生物与生物化学ESI排名进入全球前1%。在新一轮学科评估中，有11个学科排名进入全国前30%，其中6个进入前20%。4个一级学科通过省硕士学位授权一级学科点评估。

继续实施“顶天立地”的科研工作发展战略，瞄准学科发展前沿，立足国家和地方发展实际需求，科研项目和成果量质齐升。在自然科学方面，承担包括1项重大科学研究计划青年科学家专题、1项973计划青年科学家专题首席科学家项目、1项863计划青年科学家专题课题及1项国家科技重大专项等在内的国家重点重大项目22项；获国家自然科学基金资助项目数311项，排名再次蝉联全国地方高校首位、全省高校第2位，跃居全国高校第18位；获得国家科技进步二等奖2项、省部级一等奖3项。SCI论文数居全国高校第21位，被引用论文数跃居全国高校第20位。协同创新获重大进展，由我校牵头的“苏州纳米科技协

同创新中心”顺利通过认定，成为全国首批 14 家协同中心之一，并与“血液学协同创新中心”同时跻身全省首批“协同创新中心”。

完善人文社科科研管理与评价体系，加强分类指导，强化平台建设和项目跟踪服务。包括 1 项重大项目、1 项重点项目在内的 23 项国家级社科项目获立项。1 位教授独立在国际顶尖学术刊物 *Science* 上发表论文。人大《复印报刊资料》转载学术论文综合指数排名列全国第 18 位；学报（哲社版）权威二次文献转载篇次列全国综合大学学报第 6 位。

五、加快人才强校步伐，师资队伍不断优化

发挥一流人才队伍的引领支撑作用。保持高端人才引进的良好势头，包括李永舫院士、陈晓东院士、4 名“千人计划”和 14 名“青年千人计划”获得者在内的 200 位高层次人才加盟。加强国家和省市各类人才工程申报建设力度，1 位教授当选“长江学者特聘教授”，1 位教授入选“国家百千万人才工程”，10 人入选“青年千人计划”，列全国高校第 10 位。省双创人才计划、创新团队、博士集聚计划、第四批特聘教授等项目入选数量均居全省高校首位。推进“校内特聘教授”和“东吴讲席教授”“东吴名医培养计划”等师资培育工程。深化教师职务分类评聘，开展首批人事代理制人员转编考核、第二轮岗位设置与聘用工作。加强博士后基金项目建设。

六、加大开放办学力度，服务社会发展能力不断提升

承办全国地方高水平大学发展峰会，积极参与地方高水平大学的协同交流。与苏州市相城区签订全面战略合作协议，深化与苏州工业园区的全面合作。完善董事会、校友会和基金会综合服务平台，培育捐赠文化，开设特色捐赠项目，汇聚校地、校企合作资源，助推学校发展。提升继续教育内涵，拓展国际合作、校际合作培训和网络化教学试点，建立培训工作反馈回访机制，着力提升继续教育品牌知名度。

全面推进教育国际化战略。积极组织各类国际合作交流项目，全年有 900 余名师生出国（境）参加各类交流研修；积极申办重大国际合作交流项目，接收英国、港澳台等多所高校师生来我校进行短期研究和文化交流。境外合作交流学校层次不断提升，与美国威斯康星大学等国际知名大学签署合作协议。老挝苏州大学校园建设和教学管理工作有序开展。选派首批管理人员赴境外知名大学跟岗研修。学校获评“2011—2012 年度江苏省教育国际合作交流先进学校”。

完善大学科技园科技增资服务能力，完善技术转移中心内部建设，深化政产学研用合作平台建设。成立常熟低碳应用技术研究院、苏州高新区知识产权研究院；与 11 家龙头企业共建校企科研平台；与香港城市大学和德国史太白大学协议开展跨境技术转移。全年知识产权申请和授权量均创历史新高。成立苏州东吴智库文化与社会发展研究院，全力做强“东吴智库”品牌；积极打造决策咨询研究高地，建成“地方政府与城市治理”等 3 个省部级基地、1 个省高校国际问题研究中心和 1 个省高校国际问题研究培育中心，切实发挥高校哲学社会科学的思想库和智囊团作用。各附属医院的医学教研水平和医疗服务能力不断提升。积极开展对口支援拉萨师范专科学校、贵阳医学院、淮阴师范学院、援建宿迁学院和扶贫工作。

七、开源节流提升效益，办学支撑条件不断改善

按照“量入为出、突出重点、统筹兼顾”的原则，加强预算管理，优化支出结构，提高资金使用效益。全年围绕学校中心工作，重点安排下列支出：配合人才强校战略，安排人才引进支出1.38亿元；在教学方面，安排教学改革、图书、教学设备经费支出4 220余万元；在科技创新体系建设和支持人文社科研究方面，安排科研经费8 937余万元；配合学校建设，安排基本建设经费5 825万元。

学校后勤保障与公共服务体系进一步发挥基础支撑作用。加快各校区功能规划调整和城市轨道交通学院教学实验大楼等工程建设进度。完善后勤信息化服务平台建设，探索网格化管理、项目联络员制等服务师生新机制，推行基于“物流”管理的新型报账模式，实现了无等候报账。建成智能录播教室、网上离校管理等系统，拓展校园一卡通功能，努力改善师生学习和生活条件，阳澄湖校区卫生所获得医保定点资格，根据作息时间调整，完善网上订餐、统一配送等服务新模式；体育场馆免费向校内教职工开放，加快公共浴室进学生宿舍楼工程建设；启用“智能快递收发站”；改善幼儿园办园条件，做好“人感染H7N9禽流感”防控等工作。推进节约型校园建设，开展节能减排、反对餐桌浪费等系列行动。加大公共服务体系投入，加强实验室安全管理，推进仪器设备集中采购与开放共享。

加强校园信息化管理和载体文化功能建设，图书馆科技查新和信息服务质量不断提升，荣获教育部CALIS应用服务示范馆一等奖等奖项；加强博物馆特色与数字化建设，完善文物保管、使用、保护制度，拓展藏品征集渠道，积极争取各类捐赠。完善学校档案管理制度，加快档案数字化进程，重视档案的文化教育功能，获得“江苏省高校档案工作先进集体”荣誉称号。出版社精品力作迭出，荣获首届“江苏省先进新闻出版单位政府奖”等多项荣誉。

八、坚持以人为本，和谐校园氛围不断凸显

积极深化民主办学，推进党务、校务和信息公开，发挥校、院两级教代会及各民主党派、群团组织等在民主管理中的重要作用，学校侨联、侨务工作获得省市先进表彰。重视群众来信来访，积极回应师生诉求。广泛征求意见，完善实施方案，稳步启动在职人员的绩效工资改革。严格按照上级文件规定，认真落实离退休老同志的政治、生活待遇。

重视师生民生建设。完善多元立体助学体系，发放奖助学金、困难补助、减免学费等共计6 545余万元。实施以典型示范为载体的大学生先锋示范计划，组织优良学风班创建、标兵评选和宣讲活动，推进“社区化”学生教育管理模式，实施“三师工程”，促进辅导员专业化、职业化和可持续发展，实施本科生“感知校园”工程，完善网上议校平台等本科生事务系统。深化奖学金制度改革，引导学生积极参与社会实践、志愿服务、科研创新。健全突发事件预警机制，提升校园技防水平，加大校园治安综合治理力度。学校获评“2012—2013年度江苏省高校和谐校园”称号。

九、坚持惩防并举，推进反腐倡廉建设

学校按照标本兼治、综合治理、惩防并举、注重预防的方针，以积极贯彻落实中央八项规定和省委十项规定为切入点，扎实推进党风廉政和反腐倡廉建设。深入开展廉政教育活动，把反腐倡廉教育纳入学校党委宣传教育总体部署，加强对广大党员干部，尤其是重要岗位、

重点部位工作人员，重大科研和优势学科项目负责人等的法制和廉政教育。加强对干部人事，财务管理，“三招”（招生、招聘、招投标）工作，基建维修，各类评审、评优、评奖工作等重点领域和关键环节工作的监督力度。学校纪检监察部门全年参加基建、维修招议标 80 余项；参加实验仪器设备招标 471 项，涉及金额 1.66 亿元，节省资金 1 849.96 万元；参与物业管理、办公用品、食堂用品、实验室用品及基建修缮等其他项目零星招议标和验收 116 多项；完成修缮项目审计 15 项，核减金额 211.5 万元。查处党员干部违纪案件 2 起。

强化廉政风险防控机制和预警机制，进一步完善干部任前公示制度、领导干部上岗廉政谈话和领导干部诫勉谈话制度；执行党员干部个人有关事项报告制度和收入报告制度、领导干部年度考核和述职述廉制度，建立党员干部廉政档案，健全党内监督自律机制。制定出台《苏州大学招标投标管理暂行办法》《苏州大学横向（纵向）科研经费管理条例实施细则》等规范性和制度性管理文件 10 多个，为依法治校提供制度保证。加强作风建设，认真落实中央加强党风廉政建设各项规定。

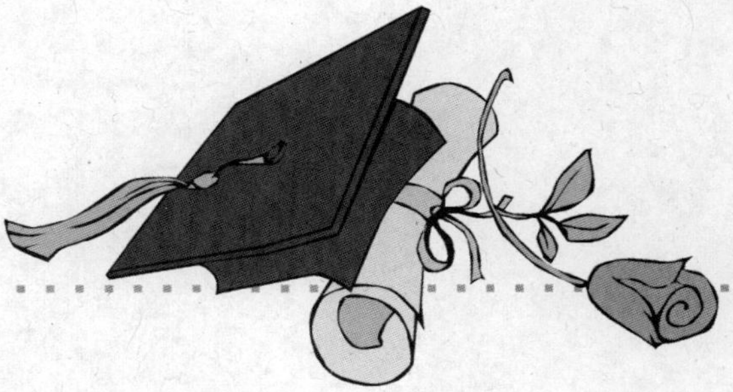

重要文献

苏州大学2013年度工作要点

一、指导思想

以邓小平理论、"三个代表"重要思想、科学发展观为指导，学习贯彻党的十八大精神，积极落实学校第十一次党代会精神，坚持走以质量为核心的内涵式发展道路，以提升人才培养质量为根本，以建设高水平人才队伍为关键，以创新校内外协同方式为路径，加快推进"国内一流、国际知名"高水平研究型大学进程，努力把学校建成区域内高水平创新人才培养、高新技术研究、特色文化传承创新与社会服务的重要基地和全体苏大人共建共享的幸福家园。

二、工作要点

本年度在做好日常工作的基础上，重点做好以下工作：

（一）实施党建创新工程，为学校发展提供坚强保障

1. 强化政治思想理论建设

完善党委中心组、教职工政治理论学习机制，深入宣传党的十八大精神、中纪委全会精神；以社会主义核心价值体系为引领，探索学校思想政治教育工作新路径；推进马克思主义理论研究和创新，积极开展哲学社会科学研讨会、报告会、论坛、讲座等活动。责任单位：党委宣传部、党委组织部（党校）、纪监审办公室、马克思主义学院；责任人：陈进华、邓敏、薛凡、施亚东、姜建成。

2. 加强高素质干部队伍建设

坚持任人唯贤、德才兼备、以德为先，做好任期届满的院级党政领导班子换届工作，加大竞争性选拔力度；下大力气培养年轻干部，重视培养女干部和党外干部。创新干部教育培训内容和方法；更加注重干部德的考核；做好青年干部挂职、对口交流挂职以及省"科技镇长团"成员选派、省委帮扶工作队员选派等工作。责任单位：党委组织部（党校）、人事处；责任人：邓敏、薛凡、姜建明。

3. 加强基层党组织建设和党员队伍建设

推进学习型、服务型、创新型党组织建设，健全党员立足岗位创先争优长效机制。实施大学生党员素质提升先锋行动计划；加强在优秀学生和优秀青年教师中发展党员工作；健全党员能进能出机制，扩大"党员"出口机制试点。完善党组织选举制度；落实基层党建工作责任制；开展"为民务实清廉"群众路线教育实践活动。责任单位：党委组织部（党校）；责任人：邓敏、薛凡。

4. 推进党风廉政和作风效能建设

根据学校实际,认真贯彻执行中央八项规定和省委十项规定。坚持"标本兼治、综合治理、惩防并举、注重预防"方针,落实党风廉政建设责任制。加强科研经费、重点专项资金审计;加强对财务、基建、采购、校办企业和招生、招标、招聘等重点岗位、重点工作的监督。与苏州市检察院共建,加强反腐倡廉建设。完善机关作风效能建设考评办法,加大治庸、治懒力度。责任单位:纪监审办公室、机关党工委、群团与直属单位党工委;责任人:施亚东、周玉玲、蒋剑平。

5. 加大新闻宣传工作力度

建立新闻宣传工作主动宣讲发布制度,健全新闻发布会、新闻通气会、接受新闻媒体访谈制度和突发事件新闻报道应急工作机制。深化与国家主流高端媒体的合作,提升对外宣传报道层次与质量。逐步开设苏大官方微博、官方网络论坛等信息交流平台。责任单位:党委宣传部(新闻中心);责任人:陈进华。

6. 加强统一战线、群众组织和老干部工作

做好党外代表人士培养、推荐工作;支持党外人大代表和政协委员建言献策、参政议政;协助统一战线群众组织开展活动。召开学校六届四次教代会,加大二级教代会建设力度。发挥工会、学生会、研究生会等群众组织和民主党派成员、老干部在学校事业发展中的重要作用。责任单位:党委统战部、离退休工作部(处)、工会、团委、学生工作部(处)、研究生院;责任人:吴建明、徐群祥、王安列、王尔东、张国华、王家宏。

7. 加强共青团工作

加强大学生思想引导工作,健全共青团实践育人工作体系。开展"惠寒"品牌志愿服务活动;完善"青团子"互助维权论坛。做好承办第十三届"挑战杯"全国大学生课外学术科技作品竞赛相关工作。责任单位:团委;责任人:王尔东。

(二)实施教学质量工程,努力提高人才培养质量

8. 深化教育体制综合试点改革

按照"整体设计、突出重点、彰显特色、务求实效"原则,继续深化国家、省、校三级试点改革工作。完成《苏州大学章程》制定报批工作;深化国家试点学院改革;推进教学管理权限下放,力争取得突破性成果。责任单位:教务部、校长办公室、有关学院(部);责任人:唐忠明、王剑敏、刘标、有关学院(部)主要负责人。

9. 推进本科人才培养模式改革

推进本科课程改革与建设工作,逐步构建以"培养模范公民"为目标的通识、专业教育课程体系。实施各类"卓越人才培养计划",着力推进苏大特色的书院制人才培养模式改革。进一步规范各本科专业个性化人才培养方案制订工作。责任单位:教务部、敬文书院、唐文治书院;责任人:唐忠明、王剑敏、周毅、江涌、王尧。

10. 实施本科教学质量工程

做好本科教学工程项目培育点相关工作,做好省级以上教学团队、教学成果奖、精品教材的组织申报工作,做好国家级和省级精品视频公开课、精品资源共享课的申报管理工作,积极申报新的国家实验教学示范中心。优化专业布局和规模;探索教学评价有效模式;加强学生培养质量监控,改革考试方法。发挥"教师教学发展中心"作用,完善教授为本科生上课制度,建立健全助教制度,引导和鼓励教师专心从事教学活动。责任单位:教务部;责任

人：唐忠明、王剑敏、周毅、晏世雷。

11. 提升医学教育质量

实施国家级“卓越医生教育培养计划”，加快医学与生物科学人才培养模式创新，推进新课程体系实施。建立生源质量保障机制和教学质量监控体系，严格专业准入与分流，强化师资和学生管理。责任单位：教务部、医学部；责任人：唐忠明、吴庆宇。

12. 推进本科生招生就业工作

健全招生就业联动机制，科学制订年度招生计划；加大外省招生宣传力度，完善自主选拔录取考核模式，推进自主招生、体育类、艺术类招录制度化、透明化、科学化。加强与各地人事部门、用人单位的交流合作，举办校园大型招聘会和宣讲会；加强职业生涯规划教育，推进“带薪实习”项目。责任单位：招生就业处、学生职业生涯规划辅导中心；责任人：马卫中。

13. 创新学生事务管理模式

推行学生工作特色化建设，探索育人模式改革，引导学生参与学校建设管理。完善奖学金制度和帮困助学体系，实现“经济资助、能力支持和精神关怀”三位一体。做好学生心理健康工作；开展校园艺术教育活动。责任单位：学生工作部(处)、团委、大学生心理健康教育研究中心、艺术教育中心；责任人：张国华、王尔东、许庆豫、吴磊。

14. 推进研究生教育改革创新

深化招生制度改革，试行硕士生“预录取制度”和博士生“申请—考核录取制度”；加强学风建设，规范研究生培养环节和学位授予及毕业条件。强化专业学位研究生教育培养，严格导师上岗条件。推进海内外联合培养研究生工作。建立研究生荣誉学院，加强卓越研究生培养。责任单位：研究生院；责任人：王家宏。

15. 提升继续教育内涵

推进继续教育综合改革试点，杜绝违规办学。稳定在校生规模，优化调整生源结构；发展非学历继续教育，推进研究生课程班、干部培训班等工作；积极申报现代远程教育，推行网络化教学试点。开展校企、校地、校际和中外合作，打造培训品牌。责任单位：继续教育处；责任人：曹健。

（三）推进学科提升与协同创新，增强社会服务能力

16. 做好学科建设工作

加强顶层设计和资源集聚，推进“重点工程”建设；部署国家一级重点学科申报、省重点学科建设工作；做好优势学科一期建设总结，确保进入第二建设周期；促进学科交叉融合，培养新的学科生长点；积极做好“211 工程”四期建设的准备工作。责任单位：研究生院、学科建设办公室、“211 工程”办公室；责任人：王家宏、吴雪梅。

17. 加强学位点建设

通过数据库建设，明确各学位点建设目标任务。做好新一届各级学位委员会换届改选工作，规范职责和办事规程。责任单位：研究生院、学位评定委员会办公室；责任人：王家宏。

18. 积极承担重大科研项目

策划组织大项目、大团队，开展前瞻性、战略性研究；争取在国家“863”计划和“973”计划等重大项目、国家自然科学基金、国家社科基金、军工项目等方面实现新突破。责任单位：科学技术与产业部、人文社会科学院；责任人：朱巧明、郁秋亚、沈志清、母小勇。

19. 加强科研平台和基地建设

加强国家级和省部级重点实验室、中央与地方共建基础实验室建设力度,加强各类科技平台、创新团队申报工作,强化管理、监督及考核。做好军工科研、武器装备生产和保密工作。推进大型仪器设备共享平台建设;完善实验室安全巡查与监督制度。责任单位:科学技术与产业部、人文社会科学院、实验室与设备管理处;责任人:朱巧明、郁秋亚、沈志清、母小勇、陈永清。

20. 推动政产学研用协同创新

积极申报国家2011计划及省协同创新中心,培育一批校级协同创新中心。推进张家港工业技术研究院和南通纺织研究院建设,共建常熟低碳应用技术研究院、苏州大学知识产权研究院等校地合作平台,建立若干个企业投入的校企联合实验室。深化与加拿大滑铁卢大学、美国硅谷技术转移中心等的合作。责任单位:科学技术与产业部、人文社会科学院、国际合作交流处;责任人:朱巧明、郁秋亚、蒋敬东、母小勇、黄兴。

21. 落实哲学社会科学繁荣发展

加强文理工交叉合作,推进创新平台和人文社科重点研究基地建设,完善以创新和质量为导向的文科科研评价体系。培养全国领军人物,培育标志性成果;打造"东吴学派",扩大学校学术影响。责任单位:人文社会科学院;责任人:母小勇。

22. 加强学术支撑平台建设

推进数字化图书馆建设;发挥博物馆文化阵地作用;提高档案利用效益。打造优质学报期刊群;完善出版社多元经营模式。责任单位:图书馆、博物馆、档案馆、学报编辑部、出版社;责任人:罗时进、黄维娟、钱万里、陈忠、张建初。

(四)实施人才强校战略,积极汇聚一流人才队伍

23. 加强人才队伍建设

围绕重点学科和重大科技创新平台,引进一批领军人才;争取在"千人计划""长江学者奖励计划"等方面有新突破。实施"校内特聘教授"制度,做好"东吴讲席教授"试点推广工作;实施教师能力拓展计划、青年教师导师制度和教授学术休假制度。提高博士后科研流动站建设水平,落实博士后年薪制,强化绩效考核。责任单位:人事处、党委组织部;责任人:姜建明、邓敏。

24. 深化人事分配制度改革

根据江苏省政策,制定学校绩效工资改革实施办法,建立教师基本工作量制度,完善学院(学部)、科研单位考核办法。启动新一轮岗位设置与聘用工作;深化教师职务聘任制改革;加强人事代理制管理考核,规范编外用工。责任单位:人事处;责任人:姜建明。

(五)扩大对外交流合作,加快教育国际化进程

25. 实现人才培养国际化

提升校际交流合作层次,重点与欧美知名大学开展实质性合作。开发中外合作办学项目,扩大海外学习学生比例。责任单位:国际合作交流处(海外教育学院)、教务部、研究生院、学生工作部(处);责任人:黄兴、唐忠明、王剑敏、王家宏、张国华。

26. 发展来华留学生教育

加强外语授课品牌专业和精品课程建设,提高留学生教育水平。加大招生宣传力度和教育投入,设立留学生奖学金,加快留学生公寓建设和教学楼改造。通过学生交流或联合培养,探索留学生教育新的增长点。责任单位:国际合作交流处(海外教育学院)、教务部、后勤管理处;责任人:黄兴、唐忠明、王剑敏、仲宏。

27. 推进海外办学工作

推进老挝苏州大学建设;建好波特兰州立大学孔子学院;落实尼日利亚拉格斯大学合作项目。责任单位:国际合作交流处(海外教育学院)、老挝苏州大学;责任人:黄兴、闻曙明。

(六)确保民生幸福,营造和谐校园环境

28. 营造良好的外部发展环境

坚持开放办学,推动省部、省市共建,积极开展与地方政府、知名企业的战略合作。做好董事会换届工作;完善基金会资金募集和捐赠管理体系;进一步完善校友信息库。责任单位:党委办公室(规划与政策研究室)、校长办公室(对外联络接待办公室)、发展委员会办公室;责任人:王洪法、刘标、薛辉。

29. 提高财务管理和资源使用效益

积极筹措办学经费,科学运筹学校财力,健全内部控制体系,提高资源使用效益。加大学校内涵建设预算安排;探索基于"物流"管理的新型报销模式;加强科研经费和专项经费管理。强化国有资产管理,保证国有资本运营安全。责任单位:财务处(国有资产管理办公室);责任人:盛惠良。

30. 推进信息化校园建设

提高上网速度,增加无线覆盖。拓展一卡通应用;开发学生迎新、自选宿舍、师生离校等系统;建设校园移动办公平台;建设教室智能录播系统。整合学校服务器资源,逐步实现所有信息的分配共享。责任单位:网络中心、校长办公室;责任人:杨季文、刘标。

31. 推进校园规划和基础建设工作

推进阳澄湖校区工科发展基地建设和相关学院搬迁工作;加快推进独墅湖校区唐仲英医学研究院大楼、恩玲学生活动中心、金螳螂科技大楼,阳澄湖校区轨道学院大楼、纺织服装学院大楼、机电学院(沙钢学院)大楼、学生宿舍,天赐庄校区纵横信息大楼、留学生宿舍,文正学院新教学楼等的建设工作;配合苏州市天赐庄历史文化片区建设,进行校区路灯改造;对全校配电房进行技术改造;建设节约型校园。责任单位:后勤管理处;责任人:仲宏。

32. 建设平安校园

完善人防、技防、设施防、制度防"四位一体"大防控体系建设,提高应急管理能力。落实校园综合治理各项措施,实践安全责任区划分管理;推进物业精细化管理;切实保障消防安全。合理规划校园道路交通,加强车辆停放管理。责任单位:保卫部(处)、后勤管理处;责任人:霍跃进、仲宏。

33. 实施苏大民生幸福工程

将学校民生摆在更加突出的位置,建立科学合理的收入增长机制和师生发展长效机制。提高后勤服务水平,控制学生食堂食品价格,满足少数民族学生、留学生就餐基本需要;提高教工餐厅服务质量;完成幼儿园扩建工程;提高校医院诊疗质量;进一步做好学生宿舍维修改造工程。责任单位:人事处、财务处、后勤管理处、校医院;责任人:姜建明、盛惠良、仲宏、杨秀丽。

34. 做好离退休老同志服务工作

按政策认真落实离退休老同志各项生活待遇,完善居家养老服务体系。完成退教协换届工作,完善关工委工作长效机制。责任单位:离退休工作部(处);责任人:徐群祥。

35. 加强附属医院建设

加强重点专科建设,树立医、教、研三位一体工作理念,努力造就一批名医,培养优秀医学人才。积极推进苏大附属总医院建设工作,大力支持附属第一医院平江新院、附属儿童医院工业园区总院、附属第二医院临床教学基地建设。责任单位:医学部、各附属医院;责任人:吴庆宇、各附属医院主要负责人。

36. 落实重点专项工作

积极开展群众体育工作和阳光体育运动。责任单位:体育学院;责任人:王家宏。推进阳澄湖校区工作对接和人员融合。责任单位:阳澄湖校区管委会;责任人:浦文倜。创建独立学院特色与品牌。责任单位:文正学院、应用技术学院;责任人:徐子良、傅菊芬。做好对口支援拉萨师范专科学校、贵阳医学院和联建宿迁学院工作。责任单位:校长办公室、党委组织部、人事处、教务部、研究生院、医学部;责任人:刘标、邓敏、姜建明、唐忠明、王家宏、吴庆宇。

完善现代大学制度　推进高水平大学建设

——校长朱秀林在全省教育工作会议上的发言

2013年2月2日

建立和完善现代大学制度是大学深化内涵建设、提高办学质量的重要途径。苏州大学以综合试点改革为契机，以大学章程制定为龙头，不断完善内部治理结构，努力提高办学质量。

一、以章程制定为契机，明晰大学使命与职责

一是凝练了新时期苏大办学宗旨。在章程起草过程中，我们系统总结和梳理了学校中西合璧、海纳百川的历史与传统，凝练了现代大学"崇尚真理、学术自由、教授治学、通识教育"等办学理念。在此基础上提出，苏大要秉承"养天地正气、法古今完人"的校训精神，坚守"学术至上、学以致用、培养模范公民"的办学宗旨。

二是确立了立德树人的根本任务。在章程制定过程中，我们凝聚共识，将培养兼具"自由之精神、卓越之能力、独立之人格、社会之责任"的模范公民作为学校第一要务，将"教书育人"作为教师第一职责，将"人才培养质量"作为衡量办学质量的第一标准，将"促进学生健康成长"作为学校各项工作的出发点和落脚点。

三是完善了学术至上的内部治理结构。通过章程制定，进一步理顺了学校行政权力与学术权力的关系，强化了学术的中心地位，将人才培养、科学研究、学科建设、社会服务和队伍建设中重大治学事项交由学术委员会审议和决策。与此同时，我们进一步梳理了学校与二级学院（学部）的关系，积极推进"大部制"改革、教学管理权下放等工作，赋予学院更多的教学、人事、财务权，有效激发了基层单位的改革创新活力。

二、以书院制改革为路径，实践人才培养核心理念

借鉴欧美"住宿制学院"和"文理书院"育人模式，进行书院制改革试点。

一是设立"敬文书院"。注重"第二课堂"育人功能，以学生公寓为依托，强化学科专业交融，尤其注重学生道德修养、创新能力、团队意识等综合素质的培育，设有常任导师、学业导师、社区导师和助理导师，部分导师入住书院，与学生共同生活，成功实现学生由年级管理向社区管理转变。

二是设立"唐文治书院"。强化"第一课堂"育人模式，借鉴传统书院特色开展博雅教育，课程设置打通文史哲，兼及艺术与科学。实行教授联合授课，部分课程双语教学。重视阅读、讨论、作业环节，鼓励学生用外文和古文写作，强调手写作业，着重培养文科优秀人才。

目前,致力于培养卓越医师的“唐仲英书院”正在积极筹建中。我校的书院制改革得到了省政府和省教育厅领导的充分肯定,受到了社会的广泛关注。

三、以试点学院建设为平台,凸显现代大学制度精神

作为江苏唯一的国家试点学院,纳米科技学院是学校内部治理结构改革的缩影。学院坚持先行先试,按“章”办院,取得了初步成效。

一是积极理顺与政府、社会之间的关系。努力将政府对大学的要求、社会对大学的期盼融入学院改革发展中。目前,我们正按照教育部要求,积极组建学院理事会,邀请政府人员、社会代表、教育专家担任学院理事,形成社会支持和监督学院发展的长效机制。

二是坚持教授治院和学术行政协调并行。在学术管理方面,成立了实体化的教授委员会,负责学院管理制度的制订及修改,教职人员的招聘、考核评估、奖惩,学院重要政策及事项的决定等;教授委员会还下设负责教学事务的教学委员会、负责学位审核的学位委员会以及由17位两院院士和5位全国知名学者组成的学术委员会,学术委员会拥有学科建设、学术评价、学术发展审议权,并为学院改革试点提供咨询指导。在行政管理方面,学院院长、副院长实行聘任制,面向海内外公开招聘,不设置行政级别;其他行政人员实行职员制,由学院自主招聘、考核和管理;为激发职员的服务意识,学院打破行政级别,建立“双肩挑”职员的补偿机制;学院党委书记负责学院师生员工的思想政治工作。在考核评价方面,按国际惯例对教师的师德、教学、科研等工作业绩进行评价考核。其中对教学质量的评估,结合学生(60%)、教学督导组(20%)、教研组(10%)、教学委员会(10%)四方意见进行评价。教师的薪酬、晋升、奖励都与评估结果挂钩,对评估不合格、不能胜任教学或科研工作的教师,院长可根据教授委员会的评审结果予以解聘。

三是坚持协同创新、服务经济社会发展。利用苏州工业园区打造“纳米之城”的契机,试点学院主动融入区域纳米产业发展,初步形成教学、科研、产业化“三位一体”的运行架构。2012年我校与苏州工业园区、中科院苏州纳米所、中科大签署了共建苏州大学纳米科技学院的协议。同时,我校与苏州工业园区、中科院苏州纳米所等单位合作共建的“纳米科技协同创新中心”通过了教育部首批“2011计划”国家协同创新中心的认定工作,积极探索中国的“斯坦福—硅谷”发展模式。

下一步,我们将以大学章程为引领,推进管理重心下移,将试点学院、书院制改革的成功经验逐步推广到学校其他学院(部),努力将苏州大学建设成为全省高校内部治理结构改革的先行区,为建设教育强省、率先实现教育现代化作出新的更大的贡献!

凝心聚力 乘势而上
奋力推进高水平研究型大学建设

——校长朱秀林在苏州大学六届四次教职工代表大会上的工作报告

2013 年 3 月 22 日

各位代表、同志们：

现在，我代表学校向大会报告工作，请全体代表予以审议。

第一部分 2012 年工作回顾

2012 年在苏州大学改革发展历程中具有重要意义。学校圆满完成行政班子换届工作，成功召开第十一次党代会，内涵建设实现“质”的飞跃。下面，着重报告八方面工作：

一、回归现代大学精神，学校综合实力显著增强

凝练苏大核心价值。在第三次发展战略研讨会上，提出并讨论了“回归大学本位，提高办学质量”的工作主题和任务，明确了“学术至上，学以致用，培养模范公民”的办学宗旨，凝练出“自由开放，包容并蓄，追求卓越”的校风和“博学笃行，止于至善”的学风，进一步诠释和丰富了新时期的苏大精神，形成了建设“国内一流、国际知名高水平研究型大学”的共识和愿景。

彰显内涵建设成效。2012 年，学校共有 5 个学科进入全球学科排名 ESI 前 1% 行列；共获得国家自然科学基金 281 项、国家社科基金 33 项，分别位居全国高校第 20 位和 23 位；发表 SCI 论文数位列入选“世界科研 500 强”的国内 54 家学术机构第 37 位，被引用论文数位列全国科研机构第 23 位；在《2013 年中国大学排行榜》中，作为唯一一所省属高校跻身 36 所研究型大学行列，实现了学校发展新跨越。

二、推进教育教学改革，人才培养质量稳步提升

系统实施本科质量工程。制订了《苏州大学“十二五”期间本科教学质量与教学改革工程实施方案》，努力培养具有“独立之人格、卓越之能力、自由之精神、社会之责任”的模范公民；成立了课程改革与建设领导小组，分别推进大公共课、通识教育课、人文、理科、工科、医科等课程改革；成立了教务部，在部分学院(部)试点下放教学管理权限；成立了音乐学院，

拓宽人才培养口径。2012 年，新增国家综合改革试点专业 2 个，国家精品视频公开课 2 门，国家精品资源共享课 2 门，"十二五"规划教材 6 部；学校获"全国高等教育学籍学历管理工作先进集体""江苏省教学工作先进高校"等荣誉。

积极推进综合试点改革。继续深化国家试点学院改革，初步形成"国际化高精尖培养、地域型产学研协同"的办学特色；加强唐文治书院和敬文书院建设，分别建立以研究为导向的学习模式和以自治为特色的社区管理模式。积极推进卓越人才培养计划，3 个专业获批教育部"卓越工程师教育培养计划"；法学专业入选全国首批"卓越法律人才教育培养基地"，五年制临床医学入选"卓越医生教育培养计划"试点。

不断完善招生就业工作。强化招生就业联动机制，通过自主招生、保送生招生、大类招生等方式，吸引和选拔优质生源。2012 年共录取本科生 6 040 人，研究生 3 416 人（其中博士研究生 331 人）。以"带薪实习"等项目为平台，强化学生创新能力和实践能力培养，2012 届本科生、研究生就业率分别达到 93% 和 92%。

深化研究生培养模式改革。深入实施研究生教育创新计划，推行导师"评聘分离"制度和博士生招生改革。2012 年获评全国优秀博士论文 1 篇；省研究生创新工程立项 217 项，列全省高校首位；新增"江苏省企业研究生工作站"53 家；被评为"研究生招生管理工作优秀单位"。

三、培育学科创新能力，重大科研成果不断显现

学科建设水平不断提升。全面启动"重点学科提升建设计划"，新增 3 个省一级重点学科。7 个省优势学科通过了中期检查，"血液转化医学"获优秀等级。在"211 工程"三期建设国家验收中，获评优秀等级。

科学研究能力持续增强。在自然科学领域，获得国家级项目 310 项，到账经费 3.39 亿元，其中"973 计划"重大研究项目首席科学家实现"零突破"，1 人当选青年"973 计划"首席科学家（全国专题共 19 项），1 人获"国家杰出青年科学基金"，5 人获"优秀青年科学基金"；*Nature* 刊登我校科研团队论文，1 篇论文入选"中国百篇最具影响国际学术论文"；获各类科技奖项 88 项，1 项专利获中国专利优秀奖。在人文社科领域，获得国家级项目 38 项，到账经费 3 700 多万元，创历年新高；2 项成果入选《成果要报》并获中央领导批示，2 项成果入选《国家哲学社会科学成果文库》；《苏州大学学报（哲社版）》转载率进入全国大学学报前 10 位；学校获评教育部"高校哲学社会科学研究管理先进集体"。

协同创新工作凸显实效。纳米科技协同创新中心、血液学协同创新中心已通过江苏省认定，纳米科技协同创新中心正积极申报国家"2011 计划"。分别与英国斯旺西大学、加拿大西安大略大学、法国爱迪特公司合作，共建"健康材料与技术协同创新中心""同步辐射研究中心"和"测控技术国际联合实验室"，推动科教协同创新向国际化延伸。

四、坚持人才强校战略，师资队伍结构不断优化

加强高端人才引进工作。2012 年，共引进包括柴之芳院士、陈晓东院士在内的高层次人才 149 人；柔性引进讲座教授、兼职教授、客座教授 72 人。4 人入选中组部第七批"千人计划"，13 人入选"青年千人计划"，1 人入选首批"青年拔尖人才支持计划"；8 人入选省"双创计划"，4 人入选江苏特聘教授；2 个团队入选省"双创团队"。目前，学校共有 24 位"千人

计划(含青年千人)”和11位“国家杰青”,均位居全国省属高校首位。

推进骨干教师培养工作。启动实施“校内特聘教授”“东吴讲席教授”和“师资博士后”等制度,继续推进“东吴学者计划”和“博士化工程”。1人入选教育部“长江学者”特聘教授;26人入选省“333工程”培养对象。学校获评“2012年江苏省教育人才工作先进单位”。

五、加大开放办学力度,服务区域发展成效显著

办学空间进一步拓展。建设阳澄湖校区,形成“一体两翼”发展态势。举办“医学教育百年”庆典活动,进一步深化与政府、企事业单位的合作关系。完善董事会、校友会和基金会综合服务平台,全年新发展董事105位。近期与苏州高新区签署全面合作协议。

服务能力进一步提升。完善大学科技园载体功能;加快张家港工业技术研究院、南通纺织研究院、苏州纳米研究院建设;与地方龙头企业共建11个校企研发平台;苏大维格成为第一家在创业板上市的江苏高校科技企业;依托人文学术资源,成立11个校地校企合作研究机构。学校科技产业年产值位列全国高校第17位。

继续教育进一步转型。积极开展企业定向委培、党政干部培训、国际合作培训等,经济收入突破1亿元,同比增长26%。

六、拓展对外交流合作,国际办学水平明显提升

切实开展国际合作交流。全面推进教育国际化战略,全年共接收各类留学生1 800余人,其中学历生超过50%;800余名师生出国(境)参加学术交流、学习深造。与加拿大西安大略大学、英国斯旺西大学等10多所国际知名大学签订校际合作交流协议;与加拿大滑铁卢大学共建纳米技术联合研究院,在人才培养、科研创新等方面开展全方位合作。

稳步推进境外办学项目。老挝苏州大学首批2个专业获老挝教育部批准并正式招生,校区建设正式启动;积极参与“中非高校20+20合作计划”,协助尼日利亚拉各斯大学建设中国语言文学及中国学系;成功举办波特兰州立大学孔子学院建院五周年庆典活动。

七、开源节流提升效益,财务运行机制规范有序

保证重点项目支出。按照“量入为出、突出重点、统筹兼顾”的原则,切实提高资金使用效益,2012年全年事业类支出总计220 314.34万元。一是注重学校内涵发展,支出公用经费113 977.88万元,其中:配合人才培养系统化改革,教学支出14 707.23万元;配合科研创新体系建设,科研支出26 502.33万元;配合人才强校战略实施,人才引进支出14 365.00万元;配合学科平台建设,“211工程”、优势学科等支出12 744.67万元。二是注重教职工收入增长,支出在职人员经费44 218.46万元,其中校内分配31 800万元。三是注重和谐校园建设,对个人和家庭补助支出50 011.35万元,其中离休费2 844.97万元、退休费27 529.72万元、住房公积金和提租补贴9 082.54万元、学生奖助学金7 637.11万元。四是注重校园优美环境创建,支出学校基本建设经费12 106.65万元。

多方筹集办学经费。2012年学校共取得各项教育事业类收入237 474.82万元。其中:教育经费等拨款122 516.91万元(含中央财政支持地方高校发展专项经费4 920万元、省化解基本建设债务专项补助10 200万元、2012年度优势学科建设专项资金7 000万元、唐仲英医学研究院建设专项资金3 000万元),比2011年增加18 858.45万元;科研收入

33 486.42万元,比 2011 年增加 8 938.51 万元;教育事业收入 46 438.19 万元(含学费、住宿费收入 36 925 万元);教育发展基金会公益捐赠 8 000 万元;其他各类收入 27 033.30 万元。

加强财务审计监督。充分发挥审计监督职能,不断完善对基建工程、仪器设备和图书教材等物资采购,特别是科研经费的审计监督工作,确保经费使用规范、安全和有效。

八、实施民生幸福工程,校园环境建设日益完善

着力改善民生。有序推进收入分配制度改革,积极制订在职人员绩效工资改革方案,提高了教职员工住房公积金、房贴和新职工住房补贴标准;积极回应诉求,做好退休人员津(补)贴发放工作。阳澄湖校区教工餐厅投入运营,公交班车顺利开通。

建设美丽校园。优化校区功能定位,积极配合苏州市启动天赐庄历史文化片区改造工作,推进唐仲英医学研究院、文景路隧道工程、"恩玲"学生活动中心、生农化实验楼接建等工程建设。学校荣获"全国第四批高校节能监管平台建设示范单位"称号。

各位代表,同志们,过去一年取得的成绩来之不易,这凝聚着全校师生的智慧和力量。在此,我代表学校向各位代表,并通过大家向全校师生表示衷心的感谢和崇高的敬意!

在建设高水平研究型大学的进程中,我们也看到,学校还面临着许多严峻的挑战:一是人才培养质量还有较大提升空间,教育教学水平有待进一步提高;二是有竞争力的优势学科还比较少,学科建设力度有待进一步加强;三是学科领军人物还比较缺乏,人才队伍结构有待进一步优化;四是科研重大突破还比较少,创新能力有待进一步提高;五是财务压力需要缓解,增收节支能力有待进一步增强;六是学校体制机制与研究型大学要求尚有差距,管理效益有待进一步提升。这些问题和不足,是影响学校进一步上层次、上水平的瓶颈,也是我们今后工作的着力点,必须采取更加有力的措施认真加以解决。

第二部分　2013 年主要任务

一、基本思路

以邓小平理论、"三个代表"重要思想、科学发展观为指导,学习贯彻党的十八大精神,积极落实学校第十一次党代会精神,坚持走以质量为核心的内涵式发展道路,以提升人才培养质量为根本,以建设高水平人才队伍为关键,以创新校内外协同方式为路径,努力把学校建成区域内高水平创新人才培养、高新技术研究、特色文化传承创新与社会服务的重要基地和全体苏大人共建共享的幸福家园。

二、重点工作

(一)质量为先,深化人才培养模式改革

深化国家试点学院改革。试点学院要按照教育部打造"高教改革特区"的要求,大胆改革,先行先试,在创新学生招录方式、人才培养模式、教师评聘及教授治学等方面先行一步,发挥示范效应。

拓展书院制改革。着力构建苏大特色的书院制人才培养模式,创新课程体系,强化育人

特色。积极筹建致力于卓越医学人才培养的唐仲英书院。

强化卓越人才培养。做好入选国家“卓越工程师教育培养计划”3个专业的师资队伍建设和实践教育硬件建设，提升专业国际化水平。积极推进“卓越法律人才”“卓越医生”及“东吴名医”的培养工作。

(二) 创新为重，提升学校学科科研水平

提高学科建设水平。加强顶层设计和资源集聚，推进“重点工程”建设；部署国家一级重点学科申报、省重点学科建设工作；做好优势学科一期建设总结，确保进入第二建设周期；促进学科交叉融合，培养新的学科生长点；积极做好“211工程”四期建设的准备工作。

做实协同创新中心。冲刺“2011计划”，创建国家纳米科技协同创新中心，做实省级纳米科技协同创新中心和血液学协同创新中心，培育一批校级协同创新中心，借力区域经济产业发展，推动学校相关学科建设。

(三) 人才为本，强化人事制度政策导向

加强人才队伍建设。围绕重点学科和重大科技创新平台，引进一批领军人才；争取在“千人计划”“长江学者奖励计划”等方面有新突破。完善“校内特聘教授”制度，做好“东吴讲席教授”试点推广工作；实施教师能力拓展计划、青年教师导师制度和教授学术休假制度，做实教师教学发展中心。

改革人事分配制度。根据江苏省政策，制定学校绩效工资改革实施办法；实施教师基本工作量制度，完善学院(部)、科研单位考核办法。建立重视本科教学的人事制度，推进助教制度实施；启动新一轮岗位设置与聘用工作，深化教师职务聘任制改革。

(四) 管理为基，提升学校持续发展水平

规划学校建设。推进阳澄湖校区工科发展基地建设，做好相关学院搬迁工作。积极筹建苏州市独墅湖医院(苏州大学医学中心)，支撑医学教育发展。加快建设唐仲英医学研究院，发挥“旗舰”引领功能。

打造数字校园。实现教学信息化，建设智能录播系统、精品视频课程库等，构建智慧教室；建设校园管理服务信息系统，提升整体化信息水平；整合学校数据资源，逐步实现所有信息的分配共享。

改革后勤服务。推进楼宇质量工程、餐厅质量工程、校园节能工程、环境美化工程、物业管理提升等五大工程。按照精细化管理原则，重点推进物业管理改革。

推进境外办学。做好老挝苏州大学新专业申报及学生回苏大学习安排，加快校区建设进度。落实援建尼日利亚拉各斯大学各项工作，筹建西非研究中心。

各位代表、同志们，今日的苏州大学站在了新的历史起点上，每个苏大人不仅是学校事业的守望者，更应是学校发展的推动者。全校上下要以只争朝夕的精神、攻坚克难的勇气、奋发有为的斗志、敢为人先的魄力、脚踏实地的作风，破解发展难题，推进各项工作，为早日实现“国内一流、国际知名”高水平研究型大学的“苏大梦”而努力奋斗！

最后，预祝本次教代会圆满成功！祝各位代表、同志们身体健康、工作顺利、万事如意！

创新教师管理机制　深化试点学院综合改革

——校长朱秀林在教育部试点学院推进会上的讲话

2013 年 4 月 15 日

国家试点学院是我国高等教育教学改革的特别试验区，肩负着探索中国拔尖创新人才培养模式的重要使命，扮演着"教育强国梦先行者"的角色。作为承担试点学院改革项目的单位之一，苏州大学认真贯彻落实教育部有关文件会议精神，积极、有序、务实推进试点学院"人才培养模式""学生招录选拔方式""学院内部治理结构"等领域的改革，取得了诸多进展，特别在"创新教师管理体制机制"方面，成效尤为显著，示范作用逐渐彰显。

一、坚守大学本位，以立德树人为办学宗旨

苏州大学纳米科学技术学院成立于 2010 年 12 月，是由我校与苏州工业园区、加拿大滑铁卢大学合作创建的一所新型学院。学院以融会先进教育理念、培育一流拔尖创新纳米人才为宗旨，广泛借鉴吸收国际先进办学理念，积极引进海内外高层次人才，形成了良好的国际化办学特色。

入选国家试点学院以来，学院进一步强化了"育人为本，教学为重"的办学理念，将"一切为了学生成人成才成功、有效提高创新人才培养质量"作为学院改革的出发点和落脚点，强调学院领导的精力、师资力量、资源配置、经费安排、业绩评价都要以人才培养为中心。例如，在资源配置方面，涉及教学活动的经费优先安排，确保教学经费专款专用；在教师遴选、评聘等方面，格外注重教师教学能力的考察与评估，实行一票否决制；在课程设计、教学方法选择方面，突出因材施教、分类指导；等等。学院坚持育人本位，引导教师真正恪尽为师之道，集中精力教书育人，引导学生真正厉行求学之责，踏踏实实勤学苦练。通过精心设计、精心组织，学院人才培养工作成效显著。目前，学院 2010 级本科生中有 50% 学生的学分业绩点在 3.0 以上，超过校内其他理工学院 15 个百分点。

二、创新工作机制，以优师育人为基本要求

建设一支高水平的教师队伍，调动教师投身人才培养和教学改革的积极性，是培养拔尖创新人才的重要保证。在试点学院改革中，我们按照"师德为先、教学为要、科研为基"的原则，把建设一支师德高尚、能力卓越、结构合理的师资队伍作为改革的首要任务，不断深化教师选聘、考核、评价等制度的改革，确立了科学的考核评价和激励机制，引导教师把主要精力用于教书育人，促进拔尖创新人才脱颖而出。

第一，建立了国际化的教师遴选和聘用制度。试点学院全面实行聘用制，建立了较为完

善的岗位管理和聘用办法。专业教师一律面向全球公开招聘,在 *Science* 等国际权威杂志发布招聘广告,引进基本要求为世界知名大学的博士毕业生,并且必须具备较强的国际化教学能力。教师引进过程中引入第三方评价机制,邀请国内外同行专家对拟聘人员的教育背景、学术经历和教学科研潜质等进行评价。同时,学院采用与国际接轨的薪酬标准,实行"一人一价""按水平定薪"的年薪制。目前,学院共有教职工 59 人,其中 31 位副高职称以上教师全都拥有海外学术背景,包括 1 位院士、2 位"千人计划"人才、6 位"青年千人计划"人才、2 位"863 计划"首席科学家、1 位青年"973 计划"首席科学家,外裔外籍教授 4 人(比例达到 13%)。根据聘用协议,学院所有教授都必须承担本科生教学课程。此外,学院结合纳米学科的特点,以产业教授、讲座教授、兼职教授等方式聘请了 18 位国际纳米领域学术大师、企业科研骨干作为兼职师资,实现人才培养、科研合作和科技成果转化工作的无缝对接。

第二,建立了以教师教学能力提升为核心的培训机制。为保证教学质量,提高教师教学胜任力,学院聘请了香港城市大学"优秀教学奖"获得者 LilianVrijmoed 教授,由其领衔组建了"教学工作坊",围绕提高教师教学质量和全英文教学水平,为每位教师量身定制培训计划,定期开展教师培训、教学研讨等活动。学院以教研室为平台,完善"传帮带"机制,开展集体备课,实行新开课、开新课试讲机制;建立了教学"门槛制",初任教师要先以助教身份接受教学培训,然后随堂听课、试讲,经教学委员会评估合格后才能走上讲台,有力保证了教学质量。

第三,建立了科研与教学互动的促进机制。纳米学科是新兴学科,教师必须将最新的科研成果和学科进展融合到教学内容中。学院要求和鼓励教师开展高水平研究活动,争取国家重大项目,创造高水平科研成果,并将科研资源引入教学过程。四年多来,学院教师共获得包括"863""973"重大项目在内的各类科研项目 98 项,总经费超过 1.7 亿元,在国际知名学术期刊上共发表科研论文 270 余篇,其中高影响因子文章 106 篇,11 篇文章被 *Nature*、JACS 等国际高水平学术刊物作为亮点报道或封面文章。为更好地将科研资源转化为教学资源,学院建立了前沿性科研资源进课堂的机制,鼓励教师通过精品课程建设、教学案例制作、创新型教材编写等方式,及时将最新的研究成果、科研进展融合进课堂教学内容,并对作出突出贡献的教师给予奖励。学院通过建立本科生导师制,鼓励学生积极参与导师的科研项目,早进课题组、早进实验室、早进团队;学院每年对导师指导本科生的情况进行评估考核,并将考核结果与该导师的年终考评及研究生招生指标挂钩。在该机制影响下,刘庄教授带领的本科生胡立磊在《材料科学》期刊上发表了影响因子为 13.877 的论文,目前正在加拿大滑铁卢大学就读学院"3+1+1"本硕连读项目。目前学院中有多位本科生在导师指导下准备发表高影响因子的论文。

第四,建立了以教学评价为核心的师资考评机制。学院基本建立了以教学工作量和教学效果为导向的薪酬分配办法,在分配权重和绩点方面向教学倾斜。对教师教学质量的评估,学生评价占 60%,教学督导组评价占 20%,教研组评价占 10%,教学委员会评价占 10%,综合四方面进行客观评价。教师的薪酬、晋升、奖励都与教学质量评估结果挂钩。对评估不合格、不能胜任教学工作的教师,即刻启动"解聘程序",如其科研工作特别优秀,则可转入专职科研岗位,否则予以辞退。对教师科研水平的评估,每三年对教师的科研方向和科研成果进行一次第三方评估,评估小组由相关领域的国际国内专家组成,对于评价特别优秀的教师,学院在科研经费等方面给予奖励;对于评价一般的教师,视其教学水平,教学特别优秀的可转入专职教学岗位，否则予以解聘，实现了“能上能下”“非聘即转”的动态管理。另外，学院按照从严治院的原则，对于不能为人师表、教书育人和学术道德失范的人员，严格实行“一票否决制”，一旦发现即刻解除聘任关系。

三、完善治理结构，以教授治学为制度特色

第一，落实学院自主权。在推进试点学院的改革过程中，学校在国家法律和政策框架下积极落实和扩大学院教学、科研和管理自主权，支持学院依照学院章程自主确定发展规划并组织实施，自主配置各类资源，自主确定内部收入分配，自主设置和调整学科专业。同时，学校基金会专门设立“试点学院发展基金”，面向社会募集发展资金支持试点学院自我发展。

第二，坚持教授治学。竺可桢先生曾说过：“教授是大学的灵魂。”我校在试点学院改革中，牢固树立“学术至上”的办院理念，其核心在于推进教授治学。学院的相关事务由教授委员会、教学委员会、学位委员会、学术委员会负责处理。其中，教授委员会主要负责教师管理制度的制定及修改、教师的选聘、考核评估以及奖惩推荐、学院重要政策及事项的决定；教学委员会主要负责学院教学事务，包括教学大纲的制定、教学任务的安排与管理、学生的招录和培养、教师教学工作的管理和监督以及教学培训工作；学位委员会负责考核毕业学生是否符合学位授予条件，完成学位授予程序；学院的学术委员会邀请了 17 位两院院士及 5 位全国知名学者，为学院改革试点提供咨询指导。

第三，创新管理体制。为吸引多方力量支持学院改革发展，我校与苏州工业园区管委会、加拿大滑铁卢大学共同成立了学院理事会，领导学院建设并制定了《苏州大学纳米科学技术学院章程》。根据章程，学院不设行政级别，行政人员全面实行职员制，职员大都具有海外教育背景，由学院自主招聘、考核、管理；强调职员的服务意识，建立职员评估体系，完善职员奖励机制和解聘机制，对于评估不合格的职员由教授委员会通过提请院长批准后可直接解聘；等等。

“改革是最大的红利。”试点学院改革不仅激发了这个年轻学院培养拔尖创新人才的创新激情，也为学校整体改革发展注入了活力。通过试点学院改革，苏州大学在以下四个方面形成了共识和突破：一是牢固确立了以“人才培养”为中心的指导思想，将“学术至上、学以致用、培养模范公民”凝练为学校的办学宗旨；二是探索出以“拔尖创新人才培养”为目标的协同育人模式；三是完善了以“教书育人”为导向的教师管理体制和机制；四是营造了以“教授治学”为核心的尊重知识、敬畏学术、倡导创新的学术氛围。

今后，苏州大学将进一步解放思想，坚定信心，以敢为人先的意识、敢于改革创新的精神，深化试点学院改革不彷徨、不动摇、不懈怠，激活体制机制，创新育人模式，努力为中国教育强国梦作出应有的贡献！

校党委书记王卓君在机关部门、群直单位等新一轮上任干部任前集体谈话会上的讲话

2013 年 6 月 26 日

同志们:

我校机关部门和群直单位处级领导职务干部任聘工作,在学校党委的正确领导下,在广大干部的积极参与和共同努力下,在全校广大干部职工的关心支持下,任聘阶段的工作已基本结束。今天,根据此次任聘工作的要求和程序,学校党委在这里举行新上任干部集体谈话。下面,我代表学校党委谈两点意见。

一、关于此次干部任聘工作的基本情况和主要收获

这次任聘工作,是在全校深入贯彻落实党的十八大精神,加快推进高水平研究型大建设的重要时期进行的。为了搞好这次任聘工作,党委常委会多次进行专门研究,在认真总结近年来学校干部人事制度改革和上次任聘工作经验的基础上,积极借鉴兄弟高校干部任聘工作做法,出台了《苏州大学机关部门、群直单位处级领导职务干部任、聘工作实施方案》,确定了任聘工作的指导思想、原则、工作程序、政策要求和干部岗位及职数。从任聘动员、报名申请、资格审核、酝酿研究到组织考察和讨论决定,都严格按照学校干部选拔任用工作规定和《实施方案》的要求进行。特别是在讨论和决定拟任聘人选的过程中,本着对学校事业发展负责、对每个干部负责的态度,党委认真听取组织部门和纪委关于审核情况的汇报,进行了充分的沟通和酝酿,提出了确定人选的具体原则和提交常委会讨论的建议名单。经常委会研究同意,组织部门随即严格按照干部工作程序和要求,及时完成了提任干部的考察工作,并根据考察结果,形成了机关、群直单位处级领导职务干部任聘方案,其中,副处级领导职务干部任聘方案经党委常委会票决,正处级领导职务干部任聘方案由常委会提出建议名单,经全委会票决后,即予公示。今天上午,党委常委会对公示情况进行研究后正式同意了此次机关、群直单位干部任聘和其他干部任免方案,标志着此次干部任聘及相关工作顺利结束。

此次,共有 105 位同志被任聘到新一届机关、群直单位处级领导职务,其中,提任正处级领导职务 3 名,副处级领导职务 7 名,有 4 名同志交流到其他岗位,有 10 名同志因年龄等原因转任非领导职务或回转专业技术岗位。同时,另有 2 名同志被提任到学院担任相应领导职务。

总的来看,这次任聘工作主要有两大方面的收获:

一是严格执行制度规范，得到了学校上下广泛认可。

此次干部任聘及相关工作，严格程序，严把标准，始终坚持了党管干部、党管人才与走群众路线相结合原则，体现了任人唯贤、德才兼备、群众公认、注重实绩的用人标准，贯彻了民主、公开、竞争、择优的要求，严格执行民主集中制，注重发扬民主，广泛听取群众意见，努力扩大教职工对干部选拔任用的知情权、参与权、选择权和监督权。

从目前各方面的反映来看：绝大多数群众和干部对党委出台的有关制度表示赞成，对这次干部任聘工作及其他干部的调整工作给予了充分的肯定和积极的评价，对整个过程的公正性、严格性和执行的规范性都非常认可。

二是进一步优化了学校处级领导干部队伍结构。

经过本次任聘，我校处级干部队伍在年龄结构、学历学位结构、职称结构、任职经历结构等方面均有所改善，其中，机关、群直单位新任聘处级领导职务干部的平均年龄由任聘前的45.1岁降为44.4岁，正处级领导职务干部的平均年龄由任聘前的48.1岁降为47.5岁，副处级领导职务干部的平均年龄由任聘前的43.6岁降为42.7岁。在机关与学院之间、学院与学院之间、机关部门之间、党政之间共有15人进行了轮岗交流，占任聘处级干部总人数的14.3%。一批年富力强、富有干事创业精神的干部被提拔到了新的领导岗位，对我校建设一支朝气蓬勃、奋发有为、素质高、能力强、业务精的干部队伍是一个有力的促进，对学校下一步的改革发展事业必将产生积极而深远的影响。

特别提出的是，在这次续聘续任工作中有一些同志因年龄原因或服从学校整体工作考虑从处级干部岗位上退下来，有部分同志因工作需要交流到新的岗位上。大家都能正确对待个人的进退留转，自觉服从组织安排，表现出了良好的思想政治素质和大局观念，以实际行动支持了这次任聘工作的顺利进行，充分体现了学校干部队伍是经得起考验的。在此，我代表学校党委向他们表示诚挚的敬意和衷心的感谢。学校党委将一如既往地关心同志们的工作和生活，也希望他们在新的工作岗位上，继续为学校的发展再立新功。

虽然，此次干部任聘工作取得了良好成效，但进一步深化干部人事制度改革，建立能上能下、能进能出、能高能低的干部选拔任用机制仍然任重而道远。下一步，党委将在认真总结此次干部任聘工作经验的基础上，进一步加强制度化和规范化建设，着力完善符合中央和省委要求、体现学校实际需要的干部选拔任用长效机制；同时，党委将继续加大干部人事制度改革的力度，尤其是要加大竞争性选拔干部，特别是选拔年轻干部的力度，为更多年轻同志的脱颖而出创造机会、提供舞台，使苏州大学的事业发展后继有人、基业长青。

二、对新任聘干部及交接工作谈几点希望和要求

根据学校任聘工作的统一安排，今天集体谈话会后，各位新任聘的同志就将由分管领导带着分别赴任。党委希望新任聘的同志一定要对事业和工作高度负责，对广大师生员工高度负责，不辱使命，不负众望，努力做好工作，经得起实践和群众的进一步检验，同时也能够在新的工作岗位上施展才华，证明自身的价值。

一要解放思想，开拓创新。当前，我国高等教育事业正面临着新一轮大改革、大发展的难得机遇，苏州大学必须乘势而上，有效突破目前制约学校发展的各种边界条件的制约，开辟高水平研究型大学建设的新境界。为此，首当其冲地要求我们每位干部必须要有敢为人先的魄力和改革创新的举措，积极跟踪了解和把握国家高等教育的发展态势和最新动向，结

合学校实际，深入思考和找准本部门、本单位工作与上级新要求新部署的对接点、着力点和切入点，善于抓住和解决工作中的瓶颈问题和突出矛盾，以新的思路、新的举措和新的突破，为学校的改革发展建功立业。

二要勤学善思，学以致用。随着职务变动和岗位调整，许多同志的工作性质、工作环境和工作对象发生了变化，面临着适应新形势、新环境的考验。为此，必须加强学习，积极思考，开展研究，以理论联系实际的学风，不断把所学运用到新的工作岗位上，运用到学校的改革、建设和发展中，更好地把握新形势下高校办学规律，切实增强谋划发展和改革创新的能力，依法治校和民主办学的能力，统筹人才培养、知识创新和社会服务的能力，建设和谐校园的能力，争做学习型、知识型、思考型的干部。

三要永葆激情，干事创业。激情不仅是一种可贵的工作状态和工作品质，更是干事创业的动力。很难想象一个缺乏激情的人能把工作干好。我们常讲，换届后的新班子要有新面貌，不只是在班子中增加几个新的面孔，更重要的是要带来一股清新之风。机关各职能部门和直属单位，都在某一方面代表学校行使管理或服务职能，体现学校形象，班子成员特别是负责同志理应成为中层干部的表率。要始终保持昂扬向上的精神状态，始终保持“一日无为，寝食不安”的紧迫感，把心思集中在“真干事”上，把本领用在“多干事”上，把目标放在“干成事”上。要敢于负责，敢闯新路，领导就是引领指导，干部就得先干一步，要有“当官避事平生耻”的责任感，不能遇到困难绕着走，遇到矛盾踢皮球，面对歪风往后退。要进一步增强服务意识，切实转变作风，注意深入基层，听取群众意见，增强工作的系统性、预见性和创造性。要强化全局意识，加强部门协同，注重调查研究，完善决策程序，狠抓工作落实，不断提高管理工作的科学化水平。

四要团结协作，共创和谐。当前，面对学校改革发展的繁重任务，面对来之不易的内和外谐的良好氛围，每一位干部都有责任和义务维护团结和谐的发展氛围。希望同志们时刻保持谦虚谨慎的态度，以宽广的胸怀、无私的品德、合作的精神，时刻从学校大局出发，从工作出发，包容不同的声音和诉求，经得起酸甜苦辣的考验，既能吃苦，也能“吃亏”，自觉维护班子团结和校园和谐，相互信任，相互支持，努力营造民主和谐、团结向上的局面。

五要修身养德，清廉自律。《论语》中提出为政者要具备五种美德，即“君子惠而不费，劳而不怨，欲而不贪，泰而不骄，威而不猛”。意思是说：一个优秀的领导干部，要让群众多得实惠而不劳民伤财，做事任劳还要任怨，要追求人生价值而不放任欲望，要从容淡定而不骄傲自满，要有威德但不令人恐惧。作为新时期的党员领导干部更要切实加强党性锻炼和人格修养，常修为政之德，常思贪欲之害，常怀律己之心，甘于奉献，永葆本色，厉行勤俭，经得起诱惑，受得住考验，用高尚的人格和表率作用感召人、影响人，真正树立起党员干部的良好形象和崭新姿态。

同志们，当前临近学期结束，学校各项工作十分繁重，我们每一位干部都要以高度的政治责任感认真做好交接和平稳过渡工作，确保学校正常的教学、科研和生活秩序。重要工作和经济事项要列出清单并进行交接备案，严禁以各种名目滥发钱物，私自处理学校资产和公共财产。学校纪检监查部门在按有关规定认真做好对离任干部的经济责任审计工作的同时，要切实加强对交接工作的监督和检查。

关于党委常委会工作的报告

——校党委书记王卓君在校党委十一届五次全体会议上的报告

2013 年 8 月 26 日

各位委员、同志们:

现在,受党委常委会的委托,我向大家报告 2013 年上半年党委常委会的主要工作。

今年以来,党委常委会团结和带领全校师生员工,深入学习贯彻党的十八大和校第十一次党代会精神,按照"抓住方向,把握大局,推动改革,建设队伍,凝聚人心,协调各方"的工作思路,切实加强内涵建设,努力提升办学质量,学校事业保持了良好发展势头。

一、以学习贯彻党的十八大精神为引领,加强和改进党的建设

党委常委会认真落实全国和全省高校党建工作会议精神,扎实推进学校党的建设,为学校事业发展奠定坚实的思想和组织基础。

1. 加强学习型党组织建设

党委常委会以加强学习型党组织建设为目标,通过中心组理论学习、教职工双周三政治学习、举行专题报告会、座谈会等多种形式,不断将学习宣传贯彻党的十八大精神引向深入。认真学习中央和省委关于深入开展党的群众路线教育实践活动的决策部署,成立活动领导组织机构,完善实施方案,为教育实践活动全面展开做好思想、组织和工作准备。坚持正确舆论导向,针对 78 级学生傅苹造假事件,发布官方声明,举行媒体集中采访会,有力维护了学校声誉。加强与国内主流媒体的合作,全面展示办学成绩,积极提升学校的社会知名度。学校获评"2012 年度江苏省教育宣传工作先进单位"。

2. 加强基层组织和党员队伍建设

开展"学习党章、遵守党章""我的中国梦""毕业生党员教育管理月"等主题教育活动,增强基层组织的凝聚力与战斗力,一批基层组织、党员受到省市表彰。加强党内民主建设,探索党代表任期制;完善党校综合教育培训管理系统,严把党员入口关,半年来发展党员 1 430名;探索党员出口机制试点,获得"江苏高校 2011—2012 年度党建工作创新奖"。

3. 加强高素质干部队伍建设

坚持德才兼备、以德为先的选人用人标准。半年来选拔提任 23 名处级干部,其中正处职 5 人、副处职 17 人、副处级非领导职务干部 1 人;对 16 名处级领导干部进行试用期满考察。制定《处级领导班子后备干部工作规定》,开展处级、科级后备干部推荐选拔工作,加强后备干部的选拔、培养、管理力度。顺利完成新一轮机关部门、群直单位处级领导职务干部的任聘工作。开展新一批科技镇长团成员选派推荐和对口支援工作。加强各民主党派、群

众组织和党外代表人士队伍的建设。

4. 加强思想政治教育和精神文明建设

加强马克思主义理论学科和思想政治理论课建设，学校获批成为全国首批、全省唯一的“高校思想政治理论课教师社会实践研修基地”。开展“惠寒”行动、“感恩母校”文明离校教育、“研究生荣誉日”等主题活动，有针对性地推动思想政治教育进课堂、班级和宿舍。发挥离退休老同志“三育人”的重要作用。加强辅导员队伍职业能力建设，推动团学组织在网络时代的工作转型，打造基于项目化管理模式的大学生实践成才服务平台，在全省获得试点推广。

5. 加强党风廉政和作风效能建设

坚持“标本兼治、综合治理、惩防并举、注重预防”的方针，落实党风廉政建设责任制，推进反腐倡廉文化建设。开展“教育经费管理年”活动，规范经费预算和支出管理，对科研经费、专项经费等使用管理情况开展专项检查。加强对干部经济责任、优势学科建设、学校控股参股企业、新建项目等审计监督，对各类招标项目核减经费983万余元。认真贯彻中央“八项规定”和省委“十项规定”，出台《改进工作作风、密切联系群众的有关规定》，切实加强机关、群直单位作风效能建设。按照中纪委部署开展会员卡专项清退，全校（含附属医院）46名纪检监察干部零持有。开展学校各级公务用车使用管理方式改革。认真受理并全部办结群众信访13件。

二、以内涵建设为根本，不断提升办学水平

党委常委会狠抓学校内涵建设，深化各项教育教学改革，努力提升学校办学综合实力和核心竞争力。

1. 努力提高人才培养质量

深入实施“本科教学工程”六大计划。加强课程的过程化考核体系建设，推进卓越人才培养计划，开展优质教学资源建设。规范考试管理办法。开设网络公选课程，探索进阶式教学与考试模式。培育建成1个国家级和2个省级实验教学示范中心，在教育部综合改革试点专业、国家精品视频公开课、省级教学成果奖及教改项目等评选中取得较好成绩。加强大学生创新创业训练计划的项目建设管理；尊重学生学习主体地位，全面规范开展转专业工作；实施临床医学教育督学制度；推进各类型创新人才培养，各级各类学科竞赛成绩显著。做好第十三届“挑战杯”大赛筹备工作，6个团队入围全国预赛。深化“校企合作带薪实习项目”，开发职业生涯教育课程体系。实施研究生教育创新计划，在省“优秀博士论文”“教改课题”“企业研究生工作站”等立项建设中取得佳绩；探索硕士“预录取”及博士招生“申请—考核”制度，提升生源质量。文正学院、应用技术学院应用型人才培养成效明显。

2. 加强师资队伍和学科建设

保持高端人才引进的良好势头，包括1名外籍院士、4名“千人计划”获得者和4名“青年千人计划”获得者在内的67位高层次人才加盟。加强国家和省市各类人才工程申报建设力度，1人入选国家“万人计划”第一批“青年拔尖人才支持计划”；推进“校内特聘教授”和“东吴讲席教授”“东吴名医培养计划”等师资培育工程。深化教师职务分类评聘，开展第二轮岗位设置与聘用工作。加强博士后基金项目建设。

积极优化学科布局，召开学科建设推进会，推进“重点学科提升建设计划”，加快优势学

科建设步伐。制定二级学科自主设置与管理办法，强化学科优势，培育新增长点，促进学科交叉与协同发展。

3. 大力提升科研创新能力

整合优势资源，瞄准"大项目、大平台、大成果"，加强跨学科的联合申报与建设攻关。截至目前，在自然科学方面，学校承担"973"青年科学家专题和重大科学研究计划青年科学家专题项目各一项，重点基础研究发展计划课题4项；国家科技重大专项课题1项；国家自然科学基金首次突破300项，其中重点5项，重大国际合作5项，优青2项，排名跃居全国高校第18位；科研到账总经费创同期历史新高；2个国家科技进步二等奖已通过初评公示。在人文社科方面，获国家社科基金立项19项；教育部人文社科研究项目26项，在地方高校中继续领先；加强人文社科科研基地和平台建设，2个省级研究中心和1个省级研究基地获立项支持；突出成果导向和氛围营造，完善科研管理评价体系；学校人文社科研究在"2012年度人大《复印报刊资料》转载学术论文排名"中，综合指数列全国第18位；《苏州大学学报（哲社版）》被权威二次文献转载篇次列全国综合大学学报第6位。

4. 成功跻身国家"2011计划"行列

由我校为牵头单位，以苏州工业园区为主要协同伙伴，联合西安交通大学、中国科技大学、中科院苏州纳米所、东南大学、江苏省纳米技术产业创新联盟等单位共同组建的"苏州纳米科技协同创新中心"，经过初审、答辩、现场考察和专家咨询会，于2013年4月通过认定，成为全国首批14家协同创新中心之一，并与"血液学协同创新中心"同时跻身全省首批"协同创新中心"。

5. 强化服务经济社会发展能力

完善大学科技园科技增资服务能力，形成科技项目服务、人才服务、大学生创业服务三大特色服务体系。与香港城市大学协议开展跨境技术转移。成立常熟低碳应用技术研究院、苏州高新区知识产权研究院；与7家龙头企业共建校企科研平台。举办"科技行——走进苏大暨苏州大学首届科技开放日"等活动进行成果展示，挖掘合作项目。积极提高知识产权转化率，形成以转化促申报的良性机制，获得221项专利授权、10项省产学研联合创新资金资助项目。依托深厚的人文资源，积极做强"东吴智库"品牌，努力发挥思想库和智囊团作用。

三、坚持统筹兼顾，营造内和外协的发展氛围

1. 深化开放办学机制

完善董事会、校友会和基金会综合服务平台，培育捐赠文化，开设特色捐赠项目，汇聚各方力量助推学校发展。积极推动省政府与国防科技工业局对我校实施共建。加快独墅湖医院筹建步伐。全面清理各类非常设机构，清理规范学校各类表彰奖励名目，规范二级学院管理人员编制和内部机构设置。学校被确定为全省首批教育现代化示范点建设高校。提升继续教育内涵，拓展国际合作培训和网络化教学试点，建立培训工作反馈回访机制，提升继续教育品牌知名度。

2. 扩大对外交流合作

与美国巴德学院等境外高校新签或续签合作协议。700余名师生出国（境）参加各类交流研修。积极发展与美国阿肯色大学合办物流本科等新的中外合作办学项目，落实"中非

高校20+20合作协议”推进与尼日利亚拉各斯大学的合作项目。老挝苏州大学校园建设和教学工作进展顺利，成功获批两个新专业。

3. 深入建设和谐校园

深化民主办学，推进党务、校务和信息公开，支持各民主党派组织及统一战线群众组织开展活动，畅通民主监督和建言献策渠道，重视教代会提案和议校平台学生议案的处理落实工作。重视民生建设，东校区东门外交通实现信号灯管理，投入专项经费改善幼儿园办园条件，做好“人感染H7N9禽流感”防控医治等工作。立足“维护稳定、加快融合、推进发展”加强阳澄湖校区与校部对接融合。通过改革奖学金评定机制、校企合作助学圆梦、建设勤工助学基地等形式，完善帮困助学体系，学校连续三年获“全省学生资助工作先进单位”。广泛征求意见，完善实施方案，稳步启动在职人员的绩效工资改革。严格按照上级文件规定，认真落实离退休老同志的政治、生活待遇。

推进节约型校园建设，开展节能减排、反对餐桌浪费等系列行动。加快各校区功能规划调整和城市轨道交通学院教学实验大楼、纵横信息大楼等工程建设进度。健全突发事件预警机制，完善校园监控系统建设，深入开展安全工作大检查，加大校园治安综合治理力度。加强军工项目、涉密人员和保密队伍的管理，顺利通过省二级保密资格重新认证，推进保密工作规范化建设。加大公共服务体系投入，加强实验室安全管理，推进仪器设备集中采购与科学共享。加强校园信息化建设，启用智能录播教室、毕业生网上离校管理等系统；试行集中收单报销模式，完善网上预约报账和缴费平台；探索学生事务一站式办理，提升服务师生效率。发挥博物馆和档案馆的文化载体、文化育人功能，拓展文物、档案材料征集渠道，举办各类特展和教育活动。加强数字图书馆建设，提升科技查新和信息服务能力，荣获“江苏省高校图书馆先进集体”称号。出版社荣获首届“江苏省先进新闻出版单位政府奖”等多项荣誉，“吴文化资源数据库”首次列入国家新闻出版改革项目库。各附属医院的医学教研水平和医疗服务能力不断提升，附属儿童医院园区总院（暂名）主楼结构顺利封顶。积极开展对口支援拉萨师范专科学校、贵阳医学院、援建宿迁学院和扶贫工作。

以上这些办学成绩的取得离不开包括离退休老同志在内的全校师生员工的共同努力，在此，我代表党委常委会向各位委员和广大师生员工，对常委会工作的大力支持和帮助表示诚挚的谢意，向所有为学校事业发展付出辛劳和智慧的同志们，致以崇高的敬意！

在总结成绩的同时，我们也清醒地认识到，学校发展中还存在一些困难和挑战，主要是：深入贯彻党的十八大精神，加强和改进学校党的建设，尤其是提高干部选拔任用工作科学化水平、加强党风廉政建设和反腐败工作、密切联系群众方面尚需更加务实；突出人才培养的核心地位，提高人才培养质量的任务还很艰巨；强化政产学研用结合，推进协同创新的运行机制还要进一步健全；提升办学效益，提高教职工收入待遇水平和幸福指数的任务还很繁重；等等。这些都需要我们在今后的工作中努力加以解决。下半年，党委常委会将切实以深入开展党的群众路线教育实践活动为抓手，以更加务实的作风和扎实的举措，勇于创新，敢于突破，不断将学校事业发展推向新的高度。

衷心希望各位委员、同志们对党委常委会的工作提出宝贵意见和建议，帮助我们把工作做得更好。

校党委书记王卓君在苏州大学深入开展党的群众路线教育实践活动总结大会上的讲话

2014 年 1 月 15 日

尊敬的各位领导,同志们:

按照《江苏省第一批深入开展党的群众路线教育实践活动实施方案》的总体部署,我校于去年 8 月下旬至今年 1 月中旬深入开展了以为民务实清廉为主要内容的党的群众路线教育实践活动。4 个多月来,校党委在省委和省委教育实践活动领导小组的正确领导下,在省委常委、苏州市委书记蒋宏坤同志和省委第十六督导组的指导和帮助下,切实把教育实践活动作为推动学校新一轮又好又快发展的重要契机,切实聚焦"四风"问题,突出抓好"四查四治",精心组织,周密部署,在各级党组织、全体党员和广大师生员工的共同努力下,扎实有序地推进各项工作的开展,取得了良好成效。经省委督导组同意并报请省教育实践活动领导小组办公室批准,今天我们在此召开苏州大学党的群众路线教育实践活动总结大会。下面,我代表校党委对学校教育实践活动开展情况进行总结。

一、教育实践活动基本情况和主要做法

我校教育实践活动启动以来,根据中央和省委的统一要求和部署,先后进行了"学习教育、听取意见""查摆问题、开展批评"和"整改落实、建章立制"三个环节,在整个活动开展过程中,我们坚持了四个贯穿始终的做法。

1. 始终坚持把学习教育摆在首位

教育实践活动中,学校按照"全员覆盖、分层组织、分类指导、注重实效"的原则,紧密联系实际,突出高校特点,通过各种载体、各种形式展开学习教育活动,实现了全员参与,不仅为教育实践活动起好步开好局,同时也将理论学习真正贯穿于活动全过程。校领导班子通过理论中心组学习、听取蒋宏坤书记专题辅导报告、为联系点单位作辅导报告、撰写心得体会并在党委理论中心组学习会上进行集中研讨和交流等形式,先行一步领先学。中层干部以集中学习和"网络在线"学习相结合的方式进行专题学习,结合学校年度处级干部教育培训工作,集中学习达到三天,在线自学每人不少于 1 200 分钟、30 课时,切实做到结合履行职责带头学。教职工党员、学生党员、离退休党员把学习与各自工作学习生活情况紧密结合,联系实际广泛学。同时,学校通过开通专题网站、开展"走群众路线、改工作作风、笃理想信念"专题读书月活动、组织"作风建设与苏大科学发展"征文活动、举行"中国共产党群众路线"图片展等形式,积极营造教育实践活动的良好氛围。依托学科和人才优势,设立党的群

众路线教育实践活动专项党建研究课题，组织党务工作者、有关学科领域的专家学者开展专题研究，以高质量的理论研究成果推进实践活动。通过围绕“坚持为民务实清廉，谱写苏大梦新篇章”“‘四查四治’‘三宽四有’高素质党员干部队伍”“我是谁、为了谁、依靠谁、做什么、怎么做”等主题大讨论，不断深化对马克思主义群众观点和党的群众路线的认识，深扎为民务实清廉的思想根子。

2. 始终坚持开门搞活动

在“学习教育、听取意见”环节，党员校领导都结合参加联系点教育实践活动，制定了走基层工作进度表，带头深入基层，走进“两室一厅一舍”（即教室、实验室、学生餐厅、宿舍），召开座谈会，参加基层领导班子民主生活会和开展领导班子谈心活动等。据统计，校党委分别召开由离退休老同志、党外人士、师生代表参加的座谈会29场，共有637人参加，其中我和朱校长主持召开的座谈会9个。党员校领导走访基层师生群众141人次。学校发放3 000份调查意见表，设置12个实体意见箱，设立专门邮箱、专线电话和网络平台等，广泛征求师生意见。通过上述方式，共汇总梳理干部群众的意见建议108条。各处级领导班子和党员领导干部，也按照校党委的要求和部署，通过多种方式广泛听取服务对象意见。在“查摆问题、开展批评”环节，领导班子和成员根据师生提出的意见建议，结合省委督导组征求到的意见建议反馈情况，认真撰写对照检查材料后，书面征求非领导班子成员的省管干部和正处职领导干部的意见建议，并根据省委督导组、省委活动办和省委石泰峰副书记的审阅意见反复修改。党委领导班子专题民主生活会召开后，我们及时召开了专题民主生活会通报会，将会议情况在规定层面进行了全面通报。在“整改落实、建章立制”环节，我们根据查摆出的突出问题，认真制订整改方案、专项整治方案和制度建设计划，并按规定予以公布，接受师生的监督。

3. 始终坚持贯彻整风精神

为了把批评与自我批评切实贯彻到教育实践活动的全过程，我们坚持了两个统一：一是把学习教育和批评与自我批评统一起来。通过系统学习马克思主义建党学说、党内整风的历史文献和优良传统，尤其是习近平总书记的一系列重要讲话，切实提高对开展批评与自我批评重要性的认识，掌握了原则方法。通过深入宣传动员，打消干部群众中不同程度存在的思想顾虑，提高领导班子、领导干部对开展批评与自我批评的自觉性和主动性，为专题民主生活会的顺利召开打下了扎实的思想认识基础。二是把查摆问题同批评与自我批评统一起来。领导班子和成员认真进行对照检查，切实聚集“四风”方面存在的突出问题，深刻开展自我剖析；充分进行谈心交心，做到“四个必谈”，校党委主要负责同志与班子成员必谈，班子成员之间必谈，班子成员与分管部门、直属单位负责同志必谈，班子成员与分工联系学院（部）党政主要负责同志必谈，互相指出各自“四风”方面存在的问题，沟通思想，交换意见，相互帮助，相互勉励；在专题民主生活会上，班子成员充分发扬整风精神，进行了深刻到位的自我批评和实事求是的相互批评。

4. 始终坚持整改落实、建章立制

教育实践活动开展以来，我们始终将即知即改、边查边改贯穿其中，领导班子及成员坚持带头转作风做示范，切实从师生反映最强烈、感受最直观的事项改起。针对师生反映强烈的突出问题，开展了一系列整改工作。包括改进会风、文风，狠刹公务接待中的铺张浪费现象，深化公务用车使用管理方式改革，加强机关作风效能考评体系建设，全面梳理各类非常设机构,清理规范各种考核表彰名目,进一步简化办事办会办文流程,增设网上办事和互动功能,等等,受到了师生的肯定。针对广大教职工普遍关注的民生问题,学校积极筹措经费在省内率先实施绩效工资,据初步测算,教职工年平均工资收入增加一万余元;采取多种措施缓解作息时间调整后的师生中午就餐时间紧张问题;推动学校体育场馆设施向教职工免费开放;完成部分学生食堂改造,较好地满足学生就餐、自习的多样化需求;在新校区安装"智能化收发系统",方便师生 24 小时收发快递;开展"美丽校园 · 卫生升级活动",等等。此外,东校区教工食堂建设、阳澄湖校区教工住房等实事工程也已在初步规划中。建章立制工作也在同步进行中,活动开展以来,先后制定出台了包括《关于改进工作作风、密切联系群众的有关规定》等在内的与作风建设密切相关的 8 项规章制度,目前正在对《苏州大学处级干部选拔任用工作条例》等 5 项制度进行修订完善,并着手制定反对"四风"方面的 11 项制度。

二、教育实践活动的主要成效

1. 受到了一次深刻的党的基本理论和党性教育,贯彻党的基本路线的自觉性和坚定性有了新的提高

通过教育实践活动,全校各级党员领导干部从党的性质、执政地位以及担负的历史使命的高度,深刻认识了中央部署开展教育实践活动的重大意义,普遍受到了一次深刻的理想信念教育,提高了学习理论、增强党性锻炼的自觉性;普遍增强了政治意识、大局意识和责任意识,提高了坚持党的基本路线和同党中央保持高度一致的自觉性。领导班子深深感到,要真正解决学校改革与发展中的重大问题,光靠过去的工作经验,光靠对党和对师生员工的朴素感情是不够的,只有不断加强学习,不断提高自身理论修养,坚持学用结合,正确处理和把握好改革、发展与稳定的关系,才能经受住各种复杂形势考验,才能真正提高科学管理水平,增强驾驭全局的能力。

2. 增强了为人民服务的宗旨意识和群众观念,党群、干群关系进一步融洽

学校的教育实践活动,得到了包括广大离退休老同志在内的广大师生员工的积极支持和热情参与。我们从中深刻地认识到,全校党员、干部和师生员工具有强烈的政治责任感,也蕴藏着巨大的智慧和力量,这是搞好这次教育实践活动的关键所在,更是推进学校事业发展的根本力量所在。各级领导班子和领导干部受到了一次生动具体的群众路线再教育,进一步增强了群众观念和为广大师生服务的宗旨意识。同时,广大师生员工也真切感受到了学校真心实意依靠群众,改进思想作风和工作作风的决心;感受到了学校实践全心全意为师生服务的宗旨,坚持以人为本办学兴校的诚恳态度,从而增强了对领导班子和领导干部的信任,党群、干群关系更加融洽。

3. 发扬了党的批评和自我批评的优良传统,增强了领导班子的团结和解决自身问题的能力

在教育实践活动专题民主生活会上,全校各级领导班子及成员都紧密联系思想、作风和工作实际,拿起批评和自我批评的有力武器,认真查摆"四风"突出问题,向组织和同志讲真话、讲心里话,敞开内心世界和真实思想,敢于正视自己的问题,自我批评深刻到位。同时,每位同志都本着对党、对事业、对同志高度负责的精神,开展了严肃认真、推心置腹的相互批评,受批评的同志耐心聆听,虚心接受,达到了真诚帮助、团结同志、增强合力的目的,提高了

领导班子解决自身问题的能力。全程参与校党委领导班子民主生活会的省委常委、市委书记蒋宏坤同志和省委督导组，对专题民主生活会给予了充分肯定，指出这是一次“有质量、讲党性、讲政治”的民主生活会，较好地贯彻了中央和省委的相关要求，起到了“红红脸”“出出汗”“加加油”“鼓鼓劲”的效果，是一次富有成效的民主生活会。

4. 抓住了“四风”方面存在的突出问题，明确了整改要求

通过教育实践活动，校党委领导班子综合各方面的意见，主要查摆出 12 个方面的问题，包括：科学的政绩观树立不够牢固，没有很好地把握“有所为，有所不为”的尺度；未能很好地处理外延建设和内涵发展的关系、近期发展和长远目标的关系；不同层面还存在形式主义和官僚主义现象，深入师生调研、大力改善民生、维护师生切身利益、全心全意服务师生的举措不够有力；存在铺张浪费、重复建设现象，办学资源科学统筹，科研经费把控等制度建设还需进一步健全；等等。针对这些突出问题，领导班子认真制订整改方案，扎实开展专项整治，着力构建长效机制，确定了五大方面 25 条整改措施，7 项重点整治任务及制度建设计划，并逐项明确了牵头领导、责任单位和整改时限，切实以整改成效让师生感受到教育实践活动所带来的新气象。

5. 以作风建设新成效推动了学校事业新发展

教育实践活动开展以来，我们坚持两手抓、两不误、两促进，有力地推动了学校事业再上新台阶。2013 年，在教育部新一轮学科评估中，学校有 11 个学科排名进入前 30%，其中 6 个进入前 20%；在与工业园区管委会联合承办的第 13 届“挑战杯”上，我校学子获得了总分全国第二的历史最好成绩；2012 年加盟我校的李永舫教授，在刚刚结束的新一轮“两院”院士增选中当选为中国科学院院士；1 位文科教授成功入选“长江学者特聘教授”；另有 10 位青年教师进入“青年千人计划”公示环节，入选人数位列全国高校第 10 位，江苏高校第 2 位。学校科研实力持续增强，由我校牵头的“苏州纳米科技协同创新中心”成功跻身国家“2011 计划”行列；全年获批国家自然科学基金项目数再次蝉联全国地方高校首位、全省高校第 2 位，跻身全国高校第 18 位，到账总经费创同期历史新高；包括在国际顶尖期刊*Science*上发表论文在内的一批重要标志性成果相继涌现；等等。

三、教育实践活动的主要体会

1. 思想先行、认识到位，是搞好教育实践活动的前提

思想是行动的先导，只有认识到位，行动才会自觉。没有思想认识的到位，就不可能有效落实活动各项要求，就不可能深刻查摆问题、真抓实干搞好整改，行动上就很难做到“不虚”“不空”“不偏”。学校党委坚持把学习教育、理论武装贯穿活动全过程，坚决破除模糊认识，筑牢思想根基，使活动每推进一步，教育武装就深化一层，切实增强了广大党员干部践行党的群众路线的思想自觉和行动自觉。

2. 加强领导、落实责任，是搞好教育实践活动的基础

有什么样的组织领导，坚持什么样的标准要求，就有什么样的活动成效。校党委切实落实领导责任，做到“五个注重”协调推进活动开展：注重统筹谋划，确保每个环节有机衔接、层层深入；注重突出重点，着力抓好学习教育、对照检查、专题民主生活会、制订整改方案、建章立制等关键步骤，确保要求落在实处、不走过场；注重宣传引导，采用多种形式及时宣传活动进展，总结典型推广经验，营造良好的舆论氛围；注重督促检查，学校派出督导组，对各党

委、党工委活动开展进行全程督导，确保过程质量；注重领导带头，校院两级领导班子、领导干部以普通党员身份把自己摆进去，带头开展活动，形成一级带一级、层层抓落实的工作格局。

3. 聚焦"四风"，解决师生关注的实际问题，是搞好教育实践活动的关键

"四风"违背党的性质和宗旨，是当前群众深恶痛绝、反映最强烈的问题，也是损害党群干群关系的重要根源。抓住"四风"问题，就抓住了群众的关注点，抓住了活动的着力点，抓住了作风建设的关键点和主要矛盾。只有真正解决群众反映强烈的突出问题，教育实践活动才能真正取得实效，才能真正得到群众的认可。学校推进党的群众路线教育实践活动的过程中，牢牢把握反对"四风"这个聚焦点，坚持即知即改，积极回应群众关切，从师生群众反映最强烈的突出问题改起，从他们最期盼的现实热点难点问题做起，切实实现好、维护好、发展好师生群众的根本利益。

4. 省委常委联系领导和省委督导组的指导帮助，是搞好教育实践活动的保证

我校教育实践活动开展以来，省委常委联系领导蒋宏坤同志多次专程前来我校调研指导工作，给全校党员领导干部作专题辅导报告，全程出席校党委领导班子专题民主生活会，并多次就我校活动开展作出重要指示，还亲自推动协调学校办学、民生建设中的一些重大事项，为我校高标准、高质量地完成教育实践活动这一重大政治任务指明了方向，注入了动力。同时以姜建中书记为组长的省委第十六督导各位领导对我校教育实践活动的每个环节、每项重要步骤都给予了及时、具体、有力的帮助和指导，保证了活动健康、深入地开展。在此，我代表学校党委、全体党员和广大师生员工向各位督导组领导表示诚挚的谢意！

四、巩固和扩大教育实践活动成果的努力方向

回顾和总结我校教育实践活动，虽然取得了阶段性成效，达到了预期目标，但与省委的要求相比，与师生员工的期望相比，还有一定差距，主要表现在：一是用马克思主义的群众观点教育、武装党员干部，筑牢反对"四风"的思想防线还需要持之以恒、常抓不懈；二是校内各单位开展教育实践活动情况尚不够平衡，少数党员干部、少数单位对照检查问题还不够深入，重点还不够突出；三是整改落实措施的落实还需要进一步加强，体制机制的创新完善成果还需要进一步巩固。我校教育实践活动即将告一段落，但坚持党的群众路线、反对"四风"是一项长期的任务，学校将在新的起点上，不断巩固和扩大活动成效，努力建立健全贯彻落实党的群众路线的长效机制。

1. 持之以恒抓好整改

要突出从严要求。坚决克服"闯关"思想和松懈情绪，以钉钉子精神抓整改。对正在整改的，要进一步完善整改措施，加强督促检查，尽快抓出成效；对涉及面比较广、需要较长时间解决的深层次问题，要建立整改台账，明确阶段性目标，倒排时间表一件一件抓好落实。

要突出建章立制。立足当前着眼长远，抓好顶层设计，解决制度缺位和失灵的问题，扎紧制度的笼子，确保形成的制度行得通、指导力强、能长期管用。同时要及时将整改过程中形成的新经验新成果制度化，建立健全长效机制。

要突出开门整改。发挥广大党员、干部、师生建言献策和支持监督的作用，整改过程接受师生监督，整改进展情况及时组织通报接受师生评议，使广大师生感受到整改落实的新成效、新变化。

2. 不断加强和改进学校领导班子建设和党风廉政建设

紧紧围绕推动学校事业发展的实际，坚持把思想政治建设作为全校各级领导班子自身建设的根本，坚决贯彻执行民主集中制，弘扬党的优良作风，努力把各级领导班子建设成为坚持社会主义办学方向、善于推进改革发展、勇于创新团结奋进的坚强领导集体。抓住干部队伍建设的关键问题、干部人事工作的难点问题和干部群众关注的热点问题，坚定不移地深化干部人事制度改革，大力培养、选拔德才兼备的优秀年轻干部。突出正风肃纪，坚决维护制度执行的严肃性和权威性，加强制度执行情况的监督检查，把各级领导班子和党员领导干部贯彻群众路线情况作为年度考核和党风廉政建设责任制考核的重要内容，作为领导干部选拔任用、奖励惩处的重要依据，对违反制度踩“红线”、闯“雷区”的，要严肃批评教育，必要时采取组织措施和纪律措施，坚决防止“破窗效应”。

3. 以党的十八届三中全会精神为指导，推动学校各项事业取得新进展

党的十八届三中全会绘就了全面深化改革的宏伟蓝图，为高等教育事业发展提供了前所未有的机遇。我们一定要把握好高等教育全面深化改革的战略方向，汇聚全校师生智慧，保持昂扬奋进的精神状态，抓住时机，以更大的勇气深化办学改革。要紧紧围绕高水平研究型大学的建设目标，根据学校历史传统、办学特色和资源条件，合理确定改革发展路径，大力深化内部管理制度改革，破除制约改革发展的体制机制弊端，探索构建现代大学制度；集中力量整合学科资源，创新学科交叉融合机制，形成特色鲜明、优势突出一流学科群体；加快教育教学改革，优化质量评价体系，形成富有特色的创新人才培养模式；大力推进人才强校战略，把培养和引进高水平人才作为内涵建设的战略任务，营造激励人才成长的有利环境；围绕国家和区域重大战略需求，找准自身比较优势，深化与政府、企业、社会、国际的对接与互动，提升科技创新和社会服务能力，发挥思想库、智囊团作用，努力推动学校事业新的跨越式发展。

最后，我代表学校党委再次向为学校教育实践活动顺利进行付出智慧和辛劳的省委督导组同志，以及积极支持和认真参与学校教育实践活动的全校各级领导干部、广大师生员工表示衷心的感谢！新春佳节即将到来，在此，给大家拜个早年，祝各位马年吉祥，幸福安康！

谢谢大家！

关于党委常委会工作的报告

——校党委书记王卓君在校党委十一届六次全体会议上的报告

2014 年 2 月 16 日

各位委员、同志们：

现在，受党委常委会的委托，我向大家报告 2013 年党委常委会的主要工作。

一年来，党委常委会团结和带领全校师生员工，深入学习贯彻党的十八大、十八届三中全会和校第十一次党代会精神，按照"抓住方向，把握大局，推动改革，建设队伍，凝聚人心，协调各方"的工作思路，团结带领全校师生员工，扎实开展党的群众路线教育实践活动，不断深化内涵建设，切实提高人才培养质量，持续推进开放办学，学校事业保持了快速和谐发展的良好势头。

一、以学习宣传党的十八大和十八届三中全会精神为引领，加强和改进党的建设

党委常委会以学习贯彻党十八大和十八届三中全会精神为重点，以开展党的群众路线教育实践活动为抓手，扎实推进学校党的建设，为学校事业发展奠定坚实的思想和组织基础。

1. 切实贯彻中央和省委要求，深入开展教育实践活动

校党委于 2013 年 8 月下旬至 2014 年 1 月中旬认真组织开展了群众路线教育实践活动。我们研究制订并认真执行《苏州大学深入开展党的群众路线教育实践活动实施方案》，建立健全活动领导小组及工作机构，开通专题网站，扎实推进各个环节工作。在学习教育、听取意见环节，通过中心组学习、专题报告会等形式，深入学习宣传贯彻党的十八大、十八届三中全会和习近平总书记系列重要讲话精神。领导班子成员通过走访"两室一厅一舍"、召开座谈会、发放征求意见表等形式，共汇总梳理干部群众意见建议 108 条。在查摆问题、开展批评环节，领导班子根据师生所提意见建议认真撰写对照检查材料，明确整改方向，开展谈心谈话，认真召开专题民主生活会。全校各处级领导班子也都召开了专题民主生活会。在整改落实、建章立制环节，按照"整改有目标、推进有措施、落实有责任、完成有时限"的"四有"要求，校、处两级领导班子围绕"四风"问题，都认真制订了整改方案、专项整改措施和制度建设计划，明确了整改责任和时限；党员领导干部分别制定了个人整改措施。教育实践活动开展以来，党委常委会始终将即知即改、边查边改贯穿其中，班子及成员带头转作风做示范，切实从师生反映最强烈、感受最直观的事项改起。在全体党员和全校师生员工的共同努力下，我校教育实践活动进展顺利、成效明显，受到了省委常委联系点领导、省委督导组的高度评价，并在全省高校党建工作会议上进行了大会交流发言。

2. 紧扣时代主题，推进基层组织建设

通过举办“学习党章、遵守党章”主题教育活动、开展“践行群众路线，实现中国梦”最佳党日活动评选、承办市“先锋讲坛”等，不断增强基层党组织的凝聚力和战斗力，一批优秀的基层组织和党员受到表彰。党内民主建设不断加强，建立党代表任期制和联系党员、群众及党支部工作制度。完善党校综合教育培训管理系统，严把党员入口关，全年共发展党员2 375人。探索党员出口机制试点，获得“江苏高校2011—2012年度党建工作创新奖”。组织全校党员师生参加市党员关爱帮扶困难群众行动。

3. 坚持科学选人公正用人，加强高素质干部队伍建设

按照上级开展“一报告两评议”工作的要求，我代表常委会向全委会报告2013年度干部选拔任用情况，请各位委员进行民主评议。

2013年，党委常委会紧紧围绕学校科学发展、和谐发展大局选干部、配班子，切实做到坚持原则不动摇、执行标准不走样、履行程序不变通、遵守纪律不放松，不断提高干部选拔任用工作科学化水平，全面推进高素质干部队伍建设。

（1）坚持正确导向，严格选用标准。坚持党管干部原则，以“民主、公开、竞争、择优”为方针，以“任人唯贤、德才兼备、以德为先”为标准，以“注重实绩、群众公认”为要求，以“不让老实人吃亏，不让投机钻营者得利”为导向，切实将信念坚定、为民服务、勤政务实、敢于担当、清正廉洁，师生员工信得过、善于推动科学发展和促进校园和谐的干部选拔上来。一年来，共选拔任用处级干部33名。其中，正处级领导职务干部6名，副处级领导职务干部25名，副处级非领导职务干部2名；女干部9名，党外干部2名。共对48名处级领导职务干部进行了试用期满考察。

（2）严格任聘期管理，推动轮岗交流。校党委制订了《2013年机关部门、群直单位处级领导职务干部任聘工作实施方案》，完成了全校机关部门、群直单位105位处级领导职务干部的新一轮任聘工作，使我校处级领导干部队伍在人岗匹配、年龄结构、知识结构、职称结构等方面都得到进一步优化，并有效推动了干部在学院之间、机关之间、学院与机关之间，党群部门之间、行政部门之间、党群与行政部门之间的轮岗交流。

（3）严把关键环节，规范选任程序。一是严把资格关。按照《党政领导干部选拔任用工作条例（修订稿）》要求，严格选拔任用的基本条件、任职年限和学历等具体资格条件。二是严把推荐考察关。采取民主推荐、民主测评、实地考察、个别谈话等方法，认真做好推荐考察各个环节的工作，切实提高民主推荐的有效性和考察结果的真实性、可靠性。三是严把提名酝酿关。对拟提拔任用的干部，在提交常委会讨论之前，根据实际情况和需要，征求有关校领导、基层党委、纪检监察部门的意见，进行充分酝酿。四是严把讨论决定关。在讨论干部任免时，坚决做到考察不充分的不上会，没有征求纪检监察部门意见的不上会，酝酿不充分的不上会；做到与会常委达不到规定人数不讨论，讨论不充分不表决，坚持常委会集体决定，坚持常委明确表态，坚持常委会无记名票决，对机关部门、群直单位集中任聘的正处级领导职务干部，坚持由党委全委会无记名投票表决，切实让选人用人权力在阳光下运行。

（4）落实“四权”，扩大选任民主。一是落实群众“知情权”，坚持在考察前把推荐的职位及条件、考察目的与任务进行沟通和征求意见，让教职工先知情，再推荐；坚持考察预告制，给教职工充分发表意见的时间和渠道。二是落实群众“参与权”，在推荐工作中，明确规定教职工参与推荐的范围、层次。三是落实群众“选择权”，充分尊重教职工意愿，在民主推

荐中做到多数人不同意推荐的不考察。四是落实群众"监督权",将选拔任用的每个环节都公开,特别是在考察阶段,能够认真听取教职工的意见。

(5) 健全体制机制,创新后备干部选拔工作。党委修订了《苏州大学处级领导班子后备干部工作规定》,规范选拔程序、选任资格和条件;创新选拔方式,分组分块推进,校领导直接带队到基层,确保工作严谨有序;确定推荐名单后,进行组织考察,严格规范,真正把群众信得过、政治靠得住、工作有本事的后备骨干选拔出来。今年共完成318 名处级后备干部的选拔工作,优化充实了学校处级后备干部库。

(6) 强化监督机制,保证选任公信。一是切实发挥纪委的监督作用。在干部选拔考察环节中书面征求纪委意见,在干部公示期间、干部试用期满考察环节主动征求纪委意见,更全面了解拟提任、试用期满干部的有关情况。二是不断畅通群众监督渠道。在民主推荐预告、提任考察预告、民主测评、考察谈话、拟任用干部公示等干部选拔任用的多个环节中,广泛征求教职工的意见和建议,提高了教职工在干部选任工作中的参与度、透明度和监督力度。

4. 坚持德育为先,加强思想政治教育和精神文明建设

围绕学习贯彻党的十八大、十八届三中全会和省委十二届六次全会,以及习近平总书记系列重要讲话精神,通过中心组学习、宣讲团、培训班、研讨会、座谈会等形式,切实加强思想政治理论学习。学校党委被评为全省首届学习型党组织建设工作先进单位。加强马克思主义理论学科和思想政治理论课建设,学校获批成为全国首批、全省唯一的"高校思想政治理论课教师社会实践研修基地"。开展科学道德和学风建设宣讲教育,通过开展优良学风班评选、大学生标兵宣讲周、"政治生日一起过"、"研究生荣誉日"等活动,有针对性地推动思想政治教育进课堂、班级和宿舍。实施"三师工程",不断完善辅导员选聘机制、管理与考核机制。发挥离退休老同志"三育人"的重要作用。"大学生实践成才服务平台项目"荣获2013 年度江苏共青团工作创新创优成果奖一等奖。学校荣获首批"江苏省国防教育示范学校"称号。

5. 加强党风廉政建设,营造风清气正氛围

党委常委会全面贯彻十八大精神和中央、省、市反腐倡廉工作会议精神,紧紧围绕学校中心工作,坚持标本兼治、综合治理、惩防并举、注重预防的方针,以贯彻落实中央八项规定和省委十项规定为切入点,结合深入开展党的群众路线教育实践活动,认真吸取学校发生个别党员领导干部违纪违法案件的教训,落实党风廉政建设责任制,切实加强对广大党员干部,重要岗位、重点部位工作人员,重大科研项目和优势学科项目负责人、学术带头人等的法制教育和廉政教育,坚持正面典型教育与警示教育相结合,重点加强对全校各级干部的廉洁廉政教育和制度建设与执行;针对一些容易出现问题的环节和工作中存在的漏洞,不断完善和创新学校党风廉政建设制度体系,认真执行党员干部个人有关事项报告制度和收入报告制度、领导干部年度考核和述职述廉制度,建立党员干部廉政档案。强化廉政风险防控机制,推行党风廉政预警机制,加强对腐败易发的重点领域和关键环节的监督力度,重视做好信访举报工作,严肃认真开展会员卡清退活动,做到了"零持有、零报告",严肃查处党员干部违纪案件2 起。2013 年以来,根据上级文件精神,先后制定出台了《中共苏州大学委员会关于改进工作作风、密切联系群众的有关规定》《关于加强节日期间廉洁自律和厉行节约工作的通知》《关于严禁用公款购买印制寄送贺年卡等物品的通知》等文件;根据学校实际,制

定出台了《苏州大学招标投标管理暂行办法》以及关于仪器设备采购、工程建设项目招标采购、实验材料采购、办公物资采购、教材与文献资源采购、服务类项目采购实施细则(试行)等文件 10 多个;认真开展"教育经费管理年"活动,针对发现和暴露的问题,及时完善财务报销制度,修订印发《苏州大学横向(纵向)科研经费管理条例实施细则》等。校纪委继续与市检察院开展共建,召开廉政建设和预防职务犯罪工作会议,加强对学校基本建设工程和附一院平江新院、附儿院园区总院建设中的预防职务犯罪工作指导。

二、加强内涵建设,提升办学质量和水平

一年来,党委常委会积极推进学校内涵建设,深化各项教育教学改革,努力提升学校办学综合实力和核心竞争力,取得了明显成效。

1. 人才培养核心地位进一步突出

全面推进"本科教学工程"六大计划。通过开设微课群、网络进阶式课程、全英文示范课程等实现优质教学资源共享;通过学分互认、创新学分设计、国际化的绩点计算等配套举措,助推创新型和国际化人才培养。培育建成 1 个国家级和 2 个省级实验教学示范中心,获评 2 门国家级精品视频公开课;在教育部综合改革试点专业、省级教学成果奖及教改项目等评选中均取得较好成绩。学生竞赛获奖率、各类教学工程项目立项率等均较过去有明显增长;在第十三届"挑战杯"大赛中获得总分全国并列第二的历史最好成绩。深入实施研究生培养创新工程,狠抓研究生培养过程管理;拓展研究生培养国际化渠道,试行国(境)外博士生联合培养新模式。在省"优秀博士论文""研究生科研创新计划""教改研究课题"等立项建设中取得佳绩,获资助经费列全省高校第一。文正学院、应用技术学院高素质应用型人才培养成效显著。

2. 高端人才队伍建设进一步加强

高端人才引进不断提速,包括陈晓东院士、李永舫院士在内的 200 位高层次人才加盟我校。各类人才工程申报建设力度持续加强,1 位教授当选"长江学者特聘教授",1 位教授入选"国家百千万人才工程",10 人入选"青年千人计划",入选人数位列全国高校第 10 位。加大校内师资培养力度,完成首批"校内特聘教授"和"东吴讲席教授"遴选工作,实施"东吴名医培养计划"。进一步加强管理队伍和支撑队伍建设,选派首批管理人员赴境外知名大学跟岗研修。

3. 学科建设整体效应进一步显现

积极优化学科布局,推进"重点学科提升建设计划",制定二级学科自主设置与管理办法,加快优势学科建设步伐,促进学科交叉与协同发展。推进"学部制"改革,调整组建物理与光电·能源学部。在第三轮学科评估中,有 11 个学科进入全国前 30%,其中 6 个学科进入全国前 20%。生物与生物化学学科领域首次进入 ESI 学科排名全球前 1%。

4. 科学研究和协同创新实力进一步提升

继续实施"顶天立地"的科研工作发展战略,瞄准学科发展前沿,立足国家和地方发展实际需求,科研项目和成果量质齐升。在自然科学方面,承担包括 1 项重大科学研究计划青年科学家专题、1 项 973 计划青年科学家专题首席科学家项目、1 项 863 计划青年科学家专题及 1 项国家科技重大专项等在内的国家重点重大项目 22 项;获国家自然科学基金资助项目数 311 项,排名再次蝉联全国地方高校首位、全省高校第 2 位,跃居全国高校第 18 位;获

得国家科技进步二等奖2项、省部级一等奖3项。SCI论文数居全国高校第21位,被引用论文数跃居全国高校第20位。在人文社科方面,获得国家级社科项目23项,其中重大项目1项、重点项目1项,在地方高校中继续保持领先;1位教授独立在国际顶尖学术刊物*Science*上发表论文。人大《复印报刊资料》转载学术论文综合指数排名列全国第18位;学报(哲社版)权威二次文献转载篇次列全国综合大学学报第6位。

协同创新获重大进展,由我校牵头的"苏州纳米科技协同创新中心"顺利通过认定,成为全国首批14家协同中心之一,并与"血液学协同创新中心"同时跻身全省首批"协同创新中心"。

5. 服务经济社会发展能力进一步提高

完善大学科技园科技增资服务能力,完善技术转移中心内部建设,深化政产学研用合作平台建设。成立常熟低碳应用技术研究院、苏州高新区知识产权研究院;与11家龙头企业共建校企科研平台;与香港城市大学和德国史太白大学协议开展跨境技术转移。全年知识产权申请和授权量均创历史新高。成立苏州东吴智库文化与社会发展研究院,全力做强"东吴智库"品牌;积极打造决策咨询研究高地,建成"地方政府与城市治理"等3个省部级基地。

三、坚持统筹兼顾,营造内和外协的发展氛围

1. 汇聚整合办学资源,提升对外影响力

(1) 深化开放办学机制。完善董事会、校友会和基金会综合服务平台,培育捐赠文化,开设特色捐赠项目,举办首届慈善晚会,汇聚各方力量助推学校发展。积极推动省政府、国防科技工业局等与我校的合作共建项目。提升继续教育内涵,积极拓展国际化和网络化教学试点和中高端培训项目,学校非学历教育培训和自考项目品牌影响力日益扩大。与园区政府合作的独墅湖医院成功奠基。积极开展对口支援拉萨师范专科学校、贵阳医学院、淮阴师范学院、援建宿迁学院和扶贫工作。

(2) 扩大国际交流合作。深入推进国际化战略,积极组织各类国际合作交流项目,全年有900余名师生出国(境)参加各类交流研修;积极申办重大国际合作交流项目,接收英国、港澳台等多所高校师生来我校进行短期研究和文化交流。境外合作交流学校层次不断提升,与美国威斯康星大学等国际知名大学签署合作协议。老挝苏州大学校园建设和教学管理工作有序开展。波特兰孔子学院荣获全球"先进孔子学院"称号,学校获评"2011—2012年度江苏省教育国际合作交流先进学校""江苏教育民间国际合作与交流先进集体"称号。

(3) 加大对外宣传力度。高度重视舆论宣传工作,策划组织高质量、有影响力的宣传报道。围绕入选"2011计划"、承办第十三届"挑战杯"等重大工作,精心策划和实施宣传方案,全面展示学校办学成绩;在傅苹造假事件中严肃表明学校立场,坚持正确舆论导向。全年共刊发外宣稿件1 200余篇,有力提升了学校知名度和美誉度。

2. 深化和谐校园建设,提升内在凝聚力

(1) 坚持科学民主治校。党委常委会坚持党委领导下的校长负责制,认真贯彻民主集中制原则,落实"三重一大"决策制度,严格执行党委全委会、常委会和校长办公会议议事规则,班子成员切实履行自己的职责,积极参与集体领导,加强沟通,真诚相待,互相支持。充分发扬民主,推进党务、校务和信息公开,支持各民主党派组织及统一战线群众组织开展活动,畅通民主监督和建言献策渠道,重视教代会提案和学生议校平台议案的处理落实工作,

深化民主办学。推动财务信息公开工作,接受广大师生员工的监督。阳澄湖校区与校部对接融合平稳有序。学校获评"2012—2013 年度江苏省高校和谐校园"。

(2)落实为民务实举措。打造资助育人"暖心工程",完善"奖、助、贷、勤、补、减"六位一体的立体化资助工作体系,全年累计发放各类奖助贷金额共计 8 330 余万元。投入专项经费改善幼儿园办园条件,建成阳澄湖校区教工餐厅,推动网上订餐、统一配送服务,实现体育场馆免费向校内教职工开放,落实公共浴室进学生宿舍楼工程建设,完成部分学生食堂改造,较好地满足学生就餐、自习的多样化需求等。认真落实老同志的政治和生活待遇,严格按照上级文件规定,完成退休人员补贴实施工作;积极筹措经费,在省内率先实施绩效工资。各附属医院的医学教研水平和医疗服务能力不断提升。

(3)深化机关作风效能建设。改进会风、文风,在全省高校率先推动公车使用管理方式改革;完善机关作风效能考评体系,清理规范各种考核表彰名目;调整组建信息化建设与管理中心,完善各类信息化平台建设,统一校园信息化标准体系,拓展校园一卡通功能;升级学生事务中心,为学生提供常规业务的"一站式"办理;扩大重点实验设备和仪器开放力度,完善后勤管理快速响应制度,建成智能录播教室、网上离校管理等系统,管理水平与服务师生效率得到切实提升。

(4)推进节约型校园和平安校园建设。调整组建国有资产和实验室管理处,完善国有资产管理体制,进一步规范招投标管理工作;狠刹公务接待中的铺张浪费现象;开展教育经费专项检查,严格规范科研、学科建设、专项改革等经费使用渠道;开展节能减排、反对餐桌浪费系列行动。推进保密工作规范化建设,强化保密队伍教育管理。健全突发事件预警机制,完善校园监控系统建设,倡导校园行车"八项礼让",加大校园治安综合治理力度。

(5)加强文化校园建设。充分发挥文化载体育人功能,图书馆科技查新和信息服务质量不断提升,荣获"省高校图书馆 2010—2012 年度先进集体"等多项荣誉;博物馆和档案馆积极拓展藏品、档案材料征集渠道,举办各类特展和教育活动,加快档案数字化进程,获"省档案工作先进集体"称号;出版社不断推出精品力作,蝉联省文明单位等多项荣誉。学校荣获教育部高校校园文化建设优秀成果三等奖。

以上这些办学成绩的取得和治校举措的落实离不开包括离退休老同志在内的全校师生员工的共同努力,在此,我代表党委常委会向各位委员和广大师生员工,对常委会工作的大力支持和帮助表示诚挚的谢意,向所有为学校事业发展付出辛劳和智慧的同志们,致以崇高的敬意!

在总结成绩的同时,我们也清醒地认识到,学校发展中还存在一些困难和挑战,主要是:加强和改进党的建设,尤其是加大培养选拔优秀年轻干部力度、加强反腐倡廉建设和机关作风效能建设还需更加务实;办学资源瓶颈的约束仍十分明显,开源节流、挖潜增效的任务十分艰巨;突出人才培养的核心地位,提高人才培养质量的任务还很繁重;强化政产学研用结合,契合地方经济社会发展需求还要更加紧密,等等,都需要我们在今后的工作中努力加以解决。

2014 年,党委常委会将在党的十八大精神指引下,进一步巩固和扩大群众路线教育实践活动成果,以更加务实的作风和扎实的举措,破除体制弊端,凝练办学特色,整合发展资源,推进内涵建设,不断将学校事业发展推向新的高度。

衷心希望各位委员、同志们对党委常委会的工作提出宝贵意见和建议,帮助我们把工作做得更好。

2013年大事记

1月

3日 △ 2012年本科生辅导员助理工作总结交流会在学生工作部107会议室召开。

7日 △ 学校印发《苏州大学研究生学位论文研究课题开题管理暂行办法》《苏州大学研究生中期考核管理暂行办法》《苏州大学研究生学籍信息管理办法》《苏州大学优秀博士学位论文选题立项资助办法》。

△ 根据《关于申报第四批苏州大学研究生工作站的通知》,苏州市教师发展中心等30家单位被确定为第四批苏州大学研究生工作站。

8日 △ 学校印发《苏州大学优良学风班评选办法》。

△ 苏州大学发展工作总结交流会召开。

10日 △ 联合国新闻部新闻和媒体司司长杜加里克先生访问学校。

△ 学校国际交流专员工作座谈会在红楼会议中心召开。

11日 △ 学校2012年度科研工作总结表彰大会在敬贤堂召开。

△ 经学校专家组评审,钱定边、李成金、钱振明、张林、王国卿、刘春风、汤哲声、王腊宝、程振获校第五届教学名师奖。

12日 △ 11日至12日,学校召开2012年度党建工作总结交流会。

△ 老挝苏州大学在老挝首都万象首次举办汉语语言水平考试(HSK)。

13日 △ 美国斯沃斯莫尔学院(Swarthmore College)校长Rebecca Chopp访问学校。

14日 △ 加拿大韦仕敦大学(前西安大略大学)校长Amit Chakma访问学校。

△ 学校本科教学工作会议在学术报告厅召开。

△ 根据《〈苏州大学特聘教授制度实施办法〉的补充规定》,经学校研究决定,聘任王尧等八位教师为特聘教授。

15日 △ 学校印发《苏州大学外籍教师管理暂行办法》。

△ 学校召开2013年国家社科基金项目申报推进会青年专场会议。

16日 △ 学校印发《苏州大学党政公文处理工作条例》。

△ 学校召开加强科研经费管理工作会议(自然科学类)。

△ 电子信息学院光网络技术研究中心特聘教授沈纲祥受邀被聘为IEEE/OSA Journal of Optical Communications and Networking(JOCN)期刊的副主编(Associated Editor)。

△ 学校召开2012年研究生教育和学科建设工作总结大会。

△ 江苏省"挑战归来话挑战"座谈会在红楼会议中心召开。

△ 根据国家自然科学基金委员会评审,学校共有281个项目获得2012

年度国家自然科学基金项目资助,资助总经费 14 931.7 万元。

17 日　△ 学校党委书记王卓君赴苏州大学张家港工业技术研究院调研。

△ 苏州大学体育运动委员会 2012 年度体育工作总结交流会在钟楼召开。

18 日　△ 学校印发《苏州大学成人学历教育网络化教学试运行管理办法》《苏州大学科研成果奖励条例(自然科学类)(修订稿)》《苏州大学大类招生及其专业分流工作指导意见》。

19 日　△ 学校印发《苏州大学临床医学教育督学暂行条例》。

21 日　△ 学校印发《苏州大学纵向科研经费管理条例(自然科学类)(修订稿)》。

△ 经学校研究,决定聘任侯月梅等五十三位同志为学校博士专业学位研究生指导教师。

27 日　△ 苏州大学附属第一医院被授予"中国临床营养示范基地"(A 类),成为全国首批被授牌的 21 家示范单位之一。

1 月　△ 学校获全省"学习型党组织建设基层创新征文活动组织工作先进单位"称号。

△ 学校艺术学院设计团队获得苏州轨道交通二号线公共艺术项目。

△ 学校功能纳米与软物质研究院何耀教授获得 2012 年度"中国化学会青年化学奖"。

△"全国心理学研究与论文写作培训基地"落户学校并举行挂牌仪式。

△ 康振辉、陈焕阳、侯廷军三位教授获全国第四届"青年科学之星"称号。

△ 学校金螳螂建筑与城市环境学院室内设计系钱晓宏老师获第三届中国国际空间环境艺术设计大赛(筑巢奖)金奖。

△ 2012 年,学校国家科技部项目取得重大突破,实现了国家"973 计划"首席科学家"零的突破",共获科技部项目(课题)10 项。

△ 学校主页获"第五届全国高校百佳网站"称号。

△ 学校获教育部 2012 年高校校园文化建设优秀成果评选特等奖。

△ 国家"千人计划"入选者澳大利亚工程院院士、新西兰皇家科学院院士陈晓东院士加盟学校。

2 月

5 日　△ 学校与工业园区全面合作第五次会议在独墅湖校区炳麟图书馆召开。

19日 △ 经学校研究决定，成立苏州独墅湖医院（苏州大学附属总医院）筹建领导小组、筹建工作小组和筹建专家咨询小组。

一、苏州独墅湖医院（苏州大学附属总医院）筹建领导小组，朱秀林任组长，蒋星红任副组长。

二、苏州独墅湖医院（苏州大学附属总医院）筹建工作小组，蒋星红任组长，王晓东、缪丽燕任副组长。

三、苏州独墅湖医院（苏州大学附属总医院）筹建专家咨询小组，小组成员：沈振亚、杨惠林、刘春风、吴德沛、黄建安、周菊英。

20日 △ 学校印发《苏州大学2013年度工作要点》。

△ 校党委十一届二次全体会议和校领导班子及成员述职述德述廉大会在敬贤堂召开。

21日 △ 德国北威州经济部亚洲事务部主任 Thomas Masurek、德国对华经济技术合作中心主任周向前及部分德国企业家代表来校访问交流。

△ 学校廖良生教授获第二届“江苏侨界贡献奖（创新人才）”。

22日 △ 学校印发《关于党委常委会工作的报告》。

△ 全国人大常委会副委员长桑国卫院士一行视察学校，并在红楼会议中心217会议室召开座谈会。

25日 △ 学校印发《苏州大学学生学习证明出具管理办法（修订稿）》。

27日 △ 学校学生工作会议在本部学术报告厅召开。

28日 △ 文化部文化科技司司长于平教授在江苏省文化厅科教与产业处副处长华心怡陪同下莅临学校指导。

2月 △ 学校荣获“2011—2012年度江苏省高等学校思想政治教育工作先进集体”称号。

△ 学校作为第一单位主持的两项科研成果《微创椎体后凸成形关键技术的建立及临床应用》和《桑蚕天然彩色茧丝蛋白纤维资源开发与应用》获江苏省2012年度科学技术奖一等奖。

△ 学校外国语学院王宏教授主持英译《明清小品文》（全英文国际版）在全球发行。

3月

1日 △ 学校印发《苏州大学2013年处级、科级后备干部选拔工作方案》。

△ 学校与连云港灌云县科技合作项目签约仪式在红楼会议中心举行。

4日 △ 学校印发《中共苏州大学委员会关于改进工作作风、密切联系群众的有关规定》。

6日　△ 第七届江苏省政协"戏曲走近大学生"启动仪式在学校敬贤堂举行。

7日　△ 经学校2013年第5次校长办公会研究决定，成立苏州大学跨文化研究中心，该研究中心为校级研究机构，挂靠文学院。聘任王尧为研究中心主任。

△ 共青团苏州大学第十五届委员会第二次全体（扩大）会议在红楼会议中心召开。

△ 学校与常熟市联合共建的"苏州大学-常熟低碳应用技术研究院"签约仪式在常熟国家大学科技园举行。

△ 台湾东吴大学赵维良副校长一行来学校交流访问。

△ 经研究决定，对苏州大学"箬政基金"管理委员会等机构人员进行调整：

一、苏州大学箬政基金管理委员会：主任朱秀林。

二、苏州大学箬政基金评选委员会：主任蒋星红。

8日　△ 根据《苏州大学本科外国留学生学籍管理以及毕业和学位授予的若干规定》等文件精神，经校学位评定委员会审定，决定授予ANANTA SUNIL REDDY等111名外国本科留学毕业生学士学位。

△ 根据《苏州大学成人高等教育本科毕业生学士学位授予工作实施细则（修订稿）》的有关规定，经校学位评定委员会审定，决定授予崔广军等1 100名成人高等教育本科毕业生学士学位。

△ 根据《苏州大学高等教育自学考试本科毕业生学士学位授予工作实施细则（修订稿）》有关规定，经校学位评定委员会审定，决定授予童涛等1 151名高等教育自学考试本科毕业生学士学位。

△ 江苏省教育厅副厅长朱卫国等领导莅临学校检查学校安全保卫工作。

△ 苏州大学出版社和老挝国家出版印刷公司合作出版英文版《中华锦绣》丛书签约仪式于老挝首都万象举行。

△ 学校举行2013年科技目标责任书签订仪式。

9日　△ 老挝苏州大学在老挝首都万象市举行了校园建设开工仪式。

11日　△ 经学校研究决定，自即日起撤销苏州大学附属第四医院，原苏州大学附属第四医院、苏州大学医学部第四临床医学院及其下属机构和相关人员的职务等同时撤销，相关机构的印章同时废止。

△ 学校印发《苏州大学家庭经济困难学生认定工作条例》《苏州大学全日制本科生奖学金评定实施细则（修订）》《苏州大学全日制本科生学业和德育测评细则（修订）》。

△ 传感技术国家重点实验室主任李昕欣研究员受聘为学校兼职教授。

△ 学校转发财政部、教育部、总参谋部颁布的《应征入伍服义务兵役高等学校毕业生学费补偿国家助学贷款代偿暂行办法》和《应征入伍服义务兵役高等学校在校生学费补偿国家助学贷款代偿及退役复学后学费资助暂行办法》。

14日　△ 第十三届"挑战杯"全国大学生课外学术科技作品竞赛筹备工作调研会在红楼会议中心217室召开。团中央学校部副部长杜汇良、学联办主任王良,团省委学校部部长张迎春,来校调研第十三届"挑战杯"竞赛筹备情况。

15日　△ 学校2013年党风廉政建设工作会议在敬贤堂召开。

△ 苏州大学教学实习基地签约暨揭牌仪式在苏州市轨道交通集团有限公司运营分公司举行。

△ "全国心理学研究和论文写作培训基地"第一期讲习班在学校举行。

16日　△ 学校印发《苏州大学大型仪器设备收费管理暂行办法》。

△ 学校印发《应聘人文社会科学类(体育学)高级专业技术职务应具备的基本科研业绩及学术能力》。

17日　△ 数学科学学院学生获得全国大学生数学竞赛决赛一、二等奖。

21日　△ 学校举行朱敬文奖助学金设立二十五周年庆典。

22日　△ 20日至22日,根据江苏省学位委员会、江苏省教育厅印发的《江苏省硕士学位授权一级学科点评估方案》(苏学位字〔2011〕15号)和江苏省教育评估院关于做好硕士学位授权一级学科点评估工作的有关文件精神,江苏省教育评估院对学校新闻传播学、管理科学与工程、工商管理等三个硕士学位授权一级学科点进行现场考察。

23日　△ 根据苏环函〔2013〕29号文,江苏省环境保护厅批复同意建立学校申报的"江苏省环境保护水体有机污染物树脂吸附法治理重点实验室"。

△ 苏州市"先锋讲坛"党员教育系列活动进高校首场报告会在本部图书馆五楼报告厅举行。

△ 22日至23日,学校六届四次教职工代表大会在敬贤堂召开。

24日　△ 22日至24日,苏州大学和同济大学共同主办的"2013金融工程国际会议"(2013 ICFE)在学校召开。

25日　△ 美国巴德大学(Bard College)教学副院长 Dr. Robert Martin 和该校语言与文学系中文副教授 Dr. Lihua Ying 一行来学校访问交流,商谈合作办学事宜。

△ 江苏省教育厅高校后勤工作先进集体检查组莅临学校检查后勤保障工作。

27日　△ 学校印发《2012—2013学年度第二学期苏州大学党委理论学习中心组学习计划》。

△ 学校2013年献血工作会议在物理科技楼会议室召开。

28日　△ 科技部社会发展科技司杨哲副司长一行参观考察学校唐仲英血液学研究中心。

△ 学校校园治安综合治理工作会议在红楼会议中心召开。

29日　△ 学校档案工作会议在王健法学院东吴大讲堂召开。

△ 根据《教育部关于公布2012年度普通高等学校本科专业设置备案或审批结果的通知》(教高〔2013〕4号)文件精神,学校申报的金融数学、知

识产权、翻译、金属材料工程、生物制药、音乐表演等6个本科专业经教育部备案,可自2013年开始招生。

30日 △ 中共苏州大学委员会批复《关于中共苏州大学附属第二医院委员会换届选举结果的报告》和《关于中共苏州大学附属第二医院纪律检查委员会选举结果的报告》。

△ 由学校承办的,中国科学院技术科学部常委会十五届四次会议暨“材料科学进展”技术科学论坛召开。

3月 △ 学校骨科研究所杨磊教授,电子信息学院陈新建教授,功能纳米与软物质研究院陆广教授、Keith Gilmore 副教授入选中组部第四批“青年千人计划”。

△ 苏州大学附属第一医院被江苏省卫生厅列为本省唯一一家省级血友病诊疗定点机构,同时医院阮长耿院士、主任医师余自强、主管护师崔小萍被列入江苏省卫生厅全省血友病诊疗专家组。

△ 保卫处被江苏省公安厅荣记集体二等功。

△《陆游全集校注》获第四届中华优秀出版物奖图书奖。

△ 学校医学部吴庆宇教授入选国家第九批“千人计划”。

△ 根据《教育部关于颁发第六届高等学校科学研究优秀成果奖(人文社会科学)的决定》(教社科〔2013〕2号)公布,曹炜教授所著《现代汉语词义学(修订本)》获三等奖。

△《苏州大学学报(哲学社会科学版)》2012年刊发文章被《新华文摘》《中国社会科学文摘》《人大复印报刊资料》和《高等学校文科学术文摘》等权威二次文献转载、摘编77篇次(2011年47篇次),位居全国综合性大学学报第6位(2011年第16位),列全国2315种学术期刊第39位(2011年第112位)。

4月

1日 △ 南通市人民政府副市长、学校副校长陈一星来到南通苏州大学纺织研究院调研工作。

△ 学校公布2012年度苏州大学省级重点实验室(江苏省先进光学制造技术重点实验室)开放课题。

2日 △ 学校召开江苏省社科评奖工作调研座谈会。

△ 学校成立苏州大学预防职务犯罪工作领导小组。

3日 △ 根据江苏省预防职务犯罪工作领导小组第四次会议的要求和部署,经学校研究、与苏州市人民检察院协商,决定对苏州大学预防职务犯罪工作协调小组进行调整，苏州大学党委副书记、纪委书记高祖林任组长，苏州市人民检察院副检察长林步东、苏州大学副校长杨一心任副组长。

协调小组下设办公室，挂靠在苏州大学纪监审办公室，苏州市人民检察院职务犯罪预防处处长张红霞和苏州大学纪委副书记、纪监审办公室主任施亚东任主任。

△ 学校印发《关于加强实验材料采购管理的实施意见》。

△ 苏州大学附属第一医院成立抗击 H7N9 禽流感临时党支部。

7 日　△ 布鲁塞尔自由大学(ULB)社会政治学院院长、布鲁塞尔自由大学与中国高校学术交流主管 Jean-Michel De Waele 教授来学校交流访问。

8 日　△ 华中师范大学政治学研究院院长、教育部人文社会科学重点研究基地中国农村问题研究中心主任徐勇教授一行来学校交流访问，并商谈共建协同创新中心事宜。

9 日　△ 学校获江苏高校 2011—2012 年"党建工作创新奖"和 2012 年"最佳党日活动优胜奖"。

11 日　△ 学校印发《中国共产党苏州大学代表大会代表任期制实施细则(试行)》。

△ 以学校为牵头单位，苏州工业园区管委会为主要协同伙伴，联合西安交通大学、中国科技大学、中科院苏州纳米所、东南大学、江苏省纳米技术产业创新联盟等单位参与共同组建的"苏州纳米科技协同创新中心"通过认定进入公示阶段。

△ 由国家认证认可监督管理委员会组织的 2013 年能力验证计划项目"LR6 型碱性锌-二氧化锰电池放电性能检测"方案评审会在学校化学电源研究所召开。

14 日　△ 经研究决定，对学校高职教育教学指导委员会组成人员进行调整，蒋星红任主任，周毅、傅菊芬任副主任。

15 日　△ 学校 2013 年学科建设推进会在学术报告厅召开。

16 日　△ 太仓市第五批科技镇长团"走进苏大"活动在炳麟图书馆 712 会议室举行。太仓市委常委、组织部部长张彪，副市长、第五批科技镇长团团长刘海江带领 20 余名科技镇长团团员来学校交流，并与学校部分学科、教授签约合作。

17 日　△ 苏州市政协副主席王跃山一行来校调研。

18 日　△ 学校金螳螂科技大楼奠基仪式在独墅湖校区举行。

△ 机关党工委举行机关科级干部专题培训。

△ 苏州大学第三届大学生电影节开幕式暨第二十届北京大学生电影节苏州大学分会场开幕式在独墅湖影剧院一号放映厅举行。

19 日　△ 学校印发《关于〈苏州大学教师专业技术职务聘任暂行办法〉的补充规定》。

20 日　△ 学校第二十九次学生代表大会在敬贤堂召开。

22 日　△ 匈牙利国会副主席乌伊海伊·伊什特万博士访问学校。

△ 经学校研究,决定聘任陈晓东教授为学校学术性学位博士研究生指导教师。

△ 经学校研究,决定聘任王殳凹同志为学校学术性学位博士研究生指导教师。

△ 经学校研究,决定聘任张平等六位同志为学校学术性学位硕士研究生指导教师。

23 日 △ 中组部组织一局副局长黄川等来学校调研党员出口机制试点工作。

△ 22 日至 23 日,韩国大真大学新任理事长尹银道先生访问学校。

24 日 △ 22 日至 24 日,国家重大基础研究发展计划项目——“胁迫环境中细胞代谢调控机制”(课题编号:2013CB910102)项目启动会在学校唐仲英血液学研究中心召开。

25 日 △ 常熟市委副书记、市长王飚一行访问学校并在红楼会议中心座谈。

△ 中共浙江省委教育工委书记、浙江省教育厅厅长刘希平一行访问学校。

△ 新东方副总裁周成刚受聘为苏州大学大学生创就业导师。

26 日 △ 学校研究生工作站建设与管理推进会在红楼学术报告厅召开。

△ 苏州大学教育发展基金会二届四次理事会在钟楼 303 会议室召开。

27 日 △ 学校印发《苏州大学第二轮岗位设置与聘用工作实施办法》。

28 日 △ 2009—2010 年度化学化工与材料学、计算机教学改革研究项目通过结题验收。

△ 由江苏省教育会计学会和江苏省教育厅财务处联合主办、苏州大学承办的“江苏省高校财务管理信息化专题研讨会”在敬贤堂召开。

△ 江苏省体育科学学会体育管理专业委员会成立大会暨第一次全体委员会议在学校召开。

△ 24 日至 28 日,学校艺术学院师生代表在北京举行的首届中国大学生时装周系列活动中获“艺术风格奖”和“人才培养奖成果奖”。

4 月 △ 江苏省高校学生公寓与物业管理专业委员会 2012 年年会在学校召开。

△ 学校钟志远教授获得德国洪堡基金会和德国联邦教育与研究部颁授的 2013 年度“贝塞尔研究奖”(Friedrich Wilhelm Bessel Research Award)。

△ 学校获“2012 年度江苏省教育宣传工作先进单位”称号。

△ 学校金螳螂建筑与城市环境学院《浓妆淡抹总相宜》等 2 件作品获第二届中国大学生设计大赛银奖,《流·光》等 5 件作品获优秀奖。

△ 王尧教授担任首席专家的国家社科基金重大项目“百年来中国文学海外传播研究”(批准号 12&ZD161)开题报告会在学校召开。

△ 学校与美国威斯康星大学麦迪逊分校签署合作协议。

△ 学校召开江苏省社科评奖工作调研座谈会。

△《中国高等教育》刊登学校党委书记王卓君署名文章《文化强校 助推中华民族复兴伟业》。

5月

2日　△ 学校召开学生党支部书记发展党员工作专题培训会。

3日　△ 经学校研究,决定对苏州大学统一战线工作领导小组成员进行调整,高祖林任组长,江作军任副组长。

△ 经学校研究,决定对苏州大学民族宗教工作领导小组成员进行调整,高祖林任组长,江作军任副组长。

△ 学校印发《关于调整学校党员领导干部与党外代表人士联系交友名单的意见》。

△ 位于学校天赐庄校区的东吴大学旧址作为近现代史迹及代表性建筑类别入选国家文物局"第七批全国重点文保单位名单"。

△ 由国家自然科学基金委员会医学科学部七处(药物学和药理学)主办、学校药学院承办的"2013 中国生物药物基础研究前沿论坛"在苏州召开。

△ 江苏省教育厅副巡视员洪流率代表团访问老挝苏州大学。

△ 第十三届"挑战杯"全国大学生课外科技作品竞赛筹备工作推进会在红楼会议中心 217 室召开。

△ 杨明义先生客座教授受聘仪式暨学术报告会在独墅湖校区炳麟图书馆学术报告厅举行。

△ 学校同意聘任陈永珍、吴莹两位教师为东吴讲席教授。

6日　△ 经学校研究,决定对苏州大学辐射防护领导小组进行调整,路建美任组长,陈永清、黄瑞、缪世林任副组长。

△ 学校公布苏州大学"十一五" 期间第二、三批本科教学质量与教学改革工程项目培育点检查验收结果。

△ 江苏省高校辅导员示范培训项目"高校学生突发事件预防与应对"专题研修班在学校举行。

7日　△ 上海市教育系统工会干部学习班的全体成员一行 60 余人来学校交流学习。

8日　△ 经学校研究,决定对学校国家安全工作领导小组成员进行调整,江涌任组长,江作军任副组长。

△ 经学校研究,决定对学校老干部工作委员会成员进行调整,高祖林任主任,陈一星、邓敏任副主任。

△ 苏州大学 2013 年毕业生就业暨带薪实习工作会议在红楼会议中心召开。

9日　△ 中共苏州大学委员会批复《关于中共苏州大学数学科学学院委员会换届选举结果的报告》和《关于中共苏州大学数学科学学院委员会委员分工的报告》。

△ 经校党委常委会研究决定,成立苏州大学呼吸疾病研究所,为正处级建制。设所长1人,行政副所长(作为处级干部管理)1人,内设办公室,设办公室主任(正科职)1人。

△ 教育部督查工作组成员来学校调研"反对餐桌浪费"和"食堂管理情况"的相关工作。

10日　△ 经校党委常委会研究决定:苏州大学张家港工业技术研究院设常务副院长1名,为正处职;副院长2名,为副处职。内设综合管理部、科研发展部,均为正科级建制。苏州大学张家港工业技术研究院的学校编制人员暂定6名。

△ 韩国大真大学校长李根永率团访问学校。

12日　△ 11日至12日,美国唐仲英基金会第四届长三角地区四校交流会在学校召开。

13日　△ 经学校研究,决定对苏州大学实验教学示范中心建设领导小组成员进行调整,蒋星红任组长。

△ 经学校研究,决定对江苏省干部教育培训苏州大学基地领导小组成员进行调整,王卓君任组长。

△ 加拿大维多利亚大学校长杜文彬先生率团访问学校。

14日　△ 经学校研究,决定对学校哲学社会科学教学科研骨干研修工作领导小组成员进行调整,王卓君任组长,江涌、田晓明、蒋星红任副组长。

△ 经学校研究,决定对学校文化建设委员会工作领导小组成员进行调整,王卓君、朱秀林任主任。

△ 经学校研究,决定对苏州大学收费管理领导小组进行调整,杨一心任组长,高祖林任副组长。

△ 经学校研究,决定对党校校务委员会成员进行调整,王卓君任主任,江涌任副主任。

15日　△ 经学校研究,决定对苏州大学健康教育领导小组成员进行调整,江涌任组长,杨一心任副组长。

△ 经学校研究,决定对苏州大学计划生育委员会成员进行调整,王卓君任主任,杨一心、王安列任副主任。

17日　△ 学校印发《苏州大学处级领导班子后备干部工作规定》。

△ 12日至17日,由江苏省委教育工委主办、学校承办的第二十期全省高校院(系)党政负责人培训班在学校举办。

20日　△ 第二届江苏高校辅导员职业能力竞赛(苏州大学基地复赛)在学校举行。

21日　△ 经学校研究,决定聘任李永舫同志为学校学术性学位博士研究生指导教师。

△ 经学校研究,决定聘任王立功等六位同志为学校学术性学位硕士研究生指导教师。

△ 第十三届“挑战杯”交通银行全国大学生课外学术科技作品竞赛冠名签约暨“我的创新故事”视频征集活动在炳麟图书馆学术报告厅举行。

22日 △ 苏州大学唐仲英医学研究院大楼奠基仪式在独墅湖校区二期举行。

△ 学校与苏州科达科技股份有限公司联合共建的“苏州大学—苏州科达云视讯联合实验室”签约仪式在法学院会议室举行。

△ 学校公布2012年度苏州大学高校省级重点实验室(江苏省放射医学与防护重点实验室)开放课题。

23日 △ 经学校研究,决定对苏州大学研究生支教团招募工作领导小组进行调整,江涌任组长。

△ 经学校研究,决定对苏州大学大学生志愿服务西部计划、苏北计划实施工作领导小组进行调整,江涌任组长。

△ 经学校研究,决定对苏州大学大学生暑期社会实践活动领导小组进行调整,江涌任组长。

△ 21日至23日,由国际华人骨研学会(ICMRS)和美国骨矿研究学会(ASBMR)主办,苏州大学附属第一医院、苏州医学会、苏州大学临床医学研究院和苏州大学骨科研究所承办的第一届国际华人骨科研究大会在苏州召开。

24日 △ 经校党委常委会研究决定,成立苏州大学“2011计划”办公室,为正处级建制,挂靠科学技术与产业部。该办公室设主任1名,为正处职;设副主任1名,为副处职;设正科职干事1名。

△ 由学校沙钢钢铁学院承办的冶金物理化学发展方向及研究方法研讨会暨中国有色金属学会第六届冶金物理化学学术委员会第五次会议及中国金属学会冶金过程物理化学分会第六届委员会第二次会议在学术报告厅召开。

△ 第十三届“挑战杯”竞赛江苏选拔赛落幕,学校六支团队入围全国预赛。

25日 △ 学校2011、2012年度“本科教学工程”国家级、省级大学生创新创业训练计划项目结题验收和中期检查工作在东校区文思楼举行。

△ 江苏省2013全国大学生电子设计竞赛专家组工作研讨会在学校召开。

26日 △ 教育部科学技术司司长王延觉一行来校进行工作调研。

27日 △ 金螳螂建筑与城市环境学院学生在2013年“四校四导师环境设计本科生毕业设计实验教学课题奖”中获得2个二等奖、1个三等奖、5个佳作奖。刘伟教授指导的二等奖作品获全国高等院校梦想空间设计大赛一等奖,周璇同学获中国环境设计“未来之星”称号。

28日 △ 苏州翰德文化发展有限公司董事长丁雪明先生向学校捐赠五十万元,设立苏州大学“爱博基金”。

29 日　△ 由中国高等教育学会校友工作研究分会主办、苏州大学校友总会承办的校友工作研究分会第三届理事会 2013 年第一次常务理事会议在学校召开。

30 日　△ 美国科学院院士、哥伦比亚大学著名心脏疾病基础和临床研究专家 Andrew R. Marks 教授莅临学校独墅湖校区进行学术访问。

31 日　△ 经校党委常委会研究决定,成立中国共产党苏州大学代表大会代表联络工作办公室(简称党代表联络办),该办公室与党委组织部合署办公,设主任 1 名,为副处职;设正科职干事 1 名。

△ 经校党委常委会研究决定,成立信息化建设与管理中心,撤销网络中心。

△ 信息化建设与管理中心为正处级建制,人员编制暂定28 名。该中心设主任 1 名,为正处职;设副主任 2 名,为副处职;内设办公室,设办公室主任 1 名,为正科职。

△ 苏州大学实验动物工作全国专家咨询会在学校独墅湖校区召开。

△ 学校印发《2013 年苏州大学机关部门、群直单位处级领导职务干部任聘工作实施方案》。

5 月　△ 苏州大学附属第一医院被授予"卫生部脑卒中筛查与防治科研型中心"及"卫生部脑卒中筛查与防治工程超声诊断技术培训基地"称号。葛建一院长被授予"国家卫计委脑卒中筛查与防治工程优秀院长"称号。

△ 江苏省高校优势学科苏州大学"地方政府与社会管理"研究基地揭牌仪式先后在盐城城南新区新都街道与大丰政法委举行。

△ 学校共有 17 人获第 53 批中国博士后科学基金面上资助。

△ 学校获"2012 年江苏省高校节能工作先进院校"和"苏州市节能示范单位"称号。

△ 学校图书馆被江苏省高等学校图书情报工作委员会授予"江苏省高校图书馆 2010—2012 年度先进集体"称号。

△ 学校功能纳米与软物质研究院何耀教授入选国家首批中青年科技创新领军人才。

△ 朱栋霖教授获江苏省"紫金文化奖章"。

△ 2013中国生物药物基础研究前沿论坛在学校举行。

△ 学校在"2012 年度《复印报刊资料》转载学术论文指数排名"中位列转载量排名第 18 名,综合指数排名第 18 名。

△ 苏州大学出版社数字出版项目首次入选国家新闻出版改革发展项目库。

6月

1日　△ 教育部副部长杜玉波、江苏省教育厅厅长沈健等一行来学校视察。

2日　△ 学校学生在江苏省第四届理工科大学生人文社会科学知识竞赛中取得佳绩。

3日　△ 校党委常委会研究决定：保卫部（处）增设副部（处）长岗位1名；增设校园安全指挥中心，为正科级建制。

后勤管理处增设副处长岗位1名。撤销行政事务服务中心，将行政事务服务中心的相关管理职能划归后勤管理处。

△ 学校印发《苏州大学纵向科研经费管理条例（自然科学类）（修订稿）实施细则》《苏州大学横向科研项目及经费管理条例（自然科学类）》。

4日　△ 学校印发《苏州大学"东吴名医培养计划"实施办法》。

△ 苏州大学-Cadence OrCAD联合实验室暨江苏省卓越工程师教育培训计划——微电子科学与工程专业校内实践基地揭牌仪式在学校电子信息楼107室举行。

△ 学校公布苏州大学2013年度"江苏省研究生教育教学改革与实践课题项目""江苏省研究生科研创新计划项目""优秀博士学位论文选题立项资助项目"及"江苏省研究生科研创新计划项目"结题验收结果。

5日　△ 首届苏州大学放射医学及交叉学科（RAD-X）研究生奖学金颁奖典礼在炳麟图书馆学术报告厅举行。

△ 李永舫教授入选汤森路透"2012年度最热门研究者"。

△ 2日至5日，由学校化学电源研究所、全国原电池标准化技术委员会承办的IEC/TC35国际标准化会议在苏州召开。

△ 苏州大学东吴证券奖教金、奖学金颁奖典礼在东吴证券总部举行。

△ 马可、吴元新、李建华兼职教授受聘仪式暨学术报告会在艺术学院601幢多功能厅举行。

7日　△ 经学校研究，决定对学校"三龄一历"审核工作小组成员进行调整，周玉玲任组长。

△ 学校被评为2011—2012年度"江苏省高校后勤工作先进集体"。

8日　△ 苏州大学纵横信息技术研究所成立二十周年庆典大会在本部学术报告厅召开，纵横信息大楼奠基仪式同日举行。

9日　△ 首都师范大学党委书记张雪一行访问学校。

10日　△ 诺贝尔化学奖得主、美国科学院院士、美国工程院院士艾伦·黑格（Alan Heeger）受聘为学校名誉教授。

△ 学校公布苏州大学成人高等教育第二批、第三批、第四批校级特色专业、精品课程建设检查验收结果。

11 日 △ 学校印发《苏州大学全日制普通本科招生宣传工作管理暂行办法》。

△ 学校发布关于中文系 78 级学生傅苹造假事件的声明。

△ 学校公布 2013 年苏州大学精品教材评审结果。

13 日 △ 学校印发《苏州大学教职工奖励暂行办法》。

14 日 △ 学校发布关于傅苹造假事件的第二份官方声明。

15 日 △ 通州建总集团有限公司捐赠仪式在红楼会议中心 217 室举行。

18 日 △ 学校印发《苏州大学本科生考试管理办法(试行)》。

△ 学校公布 2011—2012 年大学生创新创业训练计划项目结题验收和中期检查结果。

19 日 △ 经学校研究,决定成立苏州大学艺术研究院。该研究院为校级科研机构,挂靠艺术学院。

△ 学校印发《苏州大学开展"教育经费管理年"活动实施方案》。

20 日 △ 学校在本部学术报告厅召开有关傅苹事件的媒体集中采访会。

△ 学校发布关于开展科研经费和专项经费检查的通知。

21 日 △ 经学校研究,决定聘任曾小庆等 4 位同志为学校学术性学位博士研究生指导教师,聘任钱叶六等 10 位同志为学校学术性学位硕士研究生指导教师。

△ 学校发布关于开展科研经费和专项经费检查的通知。

22 日 △ 苏州大学学生宿舍自我管理与发展委员会成立大会在独墅湖校区 B07-321 会议室召开。

24 日 △ 英国皇家科学院院士、格拉斯哥大学 Foo Yew Liew(刘富友)教授访问学校,为医学生物技术研究所的师生作了题为"The Role of Nitric Oxide in the Regulation of Immunity"的学术报告。

△ 第三批国家"千人计划"入选者周晓方教授正式加盟学校并负责组建苏州大学先进数据管理与分析研究中心。

25 日 △ 根据《中华人民共和国学位条例》及《苏州大学硕士、博士学位授予工作细则》,经第八届校学位评定委员会综合学部第十二次会议讨论,决定授予 2013 届第一批全日制研究生卢锋等 210 人博士学位,授予专业学位研究生顾宇平等 16 人临床医学博士学位。

△ 根据《中华人民共和国学位条例》及《苏州大学硕士、博士学位授予工作细则》,经第八届校学位评定委员会分学部第十二次会议讨论,决定授予 2013 届第一批全日制研究生张硕等 1 856 人硕士学位,授予专业学位研究生曹辉等 945 人硕士学位,授予高校教师章宪等 4 人硕士学位,授予同等学力人员沈爱国等 139 人硕士学位。

△ 经学校研究,决定对苏州大学图书情报委员会、苏州大学科技查新工作领导小组进行调整。

一、苏州大学图书情报委员会:江作军任主任委员,唐忠明、周建屏任副主任委员。

二、苏州大学科技查新工作领导小组：江作军任组长，朱巧明、唐忠明任副组长。

26日 △ 经学校研究，决定对学校安全工作委员会进行调整，朱秀林任主任，路建美、江涌、江作军、杨一心任副主任。

27日 △ 学校与香港城市大学技术转移合作协议签约仪式在红楼会议中心举行。

28日 △ 经学校研究，决定对苏州大学绩效工资实施工作领导小组成员进行调整，朱秀林任组长。

△ 经学校研究，决定对苏州大学岗位设置与聘用工作领导小组成员进行调整，王卓君、朱秀林任组长。

△ 经学校研究，决定对校档案工作委员会成员进行调整，朱秀林任主任，江作军任副主任。

△ 27日至28日，学校2013届本科生学士学位授予仪式先后在敬贤堂和独墅湖校区艺术学院音乐厅举行。

29日 △ 学校2013届博士、硕士研究生毕业典礼暨学位授予仪式先后在钟楼小礼堂和存菊堂举行。

6月 △ 文学院周秦教授主讲的《昆曲艺术》和外国语学院王腊宝教授主讲的《英语经典美文》两门视频公开课获评"国家级精品视频公开课"。

△ 学校新一轮机关部门、群直单位处级领导职务干部任聘工作全面启动。

△ 学校与美国巴德学院正式建立合作关系，双方就创办合作音乐项目、学生交换，以及在学校建立巴德文理书院达成协议。

△ 苏州大学惠寒奖学金签约仪式暨惠寒书屋捐赠仪式在苏州市姑苏区东冉学校举行。

△ 苏大附一院甘建和教授等在《新英格兰医学杂志》发表禽流感研究成果，总结禽流感临床救治成果，探寻H7N9病毒发病规律。

△ 学校学生在第九届全国周培源力学竞赛（江苏赛区）暨"矿大杯"第八届江苏省大学生力学竞赛中获团体一等奖，个人一等奖7名、二等奖6名。

△ 据中国法学创新网统计，在2012年CLSCI上发表论文的排名中，学校王健法学院他发数排名全国第九，总发数排名全国第十三，其中法制史、刑法学和商法学均进入全国前十行列。

△ 学校公布关于2013年江苏省考生招生录取相关政策。

△ 学校苏梅老师儿童文学作品研讨会在京举行。

7 月

1 日　△ 经学校研究，决定对苏州大学招生领导小组、大学生创业教育领导小组、全日制本科生就业指导工作委员会进行调整。

一、苏州大学招生领导小组：朱秀林任组长，江涌任副组长。

二、苏州大学大学生创业教育领导小组：朱秀林任组长，江涌任副组长，下设创业教育办公室（常设招生就业处）。

三、苏州大学全日制本科生就业指导工作委员会：王卓君、朱秀林任主任，江涌（常务）、马卫中、王清任副主任。

△ 学校 2013 年研究生支教团西部计划、苏北计划出征仪式在校红楼会议中心 217 会议室举行。

2 日　△ 经学校研究，决定对苏州大学全日制本科生奖学金管理委员会进行调整，朱秀林任主任，江涌任副主任。

△ 经学校研究，决定对苏州大学全国大学外语四、六级考试工作领导小组及语言文字工作委员会进行调整。

一、苏州大学全国大学外语四、六级考试工作领导小组：蒋星红任组长，周毅任副组长。

二、苏州大学语言工作委员会委员：蒋星红任主任委员，周毅任副主任委员。

△ 经学校研究，决定对苏州大学博物馆馆务委员会成员进行调整，王卓君任主任，江作军、张朋川任副主任。

△ 苏州大学与中科院武汉病毒所联合举办的"高尚荫菁英班"签约仪式在学校红楼会议中心举行。

3 日　△ 经学校研究，决定对苏州大学信息化建设工作领导小组成员进行调整，杨一心任组长，刘标、张庆任副组长。

△ 全国政协教科文卫体委员会调研组来校调研，并召开专题座谈会。

4 日　△ 经学校研究，决定对苏州大学唐仲英医学研究院筹建领导小组进行调整，朱秀林任组长。

△ 经学校 2013 年第 14 次校长办公会讨论决定，撤销"苏州大学规范助学工作领导小组"等 58 个非常设机构。

5 日　△ 经学校研究，决定对苏州大学信息工作领导小组成员进行调整，江涌任组长，陈进华、王洪法、刘标任副组长。

△ 经学校研究，决定对苏州大学防汛防灾领导小组进行调整，杨一心任组长，李翔任副组长。

△ 经学校研究，决定成立苏州大学深入开展党的群众路线教育实践活动领导小组，王卓君、朱秀林任组长，江涌、高祖林任副组长。

△ 经学校研究，决定党委宣传部增设舆情科，人员编制增加2名。宣传科更名为宣传文化科。生物医学研究院内设办公室，设办公室主任1名，为正科职。唐仲英血液学研究中心内设办公室，设办公室主任1名，为正科职。

△ 学校印发《苏州大学学院党政管理人员编制和内设机构管理暂行办法》。

△ 由学校与苏州市科技局联合举办的“科技行—走进苏大”暨苏州大学首届科技开放日活动在学校多个校区同时举行。

8日 △ 经学校研究，决定对苏州大学校区建设规划委员会、公共卫生工作领导小组、爱国卫生运动委员会、绿化委员会进行调整。

一、苏州大学校区建设规划委员会：朱秀林任主任，杨一心、李翔任副主任。

二、苏州大学公共卫生工作领导小组：朱秀林任组长，江涌、熊思东、杨一心任副组长。

三、苏州大学爱国卫生运动委员会：杨一心任主任，王安列、王凤英、吉伟任副主任。

四、苏州大学绿化委员会：杨一心任主任，王安列、李翔任副主任。

△ 经学校研究，决定对苏州大学“十二五”期间援藏工作领导小组进行调整，陈一星任组长。

△ 学校印发《苏州大学绩效工资实施办法（暂行）》。

△ 6日至8日，由苏州大学数学科学学院高等统计与计量经济中心、复旦大学计算系统生物中心共同主办的“2013 第二届太湖国际统计论坛”举行。

9日 △ 学校获“教育部全国高校思想政治理论课教师社会实践研修基地”称号。

10日 △ 经学校研究，决定对苏州大学校务公开领导小组进行调整，朱秀林任组长，陈一星、高祖林、王安列任副组长。

△ 8日至10日，由苏州大学企业创新和发展研究中心、圣荷西加州州立大学卢卡斯商学院、清华大学中国科学和技术政策研究中心、加州大学伯克利分校信息学院，以及 IEEE 技术管理分会联合主办的“苏州—硅谷—北京”2013 国际创新学术会议召开。

△ 江苏省委常委、苏州市委书记蒋宏坤莅临学校指导党的群众路线教育实践活动。

△ 山西省教育厅副厅长李青山携山西省人民政府学位委员会、山西部分高校领导一行访问学校。

△ 学校对《苏州大学核心期刊目录（人文社科类）（修订版）》进行修订。

11 日　△ 2013 年本科生暑期海外交流研修出征动员会在敬贤堂召开。

△"太湖沉宝"古吴石器展在学校博物馆开幕。

12 日　△ 根据教育部《关于公布"本科教学工程"地方高校第一批本科专业综合改革试点的通知》(教高司函〔2013〕56 号)文件,学校"数学与应用数学"专业点被教育部批准为"本科教学工程"地方高校第一批本科专业综合改革试点。

13 日　△ 对苏州大学研究生招生领导小组、非全日制攻读硕士学位全国统一考试保密及考试工作领导小组进行调整。

一、苏州大学研究生招生领导小组:朱秀林任组长,王卓君、熊思东任副组长。

二、苏州大学非全日制攻读硕士学位全国统一考试保密及考试工作领导小组:熊思东任组长,郎建平任副组长。

△ 学校印发《苏州大学授予博士、硕士学位和培养研究生的二级学科自主设置与管理办法(试行)》。

△ 学校印发《苏州大学高水平运动员管理条例》。

14 日　△ 2013 年全国高校思想政治理论课骨干教师暑期社会实践活动苏州组启动仪式在学校本部学术报告厅举行。

△ 学校本一批次投档线公布:文科 342 分、理科 353 分。

△ 经研究决定,聘任赵玉娟等一百五十位同志为学校硕士专业学位研究生指导教师。

20 日　△ 学校本二批次投档线公布:文科 326 分、理科 336 分。

21 日　△ 苏州大学印度校友会成立大会在印度首都新德里丽笙酒店召开。

△ 学校发布致傅苹女士的公开信。

22 日　△ 学校召开教育经费自查自纠情况专项检查工作会议。

23 日　△ 经学校研究,决定现对苏州大学医改领导小组、建设节约型校园工作领导小组成员进行调整。

一、苏州大学医改领导小组:杨一心任组长,陈洁任副组长。

二、苏州大学建设节约型校园工作领导小组:朱秀林任组长,江涌、杨一心任副组长。

△ 经学校研究,决定对苏州大学推免生遴选工作领导小组组织成员进行调整,蒋星红任组长,周毅、郎建平任副组长。

24 日　△ 据中共江苏省委组织部苏组干〔2013〕144 号文件:江作军、杨一心、蒋星红同志试用期满正式任苏州大学副校长。

25 日　△ 23 日至 25 日,由中国教育报主办、学校承办的全国高校新闻宣传工作研讨会在本部图书馆召开。

△ 经学校研究,决定对苏州大学附属中学校务委员会委员进行调整,蒋星红任主任;苏州工业园区教育局局长沈坚、苏州大学教务部副部长(主持工作)周毅任副主任;苏州大学附属中学李建军任专职副主任。

26 日　△ 由学校主办的"东吴杯"第二届全国中学生辩论赛举行。

△ 苏州大学附属儿童医院园区总院(暂名)主楼结构封顶。

7月 △ 学校金螳螂建筑与城市环境学院吴永发教授作为土木水利与建筑组的候选对象入选由《科学中国人》杂志评选的年度人物。

△ 学校“基础与临床药理学”和“中国传统文化”两门课程入选教育部“2013年度来华留学英语授课品牌课程”。

△ 老挝苏州大学申报的中文、计算机科学与技术两个本科专业获老挝教育部的批准。

△ 学校9名博士后获中国博士后科学基金第六批特别资助。

△ 学校“老挝-大湄公河次区域国家研究中心”和“国际能源法研究中心”两个国际问题研究中心获江苏省教育厅立项和培育。

8月

1日 △ 学校音乐学院教师李长松获2013第13届台北国际合唱节“最佳指挥奖”。

2日 △ 母小勇教授以苏州大学教育学院(School of Education, Soochow University)为署名单位,独立在国际顶尖学术刊物 *Science* 上发表论文。

6日 △ 苏州独墅湖医院概念设计方案民意专家评审会在本部学术报告厅召开。

11日 △ 第十三届“挑战杯”交通银行全国大学生课外学术科技作品竞赛复赛在学校举行。

12日 △ 苏州大学“绿色行动”活动项目组赴内蒙古乌拉特前旗苏计社沙区“神州学人荒漠生态示范园”,举行“苏州大学绿色行动”捐赠仪式和“苏州大学大学生社会实践基地”挂牌仪式。

15日 △ 12日至15日,“纺织之光”2013年度中国纺织工业联合会纺织教育教学成果奖评审会在学校召开。

20日 △ 学校印发《苏州大学深入开展党的群众路线教育实践活动实施方案》。

25日 △ 学校印发《苏州大学党的群众路线教育实践活动学习教育、听取意见环节学习计划》《苏州大学党的群众路线教育实践活动学习教育、听取意见环节实施办法》。

△ 苏州大学附属第一医院呼吸科主任黄建安教授获“中国呼吸医师奖”。

26日 △ 学校深入开展党的群众路线教育实践活动动员大会在敬贤堂召开。

28日 △ 学校印发《苏州大学纳米科学与技术学院本科生校内选拔和专业分

流工作条例(试行)》《关于党委常委会工作的报告》《苏州大学 2013 年度工作要点(补充部分)》。

△ 苏州纳米科技协同创新中心揭牌仪式暨纳米技术应用联盟成立大会在园区管委会举行。

29 日 △ 学校印发《王卓君同志在苏州大学深入开展党的群众路线教育实践活动动员大会上的讲话》。

△ 苏州片区省属高校教育实践活动工作座谈会在学校召开。

△ 2013 年苏州大学学生创就业工作研讨会在独墅湖高教区召开。

△ 江苏省政协徐南平副主席莅临学校化学电源研究所调研。

30 日 △ 根据《苏州大学本科教学督导工作条例(修订稿)》(苏大教〔2009〕94 号),第七届校本科教学督导委员会委员任期已届满,经学校研究决定,成立苏州大学第八届本科教学督导委员会,戴苏明任主任委员,谭琤培、马桂林、杨亚安任副主任委员。

△ 学校印发《苏州大学国(境)外博士研究生联合培养管理办法(试行)》。

8 月 △ 学校康振辉教授入围"万人计划"第一批"青年拔尖人才支持计划"。

△ 学校学生袁建宇获第八届"中国青少年科技创新奖"。

△ 教育部发布了《关于批准北方工业大学综合工程训练中心等 120 个国家级实验教学示范中心的通知》(教高函〔2013〕10 号),学校申报的"计算机与信息技术实验教学中心"获批。

△ 学校被评为"江苏省高校档案工作先进集体"。

△ 学校苏北计划项目办、西部计划项目办获全国"2012—2013 年度大学生志愿服务西部计划优秀等次项目办"和江苏省"2012 年度大学生志愿者服务苏北计划优秀组织奖"。

△ 由19 名专家、学者组成的江苏省第十二届人大常委会立法专家咨询组在南京成立,学校杨海坤教授、陈立虎教授、胡玉鸿教授受聘为立法专家咨询组成员。

△ 根据《省教育厅关于公布 2013 年省级实验教学与实践教育中心建设点遴选结果的通知》(苏高教〔2013〕14 号)文件精神,学校推荐的"轨道交通实践教育中心"和"药学学科综合训练中心"两个中心获批省级实验教学与实践教育中心建设点。

△《苏州大学报》获全国高校校报好新闻"版面"一等奖。

△ 学校 2013 年国家自然科学基金立项再创新高,300 个项目获得资助。项目立项数跃居全国高校第 18 位(较 2012 年提升 2 位),江苏省内排名居全省第二(仅次于南京大学),地方高校第一。

9月

2日 △ 学校党的群众路线教育实践活动教职工代表座谈会、学生代表座谈会、离退休老同志代表座谈会、党外人士代表座谈会分别在红楼会议中心召开。

5日 △ 学校印发《苏州大学2013—2015年专业建设发展规划》。

△ 学校2013级本科生开学典礼在东校区田径场举行。

△ 学校第八届本科教学督导委员会成立大会暨第一次全体工作会议在凌云楼教务部会议室召开。

△ 2013年两岸四地护理发展高峰论坛举行。

6日 △ 中共苏州大学委员会批复同意《关于调整中共苏州大学委员会离休工作委员会委员的请示》。

△ 中共苏州大学委员会批复同意《关于调整中共苏州大学委员会机关工作委员会委员的请示》。

△ 经学校2013年第22次校长办公会研究决定,成立上海市人民政府发展研究中心——苏州大学"地方政府与城市治理"决策咨询研究基地。该研究基地为校级研究机构,挂靠人文社会科学院。聘任王卓君为研究基地主任,田晓明为副主任。

△ 经校党委常委会研究决定,成立国有资产与实验室管理处,撤销实验室与设备管理处、实验材料供应中心以及财务处内设的国有资产管理科。

国有资产与实验室管理处为正处级建制,人员编制暂定36名。设处长1名,副处长4名;内设综合科、产权与产业管理科、设备管理科、实验室管理科、招标管理科、实验材料供应中心、办公物资供应中心,均为正科级建制。

△ 江苏省委常委、苏州市委书记蒋宏坤一行调研苏州大学附属儿童医院园区总院。

9日 △ 苏州市政协副主席张昕一行访问学校纳米科学技术学院。

10日 △ 由学校组织的江苏省级纳米科技协同创新中心发展规划专家咨询论证会在独墅湖校区纳米科学技术学院召开。

△ 9日至10日,第八届中国国际丝绸会议暨第四届亚洲防护服会议、苏州大学-英国染色家学会生态染整会议在学校独墅湖校区炳麟图书馆学术报告厅召开。

△ 校本科人才培养质量座谈会在教务部会议室召开。

△ 学校公布苏州大学2013年江苏省高等学校重点教材立项建设名单:《中国刑法基本原理(第三版)》《中国刑法罪刑适用(第三版)》《社会主义

市场经济理论(第三版)》《中国现代文学史 1917—2012(上、下)》《服装工业制版》。

11 日　△ 10 日至 11 日,学校 2014 年国家自然科学基金杰出青年科学基金、优秀青年科学基金申报座谈会和重点、重大项目申报座谈会在红楼 217 召开。

12 日　△ 学校运动员在全国第十二届运动会上 10 人次获得金牌、12 人次获得铜牌、8 人次获得第四名、11 人次获得第五名、8 人次获得第六名。

13 日　△ 中共苏州大学委员会批复同意《关于调整中共苏州大学委员会群团与直属单位工作委员会委员的请示》。

△ 学校 2013 级本科学历教育外国留学生开学典礼在海外教育学院一楼多功能厅举行。

△ 第十三届"挑战杯"交通银行全国大学生课外学术科技作品竞赛决赛筹备工作汇报会召开。

14 日　△ 江苏省委常委、苏州市委书记蒋宏坤莅临学校,调研指导教育实践活动,并作题为《坚持和弘扬党的群众路线 谱写中国梦的苏州篇章》的专题学习辅导报告。

△ 经学校研究,决定特聘张民同志为我校学术性学位博士研究生指导教师。

15 日　△ 外国语学院李雪霞同学获"2013 年博雅论坛本科生学术年会"一等奖。

△ 音乐学院举行创院庆典音乐会。

16 日　△ 学校印发《苏州大学"本科教学质量与教学改革工程"专项资金管理暂行办法》。

△ 苏州大学 2013 年自考助学专业新生开学典礼在独墅湖影剧院及存菊堂举行。

△ 江苏省教育厅专家组莅临学校调研指导苏南地区大学生心理健康教育研究中心工作,并在红楼会议中心召开座谈会。

17 日　△ 经学校研究,决定对苏州大学图书情报委员会、苏州大学科技查新工作领导小组进行调整。

一、苏州大学图书情报委员会:田晓明任主任委员,唐忠明、周建屏任副主任委员。

二、苏州大学科技查新工作领导小组:田晓明任组长,朱巧明、唐忠明任副组长。

△ 沙特阿拉伯王国驻华使馆文化参赞萨利赫·古苏米博士率团访问学校。

21 日　△ 经学校研究,决定对校档案工作委员会成员进行调整,朱秀林任主任,田晓明任副主任。

22 日　△ 学校印发《苏州大学学院党政管理人员编制和内设机构管理暂行办法》,内容如下:

文学院:综合办公室、教学科研办公室、对外合作办公室。

凤凰传媒学院:综合办公室、教学科研办公室。

社会学院:综合办公室、教务办公室、科研与研究生办公室。

政治与公共管理学院:综合办公室、教务办公室、科研与研究生办公室、对外合作办公室。

教育学院:综合办公室、教学科研办公室、对外合作办公室。

东吴商学院(财经学院):综合办公室、教务办公室、科研与研究生办公室、对外合作办公室。

王健法学院:综合办公室、教务办公室、科研与研究生办公室。

外国语学院:综合办公室、教务办公室、科研与研究生办公室、对外合作办公室。

金螳螂建筑与城市环境学院:综合办公室、教学科研办公室。

数学科学学院:综合办公室、教务办公室、科研与研究生办公室。

计算机科学与技术学院:综合办公室、教务办公室、科研与研究生办公室。

电子信息学院:综合办公室、教务办公室、科研与研究生办公室。

机电工程学院:综合办公室、教务办公室、科研与研究生办公室。

沙钢钢铁学院:综合办公室。

纺织与服装工程学院:综合办公室、教务办公室、科研与研究生办公室。

城市轨道交通学院:综合办公室、教务办公室、对外合作办公室。

体育学院:综合办公室、教务办公室、科研与研究生办公室、学校体育与场馆管理办公室。

艺术学院:综合办公室、教务办公室、科研与研究生办公室。

音乐学院:综合办公室、教学科研办公室。

△ 经学校研究,决定对苏州大学博物馆馆务委员会成员进行调整,王卓君任主任,田晓明、张朋川任副主任。

△ 经校党委常委会研究决定,成立苏州大学知识产权研究院,为正处级建制。研究院设院长 1 名,由王健法学院院长担任;设行政副院长 1 名,为副处职;学术性副院长若干名,不作为处级干部管理。研究院内设办公室,设办公室主任 1 名,为正科职。

△ 学校印发《苏州大学党的群众路线教育实践活动查摆问题、开展批评环节实施办法》。

△ 经校长办公会研究决定:财务处增设专项经费管理科、基建财务科,撤销财务处内设的独墅湖校区财务科。

保卫部(处)内设的交通消防科更名为消防科。

材料与化学化工学部增设对外合作办公室,为正科级建制。

△ 学校举行 2013 级孔子学院奖学金外国留学生开学典礼。

△ 学校教授戴克胜博士当选为国际宇航科学院生命学部通讯院士。

23 日 △ 浙商银行苏州分行第二期助学捐赠座谈会在红楼会议中心召开。

24 日　△ 经学校研究,决定对苏州大学收费管理领导小组进行调整,江作军任组长,高祖林任副组长。

△ 经学校研究,决定对苏州大学基金管理领导小组进行调整,朱秀林任组长,江作军、盛惠良任副组长。

△ 学校印发《苏州大学贯彻新财务会计制度实施方案》。

△ 中国国际民间组织合作促进会(简称中国民促会)副理事长兼秘书长黄浩明研究员一行,应邀来学校研讨民间组织参与国家援外事业与民间组织国际化问题。

△ 马耳他马中友好协会主席雷诺·卡雷亚(Reno Calleja)率团访问学校。

△ 学校 2014 年国际科技合作项目申报座谈会在红楼 217 会议室召开。

△ 苏州市王鸿声副市长带队,陆俊秀副秘书长、市住建局、市交通运输局、市卫生局、园区管委会、园区规划建设局、园区工程建设管理有限公司、苏州轨道交通有限公司、市客管处等一行 11 人来到苏州大学附属儿童医院进行调研。

△ 第十三届"挑战杯"竞赛决赛举行第一次新闻发布会。

25 日　△ 经学校研究,决定对苏州大学国有资产管理委员会进行调整,朱秀林任主任,江作军、杨一心任副主任。

△ 经学校研究,决定对苏州大学化解基本建设债务工作领导小组进行调整,王卓君、朱秀林任组长。

26 日　△ 经学校研究,决定对苏州大学实验室安全工作委员会进行调整,江作军任主任,陈永清任副主任。

△ 经学校研究,决定对苏州大学实验动物管理委员会进行调整,江作军任主任,熊思东任副主任。

△ 经学校研究,决定对苏州大学辐射防护领导小组进行调整,江作军任组长,陈永清、黄瑞、缪世林任副组长。

△ 经学校研究,决定校长办公会研究并与苏州市委统战部商定,成立苏州基层统战理论与实践研究所。该研究所为校级科研机构,挂靠在党委统战部,王卓君任所长,高祖林、吴建明、方世南、田芝健任副所长。

△ 第十三届"挑战杯"交通银行全国大学生课外学术科技作品竞赛筹备工作推进会召开。

27 日　△ 经学校研究,决定对苏州大学"小金库"治理工作领导小组进行调整,朱秀林任组长,高祖林、江作军任副组长。

△ 经学校研究,决定成立苏州大学先进数据分析研究中心,该中心为校级非实体性科研机构,挂靠计算机科学与技术学院。聘任周晓方教授为该中心主任。

△ 学校 14 人入围 2013 年度江苏省"双创计划"。

△ 苏州市首届"三星半导体杯"电子专业人才设计与技能大赛颁奖典礼在学校本部学术报告厅举行。

29 日　　△ 苏州独墅湖医院(苏州大学附属总医院)在工业园区独墅湖科教创新区举行奠基仪式。

9 月　　△ 学校政治与公共管理学院金太军教授当选 2012 年度“长江学者”特聘教授。

△ 学校生物与生物化学学科领域首次进入 ESI 排名全球前 1%。

△ 苏大附属第一医院吴德沛教授当选第九届中华医学会血液学分会副主任委员,阮长耿院士当选名誉主委,孙爱宁教授当选新一届全国委员。

△ 苏州大学生物医学研究院(IBMS)郑春福教授课题组在 I 型单纯疱疹病毒研究领域取得重要进展。

10 月

7 日　　△ 学校物理科学与技术学院陈焕阳教授和侯波教授课题组在超材料领域的研究成果发表在 Nature Communications 4,2561(2013)上。

8 日　　△ 学校启动 S-UIPP 带薪实习教改研究重点项目。

9 日　　△ 上海市政协副主席方惠萍一行来学校考察。

10 日　　△ 经学校研究,决定成立苏州大学招投标工作领导小组及相关工作小组。

一、苏州大学招投标工作领导小组:江作军任组长,高祖林、杨一心任副组长。

二、各相关招投标工作小组:

(一) 工程建设类招投标工作小组:杨一心任组长。

(二) 仪器设备、实验材料及办公物资等招投标工作小组:江作军任组长。

(三) 教材及图书资料类招投标工作小组:江作军任组长。

(四) 服务类招投标工作小组:杨一心任组长。

△ 学校表彰 2012 年度苏州大学王晓军精神文明奖先进集体和先进个人。

11 日　　△ 经校学位评定委员会审定,决定授予钱鲲等 447 名学生双学士学位。

△ 经校学位评定委员会审定,决定授予卢世友等 7 116 名 2013 届普通高等教育全日制本科毕业生学士学位。

△ 学校“高分子材料与工程”“电气工程及其自动化”两个本科专业通过教育部组织的第三批卓越工程师教育培养计划专业论证。

△ 第十三届“挑战杯”交通银行全国大学生课外学术科技作品竞赛决赛筹备工作推进会召开。

△ 学校公布2013年江苏省高等教育教改立项研究课题评选结果,《地方综合大学卓越医学人才培养模式改革与研究》《中国文学教学的国际化模式探索》《"实践情境教学"在临床模拟病房中的应用研究》《校企合作办学模式下培养工程技术人才的研究与实践》《基于职业变化预测的信息资源管理类本科专业整合建设及其教学改革研究》《目标驱动型实验教学体系的规划与实践》《公共管理类专业本科应用型人才培养实践教学体系的构建与实践》等七项获准立项。

12日 △ 学校课程"教育资源的开放与利用"通过教育部组织的专家评审,入选教师教育国家级精品资源共享课立项建设课程。

△ 9日至12日,中国中文信息学会2013年学术年会暨理事会、第十二届全国计算语言学学术会议暨第一届基于自然标注大数据的自然语言处理国际学术研讨会、第一届全国知识图谱研讨会在学校召开。

△ 经苏州大学周氏教育科研奖评审委员会评审,校长办公会研究决定,王家宏等17位同志获得2013年周氏教育科研奖。

13日 △ 11日至13日,学校血液科参加的第169场中国工程科技论坛、第十四届全国血栓与止血学术会议、第十二次全国动脉硬化性疾病学术会议、2013苏州国际临床技术论坛——苏州血液学峰会在苏州市会议中心召开。

△ 第十三届"挑战杯"交通银行全国大学生课外学术科技作品竞赛决赛新闻发布会召开。

14日 △ 经校学位评定委员会审定,决定于2013年6月授予徐永清等428名成人高等教育本科毕业生学士学位。

△ 经校学位评定委员会审定,决定于2013年6月授予吴丹等344名高等教育自学考试本科毕业生学士学位。

△ 教育部专家组,对学校来华留学生医学本科教育(英语授课)工作进行了专项检查和指导。

△ 江苏省副省长曹卫星一行来校调研纳米科学技术学院科技协同创新中心建设情况。

△ "2013年海峡两岸经济转型与管理创新研讨会"在东吴商学院财经科学馆学术报告厅举行。

△ 由共青团中央、中国科协、教育部、全国学联和江苏省人民政府共同主办,苏州大学、苏州工业园区承办,交通银行协办的第十三届"挑战杯"交通银行杯全国大学生课外学术科技作品竞赛决赛开幕。

△ 第十三届"挑战杯"竞赛组委会第二次全体会议召开。

15日 △ 经校学位评定委员会审定,决定授予PARK CHO LONG等73名学历教育外国本科留学毕业生学士学位。

△ 经学校研究,决定聘任汪雄涛等6位同志为学校学术性学位硕士研究生指导教师。

△ 经学校研究,决定聘任张明等5位同志为学校学术性学位博士研究生指导教师。

16 日　△ 2013 年苏州地区高校“AMD”杯电子设计竞赛颁奖典礼在学校学术报告厅举行。

17 日　△ 第十三届“挑战杯”竞赛落幕，学校总分名列全国第二，获“优胜杯”。

18 日　△ 苏州大学—苏州市相城区人民政府全面合作恳谈会在相城区召开。

△ “苏州大学 · 邦城未来城市研究中心”国际研讨会在学校本部学术报告厅召开。

△ 2013 年华东高校档案学学术研讨会在学校举行。

△ 学校召开对校党委领导班子党的教育实践活动对照检查材料征求意见会。

19 日　△ 苏州大学社会学院档案专业创办三十周年庆典在敬贤堂举行。

20 日　△ 学校第二十二届周氏教育科研奖、第十三届周氏音乐创作奖颁奖音乐会举行。

21 日　△ 教育部副部长杜占元等一行来校调研苏州纳米科技协同创新中心的建设推进情况。

22 日　△ 学校公布苏州大学 2013 年国家级大学生创新创业训练计划立项项目及 2013 年江苏省高等学校大学生实践创新训练计划立项项目。

23 日　△ 21 日至 23 日，由学校放射医学与防护学院、放射医学及交叉学科研究院承办的 2013 年香山科学会议第 472 次学术讨论会“放射医学及相关学科:现状与对策”在苏州召开。

△ 国家自然科学基金委信息科学部“基于表面等离子激元(SPP)的新型功能器件及集成技术”重点项目群第二次学术交流会在学校召开。

△ 2013“外研社杯”全国英语演讲大赛苏州大学选拔赛暨苏州大学第十七届外语文化节开幕式举行。

24 日　△ 21 日至 24 日，由中国化学会计算(机)化学专业委员会主办，学校功能纳米与软物质研究院、纳米科技学院承办的第十二届全国计算(机)化学学术会议(简称 NSCC)在学校召开。

△ 由国家自然科学基金委华东地区联络网主办、学校承办的“2013 年国家自然科学基金华东地区联络网管理工作研讨会”在苏州市会议中心召开。

△ 20 日至 24 日，由苏州大学、中国科学院光束操控重点实验室共同主办的第十七届国际光声光热大会在苏州南园宾馆召开。

25 日　△ 根据学校院系调整及实际工作需要，经研究决定，对第二届研究生教育质量工程指导委员会进行调整，徐青根任主任委员，顾仁敖、谭铮培、孙晓飞任副主任委员。

△ 2007 年 ACM 图灵奖获得者、美国卡内基梅隆大学计算机系 Edmund M. Clarke 教授访问学校。

△ 全军学生军训工作督查组来学校调研。

26 日　△ 微纳结构光电子领域“十三 · 五”期间重大研究计划研讨会在功能纳米与软物质研究院、纳米学院召开。

28 日　　△ 江苏省委副书记、省长李学勇一行来学校调研苏州纳米科技协同创新中心的建设与推进情况。

△ 国际著名学者李欧梵教授来访并作演讲。

△ 第十三届“挑战杯”竞赛工作总结会召开。

29 日　　△ 学校与苏州市委统战部合作共建的“苏州基层统战理论与实践研究所”揭牌成立。

△ 美国护理科学院院士 Pamela Sue Hinds 教授受聘护理学院客座教授。

△ 机关作风效能建设推进会分三场在红楼会议中心 201 会议室召开。

30 日　　△ 斯洛文尼亚卢布尔雅那孔子学院代表团一行 16 人访问学校。

△ 2013 年本科教学工作推进会在本部学术报告厅召开。

△ 经学校研究，决定对第十二届全国运动会优秀运动员进行通报表彰。

31 日　　△“纺织可持续设计与管理”博士研究生培养项目第二届项目执行委员会年会、第一届新生入学典礼于 2013 年 10 月 28 日至 31 日在法国 ENSAIT 举行。

10 月　　△ 学校获 2013 年江苏省研究生招生“优秀招生单位”称号。

△《光明日报》摘登校党委书记王卓君在“当代中国大学精神高层论坛”上的发言稿。

△ 文学院朱丹、王宇林同学分获第五届“全球华文青年文学奖”一等、二等优秀奖。

△ 学校党委获“全省首届学习型党组织建设工作先进单位”荣誉称号。

△ 化学电源研究所通过工业和信息化部国家中小企业公共服务示范平台专家技术委员会委员审议，被国家工信部授予“国家中小企业公共服务示范平台”称号。

△ 学校被中教国际教育交流中心授予 2013 年度特别贡献奖。

11 月

1 日　　△“苏州工业园区青剑湖学校文化艺术教育基地”正式落户学校博物馆。

△ 校党委领导班子党的群众路线教育实践活动专题民主生活会情况通报会召开。

△ 艺术学院李超德教授当选为中国服装设计师协会副主席。

△ 学校获中美人才培养项目 2013 年度特别贡献奖。

2 日 △ 1 日至 2 日，苏州大学第 51 届学生运动会举行。

3 日 △ 2 日至 3 日，由江苏省计算机学会、江苏省计算机学会云计算专业委员会、网络与分布计算专业委员会主办，学校计算机科学与技术学院承办的“第一届江苏省计算机网络与云计算学术会议”在学校召开。

4 日 △ 经学校研究，决定调整苏州大学《本科教学质量报告》编制工作小组，蒋星红任组长，周毅任副组长。

5 日 △ 江苏省教育科学规划领导小组办公室专家组莅临学校检查指导吴文化研究基地工作。

6 日 △ 学校曾小庆等 10 名教授入选第五批“青年千人计划”公示名单。

△ 学校召开 2013 年度国家社会科学基金项目开题报告会。

△ 苏州大学教学实习基地签约暨揭牌仪式在博世汽车部件（苏州）有限公司举行。

7 日 △ 学校印发《苏州大学招标投标管理暂行办法》《苏州大学仪器设备采购管理实施细则（试行）》《苏州大学国有资产管理暂行办法》。

△ 苏州大学与新疆昌吉州代表团座谈交流会在红楼会议中心召开。

△ 教育部高教司武世兴处长来纳米科技学院视察，调研学院试点建设推进情况。

△ 江苏省教育厅、江苏省全民国防教育委员会组织的首批“国防教育示范校”检查组来学校进行检查评估。

8 日 △ 7 日至 8 日，江苏省高校教务处长培训会议在学校召开。

10 日 △ 8 日至 10 日，由国务院学位委员会体育学学科评议组主办，苏州大学承办，苏州大学研究生院、体育学院协办的第四届体育学博士生导师论坛在学校举行。

11 日 △ 9 日至 11 日，由学校物理科学与技术学院和波动功能材料实验室主办的 2013 年国际波动功能材料研讨会（International workshop on wave functional materials 2013）在苏州召开。

12 日 △ 学校公布教育部第三批卓越工程师教育培养计划本科专业名单、教师教育国家级精品资源共享课立项建设课程名单。

△ 著名光学专家、中国工程院院士、中国共产党党员、苏州大学现代光学技术研究所研究员、博士生导师薛鸣球逝世。

14 日 △ 12 日至 14 日，由上海交通大学主办、苏州大学协办的“2013 东京审判国际学术研讨会”分别在上海交通大学、苏州大学举行。

△ 学校公布 2013 年学校国家级大学生校外实践教育基地名单。

15 日 △ 苏州大学附属第一医院获“江苏省文明单位标兵”称号。

17 日 △ 16 日至 17 日，第三届江苏 MPA 论坛暨苏州大学 MPA 十周年活动在独墅湖校区召开。

18 日 △ 国际著名医学期刊 JAMA 刊发医学部公共卫生学院与美国杜兰大学公卫学院合作研究成果。

19 日 △ 15 日至 19 日，第十七次全国电化学大会在学校召开。

22 日 △ 中共苏州大学委员会批复同意《关于中共苏州大学音乐学院委员会选举结果的报告》和《关于中共苏州大学音乐学院委员会委员分工的报告》。

△ 经学校研究，决定设立医学部临床教学质量管理办公室，为副处级建制，设主任 1 名，为副处职。

△ 学校印发《苏州大学党的群众路线教育实践活动整改落实、建章立制环节实施办法》《关于加强沙钢钢铁学院建设的实施意见》。

△ 苏州高校毕业生就业工作区域联盟首次会议在学校红楼会议中心召开。

23 日 △ 学校与张家港市城市管理局合作共建教学实习基地。

24 日 △ 22 日至 24 日，首届苏州大学-高丽大学纳米技术双边学术研讨会(The 1st Joint Workshop on Nanomaterials and Nanodevices Between Institute of Functional Nano & Soft Materials at Soochow University and Institute of Nanotechnology at Korea University)在功能纳米与软物质研究院召开。

26 日 △ 学校印发《苏州大学教材与文献资源采购管理实施细则(试行)》《苏州大学工程建设项目招标采购管理实施细则(试行)》《苏州大学采购评审专家管理暂行办法》。

△ 经学校研究，决定聘任杨大伟等 11 位同志为学校学术性学位博士研究生指导教师。

△ 学校公布 2013 年度苏州大学省级重点实验室(江苏省干细胞研究重点实验室)开放课题。

27 日 △ 学校印发《关于组建物理与光电·能源学部的实施意见》。

△ 经学校研究，决定聘任李青等 7 位同志为学校学术性学位硕士研究生指导教师。

△ 经学校研究，决定聘任刘彦玲等 12 位同志为学校学术性学位硕士研究生指导教师。

29 日 △ 第二届“王善元全国纺织科学与工程一级学科优秀博士学位论文创新教育奖励基金”颁奖会在学校举行。

30 日 △ 苏州大学“老挝-大湄公河次区域国家研究”首届高层论坛在红楼会议中心举行。

11 月 △ 由学校主办，艺术学院、凤凰传媒学院、电影电视艺术研究所承办的“当代华语电影文化影响力研究国际论坛”举行。

△ 学校计算机科学与技术学院博士生获 2013 年中国计算机大会优秀论文奖。

△《苏州大学学报(教育科学版)》和《苏州大学学报(法学版)》正式创刊。

△ 文学院汤哲声教授主持的“百年中国通俗文学价值评估、阅读调查和资料库建设”项目在全国哲学社会科学规划办公布的 2013 年度国家社科基金重大(第二批)招标评审结果中获批立项。

△ 学校王宏教授主译的《图说中国传统玩具与游戏》在全球出版发行。

△学校研究生获第13届中国光伏大会(CPVC13)“优秀论文奖”。

△美国艺术与科学院院士戴宏杰教授受聘为学校讲座教授。

12月

1日 △11月29日至12月1日,由苏州大学附属第一医院举办的中国卫生思想政治工作促进会城市医院分会暨中国医院协会文化专业委员会城市医院分会第23次学术年会在苏州召开。

2日 △学校印发《苏州大学实验材料采购管理实施细则(试行)》。

△学校宣布设立苏州大学“校友返校日”。

3日 △学校教学基本状态数据库建设推进会在红楼会议中心217召开。

△“吴报传媒”奖助学金颁奖仪式举行。

4日 △学校MBA项目获“2013中国高端品牌MBA院校”称号。

5日 △法国商科联盟(SKEMA)校长阿丽丝·吉龙女士率代表团5人访问学校。

△“杭鸣时客座教授受聘仪式暨学术报告会”在艺术学院602幢二楼会议室召开,著名画家杭鸣时先生受聘为学校客座教授。

6日 △苏州大学附属第一医院蒋文平教授入选全国医药卫生界30年“生命英雄”,进京受奖。

7日 △2013年全国地方高水平大学发展峰会在学校召开。

△第七届全国体育产业学术会议在学校召开。

△由学校文学院承办的“普通高校中国语言文学类专业本科课程教学质量研讨会”在苏州召开。

△第八届“苏大天宫杯”苏州大学大学生创业计划竞赛开幕。

8日 △学校与美国波特兰州立大学合作建设的孔子学院获2013年“先进孔子学院”称号。

9日 △由江苏省教育厅主持召开的“江苏省教改重中之重项目鉴定验收工作会议”在红楼201会议室召开,由医学部龚政主持的“地方综合大学卓越医学人才培养模式改革与研究”项目在会上通过专家鉴定验收。

10日 △苏州大学-中科院武汉病毒研究所“高尚荫菁英班”开班仪式在独墅湖校区703号楼3401学术报告厅举行。

11日 △学校印发《苏州大学办公物资采购管理实施细则(试行)》《苏州大学采购供应商管理暂行办法》《苏州大学服务类项目采购实施细则(试行)》。

12日 △学校印发《苏州大学教师教学工作条例》。

△ 11 日至 12 日,江苏省高校"农校对接"工作会议在学校召开。

△ 江苏省委副秘书长、研究室主任陈建刚莅临学校宣讲党的十八届三中全会精神。

13 日 △ 学校发布关于增列何志旭等十位同志为我校博士专业学位研究生指导教师的决定。

14 日 △ 经学校研究,决定对苏州大学教育发展基金会理事会、监事会组成人员进行调整,王卓君任理事长,朱秀林、江涌任副理事长。

△ 经学校研究,决定对"苏州大学学术道德规范工作领导小组"进行调整,王卓君、朱秀林任组长,江涌、熊思东任副组长。

△ 学校李永舫教授当选中国科学院院士。

△ 学校印发《苏州大学"本科教学质量与教学改革工程"项目管理暂行办法》《苏州大学全日制普通本科招生宣传工作优秀个人评选暂行办法》。

15 日 △ 14 日至 15 日,第五届江苏省计算机学科高峰论坛在学校召开。

△ 14 日至 15 日,由全国博士后管理委员会、中国博士后科学基金会主办,北京大学、苏州大学承办的"第一届中国心理学博士后论坛"在学校举办。

△ 中国高等教育学会师资管理研究分会 2013 年学术年会在学校召开。

16 日 △ 学校获"江苏教育民间国际合作与交流先进集体"称号。

18 日 △ 中国致公党苏州大学委员会成立大会在红楼会议中心召开。

△ 苏州大学"英飞凌"奖学金颁奖典礼举行。

19 日 △ 英国皇家科学院院士刘富友教授加盟学校,担任讲座教授。

20 日 △ 学校印发《苏州大学本科课程考核管理办法(试行)》《苏州大学本科生毕业设计(论文)工作办法》《苏州大学本科生转专业实施办法(修订稿)》《苏州大学普通高等教育本科生学籍管理条例(修订稿)》《苏州大学推荐优秀应届本科毕业生免试攻读硕士学位研究生工作实施办法(修订稿)》。

△ 2013 年研究生工作年终总结大会在天元讲堂召开。

21 日 △ 学校举办首届校园马拉松赛。

22 日 △ 21 日至 22 日,江苏省土木建筑学会建筑师学会 2013 年会暨第七届"江苏省建筑师杯"优秀设计方案大赛在炳麟图书馆学术报告厅举行。

23 日 △ 学校印发《苏州大学"箬政基金"项目管理条例》《苏州大学学生助教工作实施细则(试行)》。

△ 中央电视台《新闻联播》主播郎永淳获聘苏州大学兼职教授。

24 日 △ 学校印发《苏州大学本科教学兼职教师管理办法(试行)》《苏州大学财务信息公开工作实施方案》《苏州大学实验教学示范中心建设管理办法》。

△ 学校获评 2013 年省级教师和校长培训先进单位。

25 日 △ 根据《中华人民共和国学位条例》及《苏州大学硕士、博士学位授予工作细则》,经第八届校学位评定委员会分学部第十三次会议讨论,决定授予 2013 届第二批全日制研究生沈飞飞等 54 人硕士学位;决定授予专业学位研究生纪岱宗等864人硕士学位；决定授予高校教师邱晓茜等2人硕士学位；决定授予同等学力人员洪滔等92人硕士学位。

△ 根据《中华人民共和国学位条例》及《苏州大学硕士、博士学位授予工作细则》，经第八届校学位评定委员会综合学部第十三次会议讨论，决定授予2013届第二批全日制研究生单晓敏等77人博士学位。

△ 苏州大学凤凰传媒学院教授马中红著作《Cosplay：戏剧化的青春》获评"2013中华读书报年度图书之100佳"称号。

△ 苏州大学2012—2013学年本科生评奖评优表彰大会在敬贤堂召开。

26日 △ 经学校研究，决定将"苏州大学功能高分子研究所"更名为"苏州大学大分子设计与精密合成重点实验室"，朱秀林教授为实验室主任，程振平教授为实验室副主任。

△ 学校印发《苏州大学本科生创新学分认定管理条例》《苏州大学本科生赴国（境）外大学交流学习的课程认定及学分转换管理办法（试行）》《苏州大学本科生选课管理办法（修订稿）》《苏州大学成人高等教育本科毕业生学士学位授予工作实施细则（修订稿）》《苏州大学双学位专业与辅修专业课程免修管理办法（试行）》。

27日 △ 由苏州大学新型城镇化与社会治理协同创新中心举办的新型城镇化与社会治理协同创新高层论坛在学校举行。

30日 △ 学校印发《苏州大学高等教育自学考试本科毕业生学士学位授予工作实施细则（修订稿）》《苏州大学普通高等教育本科毕业生学士学位授予工作实施细则（修订稿）》。

12月 △ 根据《教育部办公厅关于公布第五批"精品视频公开课"名单的通知》（教高厅函〔2014〕12号），文学院杨旭辉副教授主讲的《苏州诗咏与吴文化》视频公开课获批"国家级精品视频公开课"。

△ 苏州大学出版社获"江苏省文明单位"称号。

△ 学校绿色协会和医学部红十字会获评"苏州市十佳高校公益梦之队"。

△ 学校"苏南政府治理与社会治理现代化研究基地"获批江苏省决策咨询研究基地。

△ 学校"江苏当代作家研究基地"获批江苏省哲学社会科学研究基地。

△ 在江苏省档案局举办的全省档案文化建设精品评选中，由学校编辑出版的《无锡国专史料选辑》获得一等奖。

△ 在2013年全国大学生电子设计竞赛中，学校4支队伍获全国二等奖，1支队伍获江苏省一等奖，6支队伍获江苏省二等奖。电子信息学院邵雷老师被评为优秀指导教师，同时，学校获优秀组织奖。

△ 学校思想政治教育专业浦香同学、英语（师范）专业李雪霞同学在第二届江苏省师范生教学基本功大赛中获一等奖，另有5名同学获二等奖，7名同学获三等奖。

2013年 △ 学校2013年录取本科生6 142人，硕士研究生3 127，博士生340人。

各类机构设置、机构负责人及有关人员名单

苏州大学党群系统机构设置

苏州大学党群系统机构设置一览表

<table>
<tr><th>序号</th><th colspan="2">党群部门、党委、党工委名称</th><th>所属科室名称</th><th>备注</th></tr>
<tr><td>1</td><td colspan="2">中共苏州大学委员会</td><td></td><td></td></tr>
<tr><td>2</td><td colspan="2">中共苏州大学纪律检查委员会</td><td></td><td></td></tr>
<tr><td rowspan="3">3</td><td>党委办公室</td><td rowspan="3">合署办公</td><td>综合科</td><td></td></tr>
<tr><td rowspan="2">规划与政策研究室</td><td>文秘科</td><td></td></tr>
<tr><td>机要科</td><td></td></tr>
<tr><td rowspan="4">4</td><td colspan="2" rowspan="4">纪监审办公室</td><td>综合科</td><td></td></tr>
<tr><td>纪检监察科</td><td></td></tr>
<tr><td>工程审计科</td><td></td></tr>
<tr><td>财务审计科</td><td></td></tr>
<tr><td rowspan="4">5</td><td>党委组织部</td><td rowspan="4">合署办公</td><td>干部科</td><td></td></tr>
<tr><td>党校</td><td rowspan="3">组织科</td><td></td></tr>
<tr><td>社会主义学院</td><td></td></tr>
<tr><td>党代表联络办</td><td>2013 年 5 月 31 日成立</td></tr>
<tr><td rowspan="3">6</td><td colspan="2" rowspan="3">党委宣传部</td><td>理论教育科</td><td></td></tr>
<tr><td>宣传文化科</td><td>2013 年 7 月 5 日由宣传科更名</td></tr>
<tr><td>舆情科</td><td>2013 年 7 月 5 日成立</td></tr>
<tr><td>7</td><td colspan="2">党委统战部</td><td></td><td></td></tr>
<tr><td rowspan="4">8</td><td colspan="2" rowspan="4">保卫部(处)</td><td>综合科</td><td></td></tr>
<tr><td>调查研究科</td><td></td></tr>
<tr><td>消防科</td><td>2013 年 9 月 22 日由交通消防科更名</td></tr>
<tr><td>校园安全指挥中心</td><td>2013 年 5 月 31 日成立</td></tr>
</table>

续表

<table>
<tr><th>序号</th><th colspan="2">党群部门、党委、党工委名称</th><th>所属科室名称</th><th>备　注</th></tr>
<tr><td rowspan="5">8</td><td colspan="2" rowspan="5">保卫部(处)</td><td>校本部治安科</td><td rowspan="5"></td></tr>
<tr><td>东校区治安科</td></tr>
<tr><td>北校区治安科</td></tr>
<tr><td>独墅湖校区治安科</td></tr>
<tr><td>阳澄湖校区治安科</td></tr>
<tr><td rowspan="3">9</td><td rowspan="2">学生工作部(处)</td><td rowspan="3">合署办公</td><td>综合科</td><td rowspan="3"></td></tr>
<tr><td>思想教育科</td></tr>
<tr><td>人武部</td><td>学生资助管理中心</td></tr>
<tr><td rowspan="3">10</td><td colspan="2" rowspan="3">离退休工作部(处)</td><td>综合科</td><td rowspan="3"></td></tr>
<tr><td>离休科</td></tr>
<tr><td>退休科</td></tr>
<tr><td>11</td><td colspan="2">机关党工委</td><td></td><td></td></tr>
<tr><td>12</td><td colspan="2">群团与直属单位党工委</td><td></td><td></td></tr>
<tr><td>13</td><td colspan="2">党委研究生工作部</td><td></td><td>与研究生院合署办公</td></tr>
<tr><td>14</td><td colspan="2">苏大教育服务投资发展有限公司党委</td><td></td><td></td></tr>
<tr><td>15</td><td colspan="2">后勤党委</td><td></td><td></td></tr>
<tr><td>16</td><td colspan="2">阳澄湖校区党委</td><td></td><td></td></tr>
<tr><td>17</td><td colspan="2">离休党工委</td><td></td><td></td></tr>
<tr><td rowspan="2">18</td><td colspan="2" rowspan="2">工会</td><td>综合科</td><td rowspan="2"></td></tr>
<tr><td>联络部</td></tr>
<tr><td rowspan="2">19</td><td colspan="2" rowspan="2">团委</td><td>组织宣传部</td><td rowspan="2"></td></tr>
<tr><td>创新实践部</td></tr>
<tr><td>20</td><td colspan="2">图书馆党委</td><td></td><td></td></tr>
<tr><td>21</td><td colspan="2">化学电源研究所党工委</td><td></td><td>2013 年 11 月 27 日撤销</td></tr>
<tr><td>22</td><td colspan="2">文学院党委</td><td></td><td></td></tr>
<tr><td>23</td><td colspan="2">凤凰传媒学院党委</td><td></td><td></td></tr>
<tr><td>24</td><td colspan="2">社会学院党委</td><td></td><td></td></tr>
<tr><td>25</td><td colspan="2">政治与公共管理学院党委</td><td></td><td></td></tr>
<tr><td>26</td><td colspan="2">东吴商学院(财经学院)东吴证券金融学院党委</td><td></td><td></td></tr>
<tr><td>27</td><td colspan="2">王健法学院党委</td><td></td><td></td></tr>
<tr><td>28</td><td colspan="2">外国语学院党委</td><td></td><td></td></tr>
<tr><td>29</td><td colspan="2">教育学院党委</td><td></td><td></td></tr>
<tr><td>30</td><td colspan="2">艺术学院党委</td><td></td><td></td></tr>
</table>

续表

序号	党群部门、党委、党工委名称	所属科室名称	备　注
31	音乐学院党委		
32	体育学院党委		
33	数学科学学院党委		
34	物理科学与技术学院党委		2013 年 11 月 27 日撤销
35	物理与光电·能源学部党工委		2013 年 11 月 27 日成立
36	物理与光电·能源学部物理科学与技术学院党委		2013 年 11 月 27 日成立
37	物理与光电·能源学部光电信息科学与工程学院党委		2013 年 11 月 27 日成立
38	物理与光电·能源学部能源学院党委		2013 年 11 月 27 日成立
39	材料与化学化工学部党委		
40	纺织与服装工程学院党委		
41	计算机科学与技术学院党委		
42	电子信息学院党委		
43	机电工程学院党委		
44	医学部党工委		
45	医学部基础医学与生物科学学院党委		
46	医学部放射医学与防护学院党委		
47	医学部公共卫生学院党委		
48	医学部药学院党委		
49	医学部护理学院党委		
50	医学部第一临床医学院党委		
51	医学部第二临床医学院党委		
52	医学部儿科临床医学院党委		
53	金螳螂建筑与城市环境学院党委		
54	城市轨道交通学院党委		
55	纳米科学技术学院党委		
56	应用技术学院党委		
57	文正学院党委		
58	附属第一医院党委		
59	附属第二医院党委		
60	附属儿童医院党委		

苏州大学行政系统、直属单位机构设置

苏州大学行政系统、直属单位统机构设置一览表

序号	行政部门、学院(系)名称	所属科室名称	备 注
1	苏州大学		
2	校长办公室(合署办公)	综合科	
		文秘科	
	对外联络接待办公室(合署办公)	信息科	
		接待科	
3	行政事务服务中心		2013 年 5 月 31 日撤销
4	发展委员会办公室	联络发展部	
		校友部	
		基金会(董事会)管理部(综合科)	
5	新闻中心		与党委宣传部合署办公
6	教务部 — 综合办公室		
	教务部 — 教学运行处	学籍管理科	
		课程与考试科	
		专业设置与实践教学科	
	教务部 — 教学质量与资源管理处	教学质量管理科	
		教学资源管理科	
	教务部 — 教学改革与研究处	教学与改革科	
		特色(创新)培养科	
		科研训练与对外交流科	
	教师教学发展中心		挂靠教务部
7	招生就业处	综合科	
		招生科	
		学生就业指导科	
	学生职业生涯规划辅导中心		挂靠招生就业处
8	科学技术与产业部		
	综合办公室		

续表

序号	行政部门、学院(系)名称	所属科室名称		备　注
8	科学技术处	项目管理办公室		
		平台建设办公室		
		成果与知识产权办公室		
	军工处(军工保密办公室)	军工科技管理办公室		
		军工监管办公室		
	科技产业处(国家大学科技园管理中心)	地方合作办公室		
		科技园管理办公室		
		产业园管理办公室		
	“2011 计划”办公室			2013 年 5 月 24 日成立,挂靠科学技术与产业部
9	人文社会科学院	综合管理办公室		
		项目管理办公室		
		基地建设办公室		
		成果推广办公室		
		社会服务办公室		
10	实验室与设备管理处			2013 年 9 月 6 日撤销
11	国有资产与实验室管理处	综合科		2013 年 9 月 6 日成立
		产权与产业管理科		
		设备管理科		
		实验室管理科		
		招标管理科		
		实验材料供应中心		
		办公物资供应中心		
12	人事处	综合科		
		人才开发办公室		
		博士后工作管理办公室		
		人事科		
		师资科		
		劳动工资科		
		人事信息与档案管理科		
13	研究生院	综合办公室		
		招生办公室		
		培养办公室	教学管理科	
			质量监控与评估科	
			国际交流科	

续表

<table>
<tr><th>序号</th><th colspan="2">行政部门、学院(系)名称</th><th colspan="2">所属科室名称</th><th>备 注</th></tr>
<tr><td rowspan="6">13</td><td colspan="2" rowspan="2">研究生院</td><td rowspan="2">研究生管理办公室</td><td>教育与管理科</td><td rowspan="2"></td></tr>
<tr><td>就业指导科</td></tr>
<tr><td colspan="2">学科建设办公室</td><td colspan="2"></td><td rowspan="4">挂靠研究生院</td></tr>
<tr><td colspan="2">"211 工程"办公室</td><td colspan="2"></td></tr>
<tr><td colspan="2" rowspan="2">学位评定委员会办公室</td><td colspan="2">学位管理科</td></tr>
<tr><td colspan="2">导师管理科</td></tr>
<tr><td></td><td colspan="2">导师学院</td><td colspan="2"></td><td>挂靠研究生院</td></tr>
<tr><td rowspan="9">14</td><td colspan="2" rowspan="9">保卫处(部)</td><td colspan="2">综合科</td><td rowspan="2"></td></tr>
<tr><td colspan="2">调查研究科</td></tr>
<tr><td colspan="2">消防科</td><td>2013 年 9 月 22 日由交通消防科更名</td></tr>
<tr><td colspan="2">校园安全指挥中心</td><td>2013 年 5 月 31 日成立</td></tr>
<tr><td colspan="2">校本部治安科</td><td rowspan="5"></td></tr>
<tr><td colspan="2">东校区治安科</td></tr>
<tr><td colspan="2">北校区治安科</td></tr>
<tr><td colspan="2">独墅湖校区治安科</td></tr>
<tr><td colspan="2">阳澄湖校区治安科</td></tr>
<tr><td rowspan="3">15</td><td colspan="2" rowspan="3">学生工作处(部)</td><td colspan="2">综合科</td><td rowspan="3"></td></tr>
<tr><td colspan="2">思想教育科</td></tr>
<tr><td colspan="2">学生资助管理中心</td></tr>
<tr><td rowspan="5">16</td><td rowspan="4">国际合作交流处(海外教育学院)(两块牌子、一套班子)</td><td rowspan="4">合署办公</td><td colspan="2">综合科</td><td rowspan="4"></td></tr>
<tr><td colspan="2">外事科</td></tr>
<tr><td colspan="2">学生交流科</td></tr>
<tr><td colspan="2">留学生管理科</td></tr>
<tr><td colspan="2">港澳台办公室</td><td colspan="2"></td><td>挂靠国际合作交流处</td></tr>
<tr><td rowspan="3">17</td><td colspan="2" rowspan="3">离退休工作处(部)</td><td colspan="2">综合科</td><td rowspan="3"></td></tr>
<tr><td colspan="2">离休科</td></tr>
<tr><td colspan="2">退休科</td></tr>
<tr><td rowspan="6">18</td><td colspan="2" rowspan="6">财务处</td><td colspan="2">综合科</td><td rowspan="4"></td></tr>
<tr><td colspan="2">会计科</td></tr>
<tr><td colspan="2">预算管理科</td></tr>
<tr><td colspan="2">收费管理科</td></tr>
<tr><td colspan="2">独墅湖校区财务科</td><td>2013 年 9 月 22 日撤销</td></tr>
<tr><td colspan="2">稽核科</td><td></td></tr>
</table>

续表

序号	行政部门、学院(系)名称	所属科室名称	备　注
18	财务处	国有资产管理科	2013 年 9 月 6 日撤销
		专项经费管理科	2013 年 9 月 22 日成立
		基建财务科	2013 年 9 月 22 日成立
		科研经费管理科	
19	继续教育处(成人教育学院)	综合科	
		教育管理科	
		培训科	
	自学考试办公室		挂靠继续教育处
20	后勤管理处	综合科	
		校产管理科	
		维修管理科	
		医保与计划生育管理科	
		计划科	2013 年 8 月 30 日撤销
		计划管理科	2013 年 8 月 30 日成立
		施工管理科	2013 年 8 月 30 日撤销
		信息管理科	2013 年 8 月 30 日成立
		校园管理科	2013 年 8 月 30 日成立
		能源管理科	2013 年 8 月 30 日成立
		项目管理科	2013 年 8 月 30 日成立
		幼儿园	
		托管资产管理科	2013 年 8 月 30 日撤销
		膳食管理科	
		物业管理科	2013 年 8 月 30 日撤销
		独墅湖校区建设和管理委员会	
		阳澄湖校区后勤管理与服务中心	
		招标管理科	2013 年 8 月 30 日撤销
	宿舍管理办公室		挂靠后勤管理处
	校医院		挂靠后勤管理处
21	阳澄湖校区管理委员会		
22	江苏苏大投资发展有限公司	苏州中核华东辐照有限公司	
		苏州明世光学有限公司	
		苏大视光配镜中心	
		苏州华绸科技有限公司	

续表

序号	行政部门、学院(系)名称	所属科室名称	备　注
22	江苏苏大投资发展有限公司	苏州苏大赛尔免疫生物技术有限公司	
		苏州苏大雷克科技有限公司	
		苏州苏豪生物材料科技有限公司	
		江苏苏州大学科技创业园有限公司	
		苏州苏大维格数码光学有限公司	
		苏州凯罗尔手性化学有限公司	
		苏州苏大卫生与环境工程有限公司	
23	出版社有限公司(简称出版社)	社长办公室	
		总编办公室	
		出版科	
		财务科	
		营销部	
		读者服务部	
		数字出版部	
		审读与质检中心	
		高教策划部	
		职教策划部	
		基教策划部	
		大众策划部	
		音乐策划部	
		书稿加工中心	
24	学报编辑部	办公室	
		哲学社会科学版	
		代数集刊	
		法学版	2013 年 5 月 15 日由工科版更名
		教育科学版	2013 年 5 月 15 日由医学版更名

续表

序号	行政部门、学院(系)名称	所属科室名称	备　注
25	档案馆	办公室	
		文书档案室	
		科技档案室	
		教学档案室	
		技术管理室	
26	博物馆	办公室	
27	图书馆	办公室	
		系统技术部	
		公共服务部	
		信息咨询部	
		文献建设部	
		阳澄湖馆读者服务部	
		敬文馆读者服务部	
		炳麟馆读者服务部	
		古籍特藏部	
		数字化建设部	
28	分析测试中心		
29	信息化建设与管理中心	办公室	2013年5月31日由网络中心更名
30	工程训练中心		
31	实验材料供应中心		2013年9月6日撤销
32	艺术教育中心(正处级建制)		
33	文学院		
34	凤凰传媒学院		
35	社会学院		
36	政治与公共管理学院		
37	东吴商学院(财经学院) 东吴证券金融学院		
38	王健法学院		
39	外国语学院		
40	教育学院		
41	艺术学院		
42	音乐学院		
43	体育学院		
44	数学科学学院		
45	物理科学与技术学院　能源学院		2013年11月27日撤销

续表

序号	行政部门、学院(系)名称	所属科室名称	备　注
46	物理与光电·能源学部	综合办公室	2013 年 11 月 27 日由物理科学与技术学院·能源学院更名
		教务办公室	
		科研办公室	
		学科建设办公室	
		对外合作办公室	
		实验室与资产管理办公室	
		学生工作办公室	
47	物理与光电·能源学部物理科学与技术学院		2013 年 11 月 27 日成立
48	物理与光电·能源学部光电信息科学与工程学院		2013 年 11 月 27 日成立
49	物理与光电·能源学部能源学院		2013 年 11 月 27 日成立
50	材料与化学化工学部	综合办公室	
		教学办公室	
		学科建设办公室	
		学生工作办公室	
		对外合作办公室	2013 年 9 月 22 日成立
		实验室管理办公室	
51	纳米科学技术学院		
52	纺织与服装工程学院		
53	计算机科学与技术学院		
54	电子信息学院		
55	机电工程学院		
56	沙钢钢铁学院		
57	医学部	党务行政管理办公室	
		教学办公室	
		临床教学质量办公室	2013 年 11 月 22 日成立
		学生工作办公室	
		科研办公室	
		实验中心	
		实验动物中心	
		研究生办公室和发展办公室	
58	医学部基础医学与生物科学学院		

续表

序号	行政部门、学院(系)名称	所属科室名称	备注
59	医学部放射医学与防护学院		
60	医学部公共卫生学院		
61	医学部药学院		
62	医学部护理学院		
63	医学部第一临床医学院		
64	医学部第二临床医学院		
65	医学部儿科临床医学院		
66	金螳螂建筑与城市环境学院		
67	城市轨道交通学院		
68	敬文书院		
69	唐文治书院(简称文治书院)		
70	应用技术学院		
71	文正学院		
72	老挝苏州大学	综合办公室	
		教学与学生事务办公室	合署办公
		招生就业办公室	
		人力资源与财务办公室	
		校园建设与管理办公室	
73	附属第一医院		
74	临床医学研究院(正处级建制)		挂靠附属第一医院
75	附属第二医院		
76	附属儿童医院		

注：根据苏大人〔2013〕85 号文件通知，学院内设办公室，以及根据各单位教学工作、科研工作、学科建设等实际情况设立科级建制办公室，报学校机构编制委员会办公室审核并经学校批准后实施。

苏州大学中层及以上干部名单

1. 校领导

党委书记：王卓君
校　　长：朱秀林
党委副书记：朱秀林
　　　　　　江　涌
　　　　　　高祖林
副校长：路建美
　　　　江　涌
　　　　田晓明
　　　　陈一星
　　　　熊思东
　　　　江作军
　　　　杨一心
　　　　蒋星红
校长助理：浦文倜
　　　　　王家宏

2. 校级调研员

副校级：殷爱荪　　2013 年 4 月免
　　　　葛建一　　2013 年 12 月免

3. 纪律检查委员会

书　记：高祖林
副书记：施亚东

4. 党委办公室

主　任：王洪法

副主任：姚　炜
　　　　茅海燕
　　　　查晓东
副调研员：马龙剑

规划与政策研究室(与党委办公室合署办公)
主　任：王洪法(兼)
副主任：姚　炜(兼)

5. 纪监审办公室

主　任：施亚东
副主任：肖　平　　2013 年 6 月免
　　　　徐昳荃
　　　　鲍　卫
正处级纪检员：袁晓通
　　　　　　　高　玲
　　　　　　　沈志清　　2013 年 3 月任
副处级纪检员：夏西冰
　　　　　　　王苏平
　　　　　　　戴璇颖
　　　　　　　陈德斌
　　　　　　　陈　敏
调研员：徐建中　　2013 年 3 月免
　　　　肖　平

6. 党委组织部

部　长：邓　敏
副部长：查佐明　　2013 年 6 月免
　　　　周玉玲
调研员：陆霞明
副处级组织员：李全义
　　　　　　　唐宇宏　　2013 年 3 月免
　　　　　　　刘　慧　　2013 年 3 月任

党　校(与党委组织部合署办公)
校　长：王卓君(兼)
常务副校长：薛　凡

党代表联络办(与党委组织部合署办公)(2013 年 5 月成立,苏大委〔2013〕40 号)

主　任:李全义　　2013 年 6 月任

7. 党委宣传部

部　长:陈进华

常务副部长:闻曙明　　2013 年 4 月任

副部长:孙宁华

　　　吴　江

新闻中心(与党委宣传部合署办公)

主　任:陈进华(兼)

副主任:冯　一

　　　孙宁华(兼)

8. 党委统战部

部　长:吴建明

副部长:刘海平

调研员:张雪根

9. 保卫部(处)

部(处)长:霍跃进

副部(处)长:曹培培　　2013 年 6 月免

　　　余宏明　　2013 年 6 月免

　　　黄水林　　2013 年 6 月任

　　　刘　风　　2013 年 6 月任

　　　陈晓刚　　2013 年 9 月任

调研员:曹培培

副调研员:倪学友

　　　严家江

10. 学生工作部(处)

部(处)长:张国华

副部(处)长:陈　平(调研员)

　　　董召勤

段永锋

人武部[与学生工作部(处)合署办公]

部　长：邓国林

11．离休党工委

书　记：徐群祥　　2013 年 6 月免

余宏明　　2013 年 6 月任

副书记：秦和鸣

史有才

离退休工作部(处)

部(处)长：徐群祥　　2013 年 6 月免

余宏明　　2013 年 6 月任

副部(处)长：史有才

陈　洁　　2013 年 6 月免

周佳晔　　2013 年 6 月任

副调研员：石　健

12．机关党工委

书　记：周玉玲

副书记：唐宇宏　　2013 年 3 月任

13．群团与直属单位党工委

书　记：蒋剑平　　2013 年 6 月免

徐群祥　　2013 年 6 月任

副书记：陈向民

调研员：蒋剑平　　2013 年 6 月任

副调研员：刘炳喜

14．校工会

主　席：王安列

副主席：陈亦红　　2013 年 6 月免

冒维东

张筱明　　2013 年 6 月免

陈　洁	2013 年 6 月任
调研员：沈美媛	2013 年 9 月免
陈亦红	
副调研员：许惠英	2013 年 7 月免
谢　玲	
谢　健	
张筱明	2013 年 6 月任

15. 校团委

书　记：王尔东
副书记：肖甫青
程晓军
朱　今

16. 校长办公室

主　任：刘　标	
副主任：于毓蓝	
洪　晔	
吴小春(兼)	
陈　美(兼)	2013 年 11 月任

对外联络接待办公室(与校长办公室合署办公)

主　任：刘　标(兼)	
副主任：孙建娅	2013 年 6 月免
吉　伟	
薛　辉(兼)	
曹　健(兼)	
姜建明(兼)	
沈振亚(兼)	
闻曙明(兼)	
副调研员：孙建娅	2013 年 6 月任

行政事务中心(挂靠校长办公室)(2013 年 5 月撤销,苏大委〔2013〕42 号)

主　任：丁　瑶	2013 年 6 月免

17. 发展委员会办公室

主　任：薛　辉
副主任：张　洁
调研员：杭晓平
副调研员：王培钢
　　　　刘志敏

18. 教务部

部　长：	唐忠明	2013 年 3 月免
	周　毅	2013 年 10 月任
副部长：	周　毅（主持工作）	2013 年 3 月任
	钱振明	
	洪国云（兼，调研员）	2013 年 6 月免
	倪沛红（兼）	2013 年 11 月任

综合办公室
主　任：杨　柳

教学运行处

处　长：	周　毅	
副处长：	陆　丽	2013 年 6 月任
	刘方涛	

教学质量与资源管理处

处　长：	晏世雷	
副处长：	陆　丽	2013 年 6 月免

教学改革与研究处
处　长：王剑敏
副处长：季　进
调研员：洪国云
　　　　王哲唯
副调研员：于竞红
　　　　蒲曼莉

19. 招生就业处

处　长：马卫中
副处长：王　清
　　　　翟惠生

学生职业生涯规划辅导中心（挂靠招生就业处）

主　任：马卫中（兼）
副主任：黄文军

20. 科学技术与产业部

部　长：路建美（兼）
常务副部长：朱巧明
副部长：龚学锋（兼）　　2013年5月任

综合办公室

主　任：刘海燕

科学技术处

处　长：郁秋亚
副处长：许继芳　　2013年3月免
　　　　钱福良
　　　　邹贵付
　　　　张志红　　2013年6月任

军工处（军工保密办公室）

军工处
处　长：沈志清　　2013年3月免
　　　　许继芳　　2013年6月任
副处长：许继芳（主持工作）　　2013年3月任
　　　　赵一强
军工保密办公室
主　任：路建美（兼）
常务副主任：沈志清（兼）　　2013年3月免
　　　　　　许继芳（兼）　　2013年3月任
副主任：赵一强
　　　　茅海燕（兼）

科技产业处(国家大学科技园管理中心)

处　长(主　任):蒋敬东
副处长(副主任):仇国阳
　　　　　　　　糜志雄
副处长:周　村(兼)

“2011 计划”办公室(挂靠科学技术与产业部)(2013 年 5 月成立,苏大委〔2013〕39 号)

主　任:

副主任:唐建新	2013 年 5 月任
钱福良(兼)	2013 年 5 月任

21. 人文社会科学院

院　长:田晓明(兼)	
常务副院长:母小勇	2013 年 1 月任
副院长:陈　忠(兼)	2013 年 6 月免
林　萍	2013 年 3 月任
余敏江	2013 年 1 月任

中国特色城镇化研究中心

主　任:陈　忠	2013 年 1 月免
胡玉鸿	2013 年 1 月任
副主任:林　萍	2013 年 3 月免
徐维英	2013 年 3 月任

22. 实验室与设备管理处(2013 年 9 月撤销,苏大委〔2013〕54 号)

处　长:陈永清	2013 年 9 月免
副处长:黄　平	2013 年 6 月免
仇玉山	2013 年 9 月免
副调研员:夏永林	

国有资产与实验室管理处(2013 年 9 月成立,苏大委〔2013〕54 号)

处　长:陈永清	2013 年 9 月任
副处长:魏永前	2013 年 9 月任
仇玉山	2013 年 9 月任
陈中华	2013 年 9 月任
副调研员:夏永林	

国有资产管理委员会办公室(2013 年 9 月设立于国有资产与实验室管理处,苏大国资〔2013〕1 号)

主　任:陈永清(兼)　　2013 年 9 月任

23. 人事处

处　长:姜建明
副处长:王云杰
　　　何　峰
　　　闫礼芝

24. 研究生院

院　长:熊思东(兼)
常务副院长:王家宏　　2013 年 6 月免
　　　　　郎建平　　2013 年 6 月任
副院长:曹　健(兼)　　2013 年 6 月任

综合办公室
主　任:王杰祥

招生办公室
主　任:章晓莉

培养办公室
主　任:唐建新　　2013 年 5 月免
　　　蔡远利　　2013 年 6 月任

研究生管理办公室
主　任:俞伟清

党委研究生工作部
部　长:袁勇志　　2013 年 6 月免
　　　曹　健　　2013 年 6 月任

学位评定委员会办公室(挂靠研究生院)
主　任:王家宏(兼)　　2013 年 6 月免
　　　郎建平(兼)　　2013 年 6 月任
副主任:金薇吟

学科建设办公室、"211 工程办公室"(挂靠研究生院)

主　任：吴雪梅　　2013 年 6 月免

　　　　沈明荣　　2013 年 6 月任

副主任：邱　鸣　　2013 年 3 月免

　　　　刘　京　　2013 年 5 月任

导师学院

院　长：熊思东(兼)

副院长：王家宏(兼)　　2013 年 6 月免

　　　　郎建平(兼)　　2013 年 6 月任

25. 国际合作交流处(海外教育学院)

处(院)长：黄　兴

副处(院)长：陆惠星

　　　　　　袁　晶

　　　　　　高明强　　2013 年 9 月任

副处长：谭玉坤(兼)

调研员：刘宇琴

保留副处职待遇：露　兵

港澳台办公室(挂靠国际合作交流处)

主　任：黄　兴(兼)

副主任：茹　翔

26. 财务处

处　长：盛惠良

副处长：孙琪华

　　　　姚永明

　　　　朱　彦

副调研员：薛　晋

国有资产管理委员会办公室(2013 年 9 月调整至国有资产与实验室管理处,苏大国资〔2013〕1 号)

副主任：陈中华　　2013 年 9 月免

27. 继续教育处(成人教育学院)

处　长：曹　健　　2013 年 6 月免
　　　　邹学海　　2013 年 6 月任
副处长：吴建军(调研员)
　　　　赵小苓　　2013 年 6 月免
　　　　王　健　　2013 年 6 月任
　　　　胡龙华
副调研员：赵小苓　　2013 年 6 月任
　　　　沈文英
　　　　王建凯(2014—2015 省委帮扶工作队队员,享受副处级领导职务干部待遇)
　　　　2013 年 12 月任

28. 后勤党委

书　记：严冬生　　2013 年 6 月免
　　　　黄志斌　　2013 年 6 月任

后勤管理处

处　长：仲　宏　　2013 年 6 月免
　　　　李　翔　　2013 年 6 月任
副处长：顾明高
　　　　范肖锋
　　　　王凤英
　　　　王　东　　2013 年 9 月免
　　　　朱火金　　2013 年 4 月免
　　　　丁　瑶　　2013 年 6 月任
　　　　顾建忠(兼)　　2013 年 11 月任
副调研员：梁奎峰(享受副处职待遇)　　2013 年 10 月免
　　　　沈雅英
　　　　邵　健　　2013 年 9 月免
　　　　王振明
　　　　庄建英
　　　　朱火金　　2013 年 4 月任

学生宿舍管理办公室(挂靠后勤管理处)

主　任：顾明高(兼)

校医院(挂靠后勤管理处)

院　长：杨秀丽
常务副院长：李克夏(副处级)　　2013年6月免
副调研员：李克夏　　2013年6月任

独墅湖校区建设和管理委员会

主　任：仲　宏(兼)　　2013年6月免
　　　　李　翔(兼)　　2013年6月任
副主任：范肖锋(兼)
综合办公室主任：顾明高
教务办公室主任：龚　政(兼)
建设办公室副主任：季永才(享受副处职待遇)

29. 阳澄湖校区管理委员会

党委书记：李　翔　　2013年6月免
党委副书记：王　力
主　任：浦文倜
副主任：刘　标(兼)
　　　　王　力
　　　　王加华
　　　　邵剑平

30. 图书馆

党委书记：周建屏
馆　长：罗时进　　2013年3月免
　　　　唐忠明　　2013年3月任
副馆长：周建屏(兼)
　　　　石明芳
　　　　李　峰
　　　　徐　燕
副调研员：周惠琴

31. 档案馆

馆　长：钱万里
副调研员：蔡月芬

32. 博物馆

馆　长：张朋川（兼）
常务副馆长：黄维娟（副处职，调研员）
副馆长：廖　军（兼）

33. 分析测试中心

主　任：张　勇

34. 工程训练中心

主　任：	卢　伟（调研员）	2013 年 6 月免
	谢志余	2013 年 6 月任
调研员：	卢　伟	

35. 网络中心（2013 年 5 月撤销，苏大委〔2013〕41 号）

主　任：	杨季文	2013 年 6 月免
副主任：	张　庆（副处级）	2013 年 6 月免

信息化建设与管理中心（2013 年 5 月成立，苏大委〔2013〕41 号）

主　任：		
副主任：	张　庆（主持工作）	2013 年 6 月任
	黄　平	2013 年 6 月任
	陆剑江	2013 年 9 月任

36. 艺术教育中心

主　任：吴　磊
副主任：宋海英

37. 实验材料供应中心（2013 年 9 月撤销，苏大委〔2013〕54 号）

主　任：	魏永前	2013 年 9 月免

38. 东吴饭店

调研员：张荣华
副调研员：何卫星

39. 化学电源研究所(2013 年 11 月撤销，苏大委〔2013〕60 号)

党工委书记：韩良军
所　长：郑军伟
副所长：董浩然
　　　　汝坤林

40. 张家港工业技术研究院

副院长：龚学锋(主持工作)	2013 年 5 月任
金　苗	2013 年 9 月免
孙海鹰	2013 年 9 月任
王季魁	2013 年 9 月任

41. 知识产权研究院(2013 年 9 月成立，苏大委〔2013〕56 号)

院　长：胡玉鸿	2013 年 10 月任
副院长：朱春霞	2013 年 10 月任

42. 文学院

党委书记：王六一
党委副书记：张　健(兼副院长)
院　长：王　尧
副院长：逄成华

黄镇伟	2013 年 3 月免
李　勇	2013 年 3 月任

43. 凤凰传媒学院

党委书记：赵　阳
党委副书记：常青伟(兼副院长)

院　长：芮国强	2013 年 9 月免

陈　忠　　2013 年 9 月任
执行院长：潘公侠
副院长：陈　龙
谷　鹏　　2013 年 3 月任
调研员：王苏光　　2013 年 3 月免

44. 社会学院

党委书记：刘志明
党委副书记：董　娜(兼副院长)
院　长：王卫平
副院长：郑　庚
高　峰
副调研员：夏敏杰

45. 政治与公共管理学院

党委书记：张才君
党委副书记：邢光晟(兼副院长)
院　长：金太军
副院长：车玉玲
姜建成(兼)
潘晓珍
钮立新

马克思主义学院
院　长：姜建成

46. 教育学院

党委书记：蒋晓虹
党委副书记：宋清华(兼副院长)
院　长：许庆豫
副院长：母小勇　　2013 年 1 月免
陈炳亮
冯成志　　2013 年 3 月任
副调研员：王　青

苏南地区大学生心理健康教育研究中心

办公室主任：许庆豫

办公室副主任：王　静（副处职，调研员）

47．东吴商学院（财经学院）　东吴证券金融学院

党委书记：陈晓强	
党委副书记：唐文跃（兼副院长）	
院　长：王则斌	2013年6月免
秦承忠	2013年6月任 2013年11月免
执行院长：王则斌	2013年6月任
副院长：陆少杰（调研员）	
王则斌	
袁建新	
孙文基	
任少华（兼）	
调研员：吴利亚	

48．王健法学院

党委书记：胡亚球

党委副书记：陆　岸（兼副院长）

院　长：胡玉鸿

副院长：黄学贤

周国华（调研员）

49．外国语学院

党委书记：王　欣	
党委副书记：王　健（兼副院长）	2013年6月免
胡海峰（兼副院长）	2013年6月任
院　长：王腊宝	
副院长：孙倚娜（正处级）	
刘海鸿	
朱新福	
副调研员：刘亚东	
赵　红	

50. 金螳螂建筑与城市环境学院

党委书记：邹学海　　2013 年 6 月免
　　　　　查佐明　　2013 年 6 月任
党委副书记：陈国凤(兼副院长)
院　长：吴永发
副院长：尤东晶　　2013 年 1 月免
　　　　茆汉成
　　　　雷　诚　　2013 年 3 月任
　　　　王　琼(兼)
　　　　张文英(兼)

51. 数学科学学院

党委书记：金　中
党委副书记：蒋青芳(兼副院长)
名誉院长：姜礼尚
院　长：曹永罗
副院长：秦文新
　　　　史恩慧
　　　　潘洪亮

52. 物理科学与技术学院　能源学院(2013 年 11 月撤销，苏大委〔2013〕60 号)

党委书记：沈明荣　　2013 年 6 月免
　　　　　吴雪梅　　2013 年 6 月任
党委副书记：沙丹丹(兼副院长)
名誉院长：薛鸣球
院　长：马余强
常务副院长：沈明荣　　2013 年 6 月免
副院长：高　雷
　　　　陶　智
　　　　刘　军
　　　　郑洪河

现代光学技术研究所(2013 年 11 月撤销，苏大委〔2013〕60 号)
所　长：王钦华
常务副所长：余建军　　2013 年 9 月免

高技术产业研究院(2013 年 11 月划归物理与光电·能源学部,苏大委〔2013〕60 号)

院　长：陈林森

物理与光电·能源学部(2013 年 11 月成立,苏大委〔2013〕60 号)

党工委书记：
党工委副书记：
主　任：
执行主任：
副主任：

物理与光电·能源学部物理科学与技术学院

党委书记：
院　长：
副院长：

物理与光电·能源学部光电信息科学与工程学院

党委书记：
院　长：
副院长：

物理与光电·能源学部能源学院

党委书记：
院　长：
副院长：

53. 材料与化学化工学部

党委书记：郎建平	2013 年 6 月免
严冬生	2013 年 6 月任
党委副书记：龚学锋(兼副主任)	2013 年 5 月免
王美珠(兼副主任)	2013 年 9 月任
主　任：陈　红	
副主任：黄志斌	2013 年 6 月免
戴礼兴	
姚建林	
程振平	2013 年 9 月任
副调研员：胡培荣	

54. 纳米科学技术学院

党委书记：季　晶
院　长：李述汤
副院长：孙旭辉(兼)
　　　　程振平(兼)　　2013 年 9 月免

55. 计算机科学与技术学院

党委书记：胡新华
党委副书记：沈云彩(兼副院长)
院　长：杨季文
副院长：朱艳琴
　　　　陆伟中
　　　　李凡长
　　　　凌　云
调研员：费卫星　　2013 年 3 月免

56. 电子信息学院

党委书记：杨礼富
党委副书记：芮秀文(兼副院长)
　　　　　　黄远丰
名誉院长：潘君骅
院　长：赵鹤鸣
副院长：刘学观
　　　　马国平
调研员：季锦诚　　2013 年 10 月免
副调研员：刁爱清

57. 机电工程学院

党委书记：王永山
党委副书记：刘鲁庆(兼副院长)
　　　　　　赵　峰
院　长：孙立宁
副院长：钮秀山
　　　　冯志华

尤凤翔
徐汇音
陈　瑶
副调研员：张志红　　2013 年 6 月免

58. 沙钢钢铁学院

党委书记：
党委副书记：
院　长：董元篪
副院长：

59. 纺织与服装工程学院

党委书记：孙庆民
党委副书记：王成奎(兼副院长)
院　长：陈国强
副院长：潘志娟
严　俊
周正华(兼)
调研员：毛新华　　2013 年 5 月免
副调研员：司　伟

现代丝绸国家工程实验室

执行主任：陈国强
副主任：裔洪根

南通纺织研究院

常务副院长：周正华

60. 城市轨道交通学院

党委书记：杨　清
党委副书记：曹金元(兼副院长)
丁新红
田　雷
名誉院长：王　炜
院　长：汪一鸣
副院长：戴佩良(调研员)

朱忠奎
李晓村
蒋志良
调研员：高伟江
副调研员：阴　浩（省委2012—2013年度帮扶工作队队员，享受副处职待遇）
金菊华

61. 体育学院

党委书记：朱建刚
党委副书记：李伟文（兼副院长）
院　长：陆阿明
副院长：雍　明
陶玉流
王全法
副调研员：朱　慧
刘卫民

62. 艺术学院

党委书记：宁正法	
党委副书记：陶培之（兼副院长）	
名誉院长：张道一	
院　长：李超德	2013年3月免
廖　军	2013年3月任
	2013年5月免
田晓明（兼）	2013年5月任
副院长：姜竹松	2013年3月免
顾德学	
钱孟尧	2013年5月任

63. 音乐学院

党委书记：孙德芬
党委副书记：胡晓玲（兼副院长）
院　长：吴和坤
副院长：刘跃华
顾志勇

64. 医学部

党工委书记：戴荣明
党工委副书记：解　燕
　　　　　　　姜海燕(兼)
名誉主任：阮长耿
　　　　　杜子威
主　任：吴庆宇
常务副主任：黄　瑞　　　　　　　　　　　　　　2013 年 3 月任
副主任：龚　政
　　　　缪世林
　　　　曹建平(保留正处职待遇)
　　　　王建荣
　　　　高晓明(兼)
调研员：丁　林
办公室主任：席拥军
教学办公室主任：钟　慧
科研办公室主任：徐小乐
研究生办公室主任：夏超明
发展办公室主任：徐　娴
学生工作办公室主任：黎春虹

临床教学质量管理办公室(2013 年 11 月设立,苏大委〔2013〕58 号)
主　任：

实验中心
主　任：陈乳胤
副主任：孟华敏(副调研员)

实验动物中心
主　任：王建荣(兼)

65. 医学部基础医学与生物科学学院

党委书记：黄　瑞
院　长：高晓明
副院长：戈志强
　　　　杨雪珍

副调研员：张荔英

医学生物技术研究所

副所长：王金香（正处级） 2013 年 6 月免

66. 医学部放射医学与防护学院

党委书记：陈　赞
院　长：柴之芳
副院长：许玉杰

67. 医学部公共卫生学院

党委书记：缪世林
院　长：张永红
副院长：徐　勇

68. 医学部药学院

党委书记：龚　政
副理事长：顾振纶
院　长：镇学初
副院长：张学农

69. 医学部护理学院

党委书记：姜海燕
院　长：李惠玲
副院长：王海芳
　　　　蒋银芬（兼）
　　　　阐玉英（兼）

70. 敬文书院

名誉院长：朱恩馀
院　长：江　涌（兼） 2013 年 3 月免
　　　　罗时进 2013 年 3 月任
副院长：王剑敏

71. 唐仲英医学研究院

党委书记：叶明昌
院　长：吴庆宇

神经科学研究所
所　长：刘春风
副所长：田启明

骨科研究所
所　长：杨惠林
副所长：杭雪花

心血管病研究所
所　长：沈振亚
副所长：殷为民

呼吸疾病研究所（2013 年 5 月成立，苏大委〔2013〕29 号）
所　长：
副所长：

72. 文正学院

党委书记：吴昌政	2013 年 6 月免
徐子良	2013 年 6 月任
党委副书记：仲　宏（保留正处职待遇）	2013 年 6 月任
院　长：殷爱荪（兼）	
常务副院长：徐子良	2013 年 6 月免
吴昌政	2013 年 6 月任
副院长：施盛威	
蒋　峰	
赵小和（保留正处职待遇）	
调研员：杨林江	
宋晓萍	
副调研员：杜　明	
王宗善	2013 年 8 月免
钱伟超	
唐凤珍	

蔡　琳

73. 应用技术学院

党委书记：刘　枫
院　长：高祖林(兼)　2013 年 6 月免
傅菊芬　2013 年 6 月任
常务副院长：傅菊芬
副院长：朱　跃
陈建军
副调研员：张　卫
王苏红

74. 老挝苏州大学

校　长：朱秀林(兼)
常务副校长：闻曙明　2013 年 4 月免
校长助理：吴小春
谭玉坤

综合办公室

副主任：陈　美(主持工作)

教学与学生事务管理办公室

主　任：倪沛红

招生与就业办公室

主　任：倪沛红(兼)

校园建设与管理办公室

副主任：顾建忠(主持工作)

75. 社会服务系(宿迁学院)

主　任：吴奇俊
副主任：黄水林　2013 年 6 月免

76. 学报编辑部

主　任：陈　忠　2013 年 9 月免

　　康敬奎　2013年10月任
副主任：康敬奎　2013年10月免
　　江　波　2013年10月任

77. 出版社有限公司

社　长：张建初
总编辑：耿曙生　2013年6月免
　　沈海牧　2013年6月任
副调研员：张凤阳
　　王建珍

78. 附属第一医院

党委书记：侯建全
党委副书记：葛建一(兼)
　　徐亚英
　　陈　赟(兼纪委书记)
院　长：葛建一(兼)
常务副院长：杨建平
副院长：钱海鑫(兼)
　　陈卫昌(兼)
　　沈学伍
　　陈　亮
　　缪丽燕
总会计师：贲能富
党委办公室主任：黄恺文(调研员)
人事处处长：丁春忠(保留副处职待遇)
调研员：吴爱勤
　　张建中
　　郁申华　2013年10月免
副调研员：于曙东　2013年3月免
　　欧阳琴
　　许　津
　　郭亚男

医学部第一临床医学院

院　长：陈卫昌
副院长：胡春洪

临床医学研究院

院　长：钱海鑫
常务副院长：侯建全
副院长：杨惠林
　　　　吴德沛
　　　　沈振亚
　　　　杨向军

79. 附属第二医院（核工业总医院）

党委书记：	王少雄	
党委副书记：	姜　忠	
	施　诚（兼纪委书记）	2013 年 1 月免
	张国庆（兼纪委书记）	2013 年 1 月任
院　长：	姜　忠	
副院长：	王少雄	
	刘春风	
	孙光夏	
	张国庆	2013 年 1 月免
	徐　博	
总会计师：	魏钦海	2013 年 1 月任
	施　诚（正处级）	2013 年 1 月任

医学部第二临床医学院

院　长：姜　忠（兼）
常务副院长：刘春风（兼）

80. 附属儿童医院

党委书记：	卢祖元	
党委副书记：	王晓东（兼纪委书记）	
院　长：	冯　星	
副院长：	朱建兴	2013 年 3 月免
	汪　健	
	田健美	
	邱　鸣	2013 年 3 月任
调研员：	刘高全	
	朱建兴	

医学部儿科临床医学院

院　长：王晓东

81．医学部第三临床医学院

院　长：何小舟（兼）

副院长：吴昌平（兼）

82．医学部第四临床医学院（2013 年 3 月撤销，苏大〔2013〕8 号）

院　长：程之红（兼）

副院长：魏福祥（兼）

83．苏州苏大教育服务投资发展有限公司

总经理：韦曙和

副总经理：陈爱萍（调研员）

　　　　　吴小霞

　　　　　朱剑峰

苏州苏大教育服务投资发展有限公司党委

书　记：陈爱萍（兼）

副书记：王丽晓

　　　　朱剑峰

84．苏州大学附属苏州工业园区娄葑中学党支部

李建军（正处级）

注：根据苏大委〔2004〕28 号文件的精神，学校事业编制人员在被公司借用期间，学校保留其原身份和职级。

苏州大学工会委员会及各分工会主席名单

一、苏州大学工会委员会名单

主　席：王安列

副主席：冒维东　陈亦红(2013 年 6 月免)　张筱明(2013 年 6 月免)
　　　　陈　洁(2013 年 6 月任)

委　员：王永山　王全法　王丽晓　王国卿　王建军
　　　　邓国林　刘　军　刘亚东　吴奇俊　吴建军
　　　　吴雪梅　宋晓萍　张天星　张友九　陈亦红
　　　　陈国凤　金　华　金振华　金菊华　金慧敏
　　　　闻振卫　夏敏杰　黄小波　眭建华　阎　力
　　　　张筱明　翟　洁

二、苏州大学各分工会主席名单

机关分工会：邓国林
群团与直属单位分工会：金振华
后勤管理处分工会：庄建英
阳澄湖校区分工会：张筱明
图书馆分工会：李正伟
苏州苏大教育服务投资发展有限公司分工会：王丽晓
化学电源研究所分工会：王　晴
文学院分工会：王建军
凤凰传播学院分工会：王苏光(2013 年 3 月换届)　胡明宇
社会学院分工会：夏敏杰
政治与公共管理学院分工会：章小波(2013 年 2 月调整)　陈晓刚(2013 年 10 月调整)
　　　　　　　　　　　　　李丽红
教育学院分工会：阎　力
东吴商学院(财经学院)、东吴证券金融学院分工会：俞雪华
王健法学院分工会：上官丕亮
外国语学院分工会：刘亚东
金螳螂建筑与城市环境学院分工会：吴德建(2013 年 11 月调整)　茆汉成

数学科学学院分工会：闻振卫
物理科学与技术学院、能源学院分工会：朱利平
材料与化学化工学部分工会：沈理明
纳米科学技术学院分工会：邵名望
计算机科学与技术学院分工会：翟　洁
电子信息学院分工会：金慧敏
机电工程学院、沙钢钢铁学院分工会：张茂青（2013 年 7 月换届）　刘文杰
纺织与服装工程学院分工会：眭建华
城市轨道交通学院分工会：金菊华
体育学院分工会：王全法
艺术学院分工会：张天星
音乐学院分工会：田　飞（2013 年 3 月成立）
医学部分工会：谢根甫
医学部基础医学与生物科学学院分工会：王国卿
医学部放射医学与防护学院分工会：张友九
医学部公共卫生学院分工会：李建祥
医学部药学院分工会：崔京浩
文正学院分工会：杜　明
应用技术学院分工会：何　为

苏州大学共青团组织干部名单

（院部团委书记以上）

校团委

书　记：王尔东
副书记：肖甫青
　　　　程晓军
　　　　朱　今

研究生团工委

书　记：胡海峰

校部团总支

书　记：	席　建（兼）	2013 年 6 月免
	袁　洁（兼）	2013 年 6 月任
副书记：	钟　静（兼）	2013 年 6 月免
	刘春雷（兼）	2013 年 6 月任

群团与直属单位团总支

书　记：顾　清（兼）

阳澄湖校区团委

副书记：陈　晶

图书馆直属团支部

书　记：丁长荣（兼）

文学院团委

书　记：胡　萱
副书记：赵　曜

凤凰传媒学院团委

书　记：宋　智

社会学院团委

书　记：郝　珺

政治与公共管理学院团委

书　记：尹婷婷
副书记：孔　川

教育学院团委

书　记：陈贝贝

东吴商学院(财经学院)东吴证券金融学院团委

书　记：丁良超
副书记：于潜驰

王健法学院团委

书　记：孙　磊

外国语学院团委

书　记：薛　曦
副书记：黄　鹂

金螳螂建筑与城市环境学院团委

副书记：成　龙（主持工作）　　2013 年 6 月任

数学科学学院团委

书　记：彭晓蓓

物理科学与技术学院　能源学院团委

书　记：龚呈卉
副书记：黄冠平　　2013 年 12 月免
　　　　张振华　　2013 年 12 月任

材料与化学化工学部团委

书　记：王美珠　　2013 年 12 月免
　　　　黄郁健　　2013 年 12 月任

纳米科学技术学院团委

计算机科学与技术学院团委

书　记：张　芸
副书记：邝泉声

电子信息学院团委

书　记：朱颖康　　2013 年 9 月任
副书记：李　莹　　2013 年 9 月任

机电工程学院　沙钢钢铁学院团委

书　记：高玮玮　　2013 年 11 月免
　　　　黄宗杰　　2013 年 12 月任
副书记：李丽红　　2013 年 12 月任

纺织与服装工程学院团委

书　记：潘爱华
副书记：马书明
　　　　刘　海　　2013 年 12 月任

城市轨道交通学院团委

书　记：顾雁飞
副书记：钱成一

体育学院团委

书　记：丁海峰

艺术学院团委

书　记：虞　岚

音乐学院团委

医学部团委

书　记：解　笑
副书记：郑　蕾
　　　　舒洪灶
　　　　胡　洋
　　　　屠雯静　　2013 年 5 月任

敬文书院团委

书　记：孟玲玲(兼)

文正学院团委

书　记：祁素萍
副书记：孙兰镇

袁　艳

应用技术学院团委

书　记：张　宗　　　　2013 年 6 月任
副书记：洪林宝
　　　　夏　青
　　　　燕　君

附属第一医院团委

书　记：刘笑明

附属第二医院团委

副书记：胡明娅（主持工作）

附属儿童医院团委

书　记：时秋芳　　　　2013 年 11 月任
副书记：张兵兵　　　　2013 年 11 月任
　　　　金太伟　　　　2013 年 11 月任

苏州大学有关人员在各级人民代表大会、政治协商委员会、民主党派、归国华侨联合会、台属联谊会、无党派知识分子联谊会担任代表、委员名单

全国、省、市、区人大代表

第十二届全国人大代表	钱海鑫
第十二届江苏省人大代表	戴　洁　兰　青
第十五届苏州市人大副主任	钱海鑫
第十五届苏州市人大常委	钱海鑫　马卫中　黄学贤　邢春根　吴　磊
第十五届苏州市人大代表	钱海鑫　马卫中　黄学贤　邢春根　吴　磊　姜为民　王德山　路建美　杨一心
姑苏区第一届人大常委	尤海章
姑苏区第一届人大代表	尤海章　吴雨平　戚海涓　刘海燕　陆　明　傅菊芬　朱　谦　李晓强　陈红霞　杨季文　葛建一　崔京浩　钱孟尧　吴昌政　姜　忠　冯　星
相城区第三届人大代表	浦文倜

全国、省、市、区政协委员

第十二届全国政协委员	熊思东
第十一届江苏省政协委员	曹永罗　周幽心　赵鹤鸣　金太军　陈林森　朱秀林
第十三届苏州市政协副主席	赵鹤鸣
第十三届苏州市政协常委	赵鹤鸣　傅菊芬　叶元土　钱振明　王宜怀　杨同其　李亚东　陈红霞　马亚中
第十三届苏州市政协委员	陈永珍　钱玉英　傅菊芬　田　野　沈振亚　冯志华　叶元土　钱振明　姜竹松　明志君　夏春林　袁　牧　王宜怀　杨同其　徐建英　陆士奇　赵鹤鸣　张永泉　李亚东　陈红霞　金太军　王俊华　许　星　陆　芹　季　伟　浦金贤　文万信　马亚中　王腊宝　刘跃华

	陶新华 陈 红 李晓明 吴建明
姑苏区第一届政协常委	刘 海 朱学新 杨俊华 王加俊 董启榕
姑苏区第一届政协委员	刘 海 朱学新 杨俊华 王加俊 董启榕 李明忠 王文利 郭盛仁 吴 倩 张力元

在全国、省、市各民主党派组织任职

民革十届苏州市委副主委	马卫中
民革十届苏州市委常委	姚传德
民革十届苏州市委委员	刘 海
民盟十一届江苏省委副主委	熊思东
民盟十一届江苏省委委员	曹永罗
民盟十二届苏州市委副主委	黄学贤
民盟十二届苏州市委常委	傅菊芬
民盟十二届苏州市委委员	冯志华 姜为民 田 野 戈志强
民建八届江苏省委委员	叶元土
民建十三届苏州市委常委	叶元土
民进十三届中央委员	吴永发
民进九届江苏省委委员	姜竹松
民进十届苏州市委副主委	钱振明
民进十届苏州市委常委	明志君
民进十届苏州市委委员	王伟明 夏春林 吴玲芳 蒋庭波
农工十一届江苏省委委员	邢春根 周幽心
农工十二届苏州市委副主委	周幽心 邢春根
农工十二届苏州市委常委	王宜怀
农工十二届苏州市委委员	刘继贤 杨同其 倪才方 李建国
致公党五届江苏省委常委	赵鹤鸣
致公党五届苏州市委主委	赵鹤鸣
致公党五届苏州市委副主委	吴 磊
致公党五届苏州市委委员	张永泉
九三学社十三届中央委员	钱海鑫
九三学社七届省委副主委	钱海鑫
九三学社七届江苏省委委员	金太军
九三学社九届苏州市委主委	钱海鑫
九三学社九届苏州市委副主委	戴 洁
九三学社九届苏州市委常委	李亚东 王俊华
九三学社九届苏州市委委员	许 星 陈红霞 季 伟 文万信 陆 芹 顾宗江 浦金贤

在省、市台属联谊会以及归国华侨联合会、无党派知识分子联谊会任职

江苏省台属联谊会第五届理事	张宏成
苏州市台属联谊会第五届常务理事	张宏成　张　凝
苏州市台属联谊会第五届理事	王文沛
江苏省侨联第六届委员	沈振亚
苏州市归国华侨联和会第七届常委	沈振亚　顾振伦　樊赛军
苏州市归国华侨联和会第七届委员	詹月红　张志琳
苏州市归国华侨联和会第七届顾问	王声愿
江苏省无党派知识分子联谊会理事	陈林森
苏州市无党派知识分子联谊会会长	陈林森
苏州市无党派知识分子联谊会副会长	马亚中
苏州市无党派知识分子联谊会顾问	杨海坤

在校各民主党派基层组织和校归国华侨联合会、台属联谊会、归国学者联谊会、无党派知识分子联谊会任职

民革苏州大学总支部

主　委	马卫中
副主委	姚传德　刘　海
委　员	陈卫东　陈永珍　吴雨平　谢思明

民盟苏州大学委员会

主　委	黄学贤
副主委	曹永罗　冯志华　戈志强　姜为民　李明忠　田　野 朱　斌　朱　谦
委　员	王俊敏　田海林　朱桂荣　郭凌川　陶　金　龚建平
秘书长	周　宣
副秘书长	钟慎斌

民建苏州大学支部

主　委	叶元土
副主委	段　昆　陈志强
委　员	杨　哲　郑晓玲　杨佩俐

民进苏州大学委员会

主　委	钱振明
副主委	朱仲羽　夏春林　孙俊英　姜竹松　吴玲芳
委　员	王伟明　张天星　张纪平　范存莲　明志君

农工苏州大学委员会

主　委	王宜怀

副主委　周幽心　倪才方
委　员　刘一之　陆士奇　徐建英　王春雷　尤海章　郭盛仁

致公党苏州大学总支部
主　委　吴　磊
副主委　张永泉　薛　群
委　员　王加俊　陈志伟　徐苏丹　詹月红

九三学社苏州大学委员会
主　委　戴　洁
副主委　文万信　许　星　陈红霞　浦金贤
委　员　华人德　许裕生　季　伟　李亚东　陆　芹　黄　坚

苏州大学归国华侨联合会
名誉主席　陆匡宙　顾振纶
主　席　沈振亚
副主席　张昌陆　詹月红　张志琳　倪沛红　王钦华
秘书长　倪沛红
理　事　吴雪映　席于玫　姚　祥　叶守恩　王振欣　陈　方
徐苏丹　黄　源　沈百荣　徐艳辉　李　斌

苏州大学台属联谊会
名誉会长　周　岱
会　长　张宏成
副会长　王文沛　廖　军　李以明　陈作章
理　事　彭大真　徐秀雯　金秀珏　沈园园　金璐曼　周金良
张　凝　吴　荃

苏州大学归国学者联谊会
顾　问　王卓君　白　伦　张学光
名誉会长　熊思东　蒋星红
会　长　王腊宝
副会长　朗建平　沈振亚　王卫平　汪一鸣
秘书长　刘海平　王　鼎
常务理事　陈宇岳　贡成良　秦正红　高　雷　冯志华　王　鼎

苏州大学无党派知识分子联谊会
会　长　陈林森
副会长　杨季文　郁秋亚
秘书长　刘海平
理　事　刘　文　孙　萌　李凡长　吴荣先　吴翼伟　姚林泉
钮美娥　俞雪华　钱　流　郭辉萍　屠一锋　梁君林
黄毅生　傅戈燕　董启榕　潘　晟

苏州大学有关人员在校外机构任职名单

苏州大学有关人员在校外机构任职情况一览表

（据2012年不完全统计，按院部排列，按姓氏笔画排序）

姓　名	机构名称及职务
1. 文学院	
王　宁	中国俗文学学会理事
	中国戏曲学会理事
王　尧	中国当代文学研究会理事
	江苏省文艺评论家协会副主席
	江苏省当代文学研究会副会长
王建军	江苏省语言学会常务理事
	江苏省中华成语研究会副会长
方汉文	中国比较文学学会理事
	江苏省比较文学学会副会长
朱栋霖	中国话剧历史与理论研究会副会长
	江苏省现代文学研究会副会长
	江苏省昆剧研究会副会长
刘锋杰	中国文艺理论学会常务理事
	中国中外文艺理论学会理事
汤哲声	中国俗文学学会常务理事
	中国现代文学学会理事
	江苏省现代文学学会常务理事兼副秘书长
汪卫东	江苏省鲁迅研究会副会长
张玉来	中国音韵学研究会理事
杨海明	中国韵文学会常务理事
	中国词学研究会常务理事
	中国宋代文学学会副会长
范培松	江苏现代文学研究会副会长
周　秦	中国昆曲研究中心常务副主任
曹惠民	中国世界华文文学协会副会长
	江苏省台港暨海外华文文学研究会会长

续表

姓　名	机　构　名　称　及　职　务
鲁枢元	中国文艺理论学会副会长
	中国作家协会理论批评委员会委员
2. 凤凰传媒学院	
杜志红	中国高等院校影视学会青年研究会理事
陈　龙	中国传播学研究会理事
	江苏传媒艺术研究会常务理事
张　健	中国高等教育学会新闻学与传播学专业委员会理事
杨新敏	中国新媒体研究会理事
倪祥保	中国高教影视教育专业委员会理事
	中国电影家协会委员
	中国电视艺术家协会委员
	中国电影评论学会委员
	长三角地区高校影视戏剧研究会常务理事
	江苏传媒艺术研究会常务理事
曾一果	世界华文文学学会会员
3. 社会学院	
王　铭	江苏省高校秘书学研究会副会长
王卫平	教育部高校历史学科教学指导委员会委员
	中国地方志协会学术委员会委员
	中国社会史学会常务理事
	中国经济史学会理事
	中国太平天国研究会常务理事
	江苏省历史学会常务理事
	日本广岛史学会海外评议员
	江苏省太平天国史学会副会长
	江苏省农史学会副会长
	江苏省经济史学会副会长
	江苏省地域文化研究会副会长
朱从兵	中国太平天国史研究会副秘书长
	中国近现代史史料学会理事
	江苏省太平天国史研究会副秘书长
池子华	中国太平天国史研究会常务理事
	中国会党史研究会理事
	中国社会史学会理事
	江苏省太平天国史学会副秘书长
吴建华	中国社会史学会常务理事

续表

姓　名	机　构　名　称　及　职　务
余同元	中国人天观研究会副会长
	中国朱元璋研究会副会长
	中国近现代史史料学会理事
	中国明史学会理事
	江苏省郑和研究会常务理事
张　明	中国社会思想研究会理事
	中国社会学会理事
	江苏省社会学会副会长
张照余	教育部档案学科教学指导委员会委员
	中国档案学会基础理论委员会委员
	中国档案学会理事
金卫星	中国美国史研究会常务理事
周　毅	中国档案学会基础理论委员会委员
姚传德	中国日本史学会理事
高芳英	江苏省世界史学会副会长
高　峰	中国社会学会理事
	中国社会工作教育学会常务理事
	中国城市社会学会理事
	江苏省邓小平理论研究会常务理事
	江苏省社会学会常务理事
臧知非	中国秦汉史研究会常务理事
	中国农民战争史研究会副会长
	江苏省高校历史教学研究会秘书长
魏向东	江苏省旅游学会副会长
4. 政治与公共管理学院	
王俊华	中国卫生法学学会理事
方世南	中国马克思主义哲学史学会理事
	全国人学学会理事
庄友刚	中国人学学会理事
	全国价值学学会理事
	江苏省哲学学会常务理事
李兰芬	全国伦理学会常务理事
乔耀章	国家教育部政治学学科教学指导委员会委员
	中国政治学会理事
	中国行政管理学学会理事
	中国公共政策科学学会理事

续表

姓　名	机　构　名　称　及　职　务
吴声功	中国国际经济合作学会理事
	中国管理科学研究会理事
	中国政治学会副秘书长
金太军	全国政策科学研究会副会长
	中国政治学会理事
	中国行政管理学会理事
	江苏省政治学会副会长
	江苏省机构编制改革研究会副会长
姜建成	中国未来研究会理事
5. 教育学院	
母小勇	中国教育学会课程专业委员会理事
	中国教育学会科学教育分会理事
	江苏省高等教育学会教师教育分会常务理事
吴继霞	全国人格心理学会专业委员会委员
	江苏省心理学会普通心理学与实验心理学分会副理事长
刘电芝	全国心理学会理事
	全国心理学会心理学教学工作委员会副主任
	全国课程专业委员会常务理事
	全国人格心理学会专业委员会委员
	江苏省心理学会副理事长
周　川	中国高等教育学会常务理事
	全国高等教育学研究会常务理事
	全国院校研究会副理事长
黄启兵	中国高等教育学会高等教育学专业委员会理事
范庭卫	中国教育学会杨贤江教育思想研究分会常务理事
	中国心理学会理论心理学与中国心理学史专业委员会理事
陶新华	中国心理卫生协会团体心理治疗委员会常务理事
	中国心理学会临床与咨询心理学注册系统委员
	中国心理卫生协会家庭治疗专业委员会理事
	江苏省心理卫生协会常务理事
	美国 EAP 学会中国分会理事
崔玉平	全国教育经济学会理事
	江苏省高等教育学会教育经济学分会副理事长
	江苏省教育学会教育管理学分会常务理事
曹永国	中国教育学会中青年理论工作者分会理事
彭彦琴	中国心理学会理论心理学与中国心理学史专业委员会理事

续表

姓名	机构名称及职务
童辉杰	国际中华应用心理学会常务理事
	中国社会心理学会常务理事
	江苏省社会心理学会副会长
6. 东吴商学院(财经学院)　东吴证券金融学院	
王则斌	教育部工商管理类专业教学指导委员会委员
张雪芬	中国会计学会政府及非营利组织会计专业委员会委员
夏永祥	中国区域经济学会常务理事
7. 王健法学院	
卜　璐	中国国际私法学会理事
上官丕亮	中国法学会比较法学研究会理事
	中国法学会宪法学研究会理事
王克稳	中国法学会行政法学研究会常务理事
	江苏省行政法学研究会副会长
方新军	中国民法学研究会理事
	江苏省法学会民法学研究会常务理事
艾永明	教育部法学教育指导委员会委员
	中国法律史学会常务理事
	江苏省法学会法律史研究会会长
史浩明	中国民法学研究会理事
	江苏省法学会民法学研究会副会长
朱　谦	中国法学会环境法研究会常务理事
	中国环境科学学会环境法分会副会长
	江苏省生态法学研究会副会长
孙　莉	中国法学会法理学研究会理事
	中国行为法学会理事
	中国法学会立法学研究会理事
	中国法学会比较法学研究会理事
	江苏省法学会法理学、宪法学研究会副会长
李洪欣	中国犯罪学研究会理事
	全国外法史研究会理事
李小伟	中国版权协会理事
李晓明	国际刑法学协会中国分会理事
	中国犯罪学研究会常务理事
	中国刑法学研究会预防犯罪专业委员会副主任
	中国青少年犯罪研究会犯罪学基础理论专业委员会常务理事
	中国预防犯罪专业委员会副主任

续表

姓　名	机　构　名　称　及　职　务
李晓明	中国监察学会金融检察专业委员会理事
	中国未成年人法制教育专业委员会副主任
	江苏省刑法学研究会副会长
杨海坤	中国行政法学会副会长
	中国法学教育研究会理事
	江苏省行政法学会会长
沈同仙	中国法学会社会法学研究会理事、副秘书长
	江苏省经济法研究会副会长
张成敏	中国逻辑学会法律逻辑专业委员会副会长
	江苏省刑事诉讼法研究会副会长
张永泉	中国民事诉讼法学研究会常务理事
	江苏省民事诉讼法学研究会常务理事
张利民	中国法学会国际私法学研究会理事
	江苏省国际法学会副会长
陈立虎	中国国际经济法学会常务理事
周永坤	中国法学会法理学研究会常务理事
	江苏省法理学研究会副总干事
胡玉鸿	国家司法考试命题委员会委员
	中国法学会法理学研究会理事
	江苏省法学会法理学、宪法学研究会副会长
	江苏省法学会副会长
胡亚球	中国民事诉讼法学研究会常务理事
	中国法学教育研究会理事
	江苏省民事诉讼法研究会副会长
高积顺	中国法律史学会理事
黄学贤	中国法学会宪法学研究会理事
	中国法学会行政法学研究会理事
	江苏省行政法学研究会副会长
	江苏省法学会港澳台法律研究会副会长
章志远	中国法学会行政法学研究会理事
	江苏省行政法学研究会常务理事
	江苏省工程法学研究会副会长
董炳和	中国法学会知识产权研究会理事
	江苏省法学会知识产权法学研究会副会长
焦艳鹏	中国环境资源法学研究会教学委员会副主任
	中国环境科学学会环境法分会理事

续表

姓　名	机　构　名　称　及　职　务
8. 外国语学院	
王　军	中国认知语言学研究会常务理事
	中国语言与符号学研究会常务理事
	江苏省外国语言学会副秘书长
王　宏	中国文化典籍翻译研究会副会长
	中国比较文学学会翻译研究会常务理事
	江苏省翻译协会常务理事
王腊宝	教育部外语教学指导委员会委员
	中国语言与符号学研究会副会长
	全国外国文学学会英语文学研究分会常务理事
	中国澳大利亚研究会常务理事
	江苏省高校外语教学研究会副会长
	江苏省外国文学学会副会长
	江苏省翻译协会副会长
王　宇	中国英语教学研究会语音专业委员会理事
朴明淑	韩国口碑文学研究会国际理事
朱新福	全国外国文学学会英语文学研究分会理事
	全国美国文学研究会常务理事
	江苏省外国文学学会常务理事
孙倚娜	教育部大学外语教学指导委员会委员
	江苏省外语教学研究会常务理事
陆　洵	全国法语教学研究会理事
	全国法国文学研究会理事
苏晓军	中国语言与符号学研究会秘书长
	中国认知语言学研究会常务理事
	中国外语博士论坛理事会常务理事
	中国外语界面研究会常务理事
	中国文体学研究会常务理事
	中国认知诗学研究会副会长
	江苏省外国语言学会副会长
赵爱国	中国俄语教学研究会常务理事
	中国语言与符号学研究会常务理事
	中国俄罗斯东欧中亚学会理事
高鹏飞	中国日语教学研究会江苏省分会副会长
高永晨	国际和中国跨文化交际研究学会委员
徐　卫	日中对比语言学会中国分会常务理事

续表

姓名	机构名称及职务
顾佩娅	中国英语教学研究会教师教育与发展专业委员会常务理事
	中国英语教学研究会计算机辅助外语教学专业委员会副主任委员
	中国教育学会外语教学专业委员会委员
贾冠杰	全国语言教育研究会常务理事
	全国二语习得研究会理事
	全国教育语言学研究会常务理事
	全国神经语言学研究会副会长
9. 金螳螂建筑与城市环境学院	
王　琼	中国饭店协会设计装饰专业委员会常务理事
	中国建筑学会室内设计分会第六届理事会理事
	中国建筑装饰协会设计委员会副主任委员
	江苏省勘察设计协会建筑装饰及环境艺术设计专业委员会副主任委员
吴永发	全国高等学校建筑学专业指导委员会委员
	中国绿色建筑专业委员会绿色校园学组副组长
	安徽省人大常务委员会委员
蔡　平	中国园艺学会、农学会理事
	中国昆虫学会理事
10. 数学科学学院	
唐　煜	中国数学会均匀设计分会理事
殷剑兴	中国组合与图论学会常务理事、秘书长
曹永罗	中国数学会常务理事
	江苏省数学会副理事长
11. 物理与光电・能源学部物理科学与技术学院	
宁兆元	中国力学学会等离子专业委员会委员
朱士群	教育部高等学校物理与天文教学指导委员会非物理基础课程教学指导分委会委员
	中国物理学会量子光学专业委员会委员
李振亚	中国物理学会凝聚态理论与专业委员会委员
狄国庆	全国电磁学教学委员会常务理事
顾济华	江苏省物理学会副理事长
宋瑛林	美国光学学会会员
	教育部留学回国人员科研启动基金评审专家
	宇航学会光电子专业委员会委员
沈明荣	中国材料研究会理事
晏世雷	江苏省物理学会副秘书长
陶　洪	中国教育学会物理教学专业委员会理事

续表

姓　名	机　构　名　称　及　职　务
魏　琪	江苏省工程热物理协会常务理事
12. 物理与光电·能源学部光电信息科学与工程学院	
余景池	中国光学学会先进光学制造分会副主任委员
	中国空间光学学会委员
沈为民	中国宇航学会空间遥感专业委员会副主任委员
	中国光学学会红外、光电器件专业委员会委员
陈林森	中国光学学会全息与光信息处理专业委员会主任
	全国纳米技术标准化技术委员会委员
	中国民营科技企业家协会副会长
	国家微纳加工与制造产业技术创新战略联盟副理事长
吴建宏	中国光学学会光电技术专业委员会委员
袁　孝	中国光学学会激光专业委员会委员
钱　煜	中国光学学会光学测试专业委员会委员
	中国宇航学会空间遥感专业委员会委员
潘君骅	光电信息控制和安全技术重点实验室学术委员会委员
13. 物理与光电·能源学部能源学院	
马扣祥	全国电池材料标准化技术委员会秘书长
	中国电池工业协会技术委员会秘书长
汝坤林	全国原电池标准化技术委员会委员
金　苗	全国电池材料标准化技术委员会委员
林佩云	全国原电池标准化技术委员会秘书长
郑军伟	全国电池材料标准化技术委员会副主任
	中国电池工业协会副理事长
14. 材料与化学化工学部	
马桂林	中国硅酸盐学会固态离子学分会秘书长
白同春	中国化学会化学热力学和热分析专业委员会委员
陈　红	中国生物材料学会理事
严　锋	中国化工学会离子液体专业委员会委员
郎建平	中国化学会无机化学学科委员会委员
	中国化学会晶体化学专业委员会委员
	第五届中国晶体学会理事
姚建林	中国物理学会光散射专业委员会委员、副主任
顾宏伟	江苏省化学化工学会应用化学专业委员会副主任委员
屠一锋	中国仪器仪表学会电化学仪器专业委员会委员
	江苏省化学化工学会分析化学专业委员会副主任委员

续表

姓　名	机　构　名　称　及　职　务
蔡远利	中国化学会第28届理事会高分子学科委员会委员
	教育部环境友好化学与应用重点实验室学术委员会委员
	科技部国际科技合作计划评价专家
戴礼兴	中国仪器仪表学位仪表功能材料分会理事会常务理事
15. 纳米科学技术学院	
孙旭辉	中国物理学会同步辐射专业委员会常务委员
孙宝全	中国材料研究学会纳米材料与器件分会理事
刘　庄	中国化学会纳米化学分会委员、副秘书长
李述汤	中国科学院长春光学精密机械与物理研究所客座研究员
李有勇	中国化学会计算化学委员会委员
康振辉	中国材料研究学会纳米材料与器件分会理事
16. 计算机科学与技术学院	
马小虎	江苏省计算机学会CAD&CG专业委员会副主任
王宜怀	中国软件行业协会嵌入式系统分会理事
	江苏省计算机学会嵌入式专业委员会常务副主任
朱巧明	中国计算机学会理事
	中国计算机学会系统软件专业委员会委员
	中国计算机学会电子政务与办公自动化专业委员会委员
刘　全	中国计算机学会委员
	全国石油和化学工业信息技术委员会委员
	全国石油和化学工业通信技术委员会委员
李凡长	中国计算机学会理论计算机科学专业委员会委员
	中国计算机学会人工智能与模式识别专业委员会委员
	中国人工智能学会理事
	中国人工智能学会粗糙集与软计算专业委员会常务委员
	中国人工智能学会知识工程专业委员会委员
	中国人工智能学会智能系统工程专业委员会委员
	中国人工智能学会机器学习专业委员会常务委员
	中国人工智能学会机器感知与虚拟现实专业委员会委员
	江苏省计算机学会人工智能专业委员会副主任委员
张广泉	中国计算机学会软件工程专业委员会委员
	中国计算机学会系统软件专业委员会委员
	中国计算机学会理论计算机科学专业委员会委员
	中国计算机学会协同计算专业委员会委员
	全国高等学校计算机教育研究会理事
	江苏省计算机学会软件与教育专业委员会委员

续表

姓　名	机构名称及职务
张　莉	中国计算机学会高级会员
	中国人工智能学会机器学习专业委员会委员
	中国人工智能学会粗糙集与软计算专业委员会委员
陈文亮	中国中文信息学会青年工作委员会委员
杨季文	江苏省计算机学会体系结构专业委员会副主任
	江苏省计算机学会高性能计算专业委员会副主任委员
周晓方	中国计算机学会大数据专业委员会委员
	江苏省计算机学会大数据专业委员会副主任
周国栋	中国计算机学会中文信息技术专业委员会副主任委员
钟宝江	中国人工智能学会机器学习专业委员会委员
洪　宇	中国计算机学会委员
	中国中文信息学会委员
	中国中文信息学会青年工作委员会委员
徐汀荣	中国高等院校计算机教育研究会理事
	中国微型计算机应用协会理事
黄河	中国计算机学会无线传感网络专业委员会委员
龚声蓉	全国计算机继续教育研究会江苏分委员会理事
	全国石油和化学工业信息技术委员会委员
	中国图像图形专业委员会委员
	中国计算机学会教育专业委员会委员
	中国通信学会云计算专家委员会委员
樊建席	中国计算机学会理论计算机科学专业委员会委员
	江苏省计算机学会云计算专业委员会委员
17. 电子信息学院	
王明湘	IEEE 高级会员,IEEE 南京分部电子器件－固态电路联合分会副主席
刘学观	中国通信学会电磁兼容委员会委员
	高等学校电磁场教学与教材研究会委员
沈百荣	中国运筹学会计算系统生物学分会副理事长
	中国医药生物技术协会、生物医学信息技术分会理事
	中国生物化学与分子生物学会分子系统生物学专业委员会委员
	中国细胞生物学学会功能基因组信息学与系统生物学分会委员
沈纲祥	IEEE 光与无线集成(FiWi)技术委员会秘书
	亚洲光通讯会议(ACP)光网络分会 TPC 主席
	江苏省通信学会光通信与线路专业委员会副主任委员
赵鹤鸣	全国信息与电子学科研究生教育委员会委员
	全国信号处理学会委员

续表

姓　名	机　构　名　称　及　职　务
赵鹤鸣	中国人工智能学会神经网络与计算智能专业委员会委员
	江苏省电子学会常务理事
	江苏省电子学会 SMT 专业委员会主任委员
18. 机电工程学院	
石世宏	中国计量测试学会理事
	中国机械工程学会特种加工分会常务理事
孙立宁	中国微米纳米技术学会常务理事
	中国机械工程学会微纳米制造技术分会副主任委员
	中国自动化学会机器人委员会副主任
	中国仪器仪表学会微纳器件与系统技术分会副理事长
郭旭红	江苏省工程图学会常务副理事
陈立国	中国微米纳米技术协会国际合作与交流工作委员会委员
	中国仪器仪表学会微纳器件与系统技术分会理事
陈长军	中国光学学会激光加工委员会委员
	中国宇航学会光电技术委员会委员
	中国腐蚀与防护学会涂料涂装及表面防护委员会委员
	中国硅酸盐学会测试技术分会理事
	中国表面工程学会青年委员会委员
19. 纺织与服装工程学院	
白　伦	中国茧丝绸产业公共服务体系丝绸工业科技转化平台专家委员会主任
陈国强	国务院学位委员会第六届学科评议组(纺织科学与工程)委员
	中国丝绸协会副会长
	中国印染专业委员会秘书
胡征宇	中国丝绸协会缫丝分会理事
赵建平	中国丝绸学会印染专业委员会秘书长
	中国印染协会理事
	教育部轻工专业指导委员会委员
	国家茧丝绸协调办公室评审委员
20. 城市轨道交通学院	
陈　甦	江苏省岩土工程与力学学会常务理事
21. 体育学院	
王家宏	国务院学位委员会第六届学科评议组体育学组成员
	全国高等学校体育教学指导委员会委员、技术学科组组长
	全国学校体育专业委员会副理事长
	全国高等教学学会学术委员会委员
	全国体育专业学位研究生教育指导委员会委员

续表

姓　名	机构名称及职务
王家宏	全国博士后管理委员会专家组评审专家委员
	国家社会科学基金学科评审组专家委员
	中国篮球协会科研委员会副主席
	中国大学生体育协会篮球分会副主席
	中国大学生体育协会网球分会副主席
	中国体育科学学会社会体育科学分会副主任
	江苏省高等教育学会高校体育研究会、江苏省体育科学学会高校体育专业委员会名誉理事长
	江苏省教育学会第七届理事会体育专业委员会理事长
	江苏省体育教育指导委员会副主任委员
	江苏省跆拳道协会副主席
	江苏省篮球协会副主席
吴明方	江苏省体育科学会运动医学专业委员会副主任委员
李　龙	国家武术研究院青年工作委员会委员
张　林	North America Medical Education Foundation 常务理事
	全国高校运动人体科学专业委员会常务委员
	中国体育科学学会运动生理与生化学会委员
	中国体育科学学会运动医学委员会学会委员
	中国生理学会运动生理学专业委员会委员
	中国老年学会骨质疏松学会理事
	中国保健学会骨与关节病学会理事
	江苏省生物医学工程学会常务理事
	江苏省运动医学工程专业委员会主任委员
	江苏省运动生理与生化学会副主任委员
陆阿明	中国体育科学学会运动生物力学分会委员
	中国高等教育学会体育专业委员会教师教育研究会副理事长
	江苏省体育科学学会运动生物力学分会副主任
邰崇禧	全国高等院校体育教学训练研究会副理事长
	全国高校田径理论研究会委员
	江苏省田径运动协会副主席
罗时铭	东北亚体育运动史学会理事
	中国体育科学学会体育史分会常务委员
	江苏省体育科学学会体育管理专业委员会主任委员
陶玉流	中国大学生体育协会篮球分会科研委员会副主任
董新光	中华全国体育总会个人委员
	中国体育发展战略研究会委员
	国家体育总局全民健身专家委员会委员

续表

姓　名	机构名称及职务
雍　明	江苏省体育科学学会体育产业分会副主任委员
熊　焰	中国体育科学学会运动训练学专业委员会委员
22. 艺术学院	
刘　佳	文化部青年联合委员会美术工作委员会副秘书长
	中华全国青年联合委员会委员
许　星	中国服装设计师协会学术委员会委员
	中国服装设计师协会理事
李　明	中国民俗学会理事
李超德	全国艺术专业学位研究生教育指导委员会委员
	教育部设计学专业指导委员会委员
	教育部美术类专业指导委员会委员
	中国流行色协会色彩教育委员会副主任
	上海国际时尚联合会副会长
	中国服装设计师协会副主席
	亚洲时尚联合会中国委员会理事
	中国教育部高校美术教学指导委员会委员
	教育部纺织服装专业指导委员会、服装教学指导委员会委员、副主任
	中国美术家协会服装艺委会副主任
	教育部服装表演专业指导委员会主任
沈建国	中国工艺美术学会雕塑专业委员会委员
张大鲁	中国包装联合会设计委员会委员
张朋川	中国工艺美术学会理论委员会常务理事
皇甫菊含	教育部高等学校高职高专表演艺术类专业教学指导委员会副主任
	中国纺织教育协会时装表演艺术委员会副秘书长
徐海鸥	中国科普作家协会副秘书长
姜竹松	中国流行色协会教育委员会委员
雍自鸿	中国流行色协会教育委员会委员
23. 音乐学院	
刘跃华	中国声乐家协会副主席
冒小瑛	中国教育学会音乐教育专业委员会委员
24. 医学部基础医学与生物科学学院	
卞士中	《中国司法鉴定》杂志理事
	中国法医学高等教育指导委员会委员
王国卿	中国中西医结合学会时间生物医学专业委员会秘书长

续表

姓　名	机构名称及职务
叶元土	中国水产学会水产动物营养与饲料专业委员会副主任委员
	中国畜牧兽医学会动物营养分会理事
	全国饲料工业标准化技术委员会水产饲料分技术委员会委员
	江苏省动物营养研究会副会长
冯一中	江苏省医学会病理学分会副主任委员
	江苏省医学会病理医师分会副主任委员
	江苏省抗癌协会病理专业委员会副主任委员
吴士良	中国生物化学与分子生物学会复合糖专业委员会常务委员
	中国生化与分子生物学学会医学分会理事
	江苏省生物化学与分子生物学会副理事长
吴开云	中国解剖学会人体解剖学专业委员会委员
邱玉华	中国病理生理学会第七届免疫专业委员会委员
沈颂东	中国藻类学会常务理事兼副秘书长
沈卫德	中国蚕学会常务理事
	江苏省蚕学会副理事长
贡成良	中国蚕学会病理学组副主任委员
	江苏省蚕学会常务理事、病理学组主任委员
张焕相	中国细胞生物学学会理事
	江苏省细胞与发育生物学学会副理事长
	江苏省生物技术协会副理事长
张洪涛	中国细胞生物学学会理事
陈永珍	中国解剖学会组织胚胎学专业委员会委员
	中国细胞生物学学会医学细胞生物学分会理事
徐世清	中国中西医结合学会时间生物医学专业委员会常务委员
	江苏省昆虫学会常务理事
凌去非	江苏省水产学会常务理事
夏超明	中国动物学会寄生虫学专业委员会理事
	江苏省预防医学会寄生虫学专业委员会副主任委员
夏春林	江苏省解剖学会副理事长
高晓明	江苏省免疫学会常务理事
诸葛洪祥	中国预防医学会寄生虫学分会常务理事
黄　瑞	中国微生物学会理事
	江苏省微生物学会常务理事、学术委员会副主任、医学微生物学专业委员会主任委员
	江苏省微生物与免疫学会常务理事
黄鹤忠	中国海洋生物工程研究会常务理事

续表

姓　名	机 构 名 称 及 职 务
谢可鸣	江苏省病理生理学会副理事长
傅文青	中国心理卫生协会心理咨询与治疗专业委员会委员
	中国高教学会医学心理学分会理事
	中国心理学医学心理学分会理事
缪竞诚	中国微生物学会干扰素专业委员会委员
25. 医学部放射医学与防护学院	
王春雷	江苏省核学会辐射技术与加速器委员会副主任委员
文万信	中国核学会辐射研究与辐射工艺学会委员
	中国核学会辐射防护学会理事
许玉杰	全国核能标准化技术委员会放射性同位素分技术委员会委员
	中国核学会同位素分会委员
刘芬菊	中国核学会辐射研究与辐射工艺学会常务委员
杨占山	中国毒理学会放射毒理专业委员会委员
张友九	中国核学会同位素分会委员
	中国同位素与辐射行业协会副主任委员
张保国	教育部高等学校教学指导委员会(核科学与工程)委员
周如鸿	美国科学促进会会士
	美国物理学会会士
	Telluride 科学研究中心董事
赵宇亮	中国毒理学会纳米毒理学专业委员会主任委员
	国家纳米科学中心研究员
	中国科学院纳米生物效应与安全性重点实验室主任
	国家纳米科学中心副主任
涂　彧	江苏省预防医学会放射卫生与防护委员会副主任委员
柴之芳	国家自然科学基金委员会重大仪器研制专项专家组成员
	中国核学会常务理事
	科技部重大仪器开发咨询评审领导小组成员
	国家自然科学基金委员会重大研究计划“先进核裂变能的燃料增殖和嬗变”专家组副组长
	国家自然科学基金委员会杰青评审委员会副主任、化学部杰青和创新群体评审专家组组长
	英国皇家化学会会士
	International Committee of Nuclear Analytical Methods in Life Sciences 委员
	International Committee of Modern Trends in Activation Analysis 委员
曹建平	国际原子能机构亚洲核合作论坛核医学项目中国负责人
	中国毒理学会放射毒理专业委员会委员
	中华医学会放射医学与防护学分会青年委员

续表

姓　名	机 构 名 称 及 职 务
26. 医学部公共卫生学院	
田海林	中国环境科学学会、环境医学与健康分会理事
安　艳	中国环境诱变剂学会活性氧生物学效应专业委员会委员
张永红	教育部预防医学与公共卫生教育指导委员会委员
	江苏省预防医学会流行病学专业委员会副主任委员
张增利	中国毒理学会放射毒理专业委员会委员
	中国毒理学会免疫毒理专业委员会委员
	中国骨质疏松学会常务委员
李建祥	中国毒理学会生化与分子毒理学专业委员会委员
	中国环境诱变剂学会第五届致癌专业委员会委员
肖　卫	全国卫生管理与教育协会理事
	中华医学会劳动卫生与职业病分会理事
徐　勇	中华预防医学会儿少卫生专业委员会常务委员
	国家 CDC 应急培训专家委员会委员
	卫生部卫生标准委员会委员
	江苏省儿少卫生学会副主任委员
高　歌	中国现场统计研究会生物与医学统计分会副主任委员
	中国现场统计研究会委员
	中华预防医学会社会医学分会委员
	中国卫生信息学会统计理论方法分会委员
曹　毅	中国毒理学学会遗传毒理学专业委员会委员
	中国毒理学学会神经毒理学专业委员会委员
童　建	国家原子能机构专家组成员
	中国毒理学会理事
	中国中西医结合学会时间生物医学专业委员会主任委员
	中国核学会理事
	中国高等教育学会理事
	江苏省省诱变剂学会副理事长
27. 医学部药学院	
王剑文	中国植物学会植物化学与资源专业委员会委员
李笑然	中国中医药文献学研究会常务理事
张慧灵	中国药理学会来华留学生(医学)教学专业委员会
张洪建	中国药理学会药物代谢专业委员会理事
张学农	中国药学会高级会员
	世界中医药学会联合会中药新剂型专业委员会常务理事

续表

姓　名	机构名称及职务
陈大为	中华中医药学会制剂专业委员会副主任委员
	世界中医药学会联合会中药新剂型专业委员会副会长
	中国中医药研究促进会中药制剂分会副主任
	中国新医药博士论坛联谊会理事
杨世林	中药固体制剂制造技术国家工程研究中心主任
	中国中医药研究促进会常务副会长
	亚太传统医药网专家组执委会主席
	中国中医药信息研究会新药开发专业委员会主任
	中国 GAP 学会副会长
	中国中医药学会理事
	中国实验动物学会常务理事
	中国实验动物学会青年科技协会主任
	中国中药协会常务理事
	中国保健科技协会理事
崔京浩	世界中医药学会联合会中药新型专业委员会常务理事、副秘书长
	西南民族药新型制剂国家地方联合工程研究中心主任
郝丽莉	中国针灸学会临床分会委员
秦正红	中国药理学会理事
唐丽华	江苏药学会常务理事
	江苏省药理学会中药药理专业委员会副主任委员
	江苏省药理学学会常务理事
梁中琴	中国抗衰老科学技术协会江苏分会
	江苏省药理学学会教学委员会
镇学初	中国药理学会神经精神药理学会副主任委员
	中国神经科学学会理事
	江苏省药理学会副理事长
28. 医学部护理学院	
李惠玲	江苏省护理学会副理事长
	江苏省护理学会常务理事
	江苏省健康教育专业委员会主任委员
	中国医院协会护理管理专业委员会委员
薛小玲	教育部科技发展中心科研基金和科技奖励评审专家
	卫生部科教司护理科研项目专家
	江苏省护理学会常务理事
钮美娥	江苏省护理教育专业委员会主任委员

续表

姓　名	机构名称及职务
29. 附属第一医院	
王　中	江苏省医学会神经外科学分会第八届委员会副主任委员
	江苏省抗癫痫协会第一届理事会常务理事
车建丽	江苏省针灸学会临床专业委员会常务委员
方　琪	中华医学会神经病学分会第五届委员会青年委员会委员
	江苏省医学会微循环学分会第五届委员会副主任委员
邓迎苏	江苏省中西医结合学会风湿病专业委员会常务委员
甘建和	中华医学会感染病学分会第八届委员会肝衰竭与人工肝专业学组副组长
	中华医学会肝病学分会第七届委员会委员
	江苏省医学会感染病学分会第八届委员会副主任委员
	江苏省中西医结合学会新世纪第五届肝病专业委员会副主任委员
	江苏省中医药学会肝病专业委员会常务委员
兰光华	江苏省中西医结合学会精神卫生分会副主任委员
卢国元	江苏省医学会肾脏病学分会第七届委员会常务委员
	江苏省医师协会第二届肾脏科医师分会常务委员
成兴波	江苏省医学会糖尿病学分会第三届委员会副主任委员
	江苏省医师协会第二届糖尿病学医师分会副主任委员
刘　健	中华口腔医学会第一届全科口腔医学专业委员会青年委员
刘一之	欧洲介入放射学会会员
许春芳	江苏省医学会消化内镜学分会第五届委员会副主任委员
阮长耿	中华医学会血液学分会第七届委员会血栓止血学组组长
	中华医学会血液学分会第八届委员会前任主任委员
	江苏省医学会血液学分会第七届委员会名誉主任委员
	江苏省医学会第九届理事会副会长
乔美珍	江苏省护理学会医院感染管理专业委员会副主任委员
孙俊英	江苏省医学会骨科学分会骨关节学组副组长
孙爱宁	江苏省医学会血液学分会第七届委员会副主任委员
杨惠林	中国康复医学会脊柱脊髓损伤专业第六届委员会常务委员
	国际脊柱功能重建学会中国分会(CCSAS)副主席
	亚太脊柱微创学会会员
	国际华裔骨研学会会员
	国际矫形外科与创伤学会会员
	美国骨科医师学会会员
	国际脊柱创新发展学会会员

续表

姓　名	机构名称及职务
杨惠林	北美脊柱学会会员
	世界华裔骨科学会会员
	江苏省医学会骨科学分会第三届脊柱学组副组长
	江苏省医学会骨科学分会第三届创伤学组组长
	江苏省医学会第九届理事会常务理事
	中国康复医学会脊柱脊髓损伤专业委员会第六届委员会常务委员
	中国健康促进基金会骨病救助专项基金管理专家委员会委员
	江苏省康复医学会脊柱脊髓损伤专业委员会副主任委员
	中华医学会骨科学分会第八届委员会脊柱外科专业学组副组长
	中华医学会骨科学分会第九届委员会常务委员、微创外科学组副组长
杨向军	江苏省医学会心血管病学分会第七届委员会副主任委员
	中国生物医学工程学会心率分会常务委员
杨同其	第五届华裔骨科学会关节外科分会理事
杨子良	江苏省中医药学会医疗美容分会常务委员
杨振贤	江苏省医学会影像技术分会第五届委员会副主任委员
	江苏省中西医结合学会影像技术专业委员会荣誉副主任委员
杨卫新	江苏省医学会物理医学与康复医学分会第七届委员会副主任委员
	江苏省康复医学会第四届委员会副会长
杨俊华	中国医师协会心血管内科医师分会超声心动图工作委员会委员
	江苏省医学会超声医学分会第二届超声心动图学组副组长
	中国医学影像研究会血管浅表器官委员会委员
	中国超声医学工程学会超声心动图专业委员会委员
杨建平	江苏省医学会第九届理事会常务理事
	江苏省医学会麻醉学分会第八届委员会副主任委员
何　怀	江苏省康复医学会第三届委员会治疗专委会常务委员
何　军	美国组织相容与免疫遗传学会会员
	中华骨髓库第六届专家委员会委员
何广胜	中华医学会血液学分会第八届委员会红细胞疾病学组成员兼秘书
肖根生	江苏省医学会耳鼻喉科学分会第七届委员会副主任委员
吴翼伟	中华医学会核医学分会第八届委员会临床专业学组组长
	江苏省核学会第七届理事会常务理事
	江苏省核学会核医学专业委员会副主任委员
吴　琛	江苏省针灸学会急诊专业委员会常务委员
吴爱勤	中华医学会心身医学分会第四届委员会副主任委员
	江苏省医学会心身与行为医学分会第六届委员会名誉主任委员
	江苏省医学会精神病学分会第八届委员会副主任委员
	江苏省医院协会精神病医院分会委员会常务委员

续表

姓名	机构名称及职务
吴德沛	美国血液学年会会员
	中国医师协会血液科医师第二届委员会副会长
	中国医师协会全国医师定期考核血液科专业编辑委员会副主任委员
	江苏省医师协会第一届血液科医师分会主任委员
	中华医学会血液学分会第七届委员会造血干细胞应用学组副组长
	中华医学会血液学分会第八届委员会委员兼副秘书长
	江苏省医学会血液学分会第七届委员会前任主任委员
	江苏省医学会内科学分会第六届委员会副主任委员
	中华骨髓库第五届专家委员会委员
沈宗姬	江苏省医学会妇产科学分会第八届委员会副主任委员
	江苏省中西医结合学会第三届生殖医学分会常务委员
沈振亚	美国胸外科医生学会会员
	国际心肺移植学会会员
	江苏省医学会胸心血管外科学分会第七届委员会副主任委员
	中华医学会医学工程学分会干细胞工程专业委员会副主任委员
	中国医药教育协会第三届理事会常务理事、副会长
沈海林	全国高等医学教育学会医学影像学教育分会理事
	江苏省计量测试学会医学计量专业委员会副主任委员
	中国抗癌协会神经肿瘤专业委员会第三届委员会委员
	江苏省医学会放射学分会第八届委员会磁共振学组副组长
沈国良	中国中西医结合学会第三届烧伤专业委员会青年委员
张学光	中华医学会微生物与免疫学分会第八届委员会委员
	江苏省医学会微生物与免疫学分会第七届委员会名誉主任委员
张世明	中国脑血管病外科专家委员会（第二届）副主任委员
张洪涛	江苏省医学会骨科学分会第七届委员会足踝外科学组副组长
张　玮	江苏省医学会核医学分会第七届委员会副主任委员
	中华医学会核医学分会第八届委员会临床专业学组成员兼秘书
	中华医学会核医学分会第九届委员会功能显像学组成员兼秘书
	江苏省医师协会第二届核医学医师分会副主任委员
	江苏省核学会第七届理事会副秘书长
	江苏省核学会第七届理事会核医学专业委员会副主任
张　玲	江苏省中医药学会肾病专业委员会常务委员
李惠玲	世界中联护理专业委员会第一届理事会常务理事兼副秘书长
	全国中医药高等教育学会护理教育研究会第二届理事会理事
	中华医学会骨科学分会第九届委员会护理学组副组长
	江苏省医院协会医院护理管理专业委员会副主任委员
	中国医院协会护理管理专业委员会委员

续表

姓　名	机构名称及职务
李建中	江苏省中医药学会老年医学专业委员会副主任委员
李　莉	江苏省康复医学会教育专业委员会常务委员
	中国康复医学会电诊断专业委员会第三届委员会委员
李德春	江苏省医学会外科学分会第三届营养外科专业学组副组长
李　锐	中国中西医结合学会消化专业委员会第一届内镜与肿瘤专家协作委员会委员
李声宏	江苏省医院协会血液净化中心分会
何广胜	中华医学会血液学分会第八届委员会成员兼秘书
陆士奇	江苏省中西医结合学会急症医学专业委员会副主任委员
	中国人道救援医学学会第一届委员会委员
陆培荣	江苏省医学会眼科学分会第八届委员会副主任委员
	江苏省中西医结合学会新世纪第五届眼科专业委员会常务委员
	江苏省中医药学会眼科分会常务委员
金　钧	江苏省医学会重症医学分会第二届委员会常务委员
陈子兴	中华医学会血液学分会第七届委员会实验诊断学组副组长
	中华医学会医学细胞生物学分会第三届委员会委员
	中国医药生物技术协会医药生物技术临床应用专业委员会委员
陈卫昌	中华医学会消化病学分会第九届委员会委员
	江苏省医学会消化病学分会第八届委员会副主任委员
陈志伟	江苏省中西医结合学会风湿病专业委员会副主任委员
	江苏省中医药学会风湿病专业委员会常务委员
	中国中西医结合学会第五届风湿类疾病专业委员会委员
陈友国	江苏省中西医结合学会新世纪第五届妇产科专业委员会常务委员
陈爱平	江苏省中医药学会肾病专业委员会常务委员
	江苏省中医药学会基础理论与文献研究专业委员会常务委员
陈苏宁	中华医学会血液学分会第八届委员会青年委员会委员
	中国病理生理学会实验血液学专业委员会第七届委员会委员
周　莉	中国医师协会第二届营养医师专业委员会常务委员
周亚峰	中华医学会心血管病学会分会第九届委员会高血压病学组委员
周菊英	江苏省医学会放射肿瘤治疗学分会第七届委员会副主任委员
	中华医学会放射医学与防护学分会第九届委员会委员
	江苏省核学会第七届理事会放射治疗专业委员会副主任
胡春洪	中国生物物理学会分子影像学专业委员会第一届委员会委员
	江苏省医学会放射学分会第八届委员会副主任委员
	江苏省医学会放射学分会第一届心胸乳腺学组组长
	江苏省医师协会第二届放射医师分会副主任委员
胡建铭	江苏省中医药学会妇科分会常务委员

续表

姓　名	机　构　名　称　及　职　务
侯建全	美国组织相容与免疫遗传学会会员
	中华医学会泌尿外科学分会第九届委员会委员
	江苏省医学会泌尿外科学会第九届委员会副主任委员
	江苏省医学会第九届理事会常务理事
	江苏省医学会医学科学研究分会第五届委员会副主任委员
	中国性学会性医学专业委员会常务委员
赵　宏	江苏省中西医结合学会大肠肛门病专业委员会常务委员
查月琴	江苏省声学学会第六届理事会医学超声学专业委员会副主任委员
	江苏省超声医学工程学会常务理事
费　梅	江苏省针灸学会耳针专业委员会常务委员
唐天驷	江苏省医学会骨科学分会第八届委员会名誉主任委员
	中国康复医学会脊柱脊髓损伤专业委员会第二届微创脊柱外科学组名誉主任委员
倪才方	欧洲介入放射学会会员
	江苏省医学会放射学分会第八届委员会介入学组组长
高颖娟	中国卫生信息学会第二届医院统计专业委员会常务委员
郭　亮	中国医学影像技术研究会放射学分会委员
顾美华	江苏省中医药学会风湿病专业委员会常务委员
顾国浩	中华医学会检验医学分会临床微生物学专家委员会委员
	江苏省医学会微生物与免疫学分会第七届委员会副主任委员
	江苏省医学会检验学分会第八届委员会副主任委员
钱海鑫	江苏省医学会外科学分会第七届委员会副主任委员
	江苏省医学会外科学分会第一届肝脏外科学组副组长
钱齐宏	江苏省中西医结合学会新世纪第五届皮肤科专业委员会常务委员
	江苏省中医药学会皮肤科分会常务委员
徐建英	江苏省中医药学会妇科分会常务委员
陶　敏	中国抗癌协会大肠专业委员会第四届委员会常务委员
	江苏省抗癌协会专业委员会委员
	中国临床肿瘤学会第四届执行委员会委员
	中国临床肿瘤学会肝癌专家委员会委员
	中国临床肿瘤学会肿瘤营养治疗专家委员会委员
	中国老年学学会第一届老年肿瘤专业委员会委员
	中国生物医学工程学会肿瘤分子靶向治疗专业委员会委员
	中国临床肿瘤学会黑色素瘤专家委员会委员
	江苏省抗癌协会第四届理事会常务理事
	江苏省医学会肿瘤学分会第六届委员会肺肿瘤学组组长
	江苏省中西医结合学会新世纪第五届肿瘤专业委员会常务委员

续表

姓　名	机　构　名　称　及　职　务
袁苏徐	江苏省中医药学会肿瘤专业委员会常务委员
黄建安	江苏省医学会呼吸病学分会第二届肺部肿瘤及内镜学组组长
	江苏省医学会呼吸病学分会第八届委员会副主任委员
夏　飞	江苏省医学会超声医学分会第七届委员会超声妇产学组副组长
	中国医学影像技术研究会超声分会妇产科专业委员会委员
章　斌	中华医学会核医学分会第九届委员会青年委员会委员
凌春华	中国中西医结合学会第五届呼吸病专业委员会青年委员
董万利	江苏省医学会神经病学分会第八届委员会脑血管病学组副组长
	江苏省中西医结合学会疼痛专业委员会副主任委员
	中西医结合医师分会第二届神经病学专家委员会常务委员
韩　悦	中国中西医结合学会第六届血液学专业委员会青年委员会委员
温端改	江苏省医学会泌尿外科学会第八届委员会名誉主任委员
程宗琦	江苏省中医药学会药学专业委员会常务委员
惠　杰	中国医药生物技术协会心电学技术分会委员
	中国医学装备协会第二届医学装备计量测试专业委员会常务委员
	江苏省计量测试学会医学计量专业委员会副主任委员
	中国新电食管心脏电生理学组副主任
惠品晶	中国老年学学会心脑血管病专业委员会第三届委员会常务委员
	中国超声医学工程学会颅脑超声专业委员会第五届委员会常务委员
	卫生部脑卒中筛查与防治工程全国中青年专家委员会委员
惠建华	江苏省中西医结合学会口腔疾病专业委员会荣誉副主任委员
葛自力	江苏省中西医结合学会口腔疾病专业委员会常务委员
	中国药学会第五届医院药学会专业委员会委员
	江苏省药学会第七届医院药学专业委员会副主任委员
缪丽燕	江苏省药师协会第一届理事会副理事长
	中国药理学会第十届理事会理事
	中国药理学会药物临床试验专业委员会常务委员
	中国药理学会药物监测研究专业委员会常务委员
	中国药学会第五届医院药学会专业委员会委员
	江苏省药学会第七届医院药学专业委员会副主任委员
	江苏省临床药理学会专业委员会副主任委员
	中国医学装备协会药房装备与技术专业委员会副主任委员
	江苏省医学会临床药学分会第一届委员会副主任委员
	江苏省中医药学会药剂管理专业委员会常务委员

续表

姓　名	机　构　名　称　及　职　务
熊佩华	江苏省中西医结合学会第七届理事会常务理事
	江苏省中西医结合学会新世纪第五届肾病专业委员会副主任委员
	中国中西医结合学会第六届理事会理事
	江苏省中医药学会内科分会常务委员
薛　群	国际神经修复协会第二届委员会委员
薛小玲	中国妇幼保健协会“助产专业专家委员会”副主任委员
魏明刚	中国中西医结合学会第六届青年工作委员会委员
30. 附属第二医院	
王培吉	中国康复协会肢残委员会创伤骨科学组副组长
	中华医学会显微外科学分会第八届委员会委员
	江苏省医学会骨科学分会手外科学组副组长
兰　青	中国医药生物技术协会计算机辅助外科技术分会委员
田　野	中华医学会放射肿瘤治疗学分会第八届常务委员
	中华医学会放射肿瘤治疗学分会放射生物学组组长
朱维培	国家卫生计生委内镜与微创医师定期考核专家委员会妇科内镜微创技术推广专家委员会委员
刘励军	中华医学会急诊医学分会委员
庄志祥	江苏省抗癌协会癌症康复与姑息治疗专业委员会副主任委员
陆朝晖	中华医学会高压氧医学分会第七届青年委员会副主任委员
佟光明	中国心电学会无创心脏电生理专业委员会委员
吴明霞	江苏省医学会第八届病理学分会病理技术专业学组副组长
赵合庆	江苏省医学会神经病学分会神经肌肉病学组副组长
徐　炜	中华医学会骨质疏松和骨矿盐疾病分会青年委员
徐国旭	江苏省中西医结合学会眼科专业委员会常务委员
31. 附属儿童医院	
丁云芳	中华医学会微生物与免疫学分会支原体、衣原体学组委员
	亚洲微生物与免疫学支原体学会委员
王晓东	中华医学会小儿外科学分会青年委员会副主任委员
	中华医学会小儿外科学会骨科学组委员
	江苏省中西医结合学会骨伤科分会副主任委员
王　诚	中国药学会医院专业委员会儿科药学专业组委员兼秘书
王秀坤	世界中联专业(工作)委员会理事会成员
卢　俊	中国抗癌协会小儿肿瘤专业委员会青年委员会委员
冯　星	中华医学会儿科学分会常务委员
	中华医学会儿科学分会新生儿学组委员
	江苏省医学会儿科学分会主任委员

续表

姓　名	机构名称及职务
冯　星	江苏省医学会常务理事
	江苏省医院协会儿童医院分会副主任委员
古桂雄	中华医学会儿科学分会儿童保健学组委员
	中华预防医学会儿童保健分会常务委员兼秘书长
	江苏省医学会儿科学分会儿童保健学组副组长
	江苏省中西医结合学会精神卫生专业委员会常务委员
孙庆林	中华医学会小儿外科学分会第七届委员会肝胆外科专业学组委员
	中华医学会小儿外科学分会第七届委员会内镜外科专业学组委员
	江苏省医学会小儿外科学分会副主任委员
	江苏省中西医结合学会大肠肛门病分会常务委员
刘高金	江苏省康复医学会儿童康复专业委员会常务委员
	江苏省中西医结合学会儿科专业委员会常务委员
吕海涛	江苏省医学会儿科学分会常务委员兼工作秘书
朱雪明	中华医学会病理学组分会第十届委员会儿科学组委员
	中国抗癌协会小儿肿瘤专业委员会委员
刘殿玉	江苏省中西医结合学会儿科分会常务委员
汤继宏	江苏省抗癫痫协会第一届理事会常务理事
李晓忠	中华医学会儿科学分会第十五届委员会青年委员
	中华医学会儿科学分会肾脏学组委员
	中国医师协会儿科医师分会儿童风湿免疫学组委员
	江苏省医学会儿科学分会肾脏学组副组长
李　岩	中华医学会儿科学分会神经学组委员
	中国抗癫痫协会第一届理事会理事
	江苏省抗癫痫协会第一届理事会副会长
汪　健	中国抗癌协会小儿肿瘤专业委员会委员
	中华医学会小儿外科学分会委员
	中华医学会小儿外科学分会新生儿学组委员
	中华医学会肠外肠内营养分会委员
	江苏省医学会小儿外科学分会主任委员
	江苏省中西医结合学会外科分会常务委员
严文华	江苏省医学会儿科学分会心血管学组副组长
	江苏省中西医结合学会心血管分会常务委员
张锡庆	江苏省医学会小儿外科学分会名誉主任委员
张　亚	江苏省中西医结合学会实验医学专业委员会常务委员
张瑞宣	江苏省中西医结合委员会儿科分会副主任委员
何海龙	中国抗癌协会小儿肿瘤专业委员会委员

续表

姓　名	机　构　名　称　及　职　务
肖志辉	江苏省医学会围产医学分会副主任委员
陈临琪	江苏省医学会儿科学分会小儿内分泌学组副组长
武庆斌	中华医学会儿科学分会消化学组委员
	中华预防医学会微生态学分会儿科学组副组长
	江苏省医学会儿科学分会消化感染组组长
	江苏省中西医结合学会消化系统专业委员会常务委员
周　珉	中华医学会放射学分会儿科专业学组成员
	江苏省中西医结合学会影像诊断专业委员会常务委员
周　云	中华医学会小儿外科学分会小儿泌尿外科专业学组委员
	江苏省中西医结合学会外科分会常务委员
季　伟	中华医学会儿科学分会呼吸学组委员
	江苏省医学会儿科学分会呼吸学组副组长
封其华	江苏省中西医结合学会风湿病专业委员会常务委员
胡绍燕	中华医学会儿科学分会药理学组委员
郝创利	中华医学会儿科学分会免疫学组委员
	中国哮喘联盟委员
柴忆欢	中华医学会儿科学分会血液学组委员
	江苏省医学会儿科学分会血液学组组长
徐洪军	中华小儿心血管协会委员
倪　宏	中华医学会行为医学分会青年委员会秘书长
	中国微循环学会理事
	江苏省康复学会儿童康复专业委员会常务委员
阐玉英	江苏省中西医结合学会护理专业委员会副主任委员
盛　茂	江苏省医学会放射学分会儿科学组副组长
谢敏慧	江苏省医学会儿科学分会小儿急救学组副组长
32. 机关与其他部门	
马卫中	中国近代文学学会副会长
	中国南社与柳亚子研究会副会长
邓国林	江苏省高等教育学会国防教育研究分会副秘书长
	中国高等教育协会国防教育研究分会理事
	江苏省高校国防教育指导委员会委员
卢　伟	华东高校工程训练教学学会副理事长
华人德	中国书法家协会隶书委员会副主任
	中央文史研究馆书画院研究员
仲　宏	江苏省高校后勤研究会副秘书长

续表

姓　名	机　构　名　称　及　职　务
孙琪华	江苏省教育会计学会教育分会常务理事
吴培华	中国编辑学会理事
	中国图书评论学会常务理事
	江苏省编辑学会副会长
	中国新闻出版研究所苏州基地主任
	国家出版职业资格考试专家组成员
	国家出版基金评审专家
张　庆	江苏省高等学校网络专业委员会副理事长
	江苏省高等学校教育技术研究会第八届理事会副秘书长
张建初	中国出版协会理事
	中国教育会计学会理事
	江苏省印刷协会常务理事
陈永清	江苏省高校实验室研究会第六届副理事长
陈兴昌	江苏省发行协会常务理事
罗时进	中国唐代文学学会副会长
周建屏	江苏省图书馆学会常务理事
	全国纺织服装信息研究会副理事长
陆剑江	中国高等教育学会教育信息化分会第五届理事会理事
查佐明	中国村社发展促进会大学生村官专家委员会委员
	江苏省大学生村官研究所特约研究员
耿曙生	中国大学版协维权工作委员会理事
	江苏省钱币协会常务理事
高　敏	中国高等教育学会教育信息化分会第五届理事会理事
	江苏省印刷协会副会长
盛惠良	中国教育会计学会地方综合大学分会常务理事
	中国教育会计学会高等师范院校分会常务理事
	江苏省教育会计学会教育分会常务理事、副秘书长
	江苏省教育会计学会高校苏南片分会常务副会长
谢志余	华东高校工程训练教学学会秘书长
霍跃进	中国高教保卫学会联络部副部长
	江苏省高等教育学会保卫学研究委员会副理事长
薛　辉	全国高校校友工作研究会常务理事

党政常设非编制机构

苏州大学保密委员会

苏大委〔2013〕12号　2013年4月3日

主　任：江　涌　路建美（主管军工保密相关工作）
副主任：王洪法　刘　标　许继芳（主要负责军工保密相关工作）
委　员：邓　敏　施亚东　陈进华　吴建明　徐群祥　薛　辉　周　毅　朱巧明
　　　　母小勇　姜建明　盛惠良　陈永清　马卫中　张国华　王家宏　霍跃进
　　　　黄　兴　曹　健　严冬生　郁秋亚　蒋敬东　钱万里　张　庆

学校保密委员会下设办公室于党委办公室。

主　任：王洪法（兼）
常务副主任：茅海燕
副主任：于毓蓝
　　　　赵一强（主要负责军工保密相关事务）
秘　书：马龙剑
　　　　卞树松（主要负责军工保密相关事务）

各学院（部）党委、党工委书记，机关、群直党工委书记，机关各部门、各直属单位（研究院、所、中心）、工会、团委主要负责人为本单位保密工作责任人。

苏州大学预防职务犯罪工作领导小组

苏大委〔2013〕13号　2013年4月3日

领导小组：高祖林　杨一心　林步东（苏州市人民检察院副检察长）　施亚东

领导小组下设办公室，挂靠在校纪监审办公室。

办公室主任：施亚东（兼）
成　员：张红霞（苏州市人民检察院）　肖　平　徐昳荃
　　　　孙起生（苏州市人民检察院）

苏州大学预防职务犯罪工作协调小组

苏大委〔2013〕14号　2013年4月3日

组　长：苏州大学党委副书记、纪委书记　高祖林
副组长：苏州市人民检察院副检察长　林步东
　　　　苏州大学副校长　杨一心
成　员：苏州市人民检察院职务犯罪预防处处长　张红霞

苏州大学纪委副书记、纪监审办公室主任　施亚东

协调小组下设办公室，挂靠在苏州大学纪监审办公室。

办公室主任：苏州市人民检察院职务犯罪预防处处长　张红霞

苏州大学纪委副书记、纪监审办公室主任　施亚东

成　员：苏州市人民检察院检察员　孙起生

苏州大学财务处处长　盛惠良

苏州大学实验室与设备管理处处长　陈永清

苏州大学教务部副部长　周　毅

苏州大学学生工作部（处）部（处）长　张国华

苏州大学后勤管理处处长　仲　宏

苏州大学纪监审办公室副主任　肖　平

苏州大学附属第一医院党委副书记、纪委书记　陈　赞

苏州大学附属第二医院党委副书记、纪委书记　张国庆

苏州大学附属儿童医院党委副书记、纪委书记　王晓东

苏州大学民族宗教工作领导小组

苏大委〔2013〕20 号　2013 年 5 月 3 日

组　长：高祖林

副组长：江作军

成　员：党委办公室、校长办公室、党委组织部、党委宣传部、党委统战部、党委研究生工作部、学生工作部（处）、继续教育处（成人教育学院）教务部、国际合作交流处（海外教育学院）、港澳台办公室、保卫部（处）、后勤管理处、团委等部门负责人

学校民族宗教工作领导小组下设办公室，挂靠党委统战部，由党委统战部部长兼任办公室主任。

苏州大学统一战线工作领导小组

苏大委〔2013〕21 号　2013 年 5 月 3 日

组　长：高祖林

副组长：江作军

成　员：党委办公室、党委组织部、党校、党委宣传部、党委统战部、校长办公室、人事处、教务部、人文社会科学院、学生工作部（处）、发展委员会办公室、国际合作交流处（海外教育学院）、港澳台办公室、保卫部（处）、工会等部门负责人

苏州大学商业贿赂专项治理领导小组

苏大委〔2013〕22 号　2013 年 5 月 8 日

组　长：高祖林　杨一心

成　员：党委办公室、校长办公室、纪监审办公室、财务处、实验室与设备管理处、

后勤管理处等部门主要负责人

领导小组下设办公室于纪监审办公室。

苏州大学老干部工作委员会

苏大委〔2013〕23 号　2013 年 5 月 8 日

主　任：高祖林

副主任：陈一星　邓　敏

成　员：党委办公室、校长办公室、党委宣传部、工会、团委、人事处、财务处、学生工作部（处）、后勤管理处等单位主要负责人及离退休工作部（处）正副部（处）长

各党委、党工委书记和各部门、直属单位主要负责人为分管本单位老干部工作（离退休工作）的负责人。

苏州大学国家安全工作领导小组

苏大委〔2013〕24 号　2013 年 5 月 8 日

组　长：江　涌

副组长：江作军

成　员：党委办公室、校长办公室、党委组织部、党委宣传部、党委统战部、学生工作部（处）、研究生院、科学技术与产业部、人文社会科学院、继续教育处、国际合作交流处、保卫部（处）、网络中心等部门主要负责人

联络员：霍跃进　曹培培

各党委、党工委书记为本单位国家安全工作第一责任人。

苏州大学校园治安综合治理工作委员会

苏大委〔2013〕25 号　2013 年 5 月 8 日

主　任：江　涌

副主任：江作军　杨一心

成　员：党委办公室、校长办公室、党委宣传部、工会、团委、人事处、财务处、教务部、学生工作部（处）、研究生院、实验室与设备管理处、继续教育处、国际合作交流处、保卫部（处）、后勤管理处、图书馆、网络中心等部门（单位）主要负责人

委员会下设办公室于保卫部（处），由保卫部（处）部（处）长兼任办公室主任。

苏州大学思想政治理论课督查工作领导小组

苏大委〔2013〕26 号　2013 年 5 月 8 日

组　长：王卓君

副组长：江　涌　蒋星红

成　员：党委宣传部、团委、人事处、财务处、教务部、学生工作部（处）、研究生院、人文社会科学院、马克思主义学院主要负责人

苏州大学维护稳定工作领导小组

苏大委〔2013〕27 号　2013 年 5 月 8 日

组　长：王卓君　朱秀林

副组长：江　涌　江作军

成　员：党委办公室、校长办公室、纪监审办公室、党委宣传部、党委统战部、离退休工作部(处)、工会、人事处、教务部、学生工作部(处)、研究生院、实验室与设备管理处、继续教育处、国际合作交流处、保卫部(处)、后勤管理处、网络中心等部门主要负责人

领导小组下设办公室于保卫部(处)。

办公室主任：霍跃进

办公室副主任：茅海燕　洪　晔

苏州大学哲学社会科学教学科研骨干研修工作领导小组

苏大委〔2013〕30 号　2013 年 5 月 14 日

组　长：王卓君

副组长：江　涌　田晓明　蒋星红

成　员：党委组织部、党委宣传部、人事处、教务部、人文社会科学院、财务处等部门负责人及相关学院党委书记　马克思主义学院院长

领导小组下设办公室在党委宣传部，具体负责哲学社会科学教学科研骨干研修工作的组织落实，党委宣传部分管理论工作的部领导兼任办公室主任。

苏州大学文化建设委员会工作领导小组

苏大委〔2013〕31 号　2013 年 5 月 14 日

主　任：王卓君　朱秀林

成　员：路建美　江　涌　田晓明　陈一星　高祖林　熊思东
江作军　杨一心　蒋星红　王洪法　刘　标　邓　敏　陈进华

文化建设委员会下设文化建设咨询委员会和办公室。

文化建设咨询委员会成员由学校聘请的校内外专家学者。

文化建设咨询委员会主任：田晓明(兼)

文化建设委员会办公室挂靠在党委宣传部。

文化建设委员会办公室主任：江　涌(兼)

办公室常务副主任：陈进华(兼)

苏州大学党校校务委员会

苏大委〔2013〕32 号　2013 年 5 月 14 日

主　任：王卓君

副主任：江　涌

委　员：校党委副书记　党校常务副校长　党委办公室、党委组织部、党委宣传部、党委统战部、学生工作部(处)、党委研究生工作部主要负责人以及政

治与公共管理学院党委书记

苏州大学计划生育委员会

苏大委〔2013〕33 号　2013 年 5 月 15 日

主　任：王卓君

副主任：杨一心　王安列

委　员：党委办公室、校长办公室、党委宣传部、人事处、学生工作部(处)、研究生院、继续教育处、保卫部(处)、后勤管理处、校医院、医保与计划生育管理科负责人

苏州大学健康教育领导小组

苏大委〔2013〕34 号　2013 年 5 月 15 日

组　长：江　涌

副组长：杨一心

成　员：校长办公室、党委宣传部、学生工作部(处)、团委、研究生院、继续教育处、后勤管理处、校医院、医保与计划生育管理科负责人及各学院(部)分管学生工作的党委副书记

领导小组下设办公室于医保与计划生育管理科。

苏州大学大学生暑期社会实践活动领导小组

苏大委〔2013〕36 号　2013 年 5 月 23 日

组　长：江　涌

成　员：党委办公室、党委宣传部、人事处、财务处、教务部、学生工作部(处)、党委研究生工作部、团委、马克思主义学院、政治与公共管理学院社会科学系等部门负责人

领导小组下设办公室于团委。

苏州大学大学生志愿服务西部计划、苏北计划实施工作领导小组

苏大委〔2013〕37 号　2013 年 5 月 23 日

组　长：江　涌

成　员：纪监审办公室、党委宣传部、财务处、教务部、招生就业处、学生工作部(处)、党委研究生工作部、团委等部门负责人

领导小组下设办公室于团委。

苏州大学研究生支教团招募工作领导小组

苏大委〔2013〕38 号　2013 年 5 月 23 日

组　长：江　涌

成　员：纪监审办公室、财务处、教务部、学生工作部(处)、党委研究生工作部、团委等部门负责人

领导小组下设办公室于团委。

苏州大学收费管理领导小组

苏大〔2013〕12 号　2013 年 5 月 13 日

组　长：杨一心

副组长：高祖林

成　员：盛惠良　刘　标　王洪法　施亚东　姜建明　孙琪华　徐昳荃

苏州大学安全工作委员会

苏大〔2013〕22 号　2013 年 6 月 26 日

主　任：朱秀林

副主任：路建美　江　涌　江作军　杨一心

委　员：党委办公室、校长办公室、党委宣传部、人事处、财务处、教务部、学生工作部(处)、研究生院、科学技术与产业部、人文社会科学院、实验室与设备管理处、继续教育处、国际交流合作处、保卫部(处)、后勤管理处、信息化建设与管理中心等部门主要负责人及各学院(部)院长(主任)

安全工作委员会办公室设在保卫部(处)。

办公室主任：霍跃进(兼)

苏州大学信息化建设工作领导小组

苏大〔2013〕23 号　2013 年 7 月 3 日

组　长：杨一心

副组长：刘　标　张　庆

成　员：校长办公室、信息化建设与管理中心、人事处、教务部、研究生院、科学技术与产业部、人文社会科学院、继续教育处、保卫部(处)、后勤管理处、财务处、实验室与设备管理处、图书馆、档案馆等部门主要负责人

领导小组办公室常设于信息化建设与管理中心。

苏州大学“十二五”期间援藏工作领导小组

苏大〔2013〕24 号　2013 年 7 月 8 日

组　长：陈一星

成　员：党委办公室、校长办公室、党委组织部、人事处、财务处、教务部、研究生院、学生工作部(处)、继续教育处、科学技术与产业部、人文社会科学院、实验室与设备管理处、后勤管理处、图书馆、信息化建设与管理中心等部门负责人

苏州大学信息工作领导小组

苏大〔2013〕27 号　2013 年 7 月 5 日

组　长：江　涌

副组长：陈进华　王洪法　刘　标

成　员：各学院（部）、部门、直属单位主要负责人

领导小组下设办公室于党委宣传部。

苏州大学校务公开领导小组

苏大〔2013〕28 号　2013 年 7 月 10 日

组　长：朱秀林

副组长：陈一星　高祖林　王安列

成　员：党委办公室、校长办公室、党委组织部、党委宣传部、人事处、纪监审办公室、工会、团委、研究生院、学生工作部（处）、教务部、继续教育处、科学技术与产业部、人文社会科学院、实验室与设备管理处、财务处、后勤管理处等部门主要负责人

苏州大学附属中学校务委员会

苏大〔2013〕33 号　2013 年 9 月 16 日

主　任：蒋星红　苏州大学副校长

副主任：沈　坚　苏州工业园区教育局局长

周　毅　苏州大学教务部副部长（主持工作）

专职副主任：李建军　苏州大学附属中学

秘书长：刘　标　苏州大学校长办公室主任

委　员：王安列　苏州大学工会主席

张国华　苏州大学学生工作部（处）部（处）长

郎建平　苏州大学研究生院常务副院长

许庆豫　苏州大学教育学院院长

邹学海　苏州大学继续教育处处长

周　枫　苏州工业园区教育局副局长

徐学根　苏州大学附属中学校长

2013 年苏州大学及各地方校友会主要负责人情况

一、苏州大学校友会理事会成员名单

名誉会长：李政道
会　长：朱秀林
副会长：王卓君　江　涌　张学光
秘书长：薛　辉
副秘书长：杭晓平　丁春忠　张　洁
常务理事(以姓氏笔画为序)：
丁春忠　马卫中　王尔东　王卓君　王洪法　王家宏　朱秀林
刘　标　江　涌　江作军　吴建明　张　洁　张国华　张学光
陈进华　杭晓平　钱万里　黄　兴　黄维娟　曹　健　薛　辉
理　事(以姓氏笔画为序)：
丁春忠　马卫中　王尔东　王卓君　王洪法　王家宏　石福熙
白　伦　朱秀林　刘　标　江　涌　江作军　吴小春　吴建明
沈关生　沈雷洪　张　洁　张国华　张学光　陈少英　陈进华
林　冈　杭晓平　金琇珏　秦和鸣　袁少卿　顾圣成　顾念祖
钱万里　钱培德　徐回祥　徐惠德　黄　兴　黄维娟　曹　健
薛　辉　薛守贤

二、苏州大学校友会各学院(部)分会

文学院
会　长：张　健
秘书长：纪金平

凤凰传媒学院
会　长：赵　阳
秘书长：常青伟

社会学院
会　长：刘志明

秘书长：包　军

政治与公共管理学院
会　长：张才君
秘书长：陈晓刚

教育学院
会　长：许庆豫
秘书长：薛卫军

东吴商学院(财经学院)　东吴证券金融学院
会　长：陆少杰
秘书长：李　季

王健法学院
会　长：胡亚球
秘书长：朱春霞

外国语学院
会　长：王腊宝
秘书长：王　健

金螳螂建筑与城市环境学院
会　长：邹学海
秘书长：陈国凤

数学科学学院
会　长：曹永罗
秘书长：陈富军

物理与光电·能源学部
会　长：沈明荣
秘书长：朱利平

材料与化学化工学部
会　长：戴礼兴
秘书长：蔡　琪

纳米科学技术学院
会　长：孙旭辉
秘书长：周迎春

计算机科学与技术学院
会　长：杨季文
秘书长：沈云彩

电子信息学院
会　长：赵鹤鸣
秘书长：马国平

机电工程学院　沙钢钢铁学院
会　长：王永山
秘书长：钮秀山

纺织与服装工程学院
会　长：孙庆民
秘书长：司　伟

城市轨道交通学院
会　长：杨　清
秘书长：曹金元

体育学院
会　长：陆阿明
秘书长：周佳晔

艺术学院
会　长：李超德
秘书长：束霞平

海外教育学院
会　长：黄　兴
秘书长：谭玉坤

医学部
会　长：缪世林
秘书长：徐　娴

医学部基础医学与生物科学学院
会　长：戈志强
秘书长：朱　旻

医学部放射医学与防护学院
会　长：曹建平
秘书长：朱本兴

医学部公共卫生学院
会　长：张永红
秘书长：钟宏良

医学部药学院
会　长：镇学初
秘书长：黄小波

医学部护理学院
会　长：李惠玲
秘书长：钮美娥

应用技术学院
会　长：刘　枫
秘书长：陈建军

文正学院
会　长：吴昌政
秘书长：王　淼

老挝苏州大学
会　长：吴小春
秘书长：陈　美

音乐学院
会　长：孙德芬
秘书长：顾志勇

三、苏州大学各地校友会

北美校友会	会　长	肖　鹏	波士顿眼耳鼻喉医院
新疆校友会	会　长	张自力	乌鲁木齐市科协

陕西校友会	会　长	刘曼丽	陕西省纺织协会
	秘书长	张志安	陕西德鑫隆物资贸易有限公司
广东校友会	会　长	柯惠琪	广东省丝绸纺织集团
	秘书长	张秀萍	广州医学院附属肿瘤医院
苏州校友会	会　长	王少东	苏州市委
	秘书长	程华国	苏州市人力资源和社会保障局
日本校友会	会　长	郭试瑜	日本昭和大学
	秘书长	杨　涛	日本日立电线株式会社
四川校友会	会　长	陈祥平	四川省丝绸科学研究院
	秘书长	刘季平	四川省丝绸科学研究院
山东校友会	会　长	高亚军	山东省丝绸集团
	秘书长	何　斌	山东广润丝绸有限公司
北京校友会	会　长	何加正	中国互联网新闻中心
	秘书长	陈昌文	现代教育出版社教育教材分社
上海校友会	会　长	熊月之	上海社会科学院
	秘书长	余建新	上海市纺织集团公司
辽宁校友会	会　长	于有生	辽宁省丹东丝绸公司
	秘书长	张　夏	辽宁辽东学院
南京校友会	会　长	葛韶华	江苏省委宣传部
	秘书长	陈建刚	江苏省委
盐城校友会	会　长	谷汉先	盐城市教育局
	秘书长	盛同新	盐城市政府
淮安校友会	会　长	荀德麟	淮安市政协
	秘书长	秦宁生	淮安市委党校
镇江校友会	会　长	尹卫东	句容市委
	秘书长	徐　萍	镇江市体育局
广西校友会	会　长	刘炽雄	南宁振宁资产经营公司
	秘书长	邓新荣	广西质检院
扬州校友会	会　长	颜志林	扬州市文广新局
	秘书长	周　彪	扬州市老干部活动中心
江西校友会	会　长	刘琴远	南昌解放军第94医院
	秘书长	郭　斌	南昌大学二附院
常熟校友会	会　长	殷东明	常熟市教育局
	秘书长	顾伟光	江苏省常熟中学
徐州校友会	会　长	刘　相	徐州市人大
	秘书长	宋农村	徐州工程学院
南通校友会	会　长	娄炳南	南通市人大
	秘书长	景　迅	南通市人大研究室
吴江校友会	会　长	张　莹	吴江市行政管理学会

	秘书长	朱金兆	吴江区卫生局
无锡校友会	会　长	周解清	无锡市人大
	秘书长	任明兴	原无锡市滨湖区城市管理局
常州校友会	会　长	冯国平	常州纺织与服装职业技术学院
	秘书长	李沛然	常州市人民政府
连云港校友会	会　长	钱　进	连云港师范高等专科学校
	秘书长	龚建华	连云港市纪律检查委员会
泰州校友会	会　长	周书国	泰州市政协
	秘书长	曹学赋	泰州市人大常委会教科文卫工作委员会
太仓校友会	会　长	邱震德	太仓港经济技术开发区
	秘书长	陈　伟	太仓市委党校
内蒙古校友会	会　长	红　胜	内蒙古锡林郭勒职业学院
	秘书长	吴和平	内蒙古锡林郭勒盟医院
浙江校友会	会　长	李建华	浙江万事利集团
	秘书长	周　颖	浙江丝绸科技有限公司
安徽校友会	会　长	陶文瑞	安徽省天彩丝绸有限公司
	秘书长	张　颖	安徽省天彩丝绸有限公司
张家港校友会	会　长	钱学仁	张家港市政协
	秘书长	张明国	张家港市政府
湖北校友会	会　长	朱细秋	湖北省武汉女子监狱
	秘书长	王克作	湖北省纤维制品检测中心
湖南校友会	会　长	彭卫平	长沙市第三人民医院
	秘书长	刘卫平	中铁建电气化局
甘肃校友会	会　长	张义江	兰州石化总医院
	秘书长	米泰宇	兰州市第二人民医院
天津校友会	会　长	崔笑飞	天津市塘沽开发区检察院
	秘书长	孟令慧	天津市电信公司
山西校友会	会　长	常学奇	中国辐射防护研究院
	秘书长	赵向南	《山西日报》政法部
重庆校友会	会　长	梁列峰	西南大学纺织服装学院
	秘书长	张　玲	重庆市纤维织品检验所
福建校友会	会　长	苏庆灿	厦门眼科中心
	秘书长	叶　玲	中国农业银行厦门市分行
河北校友会	会　长	刘立文	中国联通河北省分公司
	秘书长	石　嵘	石家庄市医疗保险管理中心
宿迁校友会	会　长	贡光治	宿迁市政协
	秘书长	刘立新	宿迁市政府
爱尔兰校友会	会　长	汪江淮	UCC 医学院
	秘书长	陈　刚	都柏林大学附属医院

英国校友会	会　长	叶　兰	英国威尔士大学
	秘书长	卜庆修	QUB 法学院
法国校友会	会　长	陆肇阳	蒙彼利埃大学医学院
黑龙江校友会	会　长	冯　军	哈尔滨医科大学附属肿瘤医院
	秘书长	邵玉彬	哈尔滨绢纺厂
河南校友会	会　长	李晓春	河南工程学院
	秘书长	陶建民	河南农业大学
新西兰校友会	会　长	王小选	奥克兰 Brand Works 公司
	秘书长	范士林	新西兰华文文化沙龙
云南校友会	会　长	余化霖	昆明医学院第一附属医院
	秘书长	谢新松	中共昆明市委
澳大利亚校友会	会　长	陈宝南	阿德莱德大学医学院
	秘书长	殷建林	悉尼大学医学院
贵州校友会	会　长	赵继勇	贵州省遵义市红花岗区科技局
	秘书长	李　钦	遵义市红花岗区财政局
海南校友会	会　长	孙　武	海口市科学技术工业信息化局
	秘书长	魏承敬	海南千家乐贸易有限公司
德国校友会	会　长	王文利	德国布伦瑞克工业大学
印度校友会	会　长	Kartikeya Chaturvedi	CHATURVEDI HOSPITAL NAGPUR
	秘书长	Mohit Parekh	MEDANTA HOSPITAL DELHI

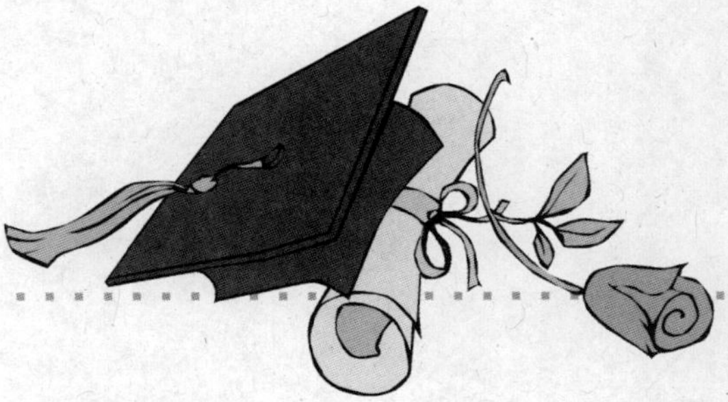

院（部）简介

文 学 院

一、概况

学院拥有汉语言文学、汉语言文学(师范)、汉语言文学(基地)、汉语国际教育4个本科专业(专业方向),设古代文学教研室、现当代文学教研室、文艺学教研室、比较文学与世界文学教研室、语言学教研室和文秘教研室,同时还设有比较文学研究中心、明清诗文研究中心、通俗文学研究中心、国际合作交流中心及文学研究所等学术科研机构。目前,学院拥有1个国家文科基础学科人才培养和科学研究基地,1个国家特色专业,1个博士后流动站。博士生导师28人,硕士生导师44人。在读本科生837人,本科留学生45人;博士生71人;在读学术性硕士研究生173人,全日制专业硕士国内学生164人,专业硕士留学生81人,在职攻读教育硕士195人。

学院设有中国语言文学一级学科博士点,在中国古代文学、中国现当代文学、文艺学、语言学与应用语言学、汉语言文字学、比较文学与世界文学、中国通俗文学研究、戏剧影视文学等10个方向招收博士研究生和硕士研究生,同时在美学、课程与教学(语文)等方向招收硕士生,在学科教学(语文)教育硕士点和汉语国际教育专业硕士点招收专业硕士研究生。中国现当代文学、中国古代文学和文艺学分别为江苏省重点学科,中国语言文学一级学科为江苏省国家级重点学科培育点。汉语言文学专业为江苏省品牌专业和国家特色专业建设点,学科基础课程多为省级以上优秀课程,"中国现当代文学"为国家精品课程。

二、教学工作

(1) 调整研究生招生结构,增加专业学位学生的招生规模。调整本科专业设置,确定中国语言文学大类新增秘书学专业方向。截至2013年12月,2013届研究生、本科生就业率均在92%以上。

(2) 顺应学校改革发展需要,支持唐文治书院的建设,探索书院制的办学模式。

(3) 通过高水平的学术讲座提升研究生的科研水平和本科生学习的兴趣与积极性。高度重视研究生论文的质量,严格执行研究生论文盲审、抽查和预答辩制度。鼓励和支持研究生在核心刊物上发表科研论文。

(4) 实施"专业综合改革试点项目"计划。重点加强专业、课程、教材、实践基地建设与申报工作,加大精品课程、双语教学课程、精品视频公开课的建设力度。"中国现当代文学"文学课程被列为国家精品课程资源共享课、杨旭辉主持的"苏州诗咏与吴文化"获批列入教育部视频公开课建设计划。

(5) 深入做好博士后、和博士常规管理工作,在日常的工作和生活中给予他们关心与支持,充分发挥博士后的作用。

三、科研工作与学术交流

（1）学院特别重视加强中青年骨干教师的创新能力培养工作，积极组织教师申报各类课题、留学基金和其他项目，完善教师职业道德规范和考核管理制度，加速学院师资队伍的建设，打造出了一支适应学校发展的高水平人才队伍。由汤哲声教授主持的"百年中国通俗文学价值评估、阅读调查及资料库建设"项目获批2013年度国家社科基金重大项目立项；另外，我院获得一般国家社科科研项目立项3项，省部级科研项目2项，其他省、市级以上项目3项；全院教师发表核心刊物论文73篇（其中一类核心刊物论文10篇），一般论文13篇；出版专著19部；此外，曹晓燕、姜晓等也分别获得了教育厅项目。

（2）马亚中教授主编，陈桂生、涂小马、钱锡生、薛玉坤、陈国安等参编的《陆游全集校注》荣获第四届中华优秀出版物奖图书奖；曹炜教授获教育部第六届高等学校科学研究优秀成果奖三等奖一项；朱栋霖教授获江苏省紫金文化荣誉奖章。

（3）加强学术交流，通过联合举办学术会议、教学活动和支持教师海外进修等方式，拓宽教师的国际视野，鼓励教师到一流大学访学。充分利用会议和重大活动的机会，邀请中文一级学科领域内知名的学者作高水平的学术讲演。承办了教育部中文学科教学指导委员会会议、第六届韵文学年会、"填平雅俗鸿沟"通俗文学研讨会等重要学术会议，受到了国内学界的广泛关注；王福利、王建军、樊燕等分别被派往台湾、老挝等地进行教学与科研合作。所有这些工作不仅开拓了我院教师学术研究的新视野和新方法，也提高了学院的知名度。

（4）本年度，学院进一步加强一级重点学科的建设工作，充分发挥一级重点学科的优势。合理使用一级重点学科经费，强化绩效管理，提高资金的使用效率。顺利通过省重点学科中期检查，在新一轮的学科评估排名进入全国前20%。获批江苏当代作家研究基地，还与河海大学协同申报协同创新项目。

四、重大事项

学院坚持科学发展方向，弘扬求真务实精神，倡导以人为本理念，始终努力创建和谐院系，并积极响应学校国际化发展的号召，拓展国际合作与交流。充分发挥"苏州汉语国际教育网"和"海外汉学研究中心网站"及学院网站的作用，加强了学院的对外联络工作，提升学院的国际知名度。

（1）成立"大学生中国传统文化工作坊"。工作坊由汉语国际教育中心、中国传统文化课堂、大学生国际文化交流工作坊、海外汉学研究中心、跨文化研究中心等部分组成，以本部第四教学楼为依托，辐射全校开展大学生国际文化交流与合作，以中国传统文化的传承与传播为主要工作内容。坚持"理论教学与动手操作并重"的原则，拟常年开设并运行"汉外双语角""中国影视艺术鉴赏""中国手工艺作坊""中国传统文化课堂""中外大学生伙伴计划"等五个子项目。其中，"中国传统文化课堂——书法人生系列课程和讲座"在校内外都产生了热烈的反响。

（2）做好新加坡理工学院、新加坡淡马锡理工学院学生文化沉浸和实习实践交流的安排工作，得到了新方的好评与认可。

（3）承办美国俄亥俄州立大学美国教育部关键语言奖学金项目。美国关键语言奖学金项目（Critical Language Scholarship Program）创立于2006年，是由美国国务院教育与文化事务局资助，向美国大学生提供包括中文、阿拉伯语、日语、汉语、俄语等共 13 种语言在内的海外暑期培训，参加本项目的学生均来自美国一流大学。此次培训取得了很好的反响，为两校进一步深化合作奠定了基础。

(4) 根据学校统一部署，积极支持、参与老挝苏州大学、尼日利亚拉各斯大学建立中文系工作，承担老挝苏州大学的中文专业语言教学和汉语培训课程。

(5) 分别与法国国立东方语言文化大学、韩国外国语大学签署合作协议，并与西班牙内布礼哈大学、美国国际教育委员会、美国俄亥俄州立大学等高教机构进行密切的接洽，不断探索多样化的海外合作。

(6) 与香港中文大学师生进行文化交流活动，通过讲座和实地探访等活动方式，香港学生领略到了中华传统文化的魅力和我校深厚的文化底蕴。

(黄晓辉)

凤凰传媒学院

一、概况

凤凰传媒学院是苏州大学与香港凤凰卫视集团共同合作组建的直属公办学院。学院充分利用双方的资源优势和品牌影响力，以先进办学理念为指导，坚持高起点、高标准、应用型、国际化，推进传媒人才培养模式改革，致力于建设具有产学研一体化特色的国际化教育基地，以提升中国传媒教育软实力。

凤凰传媒学院的历史可上溯至1929年成立的江苏省教育学院、1941年成立的国立社会教育学院。1995年苏州大学在文学院设立新闻传播系，2005年发展调整为文学院·新闻传播学院，2009年组建凤凰传媒学院。在凤凰传媒学院的前身文学院·新闻传播学院的历史上，著名思想家和教育家章太炎、吴梅、周谷城、朱东润、许国璋等人曾在此执教，当代著名新闻学家方汉奇先生曾在此就读。

学院现有博士点1个：媒介文化，涵盖传媒与文化产业、传媒与大众文化两个研究方向；一级学科硕士点2个：新闻传播学、戏剧与影视学；专业硕士学位点1个：新闻与传播学。本科专业与方向共5个：新闻学、广告学、广播电视新闻学、广告学（会展方向）、播音与主持艺术。新闻学现为学校特色专业，新闻传播学为校级优秀课程群，新闻学概论、广告设计为校级精品课程。近十几年来，学院秉持面向传统、面向社会、面向学生的宗旨，依托在苏州的世界500强企业以及苏州市国家级文化产业园基地、科教创新区产学研一体化平台的强大影响力和辐射力，为各级政府机关、媒体和长三角众多企业输送了一大批合格的新闻传播人才，他们中有很多已成为新闻和其他各条战线的骨干。学院现有在校全日制本科生900余人，硕士、博士研究生近200人；各类成人教育学生500多人。

学院坚持“人才强院”战略，已逐步形成了一支以高学历、高职称、科研和教学能力较强的教师为主体的师资队伍。学院现有教职员工50余人，其中，教授10人（含博士生导师4人）、副教授8人、高级实验师3人、高级工程师1人；拥有江苏省“333工程”中青年科技带头人1人，江苏省“青蓝工程”中青年学术带头人1人、优秀骨干教师1人。学院还聘请了20多位海内外知名的新闻传播学者和业界人士担任学院的兼职教授或兼职导师。近年来，学院的教师承担了国家和省级科研项目20多项，获得国家、省级科研奖励10项，出版了教育部“十一五”国家级教材3部，在新闻传播学界产生了广泛的影响。

学院建有江苏省省级实验教学示范中心——传媒与文学实验教学中心。该中心教学实验设施齐备，拥有先进的摄影棚、大型演播厅、摄影暗房、教师电视节目制作室、报刊编辑实验室、播音主持语言实验室、电视摄像实验室、计算机图文设计实验室、电视鉴赏实验室、非线性编辑实验室、动漫游戏制作实验室，以及数码艺术、网络与新媒介、影视艺术3个工作室，总使用面积达4 000多平方米，实验设备885台（套），设备总资产1 162万元。学院在新华日报报业集团、苏州广播电视总台、人民网等各类新闻媒体和广告公司建立了20余个大学生创新创业教育实践基地，在政府部门和传媒单位建立了14个研究生工作站，每年度举办苏州大学生电影节暨北京大学生电影节分会场活动，并创办了凤凰论坛，定期聘请学界知名学者和业界资深人士来校举办专场讲座，拓宽师生视野。

学院深入落实国际化战略，先后与美国密苏里大学、美国特洛伊大学、美国匹兹堡大学、澳大利亚邦德大学、台湾世新大学、香港城市大学、澳门科技大学等建立了交流合作关系，促进师生的交流与访学。

二、教学工作

1. 本科生教学工作

2013年，学院1人获建行教学奖，1人获校级青年教师课堂教学竞赛一等奖，1人获评优秀毕业论文指导老师，4篇毕业生论文获评校优秀本科毕业论文，其中1篇获评省级优秀毕业本科论文，2名毕业生获评优秀实习生，1人获评优秀实习指导老师，出版教材4部。

学院获得"大学生创新性实验计划"项目7项，获得科研项目43项，其中国家级2项，省级5项，课外科研学术基金重点项目4项，一般项目32项。学生参加中国大学生广告艺术节、江苏省"阳光校园"DV作品大赛等专业竞赛，获国家级奖项18项、省级奖项4项，学生社团、班级、个人获省级以上奖项12项。

2. 研究生教学工作

2013年，学院与苏州市精神文明建设指导委员会办公室、苏州市吴风越韵新闻文化信息传媒有限公司、苏州福纳文化科技股份有限公司合作建设省级企业研究生工作站，在常熟市广播电视总台、张家港市纪委、苏州日报社等单位新设立了校级研究生工作站。

三、科研工作与学术交流

1. 科研项目与成果

2013年，学院教师发表核心期刊论文28篇，其中一类核心期刊3篇、二类19篇、三类6篇；出版专著14部；承担省部级项目2项，教育部重点项目子项目1项，市厅级重点项目1项，一般项目2项，承担横向科研项目31项；获得各级奖励10余项。

2. 国内外学术交流情况

2013年，学院先后邀请了长江学者、复旦大学新闻学院教授、博士生导师潘忠党，央视主播郎永淳，中国传媒大学副校长、博士生导师胡正荣，著名文艺评论家、原中国文联副主席、博士生导师、北京大学客座教授、清华大学客座教授仲呈祥，国际著名动画教育大师、加拿大谢尔丹学院荣誉教授、德稻动漫创意学院（iacc）罗宾京，厦门大学博士生导师陈培爱教授，上海师范大学博士生导师金定海教授，Effie China 执行主席、《创意经济》杂志主编贾丽军教授，浙江大学传媒与国际文化学院院长吴飞教授，苏州日报报业集团党委书记、社长刘文洪，《南京日报》主任编辑刘根生，中国艺术研究院电影电视艺术研究所所长、研究员导师、博士生导师丁亚平，《苏州日报》总编辑、苏州大学兼职教授张建雄，香港城市大学陈霓教授等国内外知名专家学者和业界精英来学院作学术讲座20余场次。

学院注重加强与国内外学术界的交流与合作，与复旦大学举办了"可沟通城市与青年文化"圆桌论坛，同扬州广电总台举办了"城市·媒介·文化"首届长三角地区新闻传播学青年学者论坛,邀请美国威斯康星大学麦迪逊分校潘忠党教授担任为期一周的"青年的数字生活与都市文化研究工作坊"主讲。

四、重大事项

2013 年 1 月 8 日,学院荣获 2012 年度"苏州大学发展工作先进单位"称号和 2012 年度人文社科科研工作"科研服务地方贡献奖"。

2013 年 1 月 20 日,学院获评"苏州大学 2011—2012 年度校园治安综合治理工作先进集体"。

2013 年 3 月 11 日,学校聘任胡正荣、尹韵公、王惠、陈卫星、张英进为学院兼职教授。

2013 年 4 月 2 日,学校任命谷鹏为学院副院长。

2013 年 4 月 18 日,苏州大学第三届大学生电影节暨第二十届北京大学生电影节苏州大学分会场开幕。

2013 年 6 月 5 日,学院邀请校党委副书记、纪委书记高祖林教授为学院全体教职工就文化建设相关专题作了辅导报告。

2013 年 6 月 19 日,学校聘任丁俊杰、金定海、陈培爱、陈刚、贾丽军为学院兼职教授。

2013 年 6 月 20 日,学院申报的苏州市吴风越韵新闻文化信息传媒有限公司、苏州市精神文明建设指导委员会办公室、苏州福纳文化科技股份有限公司三家单位获批省企业研究生工作站。

2013 年 6 月 20 日,学院与无锡日报报业集团签署全面合作协议。

2013 年 7 月 4 日,学院与泰州广播电视传媒集团(台)签订了苏大创新创业教育实践基地共建协议。

2013 年 9 月 6 日,学校任命陈忠为学院院长。

2013 年 9 月 25 日,学院协办"媒介素养进高校"活动。

2013 年 9 月 25 日,学院科级内设机构调整,设立综合办公室、教学科研办公室。

2013 年 12 月 3 日,苏州大学"吴报传媒"奖助学金首发仪式在学院报告厅隆重举行。

2013 年 12 月 23 日,学校聘任央视主播郎永淳为学院兼职教授。

2013 年 12 月 26 日,安阳广播电视台与学院签订全面合作协议。

(徐　冉)

社会学院

一、概况

社会学院是苏州大学下属的二级学院之一。其前身可以追溯到东吴大学时期。1953年江苏师范学院设立历史专修科,1955年著名历史学家柴德赓教授受命创建历史学系,1995年历史学系更名为社会学院。

学院现设历史学系、档案与电子政务系(含档案学、图书馆学、信息资源管理)、社会学与社会工作系(含社会学、社会工作)、旅游管理系、劳动与社会保障系共5个系、8个本科专业。学院现有中国史一级学科博士点,历史学博士后流动站,中国史、世界史、社会学、图书情报与档案管理4个一级学科硕士点,中国近现代史、专门史、世界史、社会学、中国古代史、档案学、情报学、社会保障、旅游管理等9个二级学科硕士点以及学科教学(历史)、社会工作2个专业硕士学位点。中国史是江苏省一级重点学科,历史学是江苏省品牌专业,档案学是国家级特色专业。江苏省人文社科重点研究基地"吴文化研究基地"、江苏红十字运动研究基地以及苏州大学(苏州市)人口研究所、苏州大学吴文化国际研究中心、社会与发展研究所等省、校级科研机构附设于本院。

学院现有教职工96人,其中专任教师81人。学院具有副高以上技术职务者49人(教授24人,副教授25人),正、副教授占专任教师比例60.5%;有博士生导师9人,硕士生导师32人。学院还聘任多位国内外著名的专家学者为兼职教授。

二、教学工作

2013年,1部教材被评为苏州大学精品教材;3人获苏州大学交行、建行奖教金;2人获苏州大学高等教育教改研究课题立项;1人获苏州大学第12届青年教师课堂教学竞赛三等奖。学院教师出版及参与编写了22部专著、教材。教职工获奖人数众多,1人科研成果(排名第2)入选国家哲学社会科学成果文库,1人获中共中央对外联络部成果二等奖,1人获江苏省哲学社会科学界第七届学术大会优秀论文一等奖,1人获江苏省哲学社会科学界第七届学术大会优秀论文二等奖,5人获苏州市哲学和社会科学优秀成果三等奖。2人获评苏州大学2013届毕业设计(论文)优秀指导教师,1人获评苏州大学2014届教育实习优秀指导教师。新立项国家大学生创新创业训练计划项目3项,江苏省高校大学生实践创新训练计划项目6项。3人获"箬政学者"称号。

三、科研工作与学术交流

(1) 国家社科基金项目又有收获。在国家社科基金项目的申报方面,学院获批2项,另有4个国家社科项目顺利结项。

（2）发表论文情况。在一类权威期刊发表论文 4 篇，在二、三类以上核心刊物发表论文 60 余篇。

（3）承担国家、省部级、市厅级科研项目近 30 项，获得各项奖励 10 余项。

（包　军）

政治与公共管理学院

一、概况

政治与公共管理学院是1995年由苏州大学政治系与苏州大学马列部合并组建而成的一个综合性二级学院。其办学历史比较悠久，最早可追溯到20世纪20年代东吴大学创办的政治学科（东吴政治学）。现有的130名专业教师中，教授32人，副教授58人，讲师40人，具有博士学位的中青年教师占70%以上。在32位教授中，教育部长江学者特聘教授1人，苏州大学特聘教授1人，二级教授与三级教授的数量居全校各院系前列。学院设有哲学（政治）、社会科学、公共管理、管理科学4个系科，共有哲学、思想政治教育、管理科学、人力资源管理、行政管理、公共事业管理、城市管理、物流管理等8个本科专业，马克思主义研究院等8个研究院（所、中心），哲学、政治学、公共管理学、管理科学与工程等4个一级硕士学位授予点和16个二级硕士点以及公共管理（MPA）等2个专业硕士学位点，哲学、政治学2个一级学科博士授权点（可涵盖14个二级学科博士点），以政治学一级学科为主要依托的地方政府与社会管理是江苏省高校优势学科，哲学是江苏省一级学科重点学科；学院还拥有苏州大学文科唯一的江苏高校协同创新中心"新型城镇化与社会治理"。在读全日制本科生1 100多人，研究生（博士、硕士、专业学位）1 200多人，基本形成了研究型学院的发展态势。

学院的优势学科主要涉及三大学科领域：

在哲学领域，已形成哲学一级学科博士点与博士后流动站以及省一级重点学科的雄厚学科实力。其中，马克思主义哲学对哲学原理及发展哲学、管理哲学等方面的研究，中国哲学关于儒学、道学、佛学等方面的研究，伦理学关于原理研究、管理伦理、生命伦理、发展伦理等方面研究，外国哲学在俄罗斯哲学、西方科学哲学、日本哲学等方面的研究，均在全国有一定的影响和地位。近年来，该学科的教师主持国家社会科学基金项目10多项，李兰芬教授和陈忠教授还先后多次主持国家社科基金重点项目；在《中国社会科学》《哲学研究》发表30多篇高质量的学术论文，有100多篇论文被《新华文摘》《中国社会科学文摘》《人大报刊复印资料》等转载，出版《当代视野中的马克思主义哲学》《晚清哲学》《中国佛教思想史稿》《当代中国德治研究》等学术专著30多部。其中潘桂明教授十年磨一剑的鸿篇巨制《中国佛教思想史稿》（226万字）荣获江苏哲学社会科学优秀科研成果一等奖，在学界产生了很大影响。

在政治学和公共管理学领域，学院有作为江苏省高校优势学科的地方政府与社会管理，有政治学一级学科博士点与博士后流动站以及学校"211工程"重点建设学科公共管理学科。在中国特色社会主义政治文明与权力结构、政治体制改革与政府发展、基层政权建设和区域治理、政府理论与公共政策、地方政府与危机管理等研究方向逐步形成了学科优势和科研特色，出版了《政府理论》《政治文明建设与权力监督机制》《中国地方政府体制创新路径研究》等一系列高质量的著作，在《中国社会科学》《政治学研究》《管理世界》等权威或核心期刊发表了200多篇学术论文，主持国家社会科学基金课题10多项，其中金太军教授先后主持了国家社会科学基金重点和重大招标项目，2次荣获江苏哲学社会科学优秀科研成果一等奖，沈荣华教授先后主持了高校人文社科基金重大项目和国家社会科学基金重大招标项目，王俊华教授主持了1项国家社会科学基金重点项目。特别是一批青年学者已逐步成长起来，形成了极富发展潜力的学术梯队。

在马克思主义理论领域，学院以马克思主义基本原理、思想政治教育2个博士点为支撑，结合中国特色社会主义在苏南的创造性实践，特别注重从马克思的环境思想中寻找建构生态社会主义的智慧，从生态哲学、生态文化、生态教育学与生态政治学联姻、合流的角度研究生态社会主义理论体系建构问题，从基层党组织设置与职能的改革以及城乡基层党建新格局等角度研究基层党建问题，出版了一系列高水平的著作，在《马克思主义研究》等本专业权威期刊发表30多篇论文，承担了10多项国家社科基金项目，方世南和朱炳元教授还多次主持了国家社会科学基金重点项目。

学院在人才培养与社会服务领域也取得了突出成绩。为国家与社会培养了数以万计的大学生与研究生，其中有相当一部分成为各条战线的中坚力量，其中不乏党政高层领导、高校知名教授与企业家。学院还为党政机关与企事业单位承担了大量委托研究任务，撰写的研究报告成为有关部门与单位决策的重要依据，受到中央与省市各级领导的重视。学院教师还指导学生先后荣获"挑战杯"全国大学生课外科技作品竞赛一等奖与特等奖。

二、教学工作

1. 本科生教学工作

2013年，在教学方面，黄建洪获得全国微课大赛三等奖、江苏省高校微课教学比赛一等奖、苏州大学微课大赛一等奖；胡绿叶获得2013年江苏省高校思想政治理论课教学比赛二等奖；甘剑斌、李善良获得2013年度交行奖教金；龚长宇、孙锡平获得2013年度建行奖教金；王俊华获得苏州大学2013年度教学先进个人荣誉称号；钱振明获得苏州大学第五届教学名师奖。学院获得学校教学改革项目3项。

2. 研究生教学工作

2013年，研究生招生情况如下：博士研究生招录29人，硕士研究生招录318人，其中专业学位招录243人。1位硕士生的论文获评2013年度江苏省优秀硕士论文；2位博士生的毕业论文获评校级优秀博士毕业论文；3位硕士生的毕业论文获评校级优秀硕士毕业论文。张宏宇等11位博士获2013年度"江苏省研究生培养创新工程"项目资助，鹿斌等2位硕士获2013年度"苏州大学研究生培养创新工程"项目资助；吕承文等4位博士获校级2013年度优秀博士学位论文选题立项，马维玲等9位硕士获校级2013年度优秀硕士学位论文选题立项；宋煜萍等2位老师的研究生工作站获批。

2013年11月16日至17日，由我校政治与公共管理学院、MPA教育中心主办，江苏省9所MPA院校协办的第三届江苏MPA论坛暨苏州大学MPA十周年活动在独墅湖校区召开。全国MPA教学指导委员会秘书长、中国人民大学公共管理学院院长董克用教授，全国MPA教学指导委员会委员、复旦大学国际关系与公共事务学院竺乾威教授，我校副校长熊思东教授,研究生院副院长、党委研究生工作部部长曹健教授,发展办、党委宣传部等相关职能部门领导,MPA 历届校友代表和在校 MPA 师生代表,省内其他 9 所 MPA 院校师生代表,北京大学、复旦大学、中山大学、东北大学等全国著名高校的 MPA 学员代表,江苏省 MPA 联谊会理事共 200 余人出席了本次论坛和庆祝活动。

在教学管理方面,王艳获 2013 年"苏州大学研究生教育管理奖"。

三、科研工作与学术交流

1. 科研项目与成果

2013 年,学院共获承担国家社科重点项目 1 项,国家级一般科研项目 2 项,省部级科研项目 11 项,市厅级科研项目 17 项,各级各类横向科研项目 36 项,累计获得科研经费 5 780.5 万元;共发表学术论文 173 篇,其中在核心期刊上发表论文 154 篇,出版著作 17 部;获得省部级、市级各类科研成果奖励共 9 项。叶战备教授获江苏省哲学社会科学界第六届学术大会优秀论文二等奖,方世南教授(排名第三)获教育部第六届优秀社会科学奖一等奖,朱蓉蓉教授获江苏省社科应用研究精品工程优秀成果二等奖。学院进一步明确了学科特色和学科研究方向,目前已形成哲学博士后流动站、政治学博士后流动站和马克思主义理论博士后流动站。由学院院长金太军教授牵头申报的江苏省高校协同创新项目"新型城镇化与社会治理"成功立项,这也是学校文科类唯一一个协同创新中心。

2. 国内外学术交流情况

2013 年学院举办了一系列高质量的学术活动和学术讲座。邀请多位专家学者来院讲学,主要有:3 月 11 日,竺乾威教授的《改革的逻辑——机构改革的回顾与展望》;3 月 11 日,刘伯龙教授的《公共政策中的执行问题研究》;3 月 18 日,姚培生大使的《中俄关系在我国外交全局中的战略意义》;3 月 22 日,学术讲座《公平、正义与德行理论》;4 月 3 日,海德堡大学教授、德国共产党党员、德国莱茵学院和中国华德学院院长项关奇的《再论唯物史观是唯一科学的历史观》;4 月 26 日,学术讲座《学术先锋之学术杂谈》;5 月 15 日,学术讲座《异化——科技时代的理性悖反》;6 月 21 日,高小平教授和金太军教授的《危机管理的六项攻略》;10 月 16 日,金太军教授的《为何及如何?》;10 月 22 日,张康之教授的《世界中心边缘结构中的中国社会》;10 月 23 日,靳辉明教授的《〈寻访马克思〉的制作及当代价值》;11 月 26 日,Michael Perelman 教授的《企业控制的社会成本及资本主义的当代发展》;12 月 16 日,洪汉鼎教授的《当代诠释学的前沿问题》;12 月 19 日沈荣华教授的《社会管理创新与行政体制改革》;12 月 24 日,朱耀平教授的《自我、身体与他者——胡塞尔"第五沉思"中的交互主体性理论》等。2013 年度学院还举办了一系列重大学术交流活动:2013 年 7 月,承办全国暑假社会实践活动;11 月 15 日,举办思想政治课课程研讨会和政治与公共管理学院学科研讨会;11 月 20 日,举办区域协同协调会议;12 月 27 日,举办新型城镇化与社会治理高层论坛等。这些学术活动和学术讲座的成功举办极大地扩大了学院在业界的知名度和美誉度。

四、重大事项

2013 年,学院认真落实学校的各项决策部署,紧紧依靠全院师生员工办学,学院各项工作取得了新的进展。

在全院教职员工的共同努力下，金太军教授组织牵头的"新型城镇化与社会治理协同创新中心"成功立项。学院抓住机遇，积极拓展国际合作办学。目前学院与美国阿肯色大学合作开办的物流管理(3+1)专业已获教育部批准立项，计划2014年开始招生。此外学院还加强了与日本、德国、韩国和台湾地区高校之间的人才和学术交流。

学院的教职工活动、统战工作、老干部工作、关工委工作都取得了新的进展。

（蒋　慧）

教育学院

一、概况

教育学院前身为江苏师范学院教育学系,1982 年改称苏州大学教育科学研究部,1999 年改现名。学院目前下设教育学系、心理学系、教育技术学系 3 个系,现有教职工 81 人,在校本科生 445 人,研究生 292 人。学院建有苏南地区大学生心理健康教育研究中心、教育科学研究院、高等教育研究所、应用心理学研究所、教育科学研究中心、中央与地方高校共建实验室、江苏省高校实验教学示范中心实验室等。学院设有教育学一级学科博士后流动站、高等教育学博士点、教育学一级学科硕士点、心理学一级学科硕士点、教育硕士专业学位授权点、应用心理学专业学位授权点、本科专业教育学、本科专业应用心理学、本科专业教育技术学,以及教育学和应用心理学本科第二学士学位专业点等。

学院已形成了从本科到博士的完整的人才培养序列,并承担全国骨干教师培训、江苏省骨干教师培训、教育与心理职业技能培训等继续教育。

二、教学工作

1. 本科生教学工作

2013 年度,教育学院积极推进本科生教育改革,丰富本科生教育内涵,具体包括:

(1) 制订了《教育学院本科生专业导师实施方案》。

(2) 制订了《教育学院本科生转专业工作细则》,明确本科生转专业的工作程序和基本要求。

(3) 修订了《2013 级人才培养方案和指导性教学计划》,改革课程体系和内容,在原有的"教师书法""教师口语""现代教育技术""教育学"和"心理学"等课程的基础上,面向全校师范类本科生新增"教育科学研究方法""中学生认知和学习"和"有效教学"等课程。

(4) 承办全校老教师与青年教师教学经验交流会和全校第四期教务沙龙,组织了"增强课堂的吸引力"专题学术报告。

(5) 承办学校"师范生教学基本功大赛",并协助学校教务部对全校有志于教师职业的人进行师范技能训练,营造出全校范围内的浓厚的师范技能学习氛围。

2013 年,教育学院教师在教学方面获得了多种奖励,包括全校微课教学比赛一等奖和二等奖、2013 届毕业实习优秀指导教师奖(1 人)、教育实习优秀指导教师奖(2 人)、优秀实习小组奖(3 个组)、2013 届毕业论文优秀指导教师奖、优秀毕业设计团队奖、青年教师课堂教学竞赛三等奖、2013 江苏省高校微课教学比赛二等奖、建行教学奖。成功申请学校 2 项教学改革研究课题。5 名学生被评为优秀实习生,6 名学生的毕业论文获评苏州大学优秀毕业论文,1 名学生在"师范生教学基本功大赛中"获得二等奖,2 名学生在"师范生教学基本功大赛中”获得三等奖。完成了2013年度大学生课外科研项目(重点4项、一般34项)和创新创业训练计划项目(国家1项、省级1项、校级3项)的申报、中期检查和结题工作,选拔50份作品参加校“挑战杯”比赛。

2. 研究生教学工作

在研究生教学工作方面,2013年度认真执行学校规定,完善研究生培养规范。

(1) 进一步完善了《学术型硕士学位研究生教育工作条例》《专业型硕士学位研究生教育工作条例》和《博士学位研究生教育工作条例》三个管理文件。

(2) 明确了学科负责人在本学科研究生教育培养事务中的责任和权限,较好地发挥各学科在研究生教育培养工作中的基础性地位和作用。

(3) 强化了研究生课程考试、中期考核、开题和答辩环节的把关,提高了研究生教育培养的质量意识。

2013年度共招收学术型硕士生57名,博士研究生9名,全日制专业性硕士生34名,在职专业型硕士生50名;本年度毕业学术型硕士生82名,博士研究生7名,全日制专业硕士生15名,在职专业型硕士生60名,同等学力3人。2013年度学院成功申报江苏省企业研究生工作站1项、校级研究生工作站5项;江苏省博士研究生科研创新计划项目3项、硕士研究生科研创新计划项目4项;校“研究生卓越人才培养计划”项目2项;校“专业学位案例教材建设项目”2项;1名研究生获评江苏省优秀学生干部。

三、科研工作与学术交流

1. 科研项目与成果

2013年,学院教师成功申报国家级科研项目4项(国家社科项目和国家自然科学基金项目各1项,全国教育科学规划国家一般项目2项),成功申报部省级项目6项,成功申报市厅级项目6项,横向项目16项。被SCI和SSCI收录论文6篇,在一类期刊发表论文15篇,在二类期刊发表论文20篇,在三类期刊发表论文9篇,在北图核心期刊发表论文19篇,出版专著6部,获得部省级奖励5项。研究生在学校认定的期刊发表论文22篇。学院制定《青年教师科研资助办法》,面向青年教师设立科研课题,资助立项13个项目,提出了完成项目的具体要求。

2. 国内外学术交流情况

2013年度,学院先后邀请22名全国著名高校的教育学专家和心理学专家到学院开设学术讲座,面向学院全体师生提供前沿性的科研信息,并与学院部分师生合作开展学术研究,极大地丰富了学院的学术研究环境。

2013年,学院加大对外交流力度。按照与日本广岛大学签订的协议,继续争取广岛大学资助,派送研究生(2名)去广岛大学进行学术交流,接受广岛大学研究生来学院交流学习。本年度,2名教师在境外学习回校,5名教师出国短期访学和交流。本年度是有史以来境外学者来学院交流最为频繁的一年,先后有21位境外学者来学院开展学术交流和讲座。

四、重大事项

(1) 2013年,学院在全国73家具有国家级骨干教师培训资格的院校中,综合评估成绩优秀,名列第九,承担骨干教师培训的规模名列全国高校第四,承担骨干教师培训的项目类型名列全国高校前列,成为江苏省骨干教师培训先进单位。参与中西部省区骨干教师培训项目,学员遍布全国各地,受训骨干教师 3 500 人,扩大了学校的社会声誉,取得了显著的社会效益。

(2) 举办了全国第一期和第二期“心理科学研究与论文写作培训班”。

(3) 承办了第九届亚太视觉国际研讨会(The 9th Asia-Pacific Conference on Vision,2013 年 7 月 5 日至 8 日)和全球华人视觉科学研讨会(2013 年 7 月 9 日)。

(4) 2013 年 12 月 14 日至 15 日,与北京大学共同承办了由全国博士后管理委员会、中国博士后科学基金会主办的“第一届中国心理学博士后论坛”。

(5) 2013 年 12 月 13 日下午,学院在红楼会议中心举行“苏州大学心理学学科发展咨询会”,听取了国内众多著名学者的咨询意见和建议。

(王　青)

东吴商学院（财经学院）
东吴证券金融学院

一、概况

东吴商学院(财经学院)成立于1985年6月,是经江苏省人民政府批准,由江苏省财政厅参与直接投资建设的经济管理类学院,也是苏州大学建立最早的二级学院。2002年更名为苏州大学商学院。2010年4月苏州大学与东吴证券股份有限公司签订协议共建苏州大学商学院,更名为苏州大学东吴商学院。

学院下设经济系、财政系、金融系、经贸系、工商管理系、会计系、电子商务系7个系科,乡镇经济研究所、世界经济研究所、财务与会计研究所3个研究所以及企业创新和发展研究中心、MBA中心。学院现有博士后流动站1个(应用经济学),一级博士授权点1个(应用经济学),二级博士授权点4个(金融学、财政学、区域经济学、企业管理学),硕士点15个(金融学、财政学、企业管理、世界经济、区域经济、政治经济学、产业经济学、国际贸易、会计学、农业经济管理、工商管理硕士、会计专业硕士、金融专业硕士、税务专业硕士、国际商务专业硕士)。学院拥有金融学、财政学、会计学、经济学、工商管理、财务管理、电子商务、国际经济与贸易、市场营销9个本科专业和国际会计(CGA)专业方向;2011年经国家教育部批准开设金融学(中外合作)本科专业。金融学为省级重点学科、省级品牌专业,会计学专业为省级特色专业。

学院现有教职工168人,其中教师137人,博士生导师14人,教授27人,副教授71人,讲师38人,取得博士学位和正在攻读博士学位的教师35人,享受国务院特殊津贴的专家2人,入选教育部"新世纪优秀人才计划"1人,江苏省"333工程"培养对象6人,入选"东吴学者高层次人才计划"1人,江苏省"青蓝工程"培养对象4人。并聘请国内外30多名专家、学者为兼职教授。目前在读全日制本科生近2 500人,第二学位学生400多人,在籍博士、硕士研究生1 000多人。

二、教学工作

1. 本科生教学工作

积极推进教学改革试点工作。学院1门(微观经济学)过程性考核课程教学改革试点工作已全面展开。

注重丰富学生第二课堂,聘请国内外知名专家、职业经理人走进课堂。先后聘请恒展集团、亨通集团、博世集团的高管和法商联盟的教授来学院给本科生开设讲座;先后与昆山市地税局、台骏国际租赁有限公司、博世汽车部件(苏州)有限公司、中国农业银行苏州分行签订本科生教学实习基地协议,其中博世汽车部件(苏州)有限公司、中国农业银行苏州分行已经升级为校级实习基地。

教学获奖情况:2013 年学院获得教育部本科教学工程省级重点项目 6 项;获得苏州大学 2013 年学生课外学术科研基金资助项目 76 项;茆晓颖、王群伟、陈忠指导的 3 个项目获得国家级大学生创新创业训练计划立项;李晶、何艳、张斌主持的 2 项教改课题获得苏州大学高等教育教改研究课题立项,李晶的课题同时获得推荐申报省级教改研究课题;王丹萍获得苏州大学微课教学比赛一等奖、江苏省高校微课教学比赛获奖作品二等奖;夏永祥主编的《社会主义市场经济理论》(第四版)获得江苏省重点教材立项资助;权小锋获得 2013 年周氏教育科研优秀奖。

2. 研究生教学工作

注重案例教学工作,继续推行案例教学改革,且成果初显,有 4 个案例被学院推荐参加全国百篇优秀管理案例评选。与苏州金枫创业投资有限公司合作,成功举办苏州大学 MBA 案例精英突围赛。与苏州信托有限公司合作,成功举办首届全国管理案例精英赛华东二区分赛区晋级赛,学校 2 个代表队获得二等奖,1 人获得最佳人气奖。

继续加强研究生督导工作,聘用研究生督导对任课老师进行随机听课。为提高毕业论文质量,将开题时间提前,并对所有论文进行盲审。

三、科研工作与学术交流

1. 科研项目与成果

科研项目取得较好成绩。获得国家自然科学基金 5 项,其中青年项目 3 项、面上项目 2 项;获得国家社科基金 1 项(带入);获得横向科研项目 59 项、纵向项目 51 项。科研到账经费达 503 万,列全校文科学院第一。

共发表三类期刊以上的学术论文 92 篇,其中一类 12 篇,二类 30 篇,SSCI 收录论文 3 篇,SCI 收录论文 1 篇。获得各类科研奖励 11 项。

2. 国内外学术交流情况

成功举办 2013 年苏州信托商学大讲坛,邀请国内外知名专家学者开设学术讲座。台湾东吴大学、台湾铭传大学、乌克兰基辅大学、英国伦敦政治与经济学院、美国马凯特大学、陶森大学、加拿大维多利亚大学、澳大利亚国立大学、莫纳西大学等高校来学院进行交流访问。

(李　季)

王健法学院

一、概况

王健法学院坐落在素有“人间天堂”美誉的古城苏州，其前身为蜚声海内外的东吴大学法学院。1915 年 9 月，时在东吴大学任教政治学的美籍律师查尔斯·兰金，为能在中国培养法律人才，以东吴大学为本，于上海创设“东吴大学法学院”，专以讲授比较法为主，因而又称“中华比较法律学院”。学院教学突出英美法内容，其明确的专业意识与科学的培养目标，使东吴大学的法学教育在当时饮誉海内外，时有“南东吴，北朝阳”之称，又被誉为“华南第一流的而且是最著名的法学院”。国内现代法学大师中，王宠惠、董康、吴经熊、盛振为、丘汉平、孙晓楼、王伯琦、杨兆龙、李浩培、倪征日奥、潘汉典等诸位先生，或执教东吴以哺育莘莘学子，或出身东吴而终成法学名宿。“人人握灵蛇之珠，家家抱荆山之玉”，法界才俊，汇集于斯，可谓极一时之盛。1952 年全国院系调整时，东吴大学改名为“江苏师范学院”，法学院随之并入他校。1982 年经国务院批准，江苏师范学院改名为“苏州大学”，同时恢复法学教育，设法律系；1986 年扩建为法学院。2000 年，原东吴大学法学院校友王健先生捐巨资支持法学院建设，苏州大学法学院更名为苏州大学王健法学院。

王健法学院现有教职工 78 人。其中专任教师 61 名，包括教授 22 名，副教授 25 名；博士生导师 12 人，硕士生导师 47 人。教师队伍学历层次高，绝大部分具有海内外名校博士学位；年龄结构合理，形成了老中青有机搭配的学术梯队。教师热爱教学事业，教学态度端正，教学效果优良，以研促教，关注前沿，形成了良好的教研氛围。行政管理与图书资料等教辅人员综合素质高，业务能力强，为教学科研事业提供了良好的保障。

学院分别于 1993 年和 1998 年获得硕士、博士学位授予权，法学教育体系完备。本科设有法学专业，属首批全国卓越法律人才教育培养基地和知识产权专业，拥有法学一级学科硕士点及法学一级学科博士学位授予权，目前在法学理论、法律史、宪法学与行政法学、刑法学、民商法学、知识产权法学、诉讼法学、经济法学、环境与资源保护法学、国际法学 10 个二级学科硕士点招收学术型硕士研究生；在法学理论、法律史、宪法学与行政法学、民商法学、刑法学、诉讼法学、环境与资源保护法学、国际法学 8 个二级学科博士点招收博士研究生。学院拥有法学一级学科博士后流动站。同时，王健法学院也是我国较早开展法律硕士教育的单位，招收全日制法律硕士（法学）、全日制法律硕士（非法学）及在职法律硕士等各类法律硕士专业学位学生。目前在校学生近 3 000 人。

苏州大学法学学科为江苏省高等学校品牌专业和江苏省一级重点学科。宪法学与行政法学为江苏省重点学科，法理学为国家精品课程，法学理论为省级优秀课程群，公法研究中心为江苏省高等学校哲学社会科学重点研究基地，并建有江苏省知识产权（苏州大学）培训基地，东吴公法与比较法研究所、苏州大学检察发展研究中心为苏州大学校级科研机构。学院内部还设有比较法研究所、英美法研究中心、人权研究中心、政府法制研究中心等10余个院级研究机构。

学院教师具有较强的研究能力,积极为法治国家建设献计献策。新世纪以来,先后承担了包括国家社科基金重大招标项目在内的国家级科研项目30余项,省部级项目80余项,发表各类学术论文1 000余篇。根据中国法学创新网统计,王健法学院教师发表的法学类核心刊物(CLSCI)他发数数量2011年度位居全国法学类院(系、校)第12位,2012年度位居全国法学类院(系、校)第9位。

王健法学楼建筑面积16 000平方米,教室设备一流,并设有中式和西式模拟法庭、国际学术会议厅等,同时为全体教师配备独立的研究室。图书馆面积3 600平方米,现有藏书6万余册,中外文期刊600多种,可检索的电子图书30多万种,并在收藏、保留港澳台地区法学期刊和图书方面具有特色。

自1982年以来,法学院已为全国培养博士生、硕士生、本科生、专科生等各类层次的专门人才15 000余人,成为重要的法学人才培养基地,许多校友已成为国家政法部门和法学教育的中坚力量。

二、教学工作

1. 本科生教学工作

2013年共招收本科学生160人,双学位学生201人,教改班4人。完成499名本科生论文答辩工作(包含法学院、文正学院、宿迁学院及双学位学生)。在全院师生的共同努力下,本科生司法考试通过率达55.56%。在有条不紊地开展常规工作的同时,学院也加快改革创新的步伐,加强本科专业建设。2012年法学专业入选江苏省"十二五"重点建设专业,成为"苏州大学本科教学工程综合改革试点项目";在原法学(知识产权方向)的基础上申报知识产权专业,并通过学校评审;按照学校要求,积极申报老挝苏州大学法学本科专业。

2. 研究生教学工作

2013年共招收博士研究生9人,各类全日制硕士研究生185人。完成342名各级各类研究生的论文答辩工作。同时,学院积极推进研究生教学质量与教学改革工程,既稳定研究生招生数量,更狠抓研究生的科研质量,连续第8年举办学院研究生论文发布会,并于2013年第3次举行青年教师论文发布会,有效带动了师生共同科研的学术氛围。

三、科研工作与学术交流

2013年11月13日,中国法学会发布了《关于表彰首届董必武青年法学成果奖获奖作者和组织单位的决定》,全国17位作者分获一、二、三等奖,王健法学院获二、三等奖各一项,占获奖总数近八分之一,获奖数列全国第三,仅次于北京大学与中国政法大学,同时也是江苏省法学界在本次评选中获得的仅有的两个奖项,体现了学院青年法学教师扎实的学术功底和良好的学术影响力。获奖的两部作品分别为章志远教授的《开放合作型行政审判模式之建构》(二等奖),钱叶六教授的《参与自杀的可罚性研究》(三等奖)。

2013年11月15日,"2013年佟柔民商法发展基金青年优秀研究成果奖"揭晓,学院张鹏老师的专著《个人信用信息的收集、利用和保护——论我国个人征信体系法律制度的建立和完善》(中国政法大学出版社2012年5月版)、娄爱华老师的专著《大陆法系民法中原因理论的应用模式研究》(中国政法大学出版社 2012 年 11 月版)获此殊荣。

2013 年 11 月 23 日,第三届"晓琳励青环境法学奖"揭晓,学院焦艳鹏老师的专著《刑法生态法益论》(中国政法大学出版社 2012 年版)和冯嘉老师的专著《环境法原则论》(中国政法大学出版社 2012 年版)分获一等奖和二等奖。

2013 年 12 月 10 日,司法部"2013 年度国家法治与法学理论研究项目"评审结果揭晓,学院两位青年教师的研究项目获批立项,分别是卜璐讲师的中青年项目"国际私法中的强制性规范研究"和程迈博士后的一般项目"海外孔子学院发展中的法律问题"。

2013 年各科研单位刊发于法学界公认的 15 种权威刊物(简称"CLSCI")发文数的统计结果显示,王健法学院以论文数 33 篇位列全国各法学科研单位总发数第 9、他发数第 8,双双进入前 10 名的行列,成绩喜人。与 2012 年度的总发数第 13、他发数第 9 的成绩相比,又有了明显进步。特别是以一个仅有 60 名专职教师的体量,能跻身于全国法学研究的第一方阵,确实难能可贵;本次 CLSCI 论文总发数也是王健法学院首次进入全国前 10 名,体现了王健法学院科研实力的明显提升。

四、重大事项

2013 年 3 月 25 日,"亚洲灾害法律与减灾社区构建"专题座谈会在王健法学院隆重召开。日本神户大学的金子由芳教授、日本弘前大学的饭考行教授、四川大学—香港大学灾后重建与管理学院的顾林生教授、中国政法大学的李卫海副教授在座谈会上作了精彩讲座。

2013 年 4 月 13 日,王健法学院"第七届研究生论文发布会暨第三届青年教师论文发布会"在王健法学院大礼堂隆重举行。本次发布会共有 10 名学生和 3 名教师获奖。

2013 年 4 月 26 日,我国民法权威、台湾著名法学家王泽鉴教授应邀到访学院,为学院师生进行为期两天的学术讲座,讲座的主题分别为《请求权基础与法学方法》和《由私法人格权到宪法人格权》。

2013 年 9 月 23 日,由江苏省法学会主办的"第三届江苏省优秀青年法学家"评选活动结果揭晓,王健法学院 3 位教授榜上有名,章志远教授入选"省优秀青年法学家",方新军、钱叶六 2 位教授荣获"省优秀青年法学家"提名奖。

2013 年 10 月 30 日,国际著名学者李欧梵教授专程访问苏州大学,做客人文社会科学院"东吴大讲堂",作了题为《人文社会与科学的跨界思考》的学术演讲,本次活动由苏州大学王健法学院承办。

2013 年 11 月 11 日至 14 日,由上海交通大学主办、苏州大学协办的"东京审判国际学术研讨会"举行。12 日上午,研讨会开幕式在上海交通大学隆重举行,苏州大学党委书记王卓君、王健法学院院长胡玉鸿和党委书记胡亚球应邀出席了开幕式。此次研讨会共有 9 场报告会。14 日上午,第九场报告会暨闭幕式在王健法学院东吴大讲堂举行。本次研讨会由王健法学院院长胡玉鸿教授主持,来自国内外高校的数十名专家、学者参加了本次研讨会。

2013 年 11 月 23 日,由苏州大学王健法学院主办的"共犯前沿问题学术研讨会"在王健法学院二楼 B201 大会议室隆重举行。

2013 年 11 月 22 日至 24 日,"应对气候变化立法研讨会暨中国环境科学学会环境法学分会 2013 年全体会员大会"在北京中国政法大学隆重召开。王健法学院环境法学学科负责人、博士生导师朱谦教授当选为中国环境科学学会环境法学分会副会长。

2013 年 12 月 10 日，经中华人民共和国新闻出版总署核准，《苏州大学学报(法学版)》(国内刊号 CN32-1846/D)将于 2014 年度正式创刊。

2013 年 12 月 18 日，王健法学院二届三次教代会在法学院二楼大会议室召开。《王健法学院奖励性绩效工资分配办法》及其 4 个附件《王健法学院教师教学工作量管理规定(修改版)》《王健法学院科研考核及奖惩规定(修改版)》《王健法学院教职工社会服务工作量计分办法》和《王健法学院党政管理人员岗位职责及绩效系数》获得通过。

(沙盛中)

外国语学院

一、概况

学院现有在职教职工 246 名，其中教授 21 名，副教授 72 名；博士生导师 11 名，硕士生导师 45 名。学院现设英语（设 2 个方向，含师范）、英语翻译、日语、俄语、法语、韩语、德语、西班牙语等 7 个语种、8 个专业。英语专业为江苏省特色专业，俄语（俄英双语）专业为苏州大学特色专业。2012 年，学院英语专业入选江苏省“十二五”高等学校重点专业。学院英语语言文学学科连续在“九五”“十五”“十一五”期间被评为江苏省重点学科，2003 年始设博士学位点。2010 年，外国语言文学学科整体获批一级学科博士点和一级学科硕士点。一级学科博士点下设英语语言专业、俄语语言专业、外国语言学及应用语言学和翻译学等四个二级学科博士点。一级学科硕士点下设英语语言文学、外国语言学与应用语言学、翻译学、俄语语言文学、日语语言文学、教育专业学位、翻译专业学位（口译及笔译）等二级学科硕士点。2011 年，学院外国语言文学一级学科整体升格为江苏省重点学科，现设博士后流动站，常年对外招收博士后研究人员。学院现有全日制本科专业在校生 1 100 多名，各类在读博士、硕士研究生近 400 名。

学院现设 8 个专业系和 1 个大学外语部，同时设有苏州大学英语语言研究所（校级）、苏州大学典籍翻译研究中心（校级）、澳大利亚研究中心、外国文学研究所、语言学研究所、翻译研究所、计算机辅助外语教学研究所、外语教学研究所等研究机构。学院现为中国语言与符号学研究会秘书处挂靠单位。近 5 年来，学院教师先后承担国家社科基金项目 12 项，省部级科研项目 30 余项，出版学术专著 40 多部、译著 50 余部、教材 20 多套（部），在国内外权威和核心期刊上发表学术论文 300 多篇。学院每年承办大型国际性或全国性的学术会议。

二、教学工作

1. 本科生教学工作

2013 年，学院全面讨论和落实了 2013 级本科各专业培养方案；英语专业被评为江苏省重点专业；德语专业顺利获得学士学位授权。“英语精读”国家精品课程培育点、“跨文化双语课程”检查通过。苏州大学校级第二、第三、第四批成人教育精品课程“综合英语”“英语翻译”“英语”“英语语言学”中期检查合格。“英语经典美文：从培根到伍尔芙”正式被批准为国家精品视频公开课；教育部来华留学生英语品牌课程“中国文化”顺利通过教育部审核；国家精品课程“大学英语应用类课程”的资源共享工程的升级工作已在进行之中。

2013 年，孙倚娜负责的大学英语项目获省级教学成果一等奖。孙倚娜、朱全明获 2013 年江苏省高等教育教改立项研究课题重点项目，并获苏州大学重点招标项目，张凤娟、左步雷获苏州大学一般项目。本年度,学院教师共出版教材7部(含《英语教程(一)(二)自学指导》《英语(一)(二)自学指导》《涉外秘书英语阅读》《中华文明及地方文化英文使用手册》《Jimmy Du's Essential Chinese》等)。孙倚娜主编的《英语高级口语》入选苏州大学精品教材。王依超、王海贞和李卫东等三名教师主持的2011年江苏省级教改立项课题顺利结项。夏天参加"外教社杯"全国高校外语教学大赛获优胜奖。金琳在外教社2013暑期全国外语高校教师发展论坛(太原)的示范课评比中获得一等奖。张卓获2013"外研社杯"全国英语写作大赛指导二等奖。邢春获第四届"外教社杯"全国高校外语教学大赛(江苏赛区)优胜奖。张卓、黄婷、卫岭和高燕红等4名教师分获2013"外研社杯"全国英语写作大赛(江苏赛区)指导特等奖、二等奖和三等奖。赵新刚等教师设计的《大学英语在线网站》获江苏省高等学校优秀多媒体课件一等奖。英文专业获2013年度苏州大学交行奖教金团体奖。朱京和宋艳芳获2013年度交行奖教金,金琳和丁红云获2013年度苏州大学建行奖教金。周春霞获第十二届苏州大学青年教师讲课比赛一等奖。郝吉环和于颖分获苏州大学首届微课教学比赛二等奖和鼓励奖。王腊宝和赵韧被评为2013届毕业论文优秀指导教师。李明、徐卫、高明强、张乃禹和束慧娟等5名教师被评为2013届优秀实习指导教师。

2. 研究生教学工作

2013年,学院成功组织了博士点设立10周年的庆祝活动;此外,学院召开学位委员会会议,讨论2014级博硕士研究生的课程设置,确定对2014级博硕士研究生的课程设置进行一定的调整。

2013年,王腊宝教授与施晖教授获2012苏州大学高水平研究生课程。王宏教授获得翻译教指委2013年科研项目立项。

2013年,陈胜利和黄洁等博士生的优秀博士论文选题和王静的科研创新项目顺利结题。10名博士生成功申报江苏省创新计划项目;4名学生成功申报第十五批大学生课外学术科研基金资助项目。

本年度,学院1篇博士论文获评2012苏州大学优秀博士论文,3篇硕士论文分别获评2012全国优秀教育硕士论文、2012省优秀硕士学位论文和2012苏州大学优秀硕士论文;1名学生获中国日本学研究优秀硕士论文三等奖;1名学生参加2013年广东省研究生学术论坛获二等奖;2名博士生获评苏州大学研究生卓越研究学术新人;3名博士生获得卓越研究生访问交流资助;在2013年度江苏省研究生学术论坛中,1名学生荣获论文二等奖,3名学生荣获论文三等奖。另外,11名博士、硕士研究生获研究生国家奖学金;2名博士生的论文获评苏州大学优秀博士论文选题(重点和一般);6名学生被评为本年度苏州大学优秀研究生和研究生干部;18名博士、硕士研究生被评为优秀毕业研究生。

三、科研工作与学术交流

1. 科研项目与成果

2013年,学院新增国家社科基金项目2项,教育部项目2项,省社科项目1项,省社联项目2项,8人获得教育厅项目,1人获得翻译教指委2013年科研项目立项,2个国家项目顺利结项,结项结果为良好;学院新增各类横向项目以及其他省市级项目26项。1名教师获周氏教育科研奖优秀奖;2个科研团队入驻子实堂,团队成员成为人文社科院驻院专家;学院自设2年期教学改革项目8项。

学院教师在国内外专业核心期刊上共发表论文40余篇，发表其他各类论文近百篇，出版各类书籍、译著24部。6位教师的学术专著获资助出版；2名教授在商务出版社出版专著；一批青年教师的著作获资助出版。学院教师获得省高校哲学社会科学优秀成果奖1项。

本年度，学院支持西北师大举办中国语言与符号学研究会的专题会议；首辑《东吴外语研究》正式出版；《中国语言与符号学》启动编辑工作。完成并正式提交 *Language & Semiotic Studies*（《语言与符号学研究》）期刊变更申请。3人通过博士后开题，进入学院博士后流动站，部分博士后研究人员在核心期刊发表研究成果。

2. 国内外学术交流情况

2013年，学院继续拓展对外学术交流，支持教师外出参加各类各级学术活动50余次；多名教师应邀到兄弟高校讲学；邀请中外著名学者近50人次来学院讲学；成功举办第四届长三角朝鲜语教育研讨会、全国词汇学学术研讨会、2013年度全国德语专业教指委会议；法语专业成功举办了10周年庆典活动。本年度，继续加强对外联系合作，推动与联合国的深度合作，并邀请联合国官员来苏州大学举行了联合国文件证书颁奖仪式。先后接待英国、美国、法国、德国、俄罗斯、日本等多国代表来学院访问交流，巩固与英国约克圣约翰大学的合作，探索与加拿大爱思德学校、太仓健雄职业技术学院、苏州职业技术学院、英国哥比亚大学的合作。接待同济大学、唐山学院、青岛大学、南京审计学院、南京审计学院、南京工业大学、上海大学、成都工业大学、山东济宁学院等8所高校的领导和教师来访与交流。支持市外办举办"亚信特别工作组和高管委员会会议"。本年度，学院继续在校园内举办"影视大讲堂"，不断扩大学院影响。

四、重大事项

2013年，学院英语专业被评为江苏省重点专业；德语专业顺利获得学士学位授权；配合学校进行学院绩效工资改革；完成了崇远楼的多语种口译实训室、世界文化教室、会议室（研讨室）等的建设与装修工作；申报中央财政支持地方高校发展专项资金（苏州大学外国语教学实验中心），获得450万元中央与地方共建经费。

本年度，王宏教授主持翻译的《明清小品文》全英文国际版由英国帕斯出版社出版并在全球发行；王宏教授主持翻译的英文版《图说中国传统玩具与游戏》在全球发行；首辑《东吴外语研究》正式出版；完成并正式提交 *Language & Semiotic Studies*（《语言与符号学研究》）期刊变更申请。

前联合国秘书长安南的新闻发言人、现任联合国新闻司司长杜加里克（Stephane Dujarric）先生专程来学院为2011级参加联合国文件翻译的优秀学生颁发证书，并与2012级翻译硕士（MTI）专业学生进行座谈。

（蒋莲艳）

金螳螂建筑与城市环境学院

一、概况

为了主动适应21世纪中国城市发展需求,探索中国特色建筑的发展之路,苏州大学于2005年5月创建城市科学学院。2007年年底,为深化高等教育体制改革,探索校企合作办学的新模式,苏州大学与苏州金螳螂建筑装饰股份有限公司联合共建苏州大学金螳螂建筑与城市环境学院(简称"苏州大学建筑学院"),学院在办学体制、管理体制等方面试行全新的改革模式,成为中国高等教育管理体制改革的"试验区"。

学院现设有建筑学、建筑学(室内设计)、城市规划、风景园林、园艺(城市园艺)5个本科专业,设有风景园林学一级学科硕士点、农业昆虫与害虫防治二级学科硕士点。另在设计学一级学科下设有建筑设计与艺术博士专业方向、城市建筑设计及其理论硕士专业方向;艺术设计专业学位硕士点设有建筑艺术设计硕士专业方向。2013年在设计学一级学科下自设建筑与环境设计及其理论二级学科博士点;在风景园林学一级学科下自设建筑与园林设计、城乡规划与环境设计两个二级学科硕士点,目前已在教育部完成公示。2013年年底,学院申报的风景园林学专业学位硕士点已通过江苏省评审,该专业硕士点将于2015年开始招生。

学院拥有一幢现代化的办公教学实验楼,建筑面积达15 000余平方米,教学设施齐全,条件优越。设计专用教室、评图大厅、美术教室、多媒体教室、学术报告厅以及图书资料室、模型实验室、CAD实验室、建筑物理实验室、生理生化实验室等都已陆续投入使用,并与政府部门、企事业单位合作,建立了10多个实习实践基地。金螳螂建筑装饰股份有限公司在学院设立了奖教金、奖学金和助学金。

学院目前在校全日制本科生639人,硕士研究生71人,博士研究生3人。学院现有教职工72名,54名专任教师中具有高级职称的28名(教授15名,副教授13名),占51.8%;有国外学习和工作经历的25名,占46.3%;40岁以下年轻教师30名,占55.6%。学院积极落实学校博士化工程,鼓励年轻教师攻读博士学位。目前有13位年轻教师正在攻读博士学位,专任教师中具有博士学位或正在攻读博士学位的有38人,占78.3%。学院鼓励并支持教师进行境内外研修,选送7名教师到国外做访问学者和博士后研究。同时聘有一批知名的学者作为学院的兼职教授,促进和带动了学院整体教育水平的提高。

学院着力构造具有特色化、国际化、职业化的办学模式,重质量、创品牌,不断提升办学水平,努力将学院建设成为国内知名的高水平设计型学院。

二、教学工作

1. 本科生教学工作

2013 年,学院获得校资助教材培育项目 2 项,1 人获得交行奖教金,1 人获得校级青年教师课堂教学竞赛二等奖。5 篇毕业设计(论文)被评为校优秀毕业设计(论文),1 个毕业设计小组获评校优秀毕业设计团队,3 名教师获评校毕业设计(论文)优秀指导教师(含外聘教师 2 名)。1 名教师获评校优秀实习指导教师,1 名学生获评校优秀实习生,2 名学生获全国高等学校城乡规划专业指导委员会授予的城市设计课程作业评优佳作奖。“基于协同创新的设计类专业人才培养模式与方法探索”获校级教改立项资助,11 项课题获院级首批教改立项资助。学院新增风景园林专业(工学)。学院获大学生创新计划 4 项:国家级 1 项,省级 2 项,校级 3 项。

2. 研究生教学工作

1 名学生获得国家奖学金;1 名学生的硕士研究生论文被评为苏州大学优秀硕士论文;张玲等同学的设计作品“镇江市官塘养老社区建筑设计”获江苏省绿色建筑方案设计三等奖。

学院首次通过万方数据资源系统对申请毕业的硕士生论文进行查重,结果及时反馈给导师与学生。

三、科研工作与学术交流

1. 科研项目与成果

2013 年,学院教师承担各类课题 30 项,到账经费 170 万元,其中纵向项目 14 项,横向项目 16 项;发表各类论文 97 篇,其中三大检索期刊论文 12 篇,核刊论文 29 篇,普刊论文 56 篇;出版独著 1 部;完成国家标准 1 项;获江苏省建设厅三等奖 1 人次、江苏省哲学社会科学优秀成果奖一等奖 1 人次;获得知识产权 23 项,其中发明专利 3 项,实用新型专利 20 项。

2. 国内外学术交流情况

学院采用“请进来”与“走出去”相结合的模式,鼓励并支持各种学术交流,不断拓宽交流渠道,提升办学层次,扩大学院学科影响。2013 年,学院设立“建筑学院开放讲堂”,邀请国内外知名设计大师来学院辅助教学开展学术讲座与报告;邀请美国罗德岛设计学院、西班牙 ARQTEL BARCELONA 建筑设计师事务所、美国宾夕法尼亚州立大学建筑与景观学院、意大利新米兰学院、日本大和房屋工业株式会社、台湾艺术大学等国内外院校和企业的 15 位知名专家来院作近 20 场学术报告;学院已与香港城市大学、意大利多莫斯设计学院、加拿大瑞尔森大学、生特瑞(上海)工程顾问有限公司等国际知名院校与企业签署了合作交流协议。

四、重大事项

2013 年 4 月 27 日至 28 日,学院首次主办全国大学生绿色校园概念设计大赛,竞赛共吸引了 76 所高校、近 1 000 名学生参加。

2013 年 5 月至 6 月,学院与加拿大瑞尔森大学建筑学院开展了为期 16 天的联合课程教学。

2013 年暑期，学院 70 多名师生由金螳螂装饰股份有限公司出资赴法国、意大利、香港、澳门研修。

2013 年 9 月 20 日，学院根据《苏州大学授予博士、硕士学位和培养研究生的二级学科自助设置与管理办法（试行）》文件，积极申报在设计学一级学科下自设建筑与环境设计及其理论二级学科博士点，在风景园林学一级学科下自设建筑与园林设计、城乡规划与环境设计两个二级学科硕士点，并顺利通过来自住建部、清华大学、东南大学、南京大学、同济大学、天津大学、重庆大学的专家论证。之后，教育部网站进行了公示。12 月 25 日，以上二级学科设置方案经校学位评定委员会审议通过，并报教育部备案。

2013 年 11 月，学院成功协办了“立邦 iColor 未来之星第一届全国高等院校梦想空间设计大赛优秀作品巡展”。

2013 年 12 月，学院成功承办了“江苏省土木建筑学会建筑师学会 2013 年会暨第七届‘江苏省建筑师杯’优秀设计方案大赛”，江苏省土木建筑学会委员、理事和来自内蒙古工业大学、南京大学、东南大学、南京工业大学、苏州大学等知名高校的建筑师和专家教授 200 余人出席会议。

（陈　星）

数学科学学院

一、概况

数学科学学院创建于1952年。现有数学一级学科博士、硕士学位授予点(下设基础数学、应用数学、计算数学、概率论与数理统计、运筹学与控制论、数学教育6个二级学科博士、硕士点),统计学一级学科博士、硕士学位授予点(下设数理统计、应用概率、金融风险管理、生物统计、经济统计5个二级学科博士、硕士点);应用统计、金融工程、学科教育(数学)3个专业硕士学位点。学院设有数学和统计学博士后流动站以及全国省属高校中唯一的国家理科基础科学研究和教学人才培养基地(数学);数学、统计学均为江苏省一级重点学科;数学与应用数学为"211"重点建设学科。数学学科在2012年教育部(学位与研究生教育发展中心)学科评估中位列全国数学学科第二十名。

学院现有教职工132人,其中专任教师114人,教授35人,副教授45人,博士生导师23人。专任教师中有70人具有博士学位。现有国家"千人计划"入选者1人,国家级教学名师奖获得者1人,国家自然科学杰出青年基金获得者1人,国家自然科学优秀青年基金获得者1人,全国优秀教师2人,国家级有突出贡献的中青年专家3人,享受国务院政府特殊津贴者8人,教育部"新世纪优秀人才支持计划"入选者2人,江苏省教学名师1人,江苏省特聘教授1人,江苏省"双创人才"2人,省级有突出贡献的中青年专家2人,江苏省"333工程"青年骨干教师2人,江苏省"青蓝工程"骨干教师4人,江苏省"青蓝工程"学术带头人1人,江苏省普通高校优秀青年骨干教师4人。作为国际组合设计领域的领军人物之一的朱烈教授,获得了2004年度国际组合数学终生成就奖——"欧拉奖",是第一位获此殊荣的华人科学家。

学院下设数学与应用数学(基地、师范)、信息与计算科学、金融数学、统计学4个本科专业。截至2013年年底,在校博士生34人,硕士生292人(其中教育硕士103人),本科生709人。

二、教学工作

1. 本科生教学工作

一是完善制度,制定了学院的课程准入制度、毕业论文准入制度;制定了大学数学部主任和课程负责人的工作职责;制定了学院的毕业设计、毕业论文实施办法;制定了学院的课程考试办法。二是进一步强化教学规范,规范公共数学试卷批改流程和责任制度,规范专业课答疑、质疑工作。三是改革教学模式,在教学改革质量工程建设中,科学有效、合理全面地提高数学专业课与全校公共数学教学课质量。专业课教学方面:在成功进行基础课分层次教学改革并收到良好效果的基础上,进一步明确各专业的培养重点,强化专业技能。基地专业重点夯实基础、触碰前沿,通过抓实导师制、讨论班等培养模式,提高升学升造质量,培育拔尖人才;师范生培养在打好专业知识基础的同时重点强化教学技能,提高教学胜任力;信息和统计专业通过数据挖掘训练营重点强化大规模数据处理能力。公共数学方面:通过明确大学数学部主任岗位职责、建立课程负责人制度、优化课程教学计划、建好试题库等工作优化教学流程; 为了更好地适应不同学科对公共数学的要求,将"高等数学"课程由原来的两个层次细分为理工科、商科、医科、文科四个层次;着手文科数学的培养方案改革,今后还将进一步开展医科数学的教学改革; 加强公共数学的过程化考核;重新编写文科数学新教材,下年开始试用。

教学和人才培养质量上取得一系列标志性成果。钱定边、曹永罗、黄毅生、唐忠明、张影的"数学基础课教学改革与学生创新能力和科研意识的培养"获江苏省教学成果一等奖,这是数学科学院在教学奖方面的一次重大突破。钱定边获得"苏州大学教学名师"称号。黄毅生、钱定边主持的教改成果《微积分和数学分析课程的分层次教学体系改革以及教学中多媒体的使用、师生互动平台的构建》全文入选江苏省高等教育教改课题成果。数学与应用数学专业被评为教育部教学改革综合试点专业。

学院本科生在2013年美国大学生数学建模赛中,获得一等奖2个,二等奖5个;获得全国大学生数学建模竞赛国家二等奖1个,省级二等1个,省级三等1个;有2位同学代表江苏省参加全国大学生数学竞赛决赛,分获一、二等奖,为江苏省参赛历史最好成绩;参加第五届全国大学生数学竞赛获江苏赛区一等奖5个,二等奖7个,三等奖16个,获奖人次为历年最多,2人代表江苏省参加2014年全国决赛。本科生参加国家级大学生创新创业训练计划立项项目1项、江苏省高等学校大学生实践创新训练计划立项项目重点项目1项、一般项目1项、指导项目1项。一人当选箬政学者。除数学专业竞赛外,2位同学作为校定向越野队主力参加全国定向越野赛获团体三等奖,在江苏省第四届人文知识竞赛中2人获二等奖、1人获三等奖、2人获优胜奖,参加江苏省"红牛杯"羽毛球大赛获团队第四名,获评省级优秀学生干部、省级三好学生各1名。此外,在校汉字书写大赛中,1人入选八强,2人获优胜奖,团队获优秀组织奖,在苏州大学2013年师范生教学基本功大赛暨"明日之师"系列活动中,2人获师范生教学基本功大赛二等奖,2人获三等奖。在明日之师模拟课堂教学大奖赛中1人获二等奖,1人获明日之师教案评比三等奖。

2. 研究生教学工作

学院认真抓好全日制研究生和教育硕士的招生、过程管理和培养工作,不断提升研究生培养质量。多次召开研究生培养工作会议,明确要求加强研究生基础课教学,拓宽培养口径,打下扎实基础。2013年1人论文获评江苏省优秀博士论文,1人论文获评优秀硕士论文。1人获校优秀博士学位论文选题立项资助。6人入选江苏省科研创新计划,1人入选研究生卓越人才培养计划——博士研究生学术新人奖子项目,参加全国研究生数学建模比赛荣获全国二等奖、三等奖各1名。

三、科研工作与学术交流

1. 科研项目与成果

2013年数学科学学院共获得国家自然科学基金项目12项,其中面上项目7项(占全国数学学科面上项目的 1.81%)，青年基金项目 4 项，数学天元基金项目 1 项。获得江苏省自然科学基金青年基金项目 1 项，教育部博士点基金项目 2 项，均为博导类项目，江苏省高校自然科学基金项目 1 项，苏州大学"科技创新四大培育工程"——国家级科技创新团队培育项目 1 项，苏州大学青年教师预研项目 1 项。

本年度数学科学学院共发表论文 96 篇，其中 SCI(E) 二区论文 23 篇，三、四区论文 50 篇，论文质量稳步攀升。

2. 国内外学术交流情况

5 月 26 日上午，苏州市现场统计研究会第五次会员代表大会在数学楼二楼学术报告厅召开。

7 月 6 日至 8 日，由苏州大学数学科学学院高等统计与计量经济中心、复旦大学计算系统生物中心共同主办的"2013 第二届太湖国际统计论坛"举行，来自美国、中国的具有统计学背景的科学院院士及多名考普斯奖获得者，与近百名海内外统计学专家汇聚苏州，共同探讨统计学最新进展及未来发展方向。中国科学院院士马志明，哈佛大学教授、教育部长江学者讲座教授、中组部"千人计划"入选者林希虹，普林斯顿大学讲席教授、台湾"中央研究院"院士范剑青，斯坦福大学讲席教授、美国科学院院士王永雄等国内外著名学者作客论坛并作大会主题报告。

5 月 28 日，由"高性能科学计算的基础算法与可计算建模"重大研究计划项目组、苏州大学数学与交叉科学研究中心 、苏州大学系统生物学研究中心(数学)、苏州大学数学科学学院联合举办的"Workshop on Mathematical Modeling of Molecular Biology Suzhou"在学院二楼学术报告厅召开。

10 月 26 至 28 日，"组合数学与图论学术研讨会"在我校召开，会议邀请了同济大学的邵嘉裕教授和李雨生教授，浙江大学的葛根年教授、南开大学的李学良教授、上海师范大学的王军教授、苏州大学的殷剑兴教授等国内组合数学与图论方面的著名学者作大会报告。

10 月 31 日至 11 月 4 日，学院举办"微分动力系统及其统计性质会议"。北京大学的甘少波教授、南京大学的代雄平教授、苏州大学的曹永罗教授和杨大伟教授等一批国内在动力系统研究方面有影响的教授与会作专题报告。

2013 年，学院邀请国内外专家作学术报告 80 多场。

四、重大事项

(1) 学院数学学科在 2012 年教育部(学位与研究生教育发展中心)学科评估中位列全国数学学科第 20 名。

(2) 1 月 23 至 24 日，学院"2012 年度学术年会暨学科建设研讨会"在如皋永林国际大酒店召开。

(3) 学院新增本科专业金融数学专业 2013 年开始招生。

(4) 5 月 8 日下午，学院党委换届选举，新一届党委由史恩慧、沈玉良、金中、秦文新、蒋青芳(以姓氏笔画为序)5 位委员构成，金中同志任书记，蒋青芳同志任副书记。

(5) 6 月 3 日，教育部下发《关于公布"本科教学工程"地方高校第一批本科专业综合改革试点的通知》(教高司函〔2013〕56 号)，学校数学与应用数学专业入选"本科教学工程"地方高校第一批本科专业综合改革试点。

(6) 7 月 6 日至 8 日,由苏州大学数学科学学院高等统计与计量经济中心、复旦大学计算系统生物中心共同主办的“2013 第二届太湖国际统计论坛”举行。

(7) 9 月 2 日,学院重新调整各教研室主任,并成立金融数学教研组。

(8) 9 月 19 日,我校校友汤华中教授荣膺“冯康科学计算奖”。

(9) 11 月 16 日,学院胜利召开第二届教职工代表大会,会议上通过了 4 个文件:《数学科学学院岗位职责及奖励性绩效工资实施办法(暂行)》《数学学院劳务酬金计算办法(暂行)》《经济创收分配条例(暂行)》《资料编写、销售等有关工作的规定(暂行)》。

(陈富军)

物理科学与技术学院　能源学院

一、概况

物理科学与技术学院·能源学院坐落于风景秀美、景色宜人的苏州大学本部校区,前身为东吴大学物理系,经过近百年的发展,学院在学科建设、人才培养、科学研究和社会服务等方面取得了良好的办学声誉。

学院现有物理学系、光电技术系、能源与人工环境工程系、大学物理部与物理实验中心、物理教育研究所等内设机构。苏州大学软凝聚态物理及交叉研究中心挂靠在学院。苏州大学现代光学技术研究所与信息光学工程研究所为学院的学科建设、科学研究和人才培养提供了有力支撑。

学院师资力量雄厚,近年来从海内外引进 40 余名高水平的教授和博士,并选送具有培养潜力的青年教师赴海外学习工作。现有在职教职工 160 名,其中教授及研究员 43 名,副教授及副研究员 52 名,具有博士学位的教师 101 名。现有教育部"长江学者奖励计划"特聘教授 1 人、国家杰出青年科学基金获得者 1 人、人力资源与社会保障部"百千万人才工程"培养对象(国家级)1 人、中组部"青年千人计划"入选者 2 人、教育部"跨(新)世纪优秀人才支持计划"入选者 2 人、江苏省"高层次创新创业人才引进计划"入选者 3 人、江苏省特聘教授 4 人,30 余名教师分别获得省级和校级各类教学奖。

学科方面,现有物理学、光学工程 2 个博士后流动站;光学工程一级学科博士点,物理学一级学科博士点(含光学、凝聚态物理、理论物理、等离子物理等 8 个二级学科博士点),物理学一级学科理学硕士点(含 8 个二级学科硕士点),材料物理与化学、光学工程、检测技术与自动化装置 3 个工学硕士点,课程与教学论(物理)教育学硕士点,光学工程、学科教学(物理)专业学位硕士点。光学工程为江苏省重点学科。现代光学技术实验室为教育部(暨江苏省)重点实验室、国家重点实验室建设点。薄膜材料实验室为江苏省重点实验室。现有物理学、物理学(光伏科学与技术方向)、物理学(师范)、电子信息科学与技术、光电信息科学与工程、测控技术与仪器、能源与动力工程、建筑环境与设备工程、新能源材料与器件等 9 个本科专业(方向)。物理实验教学中心为国家级实验教学示范中心。物理学专业为国家特色专业及十二五重点专业。基础物理(实验)教学团队为国家级教学团队。学院还承担中国教育学会物理教学专业委员会会刊、全国中文核心期刊《物理教师》杂志的编辑出版工作。

二、教学工作

1. 本科生教学工作

为进一步深化教育教学改革,优化人才培养过程,形成多元化的本科人才培养模式,提高本科人才培养质量,根据学校的部署,学院进一步进行本科人才培养模式系统化改革,修改学分制本科人才培养方案,制订了8个专业的本科人才培养方案。

在本科教育质量工程建设方面,学院在实验教学示范中心、双语教学示范课程、精品课程、物理学特色专业、基础物理教学团队等5个"国字头"项目基础上,继续深化物理本科质量工程建设,促进教学改革与人才培养质量提高,有6项教育改革研究课题获得学校资助。在推进教学观念转变和教学方法改革方面,学院教师积极参与微课建设,并获得江苏省高校微课教学比赛二等奖1项。

学院十分重视学生专业学习兴趣的激发和创新能力的培养。2013年,学院学生在全国第五届大学生物理教学技能大赛、全国电子专业人才设计与技能大赛、江苏省高等数学竞赛、江苏省高校第十届大学生物理及实验科技作品创新竞赛等竞赛中均取得优异成绩。2013届本科生毕业设计获得省级一等奖1项、二等奖1项。各专业就业面广,就业情况好,毕业生实际就业率达98%以上。

学院坚持开放的办学理念,注重国内外交流,先后与新加坡国立大学和加拿大滑铁卢大学等签订联合办学协议,每年选拔优秀学生参加"3+2"项目学习,符合双方相关授予学士学位和硕士学位条件,获得苏州大学学士学位和对方大学硕士学位。

2. 研究生教学工作

根据学校工作部署,做好研究生招生宣传工作,加强研究生各培养环节的管理和服务工作,研究生创新工程项目取得新进展。获得"江苏省普通高校研究生科研创新计划"立项资助7项,获评江苏省优秀硕士论文1篇,成立江苏省企业研究生工作站2家,获批国家建设高水平大学公派研究生项目3项,等等。学院研究生荣获第13届中国光伏大会优秀论文奖。

三、科研工作与学术交流

1. 科研项目与成果

学院近年来先后承担了国家"973"和"863"项目以及总装备部、教育部、国家和江苏省自然科学基金等一大批科研项目。2013年度获国家自然科学基金项目22项、省部级项目12项和市厅级项目7项,纵向经费1 500多万元,横向经费650多万元。在科研奖励方面,陈焕阳教授团队获得江苏省科技进步奖二等奖。学术论文方面,2013年共发表SCI论文180篇,其中一区论文数达40篇,二区论文数达36篇。更为重要的是,在TOP期刊*Nature*子刊发表2篇论文。学院获得2013年度苏州大学科技进步奖。

2. 国内外学术交流情况

学术交流活动方面,积极开展学术活动,营造良好学术氛围。2013年学院共组织学术报告60余次。上半年举行了一次特聘教授科研工作汇报会,12月份特聘教授、特聘副教授进行了期中、期满考核汇报会及学科建设研讨会,会议特邀4位中国科学院院士,5位"千人计划"入选者、长江学者或杰出青年基金获得者共9位著名专家学者组成考核和评估委员会,更好地促进学院的科研工作发展。11月9日至11日,学院主办2013届国际波动功能材料研讨会,有60余位国内外研究学者参加了本次研讨会,其中,国内10余名长江学者、国家杰出青年科学基金获得者和一批青年学者作了精彩的学术报告。11月15日至19日,学院主办的第十七次全国电化学大会召开。本次会议共收到论文1 800余篇,总参会人数达

2 500余人,其中院士 11 名。与会人员来自全国各地具有一定影响力的大学和重要的科研机构,100 余家企业设立展位并作专题报告。

四、重大事项

6 月 19 日,经校十一届党委研究决定,聘任吴雪梅同志为物理科学与技术学院党委书记,免去沈明荣同志物理科学与技术学院党委书记职务。

(朱利平)

材料与化学化工学部

一、概况

材料与化学化工学部由苏州大学原化学化工学院和原材料工程学院的材料科学与工程学科合并组建而成。原化学化工学院历史悠久,源远流长,其前身是创建于1914年的东吴大学化学系,它的创始人是东吴大学第一位理科教师、美国生物学家祁天锡教授(美国范德比尔特大学毕业硕士)和东吴大学第一位化学教师、美国化学家龚士博士(1913年来自美国范德比尔特大学)。1917年,龚士博士指导的两名研究生获得化学硕士学位,他们是中国高校第一批硕士研究生。

学部涵盖化学、材料科学与工程、化学工程与技术、环境科学与工程4个一级学科,拥有化学、材料科学与工程、化学工程与技术3个博士后流动站,化学、材料科学与工程2个一级学科博士点以及应用化学等9个二级学科博士点授予权。化学一级学科为江苏省重点学科和江苏省一级学科国家重点学科培育建设点,无机化学和有机化学为江苏省重点学科,材料科学与技术是江苏高校优势学科建设项目。学部设有化学、应用化学、化学教育、化学工程与工艺、环境工程、无机非金属材料与工程、材料科学与工程、高分子材料与工程、材料化学、功能材料等10个本科专业,其中化学专业为江苏省高等学校品牌专业,化学工程与工艺专业为江苏省高等学校特色专业,化学实验教学中心为江苏省实验示范中心。

学部下设化学学院、材料科学与工程学院、化工与环境工程学院等3个学院。化学学院下设无机化学系、有机化学系、分析化学系、物理化学系、公共化学与教育系;材料科学与工程学院下设高分子科学与工程系、材料科学与工程系。学部在职教职员工230人,其中教授81人,副教授58人;中科院院士1人,澳大利亚工程院院士、新西兰皇家科学院院士1人,国家"千人计划"入选者1人,"长江学者"特聘教授1人,国家杰出青年基金获得者3人,国家"青年千人计划"入选者5人,"百千万人才工程"入选者1人,教育部"新世纪优秀人才支持计划"入选者5人,江苏省"双创人才"4人,江苏省特聘教授4人。目前在校本科生、研究生总人数已达2 000余人。

二、教学工作

1. 本科生教学工作

材料与化学化工学部为进一步提升本科人才培养的质量和水平,结合学部化学专业的悠久办学历史、理工多学科共存的优势和特点,紧紧围绕专业建设、课程建设、特色培养、教学评价等方面开展人才培养方面的改革研究,体现学部教育教学改革的特色和亮点。

2013年学部由原来的化学类、材料类、化工与制药类三大类招生改为化学类、材料类两个大类及化学工程与工艺、环境工程两个专业招生。高分子材料与工程专业入选教育部“卓越工程师教育培养计划”,新增双师型课程“电路板材料与工程”,申报获批 1 项全英文教学示范课程项目,申请获批 3 项校级教改项目。获得苏州大学第十二届青年教师课堂教学竞赛二等奖、三等奖各 1 项,4 人获苏州大学交行奖教金,2 人获苏州大学建行奖教金。2 人获得 2013 年苏州大学微课教学比赛二等奖。编写教材 1 部,发表教改论文 11 篇。2013 年本科毕业论文 1 篇获省优秀一等奖,2 篇获省优秀二等奖,1 支本科毕业论文指导团队获评省优秀团队。

2. 研究生教学工作

材料与化学化工学部紧抓研究生培育与管理。2013 年获全国百篇优秀博士论文 1 篇,提名 1 篇;获省级优秀博士论文 1 篇、优秀硕士论文 2 篇。3 名同学喜获“国家建设高水平大学公派研究生项目”资助出国留学。17 名研究生获得 2012 年度“江苏省研究生培养创新工程”立项资助,4 名博士获得苏州大学“卓越人才培养计划”资助,4 名博士获得苏州大学 2013 年度优秀博士学位论文选题立项资助。2 名教师获得“江苏省研究生教育教学改革研究与实践课题”项目资助,1 名教师获得“全英文人才培养建设”项目资助。获批建立“江苏省企业研究生工作站”1 处,获“优秀研究生工作站”子项目资助 2 项。

学部在 2013 年度的苏州大学“江苏省研究生科研创新计划项目”结题验收中,所有项目全部合格通过,其中高分子化学与物理专业 1 名博士获得优秀。在 2013 年度苏州大学“优秀博士学位论文选题立项资助项目”结题验收中,高分子化学与物理专业 1 名博士荣获优秀。

三、科研工作与学术交流

2013 年材料与化学化工学部获得国家科学技术进步奖二等奖 1 项、教育部高等学校科学研究优秀成果奖自然科学二等奖 1 项、中国石油和化学工业科学技术奖一等奖 1 项、江苏省科技进步奖一等奖 1 项,获批江苏省中小企业环保产业公共技术服务平台 1 个,获评“江苏省科技创新团队”1 个。“化工创新团队”和“健康化学交叉重点学科”成功获得了中央财政支持地方高校发展专项资金项目的资助。

2013 年发表统计源期刊论文 484 篇,其中一区论文 92 篇、二区论文 166 篇、苏州大学 TOP 期刊论文 3 篇。获批国家自然科学基金共 39 项(其中重点项目 2 项,面上项目 21 项,青年基金项目 15 项,主任基金项目 1 项)、国家科技部“863”青年专题项目 1 项、江苏省科技厅项目 12 项、教育部博士点专项基金项目 6 项、江苏省高校项目及苏州市科技计划项目 9 项、重量级的军工项目 2 项,总经费达 3 800 万余元。申请专利 164 项,授权专利 78 项,到账横向总经费约 350 万元。

学部在 2013 年共聘请了 16 位国际知名专家为学部名誉教授和讲(客)座教授。来自美国、英国、德国、加拿大、新加坡、澳大利亚、日本等国家的专家学者到学部交流访问达 50 人次。有 8 名教师赴海外进修,28 人次出国(境)参加国际学术会议。选送 36 名学生至海外合作高校学习并接收 5 名 CO-oP 留学生。学部承办了第一届生物材料表界面国际研讨会、第三届苏州大学功能配位材料设计论坛、中日功能超分子体系联合研讨会、第二届全国稀土金属有机化学学术讨论会、浙江大学-苏州大学生物医用高分子材料学术交流会、东吴科技论坛、化学创新与发展论坛等学术会议,组织了 50 余场国内外学者的学术讲座。加大了科研前沿信息的交流力度,营造了良好的学术氛围。

四、学院特色与重大事项

材化部党政领导班子始终坚信发展才是硬道理,以高端人才为核心,采取培养和引进并重的政策,努力构建高标准、国际化的人才培养高地。2013 年学部特聘教授李永舫增选为中国科学院院士。曾小庆、鲍晓光、黄小青等 3 位教授入选中组部第五批“青年千人计划”。钟志远、孙洪涛、Ruben 等 3 位教授成为江苏省特聘教授,蔡远利、吴涛等 2 位教授入选江苏省“双创计划”人才,陈红、钟志远等 2 位教授增选为江苏省“333 高层次人才培养工程”第二层次培养对象。李永舫教授入选汤森路透评选的“2012 年度 Hottest Scientific Researchers”。钟志远获得 2013 年度德国洪堡基金会“贝塞尔研究奖”。

学部努力打造独具特色的英语强化型专业教学。2009 级强化班 19 名学生中,毕业后顺利就业 3 人,出国深造 5 人,国内推免及考取硕士研究生 11 人,毕业率、学位率均达 100%。在此基础上,根据学部理工结合的特色,选拔 20 人组成工程强化班,培养适合社会发展的工程应用人才。

(蔡　琪)

纳米科学技术学院

一、概况

纳米科学技术学院成立于2010年12月,是苏州大学、苏州工业园区政府和加拿大滑铁卢大学携手共建的一所高起点、国际化的新型学院,坐落于风景秀美、设施一流的苏州大学独墅湖校区。2011年10月,学院成功获批为教育部首批设立的17所试点学院之一,成为高等教育体制机制改革特区之一。

纳米科学技术学院是根据国家产业转型升级和苏州工业园区大力发展纳米产业的需求,依托苏州大学功能纳米与软物质研究院(FUNSOM)、材料与化学化工学部等学院(部)雄厚的科研和师资基础组建的国内第一家以培养纳米专业人才为主要目标的公办二级学院。目前,学院和2008年成立的苏州大学功能纳米与软物质研究院、2011年成立的苏州大学-滑铁卢大学纳米技术联合研究院构建了教学、科研、产业化"三位一体"的组织形式,为学院集聚科技、知识、人才、产业等多方面的资源提供了有利的条件,形成了从本科生至硕士研究生、博士研究生全系列的纳米专业人才培养体系。学院现有学生619名,其中博士生50名、硕士生244名、本科生325名,另有博士后9名。

学院由世界著名纳米与光电子材料学家、中国科学院院士、发展中国家科学院院士李述汤教授担任院长,由加拿大皇家科学院院士、滑铁卢大学纳米技术研究院执行院长亚瑟·卡堤(Dr. Arthur Carty)担任名誉院长。同时,学院凝聚了一支学术声望高、专业理论水平扎实、实践教学经验丰富的精英师资队伍。学院现有教职工91人,其中教学科研型特聘教授、特聘副教授34人,副教授9人,讲师15人,教学型教授1人、副教授1人。学院教授、副教授中现有中国科学院院士1人、国家"千人计划"入选者2人、"青年千人计划"入选者6人、"青年拔尖人才支持计划"入选者1人、中国化学会青年化学奖获得者2人、杰出青年基金获得者2人、优秀青年基金获得者3人、人力资源和社会保障部"高层次留学人才回国资助对象"1人、教育部"新世纪优秀人才支持计划"1人、"863计划"首席科学家2人、"973计划"首席科学家1人、青年"973计划"首席科学家2人、"973计划"子课题负责人7人、外籍教授2人等,全部具有海外留学、工作经历。

二、教学工作

1. 本科生教学工作

2013年,纳米科学技术学院在学校的领导下,在各学院和各部门的通力协作下,紧扣拔尖创新人才培养需求,大力推进本科教育教学改革,提高人才培养质量。在招生方面,逐步扩大自主招生比例,2013年开始学校将试点学院自主招生单列模块、单独报名、单独面试,尝试中学校长实名推荐制。学院制定了《国家试点学院——苏州大学纳米科学技术学院2013年自主招生简章》和《苏州大学国家试点学院2013中学校长实名推荐制实施细则(试行)》。本年度共有6名同学通过自主招生、1名学生通过校长实名推荐进入学院学习。同时,建立校内"二次选拔"机制和"专业分流"机制,2013级有7位新生通过校内选拔进入学院学习。

建立了英语语言中心。该中心旨在结合课堂教学、小组指导、个别辅导,在大学一年级集中强化学生的学术英语,提升他们的学术英语交流和写作能力,为学生更好地适应专业课全英文授课的要求,架起普通英语向学术英语过渡的桥梁。中心聘请具有多年学术英语教学经验的Samuel McIlroy教授(英国籍)担任语言中心主任,同时聘请4名分别来自英国和美国的资深学术英语教师担任教学工作。英语课程采用英文原版教材小班化教学。

学院重视学生国际化视野的培养,本年度学院有1名本科生通过"2+2"本科生联合培养项目进入滑铁卢大学学习;5名同学通过"3+1+1"本硕联合培养项目进入滑铁卢大学学习,并取得了国家留学基金委2013年优秀本科生国际交流资助项目的资助;2名同学参加了滑铁卢大学为期4个月的海外研修项目;1名同学申请到了江苏高校学生境外学习政府奖学金项目"英国剑桥大学工程项目管理与曼彻斯特大学制造工程课程"。同时,学院暑期组织26名同学赴香港参加了2013年全国优秀大学生香港高校学术文化交流项目,3名研究生和6名本科生赴加拿大参加了第三届苏州大学-滑铁卢大学纳米技术学院-苏州工业园区联合工作坊。

通过师生的共同努力,学院2013年度在教学方面取得了可喜的成果。程振平教授、李志标教授获得江苏省教改立项研究课题一般项目,林海平老师获得苏州大学第十二届青年教师课堂教学竞赛一等奖。学院获批2013年度"本科教学工程"国家级、省级大学生创新创业训练计划省级重点项目2项,省级指导项目1项;2012第十五批大学生课外学术科研基金资助项目重大项目1项,重点项目4项,一般项目15项。此外,学院本科生获得的奖项和成果有:江苏省第四届理工科大学生人文社会科学知识竞赛三等奖1名,优秀奖9名;唐仲英奖学金1名;王晓军精神文明奖1名;"大学生青年马克思主义者培养工程"精英人才1名;2013年"苏州大学优秀本科生出国(境)交流奖学金"二等奖2名,三等奖6名;参加国家留学基金委2013年优秀本科生国际交流项目资助项目5人;参加江苏高校学生境外学习政府奖学金项目1人;苏州大学2013中华经典诵读大赛优秀奖1名;苏州大学首届"横竖撇捺折 方正中华魂"汉字书写大赛优胜奖1名;2013年度暑期社会实践活动优秀小分队2个,先进个人3人;优秀社会调查报告5份;2010级梁超同学以第一作者发表SCI文章2篇。

2. 研究生教学工作

目前,学院在读研究生已达到293人,其中硕士生244人,博士49人;已培养硕士毕业生98人,博士毕业生16人。学院自筹经费为科研能力突出的学生设置的"科研成果奖学金",目前发放金额已达130余万元。本年度学院学生共发表论文180余篇,其中一区论文90余篇,影响因子超过10的高水平文章有10篇。2013年度学院共有7名博士生、7名硕士生获得了研究生国家奖学金,1名研究生的论文获评江苏省优秀硕士学位论文,同时还有1名研究生获得了第八届中国青少年科技创新奖,这也是我校首次有学生获得这项中国青少年科技创新类的最高荣誉。

学院不断完善研究生培养模式,提升研究生的科研能力。为激励优秀学生,学院于

2012 年年底出台了“优博论文培养计划”和“硕博连读预备生培养计划”，两项计划在 2013 年已全面启动，为 FUNSOM 学生创造了更好的生活条件和科研条件。首批“优博培养计划”获得者目前科研成果在全院均处领先水平。

学院除了注重学生科研能力的培养以外，思想政治教育也没有放松，除了日常的各类文体活动之外，学院还组织了“图解十八届三中全会作品展”、党支部篮球对抗赛等有意义的活动。学院特别重视对学生国际化视野的扩展。在 2013 年度有十几位同学以国家留学基金资助或联合培养的方式前往香港、美国、加拿大等国家或地区的高校攻读博士学位或进行学术交流。学院的研究生培养质量不断提高，已得到社会的初步认可，2013 年学院研究生就业率仍为 100%。

三、科研工作与学术交流

1. 科研项目与成果

2013 年以苏州大学为第一单位共发表 SCI 论文 188 篇，其中一区论文 97 篇，二区论文 54 篇，影响因子大于 10 的论文 14 篇，特邀综述 11 篇，封面论文 6 篇。学院获批各类纵向科研项目 32 项，其中国家级项目 12 项，含“973 计划”青年科学家专题项目 1 项，重大研究计划培育项目 1 项，国际(地区)合作与交流项目 1 项，获批总经费超过 1 600 万元。申请发明专利 27 项；获授权发明专利 8 项。

2. 国内外学术交流情况

2013 年，学院主办和承办了 5 次学术会议，分别为中国科学院技术科学部常委会十五届四次会议暨“材料科学进展”技术科学论坛报告会、苏州大学 FUNSOM－加拿大魁北克大学 INRS 双边研讨会、第十二届全国计算(机)化学学术会议、国家自然科学基金委员会信息科学部“基于表面等离子激元(SPP)的新型功能器件及集成技术”重点项目群第二次学术交流会暨信息科学部微纳结构光电子领域“十三・五”期间重大研究计划研讨会和首届 FUNSOM－高丽大学纳米技术研究院双边学术研讨会。邀请国内外专家作学术报告 50 余场，其中包括诺贝尔化学奖得主艾伦・黑格(Alan Heeger)教授，并聘其为学院名誉教授。通过成功举办上述学术会议和学术报告，不仅提升了 FUNSOM 在国内外的知名度，而且开拓了新的国内外合作，为以后的科研发展提供了坚实的基础。

在日常交流方面，学院与加拿大西安大略大学的同步辐射联合研究中心的工作有了进一步的发展，包括开展了 3 次中心成员会议，1 次暑期讲习班，5 次教授间互访；7 名学生前往加拿大光源、美国先进光源等高校或科研机构交流学习；进一步推动与西安大略大学博士“2＋2”联合培养项目进程。值得一提的是，学院在合肥与中科大合作建立的“软 X 射线能源材料原位分析线站”的项目建议书已获得相关部门批准，待进一步确定建设事宜。与加拿大滑铁卢大学的联合培养项目也有了新发展，2013 年接收滑铁卢大学 Co-op 学生 12 人，参加“2＋2”本科生联合培养 1 人，“3＋1＋1”本硕联合培养 5 人；另外，学院也正在寻求与美国、欧洲、以色列、日本、韩国、新加坡以及我国台湾、香港地区的相关院校或研究所进行科研合作及交换学生，积极准备申请美国、加拿大、欧盟、新加坡等地的联合基金项目。

四、重大事项

"苏州纳米科技协同创新中心"被正式认定为教育部、科技部14个"协同创新中心"之一。

由苏州工业园区管委会主导、苏州大学牵头,中国科学技术大学、中科院苏州纳米技术与纳米仿生研究所、西安交通大学、东南大学、江苏省纳米产业技术创新战略联盟共同参与建立的"苏州纳米科技协同创新中心",经过一年多的建设,已建立了微纳柔性制造研究中心、纳米光电器件与材料研究中心、纳米机电制造研究中心、纳米环保材料研究中心、纳米药物与医用材料研究中心、纳米能源材料研究中心6个研究中心。正在开展以微纳制造技术与装备、有机OLED照明与显示、绿色环境材料、肿瘤早期诊断与治疗工程以及太阳能高效利用5大创新工程为中心的科研活动。中心采取"政府搭台、高校唱戏、需求导向、多元协同、人才特区、企业牵引"的协同创新模式,制定了任务牵引、开放流动的人才引进制度,寓教于研、寓教于产的拔尖创新人才培养模式,综合评价、面向区域,以创新质量和贡献为导向的评价机制,根据需求导向,交叉融合、持续创新的科研组织模式,以及汇聚资源、开放共享,优化学科交叉融合为导向的资源配置方式,并通过国际交流与合作,营造有利于协同创新的文化环境。2013年2月,中心被认定为首批江苏高校协同创新中心。2013年5月27日,中心被正式认定为国家级首批14家"2011计划"协同创新中心之一。

(王　静)

计算机科学与技术学院

一、概况

计算机科学与技术学院成立于2002年9月。其中,计算机专业创建于1984年,是江苏省较早建立的计算机专业之一。学院拥有计算机科学与技术、软件工程2个省"十二五"期间重点建设学科,计算机科学与技术、软件工程2个一级学科博士点,计算机科学与技术博士后科研流动站和计算机信息处理技术江苏省重点实验室,同时拥有计算机科学与技术、软件工程、管理科学与工程3个一级学科硕士点,计算机技术、软件工程2个硕士专业学位点。学院拥有融合通信、智能信息处理及应用、嵌入式技术及应用3个苏州市重点实验室,并建有纵横汉字信息技术研究所、先进数据分析实验室、高性能计算与应用研究所、嵌入式仿生智能研究所等校级科研机构和苏州大学瑞翼移动互联网应用研发中心等多个校企合作产学研平台。

学院设有计算机科学与技术、信息管理与信息系统、软件工程、网络工程、物联网工程和软件工程(嵌入式软件人才培养)6个本科专业及方向。其中,软件工程专业为国家特色专业建设点,同时是教育部卓越工程师教育培养计划专业;计算机类专业(含计算机科学与技术、软件工程、网络工程、物联网工程等4个专业)为江苏省重点专业类;物联网工程专业为国家首批战略性新兴产业相关专业。学院现有博士研究生25人,全日制硕士研究生267人,全日制本科生1 395人。

学院现有教职工144人,其中专任教师106名,包括博士生导师13名、各类硕士生导师37名,教授23名,副教授(含高工、副研)47名,专任教师拥有博士、硕士学位的比例达到89.62%。在专任教师中有1人是国家"千人计划"特聘教授,有1人是省级有突出贡献的中青年专家,有1人为江苏省高等学校教学名师,有5人是江苏省"333工程"跨世纪学术带头人培养对象,有8人是省"青蓝工程"培养对象,2人获"6大人才高峰"项目资助,有1人是江苏省创新创业领军人才,1人是江苏省新长征突击手。

二、教学工作

1. 本科生教学工作

秉承"宽口径、厚基础、重实践"的人才培养理念,结合地方综合性重点大学的办学特色,以培养高素质应用型创新人才为宗旨,以课外科技项目为载体,促进教学和科研相互融合。通过不断完善校企合作形式,形成了多模式校企合作的实践教学特色,先后与方正国际软件有限公司等50余家企业联合建立了校外实践教育基地。其中,"苏州大学-方正国际软件有限公司工程实践教育中心"被教育部批准为国家级大学生校外实践教育基地。积极推进"卓越人才教育培养计划"、本科生"双导师"建设,实现教学和社会需求的双向互补。

继续推进过程化考核课程建设力度,目前共有"C 语言程序设计""C + +语言程序设计""离散数学"3 门过程化考核课程,有效地促进了教学质量的提高。

充分利用学校录播教室的良好条件,"中文信息处理""C 语言程序设计""计算机基础"3 门课程已完成教学视频的拍摄,为学生的学习提供了资源。

在学校有关部门的支持下,学院充分整合学校信息技术的实验教学资源,计算机与信息技术实验教学中心被批准为国家级实验教学示范中心。

积极推动教材建设,全年出版教材 2 部,《C 语言程序设计》被列为学校精品教材。努力尝试微课教学新方法,获苏州大学微课教学比赛二等奖和鼓励奖各 1 项。"双导师制 IT 创新人才培养模式的探索与实践"项目获江苏省教学成果二等奖。

2. 研究生教学工作

研究生教育是学科建设工作的一项重要工作,学院非常重视研究生的培养质量。在总结经验的基础上,学院在研究生的招生、培养、毕业等环节都做了一些改革,为提高研究生培养质量奠定了基础。在有关导师的辛勤指导下,2013 年,学院获得 1 项省级教改项目,1 篇硕士生毕业论文被评为江苏省优秀硕士论文,3 位研究生的项目被列入江苏省研究生培养创新计划,1 篇研究生论文获 2013 年中国计算机学会(CCF)大会优秀论文奖。

三、科研工作与学术交流

1. 科研项目与成果

继续做好项目申报工作,2013 年新获批国家自然科学基金重点项目 1 项、面上项目(含青年项目)共 13 项(青年 5 项),教育部博士学科点新教师类项目 1 项,江苏省产学研项目 3 项,江苏省高校自然科学基金重大项目 1 项、面上项目 2 项,苏州市工业应用项目 1 项。2013 年出版专著等著作 3 部;发表高质量论文数量大幅增加,全年新增 SCI 检索论文 42 篇,其中二区 10 篇,国际会议 A 类论文 6 篇,B 类论文 12 篇,获授权发明专利 10 项、新型发明专利 6 项、新增软件著作权 73 项。

促进产学研合作,先后与 3 家企业成立"苏州大学-苏州科达科技云视讯联合实验室""苏州大学-捷奥瑞康车联网研究所""苏州大学-瑞翼移动互联网应用研发中心"等产学研平台。积极联系,推进协同创新工作。经努力,2013 年学院横向项目到账超过 700 万元。

2. 国内外学术交流情况

改革导师论坛模式,举办首届研究生论坛,创造院内学术交流氛围。全年邀请含 ACM 图灵奖获得者 Edmund M. Clarke 在内的 32 位海内外专家学者来学院进行学术访问,承办国内外学术会议 5 场,举办高水平学术报告逾 50 场。为鼓励研究生参与高水平学术交流,研究制定《学院资助研究生学术交流管理办法(试行)》。

四、重大事项

计算机与信息技术实验教学中心被批准为国家级实验教学示范中心。与方正国际软件苏州有限公司联合申报的"苏州大学-方正国际软件有限公司工程实践教育中心"获批国家级大学生校外实践教育基地。

8 月 20 日至 21 日,学院学科建设推进会顺利举行。学院全体院领导、全体教授、教工支部书记、系(部、中心)主任、分工会主席参加了此次会议,会议由院党委书记胡新华主持。

通过会议,进一步明确了学院学科发展方向和规划,进一步统一了思想,并确立了重点发展好软件工程和管理科学与工程两个专业的建设思路。

10 月 9 日至 12 日,中国中文信息学会 2003 年学术年会暨理事会、第十二届全国计算语言学学术会议暨第一届基于自然标注大数据的自然语言处理国际学术研讨会、第一届全国知识图谱会议研讨会在学校举行。包括两院院士在内的国内学者及美国、加拿大、日本等国外专家 300 多人与会。本次会议的主题是:深度学习与中文信息处理。

12 月 14 日至 15 日,以“研究生培养和学科发展”为主题的第五届江苏省计算机学科高峰论坛在学校召开。本次论坛由江苏省计算机学会主办,南京大学、苏州大学共同承办。

(俞莉莹)

电子信息学院

一、概况

电子信息学院的前身是1987年创建的苏州大学工学院电子工程系，随着学科发展和规模扩大，2002年7月更名为电子信息学院。

学院拥有信息与通信工程和电子科学与技术2个一级学科，下设通信工程、信息工程、微电子工程、电子工程4个系和总实验室；建有江苏省电工电子实验教学示范中心，生物医学电子技术和射频与微波毫米波2个苏州市重点实验室，以及光网络技术、射频与无线通信、语音与图像技术、智能信息处理与控制系统、微纳传感技术、ASIC芯片设计与集成系统、新型平板显示器件、生物医学信息与工程研究中心及系统生物学中心9个研究机构。

学院现拥有2个博士点：信号与信息处理、生物医学电子信息工程；2个一级学科硕士点：信息与通信工程、电子科学与技术（含6个硕士点：通信与信息系统、信号与信息处理、电路与系统、电磁场与微波技术、物理电子学、微电子与固体电子学）；2个专业硕士学位点（工程硕士点）：电子与通信工程、集成电路工程；5个本科专业，其中，通信工程、信息工程、电子信息工程和微电子科学与工程被列为“十二五”江苏省高等学校重点专业，通信工程为江苏省特色专业（2011年被确定为省卓越工程师培养试点专业），微电子科学与工程为校特色专业。

现有在职教职工107人，其中，教授16人（含特聘教授6人，其中，中组部“千人计划”入选者1人，“973”青年科学家1人，国家“优青”1人，江苏省“杰青”1人，“青年千人计划”入选者2人，江苏省“双创人才”1人，中科院“百人计划”入选者1人，苏州市“姑苏领军人才”1人），副教授近40人，专任教师85人。有讲座教授7人，博士生导师12人，硕士生导师30多人，外聘院士3人，兼职教授20多人，中国工程院院士潘君骅先生任学院名誉院长。学院现有全日制本科生1 045人，博士研究生18人，全日制硕士研究生190人，在职工程硕士252人。

学院现拥有光纤通信、数字通信、微波、无线通信辐射测试、电子测量、嵌入式教学实验系统（ARM）、电子设计自动化（EDA）、数字信号处理（DSP）、集成电路设计（IC设计）、器件模型与模拟、器件分析等一批适应现代通信、电子信息技术发展的专业实验室，并与多家高新技术企业建立了9个联合实验室，为培养学生掌握适应信息技术发展的专业知识提供了良好的学习条件。学院大力推进与企业的科研合作和人才培养，建立了苏州大学EE校企合作联盟，在中外高科技企业和研究机构中建立了20多个校外实习基地。

二、教学工作

1. 本科生教学工作

2013 年,学院在教学质量工程项目方面取得了一系列成果。在江苏省“卓越工程师教育培养计划”中期评估中被评为优秀,获江苏省高等教育改革研究课题结题 1 项,江苏省教育技术改革项目结题 1 项,校级教改结题 1 项,校教学成果一等奖 1 项,校级精品课程结题 1 项,校级国家工程教育专业认证计划结题 1 项,出版教材 3 部。2013 年,学院 1 位教师获校交行奖教金,1 位教师获校周氏教育教学优秀奖,1 位教师获校建行奖教金,1 位教师获校第十二届青年教师教学竞赛三等奖,1 位教师获校微课教学比赛鼓励奖。有 4 位教师获得教育部“本科教学工程”高等学校教师网络培训课程结业证书,1 位教师参与企业工程培训。

大力推进过程化考核改革的试点工作,共有校级过程化考核课程立项 11 门,院级立项 15 门;两位教师指导的“箬政学者”学生,均获出国全额奖学金,分别前往新加坡南洋理工大学和美国哈佛大学交流学习。

学院积极组织学生参加学科竞赛,提高学生的实践和创新能力。在各类学科竞赛中再创佳绩,在 2013 年全国大学生电子设计竞赛中荣获国家级二等奖 4 组,江苏省二等奖 3 组;在苏州地区高校“AMD”杯电子设计竞赛中荣获市级一等奖 2 项、二等奖 3 项、三等奖 3 项;在全国软件和信息技术专业人才大赛中荣获省级一等奖 17 项、二等奖 17 项,同时第 5 次荣获优秀组织单位;在江苏省理工科大学生人文社会科学知识竞赛中,3 人荣获三等奖、10 人荣获优秀奖。

学院注重培养本科生参与科研项目,成功申报第十五批大学生课外学术科研基金重点项目 4 项,一般项目 6 项;成功申报大学生创新性实验计划项目 7 项,其中国家级(省级)重点项目 2 项,校级项目 5 项;2013 年已结题大学生创新项目国家级 2 项,省级 2 项,校级 3 项。1 名学生成功申请 1 项国家专利。

学院高度重视培育优良的学风。在 2013 年的学校优良学风班的评比活动中,有 3 个班级成功入选校优良学风班。2010 级通信工程被列为校优良学风班十佳班级进行展示,2009 级通信工程被评为省级先进班集体。

2. 研究生教学工作

2013 年,学院新建江苏省企业研究生工作站 1 个,获校专业学位硕士案例教材建设子项目 1 项。学院研究生获得江苏省创新项目 4 项,李泳成同学的论文获亚洲光通信会议 ACP2013“最优学生论文奖”,余倩、孙雪等同学分别在 IEEE 专业刊物发表论文。

三、科研工作与学术交流

1. 科研项目与成果

2013 年,学院与兵器 214 所等单位联合申报总装项目 7 项,获得国家优秀青年基金 1 项,面上项目 2 项,青年基金项目 5 项,国家重大基础研究计划(973)青年科学家项目 1 项,国家重大装备专项 1 项,教育部博士点基金 1 项,江苏省杰出青年基金 1 项,江苏省自然科学基金项目 7 项,江苏省高校自然科学基金项目 2 项,苏州市科技支撑计划项目 1 项,横向项目 12 项,科研经费超过 2 000 万元。授权、申请发明专利 31 项,软件著作权 12 项,实用新型专利 20 项。2013 年学院教师发表论文 107 篇,其中核心期刊论文 95 篇,在国际权威的

IEEE 会刊上发表 11 篇论文,学院覆盖的 2 个一级学科均在国际权威刊物上展示了高水平的成果。另外,2012 年学院教师发表的论文中有 49 篇被 SCI(E)、EI、ISTP 收录。沈纲祥教授带领的“光网络与通信”团队被评为“2013 年度江苏高校优秀科技创新团队”。

2. 国内外学术交流情况

学院在加强教学及科研工作的同时注重国内外的学术交流活动,邀请了“千人计划”入选者清华大学廖洪恩教授,传感技术国家重点实验室主任、中科院上海微系统与信息技术研究所李昕欣研究员,美国爱荷华大学 Milan Sonka 教授等国内外 20 多位知名专家学者来院为师生做学术报告。

学院多位教师分别去加拿大滑铁卢大学、澳大利亚新南威尔士大学、美国明尼苏达大学、德州农机大学卡塔尔分校、美国拉玛尔大学等多所国外高校交流访问,开展合作研究。

学院与美国、加拿大、澳大利亚、新加坡、韩国等国的多所高校和相关科研机构建立了紧密的合作关系。

四、重大事项

2013 年 1 月,电子信息学院首届卓越工程师班启动。

2013 年 3 月,苏州大学 EE 校企合作联盟 2013 年会举行。

2013 年 5 月,承办江苏省 2013 全国大学生电子设计竞赛专家组工作研讨会。

2013 年 5 月,承办江苏省高等院校电子电工、自动化、电气、动力学科组联席会 2013 年会。

2013 年 6 月,苏州大学- Cadence OrCAD 联合实验室揭牌仪式举行。

2013 年 7 月,承办第二十届 IPFA 国际会议。

2013 年 7 月,学院加入与中国兵器 214 所、清华大学、苏州大学、东南大学组成的 MEMS 工程技术研究联盟。

2013 年 9 月,承办第一届苏州国际医学影像研讨会。

2013 年 11 月,苏州大学-海格汽车电子班签约及开班仪式举行。

2013 年,陈新建教授、常春起教授获“江苏省高层次创新创业人才引进计划”资助。

2013 年,陈新建教授获“973”青年科学家项目。

2013 年,沈纲祥教授获国家自然科学基金“优秀青年基金”。

2013 年,沈纲祥教授领衔的“光网络与通信”团队被评为“2013 年度江苏高校优秀科技创新团队”。

(刁爱清)

机电工程学院

一、概况

机电工程学院是苏州大学建院较早、实力较强的工科学院之一,其前身是始建于1977年的苏州丝绸工学院机电系,1978年、1980年分别设置纺织机械工业电气自动化本科专业,1978年开始招收硕士研究生。1997年7月,苏州丝绸工学院并入苏州大学,原苏州丝绸工学院机电系与原苏州大学工学院合并重组成立新的苏州大学工学院。随着办学形势的发展,1999年年底,苏州大学工学院划分成机电系、电子系、计算机系等3个独立系,2001年,苏州大学机电系更名为苏州大学机电工程学院。几十年来,为国家培养了大批经济建设急需的高级工程技术人才。

学院现有教职工175人,其中,专任教师137人,在岗正高职23人、副高职58人,教授和副教授占专任教师总人数的59.1%,专任教师中具有博士和硕士学位的人数比例达82%。拥有中组部第六批“千人计划”入选者1人,中组部第五批“青年千人计划”入选者1人,“长江学者奖励计划”特聘教授1人,国家杰出青年科学基金获得者1人,“863计划”专家1人,教育部“新世纪优秀人才支持计划”1人,享受国务院政府津贴者2人,江苏省“333高层次人才培养工程”培养对象第一层次1人、第三层次2人,江苏省有突出贡献中青年专家1人;江苏省“双创人才计划”入选者2人;江苏省杰出青年基金获得者1人;江苏省“青蓝工程”中青年学术带头人1人;江苏省“六大人才高峰行动计划”入选者2人。获得江苏省创新团队、国家科技部先进机器人技术重点领域创新团队等荣誉称号。学院还聘请了卢秉恒、孙钰、席宁、李文荣、福田敏男、李伟、刘涛、高学山、奚廷斐、宋世鹏、付东山、郁秋霞等多名国内外知名学者和企业家为讲座教授、兼职教授和企业教授。

学院现有激光制造工程、数字化纺织与装备技术、智能机器人技术等3个二级学科博士点。拥有机械工程、仪器科学与技术2个一级学科硕士点以及控制理论与控制工程、工业工程2个二级学科硕士点;拥有机械工程、控制工程等2个工程硕士点。现有机械工程、机械电子工程、电气工程与自动化、工业工程、材料成型及控制工程等5个本科专业,其中,机械工程专业为省级特色专业;形成了新型纺织技术与装备、激光加工与表面技术、超精密加工与检测技术、机械系统动力学及控制、信息检测与处理技术、传感与测控技术等具有特色的研究方向,并开展了生物制造、智能机器人和微纳制造等新的研究方向。目前在校全日制本科生900多名,在校研究生300多名。

根据先进制造技术领域的“智能化、绿色化、极端化以及与其他学科交叉融合”的发展趋势,加快学院的转型,整合全院科研力量,2014年2月成立苏州大学先进制造技术研究院。建有生物制造研究中心、机器人与微系统研究中心、现代机械设计与制造中心、激光制造技术研究所、人工心脏研究所、苏州大学张家港工业技术研究院先进制造技术工程中心和

2011 纳米协同创新中心—纳米机电制造工程中心等科研平台。学院下设机械工程系、自动化工程系、工业工程系等 3 个系和 1 个院级中心实验室。院中心实验室含机械基础实验室、先进制造技术实验室、激光加工与快速成型实验室、动态测试与分析实验室、微机电与生物芯片实验室、人因工程实验室、物流工程实验室、SMT 实验室、电机拖动实验室、PLC 控制实验室、创新设计实验室、生物制造实验室、机器人实验室和微纳制造实验室等,其中,机器人实验室为江苏省重点实验室,机械基础实验室为江苏省高等学校实验教学示范中心,先进制造技术实验室为苏州市重点实验室,SMT 实验室的设施条件位于国内高校同类实验室前列。

学院继承与发扬"厚基础、重实践、求创新"的办学传统,以能力培养为目标,融入现代设计、现代技术理念,着力进行学科专业课程体系改革,培养出的学生具有扎实的学科基础和宽厚的专业知识,动手能力及创新能力强。长期以来应届学生就业率名列学校前茅,应届毕业生年底就业率近 100%,学生在"挑战杯"全国大学生课外学术科技作品竞赛、电子设计大赛以及江苏省机器人大赛等学科竞赛中屡获大奖。

学院近年来积极开展国际交流与合作,与英国、德国、日本、法国、加拿大等多个国家和地区的大学建立了长期稳定的交流关系,开展教师进修和学生交流等合作项目;与江南嘉捷(SJEC)、东南电梯(DNDT)、旭电(伟创力)(Flextronics)、英飞凌(Infineon)、无锡格莱德等众多知名企业建立合作关系,成立共建实验室和学生实践基地,为学生的学习和发展提供更广阔的空间。

二、教学工作

1. 本科生教学工作

2009 级本科生就业当年度实际签约率为 93.69%。机械工程专业通过省级特色专业验收。电气工程及其自动化专业入选教育部第三批"卓越工程师教育培养计划"专业。机械类专业(机械工程、机械电子工程、材料成型及控制工程)为江苏省"十二五"高等学校重点建设专业。1 人获省级教学改革研究论文奖,6 人获学校奖励(教学类),3 人获评苏州大学教学先进个人。

2. 研究生教学工作

完成激光制造工程、数字化纺织与装备技术、智能机器人技术等 3 个博士点培养计划的制定工作,招收博士生 7 名、硕士生 76 名、工程硕士 102 名,毕业 95 名,新建研究生工作站 6 个。学院主要领导为研究生作学风建设专题讲座。

三、科研工作与学术交流

1. 科研项目与成果

组织学术沙龙和辅导报告,组织专家指导基金申报,发挥研究中心的示范带动作用。2013 年获得国家自然科学基金 8 项,江苏省自然科学杰出青年基金 1 项,江苏省自然科学青年基金 7 项,江苏省科技支撑项目 1 项,江苏省高校自然科学基金 2 项,苏州市项目 3 项,授权专利 76 项,SCI 论文 21 篇,EI 论文 102 篇,累计到账经费已经突破 1 319.93 万元。学院荣获"苏州大学 2013 年度科技产业工作最佳组织奖"。

2. 国内外学术交流情况

2013 年,学院积极与境外高水平大学开展学术交流活动,学院教师参加国内外学术会议 51 人次,邀请国内外著名学者来实验室交流讲学 20 余次,承办、协办国际会议 2 次。

4 月至 12 月,日本产业综合研究所 Ubiquitous MEMS and Micro Engineering 中心主任前田龙太郎教授、鲁健研究员、张岚博士,日本茨城大学王东方副教授,意大利理工学院陈翡博士,香港城市大学申亚京助教,英国帝国理工学院史朝阳博士,马里兰大学吴忠俊教授,台湾成功大学陆鹏举教授,新加坡国立大学傅盈西教授、孙捷博士到学院参观访问并作报告。加拿大多伦多大学孙钰教授、德国慕尼黑国防大学宇航机器人中心主任 Volker Greafe 教授到学院访问。4 月 7 日至 10 日,协办"IEEE-NEMS2013 国际会议"。邀请美国工程院院士 Albert ("Al") P. Pisano 教授,中国工程院院士程京教授,中国科学院外籍院士王中林教授等 3 位杰出的科学家作大会报告。8 月 26 日至 30 日,承办"3M-Nano 2013 国际会议"。特邀美国密歇根大学教授、中组部"千人计划"入选者、IEEE Fellow 席宁,香港城市大学教授、IEEE Fellow 李文荣,日本名古屋大学教授、中组部"千人计划"入选者、IEEE Fellow、IEEE 亚太区主席福田敏男等国际纳米操作、制造与测量领域的 27 位顶尖专家作大会特邀报告。8 月,美国密西根州立大学席宁教授、香港城市大学李文荣教授、日本名古屋大学福田敏男教授、新加坡国立大学电子与计算机工程学院李正国教授来学院访问、发表演讲并受聘为讲座教授、兼职教授。

四、重大事项

2013 年 7 月,学院召开了第三次学院学科建设与发展研讨会,提出了"以学科建设为中心,实现人才培养、科学研究、产业化三位一体良性发展"的发展思路和"双 1234"的三年发展目标,着力解决影响和制约学院科学发展中存在的教师队伍、专业特色、科学研究三大突出问题,各项工作取得显著成绩。

2013 年引进 12 名海内外人才。徐博翎教授入选中组部第五批"青年千人计划",陈立国教授入选教育部"新世纪优秀人才支持计划",孙立宁教授获"江苏省有突出贡献的中青年专家"称号。王明娣、胡海燕等 10 名教师分别晋升为教授、副教授。汝长海、陈立国和陈瑶 3 名特聘教授通过学校首期特聘教授聘任考核。高瑜等 15 名青年教师进入博士后工作站,多名优秀教师到国内外参加短期课程进修、业务培训或做访问学者。

学院积极参与苏州大学张家港工业技术研究院机器人与机电一体化研发中心建设,与苏州博实机器人、同心医疗器械、爱因智能设备、江源机械、天虹激光、苏大维格、无锡创源等公司开展实质性合作,建立了多家研究生工作站。

实施本科生科研能力培育、志愿爱心奉献、团队协作体验等三大工程,组织 30 项科技类活动,获校级以上各级科研立项 22 项,累计获科研经费近 10 万元。学生申请专利 1 项,公开发表论文 2 篇,其中 EI 收录 1 篇。208 人次在各级大学生科技创新类比赛中获奖,获第十三届"挑战杯"全国大学生课外学术科技作品竞赛一等奖等。学生科协连年被评为校优秀分科协。

学院青年志愿者协会被评为校级青年志愿者服务先进集体,3 名学生获得校级志愿服务先进表彰;学院获得校级暑期社会实践优秀组织奖,2 名教师被评为优秀指导教师,6 名教师被评为先进个人,家电义务维修志愿服务等 2 个团队被评为优秀小分队,《创新实践服务团队报告》等 5 篇调研报告被评为优秀社会调查报告。

2013 年 12 月,学院召开三届一次教职工代表大会。与会代表认真讨论,表决顺利通过了《机电学院奖励性绩效工资实施意见》。在工会活动中,学院蝉联校“健康杯”教工排球赛冠军,并获得第八届教工三人制篮球赛亚军,“保利置业杯”教职工乒乓球比赛团体第三名、女子单打亚军,第四届教职工羽毛球团体赛第五名,第四届教职工网球赛男单第三名等优异成绩。

(李婉婷)

沙钢钢铁学院

一、概况

沙钢钢铁学院是苏州大学与世界500强企业江苏沙钢集团合作共建的苏州大学二级公办学院，是目前国内第一家校企合作创办的新型钢铁学院。

2008年，根据苏州大学朱秀林校长和江苏沙钢集团董事局沈文荣主席等领导的共同商议，达成了关于建设苏州大学沙钢钢铁学院的意向。2010年4月8日下午，苏州大学与沙钢集团隆重举行合作办学签字仪式，正式成立苏州大学沙钢钢铁学院，朱秀林校长与刘俭总经理代表双方签订合作办学协议。随后苏州大学成立了沙钢钢铁学院建设领导小组和建设工作小组，并先后三次开会研究沙钢学院启动建设事宜。

2010年5月18日，苏州大学110周年校庆当天，苏州大学沙钢钢铁学院隆重举行揭牌仪式。原中共江苏省委书记、原江苏省人大常委会主任陈焕友，中共江苏省委常委、苏州市委书记蒋宏坤，江苏沙钢集团董事局主席、总裁、党委书记沈文荣及苏州大学党委书记王卓君共同为沙钢钢铁学院揭牌。江苏省人民政府副省长曹卫星，中华全国工商联冶金业商会名誉会长赵喜子，江苏省政府副秘书长、办公厅主任李一宁，江苏省教育厅厅长、省委教育工委书记沈健，苏州市政协主席王金华等出席揭牌仪式，朱秀林校长主持仪式。

学校特聘原安徽工业大学校长董元篪教授担任沙钢钢铁学院院长。董元篪教授多年来一直从事钢铁冶金工艺理论和冶金资源综合利用的研究，在含砷铁矿冶炼脱砷、金属熔体的热力学、铁合金脱磷和冶金二次资源综合利用等领域取得了开创性的成果。

沙钢集团为沙钢钢铁学院的建设提供了强有力的资金和技术支持。一方面，沙钢集团赞助3 000万元用于学院的建设，其中2 000万元用于实验设备的购置，专款专用；1 000万作为“沙钢奖教·奖(助)学基金”，用于奖励为学院建设和发展做出突出贡献的团队和个人、有志于为沙钢集团服务的优秀学生以及资助有意向去沙钢集团工作的贫困学生顺利完成学业。另一方面，学院和沙钢集团合作成立了大学生工程实践能力与素质教育工作小组、“卓越工程师教育培养计划”专家指导委员会，还聘请沙钢集团的总工程师陈少慧和张晓兵作为苏州大学的兼职教授，邀请沙钢集团培训中心的校长张修成等多位具有丰富工程实践经验的技术人员担任兼职教师，更好地为学生传授工程实践知识。通过充分发挥校企合作办学的优势，整合与企业的各种合作资源，力争培养出适合国家经济建设发展战略需要、综合素质高、有社会责任感、有明显特色的高级冶金工程应用型人才。

学院现有冶金工程、机械工程及自动化(冶金过程装备及控制)、材料科学与工程(冶金过程自动化)3个专业(方向)，本科生145人，研究生6人。苏州大学作为国家教育部批准的第二批加入“卓越工程师教育培养计划”的高校，特别将冶金工程专业列为苏州大学“卓越工程师教育培养计划”实施试点专业。

学院现有教职工 22 人,全部具有硕士及以上学位。其中,专任教师全部具有博士学位,行政人员和实验室人员全部具有硕士及以上学位,教师中教授的人数比例达到 33%,学缘结构和学历结构优势明显。2012 年,学院教师共申报国家自然科学基金 4 项,获批 2 项;申报江苏省自然科学基金 1 项,获批 1 项;获得横向项目 1 项;完成学术论文 8 篇,SCI 已收录 6 篇,其中一区、二区各 1 篇。

二、教学工作

冶金工程专业正式招收研究生,体现改革创新的冶金工程等 2 个专业的人才培养方案制订完成。学院已建成适用"卓越工程师教育培养计划"的校内实验、实习、实训基地与有特色的科研实验室。"冶金工程专业校内基地建设的研究与实践""冶金类专业控制理论与控制工程系列课程和实验的改革与实践"等教改项目在学校获得立项,其中"冶金工程专业校内基地建设的研究与实践"项目被评为苏州大学教学成果二等奖。

学院现下设冶金工程和冶金自动化 2 个院级实验室,实验室面积共 3 600 平方米。2010 年 6 月,在学校的大力支持下,"冶金工程实验教学中心"项目成功申请到中央财政支持地方高校发展专项资金 1 000 万元,用于冶金工程实验室的建设,2012 年资金已到位并已投入实验室建设。

苏州大学沙钢钢铁学院的建立,开创了我国优秀民营钢铁企业与著名高等院校携手合作之先河,是钢铁企业充分发挥品牌优势和综合实力、优化教育资源配置、构建高层次产学研合作平台的成功实践,是苏州大学工科专业与学科调整的需要,同样也是发挥苏州大学全国地方性高校排头兵作用的需要。沙钢钢铁学院将遵循高起点、高水平办学的理念,在新的人才培养体制下,在苏州大学和沙钢集团的校企合作平台下,力争培养出比同类工科院校基础更扎实、工程意识更强、实践能力和创新能力更突出的高级工程应用型人才。

(管　森)

纺织与服装工程学院

一、概况

纺织与服装工程学院(兼丝绸科学研究院)成立于2008年7月,由原材料工程学院纺织科学与工程一级学科单独组建而成。至2013年年底,学院设有纺织工程系、轻化工程系、服装设计与工程系及非织造材料与工程系,并设有丝绸科学研究院、现代丝绸国家工程实验室、国家纺织产业创新支撑平台、江苏省丝绸技术公共服务平台、江苏省纺织印染节能减排清洁生产工程研究中心、丝绸工程江苏省重点实验室、苏州市生物组织工程材料与技术重点实验室、苏州市丝绸文物测试与复制技术重点实验室、苏州大学纺织经济信息研究所、学院中心教学实验室、《现代丝绸科学与技术》编辑部、纺织与服装设计国家级实验教学示范中心,纺织服装省级实验教学中心等科研、教学平台。纺织工程是国家重点学科,江苏省省级重点学科和品牌专业。学院现有一级学科博士点1个(纺织科学与工程),二级学科博士点4个(纺织工程、纺织材料与纺织品设计、纺织化学与染整工程、服装工程与设计),硕士点4个(纺织工程、纺织材料与纺织品设计、纺织化学与染整工程、服装工程与设计),纺织工程领域工程硕士点1个,高校教师在职攻读硕士学位专业硕士点4个(纺织工程、纺织材料与纺织品设计、纺织化学与染整工程、服装工程与设计)。纺织科学与工程为江苏省一级重点学科,设有博士后流动站。学院共有教职工104名,教授28名(其中校特聘教授5名)、副教授36名(其中博士生导师22名、硕士生导师25名)、国家引进海外高层次人才"千人计划"入选者3名。学院在仪征化纤股份公司和江苏吴中集团设有2个江苏省产学研联合研究生培养基地。截至2013年年底,学院在册全日制本科学生1 139人,博士、硕士研究生326人,在职专业学位硕士研究生38人。

二、教学工作

1. 本科生教学工作

纺织与服装工程学院设置纺织工程、轻化工程、服装设计与工程、非织造材料与工程以及纺织工程(国际班)5个本科专业。学院制订了2013级本科人才培养方案,并试行大类招生,纺织工程、服装设计与工程、非织造类专业纳入纺织科学与工程大类招生;做好纺织工程教育部卓越工程师培养计划各项工作;制订了"卓越工程师教育培养计划"学生遴选方案,从2011级纺织工程班的学生中遴选了20名参加该培养计划,遴选了三类工程实践基地:纺织服装贸易类、检验检测类、产品设计开发类,基地的布点以苏州市为主,分别在苏州美麟进出口有限公司、国家丝绸及服装产品质量监督检验中心设立了工程实践教育中心,聘任了苏州美麟进出口有限公司董事长、国家丝绸及服装产品质量监督检验中心副主任为双师型教师。申报了纺织品检验与贸易和服装产品开发与运营管理两个辅修专业,制订了辅修专业人才培养方案,抓好教学质量工程及教学改革的具体工作。学院组织申报纺织工业联合会2013年度教学成果奖,荣获一等奖2项、二等奖1项、三等奖5项。获批校教学改革重点项目1项。“纺织服装生产管理”获批2014年苏州大学全英文示范课程。纺织工程国家特色专业建设点、江苏省纺织类重点专业、江苏省人才培养模式创新实验基地以及江苏省优秀教学团队的各项工作顺利推进。同时,完成了所承担的苏州大学第二、三批本科教学质量与教学改革工程项目培育点的自查工作,并顺利通过学校的验收。认真做好优秀本科生赴英国曼彻斯特大学交流项目,该项目获批国家留学基金管理委员会2013年优秀本科生国际交流项目,完成5名学生的选拔和审核工作,完成9人赴曼彻斯特大学“2+2”项目的选拔和推进工作。

2. 研究生教学工作

纺织与服装工程学院设置纺织工程、纺织材料与纺织品设计、纺织化学与染整工程、服装设计与工程4个全日制硕士、博士点。学院完成了纺织科学与工程一级学科硕士、博士研究生培养计划的修订工作,确定了一级学科大类课程和专业课程及各课程的教学大纲。新增省级研究生工作站8个,入选2013年度江苏省普通高校研究生科研创新计划项目4个,江苏省优秀硕士论文1篇。2013年毕业博士4人、硕士81人,授予工学博士学位4人、工学硕士学位64人、工程硕士学位18人。招收博士研究生7人,全日制学术型硕士生69人,全日制专业学位硕士生30人,在职工程硕士生24人。2013届研究生就业率达97.7%。

三、科研工作与学术交流

1. 科研项目与成果

2013年度纺织与服装工程学院共获得国家自然科学基金项目等纵向项目到账经费1 180.756万元,横向项目到账经费355.55万元,包括“十二五”国家高技术研究发展计划(863)项目、国家自然科学基金项目等纵向项目62项。发表SCI、EI、ISTP收录论文181篇,申请专利123项,获得授权国家发明专利等58项。学院做好江苏省优势学科建设的推进工作,成功召开纺织科学与工程学科建设研讨会,继续凝练蚕丝生物工程、功能性纤维材料、纺织系统工程与数字化纺织、功能性纺织品及其染整、现代服装工程、丝蛋白生物材料等6个学科方向和研发团队。获国家科学技术进步奖二等奖1项;获中国纺织工业联合会科学技术奖一等奖1项、二等奖1项、三等奖1项。成功召开2013中日韩先进功能纳米纤维国际研讨会。成功召开第八届中国国际丝绸会议暨第四届亚洲防护服会议、苏州大学-英国染色家学会生态染整会议。

2. 科技合作与社会服务

学院积极做好国家级平台的建设工作,努力为行业和地方提供服务。成功召开商务部茧丝绸产业公共服务体系“丝绸工业科技转化平台”项目第二次全体专家会议及4个工作组会议,并于6月底完成2012年度项目结题工作,同时做好2013年度“丝绸工业科技转化平台”项目投标及项目启动工作。学院发挥国家级平台的辐射作用,成立苏州大学-江苏东渡纺织集团“生态纺织服装研发检测中心”。南通苏州大学纺织研究院一届三次理事会议顺利召开。完成了研究院的年度财务审计工作。“千人计划”入选者张克勤教授、许伟刚教授分别对通州区、海安高新区进行了走访,与相关重点企业——江苏金太阳纺织科技有限公司、南通信一服饰有限公司、江苏联发纺织股份有限公司、江苏华艺集团等达成初步产学研合作意向。以研究院为载体申报省、市级2013年科技类项目,成功获批2013年江苏省创新基金前瞻性联合研究面上引导项目1项、工业支撑重点课题项目1项,2013年南通市公共技术服务平台项目1项、应用研究项目1项。8月份学院完成与南充市人民政府合作共建南充研究中心事宜的商谈工作,经双方友好协商,启动并签署与南充市科技局共同组建南充丝绸产业技术研究院的合作协议。

四、重大事件

2013年,纺织与服装工程学院各项工作成绩斐然,获得的奖项和荣誉有:第十三届"挑战杯"全国大学生课外学术科技作品竞赛一等奖;中国纺织工业联合会教学成果三等奖2项;"越隆杯"第五届中国高校纺织品设计大赛最具商业价值奖;第三届全国大学生外贸跟单(纺织)职业能力大赛团队三等奖,个人三等奖2项;"纺织之光"奖学金特别奖1项,奖学金9项;江苏省第四届理工科学生人文社会知识竞赛三等奖2项,优秀奖9项;江苏省第一届大学生科技创新创业成果交流会最具潜力项目;苏州大学"重大科技进展奖";苏州大学第十四届"挑战杯"科迪石化学术科技作品竞赛特等奖2项,一等奖6项,二等奖8项,三等奖15项,优胜杯、优秀组织奖;苏州大学本科生科研训练计划工作推进奖;苏州大学献血工作先进集体苏州大学团日活动优秀组织奖;苏州大学优秀志愿者先进集体。

2013年引进教师8人,补充师资队伍。

(司　伟)

城市轨道交通学院

一、概况

城市轨道交通学院是学校坚持地方性综合大学为地方经济建设服务发展理念，顺应中国现代化建设，特别是现代化城市发展的趋势，为适应长三角地区，尤其是苏州城市轨道交通建设的发展需要，在苏州市政府的支持下，于2008年5月成立的应用性工科学院。学院成立4年多来，充分利用苏州大学强大的教学资源和苏州市得天独厚的区域优势，重点建设和发展轨道交通相关专业，力争成为全国地方性高校轨道交通专业的领头羊。9月，学院入驻阳澄湖校区，与原南京铁道职业技术学院（苏州校区）的轨道系和建工系合并，师资力量加强，目前有教职工98名。学院目前拥有专任教师77人，其中拥有正高职称的9人，拥有博士学位的41人，海外学成归来的15人。专业领域涉及交通工程、工程力学、交通规划、通信信号、车辆工程和土木工程等。

学院共拥有车辆工程、交通运输、工程管理等6个本科专业和专业方向，现有全日制本科生4届总计1 241人。拥有车辆工程、测试计量技术及仪器和管理工程与科学3个硕士点，现有全日制硕士生44名。申报的自主设置博士点二级学科智能交通科学与技术已在教育部备案，并于2013年开始招生。

学院目前设有交通工程系、车辆工程系和校级科研机构苏州大学交通工程研究中心（中心有3个下属研究所，分别是车辆动力学与控制研究所、交通运输规划研究所、地下工程研究所）和苏州大学智能与结构研究所。

学院现有包括车辆工程实验室、电气工程实验室等在内的共计3 000平方米实验场地和相应的实验设备，各项专业实验教学已陆续开展。在450万元中央财政资金和江苏省财政资金的支持下，实验室建设初具规模。

二、科研工作与学术交流

1. 科研项目与成果

学院在2013年获得国家自然科学基金项目7项，江苏省科研项目3项，承接了包括“苏州市轨道交通2号线东延、4号线及其支线工程可行性客流预测”等纵向或横向课题30多个，本年度到账项目经费近1 000万元。学院与国内多家著名交通院校和科研院所建立了紧密的教学科研合作关系，为学科建设和人才培养奠定了坚实的基础。

2. 国内外学术交流情况

对外合作进展顺利，继续实施与韩国又松大学“2+2”项目，共有4批学生赴韩参加为期2年的学习，已有两届学生完成学业，获得中韩双学位。与韩国又松大学进一步合作，谈妥了“中日韩三国学生短期夏令营交流”项目。学院还举办了第三届中日交通问题研讨会，

15 位中外专家进行了交流。

三、学院特色

学院发展的战略定位是,以打造长三角地区轨道交通建设相关专业人才基地为主要目标,以培养应用型技术和管理人才为主要任务,以地方交通尤其是城市轨道交通为主要阵地,力争在"十二五"期间将学院建成服务于正在兴起的轨道交通产业链,立足苏州及长三角地区,提供城市轨道交通各类应用型专门人才的培养基地。

(金菊华)

体育学院

一、概况

体育学院至今已有近90年的办学历史。1924年东吴大学始办体育专修科,1926年招收本科生,1952年院系调整时创办体育系,1997年改建为体育学院。学院现有体育学博士后流动站和体育学一级学科博士点、体育学一级学科硕士点、体育硕士专业学位授权点以及体育教育、运动人体科学、民族传统体育和运动训练等4个本科专业;设有体育教育训练学研究中心、运动科学研究中心、体育文化与奥林匹克研究中心、武术与民族传统体育研究中心等4个研究中心和体育系、运动训练系、运动人体科学系、民族传统体育系、社会体育部、公共体育部等6个系、部;拥有国家体育总局体育社会科学重点研究基地和机能评定与体能训练重点实验室。体育教育训练学是江苏省重点学科、国家重点学科培育点;体育教育专业是江苏省普通高校品牌专业;运动人体科学专业是江苏省特色专业。学院同时设有国家体育总局体育文化科研基地、中国篮球文化研究中心、国家皮划艇队科研基地、奥星田径俱乐部等机构,被国际奥委会认定为奥林匹克研究合作伙伴。

学院现有教职工144名,其中教授16名,副教授63名,讲师41名;有国务院学位委员会体育学科评议组成员1名,全国模范教师1名,博士生导师8名,硕士生导师46名;有国际级裁判3名,国家级裁判10名;另有柔性引进、兼职、客座教授20余名。

二、教学工作

1. 本科生教学工作

2013年度,招收本科生157名。教学工作中,狠抓教学规范,创新教学工作理念,健全教学质量监督机制,抓教风、学风建设以提高本科教学质量;积极组织开展形式多样的教研活动,注重学生实践能力的提高;在"推就业"方面主要突出"提升素质、层层落实"。

积极实施公共体育教学改革。公体部不断深化体育教学改革,坚持以培养学生体育兴趣、锻炼能力和习惯为课程教学目标,以突出健身、淡化竞技和着眼未来为教改方向,注重实际、讲究实效,在选项课教学、课外体育俱乐部等方面继续进行改革和实践,完善结构,优化体系。充分利用现有的场地器材和人力资源,最大限度地满足学生的教学需求。在完成教学工作的同时,积极参加课外体育俱乐部的工作,保证了俱乐部活动的顺利有序开展,收到了较好的效果。

2013年度,李龙获得全国武术段位制工作"百名先进个人"的荣誉称号;张宗豪、罗丽获得建行奖教金;刘小平、王全法两位教师获得交行奖教金;张君贤、贺青获得苏州大学第十二届青年教师教学竞赛三等奖。

2013年度,2010级体育教育专业4名本科生代表苏州大学参加了2013年江苏省第二届师范生教学基本功大赛艺体组(体育教育)专业组比赛并取得了好成绩。

2. 研究生教学工作

2013 年度招收博士研究生 8 名,硕士研究生 86 名,2012 级体育硕士专业学位学员 100 名。2013 年共毕业博士 10 名,全日制硕士 92 名,在职硕士 93 名。20 多人次的研究生参与国内外学术会议。获评全国优秀博士论文 1 篇,获评江苏省优秀博士论文、硕士论文各 1 篇;获得江苏省 2013 年度"卓越人才培养计划"立项项目 3 项;获得 2013 年度"江苏省研究生培养创新工程"项目 13 项。

三、科研工作与学术交流

2013 年度,学院教师共发表核心期刊学术论文 50 篇(含通讯作者和北图核心期刊),其中 SSCI 收录论文 1 篇,SCI 论文 1 篇;出版学术专著 4 部(还有 7 部正在印刷过程中);获得 9 项实用新型专利;共获国家级研究项目 3 项,其中国家社科基金项目 2 项、国家自然科学基金项目 1 项;共获得省部级研究项目 9 项,其中教育部人文社会科学研究项目 4 项、国家体育总局软科学研究项目 3 项,江苏省哲学社会科学研究项目 2 项;共获得市厅级研究项目 22 项,横向项目 2 项。科研总经费达到 375 万元。资助教师和研究生参加国际、国内会议 30 余人次。

四、学院特色与重大事件

学院党委充分发挥党的思想工作优势,弘扬社会主义核心价值观,加强师德建设。认真组织开展党的群众路线教育实践活动。选送的 2012 年度辅导员刘卫民、2012 中国大学生年度人物吴静钰分别获得入围奖;在"西藏支教·心灵之旅——姚阳老师援藏事迹介绍"活动开展后,学院青年教师鲍捷老师也积极援藏支教;教书育人、孝老爱亲楷模人物刘小平老师的事迹也在师生中产生积极影响。院党委加强中心组理论学习,邀请江作军副校长进行了专题学习辅导,与政治与公共管理学院党委联合开展以"中国梦、学院梦"为主题的学习。

竞赛工作与群体工作方面,积极为学校增光,在重大比赛中获得优异成绩。本年度学院 45 名学生参加第十二届全运会,运动员们在全运会赛场上挥洒汗水、不懈努力、奋勇拼搏,取得了优异成绩,其中,10 人次获得金牌,12 人次获得铜牌,8 人次获得第 4 名,11 人次获得第 5 名,8 人次获得第 6 名,为江苏团体总分和金牌总数作出重大贡献。另外学院共有 22 位教练员带领着 261 位运动员正在积极备战江苏省第十八届运动会,其中,在 2013 年举行的 8 项比赛中,学校代表队参加了 7 项,共获得团体总分 342 分,净得分暂列江苏省高校第 2 名。篮球队参加 2014 年 CUBA 江苏赛区预赛,男篮获得第 3 名,取得历史性突破。

圆满完成学生体质测试工作。从 8 月 26 日到 10 月 20 日,完成了全校 4 个年级近 4 万学生的 9 项体质测试工作。积极开展校园体育竞赛活动,丰富校园文化生活。顺利完成了第 51 届学生运动会的组织和裁判工作,参加的运动员(包括参加表演的学生)有 3 000 余人。完成了男女学生四人制篮球比赛的组织工作,参加的学生人数达 700 余人。完成了男女学生排球比赛的组织工作,参加的学生人数达 400 余人。完成了学生第五届网球团体比赛和第九届单项协会比赛以及男女学生乒乓球比赛的组织工作,参加的学生人数达 500 余人。完成了 5 人制足球比赛和第七届阳光体育节冬季长跑启动仪式,共有 500 余人参加了这次长跑启动仪式。成功举办 2013 年苏州大学首届校园马拉松比赛,有 500 名学生、教师及校友参加了这次比赛。

学院承办了中国高等教育学会体育专业委员会常务理事会、第四届体育学博士生导师论坛、第七届全国体育产业学术会议等全国性会议 4 次,举办各类论坛、学术讲座 19 场,举办了 8 期青年教师学术沙龙活动。

(张鑫华)

艺术学院

一、概况

艺术学院始创于1960年,经过几代人的不懈努力与奋斗,已发展为师资力量雄厚、专业方向比较齐全的综合性艺术院系。目前,艺术学院有教职工105人,其中专任教师79人,教授19人,副教授25人,江苏省教学名师1名。

学院拥有产品设计、服饰与配饰设计(含时装表演与服装设计)、视觉传达设计、环境设计、美术学(美术教育、插画)、艺术设计学专业等6个专业;拥有艺术研究院、非物质文化遗产研究中心等2个校级研究机构;拥有良好的实验设施,设有计算机、陶艺、染织、服装、数字动画、版画等实验室和工作室,纺织与服装设计实验中心为国家级实验教学示范中心,艺术设计实验教学中心为江苏省实验教学示范中心;拥有设计学一级学科博士授予权和博士后科研流动站;拥有设计学、美术学、艺术学理论3个一级学科硕士授予权,以及艺术硕士(MFA)和工程硕士专业学位授予权。2010年,艺术学被批准为江苏省首批优势学科建设项目;艺术设计专业现为教育部、财政部批准的全国艺术教育类人才培养模式创新实践区、江苏省品牌专业、江苏省"十二五"高等学校重点专业建设点。

多年来,学院培养了马可、吴简婴、王新元、赵伟国、邱昊、逄增梅等一大批优秀的艺术与设计人才,毕业生遍及海内外。

二、教学工作

专业建设稳步推进。自2012年9月获批"十二五"江苏省高等学校重点专业建设点以来,截至2013年12月初,项目建设的7个模块、18个分项的目标均按时顺利完成,70%超目标任务完成,并进一步积极争取竞标项目"微课群"的遴选建设;原艺术设计(数码媒体艺术)专业已组织申报数字媒体艺术专业。人才培养成效明显,截至2013年12月,在校本科生获得省级以上各类竞赛奖项57项;毕业率、学位授予情况较去年均有提升,2013届本科毕业生毕业率为96%,学位获取率为94%。2013年4月,在北京举行的首届中国大学生时装周系列活动中,学院师生代表取得了喜人成绩,获"艺术风格奖"和"人才培养成果奖"。教学改革不断创新,苏州大学"十一五"本科教学质量与教改工程培养点均以合格通过验收,在此基础上,扩大过程化考试改革范围,服装系和产品系遴选"服装结构设计1""染织工艺基础"两门课程进行教学改革试验。同时,多位教师获各类教学奖。申请获批江苏省普通高校研究生科研创新计划项目5项,其中省立省助3项,省立校助2项;成立苏州大学企业研究生工作站1个;研究生督导定期检查学院各类研究生课程、展览、开题及答辩等工作有序进行。

三、科研工作与学术交流

1. 科研项目与成果

一年来,学院以优秀学科建设项目为依托,出版了艺术学优势学科学术文库《美术与设计教学档案系列》13卷,出版了《韩熙载夜宴图图像志研究》等一批高水平的学术专著;举办了"当代华语电影文化影响力研究国际论坛"和"记忆江南——第四届中国非物质文化遗产·东吴论坛"等学术活动;获得了江苏省紫金文化勋章、国家级精品视频公开课等荣誉和奖项;获得了"十二五"国家重点出版规划图书项目资助;资助35位教师参加2014年全国美展创作活动,并努力做好江苏省优势学科建设的验收工作。

教师科研成果层出不穷。2013年在核心期刊共发表了67篇论文,其中,一类核刊7篇,二类核刊34篇。1人获得国家社科基金艺术学项目1项,1人获得教育部人文社科基金项目1项,3人获得江苏省教育厅社科项目,若干人获得市厅级社科项目。艺术学院设计团队摘得苏州轨道交通二号线公共艺术项目。多位教师获得各类专业大赛奖。钱流、戴家峰、刘昌明以及客座教授杨明义等举办了个人画展。成立了艺术研究院,下设3个理论研究中心与创作中心。为支持和培育艺术学院教师科研工作,学校决定设立校长委托项目(艺术类),2013年评出攻关课题1项、重点培育课题2项、一般课题6项,创作资助项目3项。学院与《丝绸》杂志社合作,作为常务理事单位签约两年,在《苏州大学学报》(哲社版)开设"艺术学研究"专栏。

2. 国内外学术交流情况

一年来,学院开展了与法国、韩国、台湾等国家与地区的高校交流与合作。上半年,成功举办了第四次"walk & work"中法艺术交流国际工作坊活动,邀请了台南大学美术系主任林美吟教授来院讲学;下半年,学院组队赴韩国大邱大学参加"2013视觉DESIGN国际交流作品展"并进行学术交流,并加强同韩国蔚山大学、法国布列坦尼大区法国协会的合作与交流。同时,积极开展社会服务工作,承担了第十三届全国大学生"挑战杯"闭幕式工作,承办了江苏省高校优秀美术作品展、江苏省高职院校艺术设计类专业负责人研训班及骨干教师培训班活动、2013"字·汇——中美两国字体设计展"、中国白酒包装设计大赛以及由文化部民族民间文艺中心主办的"2013全国首届民间核雕艺术大赛"等。积极推进校企合作,与香港一领装饰设计有限公司合作开办"国际高端室内陈设艺术设计"研修班,这是学院开展高端培训的首例。另外,与海宁皮革城管委会、苏州华丽美登装饰装璜有限公司、苏州市云帆刺绣工艺品有限公司进行了合作。

四、重大事项

(1) 1月,由艺术学院副院长姜竹松教授率领多位教师组成的设计团队,经过激烈角逐和多轮评审,获得苏州轨道交通二号线公共艺术项目。

(2) 4月24日至28日,在北京举行的首届中国大学生时装周系列活动中,学院师生代表取得可喜成绩,获"艺术风格奖"和"人才培养奖成果奖"两项大奖。

(3) 6月16日,学院召开改革与发展研讨会,学院全体教职员工参加了会议,并就学院在科研创新、人才培养、社会服务等方面的改革与发展规划进行了认真而热烈的交流研讨。

(4) 9月16日,由江苏省教育厅主办,南京艺术学院、苏州大学、江苏省美术家协会共同承办的“我的中国梦”主题教育活动暨江苏省高雅艺术进校园拓展项目“时代风华——江苏省高校优秀美术作品展”苏州站开幕式在学院601展厅前隆重举行。江苏省教育厅党组成员、纪委书记蒋吉生等领导及省内20多所高校的领导、教师和学生参加了开幕式。苏州大学获江苏省高校美术作品展最佳组织奖,学院教师蔡顺兴、王果获优秀奖。

(5) 11月1日,在北京举办的中国服装设计师协会七届三次理事会上,经全体理事无记名投票,学院李超德教授当选为中国服装设计师协会副主席。

(6) 12月14日上午,2013全国首届民间核雕艺术大赛开幕式在学校独墅湖校区601幢多功能厅举行。中国文化部民族民间文艺发展中心主任李松,副主任刘嘉、张刚、张剑清、王燕国,学院党委书记宁正法,校艺术研究院副院长、苏州大学非物质文化遗产研究中心主任李超德教授等领导嘉宾,以及部分参赛核雕艺人出席活动。

(7) 12月21日,在苏州独墅湖图书馆学术报告厅举行了第四届“中国非物质文化遗产·东吴论坛”学术研讨会。

(束霞平)

音乐学院

一、概况

音乐学院成立于2012年10月,是一所引领表演艺术、作曲艺术、学术研究和音乐教育的现代音乐学院,旨在培养具有全面艺术修养和高水平的音乐专业人才。

学院设有音乐表演与音乐学(音乐教育)两个本科专业,学制为4年,授予艺术学学士学位。拥有音乐与舞蹈学一级学科硕士点,授予艺术学硕士学位。

学院拥有一支由演奏家、作曲家、理论家和教育家组成的教师队伍,由大提琴家、指挥家吴和坤博士担任院长。现有专职教师29名,其中教授8名,副教授3名,助理教授8名,讲师7名,助教3名。音乐表演专业的教师是来自国内外大学和音乐学院(包括美国耶鲁大学、斯坦福大学、茱莉亚音乐学院、新英格兰音乐学院、法国巴黎国立高等音乐学院、德国科隆音乐学院、上海音乐学院等)的毕业生或在职教授,约70%拥有博士学位。音乐学(音乐教育)已有16年的办学历史,目前拥有钢琴、声乐及音乐理论的师资,其中多位教师曾在美国印第安纳大学、法国巴黎高等师范音乐学院及德国卡尔斯鲁厄国立音乐学院等学校学习深造。学院正在建设音乐图书馆,由曾在美国费城公立图书馆工作多年的汪镇美女士担任音乐图书馆馆长。

目前学院已经与美国巴德学院(Bard College)签署了合作协议,学院音乐表演专业与巴德学院共同开展"双学位"合作培养项目,入选该项目的学生将在苏州大学和巴德学院学习,学制为5年。学生可获得由苏州大学颁发的音乐方向的艺术学士学位和由巴德学院颁发的非音乐方向的第二专业学位。

二、教学工作

1. 本科生教学工作

音乐表演专业申报成功。第一批招聘的14位音乐表演国际教员陆续到位,招收了25名学生,在专业课程方面推进全英文授课模式。音乐教育系张红霞获得江苏省高等教育教改项目;唐荣获得苏州大学高等教育教改项目,并荣获苏州大学"第十二届青年教师课堂教学竞赛"三等奖;1位学生成功申报"国家级大学生创新创业训练计划"项目;1位学生在"第八届长三角青年歌手大奖赛"中荣获民族组银奖;1位学生在苏州大学2013年师范生教学基本功大赛暨"明日之师"系列活动中荣获二等奖;1位学生获得国家奖学金;16位学生获得"周氏创作奖"。

2. 研究生教学工作

目前,学院在读硕士研究生有19人。学院成立了学位评定分委员会,现有委员11人。13名教师增列为学术性学位硕士研究生指导教师,7名硕士研究生导师进行了转学科认定。

修订研究生培养方案,努力提高研究生的培养质量。1 名研究生获得优秀奖学金,1 名研究生获得国家奖学金,1 名研究生获得"优秀研究生干部"称号。2013 届研究生就业率达到 100%。

三、科研工作与学术交流

学院教职工共发表论文 10 余篇,其中核心论文 4 篇:一类 1 篇,二类 1 篇,三类 2 篇;成功申报江苏省教育厅项目 1 项。董艺媛先后获得第十五届全国青年歌手电视大奖赛上海区选拔赛(美声组)三等奖、第九届中国金钟奖声乐(美声组)江苏赛区选拔赛一等奖、第八届长三角青年歌手大奖赛美声组金奖、第九届中国金钟奖声乐(美声组)比赛复赛入围奖等。学院教师参加了英国皇家音乐协会年度学术研讨会、台湾南北中大提琴艺术节和研讨会、国际音乐学学会东亚分会第二届年会、第六届全国民族声乐论坛等学术交流活动。

四、学院特色与重大事项

音乐学院以西方艺术音乐教育理念为基础,以国际化办学为特色,倡导跨学科学习,培养具备综合素质的音乐人才。2013 年 5 月,学院与美国巴德学院签订双学位双专业联合办学协议,鼓励学生在学好音乐专业的同时发展第二专业。2013 年 9 月 15 日,学院在苏州文化艺术中心举办创院庆典音乐会,受到社会各界的广泛关注,之后学院又在苏州文化艺术中心连续举办 4 场音乐会,其中两场与加拿大阿菲拉弦乐四重奏和美国杜克大学强比四重奏合作。

学院积极邀请音乐家、学者来学校举办大师课、音乐会和学术讲座,如加拿大温哥华不列颠哥伦比亚大学前音乐学院院长 Prof. Robert Silverman、美国英特拉根艺术学院钢琴教授 Dr. Thomas Lymenstull 等。在"请进来"的同时,学院也鼓励教师"走出去"。2013 年学院教师在捷克、法国、新加坡,以及我国台湾、上海、镇江等地举办音乐会与大师课,赴英国、美国、新加坡以及我国台湾等地访问交流。2013 年 11 月 28 日至 12 月 9 日,学院与美国巴德学院联合举办亚洲巡回演出,先后在首尔、台湾、新加坡、香港、上海和北京 6 个城市举办音乐会,有力地提升了学院在亚洲范围的知名度。

(马晓钰)

医　学　部

一、概况

苏州大学医学部是学校医学和生命科学教育管理的实体单位。其前身为创立于1912年的私立南通医学专门学校,1956年更名为南通医学院,1957年迁址苏州后更名为苏州医学院,隶属核工业部,2000年苏州医学院并入苏州大学后,成立苏州大学医学院,2008年组建苏州大学医学部。

医学部现有基础医学与生物科学学院、放射医学与防护学院、公共卫生学院、药学院、护理学院等5个学院和4个临床医学院。现有在校研究生3 000余名,本科生4 800余名,外国留学生400余名。

医学部现有教职工1 864人,在校教职工675人,其中两院院士2人,教育部"长江学者奖励计划"特聘教授2人,教育部"跨世纪优秀人才计划"获得者1人,教育部"新世纪优秀人才支持计划"入选者4人,人力资源与社会保障部"百千万人才工程"培养对象(国家级)入选者2人;中组部"千人计划"入选者2人,中组部"青年千人计划"入选者7人,国务院学位评定委员会学科评议组成员1人,国家自然科学"杰出青年基金"获得者4人,"国家优秀青年基金"获得者1人,中科院"百人计划"获得者2人,江苏省"高层次双创人才"16人,江苏省"特聘教授"4人,江苏省"青蓝工程"学术带头人37人,江苏省333工程培养对象38人,江苏省"六大人才高峰"获得者14人,国家和江苏省有突出贡献的中青年专家24人。

经历近百年风雨沧桑,苏州大学医学部作为国内创办最早的医学院校之一,首批获得博士学位授予权。拥有博士后流动站6个,一级学科博士点6个,一级学科专业学位博士点1个,二级学科博士学位点60个;一级学科硕士点10个,二级学科硕士学位点76个,专业学位硕士点6个。有国家级重点学科3个,国家重点临床专科6个,国防科工委重点学科2个,省部级重点学科4个,省一级学科重点学科4个,江苏省优势学科2个。有博士生导师118名,硕士生导师381名。

现有教育部创新团队与工程中心3个,省部级重点实验室7个,省级科技公共服务平台1个,省部级重大创新载体建设1个,江苏省"211计划"协同创作中心2个,江苏高等学校优秀科技创新团队1个,市重点实验室13个,市级科技公共服务平台4个,校级科研创新团队4个,校级科研机构24个。

医学部现有本科专业15个,其中,国家级特色专业建设点1个,国防科工委重点建设专业1个,江苏省高等学校重点专业1个,江苏省品牌专业1个,江苏省特色专业3个;国家级双语教学示范课程2门,江苏省级精品课程1门,江苏省精品教材4部。有省级实验室教学示范中心3个,附属医院16所(其中直属附属医院3所),教学实习点100多个,生物类校外实习基地18个。

医学部积极开展国际学术交流与合作，先后与美国、英国、法国、德国、日本、韩国、澳大利亚、新加坡等国家及我国香港、台湾等地区的高校和科研机构建立了广泛的交流与长期的合作关系。

二、教学工作

1. 本科生教学工作

本年度，医学部配合学校人才培养模式系统化改革的总体部署，领会改革精神，以"通才教育、分类教学"为原则，结合学部、学院实际情况，加大医学教育改革力度，特别是创建卓越医师班，努力提升人才培养质量。

（1）2013 年，医学部获省级教学成果二等奖 1 项；1 门课程入选来华留学英语授课品牌课程（国家级）；3 部教材入选校级精品教材。在微课比赛中，获省微课比赛二等奖 1 项，校级微课比赛一等奖 2 项、二等奖 3 项。在苏州大学教务部举办的全校青年教师授课竞赛中，有 2 位教师获一等奖，4 位教师获二等奖。有 6 位教师获得捐赠类教学奖。

（2）锐意推进医学生培养方式的改革。《"卓越医师教育培养计划"实施方案》已于 2011 年 9 月正式颁布，并自 2011 级临床医学专业五年制、2013 级临床医学专业七年制开始施行。2012 年已成为教育部、卫生部批准的第一批"卓越医生教育培养计划"项目试点高校。目前，从 2011 级、2012 级、2013 级学生中，每年级选出 30 名学生，独立编成"卓越医师教改班"。根据"保证七年制办学质量""早期接触科研"等原则，进一步完善了七年制教学管理工作。

（3）在专业建设方面，药学院的药学学科综合训练中心被评为省级实验教学与实践教育中心建设点。

（4）大力鼓励并支持学生课外科研活动项目。2013 年，医学部获"大学生创新性实验计划"项目 39 项，其中重点项目 11 项，一般项目 4 项，指导项目 6 项，校级项目 18 项。医学部 8 名学生获"籍政基金"项目。5 名学生参加暑期交流，其中 2 名赴台湾清华大学，1 名赴复旦大学，2 名赴兰州大学。

2. 研究生教学工作

加强研究生培养环节管理，提高研究生培养质量。开展研究生的听课（巡课）制，对各学科开题报告、中期考核进行了巡查，确保各培养环节按要求严格、规范地实施，保证教学质量。特别是本年度首次对博士生的中期考核在一级学科层面开展并组织专家评议，收到较好的效果。修订了《在职公共卫生专业硕士学位研究生培养方案实施细则》和《职工程硕士（制药工程领域）专业学位研究生培养方案实施细则》；修订了《临床专业学位博士生导师和硕士生导师遴选条例》；草拟了《医学部学位分委员会及研究生教育管理体制改革方案》。

学位论文盲审取得较好成绩。2013 年度江苏省学位论文抽检结果，医学部 5 篇博士论文和 27 篇硕士论文全部合格，其中 1 篇硕士论文 3 位专家评议全优。获评江苏省优秀博士论文 2 篇、优秀硕士论文 4 篇；推荐申报全国百篇优秀博士论文 1 篇；获评苏州大学优秀博士论文 7 篇、优秀硕士论文 11 篇。

组织申报 2013 年度"江苏省研究生培养创新工程"工作，其中研究生科研创新计划项目 31 项，教学改革研究与实践课题 2 项；推荐 2 名医学部优秀在读博士生参加德国诺贝尔奖获得者大会候选人选拔工作。

获批江苏省企业工作站5家、苏州大学研究生工作站13家。

三、科研工作与学术交流

1. 科研项目与成果

(1) 科研经费总量较上年再次实现增长。2013年度医学部共获得立项支持的各级各类纵向科研项目239项,纵向立项科研经费11 965.42万元,首次突破亿元大关。其中国家级项目经费11 106.78万元,省部级项目经费634.9万元,市厅级项目经费223.75万元。横向项目经费1 384.4万元,获批团队平台经费1 640万元。科研经费总量1.49亿元。

(2) 国家级重点重大科研项目数量和经费创新高。2013年获批国家科技重大专项1项,国家自然科学基金重点项目2项,重大国际合作项目5项;承担"973计划"子项目7项,"863计划"子项目1项。2013年国家级重点重大项目经费首次突破亿元,较2012年增长25%。

(3) 国家自然科学基金项目数量和经费再创新高。2013年度获批国家自然科学基金项目160项(全校共计311项,占51.45%),总经费9 185万元(全校共计17 336万元,占52.98%)。项目数较2012年增长23%,经费增长34%。

(4) 省部级及市厅级项目继续保持较高资助率。2013年获批教育部博士点基金项目3项,新教师基金项目4项,教育部科技项目1项,江苏省杰出青年基金项目1项,江苏省自然科学基金项目16项,江苏省自然科学基金项目较上年增长60%;获省教育厅项目资助17项,其中重大项目1项;获批苏州市科技局项目13项。

(5) 科技成果继续取得新成绩。2013年共申请专利153项(其中发明专利86项),专利授权98项(其中授权发明专利39项);2013年发表SCI论文609篇,其中一区39篇,二区141篇(一、二区论文数量较2012年增长70%);2012年三大检索论文共584篇,其中SCI收录498篇(一区12篇,二区89篇)。获得江苏省科技进步奖7项(其中二等奖2项,三等奖5项),高校科学研究优秀成果奖二等奖2项,中华医学科技奖二等奖1项,国防科技进步奖三等奖1项,市科技进步奖19项。另外,获得第三届江苏省海洋与渔业科技创新奖3项,江苏医学科技奖2项,中核集团科技奖2项,中国医院协会医院科技创新奖1项。

(6) 科技平台建设有新突破。由苏州大学牵头、附属第一医院和唐氏血液中心共同申报的血液学协同创新中心获批"江苏高校协同创新中心",资助经费1 000万元。以药学院镇学初教授为负责人,联合附属第二医院、神经科学研究所共同申报的"重大神经精神疾病诊疗技术研究重点实验室"获得江苏省重点实验室立项,资助经费400万元。新增苏州市重点实验室1项,获批经费30万元。

由蒋星红教授(基础医学与生物科学学院)任负责人的苏州市疼痛基础研究与临床治疗重点实验室和由薛智谋教授(实验动物中心)任负责人的苏州市实验室动物产业科技服务平台顺利通过验收。由刘海燕教授(基础医学与生物科学学院)任负责人的苏州市抗肿瘤生物技术药物重点实验室获得滚动支持。

(7) 科研业绩点总量继续实现大幅度攀升。2013年医学部科研业绩点总分值为20.09万分。在科研项目、科技成果、基地建设等考核指标上都较好完成了2013年度学校科技目标责任书下达的各项指标任务。

2. 国内外学术交流情况

(1) 5月3日,由国家自然科学基金委员会医学科学部七处(药物学和药理学)主办,苏州大学医学部药学院承办的"2013 中国生物药物基础研究前沿论坛"在苏州召开。中国科学院院士魏于全、中国工程院院士詹启敏以及来自中科院、北京大学、中国科技大学、复旦大学等知名院校和科研机构的 30 余位专家和学者出席。论坛开幕式由国家自然科学基金委员会医学科学部七处处长吴镭教授主持。为确保论坛的学术性与前瞻性,此次论坛以高质量的大会主题报告与开放性讨论交流形式举行。21 名专家围绕我国生物药物基础研究中的战略性问题作了精彩的主题报告,随后全体与会专家就各自关心的热点、焦点问题做了深入的讨论和广泛的交流,对未来中国生物药物的发展提出了自己的观点与建议。会场学术气氛浓郁热烈,互动良好。

(2) 5 月 21 日至 23 日,第一届国际华人骨科研究大会在苏州隆重举行。本次会议由国际华人骨研学会(ICMRS)和美国骨矿研究学会(ASBMR)主办,苏州大学附属第一医院、苏州医学会、苏州大学临床医学研究院和苏州大学骨科研究所承办。来自 5 个国家和地区的 40 余名海外代表,以及全国各地骨科研究领域相关专家共 250 余人出席会议。

(3) 10 月 21 日至 23 日,2013 年香山科学会议第 472 次学术讨论会"放射医学及相关学科:现状与对策"在苏州召开。本次会议由我校放射医学与防护学院、放射医学及交叉学科研究院承办。苏州大学、中科院高能物理研究所柴之芳院士,第三军医大学程天民院士,山东省肿瘤医院于金明院士,中国疾控中心辐射防护与核安全医学所苏旭研究员,国家纳米科学中心、中科院高能物理研究所赵宇亮研究员担任会议的执行主席。来自中国疾控中心辐射安全所、中科院高能物理研究所、日本放射线医学综合研究所、哥伦比亚大学、军事医学科学院、解放军总医院、第二军医大学、第三军医大学、苏州大学、东南大学、广州医科大学、复旦大学等院校和科研单位的 50 余名专家学者齐聚一堂,共同探讨放射医学及相关学科的发展现状与对策。本次会议围绕先进放射医学诊断和治疗、放射毒理学与交叉学科、核能相关的医学和技术储备等中心议题进行了深入的学术交流和讨论。与会人员交流了放射医学基础、临床及相关研究领域的最新进展,探讨了放射医学在辐射损伤效应与防治以及肿瘤临床诊疗中的新思想、新方法和新动向,通过放射医学与相关学科的融合提出共性基础科学问题与解决方案,以促进我国放射医学与防护的迅速发展。

四、重大事项

(1) 为庆祝建党 92 周年,医学部党工委有计划有组织地开展了一系列纪念活动。采用多种形式,组织党员学习党的历史、党的章程,进一步唤醒了广大教职工党员的责任意识、宗旨意识。如开展"登临远望号、放飞中国梦"专题教育活动,组织党员观看了反腐倡廉录像、《党的历程:从一大到十八大》专题片等。

(2) 精心组织,狠抓落实,圆满完成党的群众路线教育实践活动。根据省委和学校的布置,医学部党工委精心组织,落实党的群众路线教育实践活动,圆满完成了活动的 3 个环节 12 个关节点,基本达到了"七个进一步"的目标要求。共梳理排查出班子的"四风"问题 6 条,制定整改措施 5 条;个人的"四风"问题 71 条,制定整改措施 76 条。活动注重实效,得到了广大群众的普遍认可。在"作风建设与苏大发展大家谈"征文比赛中,1 名教师和 2 名学生获得优秀奖,学部获评组织工作先进单位。

(3) 早作布置,统筹安排,保证了教代会的顺利召开。为进一步适应和推动医学部发展,医学部从 2013 年 7 月开始着手安排《苏州大学医学部奖励性绩效工资实施方案》(以下简称《绩效方案》)的起草工作,经过反复调研论证、10 多次的讨论修改、2 次下发给广大教职工讨论,充分征求广大教职工的意见,最终在 10 月 30 日举行的教代会上一致通过。教代会上还讨论通过了医学部党政联席会议起草的《苏州大学医学部党政管理人员考核测评办法(试行)》(以下简称《管理人员考评办法》),有效推动了学部的作风效能建设,提高了窗口服务品质。《绩效方案》和《管理人员考评办法》的出台,得到了学部广大教职员工的充分肯定。医学部是学校第一个通过奖励性绩效工资实施方案的单位,为兄弟学院提供了良好的借鉴;更是首开先河,成为学校第一家试行"党政管理人员考评办法"的单位,受到了学校的高度重视和兄弟学院的广泛关注。

(姜雪芹)

医学部基础医学与生物科学学院

一、概况

医学部基础医学与生物科学学院于2008年初由基础医学系和生命科学学院合并组建而成。学院下设12个系,8个校级研究院(所)。

学院现有教职工195人,其中教授40人、副教授69人、讲师53人;拥有博士学位者109人;博士生导师25人,硕士生导师55人;杰出青年基金获得者2人,教育部长江学者1人,教育部"新世纪优秀人才计划"入选者2人,农业部岗位科学家3人,江苏省"高层次创新创业人才引进计划"资助者3人,江苏省"333工程"培养对象9人,江苏省"青蓝工程"培养对象10人。

学院承担临床医学、医学影像学、护理学、口腔医学、医学检验、放射医学、预防医学、药学、中药学等专业本科生、研究生及留学生20余门基础课程(年课时约22 000学时)的教学任务,全面负责法医学、生物科学、生物技术、食品质量与安全、生物信息学以及生物技术(免疫工程)等本科专业(含方向)的建设任务。目前已建成2门国家级双语教学示范课程、1门省级精品课程。学院拥有1个江苏省品牌特色专业和国防科工委重点建设专业点、2个省级实验教学示范中心。

学院负责基础医学、生物学、畜牧学以及生态学4个一级学科建设工作。现有博士后流动站2个(基础医学、畜牧学),一级学科博士点1个(基础医学),二级学科博士点10个;一级学科硕士点4个,二级学科硕士点23个;在读研究生550余人。

学院拥有江苏省一级学科重点学科1个(基础医学)、一级学科重点学科培育点1个(畜牧学)、二级学科重点学科2个(免疫学、特种经济动物饲养);教育部长江学者和创新团队发展计划"创新团队"1个(带头人:高晓明);江苏省重点实验室4个(江苏省干细胞研究重点实验室、江苏省水产动物营养重点实验室、江苏省干细胞与生物医用材料省部共建重点实验室、江苏省感染免疫重点实验室);苏州市重点实验室3个(苏州市疼痛基础研究与临床治疗重点实验室、苏州市蚕丝生物技术实验室、苏州市癌症分子遗传学重点实验室)。同时,学院积极参与国家"211工程"重点学科建设项目1个,共建国家"211工程"重点建设实验室1个。

近年来,学院促进学科交叉,加强国内外的学术交流与合作,提升学科内涵,获批科研项目层次不断提升,重点重大项目取得突破,科研成果不断丰富。承担科技部重大专项、"973计划"项目、"863计划"项目、国家自然基金重大项目和面上项目等,每年立项省部级以上项目40余项,发表SCI论文100余篇,授权专利50余项。

学院秉承"养天地正气,法古今完人"的校训精神,坚持"教学科研并重、基础应用结合"的理念,以人才培养为中心,加强教学质量管理与改革,努力培养基础扎实、综合素质好、实践能力强的医学及生物学专门人才。

二、教学工作

1. 本科生教学工作

学院认真推进卓越医师教改班的改革,其中7门医学类课程试行过程化考核改革,每门课程配备一个助教协助教学工作,为充分调动学生自主学习的积极性和提高人才培养质量发挥了非常重要的作用。同时,配合医学部全面推进医学教学改革,整合课程的教学、PBL教学的开展、形成性评价的进行都达到了较好的效果。

2013年学院本科生教学工作获得的荣誉和成果有:江苏省优秀多媒体课件奖1项,江苏省微课教学比赛二等奖1项,江苏省2013届优秀本科生毕业设计(论文)1篇,优秀实习指导教师2名,优秀实习小组3个;获评校精品教材1部,高等教学教改研究课题立项4项,医学教育教学改革研究项目立项15项,校微课教学比赛一等奖、二等奖和鼓励奖各1名,教学名师奖1项,交行教学奖1项,周氏教学科研奖1项,青年教师授课比赛一等奖、二等奖各1名;教师参与编写正式出版的各类教材12部,发表教学论文16篇;学院学生获国家级"大学生创新性实验计划立项项目"3项、省级6项、校级11项,苏州大学"箬政学者"指导项目3项。

为探索科教融合培养拔尖创新人才的新途径,学院与中科院武汉病毒所联合开办了"高尚荫菁英班",学院承担主要基础教学任务,中科院提供科研实践平台和高水平专家队伍,双方各自发挥特长,共同制订培养方案,科教结合协同育人,努力培养既有扎实理论基础也有过硬动手能力的创新人才。

学院积极配合学校开展培养方案修订工作。2013级生物信息学专业开始独立招生,学院与上海生物信息中心、国家人类基因组南方中心联合共建的比较基因组学与免疫组学联合实验室为生物信息专业和学科发展提供了较好的条件。为保证食品质量与安全专业建设顺利推进,按照本专业学位授予要求,学院积极联系、落实了6家企事业单位为食品质量与安全专业学生的实习基地,为本专业人才培养打好了基础。

2. 研究生教学工作

学院重视研究生培养工作,不断改进研究生的培养方式。2013年共招收博士研究生20人、硕士研究生112人、各类在职研究生42人。目前学院在校研究生总数556人,2013年共毕业研究生226人,其中博士24人,硕士151人,农业推广、生物教育专业硕士23人,同等学力硕士28人。学院研究生张光波的毕业论文获江苏省优秀博士学位论文奖(指导老师:张学光),崔亚玲(指导老师:洪法水)和姜岚的论文(指导教师:周翊峰)获江苏省优秀硕士学位论文奖。新设省级企业研究生工作站1个、校级企业研究生工作站4个。2013年,学院研究生共获江苏省研究生科研创新计划项目9项;共有19名研究生获2013年研究生国家奖学金,另获其他各类校级奖励98项。

三、科研工作与学术交流

1. 科研项目与成果

学院注重交叉学科融合,统筹、协调全院力量为学科建设服务。学院出台了《2013年度基础医学与生物科学学科建设经费使用办法》,充分调动教师科研及学科建设工作的积极性。在全国第三次学科评估中,学院基础医学学科第一次进入全国前 30%。上半年,学院顺利完成畜牧学江苏省一级学科重点学科培育点的中期考核,并合理布局、整合各方力量参加生物学江苏省硕士学位授权一级学科点评估工作。

在学科建设工作推动下,学院科研工作也有了新的突破。学院召开国家自然科学基金申报动员会,出台政策鼓励教师踊跃申报各类项目。2013 年获批国家自然科学基金面上项目 15 项、国际合作项目 1 项、青年基金项目 6 项,"863 计划"合作项目 2 项,科技部农业科技成果转化基金合作项目 1 项,茧丝绸发展专项资金项目 1 项,国家星火计划项目项目 1 项。新增民口纵向项目立项总经费近 3 000 万元。

2013 年,学院共发表 SCI 论文 110 篇,其中一区论文 12 篇,二区论文 33 篇,一区、二区论文比上年同期增长了 55%,发表论文质量明显提高;获专利授权 52 项。

2. 国内外学术交流情况

学院十分重视学术交流,以院长论坛的形式邀请国内外知名专家来校开设讲座,交流学术思想,开拓科学视野。2013 年学院共举办院长论坛 14 场,院内学术沙龙 3 次。与多所国内外院校进行互访交流学习,6 名教师公派出国留学进修,约 20 人次出国参加学术会议。

学院聘请了英国皇家科学院院士、英国格拉斯哥大学教授、世界知名免疫学专家刘富友教授为学院讲座教授。目前,学院拥有刘富友院士,英国伦敦大学学院教授 Peter Delves,中国科学院院士、上海生命科学研究院教授赵国屏,美国匹兹堡大学医学院教授卢斌峰等兼职教授 30 余名。这些在相关科研领域拥有崇高学术地位及重大研究成就的学术大师的加盟,使学院在各项工作中获益匪浅。

四、重大事项

(1) 2013 年 1 月 29 日,学院基础医学一级学科在教育部学位与研究生教育发展中心组织开展的第三次全国学科评估中位列前 30%,这是学院基础医学一级学科首次进入全国学科评估前列。

(2) 2013 年 3 月 1 日,学院与连云港灌云县科技合作项目举行签约仪式,双方签署了《灌云县人民政府-苏州大学名优淡水鱼类开发合作框架协议》,并为"苏州大学灌云县名优淡水鱼类产业化研发中心"举行揭牌仪式。

(3) 2013 年 4 月,学院对系主任进行换届,并对部分学系进行调整,由原来 14 个学系调整为 12 个学系。换届后,系主任的平均年龄由 53 岁降为 44 岁,博士学位率由 60% 升至 90%。一批高水平的年轻学者走上了系主任岗位,为学院的各项工作注入了活力。

(4) 2013 年 7 月,由学院牵头的"苏州大学—中科院武汉病毒所联合举办'高尚荫菁英班'签约仪式"在校红楼会议中心举行。此次合作将充分贯彻"科研反哺教学"的方针,发挥学院在基础教学和优质生源方面的优势,借助中科院武汉病毒所的教师资源和雄厚科研平台,实现优势互补、共同发展。

(5) 2013 年 12 月,世界知名免疫学家、英国皇家科学院院士刘富友教授加盟学院担任讲座教授,对于学院的免疫学专业建设、提升国际知名度和影响力起到了积极作用。

(朱　旻)

医学部放射医学与防护学院

一、概况

医学部放射医学与防护学院的前身是创建于1964年、隶属于原核工业部的苏州医学院放射医学系。经过50年的建设,学院已成为适应国防、核事业发展战略需求,培养放射医学专业人才和开展放射医学科学研究的主要教学、科研基地。

放射医学是我国放射医学领域唯一的国家重点学科,同时也是江苏省和国防科工委重点学科及"211工程"重点建设学科,是具有鲜明"核"特色的优势学科。学院拥有江苏省放射医学与防护重点实验室,教学团队多次被授予"省部级优秀学科梯队"称号,2009年获得教育部"长江学者和创新团队发展计划"创新团队称号,于2012年顺利通过教育部验收。2011年成立的放射医学与防护学院是目前国内高等院校中唯一一个专门从事放射医学与防护人才培养的学院。2011年,学院获得江苏省高校优势学科建设工程"特种医学"一期建设项目,极大地推动了放射医学国家重点学科建设。

二、教学工作

1. 本科生教学工作

放射医学专业是国家特色专业建设点、江苏省特色专业和苏州大学品牌专业。放射医学专业已形成从本科到博士后乃至就业后继续教育的完整培养体系。

学院注重专业教材建设,积极组织教师编写放射医学系列教材,其中《医学放射生物学教程》已顺利出版,其他教材正在修订中。及时总结教学工作经验,发表教学论文1篇。深化教学研究,更新教学观念,注重因材施教,改进教学方式,《线性代数》课程实行了形成性评价的教学方法,取得了较好的成绩。积极开展观摩教学和青年教师课堂授课竞赛,获校第十二届青年教师课堂授课竞赛二等奖1项。学院特别重视学生培养,坚持为学生配备班主任,同时聘请品学兼优的高年级学生作为班主任助理。召开学生座谈会,了解学生对学习的需求,及时调整教学方案。组织教师赴浙江省肿瘤医院和常州肿瘤医院考察,建立学生教学实习基地,保证学生的培养质量。

2. 研究生教学工作

培养研究生科研素质,积极申报苏州大学研究生"卓越人才培养计划",获得卓越研究生访问交流项目1项;成功申报苏州大学研究生工作站2个,江苏省企业研究生工作站1个,充分发挥研究生工作站在研究生创新培养中的作用;获得苏州大学2013年度优秀博士学位论文选题立项资助1项。1名博士研究生荣获2013年"苏州市十大杰出青年"表彰;3人荣获国家奖学金,4人荣获苏州大学优秀研究生奖学金。

设立苏州大学放射医学及交叉学科(RAD-X)研究生奖学金,激励研究生的学习积极性和学术创造性,提高学院研究生培养质量,2013 年有 7 名学生获得该项奖学金。制定学院研究生管理条例和奖学金管理办法等,加强研究生管理。严格执行研究生院规定的"开题报告—中期考核—预答辩"要求,邀请研究生督导员全程参与,规范研究生培养的过程管理。

三、科研工作与学术交流

1. 科研项目与成果

学院科研主要面向核工业、国防事业、医疗卫生事业和经济建设。本年度获批国家重大项目子项目、国家自然科学基金项目的项目数都取得重大突破,资助科研经费达到 2 567 万元。资助项目分别是国家重大科学仪器专项子项目 1 项,国家重大科学研究计划课题子项目 1 项,国家磁约束核聚变能发展研究专项子项目 1 项,"青年千人计划"项目 1 项,科技部青年"973"项目课题(合作方)1 项,国家自然科学基金重点项目(合作方)2 项,国家自然科学基金重大研究计划培育项目 1 项,国家自然科学基金项目 11 项,军工项目 1 项,江苏省自然科学基金项目 3 项,教育部回国人员科研启动基金项目 1 项。获得国家发明专利授权 3 项,实用新型专利授权 4 项。申请发明专利 3 项,实用新型专利授权 4 项。学院发表科研论文数量和质量有了进一步提高,全年发表第一作者或通讯作者 SCI 论文 37 篇,其中一区 9 篇,二区 5 篇,合作发表 SCI 论文 14 篇,中文期刊论文 31 篇。

2. 国内外学术交流情况

学院搭建了全方位、国际化的合作交流平台,与国际原子能机构(IAEA)、国际辐射防护委员会(ICRP)等国际组织保持密切联系,与美、德、日、法、加等国的科研机构建立了人员互访和合作研究渠道。同时也积极推进与国内放射医学主要科研教学机构的联系与合作,促进放射医学与防护事业的进步与发展。

2013 年 10 月,学院承办了以"放射医学及相关学科:现状与对策"为主题的香山科学会议 472 次学术研讨会。组织召开放射医学与防护学院、放射医学及交叉学科研究院 2013 年度战略发展研讨会,学院各方向负责教师作了本方向的国内外现状与发展规划报告,拓宽学术思路、学术视野。邀请美国圣母大学王殳凹、第五娟博士,日本群马大学 Tatsuya Ohno 教授,中国科学院合肥物质科学研究院王祥科研究员,军事医学科学院放射与辐射医学研究所周平坤研究员,美国哥伦比亚大学 TomK. Hei 教授,美国德克萨斯大学张玉蛟教授,北京大学翟茂林教授,中国科学院化学研究所高明远研究员,清华大学核能与新能源技术研究院徐超博士,日本国立放射线医学综合研究所辻井博彦教授等来学院作学术报告,为师生传授先进研究经验和方法。组织教师到中国科学院高能物理研究所、国家纳米科学中心、原子能科学研究院、中国科学院合肥物质科学研究院、第四军医大学、浙江省肿瘤医院、中国人民解放军第一〇〇医院等单位交流,洽谈人才培养、科研合作、联合培养研究生等事宜。

四、重大事项

(1) 2013 年 10 月 20 日至 23 日,香山科学会议 472 次学术研讨会"放射医学及相关学科:现状与对策"在苏州召开。

(2) 2013 年 4 月 19 日至 20 日,放射医学与防护学院、放射医学及交叉学科研究院 2013 年度战略发展研讨会召开,朱秀林校长、吴庆宇主任等到会并讲话。

(3) 2013 年 6 月 5 日,首届放射医学及交叉学科(RAD-X)研究生奖学金颁奖典礼在炳麟图书馆学术报告厅举行,朱秀林校长和柴之芳院士为获得该奖项的 7 名研究生颁奖。

(4) 2013 年 12 月 13 日,学院在独墅湖校区医学楼四楼学术报告厅举行教授考核工作会议。邀请材料与化学化工学部陈红教授,纳米学院刘庄教授,医学部戴荣明教授、黄瑞教授,学院院长柴之芳院士,讲座教授周平坤、王祥科,中国工程物理研究院汪小琳研究员为评委,标志着学院教授年度考核工作的制度化、规范化、公开化。

(5) 成功获批江苏省企业研究生工作站 1 个(江苏省疾病预防控制中心)、苏州大学研究生工作站 2 个(浙江省肿瘤医院、中国人民解放军第一〇〇医院),推动研究生工作站在研究生创新培养中的作用。

(朱本兴)

医学部公共卫生学院

一、概况

医学部公共卫生学院是在原苏州医学院1964年创建的放射医学系基础上发展而成的学院,1985年筹建预防医学系,1986年经国家教委批准招收第一批五年制预防医学专业学生,1991年正式成立预防医学系,2000年并校,成为苏州大学核医学院预防医学系,2002年更名为苏州大学放射医学与公共卫生学院预防医学系,为适应公共卫生事业和学科发展的需要,学校于2011年6月成立医学部公共卫生学院。目前,学院已发展成为国内公共卫生与预防医学的主要教学、科研和人才培养基地。学院下设5个系和1个研究中心(流行病与卫生统计学系、卫生毒理学系、职业与环境卫生学系、营养与食品卫生学系、儿少卫生与社会医学系、遗传流行病与基因组学研究中心)、1个校级卫生发展研究中心,另设有苏州市健康城市研究所、苏州市电磁辐射重点实验室和苏州市出口化工产品检测与评估公共技术服务平台。现有教职员工50人,其中校特聘教授1名、教授12名,校特聘副教授3名、副教授15名,博士生导师7名、硕士生导师30名。学院是全国时间生物医学专业委员会的主任委员单位和挂靠单位。学院教师在国家和省级学术团体担任主任委员、副主任委员和委员,在学术期刊担任常务编委、编委等职务。学院聘请了国内外10多名专家作为学院的兼职教授和客座教授。

学院现有公共卫生与预防医学博士后流动站、公共卫生与预防医学一级学科博士授权点、公共卫生与预防医学一级学科硕士授权点和公共卫生硕士专业学位授权点,是江苏省特种医学优势学科和支撑学科。

学院参加了教育部组织的学科评估工作,在参评的所有公共卫生与预防医学学科中,学院排名第13位,较上次评估上升了32个百分点。

二、教学工作

公共卫生与预防医学专业已形成从本科到博士后乃至就业后继续教育的完整培养体系。

1. 本科生教学工作

学院现有预防医学五年制本科专业,该专业为校特色专业。2013年学院顺利完成教学工作,共完成本科生教学工作量2 588学时,完成了2008级预防医学专业47名学生的毕业课题和毕业论文答辩工作。1名本科毕业生的论文获评2013届校级优秀论文毕业论文,田海林获评校级优秀论文指导老师,薛爱龙获评校级优秀实习指导教师,营养与食品卫生教研室获评校优秀毕业设计团队。

2. 研究生教学工作

2013年学院完成硕士、博士、公共卫生专业硕士学位(MPH)课程735学时,按照培养方案完成了26名学术型硕士、5名全日制专业学位硕士、5名博士生的毕业答辩和毕业工作,MPH的64名学员也顺利通过专业学位的答辩。学院招收MPH学员(2012级)88名。2013年学院获评江苏省优秀硕士论文1篇,4人获研究生创新计划奖(3人省助,1人校助);卫生统计学研究室获2013年度校研究生卓越人才培养计划立项(高水平新课程子项目)1项;获批省级研究生工作站1个、校级研究生工作站4个;学院起草了《学院硕士(MPH)专业学位研究生、导师双向选择管理暂行办法(草案)》。

2013年有2名硕士研究生和1名博士研究生获第二届国家研究生奖学金;4名学生获评校优秀毕业研究生,2名学生获评校优秀研究生,1名学生获评校优秀研究生干部;多名学生获优秀研究生奖学金;各1名学生获朱敬文奖学金和朱敬文助学金;1名学生获工业园区奖学金;1名学生获威尔曼奖学金。

三、科研工作与学术交流

1. 科研项目与成果

继续抓好国家、省自然科学基金以及省高校基金等项目的申报工作。2013年学院共有9个项目获国家自然科学基金资助,其中重大国际合作项目1项,面上项目5项,青年项目2项,专项基金1项;获得世界卫生组织项目1项——健康城市科学化管理体系建设;获横向项目11项;获中国博士后科学基金资助项目3项、省自然科学基金资助项目2项、苏州市项目1项。发表SCI论文46篇,研究成果首次在JAMA期刊(与NEMJ、Lancet并列为国际最具影响的三大医学期刊,目前影响因子为29.9)上发表。

2. 国内外学术交流

学院积极开展国际学术交流与合作,2013年接待了加拿大麦吉尔大学助理教授Paul Héroux博士,美国杜兰大学交流学生Anna Hassan,爱荷华大学公共卫生学院Jingzhen Yang博士,美国哥伦比亚大学Tom K. Hei教授,加拿大维多利亚大学吸烟、酒精和非法药物使用行为研究中心资深研究流行病学家、调查方法学家赵锦辉教授,雀巢(中国)有限公司张卫国博士,英国帝国理工大学医学部Alan Fenwick教授,澳大利亚格里菲斯大学医学系孙静博士等来院访问讲学。

四、重大事项

2013年10月17日至19日,由中国中西医结合学会时间生物医学专业委员会主办,学院承办和南昌大学协办的"全国第十届时间生物医学学术研讨会"在江西南昌大学举行。本次会议交流学术论文40余篇,邀请了国际时间生物学会主席、国际时间生物学杂志主编Yvan Touitou进行了大会报告,同时国内时间生物医学领域的知名专家和青年学者进行了相关研究进展的报告,内容涉及生物钟分子机制、生物节律紊乱与睡眠障碍、中医时间医学、特殊环境时间生物学、临床时间治疗学等,展示了我国目前时间生物医学学术研究的水平和方向,为国内更多时间生物医学工作者和研究生提供了一个学习、交流的平台。

学院进一步加强与地方政府部门的联系,积极开展科研合作,2013年首家省级公共卫生与预防医学专业研究生工作站(苏州工业园区疾病预防控制中心)获批,预示研究生工作站工作取得新进展,南京军事医学研究所、苏州市中心血站、苏州市姑苏区疾病预防控制中心和苏州高新区卫生监督所相继获批苏州大学研究生工作站。

科学道德和学风建设取得成效。学院举办了 2 场全院研究生科学道德和学风建设宣讲教育报告会,各学科分别举行形式多样的科学道德和学风建设讲座或座谈会。这类教育活动在学生中产生强烈反响,取得了良好的效果。

（钟宏良）

医学部药学院

一、概况

医学部药学院是一所立足国家学术前沿,致力于新药研究、优秀药学人才培养的研究型药学院。

学院拥有药学一级学科博士学位授权点、药学一级学科硕士学位授权点、药学专业硕士和工程硕士(制药工程领域)学位授权点,设有药学博士后科研流动站。建有1个省级重点实验室、2个市级重点实验室、1个校级研究所和1个校级新药研发中心。药学学科为江苏省高校优势学科建设工程一期项目支撑学科。设有3个系、3个本科专业,拥有1个省级学科综合训练中心,1门教育部来华留学英语品牌授课课程。

现有教职工92人,专任教师75人,其中,教授24人,副教授32人,讲师19人;博士生导师18人,硕士生导师41人。在校学生890人。

二、教学工作

1. 本科生教学工作

学院切实贯彻"回归大学本位"的教育理念,积极创新、努力探索培养创新人才的新途径。2013年教学获奖成绩斐然:获评教育部来华留学英语品牌授课课程1门,江苏省普通高校本专科优秀毕业设计(论文)2篇,江苏省高校教学管理研究会优秀论文1篇,校级精品教材1部(《健康与药物通识》),校级教学奖5项,青年教师课堂教学竞赛二等奖1项;2人被评为校优秀毕业设计(论文)指导教师。学院学生获国家级"大学生创新创业训练计划"项目2项,江苏省"大学生实践创新训练计划"项目3项,苏州大学"大学生创新性实验计划"项目3项,2013年度苏州大学"箬政学者"指导项目1项。

此外,学院药学学科综合训练中心获批成为省级实验教学与实践教育中心建设点。本科生药学专业课程全英文授课改革前期工作正有序进行。

2. 研究生教学工作

学院高度重视研究生培养工作,扎实推进研究生培养创新工程。2013年,举办了学院首届全国优秀大学生暑期夏令营,努力提升生源质量。药学院第三届研究生学术论坛如期举行,论坛邀请了康奈尔大学和德克萨斯大学两位海外专家作大会特邀报告。

2013年"江苏省研究生创新工程"项目评审中,学院1篇博士学位论文获评江苏省优秀博士学位论文;1篇硕士学位论文获评江苏省优秀硕士学位论文;5项江苏省2011年度普通高校研究生科研创新计划项目获得资助。新增苏州大学研究生工作站2个,江苏省研究生工作站1个。目前,学院共有江苏省研究生工作站7个,苏州大学研究生工作站7个,努力在产学研合作中为研究生培养搭建新的平台。

三、科研工作与学术交流

1. 科研项目与成果

2013 年,学院获得国家级科研项目 17 项,其中包括国家自然科学基金重点项目 1 项,面上项目 10 项,青年项目 5 项,国际合作项目 1 项。年度立项纵向科研经费 1 332.2 万元。全年累计发表论文 167 篇(SCI、EI、ISTP 三大检索源期刊论文 117 篇,其中,影响因子 3.0 以上的论文 36 篇)。申请发明专利 22 项,授权专利 18 项。

2. 国内外学术交流情况

学院高度重视深化学术交流。一方面坚持"引进来",积极承办各类高水平学术会议,邀请学科前沿高层次人才来院讲学。2013 年,学院承办了"2013 中国生物药物基础研究前沿论坛""江苏省药理学会青年工作委员会成立大会暨药理学科青年科技创新学术研讨会"等学术会议,扩大了学院的学术影响,积聚了学术资源。另一方面积极"走出去",支持鼓励学院骨干教师、青年教师到海外著名高校和科研机构交流访学,开展合作研究,促进学院的开放式发展。2013 年全院共有 6 名教师在海外研修或开展学术交流。

四、重大事项

2013 年 3 月 13 日,学院成立学院教授委员会。

2013 年 3 月 28 日,学院申报的生物制药本科专业经教育部备案,批准招生。

2013 年 4 月 24 日,学院在贵州贫困山区设立的"远志"助学金发放仪式在当地学校举行。

2013 年 5 月 3 日至 5 日,学院承办国家自然科学基金委"2013 中国生物药物基础研究前沿论坛"。

2013 年 5 月 24 日至 26 日,学院承办的"江苏省药理学会青年工作委员会成立大会暨药理学科青年科技创新学术研讨会"顺利召开。

2013 年 7 月 11 日,学院申报的"基础与临床药理学"课程成功入选教育部"2013 年度来华留学生英语授课品牌课程"。

2013 年 7 月,学院许国强教授被确定为人社部"2013 年度高层次留学人才回国资助人选"。

2013 年 8 月 5 日,由学院牵头申报的"江苏省重大神经精神疾病诊疗技术研究重点实验室"举行建设方案专家论证会暨第一次学术委员会会议。

2013 年 8 月 19 日,学院申报的"药学学科综合训练中心"成功入选省级实验教学与实践教育中心建设点。

2013 年 10 月 9 日,学院启动本科生药学专业课程全英文授课改革前期工作。

2013 年 11 月 13 日,学院许国强教授被增列为江苏省"333"工程培养对象。

2013 年 11 月 20 日至 21 日,江苏省重大神经精神疾病诊疗技术研究重点实验室学术交流会第一次会议在苏州召开。

2013 年 11 月 21 日,学院自筹资金首批资助本科教学改革项目 8 项。

2013 年 12 月 1 日,学院张学农、李笑然 2 名教授被确定为全国执业药师工作专家库专家。

2013 年 12 月 13 日，中科院昆明动物所-苏州大学共建联合实验室暨学术研讨会在学院举行。

2013 年 12 月 14 日，学院举办第三届研究生学术论坛。

2013 年 12 月 27 日，学院承办苏州大学第五期教学沙龙。

（彭　蓓）

医学部护理学院

一、概况

护理学院始建于1997年,为中华护理学会理事、江苏省护理学会副理事长、苏州市护理学会理事长单位。学院护理学专业现为一级学科博士、硕士学位授权点,江苏省重点学科、特色专业,临床护理为国家级重点专科。1999年开设以心血管专科护理为特色的护理本科教育。学院是"华夏地区高等护理教育联盟"和"江浙沪闽护理研究生导师沙龙"组建院校之一。2008年起招收硕士研究生,2013年起招收博士研究生。

学院目前有专职、兼职教师94位,拥有省部级重点培养人才3人,具有高级职称者28人,具有硕士以上学历者37人。有8位护理教师为中华医学会和中华护理学会专业委员会委员、学组副组长,11位护理教师担任省级护理专业委员会主任、副主任委员。附属医院和教学医院中有2位"国际南丁格尔奖"奖章获得者,承担全日制护理本科,护理学硕士、博士及成人教育专升本,研究生课程班等不同层次的教学任务。近五年来,学院教师共承担国家教育部、省、市、校级研究课题及境内外合作课题45余项,获市级以上科技成果奖励40余项(省部级以上科研项目11项,国家级以上科研项目3项)。主编、参编专著和教材30余部,发表学术论文400余篇,其中SCI及国家权威核心期刊论文占50%以上。已有多名教师去英国、美国、加拿大、香港等地进修、学习、考察和访问。

学院计划从2014年始筹建护理人文学、基础护理学、临床护理学及社区护理学四个系,下设护理学基础、内科护理学、外科护理学、急危重症护理学、妇儿护理学和护理人文学等6个教研室和1个护理学实践教学中心。护理学实践教学中心设有生命支持中心实验室、健康评估实验室、急危重症及母婴护理实验室等,全真模拟病房,并配置国内先进的多媒体互动教学实验系统和仿真护理教学模型,达国内先进水平。该中心为苏州市卫生局、护理学会及海外留学生培训基地。学院现有临床教学实习基地11家,均为江、浙、沪地区实力雄厚的三级甲等医院。2013年6月,学院借助中央与地方共建省级重点学科建设财政经费拨款资助的契机,建设生命支持中心实验室。

学院人才培养具有精英化、国际化特色,以心血管护理、急危重症救治和慢病护理作为专业特色。多次成功举办国际学术会议及国内外学术论坛。柔性引进英国、美国以及我国香港、台湾和内地知名教授作为学院客座教授。学院每年还选派优秀学生参加由华夏高等护理教育联盟提供的境内外学习交流项目。还为本科毕业生开辟了赴英国女王大学以及美国、日本等国学习深造及硕士、博士合作培养的途径。

建院以来,学院坚持"质量建院,人才强院,创新活院,特色兴院"的办学理念,开设"博习讲堂",引入学校人文等其他学科名师来院讲学,同时为本科生配备由学院资深教师、临床护理专家和优秀研究生担任导师的师资队伍,以培养厚理论、硬技术、善关怀、强胜任、会科研并具有专科护理特长的高级应用型人才为目标,为社会输送了大批护理精英人才。历届毕业生一次就业率均达100%,就业区域集中于江、浙、沪地区医、教、研实力雄厚的大型医院。

目前学院已与英国女王大学、南安普顿大学建立了研究生培养的国际合作意向,尝试培养与国际接轨的高级实践护士(APN),以满足临床在职研究生培养的国际化需求。

二、教学工作

1. 本科生教学工作

为贯彻《国家中长期教育改革和发展规划纲要》所提出的"卓越医师教育培养计划",进一步落实"面向贫困地区定向招生计划"精神,培养适应西部地区经济及医疗护理需求的卓越护理人才,学院将2013年招收的西部贫困地区专项计划人才培养为"厚理论、硬技术、善关怀、能胜任"的"卓越护士",实施"临床优秀护士担任全程导师、早临床、专业护理课小班化教学、尝试CBL导向的医护合作技能综合培训"的教学改革。其中的培养特色体现在:增设"医学名著赏析""健康管理""临床体验""综合技能训练(医护一体化)"4个新课程模块;实施小班化教学,全真模拟实验室授课。对健康评估、急危重症护理学、内科护理学、外科护理学、妇产科护理学、儿科护理学进行"理论—模拟仿真—综合技能培训"三段式教学方法改革。

根据学校的工作方针,学院努力搞好日常的教学工作,提高教学质量。在全院教师的共同努力下,学院的日常教学工作进展顺利,完成了各项教学工作,包括教学任务的安排,教材的更新,课程介绍和教学大纲的编写,首开课、新开课教师的资格审查与试讲听课等工作。在学院的合理安排和全院教职工的共同努力下,较好地完成了各类教学任务和管理工作,全院没有发生一起教学差错。学期中,认真开展期中教学检查与反馈,检查思路明确,检查措施到位。学期末,重点抓好各级各类课程的考核与成绩评定工作,2008、2009级护理毕业班学生毕业论文与毕业实习的布置、实施与总结工作圆满完成,苏州大学附属第二医院的总带教张妍老师被评为校优秀实习指导教师,上海第十人民医院实习小组被评为校优秀实习小组,2008级实习生蔡建政、2009级学生戴晓萍被评为校优秀实习生。

2. 研究生教学工作

(1) 不断完善护理学专业研究生的培养方案。

根据学校启动新一轮研究生培养方案的修订(制订)工作的有关精神,在医学部的统一组织下,学院按学校的调研提纲进行了广泛的调研工作。调研主要针对学校的研究生培养方案修订(制订)调研提纲和医学部研究生课程体系改革方案(讨论稿)进行讨论,在广泛听取各位导师意见和积极调研全国知名护理院校培养方案的基础上,最终完成了学院研究生培养方案的修订工作,推进了学院研究生教育的发展,提升了研究生教育的质量和水平。

(2) 注重研究生科研能力培养,成果显著。

加强研究生工作的管理,保证研究生人才培养质量。在上级部门的领导下,学院进一步规范了2011、2012级研究生专业课程的管理工作。注重研究生培养的过程管理和护理学专业课程师资队伍的建设。邀请国内外知名教授来校讲学并对硕士研究生进行课题指导。2013年学院研究生发表SCI论文1篇,在《中华护理杂志》《护士进修杂志》等护理核心期刊上发表论文43篇。研究生申请发明专利10项、实用新型专利17项,已授权实用新型专利9

项。有22个项目参加苏州市第一届"林华杯"护理用品创新大赛,获三等奖2项,优胜奖6项。2013届毕业论文涉及临床护理、护理管理和实验研究等多个方面,得到了答辩委员会的高度评价,毕业研究生就业率达到100%。

三、科研工作与学术交流

1. 科研项目与成果

积极组织申报各类科研项目,鼓励师生进行贴近临床的科技创新。按照学校科研处的要求,认真、积极组织每一次课题和每一个奖项的申报工作。在组织过程中,注重发挥各教师研究特长,关注教师科研工作积累,有的放矢,提高申报质量。2013年获得国家自然科学基金资助课题(第二负责人)1项,江苏省教育厅资助课题1项,苏州市科技局资助课题2项。发表论文24篇,其中北图核心期刊论文8篇,统计源期刊论文16篇。申请发明专利10项,实用新型专利17项,已授权实用新型专利9项。有22个项目参加苏州市第一届"林华杯"护理用品创新大赛,获三等奖2项,优胜奖6项。获评科协优秀课题2项,健康管理学会优秀论文1篇。

苏州大学2013年医学教育教学改革立项研究项目有重点项目"医护合作模式在急危重症临床决策能力培养中的实践探索",一般项目"'同伴辅学'在本科护生《基础护理学》课程教学中的应用""伤不起的胸痛""网络探究式学习在《心血管护理学》中的应用研究"和"以《护理人文修养》课程改革为导向之护生职业情感启蒙教育"。

2. 国内外学术交流情况

(1) 与苏州大学附属第一医院、苏州市护理学会联合举办了"两岸四地护理发展高峰论坛"、国家级继续教育项目"中英美优质护理与护患沟通"等学习班,收到了良好的社会效益,提高了学院的知名度。

(2) 组建"江浙沪闽导师学术沙龙"并拟定沙龙章程。"江浙沪闽导师学术沙龙"是一个导师自主管理、互助互学的学术性团体,其目的是为导师们搭建专业发展、思想交流、教学研究、科研探讨、成果共享的平台,全方位地提高导师们的师德、修养、教学和科研等综合能力。为加强苏州、上海、福建地区的护理学导师沟通交流,由苏州大学护理学院牵头,组建"江浙沪闽导师学术沙龙"。沙龙活动采取研讨式、网上学术交流、论坛式、嘉宾访谈式、读书心得交流等多种形式,成为各地导师自由交流的平台。诚如复旦大学护理学院院长胡雁教授所期待的那样,"成员有丰富的经历和较高的视野,大家各抒己见,自由发表想法,期间可能就有思想火花,点燃潜伏中的构思"。

(3) 采用"走出去、请进来"的双轨途径,不断加强师资队伍建设,安排青年教师聆听名师指导,不断提高学术水平。学院全体教师分别参加了在英国、香港、北京、上海、广州、银川、贵州等地举行的国际会议与学术交流活动,拓宽了教师的学术视野,提升了护理学院的知名度和影响力。与贵阳医学院结对后举办国家级"护理安全与风险干预"继教班,邀请全国15名知名专家为300余名西部地区护士进行公益讲学,充分体现"211"大学的公益帮扶和教育辐射影响力。此外,为提高学院青年教师的教学技能,积极号召青年教师参加学校举办的名师讲坛,如2013年11月20日由国家教学名师游宏教授主讲的《如何成为卓越的大学教师》。

四、重大事项

(1) 在党的群众路线教育实践活动的感染下,护理学院党支部定期开展党员学习和教育活动,在研讨中强化理论知识,提高思想认识。

(2) 重视学院文化建设,美化、绿化学院。学院的文化布置充分体现护理专业文化与思想,使全体师生在潜移默化中接受教育。

(3) 做好护理学院网站的更新及维护工作,切实把网站作为一个宣传学院、展现学院特色的信息交流平台。

(4) 召开第十二届护理教学质量持续改进委员会会议。

(5) 根据《苏州大学开展"教育经费管理年"活动实施方案》文件精神,结合护理学院自身实际,开展"教育经费管理年"活动整改落实工作。

(钮美娥)

敬文书院

为积极推进人才培养改革，切实贯彻育人为本的理念，努力探索高等教育大众化条件下的高素质创新人才培养模式，苏州大学借鉴剑桥、哈佛等国外著名大学的住宿学院制以及香港中文大学的书院制等管理模式，结合学校实际情况，于 2011 年 6 月成立了全校首个以香港爱国实业家朱敬文先生名字命名的书院——敬文书院。

书院以“育人为本、德育为先、个性培养、全面发展”为理念，弘扬“为国储材、自助助人”的敬文精神，倡导“明德至善、博学笃行”的院风，以培养研究型、国际化、高素质创新人才以及与苏州大学有着深厚感情的优秀校友为目标，汇聚不同学科专业背景的学生和导师，共建一个师生亲密互动的社区共同体。

书院现有 3 届近 300 名学生，有常任导师 5 名、学业导师 68 名、助理导师 2 名、社区导师 1 名。学校每年从天赐庄校区相关学院的本科申请者中选拔优秀学生加盟书院。每一个被选拔进书院的学生都有双重身份：他们既是敬文书院的学生，也是所在专业学院的学生。他们第一课堂的专业学习主要由各自所在学院负责，第一课堂以外的学习和生活，包括党团组织生活和学生活动的开展等主要由书院负责。书院内每间宿舍由不同专业的学生入住。至 2014 年 9 月，书院学生规模将达到 400 人左右。

书院坐落于粉墙黛瓦、绿树葱郁、古韵悠然的苏州大学本部校园东北侧。目前主要有南苑楼、内苑楼、北苑楼三幢楼宇，其内除有学生宿舍外，还有供书院师生研讨、导修、活动、生活的各类场所，如导师办公室、图书阅览室、咖啡吧、谈心室、自修室、活动室、健身房、洗衣房、厨房等。书院院落环境优雅、硬件设施齐全，是优秀学子相互砥砺、读书学问的最佳场所。

书院通过精心设计通识教育课程，倡导全人教育理念，鼓励学生认识专业以外的领域，拓宽学生知识视野，培养学生的人文素养与科学精神，使之成为具有健全人格和高度责任感的社会公民。书院邀请和组织校内外名家开设了系统化通识教育课程，主要包括经典会通、文化传承、艺术审美、创新探索等内容，每一位书院学生必须修读一定学分的通识教育课程方能毕业。由此，书院教育打破了传统教育中科学教育与人文教育分割的格局，彰显了既重学科、重专业，又重人文、重情智的特色。

书院实行全程全员导师制。常任导师、社区导师、助理导师常驻书院办公，部分导师与学生同住，与学生零距离接触，为学生的成长成才提供全天候、个性化的指导和服务。此外，学业导师作为书院导师队伍的核心力量，由学校选聘教学工作突出、研究能力较强、具有高级职称或博士学位的优秀在职教师和退休教师担任。公共基础课学业导师常驻书院，推行小班化、个性化的辅导；其余学业导师每两周至少与学生互动一次，在大学适应、课程学习、生涯规划、课外阅读、文献查阅、论文写作、学科竞赛、科研项目、就业创业等方面为学生作有效而切实的指导，帮助学生增进知识、提高素养、培养人文情怀。通过导师制的有效实施，书院教育打破了传统教育中渐行渐远的师生关系，重构了亲密互动、教学相长、和谐相容的新型师生关系。

书院制订了有关人才培养的三大核心计划(简称 SCL 计划)：

1. S 计划：科技人文融通计划

(1) 隐性融通——文理渗透学科交叉：40 多个专业的学生在一个社区生活；同一个宿舍由不同专业的学生入住。书院同时开展“好书悦读”“专业 1+1”学科交叉创新以及“智慧之星大赛”等活动，鼓励学生多读书，读好书；鼓励兴趣驱动的创新和学科交叉的创新。

(2) 显性融通——通识教育塑造全人：书院邀请和组织校内外名家开设通识教育课程系列讲座 40 多期，不仅弘扬了敬文精神，繁荣了校园文化，更使学生的视野能触及文学、哲学、历史、经济、教育、艺术、社会等诸多领域，对于开阔其眼界、提升其素养发挥了重要作用。

(3) 自助助人——以德为先储蓄爱心：要求每位学生每学期至少完成 18 个小时的义工。每学期书院内部推出 20 个义工岗位。书院学生在自助的同时，还走出校园，服务社会，奉献爱心。

2. C 计划：生涯发展辅导计划

书院通过导师制实现生涯发展辅导计划。两年半以来书院共举办以高数、概率论与数理统计、普物、工程数学线性代数、工程数学复变函数、热学等基础课程为内容的答疑坊 275 次，共 821 人次参与了个别辅导。共 315 人次参加了法语、日语和英语口语等语言集中授课辅导 102 次。其余学业导师为书院学生开展了各类课程学习集体辅导 537 次，个别辅导次数更多。

此外，书院还为学生提供生涯发展理论与实务方面的指导，如举办考研、就业、出国留学专场辅导等“幸福下午茶”生涯辅导工作坊。

3. L 计划：领导力培育计划

书院通过创新学生组织架构，创新学生活动模式，开设领导力培训课程，挖掘学生的领导潜力，提升其未来发展的竞争力。

在研究型人才培养方面，书院通过以科研和创新项目为引领的学业导师制度，实施 SCL 计划之“3I (Interdisciplinary Inquiry Innovation) 工程”项目，鼓励学生申报各级各类科研项目，参加各类学科竞赛。截至 2013 年年底，共有 105 名学生获得 “3I 工程”第一期项目资助，有 117 名学生已经申请第二期项目资助。得益于 3I 工程项目的孵化，书院学生成功申报了各级各类科研项目，并在各类学科竞赛中取得了较好的成绩：入学两年多来，书院学生共成功申报了校级大学生课外学术科研基金项目 30 项，远远超出其他学院；入选苏州大学“箬政学者”4 人次；参与国家级、省级“大学生创新创业训练计划”30 人次；在国家级、省级的创业计划大赛和学科竞赛中获奖 11 人次；申请专利 2 项、著作权 2 项；在省级以上学术刊物发表论文 10 余篇。其突出表现，极受钦羡。

在国际化人才培养方面，书院不断完善海外研修奖助体系，鼓励和支持优秀学生出国(境)交流。书院成立以来，邀请了澳大利亚堪培拉大学、美国巴德大学的多位教授访问书院，开设相关专业课程，同时强化英语口语、雅思、托福和 GRE、GMAT 等的培训，普及第二外语。同时书院还与香港中文大学敬文书院、新亚书院，美国俄亥俄州立大学等名校分别建立了长期合作交流机制，每年暑假将选拔优秀学生参与项目交流。学生加盟书院后，将能优先获得各类奖(助)学金支持，获得更多的出国、出境交流、访问机会。

书院成立两年多来,已经有近 40 名学生获得海外研修的机会,分别前往澳大利亚、美国、英国、加拿大、韩国、中国台湾等国家和地区研修交流、留学深造。2011 级、2012 级和 2013 级的 282 名学生中,大学英语四级考试成绩 600 分以上的有 60 多人,六级考试成绩 550 分以上的有 40 多人。2011 级已经有 40% 的学生获得出国(境)交流机会,2012 级有 41% 的学生有出国留学意向,许多学生高分通过了雅思、托福、GRE 等考试。2013 级有 43 位学生报名参加雅思、托福课程,占新生人数的 45%。

(孟玲玲)

唐文治书院

为进一步推进苏州大学“卓越人文学者教育培养计划”,苏州大学借鉴剑桥大学、哈佛大学等国外著名大学的书院制,参照西方文理学院的本科培养模式,于2011年成立了唐文治书院(简称文治书院)。书院以著名教育家唐文治先生(1865—1954)的名字命名,建立全新的研究型教学模式,探索本科教育和研究生教育的有机结合,体现现代大学制度的基本精神,突出民主办学、敬畏学术、教学相长、自我发展的特征,以培养复合型、学术型的高端文科人才为目标。目前书院已招收3届学生,学生人数79人。

1. 全新的培养方案,培养高端文科人才

书院优化配置教学科研资源,设计了全新的人才培养方案与教学计划,培养复合型与学术型文科人才。课程设置打通文史哲,回到文史哲专业的基本面,回到中国文化的“原典”,强调经典研读,从传统出发并对传统进行创造性的转换,以现代的立场阐释经典。除部分通识课程外,主体课程都是单独编班授课。

书院采取教授联合授课的方式,聘请一流师资担任教学任务,并延聘海内外著名教授主持常设性的讲座课程,哈佛大学的李欧梵教授、台湾大学的张小虹教授、捷克查理大学的罗然教授、德国海德堡大学的瓦格纳教授等都亲自为书院学生授课。

书院注重发挥学生的学习自主性,训练学生处理和研究问题的动手能力,除课堂教学外,特别重视阅读、讨论、作业等环节,部分课程采取以学生为主体的专题报告、课题讨论等方式,强调学生自主性的发挥。第一学年特别设置每周10节的英语课,强化英语训练,使学生真正掌握听、说、读、写、英语的能力。

2. 独特的管理模式,营造卓越学习环境

书院从2014级文史哲三个专业的新生中,择优选拔30名学生。被书院录取之后,学生学籍即转入书院,由书院集中管理。

在生活方面,书院实行集中住宿制度,学生享有相对独立、十分优越的住宿条件,男女生宿舍区各有专门的活动中心、阅览中心、生活间等。书院还聘请专职老师与学生们一起食宿,更好地为书院学子提供服务。

在学习方面,每一届学生均拥有固定的教室,享有优先获得各类奖(助)学金、各类课外科研项目的机会,学校对书院给予了特别的优惠。仅2011级和2012级就有4名学生成功入选苏州大学2013、2014年度“箬政学者”,有8个课题团队的项目入选第十五批和第十六批“大学生课外学术科研基金资助项目”重点项目,有4个课题团队获得国家级和省级“大学生创新创业训练计划”项目资助,17名学生入选省政府资助出国交流项目,各类项目学生参与比例高达80%以上。书院还设立专项资金,资助学生的学术交流活动,并推荐部分优秀生到国外一流大学研修。

3. 强大的师资阵容，培养学生良好习惯

书院以高薪聘请文史哲的一流师资为书院学生授课，以小班授课、小班研讨为特色，师生之间互通无间。同时，书院实施全程导师制，由书院选聘具有高级职称或博士学位的文史哲专业优秀教师担任学生四年的学业导师。学业导师会定期地与自己所带的学生进行学术交流与探讨，为学生的学业发展给予最直接的指导。书院为每一级学生选聘了一名班主任，负责引导学生养成良好的学习习惯和健康的生活方式。书院还配备了一名专职辅导员，负责学生的思想政治工作和管理工作。这样三位一体的师资阵容，从学术上、生活上以及日常管理上为学生们带来全方位的保障，引导学生们扬帆远航。

4. 丰富的教学资源，为学生成长搭建平台

书院有自己固定的教室、会议室、学术沙龙、海外客座教授研究室以及"文治读书角"等场所。书院的学生不仅可以借阅学校图书馆的各类藏书，还可以自由借阅文学院、社会学院和政治与公共管理学院的图书。"文治读书角"还特别为书院的学生配备了大量的藏书，尤其是经史子集类的必读书，完全可以满足学生的学习需求。书院正在组织编撰大型的《唐文治书院经典导读丛书》，形塑学生纯正的人文素养与人文关怀。书院大力鼓励与资助学生举办各类读书沙龙、文化参访、郊游踏青、社团组织、暑期社会实践活动等，大大丰富了学生的业余生活，拓展了学生的社会视野。由学生主编的《文治学刊》已成为展示学生风采、沟通师生交流的开放园地。所有这些，都为学生的成长提供了极好的平台。

（季　进）

文正学院

一、概况

苏州大学文正学院是在我国高等教育大变革、大发展背景下应运而生的。她是苏州大学积极推进教育创新、大胆探索和实践高等教育多元化发展新路径的产物。学院在1998年12月经江苏省教育委员会批准成立,时为公有民办二级学院,并于2005年获准改办为独立学院。2012年8月,经省政府批准,学院在省内独立学院中率先由民办非企业单位登记为事业法人单位。

学院将改革创新作为事业前进的指导思想,将尊重学生的个性发展作为教育教学的基本前提,将多元化人才培养作为坚定不移的中心工作,充分依托苏州大学的优质资源以及长三角地区的区位优势,为经济社会发展输送优秀的应用型本科人才。

学院在校生约9 600人,现设有42个本科专业(方向),涵盖法学、文学、经济学、管理学、理学、工学、艺术学等多个学科;教育教学设施完备,功能齐全,建设标准高,使用效果好;顺应数字化潮流,借力信息化建设,智能化校园建设取得阶段成果,校园管理创新成效显著。

学院坚持走国际化办学之路,既借鉴国外先进的管理模式和教育理念,又着力打造学生的国际化竞争力。学院以国际交流学院为依托,与境内外十几所高校通过本科生联合培养项目、硕士研究生项目以及交换生项目等形式和平台,为学生出国留学铺设"绿色通道"。

二、教学工作

在教学基础工作方面,全年共完成130个班级涉及1 400余门课程的考试组织工作;精心组织,落实教材管理实务,确保课前到书率95%以上;组织包括苏州大学原校长钱培德教授在内的30位专家学者前来讲学;2013届共2 316位学生参加答辩,通过率达99.57%,产生校级优秀论文58篇,获评省级优秀论文3篇。2013届毕业生人数共计2 296人,授予学士学位人数2 005人,毕业率为91.18%,学士学位授予率为79.63%。

在教学改革创新方面,组织电子信息类人才培养、商科类人才培养、政治理论课程教学、大学英语课程教学研讨会,对17门课程开展考核评价方式改革试点工作。积极探索和开发网络视频课程资源,组织9个教学班400余人次的课程重新学习。举办微课大赛、第五届教师教学竞赛,以赛促学,以赛促教,调动教师积极性,提升教学质量。组织申报"独立学院国际化人才培养的创新与实践""独立学院与母体学校优质教学资源共享机制探索与实践"等5个校级立项课题。

在人才培养方面,组织安排2013级新生入学导学周活动,邀请30位导师开展40场专业介绍讲座。注重开发学生实践技能,培养多元化人才。与苏州市人才服务中心合作开办会计从业资格证考试培训辅导班;与新东方英语(苏州)学校合作,开展大学英语四级辅导培训；继续做好学生技能证书学分认定工作。继续支持学生考研工作，2013 届毕业生中共有 155 名学生进入国内外各大高校继续深造，考研录取率为 6.6%，创历年新高。2013 届毕业生 2 554 人，年终就业率达 97.10%。

学院顺利完成由江苏省教育评估院组织的英语专业建设抽检工作，在"以评助建，以评助改"的精神指导下，做好专业自评、自建、自改工作。并根据上年度会计学专业抽检评估报告做好相关整改工作。

完成电气工程与智能控制、轨道交通信号与控制、空乘管理艺术、学前教育 4 个新专业的申报工作，同时完成服装与服饰设计（空乘）、电气工程及其自动化（城市轨道交通控制工程）、通信工程（城市轨道交通通信信号）3 个专业方向的申请招生审批工作。

积极开展空乘专业教学研讨工作，围绕"民航客舱设备操作实务""民航服务礼仪"两门课程，由空乘专业教师分别在 2012 级与 2013 级空乘专业学生中开设教学公开课，并由院领导、教学督导组、教务处、学生工作处以及空乘专业教师共同召开研讨会深入交流。

三、科研工作与学术交流

学院加强对学生科研、科技竞赛方面的投入，各类专项资金投入共达 65 万元。面向低年级学生组织"大学生科研创新能力训练营"系列专题辅导讲座，面向高年级学生积极组织各类科研参赛，2013 年共有 100 多名学生在国家级、省级各类比赛中获得佳绩。另有 15 个项目获得江苏省大学生实践创新训练计划年度项目立项，涉及学生 56 人；32 个项目获得苏州大学大学生课外学术科研基金年度项目立项，涉及学生 129 人。

学院注重国际化发展与人才培养相结合，共接待来自澳大利亚、加拿大、美国、爱尔兰、日本、韩国等国外大学以及台湾地区高等学校的代表团 29 批次，学生交流团 2 批，组织出访日本、韩国等国家的 5 所高校。全年共派出各类交换学生 60 名，引荐 4 名学生申请攻读硕士学位，66 名学生参加短期交流项目。举办文正国际交流活动周及中外学生交流会，营造校园国际化氛围。

四、重大事项

1 月 2 日，由党委书记吴昌政等人联合申报的"大学生职业发展与就业创业指导"成果获中国高等教育学会学生工作研究分会颁发的 2012 年全国高校学生工作优秀学术成果特等奖。

3 月 7 日，台湾东吴大学赵维良副校长一行访问学院，殷爱荪院长在学生活动中心会见了代表团一行。

3 月 29 日，学院召开管理工作务虚研讨会，对学院的未来发展进一步统一了思想、凝聚了智慧、明晰了思路、鼓足了干劲。会议围绕台湾和澳门地区高校考察情况交流、学院管理中的问题与对策、今后工作的重点和创新之处以及管理模式与机构设置改革等四个方面的议题展开。

6 月，学院领导班子进行调整，徐子良同志任苏州大学文正学院党委书记，吴昌政同志任苏州大学文正学院常务副院长。

7 月 15 日，学院召开师资队伍建设专题研讨会。苏州大学 17 家共建学院的领导应邀出席会议，学院全体院领导以及相关职能部门负责人参加会议。会议由副院长施盛威主持。

8月3日,江苏省高招本三批次开始录取。学院2013年投档分数文科为296分,理科为308分,两门选测科目等级要求为BC以上。这一成绩比本三批次的省控线分别高出了30分和20分。在所有上线考生中,达到本二省控线的理科考生有242人,文科考生有349人。

2012—2013学年度秋学期伊始,学院四号教学楼正式投入使用,共计19个教室,均配备多媒体设施。

9月5日,朱秀林校长深入学院一线,围绕党的群众路线教育实践活动的开展,全面了解学院各项工作,并对学院工作提出进一步的要求。校长办公室主任刘标陪同走访。

9月16日,江苏省教育评估院副院长袁益民一行来学院进行英语专业建设抽检预访。苏州大学外国语学院分管教学的副院长、文正学院外语系主任朱新福教授,英语专业骨干教师王海贞以及学院全体院领导、职能部门负责人参加会议。

10月17日,苏州大学党委书记王卓君莅临学院听取开展党的群众路线教育实践活动情况汇报,并反馈校督导组征求意见和建设情况。全体院领导参加会议,党委书记徐子良主持会议。

10月23日,由江苏省高等教育学会、江苏省高等职业教育研究会组织的"新形势下江苏高等职业教育改革与发展"专题调研组在学院开展调研活动并考察交流。江苏省高等教育学会名誉会长、原江苏省教育委员会副主任葛锁网率队来访。

10月26日,学院第七次团员代表大会、学生代表大会暨第六次学生科技协会代表大会在学术报告厅召开。

11月2日,苏州大学第51届田径运动会闭幕式在东校区举行。学院取得田径比赛男女团体总分第二名、女子团体总分第一名、男子团体总分第二名以及运动会优秀组织奖等成绩。

11月21日,江苏省独立、民办学院图书馆工作研讨会暨第七届馆长年会在学院举行。来自全省21所独立学院、民办学院的图书馆馆长出席本次会议。

12月6日,学院第五届教师课堂教学竞赛落下帷幕,共有25名教师参加课堂授课竞赛,16名教师参加多媒体课件评比。材料与化学化工学部的毛金成和凤凰传媒学院的王清分获理工科组与文科组一等奖;物理与光电·能源学部的吴玺等5位教师的多媒体课件荣获优秀奖。

(刘　言)

应用技术学院

一、概况

苏州大学应用技术学院位于中国第一水乡周庄古镇旅游区西北2公里处，距苏州大学独墅湖校区20公里，毗邻苏州工业园区、昆山经济技术开发区、花桥国际商务城和吴江高新技术开发区。学院占地580亩，总建筑面积20多万平方米。其中，教学楼约5.3万平方米；实训楼约3万平方米，校内实验实训室50多个；图书馆约1.1万平方米；学生公寓约9.4万平方米；食堂约1万平方米；大学生活动中心约0.3万平方米；运动场地约3万平方米。

学院成立于1997年11月，2005年改制为由国家"211工程"重点建设高校、江苏省省属重点综合性大学——苏州大学举办的本科层次的独立学院。学院设有机电工程、电子信息、计算机、服装艺术、旅游、经贸、外语、财会8个系科，1个国家职业技能鉴定所，1个应用技术教育研究所，获批江苏省国际服务外包人才培训基地、江苏省服务外包人才培养试点高校、苏州市校园大学生创业孵化基地、昆山市高技能人才培养定点机构、昆山市职业技术教育培训基地等；现设有31个本科专业及专业方向，在校生7 300余人，担任各类课程的教师具有高级职称者占60%以上，双师型专业教师占80%以上。

根据中国管理科学研究院武书连主持的《2013中国独立学院评价》，学院在全国297所独立学院中，位列中国独立学院百强榜综合实力第66位，毕业生质量位列第41位，教师绩效位列第57位。

学院积极拓展国际交流，已与美国、英国、德国、韩国、日本等国的高校开展办学交流和项目合作，选派优秀学生出国交流，攻读双学位。学院以本科层次为主，并正在积极探索研究生层次的人才培养模式。

二、教学工作

学院不断创新人才培养模式，扎实推进教学质量工程。完善专业结构，成功申报物联网工程、软件工程、车辆工程、酒店管理4个新专业；深化重点学科建设，组织开展了重点专业年度工作汇报，推进了重点专业建设。

优化课程体系，修订并完善了所有专业的教学计划、教学（实验）大纲；加强企业课程建设，努力打造网上课程中心，建成网络课程89门，1 000多名学生进行网上学习。

探索人才培养，依托学院服务外包人才培养基地，密切政企校合作关系，通过共同创新人才培养模式和方案、组建服务外包教学团队、建设实验室及实训基地和实训平台、设计实训项目案例、开展学生学科竞赛和省级大学生创新实验项目研究、服务学生就业及职业发展等措施，探索了服务外包人才培养的新模式。加快第二课堂建设，全面实施博雅人才培养计划，通过多渠道、多方式、多模块的授课形式，开展了博雅论坛、对外观摩、校外参观、团队训练等活动。设立大学生科技创新专项基金,出台学科竞赛学分奖励政策,按照本年度制定实施的《苏州大学应用技术学院课外兴趣小组管理办法(试行)》,共组建了43个课外兴趣小组,覆盖全院8个系,共26名指导教师和300多名学生参与。

三、科研工作与学术交流

1. 科研项目与成果

2013年学院教师成功获批江苏省自然科学基金项目和江苏省软科学项目4项;获得2013年度江苏省高等教育教改研究立项1项;获得2013年苏州大学高等教育教学改革与研究项目2项;成功申报江苏省现代职业教育体系建设试点项目,在南通市教育局的大力支持下,联合江苏省南通中等专业学校,学院服装设计与工程专业成功申报"3+4"分段培养试点项目;开展"课程过程化管理"试点项目,探索学生成绩的过程性评价和形成性评价体制;推进精品课程培育申报与建设,对2011年首批建设并立项的7门校级精品课程,完成结题评审与总结,并启动学院第二批精品课程培育申报工作。

2. 国内外学术交流情况

与美国、英国、韩国、日本等国19所大学建立了合作办学关系,实行"1+2+1""2+2""3+1""本硕连读"等多种合作培养模式,面向全院开设国际化课程10多门,并获批中外合作项目1项。

四、学院特色与重大事项

学院秉承、发扬苏州大学百年办学传统,坚持以能力为本创特色,坚持"加强理论,注重应用,强化实践,学以致用"的人才培养模式,建设"双师型"队伍,倡导"双证制"毕业。十多年来,学生在全国各级专业技能和学科竞赛中荣获大小奖项已达320多项,其中有江苏省高等工科院校数控实习教学比赛等省级奖250多项、全国大学生电子设计竞赛等全国奖30多项。学院毕业生就业率已连续12年超过96%,多次荣获"苏州大学就业工作先进集体"称号,2012年在全省就业工作检查中获得"优秀"等次。

2013年3月,为适应学院专业建设发展需要,组建计算机系。

2013年8月,印发《苏州大学应用技术学院绩效工资实施办法(试行)》,成立苏州大学应用技术学院绩效工资实施工作领导小组和苏州大学应用技术学院绩效工资实施工作小组,开展学院绩效工资实施工作。

2013年9月,调整学院职能部门设置,现设党政办公室、教务处、学生工作处、后勤与保卫处、财务处、招生就业处、图书与档案馆、实验与实训管理中心、信息化建设与设备管理中心等9个职能部门,并根据《2013年苏州大学应用技术学院职能部门领导干部聘任实施方案》,完成职能部门领导调整聘任工作。

围绕学院内部管理、教学改革、学生培养、师资建设等方面修订了《苏州大学应用技术学院班主任工作条例》等3个文件,新出台了《苏州大学应用技术学院教学成果奖与教学改革研究项目实施办法(试行)》《苏州大学应用技术学院本科生毕业设计(论文)评优与奖惩条例(试行)》《苏州大学应用技术学院博雅人才培养计划实施方案(试行)》《苏州大学应用技术学院大学生科技创新创业工作管理办法(试行)》《苏州大学应用技术学院课外兴趣小组管理办法(试行)》《苏州大学应用技术学院绩效工资实施办法(试行)》等16个文件。

2013 年，推进校园信息化建设，高标准完成了教室标准化考场、高清教学录播系统建设；对校园骨干网和中心机房实施了全面更新和改造，基本完成实验室数字化（硬件管理）建设的试点工作；完善学院教师、家长、学生网上平台服务中心，加强了学生工作管理信息系统建设，运行了查课、奖学金评定、行为学分管理、奖助、毕业生离校等模块，增强了信息互通与共享，提高了信息的利用率和工作效率；开通了网上支付功能，实现各类考试报名系统与支付平台联动的技术论证工作；完成学生课堂点名系统单机版测试工作。

2013 年，根据中国管理科学研究院武书连主持的《2013 中国独立学院评价》课题成果，在全国 297 所独立学院中，学院综合实力位列百强第 66 位，毕业生质量位列第 41 位，教师绩效位列第 57 位。由江苏省教育厅副厅长朱卫国主编的《江苏省高校毕业生就业、预警和重点产业人才供应 2013 年度报告》中，学院"毕业生就业竞争力指数"名列苏州地区同类高校首位，"毕业时掌握的创新能力水平"位列江苏省同类高校第 5 位。

（姜　帅）

老挝苏州大学

老挝苏州大学是老挝政府批准设立的第一所外资大学,也是中国政府批准设立的第一所境外大学,校址位于老挝首都万象市。

2006 年 11 月 19 日,中国国家开发银行与老挝国家计划与投资委员会签署协议在老挝首都万象建设经济开发区,学校应苏州工业园区之邀参与该项目建设。

老挝苏州大学自 2007 年开始筹建,经过实地调研、启动两国政府申报程序,前后历时 5 年,终于获得中、老两国教育部的支持和批准。2009 年 1 月,学校顺利获得老挝国家计划与投资委员会颁发的"老挝苏州大学(Soochow University in Laos)设立许可证";2009 年 4 月完成工商注册和税务登记,基本完成老挝方面的法律程序。与此同时,学校积极进行国内咨询申报工作,2011 年 6 月,中国教育部正式下达《教育部关于同意设立老挝苏州大学的批复》,同意学校在老挝设立老挝苏州大学。

2011 年 7 月,苏州大学组建了老挝苏州大学建设工作领导小组,搭建了老挝苏州大学内部管理框架,正式启动老挝苏州大学建设工作。

根据中国教育部批复精神及学校专业建设规划,老挝苏州大学将参照中国高校标准和模式,举办全日制本科和研究生(硕士和博士)教育,其中本科教育学制 4 年,研究生教育学制 3 年,同时开展中文及其他各类高级技能培训。学历教育的专业设置、课程设置和教学计划均参照苏州大学的标准并兼顾老挝教育部规定制定,对完成学业且成绩合格的学生,授予老挝教育部核准的老挝苏州大学毕业文凭和学位证书。

根据规划,经过 10 ~ 20 年建设,学校将发展成为一所在校生规模为 5 000 余人,具有本科生、研究生学历教育,拥有汉语言培训及其他技能培训体系,开设与老挝经济、社会发展相适应的专业,建设有临床医院,在老挝国内及东南亚处于领先水平的一流综合性大学。

学校建设初期,生源围绕湄公河地区,以老挝及周边国家学生为主,逐步拓展,最终形成以亚洲国家学生为主,并延伸至欧美国家的多元学生群体。学校将通过积极与当地中小学洽谈接触,设立附属中小学和幼儿园等,努力开拓生源渠道,为中国、老挝和东南亚及相关国家和地区的经济、社会发展培养通晓中文以及相关专业知识以及技能的国际化人才。

为加快办学进程,老挝苏州大学于 2012 年初租用了老挝民营学校(凯文学院)校舍作为临时办学场所,可容纳在校生 300 人。

2012 年 7 月 2 日,老挝苏州大学获得国际经济与贸易、国际金融、汉语言培训的办学许可,开始招生。2012 年 10 月,首届本科新生已在临时办学场所入学并接受教育。

2013 年 8 月 2 日,老挝苏州大学又获批中国语言、计算机科学与技术两个新专业,并于当年开始招生。

老挝苏州大学的创办,显示了苏州大学的雄厚实力和超前意识,也为中国高校走出国门开了先河,积累了成功的经验。标志着中国高等教育实现了从引进向输出、从开放向开拓的战略转型。一方面，老挝苏州大学为中国企业“走出去”提供了一个全面、深入了解老挝及东南亚地区经济社会发展的窗口，并提供人才和技术支持，以沟通融畅的交流平台来推动中资企业与老挝及周边国家经济、贸易等诸多领域的合作。另一方面，老挝苏州大学的创办，对促进老挝及东南亚国家学生来华留学将起到直接的推动作用，为发展留学生教育建立了新的增长点。

老挝苏州大学是在老挝注册并由苏州大学控股的独立法人高校，立足于在学校主体独立的条件下，争取政府支持，吸纳社会、企业资金共同建设。学校实行董事会领导下的校长负责制，苏州大学派骨干人员负责运作及管理，同时招聘当地员工参与日常运营管理。

（陈　美）

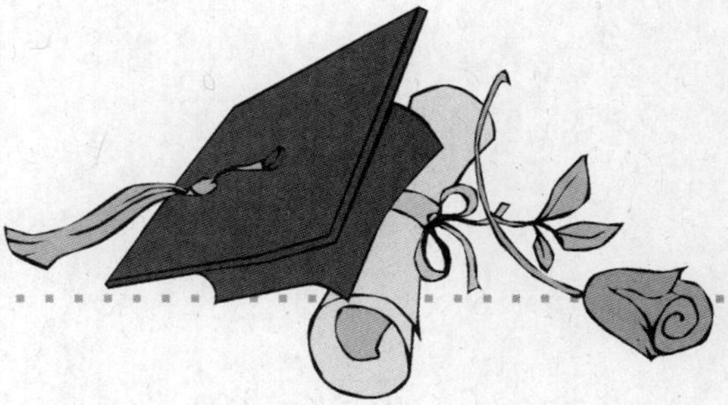

附属医院简介

苏州大学附属第一医院

一、概况

苏州大学附属第一医院始创于1883年(清光绪九年),时称“博习医院”,1954年6月易名为苏州市第一人民医院,1957年成为苏州医学院附属医院,2000年苏州医学院并入苏州大学,医院更名为苏州大学附属第一医院。1994年医院通过江苏省首批卫生部三级甲等医院评审,并成为苏南地区医疗指导中心。2013年10月医院以优异成绩通过新一轮三级医院评审,被江苏省卫生厅再次确认为三级甲等医院。医院系江苏省卫生厅直属的集医疗、教学、科研、预防为一体的综合性医院,并被设为卫生部国际紧急救援网络中心医院,2012年被确认为江苏省省级综合性紧急医学救援基地。苏州大学第一临床医学院(含医学影像学系)和口腔医学专业设在医院,江苏省血液研究所、江苏省临床免疫研究所也挂靠在医院。

医院本部坐落于古城区东部十梓街188号,占地面积64 960平方米;医院南区(人民路地块、竹辉路地块、沧浪宾馆地块)占地面积93 754平方米;规划中的平江新院坐落在苏州城北平江新城内,占地面积约201.9亩,核定床位3 000张,将分两期建设,其中一期规划床位1 200张,建筑面积20.16万平方米;二期规划床位1 800张,建筑面积21.84万平方米。

2013年,医院荣获江苏省文明单位标兵、省厅综合目标管理考核优胜奖等荣誉,并荣膺2013年全国地级城市医院排行榜冠军,各项事业呈现蓬勃发展的良好态势。

二、医疗工作

2013年医院制定了《关于开展床位优质服务、努力缩短平均住院日的意见》及相关考核方案,全院开展缩短平均住院日活动。

2013年医院根据等级评审标准的要求,全面梳理、修订各项制度,其中新增制度27项,完善制度200余项,包括手术风险评估制度、非计划再次手术上报及监管制度、临床危急值报告制度及流程等。

医院神经外科、临床药学2个专科跻身国家队,眼科、普外科、肿瘤科、重症医学科、康复科5个专科成为省级临床重点专科。截至2013年年底,医院共有国家级临床重点专科8个,省级临床重点专科25个。骨科、血液科等19个专科实行了亚专科管理,亚专科建设工作取得实质性进展。医院对各临床医技科室一类医疗技术目录进行汇总,编制《苏大附一院医疗技术目录》并下发至各科室;对医院手术、麻醉、介入、内镜等高风险诊疗操作人员进行授权;并积极组织申报二、三类技术,其中全身麻醉、神经阻滞、纤维支气管镜诊疗3项通过审核,脐带血造血干细胞治疗技术、人工椎体植入技术等11项二类技术接受省厅医疗技术临床应用能力现场审核。截至目前,医院共有26项二类医疗技术、6项三类医疗技术通过审核。

医院荣获"江苏省人感染 H7N9 禽流感防控工作先进集体",4 位同志获得"江苏省人感染 H7N9 禽流感防控工作先进个人"称号。

2013 年完成诊疗总量 236.1 万人次,同比增加 8.7%;出院 7.66 万人次,同比增加 12.7%;手术 2.44 万例,同比增加 3.3%;病床周转次数 44.4 次,同比增加 3.4 次;平均住院日 9.0 天,同比下降 0.7 天;平均术前住院天数 2.2 天,同比缩短了 0.1 天;危重病人抢救成功率 92.1%,同比增加 0.5%。医院总收入 25.6 亿元,再创历史新高,较 2012 年增长 10.4%,药占比为 44.3%。

三、教学工作

全年完成了教研室管理队伍的换届,为临床教学管理引进 12 名新成员;接受包括海外留学生在内的 241 名实习生进入临床通科实习,组织开展观摩示范教学 3 次,开展教学行政联合查房 2 次;选送 6 名青年骨干教师赴美国专门学习 PBL 教学模式;圆满完成 2 468 名学生的理论教学 5 395 学时,见习带教 11 344 学时,共计 16 739 学时。医院还组建了"督学讲坛",设立 20 万元教改专项课题基金;获 2013 年江苏省教学成果二等奖 1 项,苏州大学 2013 年高等教育教学改革研究课题 12 项。

四、科研工作与学术交流

医院定期召开临床医学中心、重点学科、创新团队及重点人才建设工作会议,做好学科建设协调与服务工作;顺利通过卫生厅组织的年度考核评估工作,1 个临床医学中心、2 个重点学科、1 个创新团队及 5 个重点人才考核获得 A 等级。做好各项学科的申报工作,产前诊断中心列入江苏省妇幼保健重点学科行列。

2013 年,医院获得国家重大项目 6 项,国家自然科学基金面上项目和青年项目 40 项,省科技厅临床科研专项规范化诊疗项目 1 项以及其他各级各类科研项目 55 项,共获得资助经费约 4 700 万元。获中华医学科技二等奖 1 项,教育部科技进步奖 2 项,江苏省科技进步奖 2 项,华夏医学科技奖 2 项,中国医院协会科技创新三等奖 1 项,江苏省医学新技术引进奖 14 项在北图核心期刊和统计源期刊发表论文 462 篇,另据中国科技信息研究所预检索结果,2012 年发表 SCIE 收录文献 215 篇,其中论文 155 篇,位列全国医疗机构第 36 位。

全年引进拔尖人才 6 名,增列博士生导师 30 名,硕士生导师 21 名。举办专场招聘会 13 场,录取毕业生共计 350 人,其中博士生 43 人、硕士生 104 人,博士研究生的数量创新高,选派 19 人赴国外交流、研修。推荐戴克胜教授团队遴选省创新团队,推荐陈亮教授申报百千万工程人才选拔,推荐孙淼、王宜强申报"千人计划"、江苏特聘医学专家;完成"六大人才高峰"第十批高层次人才项目资助申报 16 人;新增中国医药教育协会副会长 1 人,中华医学会分会主任委员 1 人、副主任委员 1 人、委员 2 人。

发挥国家全科医生规范化培训基地作用,承担起苏州市住院医师技能考核工作。全年共安排院内培训讲座 50 场,其中院外专家讲座 11 场,针对中层干部的培训讲座 3 场。2013 年获批国家级继续教育项目 29 项,与去年同期相比增长 31.8%,省级继续教育项目 29 项,市级继续教育项目 32 项。全年赴境外研修和参加学术交流约 150 人次,其中受"江苏省卫生国际交流支撑计划"项目资助出国研修人员 17 名,邀请国外来访学者 1 名。成功举办第四届苏州国际临床(技术)论坛,设立血液学、骨外科学等 14 个分会场,来自美国、韩国、台湾、香港等10个国家和地区的800余名代表进行了学术交流。

五、平江新院工作

"苏州市社会事业发展一号工程"——平江新院2013年年底门诊试运行是政府和医院对社会的庄严承诺。为实现这一目标，市委市政府先后召开不少于10次协调会，要求全市各部门高度配合、医院职工思想高度统一，围绕门诊年底试运行，加快推进项目建设。2013年蒋宏坤书记来平江新院调研时，鼓励新院项目建设要趁势而上，抢抓当前的有利契机，做好整体规划和各项前期工作，争取二期工程在2014年6月底前开工建设，并承诺对苏大附一院投入不少于10个亿的项目资金。省财政厅李建副厅长调研平江新院建设时关注新院建设资金筹措及资金运行情况，表示会积极支持。目前，平江新院逐步开始内外装修工程，其他系统如弱电智能化、大型仪器设备采购和安装等正有条不紊地推进。平江新院建设是医院130年发展历史上极其重要的战略发展机遇，医院秉持"确保安全、确保质量、确保节约"的原则，精心组织，科学安排，安全施工，协调运作，力争在"十二五"末苏州率先实现基本现代化的同时，基本建成一所与区域经济社会发展相协调的现代化医院。

（部　翀）

苏州大学附属第二医院

一、概况

苏州大学附属第二医院,又名核工业总医院、苏州市第六人民医院、中法友好医院,创建于1988年12月30日,由中国核工业集团公司前身中国核工业部投资兴建。医院系部属综合性教学医院,集医疗、教学、科研、预防于一体,师资和科研力量雄厚,医疗设备先进。医院被设为中国核工业辐射损伤医学应急中心、秦山核电核事故应急医疗中心、苏州市创伤抢救中心、苏州大学医学部第二临床医院,并设有苏州大学神经科学研究所。2002年11月被国家核事故应急办公室列为国家级核事故应急后援单位。医院以优异成绩通过省卫生厅三级医院评审,2011年12月被江苏省卫生厅确定为三级甲等医院;多次获苏州市文明单位及江苏省文明单位等荣誉称号,并被命名为省级"平安医院"。医院坐落于苏州市三香路1 055号,占地面积7.6万平方米,现建筑面积17.5万余平方米,职工人数1 923名,其中卫技专业人员近1 639名,开放床位数达到1 350张。

二、医疗工作

该院设有一、二临床科室30个,医技辅助科室7个,教研室19个。医疗设备齐全先进,2012年年底医院设备总值3.77亿元。医院拥有CT、DSA大型血管造影机、核磁共振检查仪、直线加速器、SPECT检查仪等价位万元以上设备总值4.13亿,共计2 130台(套)。

2013年主要医疗工作情况:2013年医院门急诊1 421 020人次,其中门诊1 308 025人次,急诊112 995人次。2013年出院人数51 961人次,病床使用率为95.5%,床位周转次数为38.5次,病人住院天数为9.2天/人,出院人均费用15 308.6元,治愈率47.0%,好转率49.4%,死亡率0.4%。2013年抢救病人总数4 990人次,抢救成功人数4 540人次,抢救成功90.98%。2013年手术50 146人次,其中门诊27 433人次,住院22 713人次。2013年门诊与出院诊断符合率99.90%,入院与出院诊断符合率99.90%,手术前后诊断符合率99.90%。2013年院内组织大会诊92次,接待特诊病人6 215人次,海外旅行保险病人808人次,老干部门诊病人4 705人次,便民门诊病人22 851人次。门诊参保结算费用26 291.10万元,占全部病人门诊结算总费用的58.02%;住院参保结算总费用44 312.84万元,占比63.86%。

三、教学工作

医院由临床医学二系、科教处、护理部三个部门分别承担相应的教学任务。临床医学二系承担苏大医学院本专科生临床教学,设有内科、外科、诊断、外总、妇产科、神经病、中医、眼科、耳鼻喉、口腔、影像、放射损伤临床、放射治疗、核医学、医学检验等19个教研室。大中专院实习生教学方面,医院是省内外近 10 余所学校的实习基地。2013 年医学二系完成课时数 4 814 课时,接收实习生 204 人。科教处研究生教学设有临床医学博士后流动站、内科学与外科学 2 个二级学科(含 16 个三级学科)博士点、18 个三级学科硕士点。2013 年在读研究生总数 662 人,其中博士生 222 人、硕士生 440 人。2013 年接收进修生 134 名;职工继续教育方面,2013 年对院内职工继续教育举办学术讲座 143 次;举办国家级、省级、市级继续医学教育学习班共 66 项。护理部设有苏大医学院护理系的护理教研室,完成教学任务 766 课时;接收本科和大中专实习生 135 人,接受外院培训护士 37 名;组织安排全院护理业务学习 51 场次,参加人员共计 3 966 人次;安排见习期护士业务培训 16 场次,培训 789 人次;安排实习护士业务培训 18 场次,参加人员共 2 430 人次。分片区指导和考核年轻护士临床工作能力 412 人次,完成工作 3 年内护士轮转 124 人次。

四、科研工作与学术交流

2013 年有各级科研课题 307 项,其中本年度获新立项课题 99 项,另 208 项为往年立项的续研课题。课题中,有国家自然科学基金项目 19 项、江苏省自然科学基金 2 项,江苏省医学科技专项项目 1 项,江苏省高校自然基金项目 2 项,苏州市科技局项目 11 项。2013 年度获得各类科研成果奖项 24 项,其中国防科技奖 1 项,中核集团科技奖 2 项,江苏省科技奖 1 项,江苏省医学科技奖 2 项,江苏省厅新技术引进奖 3 项,市科技进步奖 7 项。2013 年度在专业期刊发表学术论文 342 篇,其中,中华级核心期刊 96 篇,国外期刊 101 篇。全年护士发表各级各类期刊论文和会议投寄论文 66 篇。2013 年度参加国内外学术会议交流论文 317 篇,其中,全国学术会议论文 99 篇,省级学术会议论文 218 篇。共 84 人次专技人员在社会学术团体任职。

(姚志刚)

苏州大学附属儿童医院

一、概况

苏州大学附属儿童医院(苏州市儿童医院)建于1959年,在原苏州医学院附属第一医院儿科基础上独立组建。经过50余年的发展,现已成为一所集医疗、教学、科研、预防于一体的三级甲等综合性儿童医院,隶属于江苏省卫生厅。

医院现占地面积1.8万平方米,建筑面积4.5万平方米,核定床位1 500张,实际开放床位800张。医院现有职工1 157名,其中卫生专业技术人员1 002名。

2013年医院被评为江苏省文明单位、苏州市医药卫生系统文明单位和苏州市医药卫生系统宣传工作先进单位,院青年志愿者协会被评为“十佳青年志愿者协会”。医院员工获江苏省卫生系统“我最喜爱的健康卫士”、江苏省“五一巾帼标兵”、“巾帼建功标兵”、苏州市卫生系统“十大杰出青年”和“十佳青年志愿者”等荣誉称号。

二、医疗工作

2013年全院完成门急诊总量1 354 801人次,同比增长13.88%;出院40 741人次,同比增长6.34%;完成手术9 976例,同比增长20.91%;最高单日门急诊量达到5 089人次,为历年之最。同时医院完成了省厅对心血管介入、骨髓移植、脊柱侧弯和体外循环技术的准入工作。在专科建设方面,医院共有小儿骨科、新生儿科、血液内科、小儿普外科、小儿神经科和小儿肾脏科6个江苏省临床重点专科,小儿呼吸科、感染性疾病科为苏州市临床重点专科,泌尿外科为苏州市重点专科。医院圆满完成了危重手足口病患儿的收治任务,共收治手足口病1 979例,其中危重症患者211例,无一例死亡病例。积极响应省政府关于提高农村儿童重大疾病医疗保障水平的号召,开辟绿色通道,全年共接收省新农合急性淋巴细胞白血病和急性早幼粒细胞白血病患儿108人、先天性心脏病患儿5人。执行抗菌药物使用率与输液率公示制度。全院12个专科共申报开展临床路径病种18个,入组率、完成率达到省综合目标管理要求。

护理方面,医院优质护理服务病房覆盖率100%,A类病房全面达标;优质护理服务满意度达95%以上;护理人员“三基”省厅抽考合格率100%;省年轻护士临床能力抽考合格率100%;由护理人员申请的“医用垃圾应急处理车”及“一种婴幼儿用的关节约束护具”分获实用新型专利;全院推行护理“品管圈”活动,持续提高护理质量。

三、教学工作

2013年医院新增博士生导师4名、硕士生导师8名,目前共有研究生导师48名,其中博士生导师11名。在2011级学生中分流30名学生,成立儿科学课程组,并获得苏州大学

“本科教学工程”项目 3 项,其中 PBL 教案 2 项、教学管理研究课题 1 项。招收研究生 105 名,专业学位博士研究生达到 38 名。全年接纳实习生 386 人,其中海外实习生 41 人。完成实习生小讲座 29 次,教学查房 36 次,实习生病例讨论 15 次,海外留学生小讲座 12 次。开展本科生导师制教育。

四、科研工作与学术交流

2013 年获国家自然科学基金项目 8 项,累计获得科研经费 377 万元,立项数量及经费双创医院历史新高。获省临床医学科技专项项目 2 项(其中重点病种 1 项);获省自然科学基金项目 3 项,省社会发展项目 1 项;获国家卫生部课题 1 项,省卫生厅课题 3 项,省中医药局科技项目 1 项;获教育厅项目 1 项,市科技支撑计划、应用基础研究及市科协等科技计划项目 9 项,苏州市科教兴卫青年科技项目 4 项。科研成果奖方面:获省科技进步奖二等奖 1 项、三等奖 1 项,获省医学科技奖 1 项;获市科技进步奖 3 项(二等 2 项,三等 1 项);获省卫生厅医学新技术引进奖 6 项(一等奖 1 项,二等奖 5 项)、市医学新技术引进奖 6 项(特等奖 1 项,二等奖 5 项)。公开发表论文 124 篇,其中,SCI 论文 20 篇,中华医学会期刊论文 18 篇。“儿科转化医学重点实验室”正式获批为苏州市重点实验室。

医院 1 人被列入江苏省首批特聘医学专家(全省共 5 名),1 人增补为江苏省“333 工程”第二层次培养对象,2 人增补为江苏省“333 工程”第三层次培养对象,2 人获江苏省“六大人才高峰”培养资助,1 人获江苏省“333 工程”科研项目资助,1 人被聘为苏州大学“特聘教授”,2 人被列入苏州市姑苏卫生“重点人才”。引进人才 3 名(海外 1 名),聘任 3 位国外知名教授为医院讲座教授。卫生厅国际交流支撑计划录取 6 人、专项课题组 1 个。1 人获中日武田科学振兴基金奖学金。2013 年医院获评“江苏省全科医生培养省级示范临床基地”。共举办住院医师讲座 29 场,受教育 1 200 人次;接收 12 名外院联合培养住院医师及 1 名社会化招收住院医师,出台《苏州大学附属儿童医院第三方出科考核制度》。

五、园区新院建设

建设中的园区新院位于苏州工业园区金鸡湖东钟南街 92 号,规划占地面积约 5.9 万平方米,项目实行整体规划,分两期建设,一期建设 600 张床位,建筑面积 12.8 万平方米。包括门诊部、急诊部、发热门诊部、综合住院部、医技部、科研教学部、国际医疗部、后勤保障部等。园区新院建设目标是建成国内一流、国际知名,以疑难疾病诊治、危急重症抢救为重点的三级甲等现代化儿童医院,承担全市乃至长三角地区儿童医疗救治。项目于 2011 年 6 月 1 日正式开工建设,2013 年 7 月 26 日主体结构顺利封顶,预计 2014 年下半年投入运行。园区新院项目已累计完成投资额 3.24 亿元左右,并获国家发改委 5 000 万元投入资金,苏州市政府追加运行期每年 1 000 万元贴息共两年。项目获“苏州市建设工程市级文明(平安)工地”称号。

(吴颖卓)

表彰与奖励

2013年度学校、部门获校级以上表彰或奖励情况

2013年度学校、部门获校级以上表彰或奖励情况一览表

受表彰、奖励的集体	被授予的荣誉称号与奖励	表彰、奖励的单位与时间
苏州大学党委	全省首届学习型党组织建设工作先进单位	江苏省委组织部、江苏省委宣传部 2013年8月
苏州大学	2012—2013年度江苏省高等学校和谐校园	江苏省教育厅 2014年1月
苏州大学	2012年度江苏省教育宣传工作先进单位	江苏省教育厅 2013年3月
苏州大学	2011—2012年度江苏省高校后勤工作先进集体	江苏省教育厅 2013年5月
苏州大学	2011—2012年度江苏省教育国际合作与交流先进学校	江苏省教育厅 2013年12月
苏州大学	第十三届江苏省大学生课外学术科技作品竞赛高校优秀组织奖	江苏省教育厅、共青团江苏省委、江苏省科协、江苏省学联 2013年12月
苏州大学	江苏省高校档案工作先进集体	江苏省档案局、江苏省教育厅 2013年7月
苏州大学	苏州市军转安置工作先进单位	苏州市委 2013年8月
附属第一医院	2010—2012年江苏省文明单位标兵	江苏省委、省政府 2013年11月
出版社	2010—2012年度江苏省文明单位	江苏省精神文明建设指导委员会 2013年10月
出版社 苏大维格光电科技股份有限公司	首届江苏省新闻出版政府奖先进新闻出版单位奖	江苏省委宣传部、江苏省新闻出版(版权)局、江苏省财政厅等 2013年1月
纪委	全省教育纪检监察先进集体	江苏省委教育工委、江苏省教育厅 2013年1月

续表

受表彰、奖励的集体	被授予的荣誉称号与奖励	表彰、奖励的单位与时间
医学部	江苏省教育系统关心下一代工作先进集体	江苏省委教育工委、江苏省教育厅 2013年10月
苏大维格光电科技股份有限公司研发部分工会	江苏省模范职工小家	江苏省总工会 2013年3月
附属第一医院消化科(十九区) 附属儿童医院骨科(九区) 附属第二医院骨关节病区	2012年度江苏省优质护理先进病房	江苏省卫生厅 2013年4月
附属第一医院	2013年江苏省卫生系统人感染H7N9禽流感防治工作先进集体	江苏省卫生厅 2013年5月
外国语学院大学外语部	江苏省教育科技系统“五一巾帼标兵岗”	江苏省教育科技工会 2013年2月
附属儿童医院血液科(五病区)	江苏省教科系统“工人先锋号”	江苏省教育工会 2012年12月
附属儿童医院急诊补液中心护理组	江苏省“三八”红旗集体	江苏省妇联 2013年12月
附属第二医院第六团支部	优秀共青团支部	中核控股党委 2013年4月
附属第二医院急诊科护理组	青年文明号	
附属第二医院门诊药房	青年文明号	中核集团共青团委 2013年5月
附属第二医院	2012年度军工项目预算执行先进集体	中国核工业集团公司规划发展部 2013年1月
机电工程学院党委	先锋基层党组织	苏州市委 2013年6月
附属儿童医院	2012年重点项目建设表扬单位	苏州市政府 2013年2月
教育学院 社会学院 纺织与服装工程学院 凤凰传媒学院 继续教育处(成人教育学院) 实验室与设备管理处 机关党工委 群直党工委 学生工作部(处)	2011—2012年度校园治安综合治理工作先进集体	苏州大学 2013年1月

续表

受表彰、奖励的集体	被授予的荣誉称号与奖励	表彰、奖励的单位与时间
电子信息学院 物理科学与技术学院　能源学院 医学部 纺织与服装工程学院 金螳螂建筑与城市环境学院 政治与公共管理学院 东吴商学院(财经学院)　东吴证券金融学院 凤凰传媒学院 学生工作部(处) 网络中心 博物馆 群团与直属单位党工委 档案馆 继续教育处	2012 年度苏州大学发展工作先进单位	苏州大学　2013 年 1 月
城市轨道交通学院	2012 年度自然科学科研工作先进单位(科技项目最佳进步奖)	苏州大学　2013 年 1 月
材料与化学化工学部	2012 年度自然科学科研工作先进单位(科技创新平台最佳进步奖)	
机电工程学院　沙钢钢铁学院	2012 年度自然科学科研工作先进单位(学术论文最佳进步奖)	
纺织与服装工程学院	2012 年度自然科学科研工作先进单位(知识产权最佳进步奖)	
功能纳米与软物质研究院	2012 年度自然科学科研工作先进单位(综合科技最佳进步奖)	
医学部	2012 年度自然科学科研工作先进单位(重大科技进展奖)	
功能纳米与软物质研究院	2012 年度自然科学科研工作先进单位(最佳科研绩效奖)	
物理科学与技术学院　能源学院 科学技术与产业部科学技术处	2012 年度自然科学科研工作先进单位(最佳组织奖)	

续表

受表彰、奖励的集体	被授予的荣誉称号与奖励	表彰、奖励的单位与时间
文学院	2012 年度人文社科科研工作先进单位(科研项目贡献奖)	苏州大学 2013 年 1 月
政治与公共管理学院	2012 年度人文社科科研工作先进单位(科研成果贡献奖)	
凤凰传媒学院	2012 年度人文社科科研工作先进单位(科研服务地方贡献奖)	
外国语学院	2012 年度人文社科科研工作先进单位(科研平台建设贡献奖)	
王健法学院	2012 年度人文社科科研工作先进单位(科研项目最佳进步奖)	
东吴商学院(财经学院) 东吴证券金融学院	2012 年度人文社科科研工作先进单位(科研成果最佳进步奖)	
社会学院	2012 年度人文社科科研工作先进单位(科研工作组织奖)	
社会学院团委 政治与公共管理学院团委 教育学院团委 东吴商学院(财经学院) 东吴证券金融学院团委 材料与化学化工学部团委 计算机科学与技术学院团委 电子信息学院团委 机电工程学院 沙钢钢铁学院团委 纺织与服装工程学院团委 医学部团委 文正学院团委 应用技术学院团委	2012 年度红旗团委	苏州大学 2013 年 6 月
英文系(外国语学院)	2013 年交行教学奖获奖集体	苏州大学 2013 年 9 月

2013年度教职工获校级以上表彰或奖励情况

2013年度教职工获校级以上表彰或奖励情况一览表

受表彰者姓名	被授予的荣誉称号与奖励	表彰、奖励的单位与时间
华人德	第四届中国书法兰亭奖艺术奖	中国文学艺术联合会等 2013年4月
汤继宏	新疆脊灰疫情防控工作表现突出先进个人	卫生部 2013年3月
朱绍昌	2012年度江苏省文化科技卫生"三下乡"先进个人	江苏省委宣传部、江苏省文明办、江苏省教育厅、江苏省科技厅、江苏省卫生厅、江苏省新闻出版局等 2013年1月
江　涌	江苏省教育系统关心下一代工作荣誉奖	江苏省委教育工委、江苏省教育厅 2013年10月
陈　燕	江苏省第五届普通高校军事课教师授课竞赛三等奖	江苏省教育厅、江苏省军区司令部 2014年1月
马万里　龙家杰　胡海燕	第十三届江苏省大学生课外学术科技作品竞赛优秀指导教师	江苏省教育厅、团省委、江苏省科协、江苏省学联 2013年12月
袁春荣	江苏省高校档案工作先进个人	江苏省档案局、江苏省教育厅 2013年7月
霍跃进	全省高校保卫部门专项维稳工作先进个人	江苏省公安厅 2013年10月
盛晓郁	江苏省五一巾帼标兵江苏省巾帼建功标兵	江苏省卫生厅、江苏省总工会、江苏省人社局、江苏省妇联 2013年2月
胡建铭　姚艳华　田　野 施耀方　徐月叶	2012年江苏省"我最喜爱的健康卫士"	江苏省卫生厅 2013年1月
王安列	江苏省优秀工会工作者	江苏省总工会 2013年3月
周群英　毛燕琴　徐雅灵 许志玉　庄　云　戴　玲 汤　云	2012年江苏省优质护理服务先进个人	江苏省卫生厅 2013年4月

续表

受表彰者姓名	被授予的荣誉称号与奖励	表彰、奖励的单位与时间
王玉宇　甘建和　陈　军 姜惠芬	2013 年江苏省卫生系统人感染 H7N9 禽流感防治工作先进个人	江苏省卫生厅　2013 年 5 月
杨向军	江苏省五一劳动奖章	江苏省总工会　2013 年 4 月
陶六一	江苏省"三八"红旗手	江苏省妇联　2013 年 12 月
李梦瑶　迟文烁　任　婕	优秀共青团员	中核控股党委　2013 年 4 月
胡明娅	优秀共青团干部	
江　波　程孝惠	青年岗位能手	
顾宏松	首届长三角高校思想政治理论课教学比赛一等奖	上海市教委、江苏省教育厅、浙江省教育厅、安徽省教育厅　2013 年 1 月
郭　强	苏州市"十佳"党员服务之星	苏州市委　2013 年 6 月
路建美	2013 年度苏州市杰出发明人(设计人)	苏州市政府　2013 年 12 月
钱定边　李成金　钱振明 张　林　王国卿　刘春风 汤哲声　王腊宝　程振平	第五届教学名师奖	苏州大学　2013 年 1 月
王　晗　张立军	2012 年度自然科学科研工作个人杰出贡献奖	苏州大学　2013 年 1 月
王　尧　金太军	2012 年度人文社科科研工作个人杰出贡献奖	苏州大学　2013 年 1 月
江美福　刘小平　黄毅生 赵杏根　周年琛　张晓霞 冯　岑　吴　瑾　赵承良 朱　京　王　芹　庞　凌 敖桂珍　陈　廷　李领治 李成金　王明娣　周中胜 宋艳芳　王全法　叶　露 周鸣籁　周为群　章　良 洪法水　杨　红　孙宏枚 周小科　陈再新　陈红霞 李善良　周筱洁　甘建斌 朱　斐　张雪芬　盛　瑞 罗晓琴　陈　良	2013 年交行教学奖	苏州大学　2013 年 9 月

续表

受表彰者姓名	被授予的荣誉称号与奖励	表彰、奖励的单位与时间
王家宏　何　耀　倪　宏	2013 年周氏教育科研奖(科研奖优异奖)	苏州大学　2013 年 10 月
王　宏　毛新良　权小锋	2013 年周氏教育科研奖(科研奖优秀奖)	
李亚红　高玉振　康振辉	2013 年周氏教育科研奖(科研奖优胜奖)	
李培峰　郭辉萍	2013 年周氏教育科研奖(教学奖优秀奖)	
刘电芝　张　萍　倪俊芳	2013 年周氏教育科研奖(教学奖优胜奖)	
申淇舟　章　宪　戴建英	2013 年周氏教育科研奖(卓越管理奖)	
夏永祥　马万里　孙立宁 胡海燕　李伟达　龙家杰 王俊华　王宜怀　郭　芸 陈建明	苏州大学教学先进个人	苏州大学　2013 年 10 月
卢维亮	2012 年度苏州大学王晓军精神文明奖先进个人	苏州大学　2013 年 10 月
冯　洋　周春霞　陈　蕾 林海平　姜　岩　林　璐	第十二届青年教师课堂教学竞赛一等奖	苏州大学　2013 年 12 月
赵艳丽　张　鹏　艾立中 李艳秋　任志刚　吴　捷 吴　玺　顾莉洁　俞家华 曹　莉　高红艳　杨　娅	第十二届青年教师课堂教学竞赛二等奖	
周永博　唐　荣　朱光磊 李文峰　蒋海晨　赵智峰 邵　宝　贺　青　张君贤 秦炜炜　吴　瑾　洪　宇 伍　凌　汪顺义　赵荟菁 徐震宇　黄　俊　余　雷 陈　俊　林　佳　巫　瑛 胡　华　冯　璜　聂继华 刘　璇　张　立	第十二届青年教师课堂教学竞赛三等奖	

2013 年度学生集体、个人获校级以上表彰或奖励情况

2013 年度学生集体、个人获校级以上表彰或奖励情况一览表

受表彰、奖励的集体、个人	被授予的荣誉称号与奖励	表彰、奖励的单位与时间
社会学院学生会青年志愿者管理部 东吴商学院励志社 黄丝带关爱白血病患儿志愿服务集体 医学部红十字会	2012 年度苏州大学王晓军精神文明奖先进集体	苏州大学　2013 年 10 月
邵路遥　许家瑞　孙若谦 汤　嘉	第十三届"挑战杯"全国大学生课外学术科技作品竞赛特等奖	团中央、全国科协、教育部、全国学联、江苏省政府 2013 年 10 月
袁建宇　陆佳灵　徐忠杰	第十三届"挑战杯"全国大学生课外学术科技作品竞赛一等奖	
杨慕莹　刘　静　章燕琴 王　珂　陈　晨　彭　程	第十三届"挑战杯"全国大学生课外学术科技作品竞赛一等奖	
冯笑笑　姜付兵　倪劲成 顾　洪　蔡校蔚	第十三届"挑战杯"全国大学生课外学术科技作品竞赛一等奖	
范宁宁　顾志峰　王小宁 龚　晨　穆太力扑·麦提亚库普	第十三届"挑战杯"全国大学生课外学术科技作品竞赛二等奖	
马伟玲　邱苗苗　蔡　滨 王　凯　巢　飞	第十三届"挑战杯"全国大学生课外学术科技作品竞赛二等奖	
袁建宇　陆佳灵　徐忠杰	第十三届江苏省大学生课外学术科技作品竞赛特等奖	江苏省教育厅、团省委、江苏省科协、江苏省学联 2013 年 12 月
杨慕莹　刘　静　章燕琴 王　珂　陈　晨　彭　程	第十三届江苏省大学生课外学术科技作品竞赛特等奖	

续表

受表彰者姓名	被授予的荣誉称号与奖励	表彰、奖励的单位与时间
邵路遥 许家瑞 孙若谦 汤 嘉	第十三届江苏省大学生课外学术科技作品竞赛特等奖	江苏省教育厅、团省委、江苏省科协、江苏省学联 2013年12月
冯笑笑 姜付兵 倪劲成 顾 洪 蔡校蔚	第十三届江苏省大学生课外学术科技作品竞赛特等奖	
马伟玲 蔡 滨 种 波 邱苗苗 王 凯 巢 飞	第十三届江苏省大学生课外学术科技作品竞赛一等奖	
范宁宁 顾志峰 王小宁 龚 晨 穆太力扑·麦提亚库普	第十三届江苏省大学生课外学术科技作品竞赛一等奖	
苏君菊 程 申 朱 周	第十三届江苏省大学生课外学术科技作品竞赛三等奖	
雷 洁 王 权 杨彦威 叶 强 陈灵峰 蒋 兰 王雪芹 魏小杰	参加第十二届全国运动会得牌、得分苏州籍运动员金牌奖	苏州市委、市政府 2013年9月
张 华 刘利平 方 芳	参加第十二届全国运动会得牌、得分苏州籍运动员银牌奖	
蒋婷婷 陈灵峰 王 权 杨彦威 雷 洁 许美玲 魏小杰 王雪琴 吴鹏根 张 华 吴静钰 刘利平 卢 燕 李满媛 方 芳 孙梦月	第十二届全国运动会优秀运动员	苏州大学 2013年10月
乔明志 韩 含 朱文文 裴永磊 谭 睿 姚菲菲	2012年度苏州大学王晓军精神文明奖先进个人	苏州大学 2013年10月

2013 年度江苏省高校省级三好学生、优秀学生干部、先进班集体名单

一、江苏省三好学生(14 人)

王希宇　仲钇霏　毛华峰　张　弘　李登科　宋祺晨　沈　菲
赵楚楚　徐继旺　季　节　张思琪　苏君菊　张　森　罗　璨

二、江苏省优秀学生干部(17 人)

朱　丹　胡　蕊　龚　静　蒋晓青　许斐然　汤晨瑶　卢兴园
鲍　清　丁星辰　胡　心　崔子璐　曹兆源　陈　恺　王海滔
王晟昊　易　琳　赵胜楠

三、江苏省先进班集体(16 个)

凤凰传媒学院	2010 级新闻班
社会学院	2010 级档案学班
东吴商学院(财经学院)　东吴证券金融学院	2010 级工商管理班
王健法学院	2010 级法学 2 班
外国语学院	2009 级英语师范 1 班
教育学院	2010 级应用心理学班
艺术学院	2010 级环境艺术设计班
物理科学与技术学院　能源学院	2010 级物理学(光伏科学与技术)班
材料与化学化工学部	2009 级高分子材料与工程班
纺织与服装工程学院	2010 级轻化工程班
计算机科学与技术学院	2010 级软件工程(嵌入式人才培养方向)二班
电子信息学院	2009 级通信工程班
机电工程学院	2010 级机械类
医学部	2010 级中药班
金螳螂建筑与城市环境学院	2010 级园林(城市园林)班
城市轨道交通学院	2010 通信工程(城市轨道交通通信信号)班

苏州大学 2012—2013 学年校级三好学生标兵、优秀学生干部标兵、先进班集体名单

一、校级三好学生标兵(26 名)

文学院	孙　薇
凤凰传媒学院	徐文娟
政治与公共管理学院	田海翼
社会学院	朱　强
东吴商学院(财经学院)　东吴证券金融学院	张怀洋　王敬慈
王健法学院	唐思佳
外国语学院	李　晓
教育学院	徐文玥
艺术学院	杨　秋
音乐学院	黄敏捷
体育学院	王　姣
数学科学学院	赵宇飞
物理科学与技术学院　能源学院	苏　颖
材料与化学化工学部	王高男
纳米科学技术学院	朱文文
纺织与服装工程学院	杨慕莹
计算机科学与技术学院	魏慧慧
电子信息学院	师雪姣
机电工程学院	刘维超
医学部	朱　周　谢伊瑜　余佳佳　俞佳丽
金螳螂建筑与城市环境学院	杜　扬
城市轨道交通学院	汤若天

二、校级优秀学生干部标兵(25 名)

文学院	商博宇
凤凰传媒学院	崔思瑶
政治与公共管理学院	陆雨楠
社会学院	刘　智
东吴商学院(财经学院)　东吴证券金融学院	陈姝予　毛　晟
外国语学院	杨　叶
教育学院	林文静
艺术学院	李登科
音乐学院	赵胜楠

体育学院	赵　辰
数学科学学院	孙雨澜
物理科学与技术学院　能源学院	吴　磊
材料与化学化工学部	鲍　清
纳米科学技术学院	朱文文
纺织与服装工程学院	沈家力
计算机科学与技术学院	李佳伟
电子信息学院	李逸宁
机电工程学院	相银堂
医学部	李思玥　郑亚杰　许新颜　施慧萍
金螳螂建筑与城市环境学院	王志飞
城市轨道交通学院	蔡　露

三、校级先进班集体(26 个)

文学院	2011 级师范学术班
凤凰传媒学院	2011 级新闻班
政治与公共管理学院	2011 级思想政治教育班
社会学院	2011 级档案学班
东吴商学院(财经学院)　东吴证券金融学院	2011 级经济班
	2011 级会计班
王健法学院	2011 级法学 3 班
外国语学院	2011 级韩语班
教育学院	2011 级应用心理学班
艺术学院	2012 级美术学(师范)班
体育学院	2011 级运动人体科学班
数学科学学院	2011 级数学与应用数学基地班
物理科学与技术学院　能源学院	2011 物理(师范)班
材料与化学化工学部	2010 级材料科学与工程班
纳米科学技术学院	2012 级 1 班
纺织与服装工程学院	2011 级纺织班
	2010 级生科师范班
计算机科学与技术学院	2011 级计算机科学与技术班
电子信息学院	2010 级通信工程班
机电工程学院	2011 级工业工程班
医学部	2011 级药学 1 班
	2011 级医学影像学班
	2011 级法医学班
金螳螂建筑与城市环境学院	2011 级园艺(城市园艺)班
城市轨道交通学院	2011 级控制工程班

学生工作处　　　　　　　　　　　　美国唐仲英基金会苏州大学爱心学社

2012—2013 学年苏州大学三好学生名单

文学院(21 人)

张　娜	朱李红	商博宇	张超远	赵　爽	李晓姣	吕　娜
刘忆晨	朱少君	陆亚桢	李文钰	孙　薇	薛述方	朱佳瑜
付　慧	查朝静	黄　静	孙健风	杨　珂	柳　鹂	张含笑

凤凰传媒学院(16 人)

祝仁涛	郭晓茜	郑元雪	於嘉伟	汪泽青	李怡君	徐文娟
黄　菲	徐铭洁	陈诗妍	冯晓晓	杨丹华	黄姝静	刘丽君
罗燕波	李　易					

政治与公共管理学院(40 人)

浦　香	施理文	戴俊杰	徐霖婧	任林燕	陈　波	陈　昊
朱玲丽	王　罂	葛弘斐	朱　丹	付　冰	张　琰	冯凌凌
田海翼	支琳琳	钱　枫	陆雨楠	赵　雪	贾　琼	朱　敏
徐　蕴	陈晓莉	张　洁	程　炜	毛煜茗	潘伟佳	姚亦洁
胡雪怡	蒋陈杰	高一尧	朱云丽	唐雅倩	赵红岩	朱丽叶
熊　璇	宋　婧	张耀文	徐　杰	李梦琪		

社会学院(31 人)

宋丽敏	赵　琳	朱束滢	李冰轮	朱　慧	程德年	龚　静
曹丽江	戴炜铁	王逸伦	侯如晋	朱　强	华钦菡	万凯莉
魏　臻	潘晓慧	王　锴	陈靖东	陈晓梅	陶周红	刘　智
王成玥	陈婷婷	赵　敏	徐　颖	江　蓓	李　阳	王雄志
王　冶	高碧影	张芯子琪				

东吴商学院(财经学院)　东吴证券金融学院(64 人)

侯晓芸	朱潇娴	王汶波	钱云仙	邹鑫鑫	杜金铭	王学彬
沈　阳	戎　叶	王逸伦	刘钦煜	丁晨蓉	骆　咪	沈　婧
薛思慧	赵春阳	张怀洋	杜而昊	张苠文	梁　恺	袁　杨
王　鹏	潘东方	万一扬	陈姝予	夏心蕾	任天懿	裴　欣
柳人琪	许开玲	徐轶雯	祁　含	王敬慈	陈　晓	陈柏宇
李晓菁	赵　敏	毛　晟	顾坦虹	李星谕	贾邵颖	陈　蕊
顾梦礫	邱淏昱	智毓贤	江启泓	龚凡荻	陶宁旭	张晓蕾
吴雯怡	柏雅萍	袁慧梅	范冰清	周川博	徐金花	陈　煜

钱琳婧　贾涵钦　王晓晔　沈一凡　邵墨野　黄汉青　朱欣醉
庄雅淳

王健法学院(18 人)

徐恒婧　张　琦　孙金兰　丁　杰　邵　晶　钱　麟　朱琰婷
沈　芳　杨初易　吴诗琪　唐思佳　王　凯　高　洁　周　晔
陈俊生　苏琪越　王珺蕙　沈　慧

外国语学院(25 人)

赵丽萍　李雪霞　刘慧婷　宁　鹏　李　晓　张晓羚　徐宇欣
季玉亭　周　丽　秦子雁　刘世磊　程　一　杨　叶　侯　姝
张　晴　刘　云　盛莹莹　孙　悦　李　菅　戴　婷　段柏慧
赵　辰　钱娅聪　曹一凡　唐璐华

教育学院(11 人)

王成林　许怡宁　蔡罗蕊　张　培　叶　露　徐文玥　林文静
顾梦婷　谢梦雅　周　琦　蔡文娟

艺术学院(21 人)

蒋艳俐　孙　莹　谢　婧　田科化　李登科　杨　秋　梁周周
刘　涵　彭　静　谈彬彬　申知灵　黄　信　田雅凝　张占威
李东屿　孙笑梅　赖演青　董馨韵　杨　迪　康　煜　仲嘉懿

音乐学院(3 人)

赵胜楠　黄敏捷　朱子君

体育学院(16 人)

葛　琰　邵真真　张晓晓　龚焕臣　吴贝丽　徐　菁　陆　韬
赵　辰　姜　欣　史昊田　王　姣　徐思远　蒋悦香　耿　雪
闻　武　黄　麒

数学科学学院(16 人)

刘桑慧　王　晶　胡书文　袁博文　刘　锴　孙雨澜　任婧怡
唐　慧　邵嘉琦　赵宇飞　季　冲　钱月凤　孟　珍　王　畅
张　圣　方　彦

物理科学与技术学院　能源学院(23 人)

秦　楠　卢兴园　周思阳　马普娟　张明杰　徐笑强　张　磊
张丽亚　吴　磊　朱　虹　王　强　卞　秀　苏　颖　徐鉴鉴

李永辉　钮晓颖　侯亚辉　谢　琪　邵　越　王珏帆　曹健华
李　昊　张　娜

材料与化学化工学部(25人)

朱　玲　王　莉　王高男　宋豪杰　司张勇　陈亚东　鲍　清
章冰洁　李　嫘　夏爱游　成雪峰　杨培培　冯　婷　韩　含
薛　辉　翁　城　邵静超　包嘉靖　沈凯欣　陈红飞　杨笑曦
杭颖婕　陈晓瑶　万　瑜　刘亚娟

纳米科学技术学院(6人)

朱文文　吴　赟　陈昱延　庄明阳　张烨锋　谌佳文

纺织与服装工程学院(28人)

刘海婷　苏　敏　张岳峰　卢　昇　陈丽丽　章燕琴　杨慕莹
孙建侠　刘　慧　沈家力　何　茜　曹晋慧　朱梦佳　赵丹丽
李富鹏　陆　侥　何正洋　刘世森　利　莉　李　惠　蔡文静
张　阳　何佳炜　李佳怡　孙玉发　张丽洁　郑　昊　祁振华

计算机科学与技术学院(30人)

王潇斌　陆志芳　范林鹏　刘曙曙　姚文强　卢星凝　王绍丹
于　婧　蔡磊鑫　范建桃　魏慧慧　季鹏磊　蒋　婷　何云成
潘　栎　李嘉伟　朱聪颖　张天晗　王小宁　陈滢宇　苏　凯
何正球　韩月辉　杨　仁　梁雨宸　龚　晨　汪笑宇　董　理
陆　伟　张　璐

电子信息学院(29人)

李逸宁　龚　俊　邵　尉　师雪姣　严荣慧　王一丹　郭　红
韩志远　盛　斌　东　飞　姜丽君　曹　毅　顾立豪　黄君君
赵　阳　肖晓晴　田荣倩　秦祎繁　朱秀木　童一鸣　王悦斌
单　雷　李　杨　刘伊君　朱礼阳　胡晓月　张　远　杨　洁
赵　辉

机电工程学院(30人)

夏月冬　王　聪　龚智鹏　陈　浩　王　挺　蔡校蔚　顾　洪
沈　露　李婷婷　刘文婷　周松华　于凤杰　林佳宏　刘维超
彭华臣　沈一路　李晓燕　相银堂　陆文虎　盛　元　王　璟
张天星　芮　进　王佳俊　毛　东　赵新维　乔　阳　张心宇
王生伟　刘润东

医学部(117 人)

傅蕴婷　杨　鹏　姚亦帆　黎书炜　李思玥　朱俊佳　郑亚杰
李　健　张乐驰　仲　元　王　益　江长川　达　彬　陈　彤
杨斯迪　卢雁薇　刘　婷　陈　龙　姜又菁　刘　昊　王晟昊
赵晓骏　华骁帆　王秋阳　王冬冬　邱剑丰　朱　周　李家玉
雷　宇　丁　凯　赵春华　袁　媛　高　敏　沈旖云　张　茹
金　宏　刘　茜　刘京京　吉　芃　徐　娟　林秋琪　谢伊瑜
严子懿　潘静颖　唐陈月　潘　瑶　余佳佳　杨　微　黄浅漪
戴敏佳　周　慧　周辰超　王　帅　唐建芬　潘晓宇　易玉兰
曹　丹　李婷婷　刘谨琪　汪　洋　俞佳丽　申　琳　吴振云
汪　媛　李　芳　董芊芊　曾妮美　宋　一　奚倩兰　吴俊成
王海艳　陆静波　杜　静　任　洁　芮文婷　林　瑶　许新颜
殷　欣　杨雪婷　张　晴　庄　圣　王海红　施慧萍　刘楚灵
李佳席　陈　欣　诸云婷　杨茂华　姜　浪　吴婷婷　沈　洁
朱朦朦　李　明　赵佳月　杨　意　仲婷婷　高敏敏　陈韦如
李　婷　丁佳琦　胡爱雁　陈东来　周　璕　罗　琪　陈　涵
翟云云　王梦悦　单红云　顾嘉程　陈倩萍　崔静雯　史超群
徐　菲　徐剑豪　蒋淑慧　丁　鹏　骆亦佳

金螳螂建筑与城市环境学院(14 人)

陈　雪　赵　静　杨晓轩　侯丽阳　王莉姗　丁　洁　姚绍强
周　吉　杜　扬　李　虹　刘小奇　闫婧宇　袁瑀苗　邓晨娇

城市轨道交通学院(29 人)

吴庆婷　徐欣欣　王晨钢　肖　扬　邵　津　王晓燕　朱长锋
张　康　耿艺琳　汤若天　高晓钰　苏　君　刘　蕊　史炳伟
徐　波　姜洪飞　邢倩荷　朱文艳　杨越思　蔡春杰　丁海燕
余德超　李维浩　谢家威　丁　云　丁荣梅　龙晓云　唐漪如
吴晓倩

2012—2013 学年苏州大学优秀研究生干部名单

文学院(5 人)

崔　俊　刘宙彤　夏　晶　刘　芳　王　睿

凤凰传媒学院(3 人)

董雪丹　曹　珩　朱艳文

社会学院(8人)

程　熙　　孙　帅　　张　衍　　卢　娜　　苏瑞菊　　张　涛　　李晓颖
张旻蕊

政治与公共管理学院(3人)

宋　虎　　蔡黎君　　戴　烨

东吴商学院(财经学院)　东吴证券金融学院(8人)

黄丽华　　李合怡　　何文兵　　沈　正　　姚　香　　郁连国　　杜美霞
王静远

王健法学院(8人)

程　晟　　钱　云　　陈培培　　何书中　　董税涛　　倪　娟　　林　玲
胥　谨

外国语学院(4人)

孙正嘉　　张宁飞　　于　婷　　周　良

教育学院(3人)

袁　楠　　周　龙　　杨　帆

艺术学院(3人)

张莹智　　王　雨　　杨　静

音乐学院(1人)

尹　伊

体育学院(3人)

陈天天　　李作杨　　孙　翔

数学科学学院(2人)

盛伟唯　　曹茂宏

物理科学与技术学院　能源学院(2人)

姚晶莹　　叶　菲

材料与化学化工学部(6人)

朱连文　　吴　健　　陈菲菲　　朱　研　　肖　燕　　戴　铭

纳米科学技术学院(2 人)

方　帅　　尹　奎

纺织与服装工程学院(4 人)

陈　伟　　季彦斐　　徐　婕　　杜　艺

计算机科学与技术学院(5 人)

李海鸥　　王志昊　　徐　霞　　戴军强　　夏佩佩

电子信息学院(2 人)

刘　蒙　　刘　璇

机电工程学院(2 人)

王卫华　　陆佳佳

医学部基础医学与生物科学学院(6 人)

崔恒进　　张仰齐　　郑　毅　　袁文成　　徐　徐　　赵晓阳

医学部放射医学与防护学院(1 人)

马辰莺

医学部公共卫生学院(1 人)

宗春燕

医学部药学院(3 人)

朱巧玲　　王文娟　　戴　杰

金螳螂建筑与城市环境学院(1 人)

徐式近

城市轨道交通学院(1 人)

孙晓洁

信息光学工程研究所(1 人)

蒋克明

金融工程研究中心(2 人)

陆　越　　潘忆宁

附属第一医院(5人)

陈　俊　　左　韬　　陈思文　　张　驰　　郑　恺

附属第二医院(4人)

田冀雯　　孙晨晨　　张晓艺　　徐小慧

附属儿童医院(1人)

张新星

附属第三医院(1人)

彭宏君

附属第四医院(1人)

卢隽滢

上海六院(1人)

张　蓉

上海肺科医院(1人)

吴常伟

北京第二炮兵总医院(1人)

苗成龙

上海东方肝胆医院(1人)

张存圳

2012—2013学年苏州大学优秀研究生名单

文学院(8人)

蔡思杨　　张心绎　　任翠云　　王　丹　　蒋晨彧　　戴鸿飞　　辛亭亭
赵　欣

凤凰传媒学院(3人)

华　乐　　史双绚　　朱　壹

社会学院(7人)

王　研　　顾　辰　　张开发　　袁　玲　　陈　琛　　陈曼曼　　张克州

政治与公共管理学院(7人)

魏　强　单　杰　姜永禧　徐敏薇　宋兵超　朱明俐　巢　飞

东吴商学院(财经学院)　东吴证券金融学院(15人)

周凤英　臧　蒙　李婷婷　茹　薏　杨　慧　陈书娴　顾巧玲
陶静媛　倪方钰　胡　玮　盛培宏　邢璐倩　蒋　枫　李潇潇
刘　艳

王健法学院(13人)

陶　佳　蔡煜庭　房小琪　丁海燕　马　超　朱　渝　吴　琪
尹晓丹　顾　怡　卞　京　王亚男　徐丹萍　张　莺

外国语学院(6人)

侯　飞　罗修筠　闫春晓　古海波　严莉莉　蔺金凤

教育学院(6人)

朱江容　朱浚溢　王艳丽　汤　燕　张译云　陈冰月

艺术学院(6人)

陈　思　贾　丽　李新新　徐飞扬　武　源　朱桂兰

体育学院(6人)

胡晓晴　金　超　沈丽娟　董　埙　周亚婷　周　清

数学科学学院(4人)

颜　洁　蒋　领　肖华清　王　凯

物理科学与技术学院　能源学院(5人)

孙晓燕　李肃成　罗　杰　郭雅洁　卢　豪

材料与化学化工学部(16人)

陈砚美　耿志聪　徐传艳　潘金龙　唐增超　张　盼　赵俊飞
陈瑞红　武银银　朱金美　李心勇　郭江娜　蒋　校　时成贞
蔡忠建　张　颖

纳米科学技术学院(5人)

袁建宇　张　星　崔林松　周顺晔　钟旖菱

纺织与服装工程学院(6人)

李秀芳　　李晓霞　　顾冰菲　　陈　婷　　顾品荧　　吴超杰

计算机科学与技术学院(6人)

冷亦琴　　马　彬　　王永伟　　丁春涛　　严　晨　　张婷婷

电子信息学院(5人)

周晓梁　　倪燕华　　谢丹彭　　孟　坤　　王丽娜

机电工程学院(4人)

范　伟　　谢光伟　　郝丽娜　　张彬彬

医学部基础医学与生物科学学院(11人)

方　妍　　万　姣　　王　华　　胡雅楠　　王惠荟　　安竟男　　王言言
赵　波　　朱远见　　高　原　　刘冬梅

医学部放射医学与防护学院(2人)

李大伟　　俞辰逍

医学部公共卫生学院(2人)

徐　添　　彭　浩

医学部药学院(5人)

朱景宇　　杨伟琼　　唐　婷　　张春歌　　徐银丽

医学部护理学院(1人)

鞠　阳

金螳螂建筑与城市环境学院(1人)

李枷霖

城市轨道交通学院(1人)

陈祥芹

信息光学工程研究所(2人)

陈中辉　　台　锐

系统生物学研究中心(1人)

王　晶

金融工程研究中心(2人)

张星星　高飞燕

附属第一医院(12人)

季晋东　陆宣平　魏召劝　王霄鹏　查国春　王金宁　梁　瑾
付　婷　吴玉锦　车纯庆　吴至武　吴梦瑶

附属第二医院(9人)

潘新芳　严琳玲　张　勇　邓新喜　顾　鹏　杨晓梅　李　利
沈　赟　杨汶士

附属儿童医院(2人)

吕玉文　周　琦

附属第三医院(2人)

徐兴东　邹红军

附属第四医院(1人)

吴锐荣

上海六院(2人)

戴　淼　徐　佳

上海肺科医院(1人)

冯　迪

北京第二炮兵总医院(1人)

武　龙

上海东方肝胆医院(1人)

李　权

苏州大学2013届优秀毕业研究生名单

文学院(16人)

章　颜　祁高飞　张　硕　孙　薇　张星星　储　雯　孟雅君
杨　玥　巴　亮　王　吉　郭　媛　李　琳　佘骁璇　曹　文

陈怡婧　周丽玲

凤凰传媒学院(8人)

浦颖娟　封叶馨　卜令娴　征　鹏　李　立　王　莉　李姗敏
李亚蕾

社会学院(18人)

张红阳　马爱芳　张艮平　程宇铮　朱云雷　郭进萍　胡天阳
徐　娜　李　立　漆　娜　李　超　刘　言　葛炜婧　李炯珏
陶　莉　陈莉莉　陆慧娟　李振鹏

政治与公共管理学院(26人)

顾　勇　朱彦妮　徐婷婷　杨　青　王萍霞　杨征征　罗　健
姚新立　崔　昆　袁　蓓　朱天培　李阳阳　邢　燕　丁　敏
后文文　韩　虹　许小雷　姚　虎　王　云　何瑞文　潘金珠
范　瑞　寇博轩　蔡　滨　赵　洁　周　扬

东吴商学院(财经学院)　东吴证券金融学院(36人)

丁赋慧　丁　涛　徐　倩　戚远方　许婷婷　余　静　张　悦
蒯　莉　黄晨曦　孙　迪　陈　斐　吴燕红　陈　宽　秦　琴
颜丽芳　韦雪娇　仲宇翔　罗彦学　陈梅花　孙运杰　陈冰磊
张　璐　杨　萌　孟咏文　张婷婷　陈　兴　范一鸣　李亚澜
孙　晋　王笑蕾　夏萍萍　周菡丹　李　玲　吕　泽　尚明明
吴　振

王健法学院(39人)

汪祥胜　吕新建　高　源　尹德贵　江　俊　辛　颖　李德嘉
姜　鹏　谭　颖　刘利鹏　葛　然　顾勤芳　郑　哲　鲍燕娇
余文斌　方　赞　陈　蕾　程　俊　颜　萌　杨智闵　沈　玮
薛丹丹　路　宽　朱孟琳　兰家丽　秦晓飞　丁　彬　虞　倩
王志祥　彭敬曼　王灵娟　王茜茹　蒋文达　姚　琳　邓国敏
胡中梅　白　洁　胡晓虹　李国红

外国语学院(18人)

柯　英　赵　霞　黄　洁　宁　娟　乔良文　林文韵　陈春红
孙舒凡　陈丽英　杨　蕾　邓漪涟　董璞玉　康贝贝　张林林
周　玺　王蓉蕾　邱　芸　吕　燕

教育学院(16 人)

谢　冉　石　惠　孙　菁　张　晶　戴　惠　丁　颖　范李敏
高夏华　刘金光　仇月姣　孙建群　陈文平　程亚平　李　娟
武晓晗　张盛强

艺术学院(10 人)

卢　蓉　王　柯　李　静　段宁宁　季晓丹　李　航　谭　颖
吴莹莹　余　兰　张德胜

体育学院(16 人)

王文江　高红香　卢丛丛　赵　艳　汪　刚　王晓舟　王　丹
李盛村　王光阁　李　荣　李德平　缪小琴　袁君秀　张玲玲
刘帅兵　何　乐

数学科学学院(12 人)

吴元泽　殷　宇　杨珊珊　李　帅　陈超群　屠宁雯　刘　琳
王江艳　杨　琴　糜泽亚　陆家康　徐凤梅

物理科学与技术学院　能源学院(10 人)

袁扬胜　周　权　邢丽燕　孙　萍　杨建飞　郑　磊　李　静
李　慧　杜生才　史　敏

材料与化学化工学部(38 人)

程洪见　石　枫　孙欢利　缪世峰　柏良久　唐威威　周　鋆
曹栋宇　毛淑娴　时二波　孙　鹏　杨海龙　杨　胜　张金鑫
许海燕　程燕南　刘召军　姚章权　姜雯雯　黄　伟　王英杰
马丽君　仇　波　郭　婷　张小飞　吴亮亮　朱　睿　杜福平
陈小健　彭颖静　张宇辉　邓之俊　范乃勇　潘从涛　张美精
姜　坤　戚芬强　张欠欠

功能纳米与软物质研究院(11 人)

李海涛　申小娟　高春红　黄　慧　程盼盼　彭　飞　陆益梅
谢　添　陈　磊　张恒超　邓久军

纺织与服装工程学院(17 人)

瞿　静　周　宁　徐思峻　张　伟　杨云星　邓春闽　黄海燕
王玲爽　陈秋圆　仇明慧　赵宝成　郭鹏飞　朱　敏　刘　正
刘　遥　于高杰　陈柔羲

计算机科学与技术学院(16 人)

吴宏杰　李良友　肖　飞　胥大成　张　侃　居胜峰　叶　芸
周小佩　靳方元　刘丹丹　王　颖　张云鹤　孙洪坤　崔忆南
谭碧云　张　健

电子信息学院(13 人)

陈　威　陈　杰　程　伟　仇兆炀　王婕妤　胡　婧　黄　星
朱春雷　陈　祥　顾健健　衡　杰　张　晴　朱　菁

机电工程学院(12 人)

郑　晨　李　冀　赵　瑞　岳春光　郁佳莉　吴云霞　于鑫淼
尹　飞　付　莹　徐丽莉　沈　峰　张　楠

医学部基础医学与生物科学学院(29 人)

朱占胜　王　涛　王举梅　赵国栋　张磊磊　郝小凤　杨　超
余小六　王玉磊　曲若冰　王勇猛　胡淑芬　束梅影　徐　旭
卓微伟　高学仁　官　威　梁雅婷　牟佩佩　鲍美美　程　哲
胡仁萍　游永鹤　王志强　朱健洁　王　龙　杨　燚　俞泉宇
王尧淇

医学部放射医学与防护学院(4 人)

赵　飞　葛杨杨　杨　洋　徐媛媛

医学部公共卫生学院(4 人)

冯　佩　蒋　霞　高　翔　顾淑君

医学部药学院(17 人)

闫　星　李永霞　费香东　葛志远　张晶晶　刘　妍　王周丽
贝永燕　金　经　豆兴茹　杨文华　张庆青　王小燕　顾卫卫
朱　倩　张　璐　胡小娟

医学部护理学院(2 人)

梁培荣　仇静波

金螳螂建筑与城市环境学院(3 人)

黄艳君　刘　刊　王　蕾

城市轨道交通学院(1 人)

刘海洋

信息光学工程研究所(6人)

董晓轩　刘凤娇　陈根华　顾小勇　刘维萍　刘旭霞

系统生物学研究中心(2人)

严文颖　汤溢飞

金融工程研究中心(6人)

宋丽平　柳　曦　张　盟　蒋婷婷　宋家鑫　喻杪雯

附属第一医院(41人)

穆传勇　周嘉梁　蔡奕峰　郭　强　赵　鑫　周　健　贺继刚
王　兵　章筛林　沈芳荣　胡计嫜　刘珍珍　林　欢　钮利娟
尹　佳　蔡成森　路　丛　郑江南　张明逸　李　正　江玲玲
颜燕红　田　霞　陈　超　孙阳洋　宋世铎　王　伟　周晔辉
凌　南　张仕凯　张毓姣　姬　磊　吴灵芝　许　愿　庄　园
汪　楠　陈　军　王　瑶　孙　波　王天亮　李永存

附属第二医院(22人)

刘国栋　宋　锴　杨亚萍　赵国阳　李　琳　欧阳涵　许　圆
于海龙　巩　利　邓晔坤　谢　晔　苏　朋　何银锋　赵家举
余　伟　刘如璐　裴爱杰　唐　晴　张林林　范志英　李　雪
魏长娜

附属儿童医院(7人)

乔　阳　豆吉娟　李　迪　李　丹　吕　媛　张明瑛　时春明

附属第三医院(5人)

崔　展　李　祥　赵　鹏　侯学伶　何兰兰

附属第四医院(3人)

胡晓清　苏　筠　陆冰颖

上海六院(7人)

章　菁　李兵兵　薛艳丽　周玉龙　张　笑　陆联松　唐晨野

上海肺科医院(2人)

刘海舰　陈燕清

上海东方肝胆医院(2人)

寇兴瑞　李　军

苏州大学2013届优秀本科毕业生名单

文学院(19人)

王纬纬　汤丹磊　沈　静　许诗佩　陆春燕　陈　瑜　黄佩佩
周　宁　相吉颖　冯　璇　强含玉　王若玉　赵　颖　殷　利
顾佳舒　陈　旸　范　舟　任伊凡　林　云

凤凰传媒学院(14人)

魏雯燕　刘振远　吴辛夷　俞　欢　季　嘉　宇尼加　缪培培
颜　欢　谢　雯　陈德月　戈　一　徐柔金　赵华娟　杨　东

社会学院(29人)

蒋丽君　李欣栩　刘晓晓　朱　桦　李　玲　卜　旻　周芸婧
朱佳汝　朱凌燕　孙梦丹　朱云娟　吉晓禾　杨　静　董　莉
庄颖琦　沈瑨宸　戈　遥　陈　莉　强大双　蒋燕萍　邱宇君
吴春燕　丁　瑾　张建波　吉顺权　邢梦婷　沈　妍　王晓蓉
曹昌昌

政治与公共管理学院(30人)

吴　洋　祁竹莉　季　飞　蒋　旭　张　慧　姚　静　闫　硕
潘晓溪　张　喆　夏旭宏　汤　悦　吴　炜　李　悦　杨　菁
徐　琪　董羚羚　吴方振　顾　一　徐至寒　王　芸　赵若辰
徐逸卿　施文洁　王丹丹　岳昱星　徐　杨　何　沁　施振南
何沈烨　冯　娴

东吴商学院(财经学院)　东吴证券金融学院(52人)

单　成　施松伯　寿　芸　宋慧敏　伏　晓　宗　燕　黄　洋
刘若晨　孙朝建　唐文娟　沈皓辰　周　芳　沈君浩　严　璐
汪琳璐　王文君　吴光源　朱筱蕊　郑春燕　宋伟江　龚月姮
何水凝　夏亚华　阙周翔　蔡航茜　刘梦桦　范玉淋　陈伊薪
黄　舒　柳　丹　汤　森　高　悦　凌　佳　姚　婷　郭　靖
田益君　徐　瑾　史雯倩　王思成　陈佩雯　吴雄剑　李家慧
申艳茹　蒋莹莹　张　烨　顾　莉　许琰彬　黄　奕　周芝琦
成晓婧　母天舒　胡凌洋子

王健法学院(19 人)

沈雨竹 黄静宇 吴从亚 刘骁一 程隽怡 高颖佳 曹晓舟
顾 程 陈 丽 沈 琳 冯德淦 鞠永传 朱思豫 吕 敏
曹 莹 陈连杰 高 峰 刘 昕 聂 森

外国语学院(29 人)

叶 青 程颖洁 吴怡丹 芮燕清 刘梦姣 吴梦琦 马 莉
王秋实 顾菲儿 陈益舟 缪冬梅 李田梅 李爱洋 岳慧囡
朱倩文 沙晶晶 方博雯 高宇庠 高雨佳 刘 奕 刘婧姣
许斐然 孙怡婷 刘梦迪 曹 志 鲍春晖 丁遥遥 袁 琳
皇甫树青

教育学院(12 人)

赵 璐 蒋 森 孙 婷 王苏湘 吴明琦 沙小晃 徐 悦
过倩雯 宋 瑶 徐雯波 张 弘 查癸森

艺术学院(26 人)

孙明秀 侯杰泰 田金国 陈亚萍 伍承欢 周 沁 温兆阳
胡小燕 和 琪 李巧彬 辛 星 胡幔玲 张国胜 曹 宇
蒋 鹏 张竞研 苏婷竹 陆 珀 郑天琪 李 珂 胡沁心
张永璐 赵 纯 尹 诗 何晓蕾 齐雪婷

体育学院(20 人)

王 鑫 张越凡 郑红飞 李 翔 张荣莉 刘菲菲 嵇 洁
承珠凤 谭蒙蒙 朱霏霏 周 雯 张彬彬 李雨晴 任 猛
吴未来 周振国 季佳春 胡文姣 曹郁英 史一枝

数学科学学院(19 人)

钱 鸿 汪 蓉 华文娜 王 慧 钱君礼 李 越 荆文军
潘 慧 孔娟娟 李亭亭 于陈敏 李仲昆 郭 洁 蔡海波
岳 静 谭星辉 张燕华 杨 璐 李 由

物理科学与技术学院 能源学院(24 人)

包 悦 柳 坚 常静雅 潘明明 韩守保 戎 晨 娄 霞
徐 卫 王玉明 董 元 陈 伟 林 鹏 蔡琦琳 吕 楠
王 超 胡霜霜 许瑞鹏 包仲敏 孙 威 陆裕华 徐小泉
王玉生 於文静 孙 慧

材料与化学化工学部(36 人)

曾　晶	祁淑云	王　宏	赵　琳	陈　倩	缪克松	李　杨
孙　斌	赵　越	王成城	房聪维	郭思宇	夏　迪	吴　三
龚维杰	邵　亚	陆双龙	姜淦泉	孟　华	赵　伟	张先玉
张春玉	汤文洁	高　俊	冯同雨	徐　慧	钱丹云	李加鹏
王晓慧	汤　珊	曹栋玲	傅　裕	郝忆岗	李　阳	钱　骏
李亚军						

纺织与服装工程学院(22 人)

孙婉莹	苏雪寒	郭　坤	王晨欢	张佳平	于鹏美	于　洋
王　成	黄建益	陈光亮	王　云	赵楚楚	陈思宇	田玉婷
徐燕妮	杨　敏	郑嫩勤	洪　岩	栾　韬	赵光辰	李运南
董　青						

计算机科学与技术学院(32 人)

邵文武	张台美	何　健	鞠　瑶	徐全发	郝俊禹	王蕴哲
韩成涛	蔡　恺	王　虹	申重阳	汤中新	秦天欢	薛　亮
马　良	汤彩红	曾　蕊	陶　烨	孙冬琴	赵于勤	尤树华
贺黎潇	徐方雯	王海炎	马溢骏	刘　帅	张　可	薛侠森
刘　慧	冯　杰	王　磊	任华斌			

电子信息学院(24 人)

杜　渊	王曙光	刁爱梅	郭　蕊	韩海跃	申远军	吴继札
巩云龙	陆敏玉	何维刚	张　贺	盛君莉	刘　洋	韩茜茜
王畑夕	陈小丽	闵　婧	周　诚	陈玲玲	孙海军	周　飞
殷　永	蔡自清	王　洋				

机电工程学院(24 人)

于海博	邱德义	王　凯	茅莉磊	于亚萍	陈　杰	张赢杰
孙伏骏	杜方辉	黄　强	袁小野	吴偏偏	陈　可	项家希
冯笑笑	周　飞	毛芳燕	徐世斌	何　洋	杨国清	陈亚亮
姜付兵	戴兴亮	潘道伟				

医学部(95 人)

卢　静	吴兴宇	沙婧婧	王晓丽	杨　璇	陈国兆	胡珺婷
李燕婷	李　冬	许　鹿	陈诗云	李　维	单青婷	朱　倩
钟安媛	陈　茜	蒋　玮	赵康全	杨　旭	顾文婧	李若莹
石玉琪	孙妍珺	蔡文治	姚佳璐	刘春雪	曹钰兰	陈　蕾

塞　娜	张灿灿	喻　澄	米　辰	查婷婷	曹梦姣	韩　洁
付婷婷	蔡建政	黄　鑫	程　娅	刘　璐	周雯艳	张　洁
陈　程	俞丹丹	高晨慧	李　莎	刘　静	李芝隆	胡　静
胡　艳	陈清清	董德左	程侠菊	陈　意	易　玄	沈晨天
裴　吉	陆姝婷	汤雨潇	赵天旺	林海丹	蒋倩雯	朱　敏
刘　慧	叶子优	张　萍	石桃丹	邹诚诚	刘安琪	信潇然
戴　俊	项　健	杨苏清	张樊苗	时　月	翟天航	许　新
何小燕	陈兰心	张　荔	刘　玲	张　英	季　鹏	卢　葭
顾睿南	朱爱军	张琇雯	李　扬	张　静	陈光辉	苏　芹
陈　奕	李　金	王　濯	蒋　珺			

金螳螂建筑与城市环境学院(15 人)

王志娟	孔芸嘉	夏　璐	郭　璨	吴文琦	姚丽盟	张倩芸
高　果	范晓健	刘金樱	鄢思琪	谭苗苗	张英姿	董金龙
孙　敬						

城市轨道交通学院(31 人)

罗　璨	秦梦阳	张　莹	袁璐昕	姜　伟	杭　丹	邵思羽
张红梅	黄亚龙	曾蓉芳	胡大盟	周海洋	王　伟	吴　杰
何娇娇	温蕴慧	刘道海	王　涛	陈　玲	周小华	钟　颖
潘　婷	张汇东	丛　姗	张　程	黄麒蓉	沈玮薇	吾晨晨
华琳娜	陆梦佳	花　蕊				

苏州大学2012—2013学年各学院(部)获人民奖学金、捐赠奖学金、三好学生奖奖金情况

苏州大学2012—2013学年各学院(部)获人民奖学金、捐赠奖学金、三好学生奖奖金情况

单位:元

学院(部)名称	人民奖	捐赠奖	三好生奖	小 计
文学院	346 850	33 000	4 500	38 4350
凤凰传媒学院	328 900	44 000	3 700	376 600
政治与公共管理学院	573 700	53 000	8 500	635 200
社会学院	492 350	40 000	6 700	539 050
教育学院	178 350	16 000	2700	197 050
外国语学院	463 200	64 600	5 500	533 300
艺术学院	433 600	36 000	4 700	474 300
体育学院	315 400	31 000	3 700	350 100
数学科学学院	304 300	33 000	3 700	341 000
物理科学与技术学院　能源学院	455 550	63 000	5 100	523 650
材料与化学化工学部	493 950	70 000	5 500	569 450
东吴商学院(财经学院)　东吴证券金融学院	1 189 200	216 800	13 800	1 419 800
王健法学院	333 050	37 200	3 900	374 150
计算机科学与技术学院	617 550	65 000	6 500	689 050
电子信息学院	453 700	54 500	6 300	514 500
机电工程学院　沙钢钢铁学院	453 350	179 500	6 500	639 350
纺织与服装工程学院	466 100	74 000	6 100	546 200
医学部	2 112 550	211 500	25 400	2 349 450

续表

学院(部)名称	人民奖	捐赠奖	三好生奖	小 计
金螳螂建筑与城市环境学院	260 150	31 000	3 300	294 450
城市轨道交通学院	579 000	57 000	6 300	642 300
纳米科学技术学院	100 750	17 500	1 700	119 950
音乐学院	56 300	9 000	1 100	66 400
唐文治书院	19 150	7 000	200	26 350
敬文书院	28 000	20 000	0	48 000
合计	11 055 000	1 463 600	135 400	12 654 000

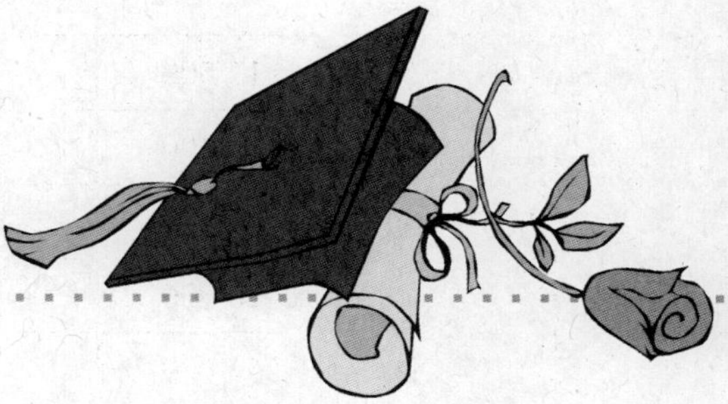

重要资料及统计

办学规模

教学单位情况

教学单位一览表

院部	
文学院	
凤凰传媒学院	
社会学院	
政治与公共管理学院	
东吴商学院(财经学院)　东吴证券金融学院	
王健法学院	
外国语学院	
教育学院	
艺术学院	
音乐学院	
体育学院	
数学科学学院	
物理与光电·能源学部	物理科学与技术学院
	光电信息科学与工程学院
	能源学院
材料与化学化工学部	
纳米科学技术学院	
纺织与服装工程学院	
计算机科学与技术学院	
电子信息学院	
机电工程学院	
沙钢钢铁学院	

续表

医　学　部	基础医学与生物科学学院
	放射医学与公共卫生学院
	药学院
	护理学院
	第一临床医学院
	第二临床医学院
	儿科临床医学院
金螳螂建筑与城市环境学院	
城市轨道交通学院	
敬文书院	
唐文治书院	
应用技术学院	
文正学院	
海外教育学院	
老挝苏州大学	

成教医学教学点情况

成教医学教学点一览表

医学教学点名称	专　业　名　称
宜兴卫校	临床医学
	护　理　学
张家港卫校	临床医学
	药　　学
	护　理　学
昆山卫校	临床医学
	护　理　学
	药　　学
太仓卫校	临床医学
	护　理　学
	预防医学
	医学检验

续表

医学教学点名称	专业名称
常熟职教中心	临床医学
	护理学
南通体臣卫校	护理学
武进卫校	临床医学
	护理学
	预防医学
	医学影像学
	药学
常州卫校	护理学
金坛卫校	临床医学
	护理学
溧阳卫校	临床医学
	护理学
镇江卫校	护理学
连云港医药中专	临床医学
	护理学
	药学
盐城卫校	护理学
	医学影像学

全校各类学生在校人数情况

全校各类学生在校人数情况一览表

类别		人数
研究生	硕士研究生	12 615
	博士研究生	1 646
全日制本科生		25 469
外国留学生		2 317
成教	函授生	2 842
	业余	7 710
	脱产	0
合计		52 599

研究生毕业、入学和在校人数情况

研究生毕业、入学和在校人数情况一览表

	毕业生数	授学位数	招生数	在校研究生数
博士生	295	303	340	1 646
硕士生	2 796	4 009	3 127	12 615
总计	3 091	4 312	3 467	14 261

全日制本科学生毕业、入学和在校人数情况

全日制本科学生毕业、入学和在校人数情况一览表

毕业生数	招生数	在校学生数
5 661	6 142	25 469

注：全日制本科毕业生数为实际毕业人数。

成人学历教育学生毕业、在读人数情况

成人学历教育学生毕业、在读人数情况一览表

在读学生数			毕业生数		
合计	本科	专科	计	本科	专科
10 552	10 552	0	2 380	2 380	0

注：此表中成人学历教育学生数未包括自学考试学生。

2013 年各类外国留学生人数情况

2013 年各类外国留学生人数情况一览表

总人数	男	女	国家、地区数	高级进修生	普通进修生	本科生	硕士生	博士生	短期生
2 317	927	1 390	58	0	1 132	643	96	8	438

2013 年毕业的研究生、本专科
（含成人学历教育、含结业）学生名单

2013 年毕业的博士研究生名单

文学院

中国古代文学(9 人)

陈春华　叶罕云　许菁频　祁高飞　郭宝光　潘宏恩　李　玲
卫　新　高　田

中国现当代文学(5 人)

吉　旭　李美皆　简　婉　孙海军　李　静

比较文学与世界文学(3 人)

沈　岚　章　颜　何媛媛

汉语言文字学(2 人)

曹莉亚　江远胜

文艺学(2 人)

李映冰　周晓燕

语言学及应用语言学(1 人)

丁　薇

凤凰传媒学院

媒介文化(1 人)

陈伟球

社会学院

中国近现代史(6 人)

樊翠花　李继业　丁　戎　章　建　梅立乔　邵　宝

政治与公共管理学院

马克思主义哲学(2 人)

卢　锋　姚新立

马克思主义基本原理(4 人)

杨　青　　杨征征　　罗　健　　张永辉

政治学理论(10 人)

赵　亮　　吴永忱　　吴永宏　　吴洪涛　　徐婷婷　　朱小龙　　林　萍
顾　勇　　沈承诚　　宋文辉

中国哲学(1 人)

王彤江

思想政治教育(5 人)

王萍霞　　王继全　　崔　昆　　邓国林　　钱晓田

东吴商学院(财经学院)　东吴证券金融学院

财政学(2 人)

钱信松　　单晓敏

金融学(6 人)

陈　鑫　　吴刘杰　　程　贵　　刘　莉　　宋翠玲　　王　剑

企业管理(4 人)

李国范　　段　姝　　朱天一　　连建军

王健法学院

宪法学与行政法学(12 人)

王琼雯　　薛华勇　　吴　睿　　吴鹏飞　　柳立业　　汪祥胜　　戚红梅
郑　刚　　齐建东　　吕新建　　曹寻真　　陈铭聪

外国语学院

英语语言文学(7 人)

蔡　隽　　佘　军　　柯　英　　赵　霞　　黄　洁　　杨雪芹　　王　云

教育学院

高等教育学(7 人)

张润来　　肖　建　　谢　冉　　李朝阳　　李金航　　贾凤芹　　谢竹艳

艺术学院

设计艺术学(13 人)

毕亦痴　　何　佳　　卢　蓉　　耿孝臣　　王　柯　　孙绍君　　郅　阳

朱　喆　　邵　靖　　孟　琳　　程雅娟　　郑晓红　　许　静

体育学院

体育教育训练学(10人)

李　翔　　赵国华　　聂文良　　赵长军　　陈　亮　　陶玉流　　高玉花
魏　刚　　高　瞻　　张　森

数学科学学院

基础数学(2人)

王　婷　　吴元泽

应用数学(1人)

王　坤

概率论与数理统计(1人)

陈　洋

计算数学(1人)

殷　宇

运筹学与控制论(1人)

邱松强

金融工程研究中心

金融数学(2人)

梁　雪　　宋丽平

物理科学与技术学院　能源学院

光学(3人)

戴朝卿　　袁扬胜　　田　青

凝聚态物理(8人)

黄艳艳　　徐铁君　　王　芳　　高东梁　　曹大威　　傅怀梁　　侯　芳
季　铭

信息光学工程研究所

光学工程(7人)

周　云　　周建康　　陈新华　　陈宇恒　　刘　全　　韦晓孝　　施逸乐

材料与化学化工学部

分析化学(4 人)
杨　娅　李　艳　贾丽萍　韦秀华

高分子化学与物理(7 人)
朱　兴　孙欢利　曾金栋　柏良久　王文香　郝　莹　王思兵

有机化学(8 人)
万大维　缪世峰　刘　朋　庄锦勇　刘　杰　刘兆敏　孙　松
聂　昆

无机化学(5 人)
程洪见　佘世雄　王玉红　蒋佳珣　朱连文

物理化学(4 人)
陈苏芳　蒋丰兴　赵　宏　牟志刚

应用化学(2 人)
陈洪霞　祁秀秀

化学生物学(1 人)
石　枫

材料学(1 人)
秦大可

功能纳米与软物质研究院

材料学(7 人)
李海涛　冯志炜　温春叶　张付特　申小娟　许　磊　卓其奇

化学生物学(1 人)
杨　凯

凝聚态物理(1 人)
高春红

无机化学(2 人)
廉锁原　黄　慧

应用化学(1 人)

魏　颖

纺织与服装工程学院

纺织工程(2 人)

徐昳荃　张德锁

服装设计与工程(2 人)

王　欣　秦　芳

纺织材料与纺织品设计(2 人)

陈艳华　刘雷艮

纺织化学与染整工程(2 人)

叶皓华　孙莎莎

计算机科学与技术学院

计算机应用技术(6 人)

施寒潇　韩月娟　赵传信　吴宏杰　方玲玲　徐　凡

电子信息学院

信号与信息处理(2 人)

朱伟芳　陈　蓉

医学部基础医学与生物科学学院

人体解剖与组织胚胎学(4 人)

曹蓓蓓　胡　文　汤　欣　毛伟峰

病原生物学(3 人)

韦　莉　陈岩勤　黄慧聪

免疫学(8 人)

茆　勇　蒋觉安　张露蓉　郭秉楠　高　鑫　汪小华　周　桓
李　刚

特种经济动物饲养(4 人)

袁红霞　王举梅　赵国栋　白树猛

法医学(2 人)

朱占胜　　王　涛

医学生物化学(1 人)

高国栋

胚胎生理与围产基础医学(1 人)

张于娟

医学神经生物学(2 人)

倪健强　　高　虹

医学细胞生物学(1 人)

朱爱思

系统生物学研究中心

系统生物学(3 人)

严文颖　　陈佳佳　　蒋峻峰

应用数学(1 人)

朱　斐

医学部公共卫生学院

劳动卫生与环境卫生学(1 人)

肖　灿

流行病与卫生统计学(3 人)

汪桂艳　　范玉波　　刘升学

卫生毒理学(1 人)

聂继华

医学部放射医学与防护学院

放射医学(7 人)

牟　英　　杨　辰　　周俊东　　朱　然　　游本刚　　徐加英　　张玉松

医学部药学院

药理学(6 人)

吴子侠　　闫　星　　蒋建华　　顾锦华　　陈国栋　　李　梅

附属第一医院（医学部第一临床医学院）

内科学(19 人)

孙雄华　许海峰　王秀丽　穆传勇　张　稷　周嘉梁　倪晓晴
蔡奕峰　凌　婧　刘跃均　沈　蕾　邱婷婷　崔江霞　郭　强
杨小飞　张　剑　魏　超　李建琴　刘晓辉

外科学(18 人)

高　恒　孙雪波　丁　翔　陈延荣　李大鹏　周云峰　杭黎华
赵　鑫　周　健　杨小华　贺继刚　王　兵　章筛林　董仁斌
胡计婵　孙晓欧　孙远召　沈芳荣

附属第二医院（医学部第二临床医学院）

神经病学(1 人)

郑慧芬

外科学(11 人)

朱玉德　陈海南　范松华　叶俊星　刘国栋　宋　锴　杨亚萍
赵国阳　陈培敏　魏　兴　张青川

附属第三医院（医学部第三临床医学院）

外科学(2 人)

狄冬梅　罗光华

附属儿童医院（医学部儿科临床医学院）

儿科学(3 人)

雷　洁　黄　莉　乔　阳

上海第六人民医院

内科学(1 人)

田寿福

外科学(1 人)

朱兆金

2013 年毕业的硕士研究生名单

文学院

文艺学(3 人)

李晓琛　孙　薇　张　荃

汉语言文字学(11 人)

张　祎　罗　惜　吴尧瑜　王　莹　李　娜　张　晨　赵雪艳
江慧慧　江蓉蓉　李文文　许晨晨

中国古代文学(14 人)

张亚琼　吴　悦　陆　瑶　王志刚　胡　晓　李文玉　王春苗
杜艳红　白敏敏　茆　萌　闵海超　许亦峤　张星星　孙玉婷

中国现当代文学(15 人)

刘　颖　张雪蕊　郭　浏　徐　谞　张　洁　万昭莹　胡　敏
吴梦雅　李萌萌　汤辰祥　储　雯　孟雅君　穆　杨　杨　玥
张　悦

比较文学与世界文学(5 人)

陈　允　黄　悦　张瑞云　巴　亮　王　吉

课程与教学论(1 人)

张军会

美学(3 人)

张　硕　姜婷婷　杨熙雯

戏剧戏曲学(5 人)

岑晓园　袁伟珅　缪　磊　徐辛欣　孙　纯

凤凰传媒学院

传播学(21 人)

冯林林　朱红燕　卞大珺　徐　璇　何　颖　蔡兰君　李梦杰
卜令娴　韦　婧　陈康娜　李　莉　仇倩倩　焦佳兰　张　静
征　鹏　曹静娴　李　立　王　莉　李胜伟　张　宁　康育箕

新闻学(14 人)

李　爽　周婧婧　杨　培　朱　珠　汪健敏　张　旭　秦秋翠
李德财　浦颖娟　夏璧群　夏　瑜　高　洁　封叶馨　冉思雨

社会学院

档案学(12 人)

孙晓霞　单晓颖　陈　俊　李　静　李玉嵩　刘春香　刘　言
王婷婷　周　洁　杨彩荣　胡玲巧　李　钰

社会保障(3 人)

袁佳佳　漆　娜　沈新良

社会学(7 人)

凡　璐　秦智美　潘艳艳　朱平翠　张红阳　卫　冰　马爱芳

中国古代史(3 人)

周　萍　刘风萍　霍耀宗

专门史(2 人)

张良平　程宇铮

中国近现代史(10 人)

陈党香　赵凤霞　梅　凯　朱云雷　戴丽丽　张　娟　曾云平
赵　煌　梁国利　郭进萍

世界史(5 人)

程　玲　胡天阳　陈　超　徐　娜　郭　咪

旅游管理(3 人)

韩　通　李　立　吴　瑞

情报学(5 人)

阚　振　戚炎君　陈小娟　习琴琴　李　超

政治与公共管理学院

马克思主义哲学(6 人)

张欢欢　崔苏妍　缪　华　宋伟力　刘　梅　袁　蓓

伦理学(3 人)

居敏峰　张海荣　徐彩莲

马克思主义基本原理(7 人)

孙莉娟　扶荣元　姜春磊　李阳阳　黄　芳　刘　洋　吴文艳

思想政治教育(13 人)

赵宏瑞　黄玉龙　代营营　邱春侠　程晓莉　耿夏阳　蔡敏莉
田俊霞　邢　燕　张　悦　袁培红　丁　敏　彭伊潇

中国哲学(3 人)

华　赢　金　祎　牛荣荣

外国哲学(1 人)

张　贺

国际关系(3 人)

王　丽　尹俊杰　顾佳佳

土地资源管理(7 人)

杨　明　赵　洁　刘东云　顾　娟　李　雷　马建伟　俞田颖

管理科学与工程(2 人)

肖　茜　汤　霏

政治学理论(9 人)

巩建青　尹　娟　朱天培　褚凌霞　黄　炬　王道良　温　波
王冬杰　吴　杰

行政管理(48 人)

翟仁杰　许甜甜　苏　蔚　张李波　吴　迪　后文文　刘　京
马　超　孟祥瑞　沈丽娟　朱勃勃　徐静娴　陈诗逸　韩　虹
潘逸霄　许小雷　姚　虎　章海燕　曹　杰　陈洁琳　钱　鑫
谈　淼　李凤巧　张宝如　宫　雪　李　佳　任远增　王　云
曾永安　何瑞文　刘洪旺　毕　旭　孟上飞　吴　茜　程　琳
潘金珠　魏　录　张　鑫　朱媛媛　张亚甫　牛晓卉　王　中
陈雨婕　杨　琪　曹　菊　蔡梦婷　范　瑞　尚云华

社会医学与卫生事业管理(10人)

寇博轩　蔡　滨　黄　岩　种　波　朱成明　陈秋晓　叶　俊
朱琛娴　陆燕梅　殷　群

东吴商学院(财经学院)　东吴证券金融学院

财政学(4人)

丁赋慧　徐娟娟　丁　涛　徐　倩

会计学(10人)

郭莉莉　徐卫兰　黄红雷　秦　琴　颜丽芳　张春华　韦雪娇
仲宇翔　罗彦学　陈梅花

金融学(18人)

许　明　沈俊峰　毛　菱　戚远方　王建新　刘宁宁　徐　青
许婷婷　余　静　徐　健　张　悦　蒯　莉　张　鹏　顾晓伟
葛蒙豪　黄晨曦　孙　迪　蔡高媛

企业管理(10人)

孙建萍　张荷萍　周海艳　孙运杰　吴龙虎　陈冰磊　张　璐
杨　萌　孟咏文　俞佳玉

区域经济学(2人)

周玲霞　魏　玮

农业经济管理(1人)

张婷婷

世界经济(1人)

王　伟

政治经济学(1人)

钱晓君

国际贸易学(5人)

陈　斐　吴燕红　陈　宽　柯　征　王　琳

产业经济学(4人)

蔡　杰　孔　霞　蒯凌波　沈飞飞

王健法学院

国际法学(13 人)

吴龙章	于　飞	陈　聪	丁　彬	佘小红	虞　倩	顾玲玲
邢　霞	李洁沁	王志祥	郁金金	许廷廷	王　兰	

法学理论(16 人)

王　丽	韩晨泽	高　源	卞　叶	阮福淦	汤　鸿	张　璐
洪　媛	尹德贵	江　俊	刘海淑	张洪新	赵志芳	傅子沛
张　娜	辛　颖					

宪法学与行政法学(22 人)

戴晨飞	郭　曼	刘　霞	李鹏倩	刘利鹏	葛　然	顾勤芳
张雪薇	仝　晋	郑　哲	文　强	吴　菲	鲍燕娇	刘晓冰
阳燕香	胡　艳	余文斌	王　苏	施　华	方　赞	程小文
巫星星						

民商法学(16 人)

韦丽媛	张梦蕾	钱晓娟	王　雅	吴　旻	许　艳	张　舟
孙明丽	王　虎	蒋　佳	高　佳	李丽莎	程　俊	顾　英
詹立平	王　娟					

刑法学(5 人)

刘媛媛	张广建	王梦雪	马一澜	陈　蕾

诉讼法学(11 人)

张　洪	陆　庆	戚　硕	薛　倩	赵小漫	颜　萌	高　华
傅　芳	杨智闵	郭　航	陈　珍			

经济法学(10 人)

沈珍珍	华吉红	席　苗	周　俊	崔　娟	沈　玮	徐　磊
薛丹丹	路宽成	朱孟琳				

法律史(7 人)

符　娟	李德嘉	吴　琼	姜　鹏	张　昆	李　娜	谭　颖

环境与资源保护法学(3 人)

兰家丽	秦晓飞	程　晟

外国语学院

英语语言文学(11人)

朱 妍	曹爱雅	赵锦玲	吴 涛	关 硕	高学会	王 君
林文韵	王 玭	王 慧	张鹏飞			

俄语语言文学(4人)

徐 朦	陈春红	黄 媛	汪姗姗

外国语言学及应用语言学(28人)

顾 欣	刘晓晶	钱若昀	李 竹	邓漪涟	刘 海	宋方奇
徐莹莹	张 洁	张 晔	曹兆银	汪西子	董璞玉	康贝贝
彭 玲	吴莉娜	刘 奕	孔 芳	张 玉	张林林	王 冰
王姗姗	杨祖梅	周 玺	王蓉蕾	邱 芸	徐艳青	吕 燕

课程与教学论(7人)

章志妹	陈 璐	唐夏雯	宁 娟	孔祥信	乔良文	张慕凝

日语语言文学(7人)

魏桃莉	孙舒凡	卞婧慧	陈丽英	戴永萍	葛利及	杨 蕾

教育学院

课程与教学论(5人)

徐菊梅	孙丽丽	马 娜	张 玲	涂 茜

高等教育学(5人)

陈艳华	方 良	王珍珍	胡焕焕	朱晓红

应用心理学(27人)

仇月姣	周 恺	陈 婧	程 苗	钱晓莱	孙建群	王大伟
王 朋	王颖超	徐树鹏	阎 寒	张 霞	周文娟	周 曼
叶 飞	郑 诚	曾 妍	陈文平	程亚平	姜 媛	马文婷
姜婷婷	丁 霞	廖秋菊	范莹莹	成 锦	卢银桂	

基础心理学(11人)

周 玉	顾琳珺	嵇亭亭	季文君	居敏珠	马福存	石 惠
孙 菁	童 娴	张 晶	任蕴哲			

发展与教育心理学(21 人)

高　岚	严慧一	戴　惠	白大文	丁　颖	范李敏	胡梦璧
吉　力	蒋　冕	束　梦	吴　伟	叶　郁	张钟元	周　鋆
王晓晓	牛智慧	吕京京	高夏华	刘金光	胡亚娟	邓诗颖

教育学原理(2 人)

赵紫钰	李秀雪

教育经济与管理(11 人)

须　圆	李　娟	狄文婕	张蕾蕾	石　艳	武晓晗	刘严泽
张盛强	惠利娟	刘舒玉	李佳颖			

艺术学院

设计艺术学(30 人)

冯亚星	布日讷	葛一言	解　静	刘甜甜	卢虎臣	沈碧微
万文晔	夏　菲	杨　静	张鸣艳	祝　嘉	高　媛	单　慧
段宁宁	许　超	田　青	王菡韵	陈　哲	季晓丹	李　航
林　下	渠丹丹	孙梦婕	谭　颖	王　冷	吴莹莹	余　兰
张德胜	李海龙					

美术学(8 人)

洪崧耀	关　东	李　静	徐　宇	张文双	李艺峥	刘　静
任明明						

音乐学院

课程与教学论(4 人)

花千玲	葛冬琰	蔡梦云	李慧丹

体育学院

运动人体科学(16 人)

张　云	宋昆鹏	张英媛	王　丹	乔虎军	李盛村	糜　迅
王娜娜	韩清泉	吕　柳	尚长景	耿丽娟	郭文辉	邱龙园
徐潇逸	薛　婷					

民族传统体育学(4 人)

李培勇	张玲玲	刘帅兵	张　淼

体育人文社会学(12 人)

王文江	高　岩	高红香	王　凯	卢丛丛	王露露	赵　艳

汪　刚　史宏州　王晓舟　管晓婷　路　燕

体育教育训练学(33 人)

李　妍　王文涛　陈绪坤　张鲁燕　张　潇　郑文娜　孙钦来
姚东慧　宗明波　滕如德　张学忠　公　伟　孙　强　王光阁
吴瑞芳　许英男　陈　涛　刘东洋　王　美　李　荣　林　辉
李德平　胡盟盟　董娜娜　龚　云　缪小琴　钱方伟　施永健
吴　垚　袁君秀　赵晴晴　祝　娜　周春秀

数学科学学院

课程与教学论(2 人)

王丽维　杨珊珊

基础数学(18 人)

代立青　王同洲　苗　莉　李　娟　宋竞竞　罗　晴　汪　娟
李春红　李　帅　陈超群　王美丽　丁小丽　刘　琳　宋金荣
赵群涛　高远晓　贾　林　赵笔峰

概率论与数理统计(10 人)

李　昶　薄成成　王晓丽　刘苗苗　许　罡　闫利娜　王江艳
丘德彬　杨　琴　陈佳程

计算数学(7 人)

谈为伟　屠宁雯　田红闪　周星慧　周　静　刘　琳　王海杰

应用数学(10 人)

程进文　冀文峰　糜泽亚　邢祥英　姜爱景　杨　龙　黄　丹
陆家康　沈　俊　张丽丽

运筹学与控制论(5 人)

石　浩　岳　宁　刘东庆　苗世彩　徐凤梅

金融工程研究中心

金融数学(10 人)

杜静贤　桂　翔　张亚男　陈　雯　毕翠翠　王艳婷　郭　锐
柳　曦　王　颖　张　盟

物理科学与技术学院　能源学院

理论物理(1 人)

邢丽燕

凝聚态物理(15 人)

李　靖　丁　直　杨　军　孙　萍　屠晨坤　杨建飞　杨　燕
王桂斌　韩玉海　李　洋　郑　磊　肖立勇　黄　忠　谭　俐
李　静

光学(10 人)

王　艳　姚晶莹　李　慧　杜生才　史　敏　赵齐银　张者勇
张　磊　吴幸智　刘显龙

课程与教学论(1 人)

周权

材料物理与化学(6 人)

赵　龙　王春燕　蒋　超　何　剑　柏　洋　代智华

检测技术与自动化装置(11 人)

高　燕　孔　荣　李冰洁　彭青艳　孙宝印　朱俊杰　朱水娟
黄传霞　孙文业　周　强　尹　楠

等离子体物理(3 人)

张志辉　唐中华　周　杨

信息光学工程研究所

光学工程(24 人)

刘子寒　宋艳芹　董晓轩　刘凤娇　赵知诚　卜晨曦　陈根华
顾小勇　金秋枫　邵仁锦　杨利全　刘维萍　汤明川　刘俊涛
张新彦　刘旭霞　韩继玉　胡江飞　王建明　蒋克明　黄　奎
周红武　张　磊　李　博

材料与化学化工学部

课程与教学论(2 人)

王苏丽　武春娟

无机化学(29人)

尤立省	陈 倩	孙鹏鹏	丁红叶	丁佐龙	李 磊	李兴宇
蒲亚洋	唐威威	吴 健	杨菊华	张 翔	周 鋆	曹燕媛
柴丽莉	王文霞	邵明艳	赵冬梅	张晓璐	张志愿	赵丽维
张 宇	曹树龙	徐高慧	马 奔	蒲云月	许 诚	邓旭立
黄贞君						

有机化学(34人)

李丽丽	潘 洁	丁 皓	黄士钢	李乃凯	刘业业	潘昌明
邱金水	时二波	孙 鹏	孙网彬	王林林	夏崇亮	徐 元
杨海龙	杨 胜	张金鑫	赵立立	朱 研	范丽媛	屠 晶
张艾娇	花 露	许海燕	王传勇	檀玉芳	汪辉员	程燕南
李云辉	王培培	蔡玲霞	方 磊	刘召军	刘东旺	

物理化学(15人)

高 嫄	刘东颜	严小娟	苏乐乐	宋越军	梅金华	朱碧玉
刘丽梅	姚章权	宋学增	王彩琴	孙庆娜	陈雅静	孙海龙
张峥艳						

应用化学(30人)

陈小健	马晓爽	刘欢欢	刘 娟	彭颖静	邵 威	张宇辉
刘伟伟	吴 海	於婷婷	刘茫茫	唐 霞	邓之俊	范富强
方国清	范乃勇	潘从涛	张美精	张志远	何 凯	韩丽娟
姜 坤	刘高艳	戚芬强	郑苏维	闫保龙	杨 亮	张欠欠
牛绍干	汪 欣					

高分子化学与物理(46人)

姜雯雯	闫红红	陈玉金	杜冬海	李 洁	邢泽咏	周晓吉
宋 婧	付以太	王红霞	张 静	李江玉	黄 伟	张文晶
李 军	王英杰	李 蕊	马丽君	王晓艳	石彦芳	赵利芳
杭春锋	卞 姣	仇 波	窦和琴	范亚萍	顾裕丹	郭 婷
韩 冰	马 飞	陶美霞	占一宇	张小飞	张小敏	曹敏华
徐乔臻	曼亚珂	肖 燕	庄 伟	张国艺	曹 俊	王炳昊
吴 伟	吴亮亮	陆星辰	戴梦炜			

分析化学(21人)

畅 如	赵莉莉	刘 超	曹碧云	顾卓敏	曹栋宇	常化仿
姚 洵	张小燕	陈 云	董培培	胡婷婷	毛淑娴	李淑群
王 珂	崔小培	董晓茹	陈 莉	费文娟	陈喜华	陈菲菲

材料学(17 人)

孙 斌　单 伟　吴 群　张小雪　张新华　朱美云　林 超
张豆豆　王一帆　龚丽秀　韩纪鹏　密亚男　范玲玲　顾龙成
王 奔　孟菊雯　叶菊华

材料加工工程(2 人)

朱 睿　杜福平

功能纳米与软物质研究院

材料学(18 人)

卞 良　樊国强　刘 东　刘珊珊　吴 亮　谢 添　张玉萍
祝晓钊　聂宇婷　章 辉　陈 磊　廖 凡　王晓婧　张恒超
赵雁飞　邹 斌　张 莹　邓久军

凝聚态物理(8 人)

毛宝华　肖 艳　翟志淳　胡 佳　李 剑　史晓波　杨彬彬
佘小健

无机化学(19 人)

杨银龙　马 征　李 琳　杨亚南　贡晶晶　王偲超　吴艺明
赵 瑾　张伟松　郭媛媛　李 伟　张丽丽　程盼盼　李 静
韩晓园　赵 逸　杨 涛　张晓珍　魏新盼

生物化学与分子生物学(10 人)

许 欢　姜享旭　彭 飞　张 静　张崇骞　唐 佳　李保坤
曲丽明　陆益梅　姚 凯

纺织与服装工程学院

服装设计与工程(6 人)

刘 正　蔡娟娟　刘 遥　于高杰　吴汉玉　陈柔羲

纺织工程(15 人)

瞿 静　刘姣姣　施晨阳　宋 欢　周 宁　扈永培　李 敏
徐思峻　董家斌　张 伟　张秀丽　葛婷婷　范丽宁　房 迪
宣小会

纺织材料与纺织品设计(17 人)

杨云星　李冬霞　徐思聪　张 月　赵子龙　邓春闽　黄海燕
卢 霞　钱巧芬　贾明亮　史 磊　王玲爽　杨 希　刘伟媛

苑萌萌　　成园玲　　王丹飞

纺织化学与染整工程(26人)

陈秋圆　　丁晓玲　　姜佳美　　刘志娟　　王　彦　　仇明慧　　李喜龙
孙飞翎　　陈　钢　　赵宝成　　朱云朋　　郭守娇　　赵晓晶　　周　冰
董朝飞　　郭鹏飞　　陈国华　　郭　伟　　李华伟　　梁　翠　　沈　玲
张军军　　张路路　　朱　敏　　戴细春　　刘　莉

计算机科学与技术学院

计算机软件与理论(15人)

惠寅华　　陈　浩　　刘源潮　　沈　程　　孙　路　　徐维维　　张茗泰
张永磊　　李昌众　　陈　坤　　杜宏业　　李良友　　肖　飞　　胥大成
张　侃

计算机应用技术(50人)

刘宏伟　　张立晓　　崔　恺　　安　平　　程明策　　苏　勇　　王晓乾
侯效永　　居胜峰　　夏苏娜　　叶　芸　　沈晓卫　　刘　龙　　柳　恭
唐　伟　　徐生芹　　尤　亚　　郑刚民　　周小佩　　朱乐乐　　马媛媛
张三友　　崔　翔　　石　晶　　赵知纬　　苏　艳　　杨萍萍　　张华鹏
彭　成　　汪司飞　　吴世通　　靳方元　　詹彦溥　　李海彦　　刘丹丹
张月辉　　刘　攀　　林　蕾　　殷君伟　　王　颖　　高　龙　　杨　娟
李　杰　　曹红飞　　江　丽　　陆　军　　陆姗姗　　解　晨　　曹　进
张　鹏

管理科学与工程(6人)

熊湘云　　潘　青　　邹黎君　　刘兆庆　　张云鹤　　孙洪坤

电子信息学院

通信与信息系统(16人)

芦　跃　　陈聪梅　　程　伟　　仇兆炀　　孔五艳　　刘　毛　　孙　瑞
田　龙　　郑园园　　李虎跃　　李保安　　张朋祥　　彭彦伟　　柳　会
王　尚　　周　超

微电子学与固体电子学(10人)

陈　威　　陈　智　　黄晓阳　　吕　萍　　王媛媛　　陈　阳　　李有忠
陈　杰　　江　韬　　徐　栋

信号与信息处理(16人)

郭　鹏　　黄　兴　　孔　康　　潘奇智　　王婕妤　　王凯华　　刘永涛

曹发海　穆小川　赖　昀　胡　婧　黄　星　孙　伟　徐　娟
朱春雷　郭思宇

机电工程学院　沙钢钢铁学院

机械电子工程(17 人)

杨　琳　王　果　王海林　周震东　陈慕禾　陆新娟　靖　聪
赵　瑞　宋成法　陈　闯　雷焱焱　陈　曦　陈　波　岳春光
崔江伟　郁佳莉　曾为伟

机械设计及理论(9 人)

顾叶晶　吴炯杰　徐存强　胡继雪　倪晓清　卢熊熊　张益韶
吴云霞　于鑫淼

机械制造及其自动化(18 人)

卜延进　汤旭皓　黄　星　蒋澄灿　张迎寅　郑　晨　史忠进
王　旭　朱　萍　李　冀　李　浩　高新新　张明凯　徐青山
曹　非　徐亚鑫　杨晓敏　陈　刚

控制理论与控制工程(13 人)

张　洋　黄鹏举　吴秉羲　严震宇　钱　驰　张少华　朱　猛
许海丽　王文俊　吕　慧　付　莹　沈　芳　徐丽莉

精密仪器及机械(4 人)

王　奇　吴　亮　考海涛　尹　飞

系统生物学研究中心

系统生物学(6 人)

高　飞　荆鑫华　李庆辉　汤溢飞　尚　婧　许　陈

医学部基础医学与生物科学学院

病理学与病理生理学(4 人)

刘　璐　张　慧　侯　燕　江丽丽

植物学(3 人)

杨北宁　杨婉婷　粟　绒

水生生物学(6 人)

张磊磊　孟祥雨　李倩倩　郝小凤　杨　超　宋　霖

动物学(3人)

裴超俊　张振旺　杨　磊

特种经济动物饲养(6人)

王彦云　魏广兵　吴　玉　李绍峰　李国胜　孙姗姗

发育生物学(5人)

张　磊　束梅影　徐　旭　张达燕　卓微伟

水产养殖(4人)

姚林杰　刘　猛　许　凡　俞泉宇

生物物理学(5人)

程　哲　马　斌　程　洁　房　蒙　胡仁萍

细胞生物学(23人)

秦　婷　张爱红　季　辉　王　琦　顾芝亚　高学仁　胡　君
李慧慧　汪　毕　王　琦　高思佳　李　敏　孙树良　张　真
张秀芬　王春燕　李伟丽　官　威　陈宜晓　崔恒进　陈叶冰
葛　跃　汤晓蓉

微生物学(10人)

杨燕茹　彭　琳　王贝贝　高诗会　王　虎　马　慧　余小六
孙雪萍　王玉磊　唐红梅

遗传学(9人)

车建花　曾园园　胡倩倩　翟渊粉　殷亚娟　王慧娟　沈　莹
包龙龙　王青龙

神经生物学(7人)

曲若冰　王勇猛　张　怡　胡淑芬　卜　凡　王建功　许　立

免疫学(40人)

许秀坤　游永鹤　王　婷　夏　瑞　曹丽娟　高　菲　马树立
沈立军　王家融　张胤晟　刘　黎　叶　婷　马　钰　吴安庆
胡亚东　王仲娟　王志强　安　萌　邵联波　朵翠翠　侯　爵
孙艳芸　谢展利　朱健洁　王　龙　王贵超　徐　彪　马晓花
郑　毅　付　托　杨　璐　张丽娟　杨　燚　李百慧　朱然然
张馨月　袁晓妮　朱　健　张腾腾　孔红梅

生理学(2 人)

田辉宇　胡力旬

生物化学与分子生物学(18 人)

叶　颖　李静芝　鲁德意　赵艳霞　黄　娅　宋作伟　梁雅婷
段广新　季英磊　牟佩佩　冯永杰　周前凯　石小蕊　万华星
刘汨波　姚扬明　鲍美美　张仰齐

法医学(2 人)

王尧淇　陈晓冰

胚胎生理与围产基础医学(2 人)

掌佩文　陶荷花

医学心理学(1 人)

王　颖

病原生物学(1 人)

孙　缓

医学部放射医学与防护学院

放射医学(12 人)

曹　磊　李海龙　李申篪　葛杨杨　杨　洋　胡丹飞　徐媛媛
蒋　昕　李　磊　刘　静　吴　伟　卢祖坤

生物医学工程(4 人)

倪　婕　刘瑞芳　苗　利　赵　飞

医学部公共卫生学院

劳动卫生与环境卫生学(4 人)

陈益欧　蔺　瑶　刘建烽　孙佩君

流行病与卫生统计学(10 人)

丁晋飞　黄泽宇　李　伟　叶家楷　丁　一　冯　佩　郑艳敏
张诗卉　陈国崇　朱秋荣

营养与食品卫生学(2 人)

蒋　霞　范丽丽

儿少卫生与妇幼保健学(2人)

牛晓虎　巩宗林

卫生毒理学(4人)

姜秉成　金洹宇　尉　红　刘　星

社会医学与卫生事业管理(3人)

黄　芳　高　翔　宋　瑜

医学部药学院

药物化学(23人)

王志霞　李永霞　陈　政　王影影　费香东　葛志远　师梦凡
朱莹莹　贾远敏　姚　士　楚小晶　季秀美　孙　燕　倪付勇
冯建勇　韩海燕　王黎明　杨　蒙　欧莹宝　王炳义　史志冉
高红伟　谭东明

药物分析学(6人)

张素静　邱　婷　金　经　吴静萍　骆如欣　豆兴茹

药理学(31人)

张庆青　王小燕　李梦姣　王　丽　季文君　江翊国　崔　奎
顾卫卫　蒋　丹　顾　源　罗　宇　金　琴　朱　倩　毛新妍
张法丽　周　磊　周　翔　李艳丽　张　璐　陶　荔　董　栋
寇晓进　杨　娟　季晓英　董丽霞　杨　能　祝佳丽　张婕妤
孙　玮　秦　舒　李　威

药剂学(16人)

樊　婷　司　奇　刘洪月　浦　洁　魏　霖　张光宇　张　华
张晶晶　朱亚勤　刘　妍　张　洁　胡　青　黄发珍　王周丽
杜晓林　贝永燕

微生物与生化药学(4人)

崇　羽　龙小凤　杨文华　李金美

生药学(2人)

余辅松　商萌萌

医学部护理学院

护理学(4 人)

邹晶莹　梁培荣　仇静波　卢　珏

金螳螂建筑与城市环境学院

农业昆虫与害虫防治(3 人)

黄艳君　陈景芸　刘美佳

园林植物与观赏园艺(16 人)

曹　虎　陈媛媛　戴　斌　杜　卉　刘　刊　王　蕾　朱文清
赵后斌　李玲蔚　李　蕙　商海燕　王寒竹　李　婷　蔡国超
闵　淇　王　韡

城市轨道交通学院

车辆工程(5 人)

孙海涛　张　辉　刘海洋　赵乾峰　曹书峰

附属第一医院(医学部第一临床医学院)

妇产科学(3 人)

奚滕滕　段利停　于芳芳

精神病与精神卫生学(2 人)

陈　莹　潘　雯

康复医学与理疗学(1 人)

张大伟

麻醉学(6 人)

蔡玥娇　陈　军　刘华跃　孙　艳　王加玉　臧守华

内科学(59 人)

杨　柳　王志松　张莘悦　刘珍珍　路钰夏　林　欢　陈家洁
丁晓云　付春梅　顾　斌　刘　洋　钮利娟　乔振国　王昌国
王　超　王　汸　严海荣　尹　佳　张建生　蔡成森　曹小俊
李蒙蒙　顾　静　袁小凌　彭　蕾　叶　凡　李　辉　马同玲
蒋艺枝　王　玮　赵世香　陈晓丽　万绍媛　徐文星　于　乐
祝国风　万　云　邹玲婷　路　丛　吕小蕊　赵云波　李勉贤
刘　丽　徐数娜　刘真真　王晓文　李月芹　王朝荣　李　峰

沈　姗　郑江南　夏　晶　张明逸　鲍玲玲　李　正　朱沁芳
王蓉娴　赵　茹　杨小英

外科学(49 人)

王贵贤　王新昇　曹　辉　刘泽昊　李　琦　李耀军　陈　超
胡　童　李洪营　孙阳洋　沈敏杰　袁　泉　杜春明　宋世铎
王　伟　周晔辉　凌　南　唐雪彬　程之逸　李　浩　刘国道
刘　喆　张仕凯　王治栋　陈三送　刘鹏飞　莫晓东　万岱维
段继勇　吴端荣　张　新　高　伟　李庆超　田家祥　王春增
闫　永　高　静　桂　萌　贾　阳　刘兆利　马　冕　陈　磊
郑　浩　吴志良　黄景思　吴庭枫　赵　波　张毓姣　孙同瑜

临床检验诊断学(2 人)

陈　旭　李雪美

皮肤病与性病学(2 人)

余秀琴　李　娜

老年医学(3 人)

吴亚娟　袁　洪　邹　婷

神经病学(6 人)

段　志　翟北平　江玲玲　张洪高　杜建红　李　沛

耳鼻咽喉科学(1 人)

李满意

眼科学(5 人)

肖艳辉　王英明　夏　静　吴　敬　钟　蕾

影像医学与核医学(13 人)

王艳伟　夏文辉　王刚刚　颜燕红　黄景峰　田　霞　陆紫微
刘雨蒙　刘运练　汪立峰　张　猛　张爱英　李建柯

肿瘤学(7 人)

姬　磊　吴灵芝　许　愿　张琼妍　庄　园　汪　楠　王树超

附属第二医院(医学部第二临床医学院)

妇产科学(3人)

吴邵花　陈　颖　王福萍

内科学(13人)

李　琳　王晓景　李建凤　陈　露　黄河清　陶景德　欧阳涵
张丰萍　李　伟　万宗仁　谢瑞华　许　圆　王　兵

神经病学(8人)

洪　雨　黄婷婷　于海龙　丁倩倩　刘增玲　巩　利　李海龙
范靓丰

外科学(36人)

王苏贵　陈延明　邓晔坤　钱　伟　钱源源　宋宇琛　谢　晔
徐　燕　陈　晨　金　星　芦磊磊　尚　斌　祝劲松　邵海永
粟文钊　张　涛　苏　朋　崔　伟　李国强　赵儒浩　王　磊
王瑞涛　崔宝乾　高　超　陈　男　何银锋　赵家举　蔡志新
朱培培　余　伟　肖克兵　段　跃　刘如璐　柴　筠　周　翔
彭　巍

影像医学与核医学(11人)

刘　伟　文庆怡　庞红艳　王　亮　吴强乐　王启苑　司安创
崔　倩　周金亮　亓昌珍　彰　金

眼科学(1人)

王　爱

皮肤病与性病学(1人)

路丹丹

临床检验诊断学(1人)

武　炜

麻醉学(4人)

裴爱杰　胡素梅　曹　宁　韩奔宏

肿瘤学(5人)

李　平　陶家龙　王　吉　吴　佳　丁妍妍

附属儿童医院（医学部儿科临床医学院）

儿科学(24 人)

陈　赢　郭豆豆　王　波　朱莹雯　何　蓉　朱海艳　黄思红
李　争　豆吉娟　马玉杰　包丽丽　田　甜　严　洁　王　娜
毛兴允　高沙沙　徐玉敏　王倩涵　李　迪　崔伟丽　孙豫兰
李　丹　徐大鹏　吕　媛

附属第三医院（医学部第三临床医学院）

内科学(3 人)

刘　永　爱崔展　袁冬冬

外科学(7 人)

高　磊　孔繁林　袁晓亮　刘继普　潘晓虎　黎　焕　赵　鹏

肿瘤学(1 人)

陈俊俊

影像医学与核医学(1 人)

胡海霞

临床检验诊断学(2 人)

李　祥　侯学伶

附属第四医院

儿科学(1 人)

卢隽滢

妇产科学(1 人)

李泽明

外科学(3 人)

于东方　赵　琦　苏宝威

肿瘤学(2 人)

苏　筠　戴桂萍

耳鼻咽喉科学(3 人)

马　美　徐桂容　胡晓清

影像医学与核医学(1人)
韩招娣

上海肺科医院

麻醉学(1人)
唐富东

内科学(5人)
谢　安　陈淑娟　陈　秀　刘海舰　盖　磊

外科学(1人)
郭怀龙

影像医学与核医学(1人)
孙秀娟

上海第六人民医院

耳鼻咽喉科学(1人)
程付伟

妇产科学(4人)
陈　轩　许培荣　李柳叶　金　凤

内科学(9人)
尹　霞　章　菁　肖文珍　刘　宇　李兵兵　杨宵曼　刘若冰
慕开达　张　毅

外科学(8人)
周玉龙　汤建燕　韩华中　程家乐　张　笑　黄海明　孔凡志
陆联松

影像医学与核医学(3人)
胡云婷　薛艳丽　易　飞

肿瘤学(1人)
胡蓓蓓

麻醉学(1人)
何　雨

儿科学(1 人)

袁　方

老年医学(1 人)

王晓慧

上海东方肝胆外科医院

肿瘤学(2 人)

李　军　　赵琳琳

外科学(1 人)

寇兴瑞

北京第二炮兵总医院

内科学(3 人)

杨青青　　张娟娟　　牛　莎

神经病学(1 人)

吴玉冰

外科学(2 人)

许羽龙　　金　奎

海外教育学院

日语语言文学(1 人)

HIRAYAMA TAKASHI

妇产科学(1 人)

MWANZA SHAMBUYI

外科学(7 人)

CHENG QING SHAN
SYED IMRAN HYDER ZAIDI
MOSALI MADHUKAR REDDY
WAQAS AHMAD
IMRAN KHAN
NARGIS RAKSHIT
KARINA PARAMITA SATYADI

影像医学与核医学(1人)

PIYUSH DUBEY

2013年取得专业学位的研究生名单

博士专业学位

附属第一医院（医学部第一临床医学院）

临床医学(21人)

陈锦鹏　冯春光　寇昌华　茆家定　王其平　范向军　江爱桂
黄　璐　顾建军　顾宇平　洪　侃　柯宏刚　罗　蒙　张岩松
周晓辉　朱　伟　毛　路　尹凤玲　皋　源　陈海飞　薛　蔚

附属第二医院（医学部第二临床医学院）

临床医学(5人)

王　云　余道江　刘　俊　黄　勇　秦晓凌

附属第三医院(医学部第三临床医学院)

临床医学(1人)

邵　丰

附属儿童医院(医学部儿科临床医学院)

临床医学(1人)

赵建美

硕士专业学位

文学院

教育硕士(67人)

刘敬珍　刘丽华　张绪云　顾康麟　陆　红　倪燕萍　周怡靖
曹　文　陈瑞娟　陈怡婧　丁　芸　郎　丽　李　静　糜　雪
彭苏萍　王小盼　魏　伟　徐闻翊　徐　潇　余梦醒　周丽玲
左文娟　胡　洁　陈凤珍　冯晓艳　嵇　怡　马欧亚　盛　瑛
黄笑钧　李芳芳　卢　毅　王晓芳　王雨林　王志红　殷春兰
张建军　邵　青　龚海燕　顾丽君　顾吟圆　金丽莉　李　婷
缪秋亚　宁巧燕　潘新娜　钱秋菊　钱秀进　钱　音　石太东
孙　波　陶　梨　王　丽　王勇霞　徐冬梅　杨　帆　印春芳
袁学芳　张　敏　章雪琴　黄　立　李　郁　刘晓秋　王　君
徐　敏　颜美娟　杨东华　张丹丹

汉语国际教育硕士(35 人)

沈丽娟	孙添怡	张珂珺	张　月	张海燕	陈　枫	陈　娟
陈　奇	程　荣	范钰红	郭　媛	韩朝婷	柯　蕾	赖　珊
李　琳	李　媛	马莉娅	梅　倩	钱康敏	佘骁璇	沈芳芳
沈　燕	史雪媛	孙佳明	王　靓	王雍琰	夏　庆	严　娟
杨占豪	叶芙蓉	张　靖	张美娟	张　娜	张月丽	李家兰

凤凰传媒学院

新闻与传播硕士(15 人)

曹　冉	陈　欣	高　莺	李芳芳	李姗敏	李亚蕾	李亚楠
闵　洁	钱丹丹	唐彬彬	王　佳	徐雪婷	许云杰	杨　天
张晓波						

社会学院

教育硕士(29 人)

陈莉莉	李旭东	刘永青	陆慧娟	王方星	夏正阳	徐虹霞
郭小涛	陆琴芬	陈慧洁	陈　洁	褚晓丽	高　玲	韩　静
胡德坤	黄惠华	邵红美	沈　磊	谭广兵	魏雪虹	杨晓俊
杨　瑜	虞彩萍	张　枚	张　燕	卜芬芹	李火英	孙晓英
温志梅						

社会工作硕士(46 人)

李明月	杨　晴	蔡露露	曹艳茹	陈　琛	刀　妮	邓晶晶
邓　伟	甘　攀	葛炜婧	耿　立	韩　姣	何香莲	洪　梅
胡　皓	胡月华	赖志能	李炯珏	李茂强	李小英	廖春苗
刘　辉	刘　秀	潘　信	邱俊红	史金玉	孙　妍	陶　莉
王甜静	吴丛妍	夏　黎	邢　静	薛海英	杨兰倩	杨　玉
于　婷	张　冰	张发成	张　慧	张　娇	支　慧	周启迪
朱　慧	朱赵荣	柳志艳	李振鹏			

政治与公共管理学院

公共管理硕士(128 人)

周丽娟	卞庆华	陈　岚	丁启明	耿长军	顾　平	李　敏
林　娜	钱　斌	戎益升	沈　励	孙　静	孙永航	孙　远
吴海亮	薛冬燕	严佳祺	叶　滢	张李立	张　鑫	张裕来
沈正洲	张智炜	刘　迪	邓超颖	吴春梅	蔡卫清	曹　欣
曹正娣	陈剑云	陈　雯	崇银凤	丁　胜	董卡茜	冯　飞
冯牧宇	顾欣荣	韩新平	郝　斐	何俊杰	何　浪	黄迎新
黄　賁	江界粮	姜　玲	姜益南	李　彬	李志会	凌　晨

刘　涵	刘　浩	刘金勇	刘中明	刘子静	卢　靖	卢开颜
陆　菁	吕大明	吕珊珊	马德义	马亚骅	马　英	秦浩明
任　珺	史元丰	司燕青	苏　晔	谈珏霞	汤绍赟	唐　健
陶　华	陶美娟	王　冲	王海宁	王红俊	王　惠	王丽雯
王凌芬	王　漪	王　颖	王　煜	吴军箭	吴　俊	谢　卫
谢永明	徐　萍	徐　同	许谨思	杨　德	杨舒婧	杨　滢
尤　敏	张　佳	张玲玲	张　泉	张　雯	张　言	张子牛
赵亚尖	赵　政	仲晓睿	周　莉	周　平	周维娜	周星星
周　艳	周兆群	庄刘成	段慧敏	方丽芳	冯丹华	葛培蓓
胡　迪	胡　菓	孔蔷娜	李晓华	钱吉平	钱　俊	孙　微
万慧瑾	王　强	谢奕君	杨海滨	余伟伟	张　飞	章琳玲
郑志雯	朱天宇					

教育硕士(40 人)

刘春娥	孔祥芹	汤　靖	陈　蓓	崔为平	刘　霞	罗玉红
宋国芳	王海艳	王亚楠	叶明娟	张　驰	周　扬	朱彦妮
曹　叶	李帮志	李　刚	刘志威	曹冬侠	吉　萍	季新华
李德桃	李慧霞	陆冬芬	陆　鑫	马昌飞	马文琦	缪爱琴
唐继军	童晓春	王周燕	谢黎明	徐逸娟	张　岚	顾　芳
刘晓军	倪佩菊	陶　健	徐　燕	杨实新		

东吴商学院(财经学院)　东吴证券金融学院

工商管理硕士(227 人)

林　喆	高徐栩	冷明娜	陈　菲	陈　晔	罗娅妮	马玉杰
米龙峰	孙国海	王　曦	谢　添	袁　云	张成华	周　璐
朱根英	朱华春	朱锦标	华　旻	姜德宏	冯亚琴	郁　青
吴俊玉	陈　辉	陈继展	陈　沫	戴海林	杜盘春	冯金朝
耿　磊	顾　俊	顾明荣	顾雪峰	顾余金	顾悦鸣	官俊伟
管　斌	卜文娟	郭乃奎	胡方方	胡天姚	华　梦	黄生业
黄　颖	嵇　钧	贾延喜	江　鸿	金怡安	景晓琳	瞿张斌
李海波	李　杰	李　娟	李　梁	梁天池	梁　岩	刘玲玲
刘　明	刘　生	刘　卫	陆敏娟	陆　贤	陆玉军	孟　健
潘晓杰	浦志岗	钱坤荣	秦妍妍	邱荣高	邱少林	裘　玮
邵海燕	沈　军	盛　锋	施文娟	石　一	孙昌明	孙　宇
谭卫忠	唐　动	万晓龙	王　栋	王丰新	王　亮	王美珍
王晓淳	吴　宏	吴　杰	吴乐勤	吴　亮	吴　清	吴　翔
吴永铭	熊　非	徐斐斐	徐　吉	徐　俊	徐伟红	徐卫国
许　聪	许金建	许士海	许维楼	严　蓉	杨宝安	杨顺利
杨同珍	姚　臻	游开义	余　皓	张辰蕾	张　磊	张　磊

张梅红	张敏高	张蓉蓉	张兴旺	张亚东	张野风	张　梦
赵永飞	钟子明	周　明	周　祎	朱　凯	朱丽云	朱　敏
朱其慧	朱　威	朱燕华	朱亦薇	邹　珍	张静妹	何志彬
路趁霄	陶　洁	刘基勇	辛勇磊	张　峰	吴凌剑	周　奔
韦龙进	丁珏华	乔景全	刘耀国	陈　伟	吴子竑	吴　疆
张孝金	周春旺	吴爱蒋	胡　译	张春喜	王尧穆	钟　亮
丁佳奇	宋清华	张嘉诚	张云燕	邵　佳	李　俊	苏　婷
邢　军	陈　乐	吕仲生	倪　伟	刘玉兰	程　媛	崔士怀
丁明华	高　敏	龚　杰	龚锦芳	胡林兵	华怡枫	刘一莺
刘永良	柳　矜	钱纪明	宋　毅	唐正道	童　琛	王　刚
王佳成	王　敏	王　倩	翁远新	巫晓斌	杨雪莺	于洪波
支明圆	朱子安	庄越崎	白　凯	柏德全	顾　飚	郭焕伟
胡　盈	宋　健	王赛花	吴　怡	杨君巍	尤　兰	张艳芳
郑　清	周　长	周　清	褚　俊	崔　彬	葛其永	胡义东
劳佳蕾	钱旦丹	沙春燕	沈　娟	汤　龙	陶永华	王　铮
徐志华	张艳琼	张　樱	周　勇	王春明	张钰成	周信泉
王　骥	林明宗	贺厚平				

国际商务硕士(2人)

葛培初	张庆东

会计硕士(9人)

陈　兴	范一鸣	管　悦	李亚澜	钱黎娇	孙　晋	王笑蕾
夏萍萍	周菡丹					

金融硕士(10人)

曹　辉	崔　巍	胡怡彤	解梦珣	李　晶	李　玲	李胜楠
吕　泽	渠新新	战丽媛				

税务硕士(3人)

钱益龙	尚明明	吴　振

王健法学院

法律硕士(234人)

张素娟	李因宝	吴玲凤	唐振宇	张冰冰	张达军	朱　霞
丁长成	鲍海燕	赵　蕊	程丽媛	彭敬曼	秦明月	闫胜男
孙　妍	王灵娟	王茜茹	衡永金	张　冉	龚冯健	嵇健锋
蒋文达	林莺秋	刘凤云	王　璟	肖　超	姚　琳	陆倩倩
孙　瑛	吴志鹏	周　弦	刘金帅	周姗姗	吴栋梁	徐超军

吴志平	邓国敏	郭 朦	李雪梅	曾富强	田 涛	邢 俊
叶 菊	张作华	操竹青	胡 萍	车 犇	胡中梅	徐 超
樊悦娜	王义贞	邵艳平	任 超	辛晶晶	李 婉	王 芳
孙 南	王娟娟	张 俊	李奕东	熊 明	谢慧慧	安维东
白 洁	成文卿	崔 燕	高 廷	耿 洋	何雅婷	胡 楠
胡晓虹	黄 菊	贾琦玉	贾云杰	简恩华	蒯志鹏	李金花
李志慧	刘若飞	刘 阳	娄琼琼	马 昕	毛金玲	缪 雪
宁 谦	沈 虹	沈 煜	孙成艺	田孟凡	汪 欣	王 君
王 磊	王 莉	王丽君	卫倩雯	夏 燕	徐海燕	徐 璐
闫筱婷	严龙芳	杨蓓佳	余 地	余梦瑶	袁静赟	张 璨
张 宁	张 嫣	周春晓	周秀人	朱成亮	李国红	纪岱宗
刘 文	秦蓓蕾	沈开付	寿 樱	汤军琪	陶 玉	王 建
王一敏	卫 玮	魏 娴	吴 霞	杨德华	于旭东	郁 阳
陈 蓓	杜治国	季芳洁	姜玉楠	李金然	凌 燕	芦 彪
马 影	钱云峰	任鸿浩	史 徽	汪丽娜	王 璐	王 晔
徐龙根	杨敏明	杨小林	余瑶瑶	张 丹	张鑫燕	黄晓华
蔡沁宸	曹 璐	陈 斌	陈 亮	陈士力	陈娴静	陈志刚
党卫民	方 静	伏 云	高 虹	葛崇勋	顾 阳	郭 浩
郭颖俊	郭志浩	韩 旭	胡云慧	黄秀峰	黄延杰	简连华
蒋 晓	李 军	李小平	李忠廷	凌瑞钊	刘 洁	刘明刚
刘小星	刘 杨	卢 晗	罗惠莉	梅真卿	闵亚莉	孙 鹏
孙 通	孙孝诚	唐庆庆	田 炜	王 莉	吴 丹	肖文明
徐福鑫	许剑峰	杨 帆	叶海华	尤小妹	袁家琳	张 明
张 毅	赵成刚	赵鲁苹	赵 星	赵宇峰	朱成良	朱菊霞
朱 隽	朱文斌	朱志军	陈 冬	陈其生	段玉雯	冯 涛
顾晓峰	郭莉娟	黄心灵	贾培娟	蒋小云	李 瑞	李忠正
缪慕华	潘玉琴	沙 丽	王季锋	武传家	谢春徉	徐 伟
殷 勤	张 奥	赵荻维	赵 松	周长征	朱佳敏	陆蒙超
项章鹏	张学诚	朱 明				

教育学院

教育硕士(61 人)

程 喆	王礼胜	谢莉莉	黄 萍	陈 茜	范 瑾	顾 伟
孙艳丽	骆保华	杨晓艳	陈晓佩	戴 赟	狄晓唯	范 佳
范雅萍	方 忆	李亚琴	刘胜男	刘仙红	陆文燕	沈晓勤
郜宜娟	谈芳英	王 森	夏 萍	徐洁洁	徐 萍	许芳芳
杨柳丝	于学伟	于亚峰	张 静	张李丽	赵 娟	赵 霞
周 珏	周黎黎	周 敏	周 晔	朱 媛	邹 颖	陈丽雅
陈新燕	陈忠平	杜莉婷	顾嘉宜	顾志超	李从海	陆 坤

闵　裕	沈　莘	孙宏兴	唐英华	童丽颖	万丽芸	王丽娟
王　唯	王雪莉	吴月娟	杨春雷	于　巍		

应用心理硕士(14 人)

陈　娟	陈少佳	丁丽君	董方白	顾　艳	刘　欣	罗　敏
万　静	王珺玮	王　雷	王正翔	夏金华	杨笑怡	杨宇虹

艺术学院

艺术硕士(47 人)

蔡振宇	张　春	郁海平	张　桐	盛　诚	徐钰程	陈　刚
程卓行	杜培龙	傅丽云	黄欣文	是人杰	唐天宇	杨　安
杨春宁	陈　菲	崔　晶	葛建余	金红莲	李军科	李乐义
李　思	李晓梅	李　勇	刘红伟	刘　莹	沈大栋	沈　磊
田　源	王银征	王　悦	吴　磊	徐　冉	许　莉	薛　婧
姚丹丹	姚冶平	叶华英	叶颖博	殷　彤	张　超	张羽程
赵恺清	朱晓溪	徐汐朦	侯晓云	刘　晶		

工程硕士(6 人)

王　璐	韦文波	金炜君	金　晏	温怀琴	陆　玮

外国语学院

翻译硕士(38 人)

沈静静	陈　林	段俊垚	高　娜	郭　聃	吉　莉	姜亚飞
李　兰	卢　毅	伦秋菊	苗志竹	浦丽萍	邵予涵	石晓丽
王　慧	王　磊	吴裕梦	翟燕玲	张　璐	张　赟	陈　露
陈　诺	蒋风云	梁丽娜	刘宸含	吕小雪	苗馨尹	秦　超
孙倩茹	孙　玮	田　佳	王　娟	王文君	张文倩	张　哲
郑传银	朱逸雯	单冬丽				

教育硕士(37 人)

陈　淼	刘　燕	张　琴	蔡凤莲	蔡　琳	丁其奎	董娟娟
葛祎敏	侯嘉慧	胡旒越	蒯　琰	李金蓉	李则圻	刘海霞
刘　奕	陆双凤	倪建新	孙国芳	汤美华	汤晴瑜	王艳红
魏国辉	熊玉芬	薛佳玮	杨慧娟	姚　静	岳方师	曾美华
张雨芹	赵荣娟	赵淑娴	郑红娟	周慧芬	周连华	朱　燕
蔡丽新	刘贤飞					

体育学院

体育硕士(117 人)

董　娥	吴　戈	巩庆伟	刘　磊	曹晨曦	何宗红	李　兰
沈建兵	王彩芳	肖　潇	杨月红	章明华	张　瑜	徐燕娅
郜平泉	崔秋月	丁元帅	冯久龙	葛　冲	何　乐	胡　海
胡　娟	胡俊丽	李　乐	李汝秋	李心彬	刘　佳	刘胜美
缪　淼	苏金庆	王　磊	王凌奕	谢　正	薛　萌	尹　红
张培宁	赵飞飞	赵小董	朱　峰	朱广衮	朱欣阳	唐卫芳
程金石	何　飞	蒋　牧	王书文	张玲艳	赵　伟	包利平
鲍碧栩	陈步伟	陈尚宾	陈正强	费翠菊	高　羽	龚　波
韩　雅	洪　霞	胡　静	胡小峰	黄甫平	黄宜雯	黄永康
黄月勤	黎　明	李　玲	李　祥	李小林	刘爱霞	刘　波
刘国春	刘　辉	陆秀梅	戚学家	钱云梅	秦　雪	施晓红
石海涛	石茗茗	宋　震	宋志荣	苏　伟	汤鸿波	汤志超
陶　建	王铭一	吴玉莲	徐　婧	薛　东	杨嘉民	杨茹芳
张　彤	张月恒	章璐璐	周晓仿	朱　妹	朱艳梅	胡　桃
黄嘉富	蒋　伟	戚海兵	韦晓武	武文杰	张双玲	钟杭伟
丁明叶	顾旭锋	钱　琴	吴洁云	杨艳彦	张林娟	陈　晨
黄文佳	沈　杰	沈　洋	印　琳	邹海林		

数学科学学院

教育硕士(44 人)

陈　磊	陈柳贤	蒋妍兮	丁　玲	陈　舟	冯春花	顾燕声
姜竹岭	王文明	王丽华	付建伟	阚丽波	李　佳	李庆春
李小峰	马晴燕	濮　维	钱　静	邱惠珍	施钰君	孙　静
孙龙华	王梅芳	吴建琴	薛　华	于文娟	俞苏萍	张　洁
张　琴	章岐男	赵　琳	周佳秋	朱雯婷	朱志兰	陈　瑜
金　烨	孔秀岩	吕芳平	马萍萍	冉　彦	徐　军	殷　娟
郁洪兴	周　艳					

应用统计硕士(6 人)

卢怀营	孙　星	吴得春	郑明辰	周　真	朱晓春

金融工程研究中心

金融硕士(16 人)

蔡大力	陈翰林	楚质文	崔　法	段伟芝	蒋婷婷	吕嘉品
彭　帆	钱文豪	宋家鑫	叶　星	喻杪雯	张　楠	张　唯
赵凌寒	朱　泳					

物理科学与技术学院　能源学院

教育硕士(36人)

仇玉芳	傅竹伟	顾红洁	郭本刚	李　静	毛敏霞	沈　云
胡可玲	刘　响	秦红梅	史小燕	吴敏亚	吴　茜	肖艳艳
张东华	赵一芳	周影芳	郑洁梅	周凌燕	李　祥	吴梅生
于国宏	陈　钰	丁建方	李亚东	沈　妍	王　剑	居　津
李　静	徐　江	许春梅	严　慧	蒋守霞	李冬裕	王书元
张　颖						

信息光学研究所

工程硕士(5人)

丁晓亮	刘　力	柳丽群	张雪飞	王　伟

材料与化学化工学部

工程硕士(10人)

陈流敏	顾志超	薛　萍	杨兴龙	任科秘	严　兵	郭　诚
施春花	王乐华	王晓英				

教育硕士(31人)

李玉环	鲍　琳	贾红梅	李长声	李　雁	凌　智	陆金华
那新蕾	倪建娥	沈振新	张美明	陈怀丽	顾春燕	玛　威
孙玉凤	吴晓霞	薛勇军	杨传宇	杨小燕	余　欢	张圣杰
张一览	朱晨霞	仇荣亚	何　敏	黄浣波	金亚平	陆晓丹
钱月明	颜　珏	赵　立				

纺织与服装工程学院

工程硕士(20人)

涂　超	包汉符	葛庆兰	黄园英	柯天宇	李贵军	李　慧
李晓辰	戎巧美	沈　芬	石　佶	苏鹤群	孙　丹	孙凤凤
王怀庚	王　玲	周　燕	左华丽	宋　磊	徐晶晶	

计算机科学与技术学院

工程硕士(80人)

叶红霞	任　勇	蔡安成	胡伟华	陆　谊	史治博	张　磊
胡煦杰	解子贵	殷国祥	朱　超	夏　青	胡沁涵	李吉勇
蒙立坤	莫启斌	邵　鹏	汪峥嵘	王喜燕	王喜义	王岩岗
许　涛	张　佳	张雅祺	张亚娟	朱　薇	金宏健	张海平
常宇春	崔忆南	丁超员	丁　杰	范冀成	胡玉鑫	马文杰

孙勇辰	谭碧云	王　浩	王奎松	吴　剑	杨　群	叶周青
张　健	张　魁	左红艳	贝　乾	龚佳宁	陈　伟	嵇绍娟
罗　古	俞　琴	曹　晨	沈若谷	吴　玥	徐　昕	丁　可
杜歆文	何旭瑾	黄丹凤	李　斌	李　嫚	李铭华	刘　岳
毛程贤	平震宇	沈志超	徐升波	闫利霞	杨景佼	杨　林
祝闻华	刘　峥	潘振寰	宋厚栋	唐伟荣	王战勇	夏春琴
杨　杰	朱　磊	朱　锐				

电子信息学院

工程硕士(78 人)

史江云	马晓云	王炯莲	吴方成	黄　敏	王雪坤	陈　勤
陈　祥	丁　斐	董　旭	封士永	耿赛柳	顾健健	衡　杰
林学源	刘　润	彭婷婷	宋春生	王　凯	王　磊	吴小慧
谢　芳	谢雪婷	徐晓明	于　超	张　军	张　晴	张　璿
张雪倩	朱　菁	朱祁凤	冯宁波	何荣华	赖贵珍	吕　爽
钱重阳	秦承峰	王　耀	吴嘉琦	张其笑	张先燃	刘　珩
王　辉	张洁薇	陈逸舟	陈志刚	戴文彬	单　锋	丁晓萍
陆梦来	沈志锋	唐学青	王　艳	肖　欣	谢　芳	徐永建
朱王何	陈　潘	张　逸	赵　庆	鲁　宏	黄自祥	蒋丽娟
雷　磊	刘远兴	钱少伟	王大力	王　菲	王云龙	文　捷
徐　鹏	徐宇亮	许琛雍	叶　倩	殷荣松	赵润生	韩　波
周　文						

机电工程学院　沙钢钢铁学院

工程硕士(33 人)

卢春进	王卫玉	翁芸娴	基　娟	卞亚东	曹　登	陈　翔
丁维亚	林　皓	刘　凡	沈　峰	吴凌云	张　楠	朱玉龙
陈　澄	陈柳燕	崔秀美	吴吉峰	詹正涛	徐克刚	苏万康
裴雨红	秦新生	陈之酉	吉绍山	李东亚	李建华	苗　毅
孙永强	赵宏宇	郑利东	海　涛	张忆先		

医学部基础医学与生物科学学院

农业推广硕士(7 人)

吴东峰	顾秋明	王国清	张　迪	朱晓荣	张冰杰	胥　辉

教育硕士(17 人)

陈小平	笪九海	杜英英	洪启燕	黄忠华	蒋莉莉	盛曹颖
孙群懿	孙　瑜	徐　英	昝峰丽	赵胜昔	顾煜文	毛娟英
金　枝	陆晓梅	薛　颖				

医学部公共卫生学院

公共卫生硕士(64 人)

于进晶	胡志杰	罗 毅	邵 顺	肖 勇	薛 浩	张晓懿
章亦康	周铁华	朱 忻	邹志红	曹艳梅	顾淑君	王 曼
韦晓淋	赵 华	张乐一	陈芳云	陆美华	吴 燕	朱 伟
卞 琛	阚玉英	段 慧	樊先权	方 林	高 明	耿政祥
顾 艳	郭 锋	韩 颖	黄 莹	季顺锋	江 海	李 彬
李 磊	凌 琳	刘 君	陆晓露	茅辉军	孙亚军	滕 波
王剑云	王庆庆	王为民	闻伟虹	徐 斌	徐 茜	杨文红
姚庆完	袁赛阳	张建安	张 宇	张志芳	赵 强	周思远
周香君	朱丹青	朱冬梅	朱苏敏	朱 旭	朱迎春	朱永敏
朱裕飞						

医学部药学院

工程硕士(3 人)

郝亚男	王 亚	杨 税

药学硕士(12 人)

戴 杰	丁晓兰	何光照	胡小娟	马冬阳	冒华健	孙登阳
万智慧	温凤娇	张夏兰	朱旭婷	许尤新		

附属第一医院(医学部第一临床医学院)

临床医学硕士(60 人)

仇胥斌	孙莺心	戴 娟	张 吉	周 敏	程礼敏	黄语嫣
王 琴	辛 雪	李明远	朱 倩	刘 涛	孙 玲	顾丽亚
张学翔	吴元初	马 姣	王 恒	韩俊霞	叶 妮	王 瑶
刘媛媛	李 楠	高 茜	孙 羽	吴春阳	孙 波	孙德峰
刘如钱	夏绍祥	居发新	吴春峤	李 刚	张尚武	孙彦军
陈传新	陈占斌	周庆生	丁大冬	周家合	王天亮	周友鑫
邵 亮	杨少雷	赵众首	陈诗师	周 明	栾珊珊	查燕燕
余玲燕	李道明	顾海迪	张 兰	李玉芳	李永存	姚拾秀
朱辉琴	徐厚高	张寅权	朱晓红			

附属第二医院(医学部第二临床医学院)

临床医学硕士(38 人)

李小华	孟翠玉	吴书清	冒朋飞	张锁建	孔 雨	杨映雪
冯红选	谢江波	邸平伟	王 萍	任孝林	唐 晴	原 强
陈寒冰	周婷婷	颜 洁	王 建	赵伯贤	张林林	沈明敬

周凯龙　董　晶　霍伟伟　范志英　韩　潮　李　雪　王云洁
王　晔　乔　雪　姜梅玲　傅　敏　王优优　魏长娜　支　燕
黄文娟　高宝祥　曹　华

附属第三医院(医学部第三临床医学院)

临床医学硕士(15 人)

盛　未　徐　鹏　沈　婷　王　琦　邹志兰　何兰兰　郑洪雪
王单单　杨　硕　禚欣欣　张　晰　高晓玉　殷　帅　黄　恺
钱　丰

附属第四医院

临床医学硕士(3 人)

赵金玲　高祥彬　陆冰颖

附属儿童医院(医学部儿科临床医学院)

临床医学硕士(14 人)

陆　敏　黄　凤　管丽君　任　静　刘华献　汪　瑛　张明瑛
沈　勤　董兴强　时春明　顾克凤　朱玉霞　印春花　柏丹丹

上海第六人民医院

临床医学硕士(7 人)

李　灿　臧宪华　王　珊　唐晨野　李旭军　吴　华　宁琳琳

上海东方肝胆医院

临床医学硕士(7 人)

胡　鹏　张明明　韩学文　张　健　周　成　张晓康　陈蔡旸

上海肺科医院

临床医学硕士(3 人)

白　蕾　颜　平　陈燕清

中国人民解放军第二炮兵总医院

临床医学硕士(4 人)

唐枫燕　陈媛媛　田茂良　胡　斌

海外教育学院

国际商务硕士(4 人)

RUDYAK MAKSIM
MD FAYSAL BARI

FELIX AKOM NYARKU
PIIA LEINONEN

汉语国际教育硕士(17 人)

LEE GO EUN
YANG SUN YOUNG
BUKHSHIR MUNKH – ALDAR
EVANS ONG YIH JIE
SWANGTRIPOB CHONTICH
MONGKHONSONG SOMKID
BATTUMUR SUNJIDMAA
ERDENEBILEG OYUNSUVD
WONG SHEAU YANN
GOH MIIN SHAN
KANG DONG YUN
MIN MIN
FRIDA ANIS HANDAYANI
YESPANOVA DINARA
YESSENBEKOVA AIGERIM
ERIC REID
MAKI YAMAGUCHI

2013 年毕业的同等学力研究生名单

文学院

中国现当代文学(1 人)

任侃侠

政治与公共管理学院

马克思主义哲学(1 人)

章　宪

行政管理(4 人)

蔡蓉蓉　王　超　吴文蔚　薛　峰

东吴商学院(财经学院)　东吴证券金融学院

金融学(8 人)

邱晓茜　尚　书　陈洁如　洪　滔　孙香萍　孙永一　徐行之
朱音捷

企业管理(10 人)

成　焱　高旻翔　赫海萍　金　艳　李雅瑾　林　青　钱峰益
苏　雷　张晓晖　周道一

会计学(1 人)

郭雯婷

王健法学院

宪法学与行政法学(1 人)

胡利刚

教育学院

应用心理学(3 人)

吴　兰　袁　园　张争鸣

高等教育学(1 人)

程传荣

医学部基础医学与生物科学学院

法医学(1 人)

严　素

病原生物学(1 人)

杨雨曼

免疫学(9 人)

陈义柱　李采霞　陆　定　倪修文　汪　峰　王　丽　夏丽乔
张建平　郑　晓

人体解剖学与组织胚胎学(5 人)

马建芬　梅麟凤　潘　平　潘铁梅　施慧鹏

病理学与病理生理学(12 人)

陈　鹏　陈铜兵　陈小慧　杜　军　蒋　晖　焦　霞　潘如燕
钱妍娟　沈爱国　闻梅娟　谢　军　许希中

医学部药学院

药理学(1 人)

李　翔

药剂学(1人)

黄　倩

药物分析学(1人)

陈　卫

医学部公共卫生学院

卫生毒理学(1人)

王爱清

附属第一医院(医学部第一临床医学院)

妇产科学(9人)

曹玉霜　陈刘红　郭红玲　李书平　李　娅　刘海燕　邱　萍
韦金华　张　霞

麻醉学(4人)

何振洲　蒋金华　倪锦萍　潘建华

精神病与精神卫生学(2人)

苏　伟　仝太山

内科学(31人)

曹　娟　查　白　程　枫　戴晓荣　鄂维琴　高家彦　顾小燕
郭祥君　纪　璘　季　国　蒋莉莎　李海涛　李　蕾　李亚娟
刘　斐　陆国民　吕　红　马　宁　孟祥飞　聂亚彬　史云桃
王　莉　王　姝　闻　寅　吴峰妹　肖宇霞　徐　亚　许　琴
姚云婕　张　悦　张志坚

急诊医学(5人)

程　刚　衡军锋　徐　坡　展小红　张文青

外科学(20人)

杜燕红　何双建　黄　磊　纪　赓　季　湧　金　耀　刘　涛
陆国海　沈小芳　盛　夏　唐　俊　王　晨　王建伟　王　磊
王　翌　吴登峰　徐　刚　杨　晓　杨正杰　张焱辉

眼科学(2人)

赫雪飞　吴　兵

中西医结合临床(1 人)

须海丰

肿瘤学(5 人)

黄　芳　钱一平　吴志伟　袁高峰　朱　莉

神经病学(1 人)

王　靓

康复医学与理疗学(1 人)

王　志

影像医学与核医学(4 人)

陈　颖　辛　奕　殷林亮　朱建国

老年医学(1 人)

赵国平

附属第二医院(医学部第二临床医学院)

神经病学(2 人)

马志伟　施惠敏

麻醉学(2 人)

林　梅　陆艳萍

外科学(5 人)

陆剑锋　徐红星　徐　炜　周小莉　朱浩江

妇产科学(4 人)

宋　晔　唐淮云　田巧先　朱丽莉

耳鼻咽喉科学(1 人)

朱　敬

内科学(4 人)

李文亚　王进华　熊　丹　张敏霞

影像医学与核医学(6 人)

姜丽花　姜　纬　蒋　骁　石春艳　印　峰　张彩元

肿瘤学(1人)
刘　蔚

附属儿童医院(医学部儿科临床医学院)

儿科学(8人)
蔡志勇　刘　芹　明葛东　汤　强　滕　燕　吴海瑛　严向明
朱晓敏

附属第三医院(医学部第三临床医学院)

影像医学与核医学(5人)
孟小华　王晓屹　王　毓　谢　潇　周海霞

肿瘤学(1人)
郑云燕

外科学(3人)
石碧霞　王丽萍　杨　敏

内科学(3人)
杜　迅　周曙俊　朱林凤

附属第四医院

外科学(4人)
甘　霖　王嘉玮　周永平　周　昱

妇产科学(3人)
何　琳　周佼佼　周　晔

上海第六人民医院

老年医学(2人)
杨建芬　张　臻

内科学(10人)
何飞龙　李　吉　梁长秀　刘闻莺　陶春燕　肖　超　张　莉
赵催春　周　军　朱近悦

耳鼻咽喉科学(1人)
丁俊杰

麻醉学(6 人)

管剑峰　汤英华　徐　明　张　宇　朱晓岚　庄　倩

急诊医学(2 人)

孙　建　王艳华

外科学(5 人)

李　琴　彭　威　王　敢　魏　伟　周　强

神经病学(1 人)

王娓娓

影像医学与核医学(4 人)

包宏伟　盛矢薇　宋国平　唐磊华

儿科学(1 人)

刘　芬

临床检验诊断学(1 人)

肖春海

肿瘤学(4 人)

谷　亮　邵雨卉　孙　宜　汤丽娜

2013 年七年制本硕连读硕士毕业生名单

临床医学七年制(63 人)

陈　武　汪　恒　王　璐　石青云　李　强　时璐娜　王　兵
卢　静　裴银霞　赵　皓　吴兴宇　苗建青　曹　程　刘　超
李平伟　魏　静　胡祺英　鲍而文　沙婧婧　任园园　徐建波
孙　彪　朱　卉　陆长春　孙永进　庄　胤　吴　云　袁金金
吴小霞　李　峰　沈　茜　沈成龙　王　熙　吴文佳　张　驰
王晓丽　陈　玲　袁　浩　张明敏　杨　璇　张晓虹　付　尧
唐唯婷　吴　昊　李　飞　钟宗雨　夏玉蕊　周小翠　沈玉成
杨晨晨　戴静怡　吴润达　王　帅　陈国兆　浦玉伟　胡珺婷
焦玉娟　周　明　王　琰　张　池　李　傲　张辰晨　俞立波

2013 年取得双学位的本科毕业生名单

工商管理(双学位)(72 人)

钱　鲲	陈冬雪	谷　晨	郑步青	朱　林	杨　敏	张瑶佳
栾　韬	夏　添	张耀文	陈　达	虞文珏	蹇　莉	吴　亮
包亚运	曹佳华	于亚萍	江吴斌	潘晓晨	黄明达	崔子璐
王晓婷	夷　臻	薛百里	尤树华	张　茜	夏成良	王雨晨
吴明琦	钱　晨	刘金樱	石　菲	孙直锐	韩　杰	陆春燕
董良腾	柳　鑫	王碧云	唐裕娇	王　霓	纪伟泽	杨　宇
孟　颖	李燕婷	殷越聪	王　涛	刘　慧	张　欢	刘　洋
叶子优	董雪薇	朱蓓雯	陆　烨	陈渊婷	张文雯	杨　杨
李杨琳	王一成	黄　婷	蔡培庆	蒋　潇	王　燕	袁徐烨
柳　坚	周丽莎	朱　凯	任华斌	张如冰	吴　静	张　琳
杨佳佳	程晴强					

国际经济与贸易(双学位)(90 人)

鲍春晖	李志豪	徐春曦	仇纯兵	潘晓旺	姜淦泉	高　菲
张骁腾	王　凯	沈亚明	胡　逸	徐燕妮	周海媚	孙艺莲
谢　津	查癸森	雷　涛	崇宏涛	张易初	唐　尉	寿　芸
周殊敏	陆炯蕾	谢黎燕	陆沈娟	陈　希	郭笑雨	庞　君
周　颖	顾明霞	任　欢	严　韬	杨　雨	蔡思彧	刘　进
陈嘉莹	殷　雯	薛含冰	范婷婷	马彦超	王晨洋	朱银晗
丁　蕾	张　晨	蹇雪枫	戴亦菲	王晓宏	宋菁菁	朱　静
吴昊天	韩梦蓓	朱浏慧	诸湘艳	孙　露	曾陈梦	张荣斌
顾艳红	张小玲	程艳怡	谢文君	王　特	施振南	王　超
陈　楠	冯　祥	李　莉	肖蓓蓓	王志娟	孟雯惠	李碧芸
孟　畅	刘　佩	杨莹莹	岳昱星	漆　洁	陆芹芹	姚燕燕
顾　鸣	朱书娴	聂　森	蔡顾瑶	黄永超	陈雨思	王　涛
陈东雁	施文洁	涂　珺	秦　丹	谭诗垚	刘陶然	

新闻学(双学位)(39 人)

陈金秋	郎晓晨	马欣彤	马　可	李凌慧	刘　楚	蒋　淼
林海香	徐　婷	陈怡人	孙雪莲	徐雪明	张肖千	陈　诚
周志鸿	陶苏亚	孙　冉	顾睿南	莫　舒	黄臻君	徐春艳
彭　璨	潘秋云	周　娟	莫勇洁	路　婉	董羚羚	于子皓
汤亚婷	衡颖天	李薛霏	陈玉梅	郑大为	安敏丽	张　飘
王　婉	王　玉	徐瑾涔	徐　亮			

计算机科学与技术(双学位)(21 人)

王　骏　惠　炜　滕晓程　张鹏飞　万玉帝　王念忠　罗黎峰
朱慧敏　朱小奇　李　冬　潘　嫣　徐　啸　陈陪材　丁正华
姚希明　卢竹君　柳亦婷　马春平　王云蛟　赵佳莉　牛福安

教育学(双学位)(10 人)

谢雅俐　李　蕾　侯姣姣　阚梦怡　杨天利　樊芯卉　李馥竹
郝若琳　邹　玮　景钰莹

应用心理学(双学位)(25 人)

张春晓　郑丽丽　吴怡洋　陈梦依　吴敏杰　张纯思　连德君
冯　颖　王汗青　王良桢　施　飘　李　阳　倪晨爽　刘薇薇
程钰炜　惠振亚　潘　洋　王成华　王文彬　吴文婷　谢嘉欣
徐克强　许　宸　尹　琳　周　婷

法学(双学位)(123 人)

张　尧　屠心韵　刘景雨　张汇东　崔鹏飞　陶蔚雯　刘丽娟
宇尼加　朱妍佳　张慧宇　黄瑜璐　吴小敏　陆渊文　朱　庄
张吉鸿　王志豪　朱姝婧　丁　昕　蔡沁芸　李宇博　张小永
王　宇　王　欣　施顺哲　范玉淋　刘　蕾　田珩君　刘　赫
严　璐　顾晞弘　张　烨　周　瑾　刘若晨　钱玮羚　吴清源
徐璟昕　贾楚楚　杨璐璐　孙梦丹　顾　恒　陈竹锜　周烨丹
邹允明　徐　涛　刘丽华　高雨佳　周托阳　王雪洁　李田梅
杨　佳　袁静婷　滕宗奇　束慧能　陶楚歌　曹华珍　周慧文
石　媛　高　雅　张智琼　周　婷　江美辰　陆　卿　吴蕙萱
李芝隆　严俊琴　赵一璇　赵莉莉　陈心仪　钱春阳　张伟杰
唐婷婷　乔文慧　边秋兰　安　自　邹晨婕　蒋元芳　林　琳
黄　娟　蒋舒星　吴颖莹　高益芳　江晗琛　翁　海　吕　欢
尉　玲　姜雯雯　沈晓琼　吴　阳　莫夕成　李叶斌　李嘉文
谭海燕　嵇成璨　丁凯琳　徐汉欣　戴媛媛　苗彦冬　徐　杨
狄艺之　杨玥婷　谈丽丽　陈争尧　张星星　万　卉　钱　骎
徐月霞　邱骏如　钱　静　杨大伟　严姜梅　蒋馥蔚　陈丹丹
金　衢　吕正雅　殷小雯　宦中明　郑　星　刘　颖　黄慧玲
夏　宇　石轶枫　王　颖　殷鹏飞

生物科学(双学位)(3 人)

顾婷婷　朱　莹　王　榛

行政管理(双学位)(64人)

王　兴	高　俊	施　驰	陈　宁	钱毓蓓	朱添宁	王宇轩
杨　浩	聂　敏	杨彦琳	李家慧	缪鑫磊	范　磊	曹　斌
赵浩羽	高　丹	蔡　慧	陈　旸	聂梦瑶	柳梦琳	黄　榕
俞晓芳	潘怿媛	许振鹏	吴亚萍	周婷婷	程小敏	陈　哲
陈慧敏	田　杰	任婧媛	李巧彬	陆　珀	陈昌琴	戴　敏
顾京昀	蒋　骎	张梦迪	叶知智	封妍婷	张　琛	孙晓辰
许　琳	朱　红	濮亚光	许诗佩	郭书含	申远军	吴梦琦
张佳音	潘佳珺	仇珍珍	杨　希	王　鑫	吴　赟	符嘉慧
沈子逸	陈欣怡	高成海	陈　璐	张振婷	周婷婷	陆斯愉
沈　锐						

2013年本科毕业外国留学生名单

临床医学(2013年1月)(111人)

NARASA REDDY CHAITANYA KUMAR REDDY
ANANTA SUNIL REDDY
DEVARAPALLI SIVAREDDY
ADIREDDY GOPALA KRISHNA
KALAKANTI ANUSHA
GALI BHANU PRAKASH
FENNY KURNIAWAN
SILVIA DEWI KURNIATI
STEPHANIE SACHARISSA KHOSUMA
CLARISSA DWIPUSPA WIJAYA
JUWITA FATRIN
PETRICE VIENETHA
ROSALINDA TOYLOY
LIU SHARON SANRU
KHAN ROZINA ASHRAF
PRODDATOORU SHILPA
SHAIKH FARHA AZIZ AHMED
RAMENA DIVYA
SWATI
AISHA MAHMOOD
SOMASUNDARAM RAJENDRAN LEKHYA
ANJUMUNNISA
AYESHA IFTEQAR
KOTA ASHOK

KILARI NAVEEN
LALAM NARESH
HADA KIRTI
EDA SWETHA
SHRADHA SHRUTI
VISHWESH VINAYAK DESHPANDE
THAKUR JAIDEEP SINGH
PANDEY JAIN ANKIT
BHATNAGAR VAIBHAV
CHEJETY RAKESH REDDY
KONETE ANIL KUMAR
GADU SAI LAKSHMI PRASANNA
MOHAMMAD NADEEM AHMED
MOHAMMED MUSAIB YASSER
SUNIL KUMAR ERRA
MOHAMMED ASRAR RAQEEB
GUPTA NIKITA
GOYAL SHALVI
CHOUDHRY JITENDRA
SANGHANI KALPESHKUMAR GULABBHAI
CHOUDHARY MOHAN LAL
SADARANG AKSHYA KUMAR
PALIWAL SWAPNIL
RAJ PRANAVSINH JAYSINH
RAVAL HITESH DEVSHIBHAI
CHHETA CHIRAG BAVCHANDBHAI
NAVADIYA NIKUNJKUMAR KARAMSHIBHAI
SISODIYA JAIDEEP SINGH
GOTI NITIN BABUBHAI
SOLANKI BALKRUSHNA CHANDRAKANTBHAI
GAVINOLLA NAVITHA
PARANDITYA ADINDA KUSUMAWARDHANI
KLARA DEWITA STANZIA
LYDIA TANGMAR
MARIA THERESIA FENNY KRISTIANTI
MELISA HENDRA SOEPRIATNA
SYLVIA SUMITRO
DEVYANA ENGGAR TASLIM
ANTHONY DARWINTO

JENHAN PUTRA
MARSHALL SEBASTIAN SULAEMAN
MICHAEL CHUANVIN
MICHAEL ROLIMPANDOEI
RAYMOND SANTOSO
ADVAIT ARUN PATIL
MOHAMMAD SADIQ HUSSAIN
SAURABH SATISH NAGPURKAR
HITESH MANJIBHAI VIRADIYA
MUKESH KALUBHAI DOBARIYA
VARUN PAREEK
SYED MOHAMMED TOUSIF
POGAKU GOPI KRISHNA
ALLU RAJESH
GARLAPATI VENKATESH
CHATTIPALLI HANOK KUMAR
VEDALATHA KAKANI
KOTANA TARAKESWARI
GUNTUBOYINA ARVIND ANAND
VANGA VINAY KUMAR
MORISETTY DEEPTI
RONDLA SAHITHI
NANNAPANENI KRANTHI KUMAR
MATHEW DENNIS ANTEECHAN
TATIREDDY VIJAYALAKSHMI
SEEMA CHOUDHARY
NIAMATULLAH
YELLAMPALLY SRAVANTHI
VANAM TARAKA PRADEEP KUMAR
KORRA RONO RAMESH
KILARU ROHIT
PENEMATSA VINAY
ABHIMANYU SHARMA
KALWARALA HANUMANTHAKAR DAMAYANTHI
LELLA RAJESH CHOWDARY
SALIM BADSHAH
QURAT-UL-AIN MUREED
KHAN HIDAYAT ULLAH
SHAIK MUNWARBASHA

TALARI HANA PRIYANKA
HENNA FARID
GUL IRAM
KORIPELLY SRUTHI
OM GHASIL
MUNGARA YESOPH
MAHESH SIKHWAL
MANOJ NAGAR
KALLA KASI VISWESWARA SWAMY

金融学(2013 年 6 月)(11 人)

SOMMEGER SOMPHOU
PHAYPASONG THAVONE
INPONE CHIENGSAVANG
PHUANGSY XONMIXAY
SOULIYA MASISONSAY
KHONESAVANH KEOPHANEYA
KHAMSAVANH NAPHAVONG
PINPHET YANGNOUVONG
LAKKOUNA PHAYSITH
SAITA PHOMMACHAN
TAKENAKA MIDORI

汉语言文学(2013 年 6 月)(33 人)

PARK CHO LONG
PARK SEUL JI
JI SUNG GEUN
BANG HYE JIN
KIM EUN JI
KIM VITNA
KIM SANG SU
KIM JI SOO
LEE EUN SU
YU MIN JI
YOO YEON HEE
PARK KYONG JI
PARK AH REUM
KWON MI RI
SHIN JI EUN

SHIN JI WON
SHIM EUN SUB
MOON SU RYEON
OH JUN MYUNG
JO YOON HO
KIM HWAN SOK
LEE JOO HAN
MAKISHI TAKAAKI
TOMOHAR NOHARA
OSHIRO TAKUYA
HEO JUNHYEOK
YU JUNSANG
KIM GAEUN
THANONGSAK THEPPHAVONG
LEE YANG CHING XOUANG
SAYPANYA DOUANGSOPAR
赵鹏
DUANGSAVATH NOLINTHA

临床医学(2013 年 6 月)(29 人)

ATIQ SHAHI QURESHI
KOMMINENI SUHRUT
VAJINEPALLI SWATHI
NADIMPALLI HARI KIRAN VARMA
MEKALA DEEPTHI
KOTA SUSHMITA
GUBBA ABHINAV
KANDI RAJESH
PINNEBOYANA INDIRA
GEHLOT YASHVI
MADNAWAT SUVARTA ASHU
SYEDA NAYARJAHA
NANDINI DEEPTI
GARIMELLA MOUNIKA SAI
VIKKURTHI SRIDHAR
SYED ABDUL FARAZ
REMAAN YOUNIS MOHIUDDIN
MOHAMMED SHABAZ FAHEEM
MUHAMMAD ADEEL KHAN

GAIKWAD CHAITANYA BHARAT
AHIR DILIP LAKHABHAI
SHER MURAD ALI
KHAN NIAZ MUHAMMAD
SAIF-UR-REHMAN
KHAN ADNAN
AHMED SHAKEEL
MUHAMMAD TAHIR IQBAL
MUHAMMAD JAMSHAID
KONETE GANESH PRADEEP

2013 年本科毕业生名单

文学院

对外汉语(52 人)

陈玉蛟	卢世友	余甜甜	肖蓓蓓	王晓宏	沈波珺	赵　颖
王若玉	曹华珍	蒲　星	杨静雅	刘怡沛	赵　譞	陈　晨
李晓岚	殷　利	张燕妮	徐　雪	杨远君	高　丹	江　茜
郭　方	钱明利	江子莹	高芊芊	刘　娇	邹余婷	王云洲
刘　恬	卢　璐	姜晨雾	顾佳舒	李　慧	黄冰洁	秦海滢
孙　欣	陈　旸	孙　砾	赵　迟	刘玉洁	吕燕秋	何佶颖
冯晓航	张甜甜	冯　靓	张思琪	史露萍	方伟秦	李雅婷
曹译文	支　慧	陈莉薇				

汉语言文学(48 人)

杨　璐	肖继洪	江　柳	戴洪虎	平　萍	赵冯羚	胡单芳
江艺萌	相吉颖	杨莹莹	黄星语	钱露丹	任天立	王　丽
范爱萍	范利莎	束慧能	王兴东	单丽君	强含玉	林　玲
黄佩佩	冯　璇	罗　杰	陈霜霜	万　婷	周晓丹	周　宁
朱媛君	蒋鹏宇	肖　月	王　珏	武晋辉	胡鹏飞	周可人
何　雯	杭　佳	褚　静	韩冰清	李　龙	祁雯雯	周慧文
黄馨钰	高思楠	储　飞	曹译心	王　妍	陈晓曼	

汉语言文学(基地)(30 人)

张振婷	安广庆	秦　文	吴　燕	秦　笑	张　丹	张　茹
聂　鑫	陶楚歌	柳　鑫	刘懿婧	刘　湘	任伊凡	林　云
钱　佳	蔡　慧	刘舒宁	魏招娣	张逍霄	宁　宇	蔡伟瀚
邵宇艳	郑　晔	朱芯瑶	杨　蕾	范　舟	陆　冰	胡倩倩

郑卫晓	曹婷婷					

汉语言文学(师范)(59人)

陆琳玉	钱晔斐	拾　成	吴雨婷	于子雯	滕宗奇	侍雅君
庞亚萍	徐炳言	吴炀妮	张乐飞	周　兰	葛　培	赵青青
朱丽君	袁　洋	吴　瑛	董良腾	于春梅	赵浴阳	陈　瑜
叶昕鑫	吴金丹	颜巍巍	任　春	谢　楠	汪　婧	蒋慧萌
周慧萍	郑丽莎	魏芸芸	袁　静	李殊华	卞驰遥	陆春燕
曹瑜娟	王青青	陆星星	阚小玲	沈　静	臧丽霞	汤丹磊
王纬纬	柯琳琳	张雪蒙	夏　冬	徐天宇	茆水生	刘　静
施亚芹	张　霞	陈志云	季玉敏	吴　伟	韩　杰	许　洁
许诗佩	何　敏	陈雨思				

凤凰传媒学院

广播电视新闻学(23人)

谢　雯	陈　宁	李然然	孙艺莲	戈　一	牛思婷	李蓓蕾
丁亚萍	姜冬雪	陈　成	张爱文	张冬梅	张　凯	庄　宪
张凡凡	董　露	沙　伟	吴梦煦	陈德月	姚连春	叶　丹
张晓霞	徐　上					

广告学(33人)

韩　进	左玉磊	赵华娟	王　梅	李　静	谭砚池	王雨晴
陈　达	朱艳艳	蒋斌彬	王　芳	吴筠帆	向　丹	孙叶吟
黄秀秀	张耀文	吴　娟	梅郁盛	钟天翼	王　丹	王　锦
杨　东	何苏丹	胡玉雯	陈李静	徐柔金	闻亦柳	刘　琪
刘　海	刘　鑫	江林艳	钱文君	郭银杏		

新闻学(86人)

薛渤阳	向　菁	俞　欢	朱海波	吴辛夷	袁金泊	苏小凤
钱　程	谭诗垚	白　鸥	王　慧	刘振远	石慧琴	李婷婷
骆瑞姣	沈晶晶	钱毓蓓	陆　冲	王云云	陈　潇	王　羚
范晓杰	刘银银	张丽媛	田诗渝	金亚婷	张逸筠	束会会
虞文珏	李辰茜	柳亦婷	马名扬	柏绮珊	戴文君	张慧宇
王鑫余	颜　欢	朱妍佳	周小丹	缪培培	丁　惠	施　驰
冯金同	王梦溪	顾　卉	张叶芳	李碧芸	单筱婧	柯静华
丁　锐	张小雪	郭健男	郑雅昕	陈新新	吴婉君	谢海玲
季　嘉	谢佩佩	王　佩	王　雨	许　杰	沈雪莹	倪栋威
牛春人	马静怡	蔡银银	聂　勋	康文洋	吴聪爱	王　青
宇尼加	葛　琳	陈锦珠	陈　妮	郭　劲	季雯雯	徐　晨

祖 忱	吴晨辰	潘丹丹	何 艺	刘安安	郎华南	陈肖一
陈淑贞	魏雯燕					

社会学院

档案学(28 人)

刘 伟	俞致远	周 玲	朱云娟	钟 越	刘雨娇	卢怡新
林海香	金 翠	马新星	吉晓禾	严旭飞	谢紫荷	李尹凤
耿铚涓	杨璐璐	舒庆子	孙梦丹	刘 虹	王 振	周 悦
徐 聪	殷凯迪	周树江	刘 迁	王 洋	谈 伟	陆炯蕾

劳动与社会保障(61 人)

林天泽	王 哲	毛昀珂	王昕庐	陆 凯	庄颖琦	周芷伊
邓 亮	顾燕萍	温 荣	沈瑨宸	杨 静	徐家欢	吴 韬
杨 帆	王 立	彭 蕾	谢黎燕	韩 雪	陈竹筠	殷 骥
周烨丹	卞晨玲	宦志欣	陈怡人	王志娟	张 静	李 可
张 玮	宋彩萍	夏仕立	蒋馥蔚	朱书娴	濮亚光	宋大成
郁 薇	陈 莉	戈 遥	顾 恒	毛莘蘋	董 莉	王 颖
王良桢	钱 骎	张立剑	朱建设	陈 洁	李 超	李润千
周 苑	陆亦张	范晓春	黄 晶	杜瑾秋	蔡 淇	黄婕妤
任 琴	徐 婷	朱丽思	顾悦雯	许志卓		

历史学(师范)(28 人)

熊 玮	薛 莲	陆芹芹	刘晓晓	孙雨琴	周 颖	陶溢星
瞿慧慧	徐梦冉	孙 悦	徐晓文	董荣鑫	黄留琴	吴有安
张 平	李 伟	顾露露	宋力诗	李欣栩	曹莹莹	焦 锐
何 敏	束 丹	胡洁琼	李培培	吴 怡	蒋丽君	毛诗怡

旅游管理(37 人)

吴春燕	卞 禹	王梦炜	徐 涛	张 倩	崔文悦	殷天木
强大双	应南茜	朱夏菁	杨春兰	陈琳萍	马小玲	陈 希
伏梦琴	孙 易	蒋孔阳	李 蕾	顾德洋	徐顺伦	孙雪莲
张艳红	许斯斯	韦 玮	胡少杰	何明蔚	范婷婷	侯姣姣
邱宇君	朱 静	沈炳杰	张梅旋	呼文革	陆沈娟	张怀远
蒋燕萍	邹允明					

社会工作(58 人)

肖润聪	曹智玲	王 珍	顾 媛	石 峰	周 颖	石 菲
吴志峰	庞 君	王佳彬	顾佳彬	王琳琳	梅 颖	吴怡洋
陈妍芙	周芸婧	吴庆云	钱悠雅	王冬冬	李 玲	单必文

何　慧	杨　弢	丁色烈	刘　琦	张　莹	任　欢	徐　维
吴梦华	严　韬	郭笑雨	杨志琴	王　宇	袁　旸	朱　桦
陆萧泽	周丽华	何诗雨	朱哲西	卜　旻	王巍伟	毛佳丽
沈彦辰	顾明霞	金逸舟	唐振江	刘　娟	朱凌燕	张伊婷
朱佳汝	浦春霞	戈　芸	朱友亮	杨　雨	汪亚楠	朱怡卿
孙直锐	伏莎莎					

社会学(1人)

范孖刚

图书馆学(33人)

刘丽华	杨　婧	尹　莹	陆红燕	许佳玲	蔡雨琪	王　程
张　越	沈　妍	刘　娜	徐秋燕	唐艳梅	张　趁	陈丽蓉
贾丹丹	刘景玲	花文兰	范　忠	曹昌昌	梅　洪	王　鑫
李　腾	王　艳	唐云娟	翁　燕	周　萍	谢　薇	王晓蓉
李晶晶	徐雪明	张肖千	宗楚童	吴超明		

信息资源管理(37人)

宋　驰	潘蓓蓓	王宇磊	刘志伟	邢梦婷	顾慧庭	赵　燕
吉顺权	沈莲萍	夏　冰	张　超	王　斌	马春平	张建波
卫　潇	黄传超	杨　晨	刘　佩	杨春平	丁　瑾	王　婧
顾明娜	谷婷婷	王晓燕	刘智敏	王　晨	许　露	张　丹
杨　琳	曹　军	赵文成	陈佳惠	王云蛟	夏航宇	丁正祥
杨加良	夏　鹏					

政治与公共管理学院

城市管理(56人)

顾　凡	嵇成璨	范小康	孙　玺	吴月蓉	张成绪	束慧敏
张　琦	周凌峰	索安娜	朱昀昊	李　兴	吴素光	吴方振
周　明	张　骢	刘　雯	衡颖天	戴　政	汪　源	沈　杰
袁　桢	叶丹红	陈旻哲	江冰子	陆佳佳	徐海琴	李海萍
黄博升	徐月霞	支　铖	蔡洁琼	赵若辰	巴晓姮	傅艳雯
王　芸	袁　刚	周佳莹	王文君	顾　一	沈盛曦	蒋　健
李　江	房　鹭	钱　学	俞雅静	顾世清	陆　慧	万　卉
莫夕成	范玉佩	赵　欣	张　昊	徐至寒	徐逸卿	杨　雪

公共事业管理(22人)

陆　丹	朱晓飞	马　茹	陈林刚	夏旭宏	卜蕙蕙	刘　见
沈浥馨	罗　娜	曹亚楠	王章玺	吕　蒙	袁帅帅	陈　芮

高方泽	武钟怡	李　群	苏丽娜	张　喆	陆晓静	杨谨菲
唐　越						

管理科学(26人)

王丽琴	王　婉	王　特	杨　甜	张　娜	奚华彧	虞春华
钱　蓉	苏月圆	李　悦	顾碧君	赖巧玲	蒋　颖	徐汉晔
刘灏洪	王　闯	刘　畅	孙瑾荞	吴　炜	汤　悦	陈慧昼
梅蓉蓉	陈　蕾	杨思晗	袁海燕	黄梦丹		

人力资源管理(42人)

李　爽	陈　默	冯　烨	唐锦华	江　艳	邵玉花	鲁晓珍
黄小玲	奚　静	金潇潇	王　强	沈　玲	贺　静	姜雯雯
祝　杰	莫勇洁	王钰瑶	苏　晔	徐成冬	齐森森	郑　旭
寿丽红	郭航宁	陈　慧	卢梦芝	游奥洋	左丽华	李丹艺
葛　鹏	陈虹竹	谢　怡	杨宁宁	蒋　旭	苏　洋	季　飞
吴　洋	戴顺杰	祁竹莉	张敏超	王　敏	梁　伟	王继蘭

思想政治教育(28人)

陶淇琪	李杨琳	崔佳丽	董羚羚	路　婉	杨　倩	王一成
曹晓惠	杨　菁	卓宇擎	朱伊雯	王薛霜	缪雨琳	沈一方
吴丹华	徐　琪	田嫚嫚	吴继男	林　坤	平燕红	肖梅娟
李雨晴	黄　健	卓叹叹	沈　漪	徐　逸	吴常歌	张嫣雯

物流管理(81名)

沈佳骏	徐　鹏	杨文斌	朱　丹	史冬雷	何　沁	邱　洲
史忠兵	王剑鸣	周天宇	朱秋蓉	王　昆	卫轶然	顾海莲
王丹丹	吴　骏	施文洁	姚　帅	杜胜男	余云飞	潘燕红
崔宗祥	陈东雁	张　倩	朱国闪	黄　璐	茆　媛	吴敏杰
徐衍亮	陈　聪	蒋　露	方文雯	吕春平	吉少虎	吴丹丹
蔡　豪	李荣财	王婷婷	冯　娴	卢梦雅	何沈烨	吴　阳
陆超飞	沈晓琼	陈庆省	蒋姚芝	施振南	李　雪	仲文怡
张　骏	鲍蓓雯	秦祯琪	钱　玲	王春磊	陈映伊	赵　薇
史懿娉	王二昌	沈雁飞	林天祎	徐　杨	刘　颖	缪　盼
左　维	陈思笳	吕正雅	戈萍红	陈　凯	王路洋	李庆嘉
彭广轩	岳昱星	李　柯	朱文佳	郁　诚	丁梦琳	董飞龙
陈　玲	沈晟端	陈　燕	葛　伟			

行政管理(38人)

谈苏华	乔明志	程　蕾	杨乐萱	王　超	王蓝蓝	姜晓雯

张　燕　汪思邑　章琪婷　谢碧云　于子皓　陈　楠　冯　祥
朱晓红　黄　婷　吴　涛　江　洲　黄志强　汤亚婷　蒋核芳
周　莉　潘晓溪　张习习　张　慧　姚　静　胥春伟　仇淑菲
张雪梅　曹月红　崔　洋　唐陆新　莫滢菲　汤　婧　苏　婵
闫　硕　金雪花　王艳红

东吴商学院(财经学院)　东吴证券金融学院

财务管理(42 人)

徐　玮　汤　淼　吴兴瑶　王　兰　何　漪　蔡舒静　丁　昕
张灵妤　杨　微　滕连玉　杨雯莉　钱　铖　伍学静　张雯霏
卢森焱　沈倩云　史仁杰　缪志恺　褚　楚　吴　楠　薛冰洁
刘碧楠　金　婷　王清露　吴佳霖　周　宇　赵鸿燕　蔡　菲
姚　婷　高　悦　王晓洋　李晶熹　刘国钰　白　倩　张　怡
凌　佳　蔡瑶雯　朱姝婧　刘丹玉　赵文强　吴　恙　孙世超

财政学(税务)(38 人)

王　众　王　进　刘宝鹏　高凯丽　张思琪　李婷婷　李　丹
嵇　斌　王欣然　王　宇　蔡沁芸　贾怡欣　王　婷　高雅倩
陆佳伟　宗　燕　张　星　吴　瑶　俞赟渊　朱丽橼　刘　典
庄爱飞　李金阳　李宇博　宋慧敏　赵　婷　王海蓉　张樱芝
夷　馨　潘一君　洪晓婷　季许玲　朱静漪　伏　晓　赵　俊
曹丁予　沈佩璇　朱梦依

电子商务(46 人)

吴海鹏　张　龙　许　谍　谢泊磊　郭士杰　李　健　贾凤炜
陈争尧　胥茜娅　陈泽峰　陈　腾　钱　婧　谢霞萍　吴泽中
孙兴东　罗黎峰　赵华杰　姚成杰　张　杰　汪　震　孔　薇
马婷婷　郭　靖　唐　尉　房　伟　王　健　徐瑾涔　恽明亮
史雯倩　王　玉　王成华　郭　培　钟　婷　沙丽霞　蔡　谦
施　飘　张易初　邓　飞　佟　飞　陈松涛　田益君　陈雯青
肖　聪　张亚龙　姜留燕　刘凯凯

工商管理(37 人)

董　明　周非非　叶丽娜　宋中文　周晓柳　施松伯　钱　蕾
徐　达　许　磊　查东阳　戴媛媛　杨建军　胡咏月　寿　芸
邵舟婷　艾雯雯　单　成　丁晶晶　胡　涛　潘恒吉　张　威
陈　璇　刘　威　刘亚云　解林杉　崔海飞　张小永　姜莹莹
王　宇　张亚楠　胡亚楠　周殊敏　邓宇超　杨　毅　林江杰
王　欣　林颖欣

国际经济与贸易(63 人)

张　博	王　鹏	朱　进	潘天慈	时文续	李明皓	陈曼昕
盛荞安	林诗蓉	卢　鑫	刘　川	夏　扬	林莉莉	徐明月
黄士国	夏亚华	樊罂华	田林燕	沈依沁	孟　凯	马　俊
顾学成	朱凌波	吴妍廷	施顺哲	袁肖肖	顾　霖	秦雪莹
刘梦桦	李鸿凯	王丽萍	史　磊	李　谦	缪胜男	刘佳丽
李梦雪	于　雪	范玉淋	何水凝	高志广	蔡思成	孙晓晴
蔡航茜	叶　莹	孔彬彬	秦慧莉	李　进	高　原	郑　薇
沈　婷	马晓春	孟佳曦	张智超	鲍凯莉	钱路文	钱　梅
贺筱倩	刘　蕾	陆晓康	洪　杨	申惠云	阙周翔	连绍媛

会计学(82 人)

刘　尧	杜骋远	田珩君	郭臻科	王　欣	葛姝延	陈云洁
赵　洁	陈海洋	高　超	朱莉花	顾晶雪	孙骏可	张冬雪
孙季萌	陶　渊	王文君	费意舒	王一帆	朱　杰	柳雪琴
丁旭锐	叶玉莲	钱　雯	代　超	吴　猛	王　青	宋高诗
吴光源	刘妤萌	宋伟江	章珺文	王文治	张奕晨	朱筱蕊
郑春燕	高　佳	赵楚楚	陈奕静	严　璐	龚月姮	张　霞
裴雨晴	王贵苏	葛舟娜	史敏丽	董宇婷	华唯未	朱书漾
金张一	谢文倩	陈　燕	奚　媛	任凌云	张　君	徐冬梅
刘　赫	杨玉立	翟若莼	缪晓芸	王　瑜	丁志平	芮雪儿
王　笑	吕佳旎	吴天赞	周　颖	徐嘉旎	周治辰	王晓梦
王苑茹	吴　童	孙园园	汪琳璐	蔡汶怡	王　燕	朱春成
姚　瑶	金　娇	曹兴波	王　薇	吴文艳		

会计学(国际会计)(46 人)

樊昱庚	赵萌蒙	许琰彬	黄　磊	钱亦陈	陈雪赟	尹　铷
薛冰莹	邵文凯	韦茜儿	罗　娜	费青来	周琳娜	张静娴
卓　然	黄　奕	周梦琪	成晓婧	杨梦丹	周芝琦	汤　烨
杨彦斐	葛雅妮	毕宇洪	吴志诚	项　晨	徐　驰	沈曦舟
孙昊彦	宋克强	唐　云	庄　严	顾丽君	顾颀绮	张惟逸
周　婷	李芳漪	庄　然	桂烟菁	张逸彬	王吉雅	庄　翔
母天舒	范晓康	俞昕超	徐　爽			

金融学(93 人)

张晨阳	庞琛超	张　鼎	应亚芳	李竹林	丁　干	曹爱娟
杨传英	单叶涛	张　烨	陈竹晶	闻雅蓉	管　明	赵晨仪
顾　莉	赵君洋	张　磊	申艳茹	薛润宇	康竞雄	岳嫣慧
周　超	娄欣祎	谢　炎	张悦文	杨卓轩	李家慧	顾晞弘

匡雯雯	侯丹丹	向　健	程丽茹	吴　霞	蒋莹莹	陈佩雯
黄　蓉	王　悦	蒋云舟	周宝勇	陈思孺	钮轶琪	刘晴晴
周　润	牛　强	张进桥	钱玉婷	王梦婕	朱重阳	王胜男
顾怿欢	顾晓君	王蕙兰	吴　娜	许剑晓	周春芳	施　渊
吴雄剑	李昊玥	邹晓天	杨彦琳	姜黄亚夫	邱楚云	刘　智
团诗豪	钱　骏	华哲威	钱　超	张　钧	王思成	杨　晴
吴恺迪	王夕婧	沈　忻	张金凤	沈　培	荆薪澄	佘俊曦
陈祎玮	王其乐	朱雅宁	尉苏文	仲思越	王海林	刘　纯
胡　敏	蔡　飞	王凌风	任　杰	吴澄波	马佳敏	柏　杨
陆心渊	徐祖荣					

经济学(26 人)

袁　江	袁龙文	周佳卉	黄　舒	钱松松	屈忆君	顾　欣
柳　丹	陈伊薪	梅　苑	丁预立	张灵梅	昝　强	贾　婕
于　微	马　端	徐　幸	顾惠民	田　野	李　超	王焕章
魏旭东	李倩倩	张斯文	吴泳强	邢洪刚		

市场营销(76 人)

陈　琳	曹　斌	张传英	朱楠楠	黄海明	张志超	成　鑫
何孟儒	丁　晗	田雨蒙	平　苹	朱田甜	张纯思	朱军辉
孟　仙	展艳静	沈皓辰	涂　珺	徐璟昕	周　莹	程　相
冯　泽	钱　娴	黄正阳	陆　野	缪鑫磊	高倪娇	周　芳
肖博文	江之浩	查　浩	沈君浩	孙朝建	管鹏飞	李亮杰
陈　橙	范　磊	李泽涛	吴清源	范廷月	李　娜	王　杰
钱梅尧	张　晶	徐　金	唐文娟	蒋逸凡	潘徐静	戴　珧
孙冬嘉	王艳敏	金栩雯	陈　佳	顾明辰	胡凌洋子	邵薛梦
朱伊叶	左舒晗	毛蒙蒙	汤　荣	王琦尧	黄　洋	王新美
贾继龙	刘梦萦	钱玮羚	赵明闪	乔　晨	单泽晨	周　瑾
刘亚清	李宜轩	刘若晨	李　勇	钱丽佳	贾楚楚	

王健法学院

法学(183 人)

吴晓杰	姚贝立	向　彬	孙永媛	简耀贤	滕春恒	徐　韬
吕　扬	戚小乐	钱佩予	黄　璐	黄启蒙	朱美玲	万　骏
谢馨仪	王　婷	陆新栋	冯彦彦	胡　平	姚懿珈	沈春卉
彭冬梅	顾逸晨	张　宁	倪　想	陈　京	朱珉莹	张　鲜
吴　双	姚　君	王荐行	刘　昕	王飞飞	吴宏力	华诗影
陈　诚	常　浩	李　云	李静静	李英姿	张君陶	陈立芹
朱　垚	夏　蕾	吕　敏	李　阳	蒋凯朝	周天刚	丁天立

曾　挺　杨　潇　王　晨　胡婉茜　钱静雯　夏和洋　王晓雯
胡建宇　陈　凯　姜苏文　周善群　杨　妍　朱思豫　李霏飞
温　竹　顾　晨　陆晓琳　冯　捷　周　茜　周恺华　徐　想
朱亚斌　黄静宇　张　岩　陈晓婷　顾　豪　周慕慕　连国强
朱湘宁　李嘉怡　孔德钰　曹晓舟　杨雪晗　卢　怡　张盼盼
何　洁　薛容其　朱怡童　张　玙　傅新玲　丁　冬　袁　煜
施海群　季美岑　陈志磊　乐庆庆　唐　寅　王仁振　张贺棋
德西曲宗　赵志刚　鞠永传　牟馨竹　聂　森　周赛亚　周潇潇
沈秀梅　刘骁一　沙　莎　王莉波　沈　楠　杨怡雪　李建林
陈　丽　张　莹　范其宏　杨永胜　张何双　倪春晖　陈潇翔
杨少辉　叶加杰　王　潇　徐　辉　王　凯　陈连杰　李锦阳
陈　文　曹　莹　董　岚　徐子远　程隽怡　孙梦婵　王　琼
陈　甜　赵　璐　农大将　孙　燃　姚慧丽　沈雨竹　白　璟
姚虹伶　李露露　王思琦　沈　琳　刘　佳　吾翼彪　高　峰
顾　程　芮　钢　吴从亚　骞　钰　杨　亮　陈　婷　张晓芳
刘　莉　蔡　凤　周孟黎　陆　昊　喻　鸣　张于杰圣　姚　妮
陈　婷　顾　瑜　程　琳　钟慧成　德庆白珍　连建彬　高颖佳
潘　凡　张乐扬　孙卫霞　张　欣　陈宝红　潘书禾　李晓琳
周小凡　黄云斌　曹　玉　卫心园　王天琪　沈桢珍　赵君伟
徐晓静

法学（法学教改）（2 人）

冯德淦　胡哲铭

外国语学院

朝鲜语（24 人）

王梦姣　张雨曦　张　玲　刘莉莉　邱雁群　王妍妍　薛慧莲
黄庆余　张　玉　殷杉杉　戴玉康　曹春烽　李　阳　岳晓霞
王康乐　张　颖　沈文娟　孙赞赞　杨亚仙　胡　蓉　方博雯
高宇庠　施健勇　姜昊珂

德语（29 人）

郭　颖　万晓斌　陈嘉莹　王志强　赵金华　谭雯倩　高雨佳
潘　枫　夏思雨　冒佳韵　黄骥陶　刘陶然　张　辉　秦　丹
钟雨婷　陈　燕　蒋丽英　陆　青　刘　进　谭海燕　蔡思彧
吴　丛　周托阳　刘　奕　谢　煜　刘婧姣　李　莉　朱春蕾
金　衢

俄语(俄英双语)(31人)

陈卓丹	张　悦	薛正旦	张亚丹	成　琳	唐　莹	梅　芮
朱雨倩	居　熹	孙婷婷	江　舒	戚雅璐	袁　琳	王伊子
龚阿楠	殷　雯	黄金科	庄晶晶	孙美玲	王苗苗	杨　帆
曹　静	卢　青	杜　谜	戈　凌	周　颖	刘　琳	崔小红
刘　慧	苏兴亚	李燕飞				

法语(法英双语)(36人)

胡文萱	狄晨雪	汤鲁园	李　莹	张芝琳	赵瑜姗	徐依华
姜培丽	范婷婷	陈　文	丁遥瑶	江　琳	丁　薇	吕丹丹
周　嫚	鲍春晖	顾辰辰	倪　浩	孔萌霞	芦娅娜	胡　舒
马彦超	邵旭颖	徐伟莉	单玉婷	曹　志	高翔宇	舒　晔
魏晨晓	王诗澜	薛含冰	朱嘉玮	郭文蔚	赵浩羽	刘顺亚
范玲玲						

日语(41人)

唐慧丽	丁　蕾	翟鹏志	蒋亚男	李爱洋	徐　艳	岳慧囡
宗　聪	唐晶晶	朱倩文	李雪君	马　芳	管　骏	沈路遥
范洁玉	缪蓓蓓	王雪洁	田小娇	姜演华	薛佳慧	朱银晗
肖　雅	陈静萍	盛　露	李　苗	张姝雅	季晨阳	龚本琴
孙志敏	卓　玮	陈疏影	吴晓萍	高华齐	高云辉	黄　鹏
高清宇	王晨洋	王井展	时奕萍	沙晶晶	郝　捷	

英语(55人)

吴梦蝶	魏　然	李维群	陈　婷	刘　萍	蹇雪枫	施玲玲
陆金霞	吴小婷	黄思远	李嘉文	王雪婷	韩丹丹	李舒敏
陈秋萍	乐志敏	蒋　沁	马　莉	刘　娜	黄亚运	黄响珍
谢银萍	闫肖肖	曹玲玲	吴　凡	朱洁婷	王秋实	杨如桑
张晴娴	顾菲儿	花晨凯	郁苏慧	范凯强	杨伟媛	沈丹莉
唐霄霄	马　成	彭伟竹	张　倩	韩彤彤	赵　倩	顾丽丽
卞姗姗	丁佩佩	陈益舟	邱冬营	郑凯琪	顾亚婷	陈吉蕾
缪冬梅	张　晨	陆佳琴	王　莹	李田梅	江　新	

英语(翻译)(26人)

于亚男	许斐然	马楚楚	刘　婷	韩　宣	娄　魏	夏娈禛
孙怡婷	诸彩奕	董　翔	尹海华	黄　婧	苏红霞	王雎婷
沈晓婷	赵　婕	周　茜	沈　英	刘梦迪	杨　佳	程辰辰
魏佳俐	王　虹	龚　洁	王小君	朱梦蝶		

英语(师范)(60 人)

王维婷	涂英杰	韩　晶	陈智慧	周丽丽	林　婷	金　璐
姚　彬	陈一琪	张　敏	沈　琴	徐婷婷	叶　青	戴亦菲
何　静	谈丽丽	张　琴	程颖洁	黄淑扬	陶亚云	魏青青
罗梦雯	石　兰	顾　瑶	蒋　明	吴怡丹	杨启凡	袁静婷
徐　羚	缪美莲	芮燕清	蔡梦丹	吴海琴	殷云丽	王嘉茹
崔蓉蓉	陈　晨	刘梦姣	吴梦琦	张　淳	唐　芹	戴丽娟
郭秋蓉	吴宏银	张亚军	皇甫树青	张小云	祝彤琦	陈玲怡
徐乔杨	张　欣	李亚玲	夏惠敏	王　凤	葛天彦	沈　忱
沈一芬	李媛媛	邵雪琪	邵臻丽			

教育学院

教育技术学(师范)(24 人)

尤浏杰	卢鹏俊	李启海	张鹏飞	黄中君	周中洲	宋　虎
周　敏	居　蕾	刘　刚	姜　磊	李　平	潘　亮	张　茜
苗宣衍	史　珊	万玉帝	叶　靖	查癸森	陈　秀	姚雨洁
鞠　敏	王　宇	张　弘				

教育技术学(数字媒体技术)(26 人)

王　泽	朱　敏	朱鹏翔	过倩雯	陈晓筠	阚梦怡	谢海波
顾　丹	丁梦诗	黄　霞	殷　翔	刘　蕾	潘雨顺	李凌慧
徐雯波	邵宇杰	宋　瑶	徐平平	朱彩云	夏成良	花崇蕊
胥　骁	刘　楚	卞明科	葛正一	戴名露		

教育学(师范)(24 人)

缪　奇	汤荷花	胡　月	孙民海	王盼盼	冯　颖	蒋　森
苗燕青	张小芹	郑　菱	顾文浩	邹长根	蒋　云	孙　婷
孙　颖	杨夫荣	刘伟洁	方雅婷	朱　庄	赵　璐	殷　楠
陈欣怡	聂　敏	洪　莉				

应用心理学(40 人)

姜善才	张克彬	夏鑫涛	沙小晃	徐　悦	王雨晨	谢福阳
潘海媛	王念忠	陆文娟	周燕君	岳胜男	孟　迪	张吉鸿
朱宜超	史秀兰	徐　浩	徐　晶	吴明琦	陈婧媛	蔡顾瑶
郁舒媛	李　洋	王苏湘	李　晶	张丹露	施　芳	李　宁
马晓菲	张春玲	孟月云	钱　晨	杨佳佳	吕　政	陈心韵
王志豪	杜雨婷	蒋　凌	邓婉婷	仇海旭		

艺术学院

美术学(美术教育)(31人)

樊明懿　何　蕾　廖　瑞　苏婷竹　蒋　鹏　程筱婕　蔡玉倩
王　薇　刘亚丽　徐文英　茅　矛　周孝贤　李艳艳　田晓庆
卞福君　王　怡　宫　正　傅　然　何妍羚　张婷婷　梁淑娴
黄晶晶　邓梦菲　朱　鹤　杨　婉　张竞研　渠敬海　周露露
李剑霜　林海洪　黄雪媛

艺术设计(136人)

王建强　李文海　苏　萍　童雯灵　姜振龙　李赫嘉　姜春阳
谷腾飞　梁　钰　宋晓强　张唯婧　韩　玲　刘　沛　郭倩倩
邓　捷　历斯宇　张佳杨　李洋洋　胡幔玲　陈亚萍　吴梦迪
郝乃强　林春宇　周　倩　谢　韫　钟　盈　乔　振　陈　婷
于　盈　孙明秀　曲　萍　王　静　包亚俊　蒋依兰　张亚杰
毕墨代　李　靖　田金国　龙建秀　和　琪　朱立娜　张　荔
卿　心　任　超　罗静远　周冰洁　贾　帅　李巧彬　王炎骧
魏　然　侯云霄　毛洁如　汪　璐　陆晓梅　陈　乐　李　秋
温兆阳　刘水莲　刘　定　李梦园　杨伯羡　孙舒丹　岳益杰
周楠楠　汤子昕　董峻瑞　彭无双　侯杰泰　曹兵胜　李　鑫
孙宏旭　辛　星　周　杰　刘　露　王润泽　朱　蕾　郑奕骏
刘佳卉　杜同帅　刘　怡　潘思思　孙可晶　曹春霞　赵云华
刘　强　许慧娟　张叶群　王　斐　张　铮　张　莹　汪碧竹
周　沁　吴　微　胡小燕　缪斯颖　刘家依　赖　兴　李海莎
项　鑫　高　攀　王　珊　姚　远　吉咸军　张润姣　王金龙
陈书琴　唐　穗　石华兵　魏泰炜　陈丽君　王皎倩　白伟勇
奚梦钰　冯　元　侯梦迪　李　纤　闫议丹　屈　猛　裴　洁
吴　忧　王　静　詹子雯　霍腾飞　伍承欢　王智源　李慧敏
赵　叙　任婧媛　孙陈亚　范仙羡　刘书婷　李　游　郑佳慧
王佳佳　奚梦琪　万潇雨

艺术设计(时装表演与服装设计)(23人)

徐怡君　韩丽伟　赵　倩　李馥竹　周玉冰清　陈洋洁　邹　玮
王露平　程钰炜　易智婕　林育儒　任克雷　常　骁　管笑漪
顾恩全　陆　珀　李志凯　祁　燕　赵秀秀　季怡霖　李　珂
李　凯　郑天琪

艺术设计(数码媒体艺术设计)(25人)

贾　磊　滕　瑞　吴　凌　周婷婷　李　硕　袁姣姣　丁　恒

张　聪	陈可可	张羽飞	朱媛媛	周凌云	李　婷	张国胜
李　莹	曹　宇	孟军立	张远远	万岩松	徐春龙	陈文俊
张国锴	吴　凡	纪慧雯	何珊珊			

艺术设计学(12 人)

孙　马	沈　菲	李琦君	陈林群	胡沁心	边鑫磊	张永璐
赵　静	孙怡雯	张　昕	虞　淼	曹伟鸿		

音乐学院

音乐学(音乐教育)(38 人)

周　帅	关涵月	齐雪婷	方　雪	蒋群欢	陆潇潇	姜天虹
张欢欢	关　宇	牛　硕	陈梦珂	张　驰	李　一	王一媛
任平平	周　纬	何晓蕾	沈小琦	单诗淼	徐　兵	王　芳
程雨菡	刘　策	赵　纯	唐晓岚	郑　星	徐雅勤	李沁栩
尹　诗	辛　甜	戴　榕	付东来	陈迪颖	李昕栩	刘懿萱
谢嘉欣	贾扬娣	陈春子				

体育学院

民族传统体育(29 人)

吴孝孝	黄月月	赵　晶	彭　颖	刘　蕊	李雨晴	王雪梅
马婷婷	吴念思	张玉茜	郭新新	杨　祥	王晋东	李真真
刘　枢	葛小宝	盛化飞	晋　亮	张彬彬	钱亚明	龙有凯
闫胜强	暴鹏辉	林海通	任　猛	谢全涛	闫焕宝	娄斌斌
于吉琪						

体育教育(70 人)

汪金奎	陈小鹏	龚　刚	张越凡	宋梦依	刘菲菲	邵婷婷
嵇　洁	杨洁琼	贾　茗	张　颖	仇珍珍	张荣莉	王　倩
杨　敏	陈　佳	胡春梅	刘苏贤	刘晓曼	朱碧波	谢衫衫
吕　凯	裴　晨	徐建文	杜　浩	韩　冰	刘　强	朱亚飞
高永凯	张　恒	王　鑫	张进风	吴琦园	张　明	赵亚瑞
金小康	魏爱军	徐云林	朱姜胜	张　信	蔡芝宇	朱家骏
徐志翔	李　超	杨大伟	钱　斌	曹　斌	凌　晨	陈　朴
李　翔	周　凡	张　凯	沈　晨	朱　骏	蒋可为	孙　伟
郑红飞	许　超	牛福安	袁堂乐	陈　杰	徐　超	王一飞
居雁冰	朱　海	蔡玉伟	王震君	李满媛	承珠凤	李　山

运动人体科学(1 人)

杨　斌

运动人体科学(运动休闲与健康)(17人)

孙银峰　朱文娟　谭蒙蒙　朱霏霏　陶　蓉　周　雯　孙祥帅
王立新　陈　军　张　杰　侯成龙　徐　辉　徐　亮　朱晓刚
王国强　卜少康　黄永超

运动训练(76人)

董　超　陈　志　金　亮　史一枝　曹郁英　施丹晖　李佳佳
万俊阳子　魏　来　汪　洁　吴春燕　叶丽焱　吴佳芳　胡文姣
吴未来　管新蕾　陈　玲　吕湘瑜　胡晓桃　顾　莉　谢晓曼
毕基翠　刘维佳　乔富杰　刘　斌　孙　超　朱凌霄　黄　亮
吴进华　孙萌浩　韩　坤　陆湖仪　王　轩　胡　哲　瞿程晓
王圣钧　王彬彬　任　恺　陆晓鸥　赵天一　顾晓伟　杨彦威
周　远　许　诚　张成海　吴镇华　张　俊　曹　翔　顾孝峰
蒋英志雄　尚亚波　党国豪　谢吴正阳　叶　明　岳凯文　赵　夫
王　位　吴　凯　张　强　严　杰　沈　浩　王浩哲　许栗源
王瀚晨　王　刚　薛亚杰　杨文骥　刁宏博　郭锴程　臧健文
季　笠　季佳春　周天荣　庄　健　周振国　吴鹏根

数学科学学院

数学与应用数学(基地)(31人)

朱　健　田明月　钱　鸿　汪　蓉　陈阳洋　吴若菲　姜　颖
单秋果　王梦婷　臧运涛　刘宇驰　张飞骅　高　闯　邓博仁
秦　婉　余　彬　苏骏忻　王　锐　于　涛　陈　娜　华文娜
刘　远　陈　凉　方飞虎　徐　晖　彭　勃　洪楠坤　唐瑜穗
滕兆普　王苏豫　喻鸿远

数学与应用数学(师范)(77人)

论彩蓉　樊　凡　韦永民　曹　菁　邹　曲　包　懿　张天宇
杨　璐　张燕华　汝骏仁　刘兴晨　陆　松　程旭东　顾梦娜
江卫军　刘　璐　尹志成　姚兰心　朱秋霞　蔡媛媛　袁晨祥
葛善成　卢琇枫　许丽萍　徐敏霞　李　浩　张贤俊　魏　鹏
章　静　吴　静　李　冬　陆艳婷　黄贻鹊　郭　洁　卫赛健
陈玲玲　高慕蓉　谭星辉　蔡海波　尤　超　吴　飞　顾晓峰
赵鹏飞　岳　静　肖　亚　赵　鑫　陆佳晨　宋雯烁　张　成
张永晴　周　亮　季世庆　张佳棋　陈　娜　虞　峰　张　超
黄李伟　张　虹　冯冬冬　李小婷　缪鹏飞　张晨雨　吴鑫桃
张海静　陈陆兵　于方舟　柳　悦　范　勇　蒋　栋　李仲昆
马子健　王　鑫　陈　强　李　由　葛　勇　沈　欢　陈星星

统计学(40 人)

赵雅丰	曾茜茜	张　颖	谢翠颖	李亭亭	黎德恩	孙　成
李旭威	任　杰	张冬冬	卢朝榜	魏垚磊	刘建中	陈婷婷
曾友佳	黄　银	陈　程	杨　越	史长安	鲍金婵	孔娟娟
汤文祥	曹茂伟	徐燎原	曹　涔	刘　双	赵书洋	唐思思
王兴同	李　强	邢　飞	贾俊洁	查　超	杨　松	尹梦田
程万里	谷　亚	倪瑞江	潘　慧	于陈敏		

信息与计算科学(42 人)

阮同亮	邹正军	周健峰	邱成西	朱发元	乔思源	蒋晗斌
朱小奇	王　迅	姚云飞	吴颜宇	汪　蓉	郑　兵	李博一
汤桂鑫	朱慧敏	余小艺	胡娇艳	黄文斌	李　娜	王　慧
孟浩雨	荆文军	王　振	申凯鹏	苏海文	董自明	董治方
蒋志强	施文彬	宣文明	邢攸有	李　越	刘超毅	何东华
张　涛	庞未未	俞建阳	钱君礼	顾伟能	周富春	徐　飞

物理科学与技术学院　能源学院

测控技术与仪器(31 人)

吴　亮	周汉明	包　悦	杨剑雄	曹旭鹏	周羊华	林　楠
钱亚南	贾玉凤	闫　亮	吴　淼	杨　刚	周立晟	董棋元
丁一飞	吴兴涛	汪　建	游　欢	谢跃民	柳　坚	顾　伟
常静雅	陈冬冬	魏泉水	曹应文	诸德云	高　瞻	姜　峰
史聪文	张　宾	张　朵				

电子信息科学与技术(32 人)

沈　雷	张　煜	曹益锋	常培培	谢　雄	刘德志	吴　琼
张　宇	金　菲	苏卫东	刘　洋	吴金艳	郭小祥	吴　涛
蔡晟潍	刘　晨	潘明明	卢秋建	俞航天	卫雯雯	冯　甫
叶丹丹	戎　晨	娄　霞	王泽一	张金权	罗　超	郑　成
彭鸿浩	叶晓亚	孙　焕	顾辉辉			

光信息科学与技术(42 人)

赵　钦	杨　欢	丁　杰	李　巽	程保康	葛庆沛	严　凯
张　骏	陈　晨	夏　金	钱沁宇	冯繁荣	颜　鸣	王震亚
曹　晨	徐　杨	韩守保	王玉林	张　颐	沈程隆	徐晓滨
吴　奔	徐中枢	盛美荣	徐　林	许汝济	范琼琼	陈玲华
冯晓强	马笑笑	陈久恺	刘　青	徐　卫	王玉明	陈亚红
梁春豪	周　锋	董　元	张　力	王统鑫	王奇娟	廖梦奇

建筑环境与设备工程(32人)

胡　浩	顾渊杰	张　献	芦天鑫	李　平	张　峰	练正阳
陈　辉	杨加悦	孟晓帆	杜铖铖	梁逸敏	杨苏文	王姗姗
吕　楠	任小龙	吴　冬	徐惠子	顾启承	陆　彬	徐有文
王迎亚	过中杰	王　超	苏金阳	莫立亭	何　鹏	周昱捷
刘烈虎	袁春勇	胡霜霜	周井涛			

热能与动力工程(33人)

蒋　超	孔垂飞	陈　伟	董晓阳	袁伟伟	王　宇	姜　川
刘　江	杜鸿飞	张舒毅	阮　辉	江　杨	孙兆雷	何　杰
范雪飞	董驷维	李　锋	杨　健	代少东	徐　杰	顾　烨
林　鹏	王伟杰	昝勤楠	刘玉婷	孙　立	杨历历	吴书静
张　鹏	纪明生	王　昊	蔡琦琳	刘梦军		

物理学(35人)

吴　舒	秦　槫	严　明	任　毅	傅　超	陈科汛	孙科伟
徐云飞	张笑阳	汤　皓	王　涛	沈兆强	王　鹏	李耀声
许瑞鹏	包仲敏	卓冯骏	孙　威	张嘉敏	蒋　洁	李　硕
严跃冬	范里彬	朱忠德	朱　霞	王　波	徐飞翔	吴　润
马细雨	刘　琼	余成龙	陆裕华	杨　阳	宋　伟	刘峻豪

物理学(师范)(41人)

殷　龙	杨东瑾	顾季南	侍智伟	潘　越	戚意昌	赵　强
刘　晗	徐　旦	徐小泉	张亚庆	朱张琳	管小雯	刘焱奇
沈俊杰	包　彬	姜军军	何　文	沈锡晨	龚孙阳	刘仕晨
王玉生	宋双霞	华　奕	王　涛	邢小丽	丁淑伟	陈　洋
於文静	高明伟	黄　强	王　磊	伏洋洋	包昊民	陆春燕
唐亚琪	何一松	孙　慧	张齐佳	程雪梅	王婷婷	

材料与化学化工学部

材料化学(30人)

管明玉	郦智超	季佳敏	蒋凌慧	吴魏燕	赵建伟	王晓慧
吴汝玲	李　亮	佘步勤	李加鹏	黄金松	孙晓玲	栾佩佩
汤　珊	王　建	李梦吟	陆梦娜	夏文才	陈凯严	徐暮潮
方　辉	韩　阳	袁　晨	赵倩倩	姜　盛	刘炜航	冷　冰
李梦溪	胡中林					

材料科学与工程(42人)

朱宗洋	张江荣	阚文杰	宋建国	孙修晓	顾笑华	蔡培庆

杨　璇	支录进	王　萌	李婷婷	王　婷	王亚文	王　宏
朱甜甜	金　炜	李　杰	曾　晶	陈志强	祁淑云	陈燕华
张乙飞	丁金伟	陈　桐	卞　余	吴国强	相恒阳	曹　丹
张　威	韩　剑	张　康	李志豪	李　晗	李亚军	董鑫怡
沈　忱	周　晶	田　赟	季亚骏	余彦霏	朱丹华	刘学繁

高分子材料与工程(49 人)

张玉亭	徐文婷	殷协胜	张　宁	毛倩芸	王译庆	田益明
尹文斌	付高辉	孙　斌	李　杨	韦　良	王　懿	赵　越
王　洁	丛扣阳	徐春曦	徐天驰	王玉峰	高凌锋	钱　凯
马小军	缪克松	潘　飞	刘　媛	李丹京	倪　波	刘　栋
封　坤	顾　星	赵　琳	胡立磊	陈　倩	张秀亮	冯　洋
顾　炜	杨　标	姜雪情	陈凯凯	陈　岩	周乾豪	缪承赟
李承扬	曹小波	赵洪涛	张　杰	卢　敏	朱　晖	许宏林

化学(88 人)

蒋永刚	丁　菲	邱骏如	仇纯兵	郑睿智	李国星	韩洪睿
冯立峰	张卓磊	周　乾	周明珠	陈　赟	顾　新	刘晶晶
马龙飞	王　骏	王旭春	王千宇	房聪维	樊　豪	厉芙伶
祁正航	蒋　娟	姜淦泉	夏　迪	龚维杰	陈冬雪	邵　亚
金　轲	张　也	陈　阳	赵　鑫	马淑桢	薛风驰	王　凯
马召栋	潘静静	张先玉	陆双龙	任国伟	陆梦超	李俊达
杨　磊	常佳露	张亚飞	邵立峰	郭思宇	崔志钢	汤维新
王之林	李　可	吴　三	洪宗汉	吉艳凤	晏雪生	章　祥
王丽佳	朱湘湘	吴　阳	郑　洋	许　健	方　毅	钱　颖
拜慧雯	丁春来	孟　华	王　卉	芮维俊	杨晓冰	沈佳玲
索向强	徐大伟	周明星	谢　洋	王成城	张心月	周鹏骏
刘　通	谢　非	刘佳骏	王　爽	曹　宇	顾正洋	赵　伟
徐　凯	侯天媛	周志恒	李　婷			

化学(师范)(36 人)

谢　凡	李俊驰	高　妍	丁丽君	陆剑宏	夏阳洋	陆　研
汤文洁	高　俊	杜海菁	刘　伟	马一玫	郁海楠	何俊豪
汪剑锋	沈　沛	赵慕阳	华建勇	陈丹丹	沈鹏飞	王　梅
张　涛	顾　云	钱　鲲	熊秋霞	强诗怡	冯同雨	陆加林
袁　圆	茅文彬	钱丹云	张　超	薛树伟	沈亚利	徐　慧
高凌峰						

化学工程与工艺(35 人)

吴钰锋	张召虎	尚修娟	郝忆岗	周文浩	徐选文	曹栋玲
刘晓放	赵　银	朱　凡	张双双	樊宝兵	朱爱娣	秦　炯
胥明亮	胡英元	徐萍萍	章　瀚	季猩猩	蔡红云	杨　光
邹婷婷	李　阳	陈　利	裴　浩	李　镇	钱　骏	傅　裕
曾泽华	王　月	杨韦康	钱琴琴	项宗涛	叶金金	夏雨健

环境工程(19 人)

王忠强	霍智丽	沈　清	潘　旭	陈　慎	何　成	马宏飞
仲俊杰	朱洪森	徐　晨	陈　凯	陈维维	夏宇翔	陈加伟
王慧丽	苏巧波	蔡正杰	杨舒茗	李亚洲		

无机非金属材料工程(33 人)

翟　宇	陈　亭	郭伟平	陈　鑫	袁国涛	姚士跃	王　麒
戴洪涛	马荣华	梅　皓	谢海军	胡应春	付其昌	糜宏伟
吴郁慧	胡　钦	李振飞	刘　双	孙　诚	刘怀龙	徐一薇
李　达	李　靖	顾诗羽	张亚东	赵　路	夏余平	孙武阳
陈　磊	赵庆成	朱俊飞	吕　梁	刘真林		

应用化学(30 人)

李金山	高　飞	尤俊龙	赵艳霞	刘　瑶	王　焕	张金宇
张春玉	王天龙	李欣云	夏正华	杨　阳	张唐旭	孙　彪
李存飞	胥文文	刘焕振	王旭东	潘晓旺	胡啸宇	蒋旭艳
游　彬	杜　欢	许颖鑫	袁　凯	魏先强	王小文	王婷婷
杨　冰	姚　远					

纺织与服装工程学院

纺织工程(70 人)

郝明明	周平元	徐　娟	汪建文	杨山浩	黄　成	方　虹
王　云	周　玉	郑步青	田玉婷	刘玉强	袁鸿昌	赵　云
辛集婷	赵光辰	葛　韬	吴雪云	祖中南	曾茜湲	杜尔昭
杨　康	张千一	吴亚静	金叶海	李腾飞	刘鹏翔	范玲玉
武兴旺	史少华	马明超	齐　琦	丁书鹏	何津晶	孙义飞
杨　柳	王　浩	戴　杰	梁小娟	武玲玲	陈思宇	余旭怀
王思捷	李晨君	汤菊香	严亚伟	王　晨	魏　斌	王　鹏
李运南	张　盼	柏　扬	王　斌	赵楚楚	汤满意	许亦虹
白小飞	马　飞	周　宇	俞海洋	蒋鹏敏	贡　毅	孙　峰
陈　婧	严　敏	李　薇	葛　群	陈　阳	洪　玫	朱晓波

非织造材料与工程(45 人)

张　恒　黄天罡　李鹏程　熊　枭　韩大伟　周文斌　王晨欢
朱义如　潘莎莎　黄　帅　肖　毅　罗　丹　吴倩瑶　葛建忠
孙婉莹　李开欣　殷　英　徐　建　蒋龙明　吕　佳　何　彬
钱　言　苏雪寒　左玉婷　卢　进　盛　卫　张　阳　黄兆年
朱　林　盛　榕　朱文杰　万宇辉　郭　坤　华洋旸　陈　晨
马翔飞　曹新言　王　鑫　崔宇航　李薛霏　李　璐　王伟华
张晓杰　高　永　蒋俊才

服装设计与工程(39 人)

许　成　胡　逸　杨　芳　陈少秋　阚甲伟　杨婷婷　周亚萍
徐燕妮　季宇琦　李海澎　叶　纯　贾莉蓉　何　艳　颜英超
洪　岩　郭盼盼　郑雯君　沈　颖　马佳怡　金梦希　高　倩
周海媚　刘丽娟　高　露　杨　敏　顾天君　范家花　冯　洋
贾绍龙　杨　晔　郑嫩勤　陶蔚雯　张　浩　朱　晴　殷　骞
陆丹华　徐雅敏　李海霞　庞　漫

轻化工程(61 人)

汤　康　周建鑫　经　成　赵国玮　马　可　孟昱亮　漆　洁
蔡　刚　马　静　陈光亮　杨冬玲　张春晓　黄建益　王卓然
苏伟伟　张鸿志　孟　畅　付瀚辉　陈　阳　张佳平　蒲卓岩
于鹏美　封士杰　朱　宏　董永生　袁　明　张小龙　程璐
夏　添　栾　韬　殷　川　白巧丽　卢　景　吴晗浩　张文超
赵英豪　王　成　董　青　张瑶佳　马欣彤　符小蕾　董海峰
李景彤　郭兆葆　韩庆安　朱晓荣　孙志宇　朱　飞　叶周华
于　洋　范宏圆　叶思淼　毕耜贤　李　阳　楼杭波　张梦甜
吴名端　王宝玉　尤玉龙　华贤达　吴宇杰

计算机科学与技术学院

计算机科学与技术(74 人)

张贵铜　谷访华　高　磊　钱义盼　王晓婷　王蕴哲　王建祥
潘　鑫　吴　扬　秦利斌　朱珊珊　谢志凯　张　弛　周泽平
包兴星　章浩泽　唐　进　许江朗　邱金明　王　涛　王　彪
顾润华　张婷璟　朱　珠　章吉成　崔　磊　丁重阳　胡亚杰
郭宏兵　徐全发　何　健　陈晓悦　陈　敏　印　翔　袁　杰
王　蒙　张台美　程东阳　黄明达　鞠　瑶　韩成涛　孙国豪
徐霞婷　刘宏扬　罗　升　吴敏敏　崔子璐　胡闪兵　李　超
巢佳媛　刘伟佳　徐卿君　吴　亮　周　健　吕小春　郑大为
柯　建　邵文武　韩　军　袁徐烨　唐　松　杨亚林　卞　胜

何邦桂　王　斌　缪　喆　林　凯　季红洁　徐万发　郝俊禹
王金文　姜文思　徐晓祥　卢文羊

软件工程(43人)

方立阳　梅剑伟　陈二卫　姚　波　姜　涛　高善恒　张　健
陈建根　徐鹏飞　许　丹　徐海东　陈雅琦　董淑飞　刘建强
吴春晖　申重阳　袁　震　刘少维　金　浩　王　虹　汤中新
王　彬　李　贺　吴小敏　韩林祥　黄　勇　王宇轩　朱添宁
张玉俊　叶雨枫　曹京奇　杨　阳　谢飞翔　滕佳月　蔡　恺
李冬冬　偏　恒　沈　青　叶　晨　张领涛　成　曦　张　磊
李　晨

软件工程(嵌入式软件人才培养)(122人)

李　顺　郑亮亮　李心昊　顾　伟　蒋金涛　朱建峰　尹升华
朱必成　张　健　张　帆　郑博雅　王　磊　赵　杰　凌　盈
顾宇诚　沈磊磊　冯　杰　何俊浩　尤树华　薛侠森　徐刘刘
谢　津　陈永军　刘家鹤　沈伟乾　张志浩　刘　慧　宁佳旻
张　可　何澄溢　杨　浩　吴成宏　陆渊文　夷　臻　贺黎潇
强　俊　陈　洋　吕亮亮　阎春阳　顾玉磊　王海炎　鞠年红
沈忆思　宋成竹　蒋　力　杨　帆　刘　磊　徐爱国　邱子阳
朱鹏杰　陶威亚　程　宽　黄　彬　任华斌　钱玉骄　黄仕杰
顾彬彬　徐方雯　王　琪　潘　喻　蔡淋雨　夏之光　周忱恺
刘之畅　徐晓琪　曹　峥　陈殿飞　李冬晴　黄山东　陆殷健
李　斌　陈梅娟　谢舟牧　顾　溢　姚成凯　范宁宁　马　超
梅　杰　许　强　周谊成　庞晓丹　申超楠　陈俊海　张　琴
陈爱文　朱景宇　张　杰　朱建宇　陈勇进　唐晴瑞　李　坤
张翰如　郭　靖　冯　峰　陈　霏　施婉珩　周　洲　刘　帅
崔晓龙　滕亚楠　高　洁　刘　菲　许　淼　蔡建平　邱泽华
薛百里　施陈凌　耿超亚　顾双麒　顾肖一　顾志峰　季　彬
朱　峰　张　栋　成忠荟　陈吉心　江腾飞　焦烽阳　朱伯君
尤建浩　朱文骏　马溢骏

网络工程(33人)

孙昊原　包　艳　孔庆张　吴春锦　王举光　祝成豪　汤彩红
秦天欢　宋晓旭　徐伟杰　施　伟　杨迅茜　马　良　翟欢欢
徐加敏　张　虎　李尊荣　孙　闯　元金丹　顾新星　王漠之
任欣祥　周铭强　蒋　伟　沈　可　刘　威　孙科峰　朱建祥
周　康　邱　晨　薛　亮　卜佳佳　陈亚东

信息管理与信息系统(42 人)

周　震　黄　鑫　张君海　邱　鑫　程　喆　邱志猛　汤　伟
孙靓亚　屠杰杰　王志鹏　陈　琳　夏　岩　朱　涛　居　越
赵于勤　董　溢　张　斌　史光华　王雅岑　戴裕超　赵立群
马倩影　陆　洋　曾　蕊　夏　宇　王璐静　张国威　陈　露
高　伟　张　畴　孙冬琴　孟婷芹　朱　杰　周靖朝　赵　珮
高江云　桑爱梓　蒋　俊　秦　强　陶　烨　范　园　周　坤

电子信息学院

电子科学与技术(18 人)

周江伟　曹　源　石　飞　张　彦　周　伟　杜　渊　金　岩
李　陶　薛树勋　方　青　李青青　王曙光　游学成　潘　耀
朱　峰　崔阳阳　瞿步晗　盛　旺

电子信息工程(29 人)

凌肖肖　张　伟　章晓君　田百成　胡晓玲　何维刚　陈思伟
俞　汎　李晓峰　张　贺　徐　瑶　王　越　姜文杰　谭丹毅
吴　峥　李　阳　黄肖泳　魏文亮　杨　阳　于　蕾　刘建功
许　岳　孔　亮　孙小双　张程远　陆敏玉　夏　衍　徐　浩
奚　澄

通信工程(61 人)

周文凯　徐立斌　叶　伟　姚封华　周　飞　张　辉　蔡自清
蒋　轶　高　慧　黄燕飞　曹兆源　张雪瑾　李跃东　朱　莉
刘雅楠　周　诚　殷理文　朱江山　李　杰　黄惠珠　沈亚明
尹松平　朱成功　胡　琪　胡淑浩　张　彬　夏冬笋　郭远岭
杨　州　姚　烨　余　磊　夏业超　陈　鹏　刘　琦　沈　忱
袁来生　叶亚运　俞　扬　王亚萍　刘　燕　张缇绗　陈玲玲
王　洋　王星月　殷　永　徐子强　孙海军　徐　扬　黎吉明
戴慧玲　崔　沄　季正杨　王珊珊　王　凯　徐传俊　栗新伟
禚保超　刘苏钢　徐学明　王　逊　范慧婷

微电子学(60 人)

严龙俊　郑尧亮　汪　健　薛　航　蒋兴雷　陈小丽　郭美兴
张　翀　陈宏博　赵　楠　张玮祎　刘大河　汪海洋　盛君莉
卢晶晶　王畑夕　于　泊　王鹏飞　吴佳杰　陈可人　季苑渊
陈德朋　倪潇飞　屠卫洁　樊　波　刘　壮　贺方文　韩茜茜
潘志娟　卢月娟　潘柏宇　周成成　徐溶妍　彭　力　储徐春
钱　波　钱文欢　朱　旻　刘　洋　张俊凯　张阳君　闵　婧

徐加社	张建翔	李　雷	尹桂珠	苑克乾	黄怀贵	郑大路
袁德军	刘　江	陆　琛	邵亚瀛	宋双宝	宋佳佳	李梦阳
王予珂	叶培利	周　磊	陈　译			

信息工程(67人)

季祥祥	陈　权	许彩伟	王余林	江黎健	迪力夏提·艾山	
热依拉·麦合木提		巩云龙	王　军	李亮亮	何　伟	张朔璨
吕金海	宋　鑫	王　彪	黄一成	黄晓君	朱俊峰	曹飞寒
张　林	朱佳浩	胡　鹏	俞静波	单顺彬	唐晨晨	范雄伟
王　洁	杨瀚洲	朱凌飞	魏继尧	杨镇荣	徐继柳	程　曦
严　怡	徐　婷	严　磊	吴继札	郭　蕊	李晓霞	胡耀程
周　宁	刘宇杰	刁爱梅	艾则孜·达吾提		袁生存	申远军
代　华	李天明	岳雨宁	张言伟	韩海跃	杨　涛	沙　君
范　程	高腾飞	朱阳华	何凯强	石　慈	顾俊陈	黄冬冬
李肖蔓	郭　静	凌海俊	李　想	周卫芳	申晓阳	陆新宇

机电工程学院

材料成型及控制工程(27人)

张　良	黄锐锋	单洋阳	张　涛	夏晨林	于海博	邱德义
赵　强	张亚林	耿少楠	强　文	王　凯	邵科峰	丁　磊
张志建	卢明星	朱　晶	潘　健	胡鹏鹏	汪上杰	周霆钧
张　伟	刘华飞	王乐楠	唐永春	袁龙平	成　洪	

电气工程与自动化(52人)

张　攀	高　斌	王欢欢	汪　绪	王　珂	徐海超	章成骥
袁小野	吴偏偏	翁海俊	王　川	李　锐	樊　怡	陈　可
杨鹏飞	韩光利	丛林俊	吴伟强	邓　鹏	项家希	黄　荣
尹伟锋	吴昊浩	孙星星	冯笑笑	徐梦卿	李辰庚	黄燕红
徐培培	马　川	那可心	杨志燃	姜雨濛	魏　良	杭　超
罗玉潭	郭晓灿	杨卫军	陈广明	胡佳娟	陈冬冬	丁钰洪
陈文辉	杨旭良	袁连松	吴　凡	刘　路	张仲骐	荀江涛
蒋世文	厉明鹏	金宇哲				

工业工程(29人)

孙　海	陈林湖	芮欢欢	王浩晨	郑剑凯	郑志明	陈　军
许俊浩	居海波	王　瑶	李明远	陈佳楠	符　倩	杜京京
李士进	尤伟伟	陶剑文	蹇　莉	安米拉古丽·热西提		顾　闻
周　飞	周　楠	刘　玥	毛方燕	徐世斌	顾　霖	孙露婷
栾　晨	傅承呈					

机械电子工程(34 人)

徐　靖　潘晓晨　封　彬　季佳根　于亚萍　潘岩杰　孙师师
黄瑜璐　刘锦勇　吴　超　马春阳　常　杰　高志云　王连鑫
曹佳华　李爱民　张赢杰　章　凯　赵海洋　金　鑫　韩　康
孙伏骏　蒋国东　骆　文　季　布　戴　鹏　戴伟芳　陆　佳
陆钦建　卞　超　刘　坤　肖　雯　倪绍建　员朝玉

机械工程及自动化(40 人)

严　琪　范亚中　孙高燕　许小斌　潘　鹏　姜　伟　陈　晨
刘勇涛　江吴斌　茅莉磊　蒋　欢　陈晓杰　胡元凯　谢　刚
朱如意　王　凯　卜林鹏　韦成朋　邢剑波　吴　亮　刘　翔
陈　杰　包亚运　赵　康　王　凯　吴扬帆　喻　鑫　宋庆杰
刘　伟　杜方辉　陈　康　解维洋　严　亚　祝小光　金海锋
朱　凯　王海静　黄　强　周　阳　刘匡华

沙钢钢铁学院

材料科学与工程(冶金过程自动化)(24 人)

孙　旬　何　洋　王　晶　羌海峰　王敬驰　陈　菲　王加颖
薛铖淳　沈凯力　徐长春　陆吕健　李　超　杨国清　张荣鸾
胡海都　李　展　梅　诚　肖　愉　项达成　吴静华　徐凯华
丁苏文　李　亮　陈亚亮

机械工程及自动化(冶金过程装备及控制)(26 人)

黄文超　殷晓伟　钱志冬　姜付兵　唐　壮　陆志坤　鞠晓杰
史欠欠　戴兴亮　李　健　翟棒棒　缪冬冬　李亚晨　杨兆华
潘道伟　戴　旭　徐新星　成效文　韩　鹏　杨汝东　周　彬
郭　星　武原野　陈　鑫　侯兴龙　刘银龙

医学部

法医学(25 人)

李昊奇　金　明　季观庆　刘　静　苏国庆　高海明　王　冲
陈　逊　卢骏楠　杨　康　蓝　焘　吕文锐　李　欣　蒋友文
张秋爰　管玮唯　李芝隆　陈　刚　牛子天　陶瑞旸　黄　月
陈艳华　张广鹤　陈佳丽　杨　宇

放射医学(70 人)

缪义华　徐玥靓　杨文漪　章益飞　徐美玲　刘伟彦　黄　萍
丁晓冬　张奇贤　汤　威　陈文涛　孙志新　殷　俊　姜卫娟
沈　阳　陈　乐　陆佳伟　蔡全佳　杨　旭　邵寿鹏　朱明琪

毛义翔	陈　飞	颜文彬	胡　静	包　赟	马　立	王　鹏
张晓俊	龚筱钦	秦海婷	胡　艳	朱云云	洪　凡	陈清清
许秋燕	董德左	高　叶	徐　岩	高艺莹	孟　颖	韩婧超
孙新宇	陈俊生	程侠菊	庞奇峰	蔺勇龙	郭　威	陈　意
易　玄	潘　登	齐雨虹	崔碧霄	姚明禹	郭艺航	韩婷婷
唐　菲	何　燕	陈健康	王冬辉	姜　楠	李雄飞	顾慧宽
金蕴菁	仲芝瑶	沈晨天	董原利	姚平平	陈春如	王普之

护理学(83人)

朱海燕	王丹玲	潘　娇	朱洪茹	沙小双	蔡晶晶	陈琼琼
吕　骏	季叶新	汪　燕	何丽慧	罗文娟	顾　烨	陈心洋
纪金鑫	徐小丽	顾　肖	王秀蓓	陶　然	李梓骏	沈凯强
王巧军	顾　鼎	顾　晨	许洁钰	袁晓宇	周高翔	胡康杰
吴青青	蔡建政	汤　鑫	刘丽娜	黄　鑫	程　娅	罗海芬
邱梦楠	孙红梅	刘　璐	居海岭	胡筱涵	陈　程	金梦诗
周雯艳	周亚满	张培培	周　佳	王佳兴	高　照	陈　奕
房建凯	石华武	王一淇	李婷婷	韩　雪	杨　亚	包中晴
王金悦	董　朗	秦建楠	王依娜	徐　玲	刘　欣	周杏雯
周怡君	马可可	顾娅萍	吕春萍	李　金	戴晓萍	王　濯
朱丽丽	彭　洋	冒阳阳	王凤娟	诸湘艳	周　慧	周南生
李　玲	沈雅婷	陆　谦	窦庆杰	蒋　珺	袁亚军	

口腔医学(30人)

平逸帆	刘　伟	石　宇	左　静	刘　燕	顾徐亮	徐　阳
张　洁	唐天弘	黄云生	唐恺洺	王　静	李晶晶	陈　程
邱吟枫	孟洁琼	茅雨书	陈　艳	张雪君	杨　锋	田家鑫
袁中政	张志鹏	武晓庆	李立琪	谢斯琪	黄露露	黄仲良
俞丹丹	方　洁					

临床医学(262人)

全海莲	高　翔	朱苏清	葛霖玉	郭　昊	李宗辉	张名贵
蒋　芙	蒋　艳	曹　楷	袁乐瑶	姜冬华	梁克平	陈景弘
马驰千	王　瑞	林子煜	姚　峰	孙　亮	谢雨辰	洪鸿翔
朱　怡	卢勇达	莫思御	章　谦	李燕婷	金亚萍	陆卫伟
何　骏	张玲玉	钱文清	印　妮	孙　晗	邹承达	徐　图
杨　健	顾晓诚	贺　阳	马　静	赵　红	孙　蓉	杜义恒
仲伟喜	张叶磊	倪　燕	凌新宇	牛日雨	王雪飞	董柏龙
刘一威	徐正军	王婷婷	蔡志伟	张　凯	梁　峰	孙建鸣
孙思炜	赵亚男	李　冬	郑　超	许　鹿	陈诗云	李　维

黄　燕	张晓飞	许波进	张　炎	朱卫国	王　飞	张　庆
吴汝洪	刘玉菁	蒯玲玲	单青婷	刘　靖	王纪银	陈碧正
吴秀奇	杨婷婷	王伶杰	徐　宁	袁　馗	张艳华	顾雪娟
王　晨	虞凯丽	徐　伟	刘云鹏	周　超	朱亭亭	钱青青
严丽军	张璐瑶	何金懋	印利明	陈　晴	倪　颖	邱　扬
袁逸民	胡志强	朱　倩	钟安媛	陈　茜	孙明芬	王　鹏
宁　涛	蒋　玮	邵力之	荣孝慈	陈　睿	魏　赫	许文文
孙中奇	范文静	谢可人	惠　宇	冯　奕	赵康全	孟　斌
沈国斌	吴映南	赵云峰	周小钢	谭云飞	范贤良	张　甲
许　敏	杨　旭	顾海亮	施海娟	张小微	张静怡	王　林
刘文静	张　营	张　敏	王建凯	吴文娟	何燕玉	顾文婧
周晓萍	倪晶晶	金玉超	包　赈	夏星星	周丹丹	李　娟
朱云娟	王　渭	张铭昊	杨红梅	孙泽阳	王　杰	李若莹
胡　璟	张海玲	崔　芳	杨佳怡	许洁如	张凯峰	张晓波
徐　云	石玉琪	姚姗姗	姜绍文	夏　军	王　兴	杨江华
张希旺	毛华杰	陈　晨	王晓钢	王熠军	陈明良	李　扬
仇惠芫	宋园园	孙妍珺	唐韩云	蔡文治	姚佳璐	杨雯娴
王　力	周旭贤	王丽萍	潘　斌	马燕云	张承欢	陆　飞
吴海月	袁　斌	王　浩	陈佳欢	金晓红	沈若辰	刘春雪
徐良静	丁　勇	孙　超	谢骏拯	涂冬云	徐红艳	李玉琴
赵君焱	邹冰清	杨培庆	魏金荣	徐　逸	殷丽丽	刘　彬
徐　凯	俞　博	许云华	曹钰兰	沈秋萍	王　英	姜　磊
贺　威	袁　静	宁　钢	邹　艳	田有伏	刘　云	季诗梦
高　芮	童　超	黄彦青	张　彪	孙　镝	陈　蕾	竺　迪
钟永松	钟良君	周　韵	李佳玲	卢蒲晗	赵志敏	雷　骁
董　静	刘　白	王海瑞	谢　莹	张素铭	杜　娟	杨　甲
宋倩琳	石昊松	潘展腾	张　棋	塞　娜	童陆媛	李　静
王嘉琳	林　娜	蒋　杰	张灿灿	刘子扬	段　炼	喻　澄
林　宁	邹晓露	米　辰				

生物技术(42 人)

孙　骥	李　斌	李洪哲	叶子优	金晓静	戴双芸	喻程郦
邓　欣	石桃丹	代发辉	邹诚诚	夏　梦	张圣洁	郭灵华
信潇然	张奕喆	陈　火	王文龙	韦雨杏	丛　恒	刘苏敏
金　娅	张海涛	许　凡	金　逸	田晓宇	雷　蕾	杨梦如
陈飞飞	周东海	鲍立新	卞　刚	袁亚琴	李春晓	叶瑞婕
周义其	杜伟丽	束雨新	曹旭东	朱远远	吕凤琼	蒋珊珊

生物技术(生物制药)(48人)

刘　永　陆雄鹰　耿晓眉　姜晓淳　沈春雷　陈　超　周海陵
孙梦荧　吴佳伟　陈　姣　孙　露　姜伟伟　赵　熙　刘　佳
赵　腾　杨汶雯　葛晓刚　陈洁妤　郑亚运　顾宗林　郭　霖
许青青　黄　旅　翟天航　凌玉立　许　新　杨振鹏　黄　俊
葛文娟　夏倩华　俞晓亮　陈宽来　曹　欢　徐文帅　谢　佩
冯　威　徐玉莉　徐　婷　潘晶晶　何小燕　陈兰心　张　荔
高新星　孙赛峰　严　彪　刘　露　闵　鹏　王　薇

生物技术(食品质量与安全)(35人)

徐小柠　管连萍　刘世杰　司　秀　许　昊　董雪薇　李亚运
王国祥　蔡桂波　邵明月　杨　婷　尤德惠　许慧珍　任　悦
李　洁　赵书培　张　萍　陈伟书　张　智　张　健　刘　鹏
何丛琰　吴长泰　项　健　卞娟娟　王　钊　陈　圳　夏　欢
陈　鹏　曹苏苏　李　凝　张樊苗　徐冬洲　严俊琴　时　月

生物科学(1人)

颜冰儿

生物科学(师范)(25人)

王　涛　梁　荃　朱立群　张　宁　宋　艳　吴静华　许　俊
华　彬　王　珏　蔡婷婷　刘　洋　龚欢乐　华福敏　蒋倩雯
张　亮　辛　胜　朱　敏　张　欢　尚　聪　周元剑　尹　涛
刘　慧　黄晓峰　金　琪　阮申义

生物科学(应用生物学)(27人)

潘啸夏　贺秋萍　吕　超　靳玉乔　刘安琪　刘慧敏　李其雷
戴　俊　宗亚军　吴成程　陈　月　王秋岑　刘　刚　葛乃学
梅　超　黄　飞　陈云峰　沈宇峰　张怀松　朱　江　吴晓燕
程晓东　陈学东　江建国　朱天祥　杨苏清　李宇航

生物信息学(1人)

陈小云

药学(94人)

杨明伟　凌　云　徐　键　印方亮　朱震杰　周　昂　莫　舒
刘　玲　倪婷婷　张　英　王双勤　李二玲　蔡叶红　杨会云
季　鹏　陈　强　陆佳庆　徐　韬　顾培丽　陈　哲　徐亚彬
周　阳　刘婉芯　孙银星　钟煊蕾　王正林　潘正飞　葛亚东

李　洋	孟玖玲	张玉婷	黄　婷	孙亚琴	张志娟	卢　葭
周红燕	张　瑜	周　未	董　燕	田　甜	李颖真	秦小英
杨　蕾	皇甫睿锐	陈慧敏	赵　铭	陆娇娇	陈云云	周俊引
王洪义	路芙蓉	范录云	金　勇	韩楠楠	翟瑞波	顾睿南
吴玲玲	赵佳莉	门秋菊	谈贤静	钟春华	任慧玲	吉宏张
岳娟娟	陈　蕾	郭哲宁	陈　峰	赵一璇	孙　由	鄢敏俊
潘睿琦	林晓欣	刘秋萍	熊雅洁	秦海涛	田　杰	杨　涛
陈维良	戴宏磊	拉姆卓玛	朱爱军	丁　慧	冯明诗	索朗旺堆
施林森	顾　颖	张琇雯	韩美玲	黄超杰	朱　尧	季　琦
吴有明	李　扬	朱　云				

医学检验(29 人)

马　涛	马　军	熊　伟	曹　霞	沈　洁	华益峰	刘晓敏
吴亚洲	沈宇骅	宋珊珊	耿志欣	颜　飞	张士中	杨　燕
王　旭	毛学源	易甜甜	高晨慧	翁美玲	霍　豆	蒋文群
李　莎	肖艳芳	曲　鹏	申　健	刘　硕	崔译文	李晞苇
李盛超						

医学影像学(37 人)

宋福遥	薛　峰	汪　耀	黄　菲	查婷婷	曹　安	刘文艳
孙　刚	姚希明	陈　昱	茅枭骁	杜　鹏	李丽环	胡栋梁
徐乾山	徐　浩	余　莉	石　磊	李　骏	张军军	刘善凯
戎　晗	刘叶红	宋　健	曹梦姣	吴长江	李嘉雯	曾　欣
韩　洁	齐　倩	李丹丹	付婷婷	贺肖依	周晓芸	陈兆乾
孙兴伟	张　超					

预防医学(44 人)

董晓晓	李天天	侯　飞	朱晔昕	裴　吉	周　凯	陆姝婷
刘　艳	仲崇科	严　晟	吴士尧	黄　萍	梁　柱	贾松泉
刘　清	夏　伟	徐志燕	冯　健	戴逸磊	汤雨潇	杨少春
许小翔	朱　敏	朱天驰	莫黎敏	顾　鑫	石　锋	王　岚
王　静	陈金秋	郎晓晨	赵天旺	杨　海	卜　思	宿瑶瑶
宁士龙	王自超	张宏伟	刘文迈	王　启	瞿　艳	张段段
栾明明	林海丹					

中药学(28 人)

李俊龙	张　静	徐蔚蔚	陈　淼	曹元敏	陈光辉	邵　建
苏　芹	万　磊	卢晨红	顾　鸣	王家仁	王李益	贺园园
吴晓萍	刘文荣	王亚妮	窦晶晶	杨舒迪	朱庆春	盛日强

王　贵　孙骁颖　刘　念　朱婷婷　圣天宇　巩升帅　何建芳

金螳螂建筑与城市环境学院

城市规划(38人)

刘　勇　宣潇瑛　王志娟　堵晓晨　祁士锦　葛荣华　张　超
李璐伟　宗明军　张博洋　祁　婷　张雨婷　杨青青　祁赛龙
李馨馨　陈明国　范泽宁　孔芸嘉　万锐俊　郑　久　彭　灏
束方勇　夏　璐　胥　妍　郭　璨　陶　莎　卢　辰　姜皓瑜
汤林浩　潘礼祖　杨　泽　常宏伟　魏　瑶　陈　玲　夏昱辉
王太福　刘　敏　陆杰川

建筑环境与设备工程(室内装饰技术)(1人)

陶方园

建筑学(33人)

李志豪　王炳奎　卓　东　谭文玮　张英姿　邱晨晔　周　骏
钱　鑫　李静茹　高　晨　徐　佳　华梦熙　孙　磊　董金龙
徐　梁　董晚璐　杨赛龙　陈　红　周远丹　付　曦　孙　敬
李　凯　狄　升　张　冬　戴晓辉　吉　晨　宋志威　陈　杰
张　驰　金　星　蒋　祺　周鑫健　王　彬

建筑学(室内设计)(30人)

张宇星　孟凡宇　朱曦明　曾　友　吴文琦　陈网兰　杨　岸
张　磊　施　飞　杨星培　田　镍　谭梦莹　程海林　姚联久
邹尔明　宋文霞　黄　晓　李忠达　周　璇　黄丽娟　袁寿飞
武清花　欧阳伟华　姚丽盟　张少杰　曹万霞　王　晶　张倩芸
王佩佩　朱　芹

园林(城市园林)(32人)

冯云若　车　飞　雷　涛　孙星丽　赵　杰　贾　琳　陆　丹
高　果　赵斯允　徐亚庆　戴　银　权新月　徐苏飞　范晓健
冉无吾　黄　宇　许　越　潘超逸　刘金樱　宋　娥　郜云燕
王　红　吴　杰　许博雅　李　洁　王雅琼　薛　梁　喻　杰
李荣宸　杨字辉　沈　逸　王晓丽

园艺(城市园艺)(20人)

鄢思琪　莫兰群　陈彦彬　谢亚可心　韩　旭　倪倩赟　聂海英
秦　帆　赵雪阳　崇宏涛　张建玲　魏灵芝　张　青　马燕军
崔海洋　曾崇羽　刘萌霞　唐　琪　易栩妃　谭苗苗

城市轨道交通学院

电气工程与自动化(城市轨道交通控制工程)(59人)

王　振　钮长浩　王　亚　孙建鹏　顾正旗　张桂兰　曾福英
顾磊磊　杨　坤　王　乾　杜　力　魏　其　王　书　周　俊
鄢　超　凡　涛　卞雄恒　杨　敏　胡玉青　梁小莉　陈　颖
张明凯　朱明路　张亚军　曾蓉芳　丁林辉　房明凯　孙　军
马浩然　周海洋　刘海明　吴　昊　张家瑨　胡大盟　蒋新波
范林皓　戴斌华　何　谦　华　杰　黎宝洋　邵思羽　杨　洋
刘航天　赵天雨　周　颖　张红梅　李　渊　孙　倩　陈丹丹
卞森虎　徐鹏飞　常琪祯　朱　清　黄海剑　孙桢杰　吴　宣
王　锴　黄亚龙　张天威

工业工程(城市轨道交通工程管理)(33人)

毛　俊　陆德靖　陶旭阳　李直阳　武文杰　言建冬　童雅微
高　菲　余晓婷　王　伟　李　江　石云林　温蕴慧　李　亚
朱文娟　刘　灏　郭华文　姚蔚俊　吴　杰　娄　伟　刘天也
刘景雨　张　进　常辉斌　朱明敏　屠心韵　管世乾　杨林翔
何娇娇　王　陶　李小宁　严　飞　洑建强

机械工程及自动化(城市轨道交通车辆工程)(62人)

秦益飞　周嘉骥　马　翔　徐　啸　朱佳佳　汤达尉　陆苏杰
潘　婷　王国栋　郁擎天　陈　玲　李　奎　周　彬　翟先飞
胡　俊　徐　骏　沈晓军　朱　辰　单志良　贝叶琳　范昭益
赵林林　季勇华　赖新兆　张　雷　郁海民　周贲征　沈庄开华
李凌康　蔡　放　刘志刚　陈一山　黄晓东　羊　昊　葛旭康
徐晓明　顾　聪　徐政毅　刘　涛　孙　宸　钟　颖　李建华
张　琦　罗春艳　江倚天　侯轶凡　张文留　王　涛　管海滨
周小华　许金荣　鲁　祝　张　波　缪　鑫　刘道海　周国强
秦海洋　李　闯　王　康　季　婷　陈小跃　姚燕鸿

建筑环境与设备工程(城市轨道交通环境调控)(36人)

曹俊圣　刘永俊　吴　昊　郦　赟　杜双健　郑华宇　谈　彬
陈　利　柳舒扬　周　松　张　楠　胡瑶瑶　胡　璐　张　尚
张　程　杨　洋　张琦堃　施明慧　邵佳伟　杨建亚　谷　晨
王晶晶　张汇东　束　彪　魏　葳　刘诗维　黄麒蓉　江正飞
丛　姗　周桂禾　王　鹏　武瑞怡　黄　钢　沈　科　安利飞
李　辉

通信工程(城市轨道交通通信信号)(62 人)

严　宽	张成博	丁海洋	于文浩	刘　伟	王伟麒	王春波
谢　颖	崔鹏飞	王　皓	朱　艳	李亚杰	孙　莉	蒋　毅
吴晓玉	强　祥	宋春侠	王　雁	唐光欢	姜　伟	仇杨杰
伍大桂	余建娟	杭　丹	吴晓雨	田　野	王　俊	魏敏乐
杨　欢	刘子宇	叶崇文	徐　晶	卢　浩	张　斌	朱　梅
吴鸣飞	王晓彬	赵雪娇	李艺楠	马　艳	朱利娟	徐　彬
姜丽娜	罗　璨	朱才雯	王山哲	张　亮	秦梦阳	罗　骥
袁璐昕	周桂洪	张宗庭	徐　鹤	孙逸凡	孙东升	宋开兵
张　莹	宓东旭	鞠　君	文　敏	金　鑫	周凡容	

信息管理与信息系统(城市轨道交通运营管理)(43 人)

叶　楠	吴恒阳	蒋亦男	夏　军	刘晓静	何佳欢	符欣扬
李玲玲	顾雅洁	陆梦佳	花　蕊	桑　昊	华琳娜	滕晓程
郑梦雷	顾　弋	徐广俊	杜尚游	庄楚天	吾晨晨	顾　彦
伊　陆	周钰人	任美怡	俞双杰	郑　乐	陈　琴	张航旗
孙　星	陈颢琨	黄一鸣	陆崔程	吴晓波	任　璐	尹一飞
徐　迪	张骁腾	张晨熙	惠　炜	沈玮薇	卢　佳	刘小波
王　凯						

宿迁学院

财务管理(160 人)

朱天翔	陈晓珂	陈　瑛	邓　秋	丁　茜	丁　文	蒋晓燕
蒋晓云	金乐誉	李　慈	刘　舒	陆思劼	骆安琪	马琳琳
平佳丽	乔楚涵	芮琼鹰	盛雯娟	孙晶晶	孙倩倩	童舒欣
吴雪华	吴　芸	谢文彧	徐冰青	杨来娣	张海宇	赵梦婷
周　亚	朱笑慧	陈　凯	陈　忞	成　功	贾　康	金亚东
刘　隽	陆俊辰	吕　超	马文俊	祁振家	屈祾炜	沈陈旸
沈　伟	宋　岳	王季炎	王　攀	王　涛	吴　昊	吴金泽
夏　威	夏正南	邢　峰	许志诚	杨　骏	张徐超	朱林锋
陈慧圆	陈　奇	丁玮玮	董　骁	高珍娟	龚莹莹	顾　凡
何静娴	黄　丹	江京坛	李朦朦	李梦迪	李欣欣	李竹青
刘筱筱	钱丽旭	任歆迪	施赛霞	施文杰	孙　维	田　甜
王冰清	王　叶	谢旻媛	徐心怡	徐之风	徐子涵	张　晨
张　娜	张　琪	张艳丽	朱嘉忱	曹　威	顾伶龙	顾荣凯
焦　亮	金兴宇	李　言	李雨篁	刘　璇	刘祖尧	卢　盛
荣　浩	司　强	孙文予	陶　然	吴远卿	杨一鹏	仲　丹
周鸣鸣	周泽坤	曹娅婕	陈孟楠	费文俐	洪小乔	胡媛媛
黄　洋	基　楚	季姝烨	焦　玥	孔敏敏	刘舒予	陆　阳

苗全荟	钱文倩	钱　阳	史俊文	唐　慧	汪倩雯	韦　瑜
魏　俊	魏　峥	吴　晴	胥娇娇	言心怡	杨嘉怡	臧巧云
张丹华	张　洁	张美娟	张　蒙	张　炜	郑　楠	朱雅婷
邹　睿	陈　曦	崔　捷	丁　雪	丁玉哲	顾晓松	郭家祥
郭欣志	花柳迅	李　啸	凌佳伟	沈　阳	唐　罡	王嘉仪
王　力	王寅午	谢桥扬	谢　运	朱　逸	董苏微	

法学(136 人)

陈　辉	花杏童	曹　玲	陈　丽	陈　曦	戴俊祥	何晓恬
黄　霞	蒋蔚莉	刘静文	刘嫣嫣	孙　慧	檀　梅	韦　劲
吴　莎	徐　路	徐亚男	颜祎楠	杨小佳	杨怡文	余　瑶
郁　俐	张　琛	张秀秀	张亚楠	郑淑珺	周　靓	丁　超
顾海峰	何文良	瞿枭将	李　康	侍　陶	陶环维	田在林
王家鸣	王瑞辰	韦邦海	吴嘉骏	吴君荔	许耀文	杨　顺
姚卿卿	于　睿	于　宇	张一玄	邹　玥	查丽萍	陈　婧
陈陆慧	陈月秀	仇丽君	戴媛媛	冯　杨	葛园园	胡丹丹
胡志亚	潘海燕	潘正卉	邵　君	王舒燕	吴赐君	夏莉娟
尤晶晶	张小娜	张玉平	赵丽婷	周姝彤	周庭羽	朱晨秋
董新泉	范骏逸	郭　跃	过浩杰	郝翔松	胡　烨	李旺旺
刘旭东	马　力	缪翔宇	尚　校	唐浩展	田　丰	万宇河
魏　耸	吴　濛	徐　诚	徐　鹏	张耀中	赵　阅	郑玉龙
周　强	朱　奇	曹春晓	陈　淼	陈晓洁	丛　玲	冯　洁
龚利菊	管媛媛	何渟渟	胡　佳	胡　亚	李　英	刘　坤
吕丹丹	倪文娟	邵秋蓉	万牧瑶	王晓璇	王晓雪	王亚月
徐婧婧	袁　芳	张冰冰	张能能	朱雅敬	陈芸龙	单开明
董亚东	葛志朋	刘　备	刘　丰	刘光宇	马　江	乔志培
沈彬华	苏　悦	孙　玮	王　峰	武子健	须昊成	余鑫荣
俞　相	朱正翔	姜余冬				

广告学(80 人)

陈欣悦	费文婷	侯晓晓	黄小含	江文娇	李晓蕾	李　瑶
吕　洁	潘　快	邱　萍	史　晶	唐　敏	汪　菲	王　凤
王　洁	王　萍	王元元	胥　林	徐　聪	徐　柳	尹　榕
张凯利	张恺彧	张思滢	张　弦	周靓靓	单国浩	冯　涛
高　涛	胡海翔	黄　谕	刘敬帅	刘星辰	童泽宇	王泽群
夏潇跃	杨文涛	杨星辰	周洪亮	邹　俞	陈　霏	陈　星
丁　瑾	范燕萍	伏安敏	顾玲菁	郭丹丹	洪　莉	江　燕
倪　嫣	钮新芬	沈思晴	沈琬彬	宋　迪	孙海燕	王学红
王亚婷	王　烨	吴　琳	徐慧琳	许云云	叶　颖	赵春燕

赵小青	朱永芳	曹雨龙	丁 杰	董志强	贡佳伟	何程亮
何云阳	胡 靖	马 俊	秦长城	沈 巍	束方鹏	王 海
王雷雷	吴 然	俞 骅				

劳动与社会保障(88 人)

曹宸朝	拜 月	曹莹莹	陈 聪	方 蕴	丰玮玮	顾星蕾
胡梦云	黄赛丹	姬 凤	蒋珮玖	李姚兰	李竹青	刘业群
陆 静	陆 萍	吕 晶	倪 倩	苏星霞	孙明慧	王怀月
徐莹莹	严 潇	杨 敏	余 敏	周 艳	朱 珠	陈 鑫
戴光清	顾 渊	何 超	姜文修	靖伯强	李亮亮	王正洋
尉迟琛宇	吴金凯	徐 瑶	杨立东	俞运吉	张惠喆	赵子馨
周 泉	朱志云	卜亚男	蔡 洁	陈镜涵	丁 洁	冯 静
葛艳茹	顾春玲	顾希蕾	胡湘绮	贾春美	刘 畅	陆 嫄
濮萍萍	钱佳丹	钱 奕	盛青青	汪源清	王 枫	王晓丽
王 燕	吴郁文	谢冲冲	徐 磊	徐文婷	杨 丹	杨晓媚
余胜男	张 珏	张芷婷	赵蓓佳	周炳榕	鲍晨浩	尚执政
沈 立	沈牧天	唐 韬	王 斌	王朝栋	许 欢	薛雄锋
杨 崴	叶 力	周 建	朱文晋			

行政管理(81 人)

曹炳蔚	程 露	顾晓彤	李梦益	李彦亦	刘艳萍	陆天使
陆晓芬	孟 雨	任 滢	芮 君	陶梦梦	王晨冠	王兰兰
王 珊	魏雪芹	吴静静	肖 潇	杨 昭	张晓明	诸葛霖霖
蔡耀斌	陈尚明	高 阳	郭 威	李 晨	李 雷	马从东
史轩宇	孙 江	唐 诗	陶晓凯	魏业展	夏理想	徐 晨
杨文达	张 允	赵 刚	周鹏飞	朱正强	朱子祥	包梦雅
曹 然	陈佳欣	陈小锐	古佳璐	顾佳璐	顾文敏	胡若楠
黄欢欢	李佳琳	李敏煜	刘 雯	娄宸赫	倪 楠	浦玲瑛
沈珍珍	苏 晓	王丽利	王露露	杨晶晶	张架花	张 倩
周苗苗	朱沛佳	朱怡清	边一凡	蔡 鑫	陈 旭	冯永海
高 陆	郭 雨	康 力	沈岩成	唐慰华	武俊宇	徐广杰
尹 星	张华明	张少明	仲龙飞			

2013 年文正学院、应用技术学院获苏州大学学士学位学生名单

文正学院

汉语言文学(1 人)

奚 博

会计学(1人)
　　周　峰

机械工程及自动化(1人)
　　李浩田

计算机科学与技术(1人)
　　张　烨

金融学(1人)
　　俞晓飞

英语(1人)
　　景　剑

应用技术学院

应用心理学(1人)
　　吴晓露

2013 年本科结业学生名单

材料与化学化工学部

高分子材料与工程(1人)
　　校　俊

无机非金属材料工程(1人)
　　李加伟

电子信息学院

电子科学与技术(2人)
　　郭　杰　　王光伦

微电子学(2人)
　　曹金胜　　王　磊

东吴商学院(财经学院)　东吴证券金融学院

电子商务(1人)
　　许庭纶

纺织与服装工程学院

轻化工程(2人)

孙泽明　郭柃希

机电工程学院

材料成型及控制工程(1人)

盖兴海

电气工程与自动化(1人)

顾　星

机械工程及自动化(1人)

陈肖竞

数学科学学院

数学与应用数学(师范)(1人)

唐为伟

体育学院

体育教育(1人)

于　坚

外国语学院

英语(1人)

杨　昕

物理科学与技术学院

物理学(1人)

郭　剑

医学部

临床医学(1人)

蒋　俊

药学(2人)

刘拥华　梁　烨

医学影像学(1人)

林　宇

政治与公共管理学院

公共事业管理(1人)

姜秀泉

管理科学(物流管理)(1人)

郦圣方

2013年成人高等学历教育毕业生名单

电子信息工程专升本(业余)(85人)

崔广军	吴浩波	马　帅	曾令海	郜　亮	张万强	倪宝华
王书智	梁　林	胡艳军	蒋　平	胡　峰	肖　殷	卫　玮
韩玉峰	宋于印	戚占林	高为民	曹高诗	卢　强	江美珍
李新会	邹　亮	胡友谊	顾瑾瑾	夏春妹	洪　征	张永政
徐满意	钱裕嘉	陈　思	杜　虎	吴念唐	唐小坚	沈德国
周　健	王　骏	季　蔚	彭　乐	余亚东	马海强	朱广海
李中青	肖智宣	李桂海	孙美芹	张　贞	胡才源	何鹏程
钟　雷	叶李家	蒋梦梦	刘永贵	莫海峰	孟　彬	杨　杰
杨基幸	汪学昌	张国强	盛金虎	吴王中	董　巍	李兴丁
刘　浩	石金江	陶　益	朱军华	郭　皓	陈兵全	李小萍
肖秀君	梁晨浩	徐丹红	吕　旭	钱　辉	夏　涛	徐寿龙
张　勐	潘春梅	周　星	王志骏	陆晓刚	杜　凯	夏茂俊
王　波						

机械设计制造及其自动化专升本(函授)(1人)

左永成

机械设计制造及其自动化专升本(业余)(178人)

韦宝华	徐四球	朱　麒	胡义磊	张世涛	谢海明	王　刚
王家松	姜冬梅	郭　峰	王国宁	赵　浩	张记福	施卫荣
方　盛	华　章	陈　飞	卢　惠	王建华	张　盛	葛　佳
沙剑峰	徐　巍	邓华锋	陆　寅	蒋彦宾	卫　巍	张明超
唐　寅	孙超群	常　赟	钱　林	郭峰信	郭志全	荣九龙
吴永金	张智勇	董　静	吴　磊	黄祥飞	李福义	张传才
蒋　炯	徐敏杰	高　菲	吴国华	邱荣荣	王　涛	王孝明
贾爱桃	李豪杰	虞建波	尹厚明	陈培奇	朱永明	徐勤峰

周志珍	曹　俊	尹　磊	储　清	黄志宏	贾海军	李伟平
王史漾	张　俊	张修国	费　定	赵晓东	沈　麒	李陈健
戴立军	施学涛	沈文静	蒋明亮	李　想	俞志贤	吕　跃
刘宝玉	王中华	姚超凡	程允明	可　明	彭　磊	吴　军
俞　飞	王鹏飞	高勍奕	仇圣宏	易春明	高圆圆	王策远
杨廷旺	高　峰	黄　华	王　伟	徐　铭	郭正伟	姚　飞
曹连顺	申永锋	张国华	罗爱民	彭张红	金红建	吴晓庆
李　志	顾群林	夏雄坤	张　艳	施龙霞	王　成	姚勤新
杨友峰	张海明	夏正华	杨明明	张志军	丁明明	金国胜
华志明	蔡　坚	吴计玉	杨兴华	周松松	陈雪源	屈越峰
戴　丽	姚雪华	董　丽	张吉超	郭建华	朱　俊	管明俊
陈　菊	沈　青	周抗勇	张大为	汤初锐	仝金贵	丁　玮
赵　松	许舜亮	李立强	王祥宇	刘　锐	吴伟明	邱德军
李智威	钟美苏	胡九生	赵　虎	黄寅翔	李新华	熊雪松
杨　鹏	郭　玲	孙广飞	陈　剑	孙井龙	范振华	罗　乾
王　伟	周　林	张文杰	钱　峰	虞　林	朱延浪	徐永斌
方存泽	王庆峰	肖华敏	丁小丽	钟楚光	邹　峰	董家进
吴　艳	龚佳健	蔡　勤				

计算机科学与技术专升本(业余)(56人)

顾正方	倪　凌	胡长清	焦宏畅	夏俊岳	杨悦诚	纪　勇
夏旭刚	付成华	路家明	唐　浩	周　游	陈　青	沈　丹
李　芳	司徒伊文	张鸣鸣	沈红军	王大权	周秋彭	陆中眉
李盼盼	孟　偉	蒋　伟	徐　进	黄　微	查全继	胡荆陵
杨新圣	石　移	袁　冬	朱利峰	刘康进	徐建平	陈晓斌
莫俊嗣	孙赏月	周盈中	万　盛	徐冰贤	耿　星	赵志华
袁国建	邓宏誉	方志国	刘守俊	江海涛	王莹磊	谢思远
金刘龙	陆　娟	戈　亮	卞红来	张建宏	蒋　蕤	罗长鸿

网络工程专升本(业余)(29人)

姚世龙	谢一冬	裴　天	夏　雨	王晨雄	王润琦	杨友金
陶穿石	徐陆遥	焦　卫	伍　勇	倪春业	刘学贤	张洪坤
范宗煌	刘　宁	阚士元	沈俞健	王永琦	李　战	经　辉
鞠文鑫	陈小磊	林忆平	孙　梁	杨萍萍	倪家琛	张文斌
蔡俊元						

工商管理专升本(业余)(6人)

张永丽	储霞红	张正轩	程　龙	杨　嵘	张叶青

工商管理专升本(函授)(11人)

符士桂　董冠君　王晓华　封耀清　徐　亢　汪　漪　吕万午
蔡振平　陆喜东　李立猛　罗　雨

会计学专升本(业余)(7人)

王美娟　姜丽丽　金晓利　姚雯珺　薛玉霞　谷宗磊　赵帆莲

会计学专升本(函授)(34人)

任美荣　华　莉　马军营　金利青　陆海霞　兰秀丽　汤晓晶
朱芳芳　曹　薇　吴　雅　王亚晶　沈跃芬　吴梦晓　季　玉
陈　赟　刘文凤　花　丽　陆海艳　黄　欣　李金凤　刘玉佳
严晓艳　施　丹　陈　亮　黄昳季　林淑华　周耘怡　郭艳君
张　艳　曹宇新　蒋洲婷　刘　雯　肖红丽　王益冕

数学与应用数学专升本(函授)(5人)

索朗扎西　普布卓玛　德　吉　玛　地　巴桑卓玛

日语专升本(业余)(26人)

吴秋玫　周颖熙　劉玉霞　朱秀珍　张英康　孟建蓉　徐　斌
蒋小飞　王柳懿　苏小红　克尔伦　庞艳红　荣传霞　王亚柱
杨青华　王　月　王亚萍　奚云章　徐　婷　李艳霞　周　率
邹黎莉　蔡　莉　杨品莉　华文强　金汉春

英语本科(脱产)(1人)

王秀云

英语专升本(业余)(201人)

李红英　严　华　唐春艳　黄春燕　李　红　鲍艳丽　陶　丽
邵　惠　金明喆　符　英　丁学娟　高红芳　沈莉莉　王秋玲
姜　华　周以林　蔡雪伦　伍华艳　徐　斌　黄菊萍　周雪民
姜亚琴　孙全美　周薇薇　吴琴芳　章向阳　薛文娟　郁　娇
宋继荣　吴　娜　张桂明　张　怡　傅晓敏　朱夏燕　郭永梅
房师平　张婷婷　严心昱　葛国岭　肖　燕　杨华军　李婷婷
孟　媛　钱　梅　刘景景　任中杰　安月军　顾　静　金成玲
冷　莉　张伟伟　薛　慧　刘其根　陆艳丽　沈　琴　吴生勇
牛芬芬　俞思敏　徐　伟　李　辉　俞　涛　王　静　徐林玲
徐　来　刘　丽　何　泉　陆媛媛　陈冠华　臧华琴　董小燕
李秀兰　叶娟娟　胡亚平　曹　倩　洪　玲　钟敏钰　黄佳玎
方君茹　周　鑫　任　静　李　音　曹晓娟　梁　巧　洪　琴

张亚莉	张友祥	陈　静	丁　洁	董守平	张中贤	杨　晨
戴丽华	冯艳艳	孙志芳	戴　萍	陈　洁	方桂霞	许　勇
李晓燕	唐硕颐	陈春晖	张　晶	徐洪峰	周晓倩	洪伟茜
周　翔	金　燕	毛文刚	张　曦	查三莲	钱永清	顾敏华
孙莉莉	蒋松艳	陆林翼	桑肖荣	乔红艳	张　伟	褚兰芳
朱　燕	耿小娟	赵滕洁	薛亚红	邵永慧	危任星	戈小燕
孙庆利	滕秋芳	徐晓珊	陈学梅	刘小丽	姜小丽	谢红弟
杜晓菲	孙　烨	端彩霞	眭　惠	赵　菊	张　颖	张玉萍
胡春梅	王运领	曹镇	彭荣慧	沈　翀	王玉芳	徐晓帆
倪　苹	赵　敬	黄　静	戴程程	高庆芳	许晓雯	吴　昊
郑婉婷	袁　臻	赵　臻	陈　燕	赵夕易	杨　慎	夏　斌
谭东梅	沈　萍	陈蓓芳	蒋玲玲	董咏梅	葛晓东	李婷婷
许　伟	曾传娟	刘　盼	徐祖华	范静毅	马舒怡	唐　雪
吴　晶	花小莉	杨菲菲	张皎洁	陈　吟	石　冰	李　蓉
董月红	吴蓓蓓	朱　慧	潘　莹	陈叶梅	刘　俊	顾菊花
陈威立	张　颖	夏静娟	陈维佳	石榴花	阚小虎	徐莉莉
张晓婧	秦幽青	严林华	高　楠	仲吉梅		

建筑环境与设备工程专升本(函授)(19人)

夏维兵	顾　雪	吴海云	曲晓杰	徐云高	陈　霜	邱逸民
方　磊	周　瑜	张智赉	谢　娟	赵　蟒	石祥建	王　强
赵志刚	杨　飞	陆志坚	付梓轩	张扣奇		

建筑环境与设备工程专升本(业余)(2人)

付梓轩	张扣奇

护理学专升本(业余)(689人)

嵇燕君	吴　佳	王红英	陶　莉	赵雪兰	陈吕秋	顾群亚
陈　利	沈　静	丁梦辰	曹丹华	黄丽洁	彭虹娟	徐亚瑾
陈晓惠	顾长兰	王晶晶	韩琼芳	徐　妹	郑　众	钱冬芳
邹　艳	章星球	龚静娅	顾艳红	黄建芬	黄亚萍	顾丽丹
周　洁	高　蓓	徐敏雯	徐　萍	尤维亚	卢丽萍	汪敏珠
徐叶峰	曹敏芳	窦凤珠	倪雪娟	韩　瑛	蒋丽萍	吕　琳
朱晓青	计卫军	徐慧民	陈红华	李　雯	缪　洁	徐晓佳
姚　静	任亚芳	殷晓丹	朱　萍	张燕楠	王丽芳	曹　玥
周　彬	许小霞	刘　烨	曹桂莹	郦浩吉	陈晓亚	谭　洁
张　琴	华　祎	袁　丽	汪兰芳	耿息凤	梁　璐	杨亚青
余　敏	杨文娟	丁小仙	虞　蔚	艾琴芳	刘小琴	谢亦琴
黄锡华	苗美琴	徐艳萍	何金晓	孙　桦	王　慧	罗红芳

吕华琴	汪爱兰	柏丽君	陈志娟	何国英	梅　玫	田　文
王秀霞	庄美芳	毛静秋	陈小燕	顾雅平	张文雅	陈银燕
徐　洁	杨书丽	陈苗苗	王　菲	孙　芹	张建新	嵇雪竹
容润镇	阮琳琳	黄少英	王燕娟	孙雨花	张彩红	钱丽娟
沙敏芬	杨　炯	潘　红	袁　媛	朱亚平	朱屹戈	艾银银
俞彩妹	李　欢	李　君	王红艳	卞园园	景　燕	康雅欣
曹爱红	阮晴瑛	汪元元	高明芳	陶　芳	赵　静	董　轩
刘枢玉	欧阳玉敏	濮德松	钱定金	万　红	施锦凤	孙多俊
蔡玲珍	王志芳	龚玉燕	何志慧	陈玉夏	李秀明	沈　芳
蔡志红	陈巧凤	刘士方	刘小芳	谢　燕	范丽燕	高兰英
吴　静	张　红	张　英	蔡玉霞	高丽萍	陶秀萍	于　云
孙　蓉	杨惠芳	王　勤	吴　畅	邵桂芳	许慧丽	赵　芸
蒋维维	唐李美	张　洁	王　珊	倪丽娟	偰锦花	黄秋云
赵丽琴	王　娟	童云娣	周琴娟	戴　惠	黄赛娟	邵　晶
周国秀	宋　琴	殷菊芳	赵惠琴	史丽华	施利花	张　蓓
殷春艳	蒋　婷	杨春芳	姜丽萍	赵树琴	张　敏	李芬芳
岳晓灵	江雯雯	陶西凤	盛兴蓉	赵会梅	穆　青	孙　萍
赵　惠	李　静	王　敏	陈英文	李学婷	段　艳	程　媛
陈　荣	卞玉兰	王永梅	刘　梅	赵　明	陈　苹	刘后芹
朱　梅	杨　敏	戴　晶	顾婷婷	霍　云	吴丽芬	陈雪芳
周丽娟	周学珍	黄庆红	朱伟雯	杨　丽	郭志萍	涂冰冰
王朝芳	程永佳	刘元霞	王璐璐	曹国英	郭　嘉	许　瑾
夏国凤	曹庆英	俞秋华	沈　琴	吴述媛	朱桂芳	陈　明
刘　杰	史菊芬	曹佳磊	陈　倩	颜佩琴	丁伟花	王　娟
沈　希	许　燕	赵　娜	黄爱丽	张小英	屠志英	吴昕怡
李春亚	万　蕾	李娟娟	钱春娅	高　岚	廖丽萍	吴红梅
周惠娟	陈　磊	王亚兰	张白易	潘　虹	袁　漪	王月琴
徐　芸	姚美琴	范伟华	韩炜迪	刘文文	徐　皎	朱雪娟
陈丽佳	梅　洁	盛亚敏	葛筱婧	吴亦蓉	郑冬育	武雪英
黄　姝	姚　婕	陈建芳	陈林锋	彭成娟	王　滕	张　轶
郑　力	周　琦	邹小萍	邵　娜	吴　静	韩丽萍	黄小丽
苗　苑	杨俊杰	陈艳秋	季冰瑜	吴惠莲	翟智雯	李小丽
吴菊红	杨　岚	赵　丹	周琳芳	潘纯燕	田　华	韦同霞
吴　洁	王红梅	王卫华	周　莉	金淑英	袁锦华	张丽丽
张青霞	蔡荣翠	蔡文君	顾晓燕	项莉萍	徐花桃	韩　烨
华玉君	蒋凌艳	陆　婷	潘祥贞	王楚楚	周金红	包　露
陈玉明	龚　雯	顾思妮	顾　霞	黄新美	屈　炫	魏芙蓉
于月仙	张兆敏	闫伟伟	王月娥	陈　静	方娟梅	李美琼
王海英	赵丽红	顾小燕	闻晓春	周晓兰	柏金芳	顾叶红

何　瑛	华　荫	姜桂珍	卢惠琴	钱晨莹	孙雯懿	周梦笔
朱晓洁	王　洁	严红云	周菊珍	周　萍	周永芳	蔡雪娇
戴素芬	何　芳	钱　怡	薛　清	赵文娟	赵　颖	朱　虹
朱　珏	陈　婧	卢洪霞	王小燕	包佃婷	刘　艳	陆鸣霞
潘建兰	宋　洁	陶　燕	王　玲	吴　莉	李　静	沈　虹
孙静英	徐建英	朱蓉艳	邹建英	陈莉萍	何以颖	康金娟
李小芬	李　欣	刘　斌	刘晓红	刘　姚	马曙明	沈　洁
宋宏晖	王　斌	吴雅婵	张　婷	刘　玲	曹春华	曹丽琴
曹文卿	陈科宇	陈政昱	成姗姗	丁红玲	董娜娜	费　蓝
符晨梅	高玲炜	顾　燕	洪　旗	黄　琦	蒋苏雯	井　艳
景素仙	李　婧	李文娴	李亚婷	刘静怡	吕静渊	马　静
潘颖诚	钱雪芬	邱　燕	裘　琳	邵振华	沈玲玲	沈　英
施　展	唐萍萍	王天英	奚　丽	夏鸣岐	徐　月	杨　雪
杨　艳	杨瑜萍	姚云菲	殷　育	尹丽娟	臧薇薇	张　鸿
张靖璨	张琴娟	张　贞	章露霞	钟　芳	周金洁	周　萍
朱　琳	朱　敏	朱　婷	许国红	李青彦	钮武艳	张美芳
朱小芳	黄　莉	程　娟	李　慧	张琴群	顾　敏	杨丽萍
盛凤珠	王　芳	张皎燕	马青艳	王秋芳	吴丽霞	徐　慧
马丽丽	曹　丹	陆　婷	戴静雅	洪　艳	张静丽	付宗霞
苏培娥	魏丽莉	张文慧	王新娣	蒋文卿	蒋新霞	付小枝
王　虹	于晓美	顾黎军	唐美娟	江丽萍	王　蓉	许　怡
查里沙	贺　娟	丁佳丽	陆　伟	程玉华	徐建芳	张玉萍
马慧霞	恽莉莉	冯美兰	殷燕萍	曹丽娜	单　烨	殷月琴
唐文华	王银红	郑素华	袁红燕	周飞琴	陈　燕	张惠玉
李惠芬	岳　芸	陈　昱	谢丽丹	冷燕侠	唐银玉	丁　莉
冯　明	吴　婷	吴敏华	黄　瑛	陶小亚	郑雪芬	闵兰琳
夏金玲	谢红菊	邹菊燕	陈卫红	刘莉萍	马　云	郑丽菊
龚立琴	沈　玲	殷　云	吕红玉	史丽华	王小红	戴亚萍
钱秋萍	蒋　莉	钱琴芬	秦　岭	俞丽君	陈　俊	顾烨霞
吴　燕	毛秀萍	钱亿超	王燕蓉	蔡　如	顾云萍	李桂娥
许娜萍	张冉星	蔡玲玲	叶建云	蒋小燕	潘雪敏	王　安
许　燕	欧敏亚	戴　蓉	承　雅	史红霞	张红云	孙　燕
王湘萍	张　弋	周耀平	梅顺华	黄妙妙	张　欣	胡　敏
赵鑫梅	秦丽伟	宋文颖	曹雯雯	冯震涛	陆　燕	孟红君
邹俊雅	张小娟	杨兰萍	刘曙亚	储容清	徐秀芳	周　红
余　莉	张　萍	许　莺	徐勤亚	倪利春	林　燕	肖　静
王秋霞	龚玉亚	蔡　娟	赵新艳	周艳荣	朱宏桢	谢　伟
蔡　静	赵丽亚	马继燕	庞宇娟	陆凤霞	曹玲燕	任　怡
肖利亚	曹国芳	单丽丽	徐玉萍	陈　红	陆文竹	谢园莉

刘　娟	耿　颖	瞿黎敏	蔡露萍	高　敏	陈月清	姜　萍
邹丽贤	王青青	李　芳	李晓燕	马秀英	孙晓丽	蔡炜霞
秦春艳	许　韵	魏小飞	张　薇	纪　群	谈蓓蓓	岳　义
姜　萍	束丽娟	李燕燕	朱竹琳	高　琳	胡建明	施玉华
施彩琴	高　丽	宗　娅	陈安琪	刘　敏	朱春霞	刘　霞
徐符梅	刘小苏	王　微	赵　亚	乔新燕	魏　燕	周梅玲
李秀琴	刘晓红	徐　星	唐　榆	汪李宏	王璐璐	张　慧
朱静秋	徐桂红	张　琴	李　梁	华苏芳	刘小红	高瑜华
徐小燕	朱　敏	郭红梅				

护理学本科(业余)(41人)

陈　佳	田金芳	季美红	赵　露	桑盼盼	葛林红	刘　霞
钟　梅	洪健芳	吴俊燕	单　靓	吴协芬	蒋丹妮	顾巧萍
邱　兴	周　婕	贾文娟	徐　慧	陈　香	侯　琰	杨书萍
范义娟	邵　艳	李　霞	陈　希	经伟娟	姚海燕	王慧敏
莫小庆	刘雅璐	符冬琴	杨吉羚	李　娟	朱秋红	彭雅伦
徐浙琼	张　敏	窦　超	程玉娟	钱　晨	殷　雯	

临床医学专升本(业余)(294人)

徐　怡	罗　燕	王建新	赵　翼	李　华	周　晔	徐立锋
时　婷	姚　俊	王红芳	沈建峰	曹　东	姚红芳	陈月萍
钱　兵	钱卫忠	朱　惠	蔡晓雁	殷建平	金雪龙	陆建民
丁洁芸	李正国	顾晓萍	徐晓鸿	龚新龙	万　丹	高锡庆
张颖娟	刘春梅	陈　静	闵素梅	李寨峰	汤丽萍	练小健
史金凤	诸葛红专	郐　号	沈　琦	谢少平	穆江燕	孙　薇
孙宜梅	吕盼平	晋维林	韩　鸿	胡　静	张　义	李海燕
周道生	程　燕	屈亚辉	赵素珍	郭宇星	王秦宁	刘菊和
凌卫平	李　杰	唐湘蓉	肖　军	吴彩萍	谢琴波	王敏丽
陈中锋	孙　伟	徐继来	滕士庆	韦　刚	张利文	丁艳红
赵　婷	王　平	任耀球	郭根柱	许开喜	程恒昌	钟决楼
卢明珠	江翠霞	霍永艳	朱　敏	黄红午	李雪娟	魏良梅
陶建红	鲍　兵	陈维中	姜伟华	张　琨	王　茂	李志刚
陈光奇	吴建良	杨远涛	朱春仙	王银兰	赵　玲	邢亚锋
滕爱琴	惠志国	于　萍	杨军柳	陈仪佳	魏　来	廖梦筠
汤学军	崔建新	陈　洁	于洪进	陆其龙	谢春良	郑润青
戴小红	罗冬梅	罗　恩	吴伟芬	张　健	朱中华	陆文华
陈京红	郭　芹	李昔莱	陆良东	秦　岭	陶建英	朱迎东
陈梅仙	冯忠良	胡晓瑾	还华丽	徐韶明	顾华英	孙贤举
徐　军	包培红	金学康	彭焕平	石晓星	汤永先	严腾飞

严利明	李建英	谢　帅	胡海燕	郭佳佳	陈怡恬	李　华
任勤华	陈苗苗	谭建华	周爱芳	邓　颖	费丽英	夏正祥
周雪芳	李卫芬	边碧娟	吴利华	唐　华	徐　芳	刘巧巧
沈小燕	俞劲松	汤觉萍	戴怀全	李　卉	陆惠明	吴静贤
沈　斌	张乃国	何盛义	夏　薇	蔡春霞	陈锦瑜	谷群群
罗建青	唐建霞	王　平	夏　春	佘翠娥	俞伟强	张春英
张金成	周秀玲	朱培明	祝晓燕	赵守军	黄吉平	陈　菊
宋素珍	王彩琴	汪喜坤	王新达	史建勇	杨　波	曾武兵
王凤丹	龚志毅	张　静	袁兆霁	邱海燕	王幼梅	杨雄伟
张毅强	朱成云	顾　强	沈　燕	王闰生	杨珠奕	赵国文
蒋德红	金秋燕	叶　春	候晓芳	吴乃君	许安祥	高春彪
陈志云	王利琴	胡怡江	周金锋	周亚军	顾梦熊	邵　菊
沈晓丽	孟丽馨	许翠萍	陈　乔	蔡虹刚	孟令文	徐春兰
侯红芬	张国芳	蒋丽琴	余荣富	莫　晶	顾亚萍	蒋　辉
丁　炜	卢　云	张锡生	周志君	庄惠珍	邵翠芳	吴红嫣
吴丽萍	吴明珠	张　华	徐建伟	吴国龙	张　芸	陈景飞
蒋永均	陈振亚	黄文生	胡　瑛	沈　康	吴福康	张至安
陈　凯	陈　颖	姜　涛	吕　剑	曹剑峰	刘伊丽	孙　健
展　军	颜丽华	彭美玲	马建如	俞　亮	张红梅	郭春华
刘　璞	李献良	李亚玲	万　艳	闵廷瑜	王海波	孙　英
许红军	黄　伟	吴建锋	胡　刚	徐晓峰	袁绮岚	龚家红
严杏红	叶智萍	许　娟	徐克孝	陈　英	李　东	顾洪卫

药学专升本(函授)(127人)

黄丽红	段丽华	刘　浩	姚喜芳	姚超燕	张　怡	陆　静
赵　静	徐　琴	袁　超	姜明珠	向　斌	张夏英	顾文娟
陈　慰	潘耀明	王　蕾	李　丽	林　萍	朱盛林	周　龙
王丽叶	叶真清	陈　益	李怡蔚	薛　琳	李　宁	郑　云
程倩倩	陈秋芹	张春玉	刘文秀	徐得莱	申俊飞	宗丽娟
王　瑞	陈丽莉	印丽娜	王　兰	顾建花	刘苏建	费　雯
金苏安	沈丽芳	宣　颖	孟永钦	王　永	黄春燕	徐　琴
陈一文	顾亚萍	顾小芳	曹叶奇	孙灵芝	金秀玉	姚贤峰
钱敏敏	宋子昊	陈志超	唐英健	查建刚	郎志琪	陈志杏
王　琴	张开英	缪丽君	田金家欣	魏　丽	陈永丽	杭　蕾
丁丽君	陆晓璐	陆丽桦	朱雅琴	徐　钦	徐冬健	李心融
潘静霞	王隆涛	张　琦	孙　娟	孙玉琴	翟　娜	丁凤珍
谢　杰	孙　玲	丁丽君	史丽娟	金　江	赵　淼	蒋　飞
陈云祥	钱彩琴	孙九阳	曹小丽	赖其德	徐丽娟	魏　文
江　静	蔡秋云	高彩萍	严新芳	蒋　菲	陈　霜	盛敏娟

沈亚娜　刘　菊　沈凤娟　韦孝友　刘燕春　马　静　谢珊花
汤莉娜　陈　斌　金波兰　谢静烨　彭　芳　邵　健　袁文俊
卢　静　许宏峰　叶　菲　范晓艳　朱　健　朱　虹　景丽华
赵　丹

医学检验专升本(业余)(14 人)

方　莹　徐志强　陈文英　吕双燕　倪　虹　龚　萍　朱　涵
卞　洁　孙　伟　闫静静　王　英　徐振龙　马建华　徐红霞

医学影像学专升本(业余)(65 人)

韩　雪　倪同军　徐宁宁　顾德安　刘秀兰　陈守春　魏　娟
李　闯　高晶晶　李秀珍　向　萍　叶　桃　陈秀祥　庄　敏
徐正扬　顾卫国　刘笑言　余为雁　胡文萍　顾心蕊　李　应
冯月华　孙　茜　张　伟　黄巧兰　赵　萌　赵莎莎　瞿振浩
常冬梅　顾渊媛　郁　松　邹正荣　王金文　杨　益　时厚宝
张　理　庞利剑　张芳铭　徐思思　陈莉平　潘彩霞　郭　莹
戴秀丽　李　平　王　鑫　刘新林　戴　超　沈晓建　陈　兵
刘桂宝　王鸿礼　张思农　赵彩红　彭　玮　迮娅兰　仇志新
陆　玉　张　滨　时巍巍　曹慧芸　陈疆华　仇晨华　斐　姗
费广顺　吴瑞坤

预防医学专升本(业余)(10 人)

任国平　沈俊伶　杨金珍　徐建芳　胡春霞　俞莉芸　谢晓红
张押存　蔡琴娣　纪　辉

人力资源管理本科(业余)(32 人)

李亚南　王明珠　魏钦龙　蔡建军　苏志伟　刘春霞　宦国亮
刘　伟　万安惠　王　平　杨维天　王怀兵　茅丽娟　宋丽华
冯　曲　俞小丽　叶小霞　钱惠芬　高恒茂　张　虹　薛　萍
陈　莉　张晓燕　姚力琦　向　红　刘迪奇　吴雅芬　张丽琴
朱佳彦　朱小芬　杨淑娴　陈　怡

人力资源管理专升本(业余)(4 人)

张　越　华弦萍　赵　丹　朱　琳

法学专升本(业余)(6 人)

徐永清　耿　翔　王旭龙　王君浩　施勇浩　陈连芳

法学专升本(函授)(99人)

赵　娟	徐　坤	唐　仁	周丹丹	徐文军	吴灵怡	徐书杰
邵　科	张春晖	李　静	杜铸平	蔡玉婷	胡　光	朱艳艳
岳　平	赵　莹	蔡国船	沈　郴	周　敏	孙　慧	朱振芳
陈　涛	李　妮	马　亮	赵潇飞	张文晔	朱　余	陈佳妍
温少波	董淑运	周兰兰	朱燕平	朱　婷	朱红玉	蒋　蕾
钱　斌	薛　清	陈维德	程　路	季　蕾	何泉豹	徐海涛
胡维松	严　康	马　悦	杨慧红	沈子扬	朱　瑶	董文婕
黄亦佳	黄陈娟	付文韬	林振浩	薛步军	仲丽娟	陆汉民
曹顺超	张荣保	顾莉吉	仇　鹏	高　云	张智勇	章若英
朱元元	张德富	颜晓佳	周　萍	潘静芳	吴　平	徐　勇
李　洁	李海卫	魏红英	许　峰	倪　华	陈　剑	曹　蕾
金　叶	胡子洋	顾　赟	宋　洋	杜　娟	刘凤琴	吴耀明
张建平	顾伟芳	宋德佳	龙春华	陈光远	金刚强	张　蕾
顾冠梁	谢　挺	张　瑶	陆文俣	孙　涛	莫春江	周　超
陆雅敏						

工商管理专升本(业余)(32人)

朱育清	李发林	周　晗	李　雷	李　惠	韩沛轲	贾　亮
闫培雷	柴　乾	王　磊	林　莉	刘辉明	刘海鹏	窦俊勇
蒋　杰	唐为彩	孙　健	蔡建栋	吴　宁	张月珍	郁丽娟
李文贤	陈　丹	丁海峰	彭丽娟	黄秀明	姚金强	马秀丽
梁齐伟	谢　婧	陆　梦	张天波			

工商管理专升本(函授)(36人)

高保柱	李　恒	刘艳芳	王国艳	王　璟	单俊珑	孙德凯
张恒霄	王彩娟	武　琴	左显亮	韩伏海	王　成	马　伟
毛卫春	金海锋	王朋朋	张利利	毛会坤	王小刚	卢海燕
蒋守彬	吴小丽	张　莹	姜　波	史海峰	沈秀芳	张　静
徐长兰	孙延娟	倪金平	孙微婷	郑丹丹	钱旭光	张　杰
夏红霞						

会计学专升本(函授)(189人)

何　颖	施传荣	闫　亮	徐　艳	李振浪	徐　琴	管宏斌
范琴峰	陈　韵	李红弟	袁纪娟	卞荣高	陈　茜	严庆玉
杨晓梅	朱亚兰	徐玉婷	李凌泷	陈亿超	沈　琼	陈春燕
方森冰	崔　俊	李晓云	史　雯	张　洁	朱军委	王　茜
乔一平	李　清	金瑞莉	张亚平	徐　娟	许莉莉	赵　静
陈　斌	胡腾月	时以清	郑素贞	颜　芳	周华雯	陆玉雯

吉红香　吴文君　周　婷　刘　琛　顾　言　王　涵　葛玉洁
秦欣殷　夏华玲　陈丽华　缪琳玉　陈　纯　陈家盈　汤莉莉
范琴芬　徐金喜　张新新　陈亚娟　范　佳　华　梅　王莉萍
戴叶珍　朱金萍　王莹莹　周　亮　杨晓青　于容容　刘　娟
高亦婷　刘　彬　郑春兰　董佳梅　左　霞　姜秋侠　沈　娟
王佳丽　赵新侠　邹　辰　陈　婧　曹丽莉　李　宁　孟　雨
王　妍　陆春英　李　娜　余莉莉　黎妍伦　周　芬　李红成
安丽宏　宋景香　赵颖宇　奚丽华　秦建军　黄　莺　张敏华
袁喆煜　张　玲　杨丽娟　张　凤　贾俊辉　汤慧娟　沈洁韵
田春风　许　兰　董　红　郁婷婷　李　言　徐　丽　张　寅
胡园园　樊刚果　王晓娟　刘金娟　刘晶玲　邱小英　祁彦娟
潘吉利　王小利　陆丽丽　叶小红　林　斌　秦晓艳　王琴娴
胡绣娟　蒋　萍　易晓敏　孟　荣　孟倩琪　王　敏　顾汉娣
顾　玲　朱清琦　朱飞燕　任文娟　柏琪杰　张　新　蔡闻麟
陈剑华　许　迪　沈晓波　张　瑜　严文华　吴　亚　邹丽花
顾　艳　平　佳　邵静亚　王　微　洪　慧　倪志芳　范颖江
韩　铭　王迎霞　陆霞飞　曹　洁　许　丹　汤媛媛　瞿文娟
余　扬　陈丽萍　陆佩英　皇甫平　杨　佳　姚　旻　顾颖斐
潘玉婷　彭佳钰　吴　怡　吴佳音　周　婷　杨慕洁　高雪红
钱　璐　周　蕾　陆海燕　顾玲瑜　沈蔼姣　徐群超　王凤姣
王　静　吴　燕　殷玉蕾　张妹娟　朱　迎　高晓波　吴茂同

会计学专升本(业余)(38人)

沈婷婷　许致妍　黄　瑛　沈　钰　夏候玉丹　朱　艳　黄丽琴
王　佳　尤　军　顾文娟　陆　超　陈　娟　吕　琦　薛华泓
薛　婧　陈　迟　陈　琦　范　芬　陆俊睿　孙一娟　黄娣娣
徐一成　柏　玉　杨春燕　张　丽　周　莹　张　莹　蔡敏玮
周志华　朱章婷　刘　颖　居林珍　顾芳云　王艳丽　许　虹
时　卫　姚林林　杨　静

汉语言文学专升本(函授)(87人)

高　杰　杨　波　刘　军　华晓佳　刘　琤　罗亚蓉　马　倩
吉小燕　张　涛　茆　蝶　杨翠翠　施春燕　张　磊　钱　菲
王晓珍　顾春燕　陈　李　周红方　蔡洪菊　李　军　雷　啸
王红梅　杭　霖　吴　赟　刘珊珊　杨　君　沈海燕　洪　晨
夏文斌　陈　娟　潘　奇　崔照东　薛　屹　秦　霄　张艳敏
潘齐欢　顾正玲　朱　莹　曹旭东　陈　丹　陆　莹　王　旭
王　琳　刘月圆　宋莲花　牛丽丽　羊绍兵　邱椿莉　扎西拉姆
苏　斌　卢红宇　刘廷浪　唐　朝　翟继巍　赵林全　夏毅轩

黄 涛　林 珺　夏建敏　珠 措　晋美旺久　陈 娟　普布扎西
次仁拉吉　周永平　仇力晖　王文婷　胡 宁　尼玛参觉　何洪波
孙 慧　旦增江村　嘎玛巴登　索朗达瓦　达娃卓玛　格桑卓玛　杨娅俐
扎 桑　赵德顺　仁青达宗　洛桑罗布　旦增卓嘎　边巴卓玛　次仁拉姆
关辉辉　四郎措姆　拉 珍

人力资源管理专升本(函授)(2人)

李江燕　赵 皓

人力资源管理专升本(业余)(161人)

向 艳　葛志兰　张红梅　王 瑛　顾 越　徐 欣　王红娟
张丽霞　闵昊文　俞文秋　朱亚频　陈 洁　侯秀文　翁紫玉
钱晓芬　徐 慎　朱 雯　刘 娟　王 敏　吴海波　顾雯景
瞿晓娟　陆一丞　周美平　马 俊　陈 宇　张泳杉　徐 娟
李 欢　王晓燕　陈雪平　李姗姗　何 喆　史文君　潘丽娜
徐 沁　赵 静　郎芸婷　朱 慧　陆秋亚　唐 婧　徐婷婷
徐笑红　费丽艳　李 虹　谭 虹　陈晓波　孔 华　倪 雪
楼美英　凌雪花　张 平　程王静　郭琳雯　张晓琳　朱 敏
顾 娟　奚倩颖　江晓燕　黄 吉　王心怡　薛春艳　毛以川
朱 勤　费 雯　王海峰　尤 静　梁 婷　刘玉凤　陆 伟
孙琴琴　曹康军　徐琪芬　曹韩琴　李 静　郑媛凤　马颖莹
周丽芳　李曾璞　张熠星　赵 艳　严 菲　朱倩艳　陈 吉
丁 云　龚 奕　杨 爱　夏 燕　王启年　周 艳　左小燕
张世新　孙海元　孙瑜喆　徐芬芳　刘 甜　潘如山　杨丽美
季园园　张 旋　王吉伟　陈丽珺　金叶婷　戚莉萍　李 昆
严莉娟　陈洪波　黄双双　金蕾芳　马晓娜　曹婷婷　徐恬静
张 恒　严建琴　马 芳　周怡敏　郭冬冬　徐丽丽　何梦莲
史孟昀　吴凤梅　周永清　付士山　张 香　卢文芬　陈波晴
沈丽兰　李冬梅　符小莉　高 瑛　耿藤月　杨 波　张瑞瑞
底 娜　李修芳　张 珍　夏 丽　范晓桦　桑燕霞　张 莹
陈 荣　刘 文　吕永康　张丹泓　全小艳　高凤梅　方 莘
李习习　刘 平　张竹青　张小三　沈 杰　王菊香　徐 磊
杨 娟　张 琰　李毓俊　王 琴　杨玉婷　夏学亮　金 凯

物流管理专升本(业余)(161人)

沈琴芳　钱杨莉　陆之恩　张 燕　严 燕　金琦伟　毛爱凌
徐 娟　赵集凡　张 菲　李 鑫　施星冬　丁爱萍　李东洋
钱 莹　孔 适　周 琳　张海霞　俞红梅　苏 周　张 蕾
郭 佳　胡 健　刘必开　王 孟　刘佳佳　徐燕霞　郭小利

蒋　燕	顾洪涛	韩宗仁	朱仁勇	华斐斐	王征伟	陈　新
潘晓芳	孙丹丹	赵　青	李　剑	郑　璐	朱　红	王　健
梅璟琪	姚和斌	徐静萍	俞佳希	梁燕麟	徐小娟	宋丹微
钱倩倩	李　林	赵　剑	成　慧	沈红赵	吴叶花	丁俊钦
王翠红	许剑刚	赵　波	冯　蓝	王俊文	徐广娅	沈　英
徐　嵩	高梦佳	王育林	相　伟	尤晓莉	蒋　敏	苏冰洁
邢贾佳	赵　正	詹　镒	周　伟	金　融	袁　文	韩　宇
王学娟	王子安	蔡　杰	张宗超	李银平	朱利莉	黄丽华
郑　瑜	孙　悦	钱小琴	杨　倩	李　玲	钱玉菁	王韫婧
杨　浩	柏丽婷	王　栩	马建明	姜　超	吴明芳	陈兴州
梁淑云	于方明	张志斌	储红琳	张作红	吴晓明	何　君
施　伟	时　伟	刘美军	崔元建	王文科	卢玉亭	姜苏华
徐　蓉	杨燕清	孙晓敏	杨秋英	龚春红	唐　正	朱辉燕
张成程	陈凤珍	庞　娟	杨　雪	庄则东	恒莉丽	李　涛
叶润碧	过　明	王　莉	徐萍萍	俞　霓	张新中	钱晓萍
邢　菊	江超平	唐琳莉	王薇华	许黎黎	薛爱华	蒋达飞
易　雷	葛　华	刘　霞	颜建斌	潘佳麟	王　萌	华　界
刘小妹	姚娟兰	秦　杰	施秋明	孙永军	王秋梦	左　娜
沈　宏	夏红建	钱蓉娟	杨婷婷	冯雯娟	周雪萍	郭　阳

行政管理专升本(业余)(83人)

陶凤根	吴晴飞	叶赟青	夏　润	周　建	乙生艳	张　亮
马　莎	胡菊红	朱　艳	刘红莉	鲍传林	薛小同	陆嘉辰
陈垠树	钱宇佼	邹芳婷	钱海花	高月兰	陈　龙	王　春
张钰波	王叶芳	杨　玲	吕　娟	王　运	徐海清	蒋晓杰
冯静洁	吾豪清	时辰济	陈　娟	朱　慧	项　斐	陆圣飞
陈　勇	项嫣青	卢晓雯	石荣杰	朱　艳	朱　丹	高天宇
丁培培	沈　芳	高静丽	黄奇顺	卜旭俊	王　胜	刘　瑛
王一平	张　赛	蒋　敏	张文娟	佘　丽	王丽菊	包黎铖
王雁辰	朱佳玮	宋琳琳	姚佳佳	张　峰	夏　怡	赵　晶
束学定	黄秋芳	曹　巍	严文吉	鲁骐翔	魏　方	石红云
葛　庆	范金胜	汤　波	王圣吉	周钰珊	陈佩剑	孙艳清
杨志明	朱　金	孙　杰	金　俊	秦　杰	曹碧岑	

办学层次

博士后流动站以及博士、硕士研究生学位授权点

2013年博士后流动站一览表

序　号	学科代码	学科名称	序　号	学科代码	学科名称
1	0101	哲学	14	0714	统计学
2	0202	应用经济学	15	0803	光学工程
3	0301	法学	16	0805	材料科学与工程
4	0302	政治学	17	0812	计算机科学与技术
5	0305	马克思主义理论	18	0817	化学工程与技术
6	0401	教育学	19	0821	纺织科学与工程
7	0403	体育学	20	0905	畜牧学
8	0501	中国语言文学	21	1001	基础医学
9	0502	外国语言文学	22	1002	临床医学
10	0602	中国史	23	1004	公共卫生与预防医学
11	0701	数学	24	1007	药学
12	0702	物理学	25	1009	特种医学
13	0703	化学	26	1305	设计学

2013年博士、硕士研究生学位授权点一览表

学科代码	学位点名称	硕士点批准日期	博士点批准日期
0101	哲学(一级学科)	2006年1月25日	2011年3月16日
010101	马克思主义哲学	1981年11月	1998年6月
010102	中国哲学	2000年12月	2003年9月
010103	外国哲学	2003年9月	
010104	逻辑学	2006年12月5日	

续表

学科代码	学位点名称	硕士点批准日期	博士点批准日期
010105	伦理学	1998 年 6 月	
010106	美学	2003 年 9 月	
010107	宗教学	2006 年 1 月 25 日	
010108	科学技术哲学	2006 年 1 月 25 日	
0201	理论经济学(一级学科)		
020101	政治经济学	2000 年 12 月	
020105	世界经济	1996 年 1 月	
0202	应用经济学(一级学科)	2006 年 1 月 25 日	2011 年 3 月 16 日
020201	国民经济学	2006 年 1 月 25 日	
020202	区域经济学	2003 年 9 月	
020203	财政学	1998 年 6 月	2006 年 1 月 25 日
020204	金融学	1996 年 1 月	2000 年 12 月
020205	产业经济学	2006 年 1 月 25 日	
020206	国际贸易学	2006 年 1 月 25 日	
020207	劳动经济学	2006 年 1 月 25 日	
020208	统计学	2006 年 1 月 25 日	
020209	数量经济学	2006 年 1 月 25 日	
020210	国防经济学	2006 年 1 月 25 日	
0301	法学(一级学科)	2006 年 1 月 25 日	2011 年 3 月 16 日
030101	法学理论	1996 年 1 月	
030102	法律史	2003 年 9 月	
030103	宪法学与行政法学	1993 年 12 月	1998 年 6 月
030104	刑法学	2003 年 9 月	
030105	民商法学	2006 年 1 月 25 日	
030106	诉讼法学	2000 年 12 月	
030107	经济法学	2006 年 1 月 25 日	
030108	环境与资源保护法学	2006 年 1 月 25 日	
030109	国际法学	1998 年 6 月	
030110	军事法学	2006 年 1 月 25 日	
0302	政治学(一级学科)	2006 年 1 月 25 日	2011 年 3 月 16 日
030201	政治学理论	1996 年 1 月	2000 年 12 月
030202	中外政治制度	2006 年 1 月 25 日	
030203	科学社会主义与国际共产主义运动	2006 年 1 月 25 日	
030204	中共党史	2006 年 1 月 25 日	
030206	国际政治学	2006 年 1 月 25 日	
030207	国际关系学	2006 年 1 月 25 日	
030208	外交学	2006 年 1 月 25 日	
0303	社会学(一级学科)	2011 年 3 月 16 日	

续表

学科代码	学位点名称	硕士点批准日期	博士点批准日期
030301	社会学	1993 年 12 月	
0305	马克思主义理论(一级学科)		
030501	马克思主义基本原理	2006 年 1 月 25 日	2006 年 1 月 25 日
030505	思想政治教育	2006 年 1 月 25 日	2006 年 1 月 25 日
0401	教育学(一级学科)	2011 年 3 月 16 日	
040101	教育学原理	2000 年 12 月	
040102	课程与教学论	1996 年 1 月	
040106	高等教育学	1998 年 6 月	2003 年 9 月
0402	心理学(一级学科)	2011 年 3 月 16 日	
040201	基础心理学	2006 年 1 月 25 日	
040202	发展与教育心理学	2003 年 9 月	
040203	应用心理学	1993 年 12 月	
0403	体育学(一级学科)	2011 年 3 月 16 日	2011 年 3 月 16 日
040301	体育人文社会学	2000 年 12 月	
040302	运动人体科学	1993 年 12 月	
040303	体育教育训练学	1998 年 6 月	2000 年 12 月
040304	民族传统体育学	2006 年 1 月 25 日	
0501	中国语言文学(一级学科)	2003 年 9 月	2003 年 9 月
050101	文艺学	1996 年 1 月	2003 年 9 月
050102	语言学及应用语言学	2003 年 9 月	2003 年 9 月
050103	汉语言文字学	1996 年 1 月	2003 年 9 月
050104	中国古典文献学	2003 年 9 月	2003 年 9 月
050105	中国古代文学	1981 年 11 月	1981 年 11 月
050106	中国现当代文学	1986 年 7 月	1990 年 10 月
050107	中国少数民族语言文学	2003 年 9 月	2003 年 9 月
050108	比较文学与世界文学	1996 年 1 月	1998 年 6 月
050120	中国通俗文学★	2003 年 12 月	2003 年 12 月
050121	戏剧影视文学★	2003 年 12 月	2003 年 12 月
050122	媒介文化★	2008 年 12 月	2008 年 12 月
0502	外国语言文学(一级学科)	2011 年 3 月 16 日	2011 年 3 月 16 日
050201	英语语言文学	1986 年 7 月	2003 年 9 月
050202	俄语语言文学	1998 年 6 月	
050205	日语语言文学	2006 年 1 月 25 日	
050211	外国语言学及应用语言学	2000 年 12 月	
0503	新闻传播学(一级学科)	2006 年 1 月 25 日	
050301	新闻学	2003 年 9 月	
050302	传播学	1998 年 6 月	

续表

学科代码	学位点名称	硕士点批准日期	博士点批准日期
0602	中国史(一级学科)	2011 年 8 月 5 日	2011 年 8 月 5 日
0603	世界史(一级学科)	2011 年 8 月 5 日	
060101	史学理论及史学史	2006 年 1 月 25 日	
060102	考古学及博物馆学	2006 年 1 月 25 日	
060103	历史地理学	2006 年 1 月 25 日	
060104	历史文献学	2006 年 1 月 25 日	
060105	专门史	1996 年 1 月	
060106	中国古代史	2003 年 9 月	
060107	中国近现代史	1986 年 7 月	1990 年 10 月
060108	世界史	1986 年 7 月	
0701	数学(一级学科)	2003 年 9 月	2003 年 9 月
070101	基础数学	1984 年 1 月	2003 年 9 月
070102	计算数学	2000 年 12 月	2003 年 9 月
070103	概率论与数理统计	1996 年 1 月	2003 年 9 月
070104	应用数学	1986 年 7 月	1990 年 10 月
070105	运筹学与控制论	2003 年 9 月	2003 年 9 月
070120	金融数学★	2007 年 12 月	2007 年 12 月
070121	系统生物学★	2007 年 12 月	2007 年 12 月
0702	物理学(一级学科)	2006 年 1 月 25 日	2011 年 3 月 16 日
070201	理论物理	1986 年 7 月	
070202	粒子物理与原子核物理	2006 年 1 月 25 日	
070203	原子与分子物理	2006 年 1 月 25 日	
070204	等离子体物理	2006 年 1 月 25 日	
070205	凝聚态物理	1990 年 10 月	1996 年 1 月
070206	声学	2006 年 1 月 25 日	
070207	光学	1981 年 11 月	2006 年 1 月 25 日
070208	无线电物理	2006 年 1 月 25 日	
0703	化学(一级学科)	2003 年 9 月	2003 年 9 月
070301	无机化学	1986 年 7 月	2003 年 9 月
070302	分析化学	2003 年 9 月	2003 年 9 月
070303	有机化学	1981 年 11 月	1998 年 6 月
070304	物理化学(含化学物理)	1981 年 11 月	2000 年 12 月
070305	高分子化学与物理	1996 年 1 月	2003 年 9 月
070320	化学生物学★	2003 年 12 月	2003 年 12 月
0710	生物学(一级学科)	2006 年 1 月 25 日	
071001	植物学	2006 年 1 月 25 日	
071002	动物学	2006 年 1 月 25 日	
071003	生理学	1981 年 11 月	

续表

学科代码	学位点名称	硕士点批准日期	博士点批准日期
071004	水生生物学	2006 年 1 月 25 日	
071005	微生物学	2006 年 1 月 25 日	
071006	神经生物学	2006 年 1 月 25 日	
071007	遗传学	2003 年 9 月	
071008	发育生物学	2006 年 1 月 25 日	
071009	细胞生物学	1986 年 7 月	
071010	生物化学与分子生物学	1981 年 11 月	
071011	生物物理学	2006 年 1 月 25 日	
071012	生态学	2006 年 1 月 25 日	
0713	生态学(一级学科)	2011 年 8 月 5 日	
0714	统计学(一级学科)	2011 年 8 月 5 日	2011 年 8 月 5 日
0802	机械工程(一级学科)	2006 年 1 月 25 日	
080201	机械制造及其自动化	2003 年 9 月	
080202	机械电子工程	2003 年 9 月	
080203	机械设计与理论	1986 年 7 月	
080204	车辆工程	2006 年 1 月 25 日	
0803	光学工程(一级学科)	1996 年 1 月	2003 年 9 月
0804	仪器科学与技术(一级学科)	2011 年 3 月 16 日	
080401	精密仪器及机械	2006 年 1 月 25 日	
0805	材料科学与工程(一级学科)	2006 年 1 月 25 日	2011 年 3 月
080501	材料物理与化学	1996 年 1 月	
080502	材料学	1998 年 6 月	2000 年 12 月
080503	材料加工工程	2006 年 1 月 25 日	
0809	电子科学与技术(一级学科)	2011 年 3 月 16 日	
080901	物理电子学	2011 年 3 月 16 日	
080902	电路与系统	2011 年 3 月 16 日	
080903	微电子学与固体电子学	2003 年 9 月	
080904	电磁场语微波技术	2011 年 3 月 16 日	
0810	信息与通信工程(一级学科)	2006 年 1 月 25 日	
081001	通信与信息系统	1993 年 12 月	
081002	信号与信息处理	2003 年 9 月	2006 年 1 月 25 日
0811	控制科学与工程(一级学科)		
081101	控制理论与控制工程	2003 年 9 月	
081102	检测技术与自动化装置	2003 年 9 月	
0812	计算机科学与技术(一级学科)	2011 年 3 月 16 日	2011 年 3 月 16 日
081201	计算机系统结构	2011 年 3 月 16 日	
081202	计算机软件与理论	2000 年 12 月	
081203	计算机应用技术	1993 年 12 月	2000 年 12 月

续表

学科代码	学位点名称	硕士点批准日期	博士点批准日期
0817	化学工程与技术(一级学科)	2011 年 3 月 16 日	
081704	应用化学	1996 年 1 月	2003 年 9 月
0821	纺织科学与工程(一级学科)	2003 年 9 月	2003 年 9 月
082101	纺织工程	1984 年 1 月	1998 年 6 月
082102	纺织材料与纺织品设计	1998 年 6 月	2003 年 9 月
082103	纺织化学与染整工程	1986 年 7 月	2003 年 9 月
082104	服装设计与工程	2000 年 12 月	2003 年 9 月
0831	生物医学工程(一级学科)	2003 年 9 月	
0834	风景园林学(一级学科)	2011 年 8 月 5 日	
0835	软件工程(一级学科)	2011 年 8 月 5 日	2011 年 8 月 5 日
0904	植物保护学(一级学科)		
090402	农业昆虫与害虫防治	2003 年 9 月	
0905	畜牧学(一级学科)		
090504	特种经济动物饲养学	1998 年 6 月	2003 年 9 月
0907	林学(一级学科)		
090706	园林植物与观赏园艺	2006 年 1 月 25 日	
0908	水产学(一级学科)		
090801	水产养殖学	2003 年 9 月	
1001	基础医学(一级学科)	2003 年 9 月	2003 年 9 月
100101	人体解剖与组织胚胎学	1990 年 10 月	2003 年 9 月
100102	免疫学	1986 年 7 月	2000 年 12 月
100103	病原生物学	1981 年 11 月	1990 年 10 月
100104	病理学与病理生理学	1981 年 11 月	2003 年 9 月
100105	法医学	2003 年 9 月	2003 年 9 月
100106	放射医学	1984 年 1 月	1986 年 7 月
100107	航空、航天与航海医学	2003 年 9 月	2003 年 9 月
100120	胚胎生理与围产基础医学★	2004 年 12 月	2004 年 12 月
100121	医学神经生物学★	2004 年 12 月	2004 年 12 月
100122	医学生物化学★	2004 年 12 月	2004 年 12 月
100123	医学细胞生物学★	2004 年 12 月	2004 年 12 月
100124	基因组医学★	2004 年 12 月	2004 年 12 月
100125	分子神经生物学★	2006 年	2006 年
100126	医学心理学★	2006 年	2006 年
1002	临床医学(一级学科)	2006 年 1 月 25 日	2011 年 3 月 16 日
100201	内科学	2003 年 9 月	2003 年 9 月
100201	内科学(心血管病学)	1981 年 11 月	1986 年 7 月
100201	内科学(血液病学)	1981 年 11 月	1981 年 11 月
100201	内科学(呼吸系病学)	1996 年 1 月	2003 年 9 月

续表

学科代码	学位点名称	硕士点批准日期	博士点批准日期
100201	内科学(消化系病学)	2003年9月	2003年9月
100201	内科学(内分泌与代谢病学)	2003年9月	2003年9月
100201	内科学(肾脏病学)	2003年9月	2003年9月
100201	内科学(风湿病学)	2003年9月	2003年9月
100201	内科学(传染病学)	1993年12月	2003年9月
100202	儿科学	1984年1月	2006年1月25日
100203	老年医学	2006年1月25日	
100204	神经病学	1990年10月	
100205	精神病与精神卫生学	1986年7月	
100206	皮肤病与性病学	2006年1月25日	
100207	影像医学与核医学	1981年11月	
100208	临床检验诊断学	2003年9月	
100209	护理学	2006年1月25日	
100210	外科学	2000年12月	2000年12月
100210	外科学(普通外科学)	1981年11月	1986年7月
100210	外科学(骨外科学)	1981年11月	1986年7月
100210	外科学(泌尿外科学)	1986年7月	2000年12月
100210	外科学(胸心血管外科学)	1986年7月	2000年12月
100210	外科学(神经外科学)	1981年11月	1981年11月
100210	外科学(整形外科学)	2000年12月	2000年12月
100210	外科学(烧伤外科学)	1996年1月	2000年12月
100210	外科学(野战外科学)	2000年12月	2000年12月
100211	妇产科学	1998年6月	
100212	眼科学	2006年1月25日	
100213	耳鼻咽喉科学	2006年1月25日	
100214	肿瘤学	1996年1月	
100215	康复医学与理疗学	2006年1月25日	
100216	运动医学	2006年1月25日	
100217	麻醉学	2003年9月	
100218	急诊医学	2000年12月	
1004	公共卫生与预防医学(一级学科)	2006年1月25日	2011年3月16日
100401	流行病与卫生统计学	1986年7月	2006年1月25日
100402	劳动卫生与环境卫生学	1993年12月	2006年1月25日
100403	营养与食品卫生学	1998年6月	
100404	儿少卫生与妇幼保健学	2006年1月25日	
100405	卫生毒理学	1996年1月	2003年9月
100406	军事预防医学	2006年1月25日	
1006	中西医结合医学(一级学科)		

续表

学科代码	学位点名称	硕士点批准日期	博士点批准日期
100602	中西医结合临床医学	2003 年 9 月	
1007	药学(一级学科)	2006 年 1 月 25 日	2011 年 3 月 16 日
100701	药物化学	2003 年 9 月	
100702	药剂学	2006 年 1 月 25 日	
100703	生药学	2006 年 1 月 25 日	
100704	药物分析学	2006 年 1 月 25 日	
100705	微生物与生化药学	2006 年 1 月 25 日	
100706	药理学	1984 年 1 月	2003 年 9 月
1009	特种医学(一级学科)	2011 年 8 月 5 日	2011 年 8 月 5 日
1011	护理学(一级学科)	2011 年 8 月 5 日	2011 年 8 月 5 日
1201	管理科学与工程(一级学科)	2006 年 1 月 25 日	
1202	工商管理学(一级学科)	2006 年 1 月 25 日	
120201	会计学	2000 年 12 月	
120202	企业管理学	1998 年 6 月	2006 年 1 月 25 日
120203	旅游管理学	2006 年 1 月 25 日	
120204	技术经济及管理学	2006 年 1 月 25 日	
1203	农林经济管理学(一级学科)		
120301	农业经济管理学	1993 年 12 月	
1204	公共管理学(一级学科)	2006 年 1 月 25 日	
120401	行政管理学	1998 年 6 月	
120402	社会医学与卫生事业管理学	2006 年 1 月 25 日	
120403	教育经济与管理学	1996 年 1 月	
120404	社会保障学	2003 年 9 月	
120405	土地资源管理学	2006 年 1 月 25 日	
1205	图书馆、情报与档案管理(一级学科)	2011 年 3 月 16 日	
120502	情报学	2006 年 1 月 25 日	
120503	档案学	2003 年 9 月	
1301	艺术学理论(一级学科)	2011 年 8 月 5 日	
1302	音乐与舞蹈学(一级学科)	2011 年 8 月 5 日	
1303	戏剧与影视学(一级学科)	2011 年 8 月 5 日	
1304	美术学(一级学科)	2011 年 8 月 5 日	
1305	设计学(一级学科)	2011 年 8 月 5 日	2011 年 8 月 5 日

注:"★"为一级学科下自设专业。

2013 年苏州大学博士专业学位授权点一览表

序号	专业、领域名称
1	临床医学

2013 年苏州大学硕士专业学位授权点一览表

<table>
<tr><th>序号</th><th colspan="2">专业、领域名称</th></tr>
<tr><td rowspan="11">1</td><td rowspan="11">工程硕士
(11 个工程领域)</td><td>机械工程</td></tr>
<tr><td>光学工程</td></tr>
<tr><td>材料工程</td></tr>
<tr><td>电子与通信工程</td></tr>
<tr><td>集成电路工程</td></tr>
<tr><td>计算机技术</td></tr>
<tr><td>软件工程</td></tr>
<tr><td>化学工程</td></tr>
<tr><td>纺织工程</td></tr>
<tr><td>工业设计工程</td></tr>
<tr><td>控制工程</td></tr>
<tr><td>2</td><td>法律硕士</td><td></td></tr>
<tr><td>3</td><td>公共管理硕士(MPA)</td><td></td></tr>
<tr><td>4</td><td>工商管理硕士(MBA)</td><td></td></tr>
<tr><td>5</td><td>临床医学硕士</td><td></td></tr>
<tr><td>6</td><td>公共卫生硕士</td><td></td></tr>
<tr><td>7</td><td>教育硕士</td><td></td></tr>
<tr><td>8</td><td>农业推广硕士</td><td></td></tr>
<tr><td>9</td><td>艺术硕士</td><td></td></tr>
<tr><td>10</td><td>体育硕士</td><td></td></tr>
<tr><td>11</td><td>翻译硕士</td><td></td></tr>
<tr><td>12</td><td>汉语国际教育硕士</td><td></td></tr>
<tr><td>13</td><td>社会工作硕士</td><td></td></tr>
<tr><td>14</td><td>金融硕士</td><td></td></tr>
<tr><td>15</td><td>会计硕士</td><td></td></tr>
<tr><td>16</td><td>税务硕士</td><td></td></tr>
<tr><td>17</td><td>国际商务硕士</td><td></td></tr>
<tr><td>18</td><td>应用心理硕士</td><td></td></tr>
<tr><td>19</td><td>应用统计硕士</td><td></td></tr>
<tr><td>20</td><td>药学硕士</td><td></td></tr>
<tr><td>21</td><td>新闻传播硕士</td><td></td></tr>
</table>

全日制本科专业情况

苏州大学学院(部)及本科专业/专业方向设置一览表

学院(部)	学院(部)代号	本科专业/专业方向名称
文学院	0001	汉语言文学 汉语言文学(基地) 汉语言文学(师范) 汉语国际教育 戏剧影视文学
政治与公共管理学院	0002	哲学 思想政治教育 行政管理 管理科学 人力资源管理 公共事业管理 物流管理 城市管理
社会学院	0003	历史学(师范) 旅游管理 档案学 劳动与社会保障 图书馆学 社会工作 信息资源管理 社会学
外国语学院	0004	英语 英语(师范) 翻译 日语 俄语(俄英双语) 法语(法英双语) 朝鲜语 德语 西班牙语

续表

学院(部)	学院(部)代号	本科专业/专业方向名称
艺术学院	0005	美术学(美术教育) 美术学(插画) 产品设计 艺术设计学 视觉传达设计 环境设计 服装与服饰设计 服装与服饰设计(时装表演与服装设计)
体育学院	0006	体育教育 运动人体科学 武术与民族传统体育 运动训练
数学科学学院	0007	数学与应用数学(基地) 数学与应用数学(师范) 信息与计算科学 统计学 金融数学 应用统计学
物理科学与技术学院　能源学院	0008	物理学 物理学(师范) 物理学(光伏科学与技术) 电子信息科学与技术 能源与动力工程 光信息科学与工程 测控技术与仪器 新能源材料与器件 建筑环境与能源应用工程
材料与化学化工学部	0009	无机非金属材料工程 高分子材料与工程 材料科学与工程 环境工程 化学工程与工艺 材料化学 化学 应用化学 功能材料

续表

学院(部)	学院(部)代号	本科专业/专业方向名称
东吴商学院(财经学院) 东吴证券金融学院	0010	经济学 国际经济与贸易 财政学 金融学 工商管理 会计学 市场营销 电子商务 财务管理 会计学(国际会计) 经济统计学 金融学类(中外合作办学)(金融学)
王健法学院	0011	法学 知识产权
沙钢钢铁学院	0013	冶金工程 金属材料工程
纳米科学与技术学院	0014	纳米材料与技术
纺织与服装工程学院	0015	轻化工程 纺织工程 服装设计与工程 非织造材料与工程 纺织类(中外合作办学)(纺织工程)
教育学院	0018	教育学(师范) 应用心理学 教育技术学(师范)
音乐学院	0021	音乐表演 音乐学(音乐教育)
计算机科学与技术学院	0027	计算机科学与技术 信息管理与信息系统 软件工程 网络工程 软件工程(嵌入式软件人才培养) 物联网工程

续表

学院(部)	学院(部)代号	本科专业/专业方向名称
电子信息学院	0028	通信工程 信息工程 微电子科学与工程 电子信息工程 电子科学与技术
机电工程学院	0029	电气工程及其自动化 工业工程 机械电子工程 机械工程 材料成型及控制工程
医学部	0030	生物技术 食品质量与安全 生物科学 生物信息学 放射医学 预防医学 药学 中药学 生物制药 生物技术(免疫工程) 临床医学 临床医学(本硕连读) 法医学 医学影像学 口腔医学 医学检验技术 护理学
金螳螂建筑与城市环境学院	0041	建筑学 建筑学(室内设计) 城乡规划 园艺(城市园艺) 园林(城市园林)
城市轨道交通学院	0042	工程管理 车辆工程 交通运输 通信工程(城市轨道交通通信信号) 电气工程及其自动化(城市轨道交通控制工程) 建筑环境与能源应用工程(城市轨道交通环境调控)

续表

学院(部)	学院(部)代号	本科专业/专业方向名称
凤凰传媒学院	0043	新闻学 广播电视学 播音与主持艺术 广告学 广告学(会展广告)

注：本表统计时间截止到2013年7月10日。

成人学历教育专业情况

高中起点本科

人力资源管理
朝鲜语
护理学
英语

专科起点升本科

汉语言文学
人力资源管理
会计学
法学
日语
计算机科学与技术
机械设计制造及其自动化
工程管理
护理学
药学
预防医学
数学与应用数学
物流管理
行政管理
工商管理
英语
网络工程
电子信息工程
电气工程与自动化
建筑环境与设备工程
临床医学
医学影像学
医学检验

全日制各类在校学生的比率情况

全日制各类在校学生的比率情况一览表

类别	人数	占学生总数的比例(%)
研究生	14 261	33.916 8
本科生	25 469	60.572 7
外国留学生	2 317	5.510 5
总计	42 047	100

注：总计中不含成人教育学生数。

教学质量与学科实力

国家基础科学研究与教学人才培养基地情况

2013 年国家基础科学研究与教学人才培养基地一览表

归　属	基地名称
数学科学学院	数　学
文学院	中国语言文学

苏州大学国家级、省(部)级重点学科、重点实验室、公共服务平台、工程(技术)研究中心、重点研究基地及实验教学示范中心

国家级重点学科

1. 放射医学
2. 内科学(血液病学)
3. 外科学(骨外科)
4. 纺织工程

江苏高校优势学科建设项目

1. 艺术学
2. 纺织科学与工程
3. 微纳光学
4. 材料科学与技术
5. 血液转化医学
6. 地方政府与社会管理
7. 特种医学

江苏省"十二五"一级重点(培育)学科

1. 教育学
2. 畜牧学

江苏省"十二五"一级重点学科

1. 哲学
2. 应用经济学
3. 中国语言文学
4. 外国语言文学
5. 中国史
6. 数学
7. 计算机科学与技术
8. 统计学
9. 软件工程
10. 护理学

国家级公共服务平台

1. 国家化学电源产品质量监督检测中心
2. 国家纺织产业创新支撑平台

省部级公共服务平台

1. 江苏省苏州化学电源公共技术服务中心
2. 江苏省苏州丝绸技术服务中心
3. 江苏省苏州医疗器械临床前研究与评价公共技术服务中心
4. 江苏省节能环保材料测试与技术服务中心
5. 江苏省化学电源公共技术服务创新平台提升项目
6. 江苏省先进光学制造技术重点实验室提升项目
7. 苏州大学唐仲英医学研究院建设
8. 张家港工业技术研究院
9. 江苏省动力电池及材料创新服务平台
10. 江苏省中小企业环保产业公共技术服务平台

省部级工程(技术)研究中心

1. 教育部数码激光成像与显示工程研究中心
2. 血液和血管系统疾病诊疗药物技术教育部工程研究中心
3. 江苏省数码激光图像与新型印刷工程技术研究中心
4. 江苏省纺织印染业节能减排与清洁生产工程中心

国家工程实验室

现代丝绸国家工程实验室

省部级实验室

1. 省部共建教育部现代光学技术重点实验室
2. 江苏省先进光学制造技术重点实验室
3. 卫生部血栓与止血重点实验室
4. 江苏省干细胞与生物医用材料重点实验室(省部共建国家重点实验室培育基地)
5. 江苏省干细胞研究重点实验室
6. 江苏省碳基功能材料与器件重点实验室
7. 江苏省薄膜材料重点实验室
8. 江苏省有机合成重点实验室
9. 江苏省计算机信息处理技术重点实验室
10. 江苏省丝绸工程重点实验室
11. 江苏省现代光学技术重点实验室
12. 江苏省放射医学与防护重点实验室
13. 江苏省新型高分子功能材料工程实验室
14. 江苏省先进功能高分子材料设计及应用重点实验室
15. 江苏省感染与免疫重点实验室
16. 江苏省先进机器人技术重点实验室
17. 江苏省水处理新材料与污水资源化工程实验室
18. 全国石油和化工行业有机废水吸附治理及其资源化重点实验室
19. 工业(化学电源)产品质量控制和技术评价实验室
20. 江苏省环境保护水体有机污染物树脂吸附法治理重点实验室
21. 江苏省重大神经精神疾病诊疗技术重点实验室

教育部人文社会科学重点研究基地

中国特色城镇化研究中心

国家体育总局体育社会科学重点研究基地

体育社会科学研究中心

国家体育总局重点实验室

机能评定与体能训练重点实验室

江苏省哲学社会科学研究基地

1. 江苏省吴文化研究基地
2. 苏南发展研究院

3. 江苏当代作家研究基地

江苏高校哲学社会科学重点研究基地

1. 公法研究中心
2. 苏州基层党建研究所
3. 老挝-大湄公河次区域国家研究中心

上海市人民政府发展研究中心决策咨询研究基地

上海市人民政府发展研究中心-苏州大学"地方政府与城市治理"决策咨询研究基地

江苏省决策咨询研究基地

苏南政府治理与社会治理现代化研究基地

国家级实验教学示范中心

1. 物理实验教学中心
2. 纺织与服装设计实验教学中心
3. 计算机与信息技术实验教学中心

江苏省高等学校实验教学示范中心

1. 电工电子基础课实验教学中心
2. 化学基础课实验教学中心
3. 计算机基础课实验教学中心
4. 物理基础课实验教学中心
5. 基础医学教学实验中心
6. 艺术设计实验教学中心
7. 机械基础实验教学中心
8. 纺织服装实验教学中心
9. 生物基础课实验教学中心
10. 传媒与文学实验教学中心
11. 心理与教师教育实验教学中心
12. 工程训练中心
13. 临床技能实验教学中心
14. 纳米材料与技术实验教学中心
15. 新能源材料与器件实验教学中心
16. 建筑与城市环境设计实践教育中心
17. 药学学科综合训练中心
18. 轨道交通实践教育中心

苏州大学2013年度国家、省教育质量工程项目名单

教育部本科专业综合改革试点

教高司函〔2013〕56号
2013年6月3日
苏大教〔2013〕74号
2013年7月12日

专业名称	负责人	学院(部)
数学与应用数学	黄毅生	数学科学学院

江苏省高等学校优秀多媒体教学课件

苏教办高〔2013〕11号
2013年8月19日
苏大教〔2013〕81号
2013年8月28日

等级	课件名称	完成人	学院(部)
一类	《经济法学》(管理类)教学课件	黄建洪 金太军 潘晓珍 周军华 朱 妍	政治与公共管理学院
一类	苏大英语在线网站	赵新刚 郝吉环 叶建敏 黄 婷 金 琳	外国语学院
二类	摄影艺术基础	王 岩 王文利 王启明 王 峰	艺术学院
二类	医学神经生物学(全英文)课件	陶 金 朱永进 朱 奇 单立冬 蒋星红	医学部

2013年江苏省高等学校重点教材

苏教高〔2013〕15号
2013年8月29日
苏大教〔2013〕84号
2013年9月10日

教材名称	版次	主编	学院(部)
中国刑法基本原理 中国刑法罪刑适用	2010年8月第3版	李晓明	王健法学院
社会主义市场经济理论	2010年7月第3版	夏永祥	东吴商学院
中国现代文学史1917—2012(上、下)	2007年1月第1版	朱栋霖	文学院
服装工业制版	2008年5月第1版	李 正	艺术学院

江苏省教改立项研究课题

苏教高〔2013〕16号
2013年9月24日
苏大教〔2013〕87号
2013年10月11日

类别	课题名称	主持人	学院(部)、部门
重中之重	以研究型国际化人才培养为目标的新型书院制的探索与实践	江　涌	校长办公室
重点项目	以带薪实习为特色的校企合作应用型人才培养机制创新	殷爱荪	校长办公室
重点项目（与外研社合作项目）	通识教育背景下的大学英语模块化课程体系创新与建设	孙倚娜 朱全明	外国语学院
一般项目	独立学院应用型人才培养模式的特色与创新研究	傅菊芬 袁益民	应用技术学院
一般项目	普通高校音乐学(音乐教育)声乐课程的改革与探索	张红霞	音乐学院
一般项目	“project 教学法”的创新与实践	程振平 李志栋	纳米科学技术学院
一般项目	基于学生发展的信息化教学中心建设	王剑敏 杨旭辉	教务部　文学院
一般项目（与邮电社合作项目）	基于社会学习理论模型的大学生创业教育课程体系构建研究	李　晶	东吴商学院

教育部教师教育精品资源共享课

教师厅函〔2013〕2号
2013年4月27日
苏大教〔2013〕108号
2013年11月11日

课程名称	主持人	学院(部)
教育资源的开发与利用	赵蒙成	教育学院

教育部第三批卓越工程师教育培养计划

教高厅函〔2013〕38号
2013年10月17日
苏大教〔2013〕109号
2013年11月11日

专业名称	学院(部)
电气工程及其自动化	机电工程学院
高分子材料与工程	材料与化学化工学部

国家级大学生校外实践教学基地

教高司函〔2013〕48 号
2013 年 5 月 7 日
苏大教〔2013〕111 号
2013 年 11 月 13 日

基地名称	主持人	学院(部)
苏州大学-方正国际软件有限公司工程实践教育中心	朱艳琴	计算机科学与技术学院

2013 年江苏省教学成果奖

苏教人〔2013〕14 号
2013 年 12 月 3 日
苏大教〔2013〕125 号
2013 年 12 月 20 日

等级	成果名称	主要完成人	学院(部)
一等奖	创建多模态英语教学环境,构建大学英语创新人才培养模式	孙倚娜　张　莉　张　卓 朱全明　卫　岭　王依超 叶建敏　张凤娟　王彩丽 夏　天	外国语学院
一等奖	数学基础课教学改革与学生创新意识和科研能力的培养	钱定边　曹永罗　黄毅生 唐忠明　张　影	数学科学学院
二等奖	双导师制 IT 创新人才培养模式的探索与实践	杨季文　朱艳琴　汤　哲 赵　雷　罗喜召	计算机科学与技术学院
二等奖	以临床技能实验教学中心为依托,强化医学生临床能力培养的实践与探索	陈卫昌　龚　政　李　明 宋建平　赵　宏	医学部
二等奖	“戏曲走近大学生”:整合一流资源,创新课程模式,提升大学生优秀传统文化认同	朱栋霖　江　涌　唐忠明 石小梅　盛小云	文学院

教育部第二批、第三批精品资源共享课

教高司函〔2013〕115 号
2013 年 10 月 29 日
教高司函〔2013〕132 号
2013 年 12 月 20 日
苏大教〔2013〕132 号
2013 年 12 月 26 日

课程名称	主持人	学院(部)
中国现当代文学	朱栋霖	文学院
大学英语应用类课程	孙倚娜	外国语学院
篮球	王家宏	体育学院
马克思主义哲学	任 平	政治与公共管理学院
普通物理学	晏世雷	物理科学与技术学院
数学分析与习题课	刘长剑	数学科学学院
中文信息处理	朱巧明	计算机科学与技术学院

教育部 2013 年度来华留学英语授课品牌课程

教外司来〔2013〕1113 号
2013 年 7 月 17 日
苏大教〔2013〕133 号
2013 年 12 月 26 日

中文课程名称	课程负责人	学院(部)
中国传统文化	王 宏	外国语学院
基础与临床药理学	镇学初	医学部

苏州大学 2013 年度全日制本科招生就业情况

一、招生计划执行情况

江苏省发展与改革委员会、江苏省教育厅批准我校 2013 年度全日制 114 个专业及专业方向、12 个大类本科招生计划 6 202 名，其中在江苏省外 29 个省(市、自治区)招生计划 2 177 名(含正常计划 1 315 名、新疆定向就业计划 24 名、支持中西部地区协作计划 602 名、贫困地区专项计划 236 名)、内地新疆高中班和内地西藏班招生计划 32 名、新疆双语类少数民族预科生转入本科计划 10 名。实际录取新生 6 172 名。按地区分类：省内 3 650 名、省外 2 522 名；按专业属性分类：普通类 5 737 名、艺术类 280 名、体育类 155 名；按计划属性分类：正常计划 5 593 名、自主选拔录取 214 名(含国家试点学院)、贫困地区专项计划 234 名、保送生 19 名、高水平运动员 14 名、艺术特长生 2 名、新疆定向生 19 名、内地新疆高中班和内地西藏班32名、新疆双语类少数民族预科生转入10名。

二、录取新生基本情况

在学校2013年录取的6 172名新生中,男生占43%,女生占57%;有少数民族新生272名,占总人数的4.4%;有党员6名,预备党员47名,占总人数的0.86%。

1. 江苏省内录取情况

从省内高校的投档分排名来看,大部分批次的投档分排名比2012年有不同程度的提高,尤其是本一理科批次排名由2012年的第9名提升至今年的第6名。

江苏省内录取总体情况汇总(省内招生代码1261)

科类	省控线	最低分	平均分	最高分	2013年最低分超省控线	2013年投档分省内高校排名	2012年投档分省内高校排名
提前体育	326(男) 316(女)	386(男) 376(女)	394(男) 388(女)	420(男) 402(女)	60(男) 60(女)	2(男) 3(女)	1(男) 2(女)
提前美术	410	502	512	526	92	1	4
提前音乐	210	305	310	316	95	2	2
本一文科	328	342	349	368	14	8	7
本一理科	338	353	359	380	15	6	9
本二文科	299	326	328	341	27	1	5
本二理科(不含征平)	312	336	339	357	24	2	7
本二理科(含征平)	312	333	339	357	21		

注:① 体育、美术分数为专业分+文化分,音乐分数为专业分。

② 省内高校排名是指地处江苏的所有高校录取最低分的排名。

江苏省内录取总体情况汇总(省内招生代码1635)

科类	省控线	最低分	平均分	最高分	最低分高出省控线	备注
本一文科	328	336	342.0	356	8	金融学
本一理科	338	353	357.1	363	15	金融学
本二文科	299	318	322.1	328	19	纺织工程
本二理科	312	314	321.6	336	2	纺织工程

2. 江苏省外录取总体情况

江苏省外普通类专业招生涵盖29个省份。文科在除北京以外的28个省份的一志愿投档率均为100%(2012年为25个省份),最低录取分均超出考生所在省份本一批(重点本科批)控制线40分以上的省份有17个(为新疆、宁夏、海南、福建、黑龙江、云南、贵州、安徽、山东、内蒙古、陕西、河北、河南、浙江、湖南、重庆、江西等省份),而2012年为10个,2011年为7个省份。除广东、四川、上海、北京外的25个省份最低录取分均超出考生所在省份本一批(重点本科批)控制线25分以上。

理科在全部29个省份的一志愿投档率均为100%,其中青海、新疆、福建、安徽、海南、云南、贵州、山东、陕西、湖南、宁夏、河南、江西、辽宁、黑龙江、浙江、甘肃、河北、湖北、山西20个省份(2012年为18个省份,2011年为10个省份)的最低录取分均超出考生所在省份本一批(重点本科批)控制线40分以上,除上海、四川、广东、重庆、北京外的24个省份最低录取分均超出考生所在省份本一批(重点本科批)控制线25分以上。

三、就业基本情况

2013年全校本科生毕业生源共计6 280人,创学校历史新高。当前就业形势较为严峻,在号称"大学生史上最难就业季"的大环境下,截至2013年8月30日,初次就业率为73.36%,其中协议就业率为52.04%,灵活就业率为1%,升学出国率为20.33%,自主创业2人;截至12月20日,年终就业率为93.14%,其中协议就业率为64.7%,灵活就业率为4.62%,升学出国率为23.82%,自主创业4人。初次就业率和年终就业率均已超过教育部和省政府的要求,特别是年终就业率,除情况特殊的个别学院(部)外,2013届学生就业率均超过了90%。

四、2013年苏州大学各专业录取情况

苏州大学2013年江苏省普通类本科第一批次专业录取分数统计表

学院(部)	专业名称	文科			理科		
		最高分	最低分	平均分	最高分	最低分	平均分
文学院	汉语言文学(师范)	354	344	348			
	中国语言文学类	366	343	347			
凤凰传媒学院	新闻传播学类	360	344	348	368	362	364
社会学院	历史学(师范)	352	342	345			
	旅游管理	351	343	347	363	357	359
	图书情报与档案管理类	356	342	346	358	353	356
政治与公共管理学院	公共管理类	359	343	348			
	管理科学	358	346	350	364	363	364
	人力资源管理	360	349	352	366	364	365
	思想政治教育	351	342	346			
	哲学	344	342	343			
教育学院	教育技术学(师范)				365	353	355
	教育学(师范)	356	342	346			
	应用心理学				367	354	358
东吴商学院	财务管理	361	357	359	370	368	368
	财政学	359	356	357	369	366	367
	工商管理	359	353	356	368	367	367

续表

学院(部)	专业名称	文科			理科		
		最高分	最低分	平均分	最高分	最低分	平均分
东吴商学院	国际经济与贸易	365	356	359	369	367	368
	会计学(含国际会计)	371	360	363	378	369	372
	金融学	369	360	363	375	370	371
	金融学类(中外合作办学)(金融学)	356	336	342	363	353	357
	经济学	359	356	358	368	366	367
王健法学院	法学	362	354	356	367	363	365
	知识产权	356	351	353	359	357	358
外国语学院	朝鲜语	353	342	348	363	356	359
	德语	359	349	352	367	360	362
	俄语(俄英双语)	349	343	346	358	354	355
	法语(法英双语)	363	351	355	369	361	364
	翻译	362	347	351	365	359	361
	日语	348	342	345	362	355	357
	西班牙语	359	349	352	367	358	362
	英语	355	348	350	367	362	364
	英语(师范)	361	349	353	366	362	364
金螳螂建筑与城市环境学院	建筑类				372	364	366
	园林(城市园林)				364	358	361
	园艺(城市园艺)				363	358	361
数学科学学院	金融数学				369	364	366
	数学类				368	356	360
	数学与应用数学(师范)				372	357	360
	统计学				366	356	360
物理科学与技术学院	测控技术与仪器				363	354	357
	电子信息科学与技术				363	358	360
	光电信息科学与工程				366	358	361
	能源与动力工程				367	358	361
	物理学				361	354	356
	物理学(师范)				365	355	356
	新能源材料与器件				362	358	360

续表

学院(部)	专业名称	文科			理科		
		最高分	最低分	平均分	最高分	最低分	平均分
材料与化学化工学部	材料类				368	355	358
	化学工程与工艺				362	353	356
	化学类				367	353	356
	环境工程				370	355	359
纳米科学技术学院	纳米材料与技术				379	354	360
计算机科学与技术学院	计算机类				366	356	359
	软件工程				366	358	361
	物联网工程				367	356	359
	信息管理与信息系统				363	355	357
电子信息学院	电子科学与技术				362	354	357
	电子信息工程				367	358	361
	通信工程				368	360	362
	微电子科学与工程				360	353	356
	信息工程				361	353	356
机电工程学院	电气工程及其自动化				369	363	365
	工业工程				361	355	357
	机械类				377	359	361
沙钢钢铁学院	金属材料工程				362	353	356
	冶金工程				359	353	355
纺织与服装工程学院	纺织类				365	354	357
	轻化工程				356	353	355
城市轨道交通学院	车辆工程				361	356	357
	电气工程及其自动化(城市轨道交通控制工程)				366	360	362
	建筑环境与能源应用工程(城市轨道交通环境调控)				360	355	357
	交通运输				357	353	354
	通信工程(城市轨道交通通信信号)				368	356	358

续表

学院(部)	专业名称	文科			理科		
		最高分	最低分	平均分	最高分	最低分	平均分
医学部	法医学				360	357	358
	放射医学				363	357	359
	口腔医学				363	360	361
	临床医学				369	360	362
	临床医学(本硕连读)				381	363	367
	生物科学类				365	353	356
	生物信息学				357	353	355
	生物制药				366	353	356
	食品质量与安全				364	357	360
	药学				365	354	357
	医学检验技术				369	357	360
	医学影像学				367	359	361
	预防医学				360	357	359
	中药学				359	353	354

注:2013 年江苏省本一省控线:文科 328 分,理科 338 分;等级要求:AB。

苏州大学 2013 年江苏省普通类本科第二批次专业录取分数统计表

学院(部)	专业名称	文科			理科		
		最高分	最低分	平均分	最高分	最低分	平均分
社会学院	劳动与社会保障	341	328	331	344	337	339
政治与公共管理学院	城市管理	334	327	328	342	339	340
	物流管理	341	327	330	344	338	340
东吴商学院	电子商务				345	337	339
	市场营销	337	327	330	349	338	341
计算机科学与技术学院	软件工程(嵌入式培养)				348	337	340
纺织与服装工程学院	纺织类(中外合作办学)(纺织工程)	328	318	322	336	314	322
城市轨道交通学院	工程管理				357	339	342
医学部	护理学				342	333	337

注:2013 年江苏省本二省控线:文科 299 分,理科 312 分;等级要求:BB。

苏州大学2013年江苏省本科体育、艺术类专业录取分数统计表

学院(部)	专业	最高分	最低分	平均分	科类
体育学院	体育教育(女)	402	376	392	不分文理
	体育教育(男)	420	390	396	不分文理
	运动人体科学(女)	384	377	380	不分文理
	运动人体科学(男)	394	386	389	不分文理
	武术与民族传统体育	84	73	77	不分文理
	运动训练	82	56	72	不分文理
音乐学院	音乐表演	154	131	142	不分文理
	音乐学(音乐教育)	316	305	310	不分文理
艺术学院	产品设计	520	511	515	不分文理
	服装与服饰设计	526	512	517	不分文理
	服装与服饰设计(时装表演与服装设计)	136	110	128	不分文理
	环境设计	519	519	519	不分文理
	美术学(插画)	511	504	506	不分文理
	美术学(美术教育)	518	506	512	不分文理
	视觉传达设计	517	512	514	不分文理
	艺术设计学	510	502	506	不分文理
凤凰传媒学院	播音与主持艺术	885	780	818	不分文理

注:2013年江苏省体育类本科省控线(文化/专业):男生216/110分,女生216/100分;2013年江苏省艺术类本科省控线(文化/专业):美术230/180分,音乐185/210分,艺术单考170分/专业合格;等级要求:D等级不超过3门。

苏州大学2013年各省(直辖市、自治区)录取分数统计表

省份	文史					理工				
	省控线	最高分	最低分	平均分	投档一志愿率(%)	省控线	最高分	最低分	平均分	投档一志愿率(%)
北京	549	608	553	569.00	83.33	550	607	553	577.08	100
天津	533	580	565	571.60	100	521	589	556	563.26	100
河北	561	610	605	607.18	100	538	604	585	588.91	100
山西	507	552	538	542.56	100	493	561	533	539.70	100
内蒙古	474	540	520	532.00	100	482	608	518	553.20	100
辽宁	554	619	586	596.35	100	538	625	593	600.69	100
吉林	510	565	545	555.50	100	535	610	570	578.24	100
黑龙江	504	575	563	567.27	100	527	594	581	584.83	100
上海	448	467	462	465.17	100	405	459	429	439.25	100

续表

省份	文史					理工				
	省控线	最高分	最低分	平均分	投档一志愿率（%）	省控线	最高分	最低分	平均分	投档一志愿率（%）
浙江	619	668	661	664.25	100	617	690	670	674.76	100
安徽	540	596	591	593.27	100	490	581	565	568.61	100
福建	513	583	573	576.69	100	501	601	577	585.40	100
江西	532	577	572	573.80	100	517	591	572	577.61	100
山东	570	628	617	620.94	100	554	643	622	625.67	100
河南	519	569	562	565.18	100	505	586	560	565.67	100
湖北	531	578	560	564.67	100	527	576	568	570.46	100
湖南	557	609	598	601.69	100	495	578	553	562.79	100
广东	594	620	613	615.70	100	574	610	594	598.58	100
广西	541	589	580	584.92	100	510	610	545	568.65	100
海南	667	753	731	738.43	100	608	718	681	691.27	100
重庆	556	621	597	605.13	100	520	591	535	571.56	100
四川	567	594	586	588.71	100	562	630	585	593.38	100
贵州	522	592	575	584.70	100	449	570	517	533.83	100
云南	520	599	579	586.82	100	495	608	564	579.17	100
陕西	540	604	586	591.00	100	485	587	549	566.00	100
甘肃	503	572	537	545.97	100	489	584	536	550.99	100
青海	435	527	460	491.43	100	383	553	468	500.60	100
宁夏	484	557	549	552.75	100	455	533	511	519.16	100
新疆	460	551	531	541.14	100	443	603	525	545.11	100

注：上海市满分为600分，浙江省满分为810分，海南省满分为900分，云南省满分为772分，其余各省满分均为750分。

五、2013 年苏州大学本科生就业情况

2013 届本科毕业生年终就业率统计表

院系	专业	总就业率	其中		
			协议就业率	灵活就业率	升学出国率
合计		93.14%（5 849/6 280）	64.70%（4 063/6 280）	4.62%（290/6 280）	23.82%（1 496/6 280）
沙钢钢铁学院		93.33%（56/60）	80.00%（48/60）	0.00%（0/60）	13.33%（8/60）
	材料科学与工程（冶金过程自动化）	93.10%（27/29）	79.31%（23/29）	0.00%（0/29）	13.79%（4/29）

续表

院系	专业	总就业率	其中		
			协议就业率	灵活就业率	升学出国率
	机械工程及自动化(冶金过程装备及控制)	93.55%(29/31)	80.65%(25/31)	0.00%(0/31)	12.90%(4/31)
城市轨道交通学院		95.58%(324/339)	76.11%(258/339)	2.36%(8/339)	17.11%(58/339)
	机械工程及自动化(城市轨道交通车辆工程)	95.71%(67/70)	71.43%(50/70)	1.43%(1/70)	22.86%(16/70)
	通信工程(城市轨道交通通信信号)	92.75%(64/69)	76.81%(53/69)	0.00%(0/69)	15.94%(11/69)
	电气工程与自动化(城市轨道交通控制工程)	98.51%(66/67)	82.09%(55/67)	2.99%(2/67)	13.43%(9/67)
	建筑环境与设备工程(城市轨道交通环境调控)	97.44%(38/39)	79.49%(31/39)	0.00%(0/39)	17.95%(7/39)
	信息管理与信息系统(城市轨道交通运营管理)	90.74%(49/54)	77.78%(42/54)	1.85%(1/54)	11.11%(6/54)
	工业工程(城市轨道交通工程管理)	100.00%(40/40)	67.50%(27/40)	10.00%(4/40)	22.50%(9/40)
纺织与服装工程学院		96.67%(232/240)	67.50%(162/240)	7.08%(17/240)	22.08%(53/240)
	轻化工程	95.95%(71/74)	71.62%(53/74)	5.41%(4/74)	18.92%(14/74)
	纺织工程	97.33%(73/75)	70.67%(53/75)	2.67%(2/75)	24.00%(18/75)
	服装设计与工程	100.00%(42/42)	64.29%(27/42)	9.52%(4/42)	26.19%(11/42)
	非织造材料与工程	93.88%(46/49)	59.18%(29/49)	14.29%(7/49)	20.41%(10/49)

续表

院系	专业	总就业率	其中		
			协议就业率	灵活就业率	升学出国率
音乐学院	音乐学（音乐教育）	93.33%（42/45）	66.67%（30/45）	4.44%（2/45）	22.22%（10/45）
电子信息学院		98.47%（257/261）	69.73%（182/261）	4.60%（12/261）	24.14%（63/261）
	微电子学	97.10%（67/69）	65.22%（45/69）	4.35%（3/69）	27.54%（19/69）
	电子信息工程	100.00%（33/33）	78.79%（26/33）	12.12%（4/33）	9.09%（3/33）
	通信工程	98.39%（61/62）	58.06%（36/62）	0.00%（0/62）	40.32%（25/62）
	电子科学与技术	100.00%（29/29）	79.31%（23/29）	13.79%（4/29）	6.90%（2/29）
	信息工程	98.53%（67/68）	76.47%（52/68）	1.47%（1/68）	20.59%（14/68）
王健法学院	法学	83.51%（157/188）	53.72%（101/188）	6.91%（13/188）	22.87%（43/188）
材料与化学化工学部		98.55%（407/413）	58.11%（240/413）	0.97%（4/413）	39.47%（163/413）
	化学	99.32%（146/147）	53.74%（79/147）	2.04%（3/147）	43.54%（64/147）
	应用化学	96.67%（29/30）	80.00%（24/30）	0.00%（0/30）	16.67%（5/30）
	材料化学	100.00%（32/32）	62.50%（20/32）	0.00%（0/32）	37.50%（12/32）
	无机非金属材料工程	97.50%（39/40）	77.50%（31/40）	2.50%（1/40）	17.50%（7/40）
	高分子材料与工程	100.00%（51/51）	37.25%（19/51）	0.00%（0/51）	62.75%（32/51）
	材料科学与工程	93.48%（43/46）	60.87%（28/46）	0.00%（0/46）	32.61%（15/46）
	环境工程	100.00%（23/23）	100.00%（23/23）	0.00%（0/23）	0.00%（0/23）
	化学工程与工艺	100.00%（43/43）	34.88%（15/43）	0.00%（0/43）	65.12%（28/43）

续表

院系	专业	总就业率	其中		
			协议就业率	灵活就业率	升学出国率
	化工与制药	100.00% (1/1)	100.00% (1/1)	0.00% (0/1)	0.00% (0/1)
机电工程学院		93.69% (193/206)	77.67% (160/206)	0.00% (0/206)	16.02% (33/206)
	材料成型及控制工程	96.88% (31/32)	78.13% (25/32)	0.00% (0/32)	18.75% (6/32)
	机械工程及自动化	91.30% (42/46)	65.22% (30/46)	0.00% (0/46)	26.09% (12/46)
	机械电子工程	94.59% (35/37)	83.78% (31/37)	0.00% (0/37)	10.81% (4/37)
	电气工程与自动化	93.33% (56/60)	83.33% (50/60)	0.00% (0/60)	10.00% (6/60)
	工业工程	93.55% (29/31)	77.42% (24/31)	0.00% (0/31)	16.13% (5/31)
凤凰传媒学院		90.21% (129/143)	60.84% (87/143)	4.90% (7/143)	24.48% (35/143)
	新闻学	89.53% (77/86)	54.65% (47/86)	3.49% (3/86)	31.40% (27/86)
	广播电视新闻学	91.67% (22/24)	62.50% (15/24)	8.33% (2/24)	20.83% (5/24)
	广告学	90.91% (30/33)	75.76% (25/33)	6.06% (2/33)	9.09% (3/33)
教育学院		91.38% (106/116)	56.90% (66/116)	14.66% (17/116)	19.83% (23/116)
	教育学	100.00% (24/24)	75.00% (18/24)	4.17% (1/24)	20.83% (5/24)
	教育技术学	95.83% (23/24)	54.17% (13/24)	16.67% (4/24)	25.00% (6/24)
	教育技术学(数字媒体技术)	100.00% (27/27)	74.07% (20/27)	22.22% (6/27)	3.70% (1/27)
	应用心理学	78.05% (32/41)	36.59% (15/41)	14.63% (6/41)	26.83% (11/41)
东吴商学院		91.20% (539/591)	62.61% (370/591)	5.58% (33/591)	23.01% (136/591)

续表

院系	专业	总就业率	其中		
			协议就业率	灵活就业率	升学出国率
	经济学	92.86% (26/28)	39.29% (11/28)	7.14% (2/28)	46.43% (13/28)
	国际经济与贸易	88.73% (63/71)	63.38% (45/71)	11.27% (8/71)	14.08% (10/71)
	财政学(税务)	95.24% (40/42)	59.52% (25/42)	19.05% (8/42)	16.67% (7/42)
	金融学	91.09% (92/101)	56.44% (57/101)	0.99% (1/101)	33.66% (34/101)
	工商管理	88.10% (37/42)	69.05% (29/42)	4.76% (2/42)	14.29% (6/42)
	市场营销	91.57% (76/83)	65.06% (54/83)	2.41% (2/83)	24.10% (20/83)
	会计学	97.70% (85/87)	78.16% (68/87)	1.15% (1/87)	18.39% (16/87)
	会计学(国际会计)	97.87% (46/47)	59.57% (28/47)	0.00% (0/47)	38.30% (18/47)
	财务管理	90.70% (39/43)	65.12% (28/43)	11.63% (5/43)	13.95% (6/43)
	电子商务	74.47% (35/47)	53.19% (25/47)	8.51% (4/47)	12.77% (6/47)
社会学院		93.86% (275/293)	63.48% (186/293)	4.44% (13/293)	25.94% (76/293)
	社会学	100.00% (1/1)	100.00% (1/1)	0.00% (0/1)	0.00% (0/1)
	社会工作	93.55% (58/62)	62.90% (39/62)	3.23% (2/62)	27.42% (17/62)
	历史学	90.00% (27/30)	60.00% (18/30)	6.67% (2/30)	23.33% (7/30)
	旅游管理	87.18% (34/39)	58.97% (23/39)	5.13% (2/39)	23.08% (9/39)
	劳动与社会保障	96.67% (58/60)	66.67% (40/60)	6.67% (4/60)	23.33% (14/60)
	图书馆学	88.24% (30/34)	50.00% (17/34)	2.94% (1/34)	35.29% (12/34)

续表

院系	专业	总就业率	其中		
			协议就业率	灵活就业率	升学出国率
	档案学	100.00% (30/30)	83.33% (25/30)	6.67% (2/30)	10.00% (3/30)
	信息资源管理	100.00% (37/37)	62.16% (23/37)	0.00% (0/37)	37.84% (14/37)
数学科学学院		91.32% (200/219)	57.99% (127/219)	8.22% (18/219)	25.11% (55/219)
	数学与应用数学	90.91% (110/121)	55.37% (67/121)	4.13% (5/121)	31.40% (38/121)
	信息与计算科学	88.24% (45/51)	58.82% (30/51)	17.65% (9/51)	11.76% (6/51)
	统计学	95.74% (45/47)	63.83% (30/47)	8.51% (4/47)	23.40% (11/47)
体育学院		78.95% (165/209)	63.16% (132/209)	4.31% (9/209)	11.48% (24/209)
	体育教育	92.11% (70/76)	76.32% (58/76)	3.95% (3/76)	11.84% (9/76)
	运动训练	65.85% (54/82)	53.66% (44/82)	4.88% (4/82)	7.32% (6/82)
	运动人体科学	72.73% (16/22)	63.64% (14/22)	0.00% (0/22)	9.09% (2/22)
	民族传统体育	86.21% (25/29)	55.17% (16/29)	6.90% (2/29)	24.14% (7/29)
外国语学院		94.87% (296/312)	70.51% (220/312)	2.88% (9/312)	21.47% (67/312)
	英语	94.96% (113/119)	66.39% (79/119)	1.68% (2/119)	26.89% (32/119)
	英语(翻译)	88.46% (23/26)	61.54% (16/26)	3.85% (1/26)	23.08% (6/26)
	俄语(俄英双语)	100.00% (31/31)	80.65% (25/31)	3.23% (1/31)	16.13% (5/31)
	德语	82.76% (24/29)	37.93% (11/29)	3.45% (1/29)	41.38% (12/29)
	法语(法英双语)	97.30% (36/37)	72.97% (27/37)	2.70% (1/37)	21.62% (8/37)

续表

院系	专业	总就业率	其中		
			协议就业率	灵活就业率	升学出国率
	日语	97.73% (43/44)	88.64% (39/44)	0.00% (0/44)	9.09% (4/44)
	朝鲜语	100.00% (26/26)	88.46% (23/26)	11.54% (3/26)	0.00% (0/26)
文学院		91.71% (177/193)	51.81% (100/193)	8.81% (17/193)	31.09% (60/193)
	汉语言文学	92.20% (130/141)	57.45% (81/141)	9.22% (13/141)	25.53% (36/141)
	对外汉语	90.38% (47/52)	36.54% (19/52)	7.69% (4/52)	46.15% (24/52)
艺术学院		94.44% (238/252)	72.22% (182/252)	4.37% (11/252)	17.86% (45/252)
	美术学(美术教育)	88.24% (30/34)	64.71% (22/34)	5.88% (2/34)	17.65% (6/34)
	艺术设计学	100.00% (16/16)	93.75% (15/16)	0.00% (0/16)	6.25% (1/16)
	艺术设计	94.89% (167/176)	69.89% (123/176)	4.55% (8/176)	20.45% (36/176)
	艺术设计(时装表演与服装设计)	96.15% (25/26)	84.62% (22/26)	3.85% (1/26)	7.69% (2/26)
政治与公共管理学院		91.72% (288/314)	70.38% (221/314)	1.59% (5/314)	19.75% (62/314)
	哲学	100.00% (1/1)	100.00% (1/1)	0.00% (0/1)	0.00% (0/1)
	思想政治教育	100.00% (29/29)	48.28% (14/29)	0.00% (0/29)	51.72% (15/29)
	管理科学	96.30% (26/27)	81.48% (22/27)	0.00% (0/27)	14.81% (4/27)
	人力资源管理	92.68% (38/41)	78.05% (32/41)	0.00% (0/41)	14.63% (6/41)
	物流管理	91.11% (82/90)	80.00% (72/90)	1.11% (1/90)	10.00% (9/90)

续表

院系	专业	总就业率	其中		
			协议就业率	灵活就业率	升学出国率
	行政管理	90.91%(40/44)	63.64%(28/44)	0.00%(0/44)	27.27%(12/44)
	公共事业管理	81.82%(18/22)	72.73%(16/22)	0.00%(0/22)	9.09%(2/22)
	城市管理	90.00%(54/60)	60.00%(36/60)	6.67%(4/60)	23.33%(14/60)
医学部		91.26%(961/1 053)	60.40%(636/1 053)	4.18%(44/1 053)	26.69%(281/1 053)
	生物科学	70.97%(22/31)	51.61%(16/31)	9.68%(3/31)	9.68%(3/31)
	生物科学(应用生物学)	78.79%(26/33)	60.61%(20/33)	0.00%(0/33)	18.18%(6/33)
	生物技术	87.23%(41/47)	34.04%(16/47)	6.38%(3/47)	46.81%(22/47)
	生物技术(食品质量与安全)	80.49%(33/41)	58.54%(24/41)	9.76%(4/41)	12.20%(5/41)
	生物技术(生物制药)	88.46%(46/52)	50.00%(26/52)	5.77%(3/52)	32.69%(17/52)
	生物信息学	0.00%(0/1)	0.00%(0/1)	0.00%(0/1)	0.00%(0/1)
	应用生物科学	100.00%(1/1)	100.00%(1/1)	0.00%(0/1)	0.00%(0/1)
	临床医学(七年制)	97.06%(66/68)	91.18%(62/68)	5.88%(4/68)	0.00%(0/68)
	预防医学	100.00%(49/49)	71.43%(35/49)	2.04%(1/49)	26.53%(13/49)
	临床医学(五年制)	93.44%(285/305)	48.52%(148/305)	1.64%(5/305)	43.28%(132/305)
	医学影像学	97.50%(39/40)	62.50%(25/40)	5.00%(2/40)	30.00%(12/40)
	医学检验	100.00%(29/29)	86.21%(25/29)	10.34%(3/29)	3.45%(1/29)
	放射医学	95.00%(76/80)	67.50%(54/80)	3.75%(3/80)	23.75%(19/80)

续表

院系	专业	总就业率	其中		
			协议就业率	灵活就业率	升学出国率
	口腔医学	90.00% (27/30)	66.67% (20/30)	6.67% (2/30)	16.67% (5/30)
	法医学	84.62% (22/26)	57.69% (15/26)	3.85% (1/26)	23.08% (6/26)
	护理学	96.67% (87/90)	82.22% (74/90)	5.56% (5/90)	8.89% (8/90)
	药学	84.16% (85/101)	56.44% (57/101)	2.97% (3/101)	24.75% (25/101)
	中药学	93.10% (27/29)	62.07% (18/29)	6.90% (2/29)	24.14% (7/29)
计算机科学与技术学院		96.91% (376/388)	67.27% (261/388)	11.08% (43/388)	18.56% (72/388)
	计算机科学与技术	97.56% (80/82)	63.41% (52/82)	7.32% (6/82)	26.83% (22/82)
	软件工程	98.51% (66/67)	73.13% (49/67)	16.42% (11/67)	8.96% (6/67)
	软件工程(嵌入式软件人才培养)	96.67% (145/150)	70.67% (106/150)	10.67% (16/150)	15.33% (23/150)
	网络工程	91.67% (33/36)	58.33% (21/36)	2.78% (1/36)	30.56% (11/36)
	信息管理与信息系统	98.11% (52/53)	62.26% (33/53)	16.98% (9/53)	18.87% (10/53)
金螳螂建筑与城市环境学院		96.39% (160/166)	71.69% (119/166)	1.81% (3/166)	22.89% (38/166)
	建筑学	97.06% (33/34)	76.47% (26/34)	0.00% (0/34)	20.59% (7/34)
	建筑学(室内设计)	100.00% (32/32)	90.63% (29/32)	0.00% (0/32)	9.38% (3/32)
	城市规划	100.00% (42/42)	59.52% (25/42)	7.14% (3/42)	33.33% (14/42)

续表

院系	专业	总就业率	其中		
			协议就业率	灵活就业率	升学出国率
	园艺(城市园艺)	92.31% (24/26)	61.54% (16/26)	0.00% (0/26)	30.77% (8/26)
	园林(城市园林)	90.63% (29/32)	71.88% (23/32)	0.00% (0/32)	18.75% (6/32)
物理科学与技术学院		97.13% (271/279)	62.72% (175/279)	1.79% (5/279)	32.62% (91/279)
	物理学	98.82% (84/85)	48.24% (41/85)	1.18% (1/85)	49.41% (42/85)
	电子信息科学与技术	100.00% (40/40)	85.00% (34/40)	0.00% (0/40)	15.00% (6/40)
	光信息科学与技术	97.73% (43/44)	56.82% (25/44)	2.27% (1/44)	38.64% (17/44)
	测控技术与仪器	90.91% (30/33)	63.64% (21/33)	0.00% (0/33)	27.27% (9/33)
	热能与动力工程	97.50% (39/40)	62.50% (25/40)	7.50% (3/40)	27.50% (11/40)
	建筑环境与设备工程	94.59% (35/37)	78.38% (29/37)	0.00% (0/37)	16.22% (6/37)

苏州大学科研机构情况

2013 年校级科研机构一览表

机构归属	科研机构名称	负责人	成立时间	批文号
苏州大学	放射医学研究所	童　建	1983 年 8 月 30 日	核安字〔1983〕136 号
江苏省卫生厅	江苏省血液研究所	阮长耿	1988 年 6 月 18 日	苏卫人〔1988〕20 号
苏州大学	教育科学研究中心	母小勇	1988 年 10 月 4 日	苏大科字〔1988〕73 号
苏州大学	蚕学研究所	沈卫德	1989 年 12 月 22 日	苏蚕委字〔1989〕26 号

续表

机构归属	科研机构名称	负责人	成立时间	批文号
苏州大学	医学生物技术研究所	张学光	1990年2月29日	核总安发〔1990〕35号
苏州大学	中药研究所	顾振纶	1991年2月26日	核总安发〔1991〕32号
中国核工业集团公司	中核总核事故医学应急中心	姜　忠	1991年12月7日	核总安发〔1991〕213号
苏州大学	生化工程研究所(原保健食品研究所)	吴士良	1993年6月15日	核总安发〔1993〕99号
苏州大学	比较文学研究中心	方汉文	1994年4月9日	苏大科字〔1994〕16号
苏州大学	核医学研究所	吴锦昌	1994年6月1日	核总人组发〔1994〕184号
苏州大学	纵横汉字信息技术研究所	钱培德	1994年6月21日	苏大科字〔1994〕26号
苏州大学	神经科学研究所	刘春风	1995年4月3日	核总人组发〔1995〕110号
苏州大学	社会与发展研究所	张　明	1995年5月10日	苏大〔1995〕28号
苏州大学	信息光学工程研究所	陈林森	1995年10月30日	苏大〔1995〕52号
苏州大学	物理教育研究所	陶　洪	1995年11月2日	苏大科字〔1995〕53号
苏州大学	邓小平理论研究中心	朱炳元	1996年10月5日	苏大〔1996〕20号
苏州大学	吴文化国际研究中心	王卫平	1996年12月5日	苏大〔1996〕28号
苏州大学	辐照技术研究所	朱南康	1996年12月19日	核总人组发〔1996〕515号
苏州大学	苏南发展研究院	田晓明(顾建平)	1997年4月7日	苏大科字〔1997〕6号
苏州大学	卫生发展研究中心	徐　勇	1998年4月10日	核总人组发〔1998〕133号
苏州大学	丝绸科学研究院	陈国强	1999年8月23日	苏大委〔1999〕35号
苏州大学	信息技术研究所	朱巧明	1999年11月25日	苏大委〔1999〕55号
苏州大学	现代光学技术研究所	王钦华	2000年5月12日	苏大科字〔2000〕14号
苏州大学	江苏省数码激光图像与新型印刷工程研究中心	陈林森	2000年9月20日	苏科技〔2000〕194号 苏财工〔2000〕131号
苏州大学	领导科学研究所	夏东民	2001年3月22日	苏大〔2001〕14号
苏州大学	儿科医学研究所	陈　军	2001年3月22日	苏大〔2001〕14号
苏州大学	数学研究所	万哲先	2001年12月4日	苏大办〔2001〕22号
苏州大学	中国昆曲研究中心	周　秦	2001年12月12日	苏州大学与苏州市政府协议
苏州大学	水产研究所	凌去非	2002年5月14日	苏大科〔2002〕18号

续表

机构归属	科研机构名称	负责人	成立时间	批文号
苏州大学	中国特色城镇化研究中心	陈　忠	2003年4月28日	苏大科〔2003〕26号
苏州大学	英语语言学研究所	顾佩娅	2003年12月27日	苏大科〔2003〕84号
苏州大学	体育社会科学研究中心	王家宏	2003年2月17日	体政字〔2003〕4号
苏州大学	妇女发展研究中心	李兰芬	2006年10月27日	苏大办复〔2006〕32号
苏州大学	非物质文化遗产研究中心	李超德	2006年10月24日	苏大人〔2006〕102号
苏州大学	应用数学研究所	姜礼尚	2006年10月29日	苏大人〔2006〕126号
苏州大学	化学电源研究所	郑军伟	2007年10月9日	苏大人〔2007〕91号
苏州大学	金融工程研究中心	姜礼尚（王过京）	2007年12月13日	苏大人〔2007〕121号
苏州大学	系统生物学研究中心	沈百荣	2007年12月13日	苏大人〔2007〕122号
苏州大学	马克思主义研究院	朱炳元	2007年3月22日	苏大人〔2007〕25号
苏州大学	东吴书画研究院	华人德	2007年3月23日	苏大人〔2007〕27号
苏州大学	苏州基层党建研究所	王卓君	2007年6月26日	苏大委〔2007〕26号
苏州大学	生态批评研究中心	鲁枢元	2007年7月6日	苏大人〔2007〕69号
苏州大学	地方政府研究所	沈荣华	2007年7月7日	苏大人〔2007〕71号
苏州大学	人口研究所	王卫平	2007年10月11日	苏大人〔2007〕93号
苏州大学	科技查新工作站		2008年1月8日	苏大科技〔2008〕1号
苏州大学	出版研究所	吴培华	2008年1月21日	苏大社科〔2008〕1号
苏州大学	人力资源研究所	田晓明	2008年4月9日	苏大社科〔2008〕3号
苏州大学	唐仲英血液学研究中心	吴庆余	2008年5月19日	苏大〔2008〕28号
苏州大学	功能纳米与软物质研究院	李述汤	2008年6月5日	苏大科技〔2008〕25号
苏州大学	新药研发中心	杨世林	2008年6月25日	苏大科技〔2008〕28号
江苏省	吴文化研究基地	王卫平	2008年10月26日	苏社科规划领字〔2008〕1号
苏州大学	高性能计算与应用研究所	陈国良	2008年12月8日	苏大科技〔2008〕62号
苏州大学	骨科研究所	杨惠林	2008年12月31日	苏大〔2008〕102号

续表

机构归属	科研机构名称	负责人	成立时间	批文号
苏州大学	苏州节能技术研究所	沈明荣	2009年1月5日	苏大科技〔2009〕1号
苏州大学	嵌入式仿生智能研究所	王守觉	2009年4月20日	苏大科技〔2009〕9号
苏州大学	社会公共文明研究所	芮国强	2009年6月8日	苏大〔2009〕21号
苏州大学	廉政建设与行政效能研究所	王卓君	2009年6月24日	苏大委〔2009〕37号
苏州大学	东吴公法与比较法研究所	王克稳	2009年10月27日	苏大科技〔2009〕49号
苏州大学	生物制造研究中心	卢秉恒	2009年10月27日	苏大科技〔2009〕50号
苏州大学	机器人与微系统研究中心	孙立宁	2010年1月5日	苏大科〔2010〕3号
苏州大学	高技术产业研究院	陈林森	2010年1月12日	苏大人〔2010〕6号
苏州大学	生物医学研究院	熊思东	2010年1月16日	苏大科〔2010〕8号
苏州大学	台商投资与发展研究所	张　明	2010年6月8日	苏大科〔2010〕14号
江苏省	公法研究中心	胡玉鸿	2010年9月15日	苏大科〔2010〕21号
苏州大学	国家心血管病中心苏州大学分中心	胡盛寿（沈振亚）	2010年10月13日	苏大科〔2010〕28号
苏州大学	社会发展研究院	王卓君	2010年10月26日	苏大〔2010〕58号
苏州大学	交通工程研究中心	汪一鸣	2010年12月29日	苏大科〔2010〕46号
苏州大学	农业生物技术与生态研究院	沈卫德	2011年4月6日	苏大科〔2011〕23号
苏州大学	转化医学研究中心	熊思东	2011年4月25日	苏大科〔2011〕25号
苏州大学	生物钟研究中心	王　晗	2011年5月3日	苏大科〔2011〕26号
苏州大学	苏州大学人才测评研究所	田晓明	2011年6月8日	苏大〔2011〕21号
苏州大学	环境治理与资源化研究中心	路建美	2011年6月30日	苏大科〔2011〕32号
苏州大学	高等统计与计量经济中心	杨立坚	2011年7月13日	苏大科〔2011〕34号
苏州大学	盛世华安智慧城市物联网研究所	朱巧明	2011年9月28日	苏大科〔2011〕36号

续表

机构归属	科研机构名称	负责人	成立时间	批文号
苏州大学	激光制造技术研究所	石世宏	2011 年 10 月 28 日	苏大科〔2011〕43 号
苏州大学	苏州大学老挝研究中心	钮菊生	2011 年 11 月 2 日	苏大科〔2011〕47 号
苏州大学	苏州大学地方政府与社会管理研究中心	金太军	2011 年 12 月 31 日	苏大科〔2011〕57 号
苏州大学	苏州大学古典文献研究所	罗时进	2011 年 12 月 31 日	苏大科〔2011〕58 号
苏州大学	新媒介与青年文化研究中心	马中红	2012 年 1 月 10 日	苏大社科〔2012〕1 号
江苏省	苏州基层党建研究所	王卓君	2012 年 1 月 11 日	苏教社政〔2012〕1 号
苏州大学	智能结构与系统研究所	毛凌锋	2012 年 1 月 20 日	苏大科技〔2012〕8 号
苏州大学	典籍翻译研究所	王腊宝	2012 年 3 月 2 日	苏大社科〔2012〕3 号
苏州大学	检查发展研究中心	李乐平	2012 年 4 月 1 日	苏大社科〔2012〕6 号
苏州大学	百森互联网公共服务研究中心	芮国强	2012 年 4 月 1 日	苏大社科〔2012〕4 号
苏州大学	汉语及汉语应用研究中心	曹　炜	2012 年 4 月 1 日	苏大社科〔2012〕4 号
苏州大学	东吴哲学研究所	李兰芬	2012 年 4 月 27 日	苏大社科〔2012〕8 号
苏州大学	苏州大学·现代快报地产研究中心	芮国强	2012 年 6 月 7 日	苏大社科〔2012〕9 号
苏州大学	放射医学及交叉学科研究院	柴之芳	2012 年 6 月 22 日	苏大科技〔2012〕28 号
苏州大学	心血管病研究所	沈振亚	2012 年 7 月 1 日	苏大人〔2012〕54 号
苏州大学	苏州大学·邦城未来城市研究中心	段进军	2012 年 7 月 7 日	苏大社科〔2012〕10 号
苏州大学	网络舆情分析与研究中心	周　毅	2012 年 9 月 21 日	苏大社科〔2012〕13 号
苏州大学	苏州广告研究所	芮国强	2012 年 9 月 21 日	苏大社科〔2012〕14 号
苏州大学	唐仲英医学研究院	吴庆宇	2012 年 10 月 11 日	苏大委〔2012〕34 号
苏州大学	城市·建筑·艺术研究院	吴永发	2012 年 10 月 22 日	苏大社科〔2012〕15 号

续表

机构归属	科研机构名称	负责人	成立时间	批文号
苏州大学	苏州大学-西安大略大学同步辐射联合研究中心	T. K. Sham	2012年11月12日	苏大科技〔2012〕45号
苏州大学	数学与交叉科学研究中心	鄂维南	2012年11月12日	苏大科技〔2012〕46号
苏州大学	ASIC芯片设计与集成系统研究所	乔东海	2012年11月28日	苏大科技〔2012〕49号
苏州大学	食品药品检验检测中心	黄　瑞	2012年12月21日	苏大科技〔2012〕59号
文学院	苏州大学跨文化研究中心	王　尧	2013年3月7日	苏大社科〔2013〕5号
苏州大学	呼吸疾病研究所	黄建安	2013年5月9日	苏大委〔2013〕29号
艺术学院	苏州大学艺术研究院	田晓明	2013年6月19日	苏大社科〔2013〕6号
王健法学院	知识产权研究院	胡玉鸿	2013年9月22日	苏大委〔2013〕56号
党委统战部	苏州基层统战理论与实践研究所	王卓君	2013年9月27日	苏大社科〔2013〕10号
苏州大学	先进数据分析研究中心	周晓芳	2013年9月27日	苏大科技〔2013〕17号

科研成果与水平

2013 年度苏州大学科研成果情况

2013 年度苏州大学科研成果一览表

单　　位	鉴定成果	获奖成果	SCI	SCIE	EI	ISTP	核心期刊论文	授权专利及软件著作权
文学院	0	0	0	0	0	0	72	0
凤凰传媒学院	0	2	0	0	0	0	28	0
社会学院	0	6	0	0	0	0	69	0
政治与公共管理学院	0	4	0	0	0	0	141	0
外国语学院	0	1	0	0	0	0	32	0
体育学院	0	1	0	0	0	0	47	0
教育学院	0	1	0	0	0	0	62	0
王健法学院	0	0	0	0	0	0	110	0
东吴商学院(财经学院)　东吴证券金融学院	0	8	0	0	0	0	75	0
艺术学院、音乐学院	0	0	0	0	0	0	72	0
数学科学学院	0	0	32	60	4	1	0	0
物理科学与技术学院　能源学院	0	1	99	109	94	10	0	17
材料与化学化工学部	1	5	331	371	200	6	0	80
计算机科学与技术学院	0	0	4	19	46	15	0	89
电子信息学院	0	0	10	23	25	12	0	26
机电工程学院	0	0	9	17	28	42	0	66
纺织与服装工程学院	0	12	22	54	30	44	0	55
医学部	3	12	171	256	29	20	0	105

续表

单　　位	鉴定成果	获奖成果	SCI	SCIE	EI	ISTP	核心期刊论文	授权专利及软件著作权
金螳螂建筑与城市环境学院	0	1	0	0	0	8	0	25
城市轨道交通学院	0	0	1	4	9	7	0	9
信息光学工程研究所	0	0	3	3	5	1	3	3
现代光学技术研究所	0	0	3	5	24	0	3	16
化学电源研究所	0	0	3	5	3	0	3	6
功能纳米与软物质研究院	0	0	98	124	82	1	0	8
机关及其他部门	0	0	3	3	3	5	0	22
附属第一医院	0	30	99	194	2	30	0	0
附属第二医院	0	17	33	54	0	14	0	0
附属儿童医院	0	16	11	19	0	2	0	0
合　计	4	117	932	1320	584	218	717	527

2013 年度苏州大学科研成果获奖情况

一、科技成果获奖情况

1. 国家科技进步奖(2 项)

序号	项目名称	获奖等级	完成单位	主要完成人
1	丝胶回收关键技术及其应用	二等奖	苏州大学、鑫缘茧丝绸集团股份有限公司、浙江理工大学、苏州膜华材料科技有限公司等	陈国强　邢铁玲　孙道权 洪耀良　张雨青　王祥荣 林俊雄　盛家镛　陈忠立 刘华平
2	功能吸附纤维的制备及其在工业有机废水处置中的关键技术	二等奖	苏州大学、天津工业大学、苏州天立蓝环保科技有限公司、邯郸恒永防护洁净用品有限公司	肖长发　路建美　李　华 徐乃库　蒋　军　封　严 王丽华　程博闻　徐庆锋 杨竹强

2. 教育部高等学校科学研究优秀成果奖(科学技术)(4 项)

序号	项目名称	获奖等级	完成单位	主要完成人
1	功能性杂环有机分子的合成、性质及应用研究	二等奖	苏州大学	纪顺俊　史达清　汪顺义 徐小平　黄志斌　周民锋 朱松磊　沈志良　窦国兰
2	高血压的发育源性研究及相关技术	二等奖	苏州大学、苏州大学附属第一医院	徐智策　茅彩萍　吕娟秀
3	共刺激分子在免疫相关疾病中的作用机制和临床意义	二等奖	苏州大学、苏州大学附属第一医院	张学光　侯建全　黄建安 陈卫昌　汪　健　戚春建 张光波　朱一蓓　居颂光 吴昌平　华　东　陈旭勤 黄子逸
4	肘关节功能障碍和组织粘连防治新技术建立与相关基础研究	二等奖	上海交通大学、苏州大学	范存义　金　拓　崔文国 魏良明　袁伟恩　吴　飞 王　伟　阮洪江　黎逢峰 刘　珅　欧阳元明　汪春阳

3. 江苏省科技进步奖(13 项)

序号	项目名称	获奖等级	完成单位	主要完成人
1	高容量树脂型吸附材料研发及其在“油”污染废水中的可循环治理技术	一等奖	苏州大学	路建美　徐庆锋　李　华 蒋　军　王丽华　李娜君 陈冬赟
2	变换光学器件的设计	二等奖	苏州大学	陈焕阳
3	变分迭代算法及其应用	二等奖	苏州大学、东华大学、上海大学	何吉欢　徐　岚
4	共刺激分子及其调节网络与免疫相关疾病的机制和检测	二等奖	苏州大学附属第一医院、苏州大学	张学光　朱一蓓　居颂光 王　勤　孙　静　张光波 瞿秋霞　葛　彦　陈　成
5	儿童急性白血病的基础与临床研究	二等奖	苏州大学附属儿童医院、常州市第一人民医院、苏州大学附属第一医院	胡绍燕　潘　健　顾伟英 祁小飞　赵文理　冯　星 柴忆欢　何海龙　王　易

续表

序号	项目名称	获奖等级	完成单位	主要完成人
6	帕金森病的神经保护及自噬调控靶点	三等奖	苏州大学附属第二医院、苏州大学	刘春风 梁中琴 杨亚萍 罗蔚锋 毛成洁 秦正红 王 芬
7	胎源性高血压机制与胎儿学中药评估技术平台重要成果	三等奖	苏州大学附属第一医院	徐智策 茅彩萍 孙 森 吕娟秀 夏 飞 张鹏杰 李凌君
8	血栓与出血性疾病相关抗体诊疗药物的研发及其临床应用	三等奖	苏州大学、苏大赛尔免疫生物技术有限公司	阮长耿 何 杨 江 森 赵益明 季顺东 杨剑峰 沈 飞
9	高强力生丝家蚕新品种的育成及产业化应用	三等奖	苏州大学、南通市新丝路蚕业有限公司、西南大学等	李 兵 沈卫德 周家华 鲁 成 汪 玲 严松俊 佘柳涛
10	儿童急性呼吸道感染多病原学监测及防治体系建设的研究	三等奖	苏州大学附属儿童医院	季 伟 王宇清 汪 健 周卫芳 陈正荣 郭万亮 严永东
11	高性能膨体弹力真丝及其制品	三等奖	江苏华佳丝绸有限公司、苏州大学	俞金键 陈宇岳 林 红 徐海祥 陈冬良 吴伟英 吴丽珍
12	生物活性材料对烧伤创面修复的调控机制及其应用研究	三等奖	无锡市第三人民医院、苏州大学	吕国忠 吕 强 赵 朋 黄继人 朱宇刚 虞俊杰 李成万
13	骨关节软骨疾病的外科治疗	二等奖	南京医科大学第一附属医院(江苏省人民医院)、南京军区南京总医院、苏州大学附属第一医院	范卫民 赵建宁 孙俊英 刘 锋 王 青 崔维顶 陈哲峰 郭敦明 周锦春

4. “纺织之光”中国纺织工业协会科学技术奖(5项)

序号	项目名称	获奖等级	完成单位	主要完成人
1	高性能真丝新材料及其制品的产业化	一等奖	苏州大学、江苏佳华丝绸有限公司、张家港耐尔纳米科技有限公司	陈宇岳 林 红 王春花 俞金键 张 峰 眭建华 徐海祥
2	3D/2D服装用人体数据资源及产业化智能体系构建	二等奖	苏州大学、上海市服装研究所、上海和鹰机电科技股份有限公司	尚笑梅 许 鉴 凌 军 李 淳 李 慧 祁 宁 左保齐 聂雅渊 朱信枢 黄 华

续表

序号	项目名称	获奖等级	完成单位	主要完成人
3	建筑补强用结构材料的开发及其抗裂性能研究	三等奖	苏州大学、苏州丝绸博物馆、吴江振兴实业有限公司	王国和　顾建华　周正华　沈　惠　沈新华　眭建华　梁颜芳
4	生态蚕丝被的研发及其产业化	二等奖	南通那芙尔服饰有限公司、苏州大学、鑫缘茧丝绸集团股份有限公司	潘世俊　石继均　邢铁玲　梅德祥　盛家镛　胡小明　丁桂莲
5	广西 6A 生丝关键技术的研究与开发	三等奖	横县桂华茧丝绸有限责任公司、苏州大学、杭州天峰纺织机械有限公司	胡征宇　卢受坤　刘景刚　黄农审　黄娇连　黄继伟　俞海峰

5. 国防科技进步奖(1 项)

序号	项目名称	获奖等级	完成单位	主要完成人
1	中国核设施营运单位操纵人员心理测评系统的研发	三等奖	苏州大学附属第二医院	刘玉龙　李　元　卞华慧　陈炜博　邱梦悦　廖海红　戴婷婷　王优优　姜梅玲

6. 中国石油和化学工业联合会科学技术奖(1 项)

序号	项目名称	获奖等级	完成单位	主要完成人
1	海绵状树脂型吸附剂开发及其在化工有机废水治理中的应用	一等奖	苏州大学	路建美　李　华　徐庆锋　蒋　军　王丽华　李娜君　陈冬赟

7. 中国商业联合会科学技术奖(1 项)

序号	项目名称	获奖等级	完成单位	主要完成人
1	优质生丝家蚕新品种的选育及其产业化应用	二等奖	苏州大学、南通市新丝路蚕业有限公司、西南大学、江苏新丝路丝业有限公司	李　兵　沈卫德　周家华　鲁　成　汪　玲　严松俊　沈以红　许雅香　卫正国　陈玉华　管竞芳　王　静

8. 中华医学科技奖(1 项)

序号	项目名称	获奖等级	完成单位	主要完成人
1	相关协同刺激分子和肺癌的基础与临床研究	二等奖	苏州大学附属第一医院	黄建安　陈　成　穆传勇　陈延斌　朱一蓓　瞿秋霞　张学光

9. 华夏医学科技奖(3 项)

序号	项目名称	获奖等级	完成单位	主要完成人
1	信号事件在 B 淋巴细胞发生与恶性转化中的作用及其机制	二等奖	苏州大学附属第一医院	国　风　康苏娅　孙爱宁　唐海英　施毕旻　周　鹏　徐晶晶
2	医疗保健产品辐射灭菌关键技术集成创新及推广应用	三等奖	苏州大学	刘清芳　朱南康　刘芬菊　王春雷　滕维芳　高爱民　刘　雯　陈卫国
3	肺癌中重要协同刺激分子的作用机制及其临床转化应用	三等奖	苏州大学附属第一医院、苏州大学	黄建安　张学光　陈　成　朱一蓓　陈延斌　瞿秋霞　王　翎　穆传勇

10. 江苏省海洋与渔业科技创新奖(3 项)

序号	项目名称	获奖等级	完成单位	主要完成人
1	泥鳅健康养殖关键技术与示范推广	二等奖	苏州大学、连云港市渔业技术推广站、淮安市水产技术指导站等	凌去非　张晓君　陆　波　周凤建　王圣强　单爱华　倪前干　陈　武　强晓刚　宋学宏　马善乐　金殿凯　王　苏
2	草型湖泊河蟹养殖及其有机污染控制	三等奖	苏州大学、江苏省太湖渔业管理委员会办公室、中国水产科学研究院淡水渔业研究中心	宋学宏　王小林　邴旭文　杨彩根　孙丙耀　吴林坤　沈振华　陆建明　朱红梅　王明荣　朱茂晓
3	“太湖一号”青虾规模化繁育及生态高效养殖技术推广	一等奖	江苏省水产技术推广站、中国水产科学研究院淡水渔业研究中心、苏州大学等	龚培培　邹宏海　傅洪拓　宋学宏　叶金明　王荣林　张茂友　朱银安　王福全　丁彩霞　王苗苗　诸葛燕　郭　闯　张　倩　盖建军

11. 江苏医学科学技术奖(7 项)

序号	项目名称	获奖等级	完成单位	主要完成人
1	相关协同刺激分子和肺癌的基础与临床研究	二等奖	苏州大学附属第一医院	黄建安　陈　成　穆传勇　陈延斌　朱一蓓　瞿秋霞　张学光
2	帕金森病的神经保护及自噬调控靶点	二等奖	苏州大学附属第二医院、苏州大学	刘春风　梁中琴　胡丽芳　杨亚萍　毛成洁　王　芬　白龙梅

续表

序号	项目名称	获奖等级	完成单位	主要完成人
3	VEGF165 基因和 Ang-1 基因共表达促进血管新生效应的基础与应用研究	三等奖	苏州大学附属儿童医院	吕海涛 杨吉成 李明忠 杨向军 谢宇锋
4	PPARγ 配体罗格列酮与全反式维甲酸(ATRA)对多发性骨髓瘤细胞生长的影响	三等奖	苏州大学附属第二医院、苏州大学附属第一医院	黄海雯 徐 杨 吴德沛 傅晋翔 陈广华
5	不同来源间充质干细胞在神经系统疾病中的应用基础研究	三等奖	苏州大学附属第一医院	薛 群 张学光 董万利 方 琪 蒋觉安 陈永井 王明元 古彦铮
6	脊髓胶质细胞在癌性痛和炎性痛中的作用及其机制	三等奖	苏州大学附属第一医院	杨建平 刘思兰 胡计嬅 王丽娜 稽富海 成 浩
7	细胞因子与2型糖尿病大血管并发症相关性的基础及临床研究	三等奖	苏州大学附属第一医院	成兴波 李慧娟 鲁 燕 范庆涛

12. 苏州市科学技术进步奖(22项)

序号	项目名称	获奖等级	完成单位	主要完成人
1	苏州市科技创新创业市长奖	市长奖	苏州大学	路建美
2	胶质瘤干细胞在恶性胶质瘤放射抗拒中作用的研究	二等奖	苏州大学附属第二医院	陆雪官 董 军 沈云天 邢鹏飞 邹 莉
3	神经胶质细胞在放射性脑损伤发病及防治中的作用研究	二等奖	苏州大学附属第二医院	田 野 张力元 陈应柱 包士尧 刘春风
4	电离辐射生物效应与放射损伤防治新技术	二等奖	苏州大学	杨占山 许玉杰 华道本 张舒羽 杨 巍 崔凤梅 焦 旸 孙 亮 王 畅
5	NF-κB 信号通路在七氟烷预处理对大鼠心肌保护机制中的作用	三等奖	苏州大学附属第二医院	王 琛 谢 红 覃 琴 刘 霞 吴雪梅

续表

序号	项目名称	获奖等级	完成单位	主要完成人
6	对"铁蓄积"在骨质疏松症发生过程中作用、机理的临床基础研究	三等奖	苏州大学附属第二医院	徐又佳　李光飞　张　鹏 沈光思　赵国阳　贾　鹏 何银锋
7	手部皮支蒂逆行皮瓣修复手指中远节皮肤软组织缺损的应用	三等奖	苏州大学附属第二医院	王培吉　江　波　赵家举 周凯龙　张　勇
8	苏州市农村地区急诊医疗服务体系的优化及适宜急救技术示范工程	三等奖	苏州大学附属第二医院、苏州市卫生局、常熟市第一人民医院等	刘励军　张月林　熊玉宝 殷桂霞　徐　波　陈小康 张　洪　陈　波　姜　俭
9	RMP在肝癌发生和发展中的作用	三等奖	苏州大学	魏文祥　缪竞诚　蒋敬庭 杨慧翠
10	女性好发恶性肿瘤遗传易感性检测及其临床应用	一等奖	苏州大学附属第二医院、苏州大学	胡　敏　周翊峰　邓杰琼 郭亮生　周素芳　郑　健
11	新型磁性纳米材料在肿瘤诊治及医学成像中的应用	二等奖	苏州大学附属第一医院、苏州大学	李勇刚　郭　亮　刘　庄 顾宏伟　戴　慧　程　亮 陈铟铟　马新星　刘雨蒙
12	胰腺癌细胞生长相关信号通路干预及其机制研究	二等奖	苏州大学附属第一医院、苏州大学	李　伟　陶　敏　谢宇锋 杨吉成　龚斐然　苏成海 陈　凯　李道明　段卫明
13	川崎病冠状动脉损害的基础与临床研究	二等奖	苏州大学附属儿童医院	吕海涛　徐秋琴　丁粤粤 张建敏　孙　凌
14	儿童急性白血病的基础与临床研究	二等奖	苏州大学附属儿童医院	潘　健　胡绍燕　李建琴 吴水燕
15	18F-FDG分子影像及B7-H3检测在肺癌诊断及疗效评价中的应用	三等奖	苏州大学附属第一医院	王振欣　章　斌　张光波 倪　斌　周　斌　朱彦博 高　远
16	雷公藤红素抑制胶质瘤血管新生的实验研究	三等奖	苏州大学附属第一医院	周幽心　黄煜伦　孙春明 叶　明　左剑玲　许期年 谢学顺　冯　鸣　周　岱
17	微创内固定新技术在胫骨远端骨折中的研究与临床应用	三等奖	苏州大学附属第一医院	郭炯炯　杨惠林　钱海鑫 徐耀增　黄立新　朱雪松 唐天驷

续表

序号	项目名称	获奖等级	完成单位	主要完成人
18	协同共刺激分子 4-1BB/4-1BBL 免疫调控作用	三等奖	苏州大学附属第一医院	张学光 居颂文 居颂光 张光波 周 斌 傅丰庆 刘翠平
19	新生儿窒息多脏器损伤的基础与临床研究	三等奖	苏州大学附属儿童医院	冯 星 肖志辉 李艳红 孙 斌 徐利晓
20	血栓与出血性疾病相关抗体药物的研发及其在临床诊疗中的应用	一等奖	苏州大学附属第一医院	阮长耿 何 杨 江 淼 赵益明 杨剑峰 季顺东 沈 飞
21	新型磁性纳米材料在肿瘤诊治及医学成像中的应用	二等奖	苏州大学附属第一医院、苏州大学	李勇刚 郭 亮 刘 庄 顾宏伟 戴 慧 程 亮 陈铟铟 马新星 刘雨蒙
22	超临界 CO_2 流体无水生态染色关键技术及中试装备系统	三等奖	吴江飞翔印染有限公司、苏州大学	程安康 龙家杰 陆同庆 潘永祥 蒋耀兴 管新海 陈国强 赵建平 徐永林

13. 江苏省卫生厅医学新技术引进奖(23 项)

序号	项目名称	获奖等级	完成单位	主要完成人
1	经肛门内镜显微手术	一等奖	苏州大学附属第二医院	邢春根 吴 勇 杨晓东
2	PD-L1(B7-H1)在肺癌诊治新策略中的应用	一等奖	苏州大学附属第一医院	黄建安 陈延斌 穆传勇
3	个体化设计后凸成形术治疗顽固疼痛性陈旧椎体骨折	一等奖	苏州大学附属第一医院	陈 亮 顾 勇 毛海青
4	流式微球技术检测血小板特异性自身抗体方法的建立及临床应用	一等奖	苏州大学附属第一医院	何 杨 朱明清 赵赟霄
5	凝血相关因子检测技术在造血干细胞移植早期并发症诊断和治疗中的应用	一等奖	苏州大学附属第一医院	吴德沛 韩 悦 吴小津
6	Ang-1 和 VEGF165 双基因共表达系统的构建与应用	一等奖	苏州大学附属儿童医院	吕海涛 孙 凌 杨吉成

续表

序号	项目名称	获奖等级	完成单位	主要完成人
7	前交叉韧带重建手术中运用x线定位的临床技术	二等奖	苏州大学附属第二医院	徐又佳　董启榕　沈光思
8	苏南地区女性好发恶性肿瘤遗传易感性检测及其临床应用	二等奖	苏州大学附属第二医院	胡　敏　周翊峰　郭亮生
9	CD40分子及其单克隆抗体在宫颈癌诊疗新策略中的应用	二等奖	苏州大学附属第一医院	黄　沁　瞿秋霞　陈友国
10	氟比洛芬酯在术后镇痛中的应用及其对血液流变学的影响	二等奖	苏州大学附属第一医院	嵇富海　朱国汉　杨建平
11	免疫调节治疗重型肝炎的应用研究	二等奖	苏州大学附属第一医院	甘建和　罗二平　黄小平
12	免疫抑制剂治疗脑血管痉挛的基础与临床研究	二等奖	苏州大学附属第一医院	陈　罡　王　中　孙晓欧
13	趋化因子动员树突状细胞的肿瘤疫苗免疫治疗胃癌的实验及应用研究	二等奖	苏州大学附属第一医院	李德春　何宋兵　汪　良
14	缺血后适应在急性心肌梗死左室收缩功能保护中的临床应用	二等奖	苏州大学附属第一医院	杨向军　赵彩明　薛　枫
15	血管内介入治疗内脏动脉瘤的策略及适应证	二等奖	苏州大学附属第一医院	朱晓黎　倪才方　刘一之
16	移植免疫诊疗体系的创新及关键技术的临床应用	二等奖	苏州大学附属第一医院	侯建全　何　军　魏雪栋
17	用膜滤过联合激光扫描细胞仪检测乳腺癌患者循环肿瘤细胞	二等奖	苏州大学附属第一医院	陶　敏　刘海燕　李　伟
18	脂肪因子与2型糖尿病大血管并发症的相关性	二等奖	苏州大学附属第一医院	成兴波　李慧娟　施耀方

续表

序号	项目名称	获奖等级	完成单位	主要完成人
19	多参数评估法在儿童急性白血病个体化治疗中的应用	二等奖	苏州大学附属儿童医院	胡绍燕　赵文理　曹　岚
20	高迁移率族蛋白 B1 在小儿呼吸道感染及炎症性疾病中的检测应用	二等奖	苏州大学附属儿童医院	周卫芳　季　伟　尤海章
21	尿蛋白标志物在评价儿童肾损伤中的临床应用	二等奖	苏州大学附属儿童医院	李艳红　冯　星　李晓忠
22	影像学分型在儿童病毒性肺炎中作用及临床应用	二等奖	苏州大学附属儿童医院	汪　健　郭万亮　盛　茂
23	早产儿发育支持护理	二等奖	苏州大学附属儿童医院	汤文决　盛晓郁　郭宏卿

14. 中核集团科技奖(2 项)

序号	项目名称	获奖等级	完成单位	主要完成人
1	中国核设施营运单位操纵人员心理测评系统的研发	二等奖	苏州大学附属第二医院	刘玉龙　李　元　卞华慧 陈炜博　邱梦悦　廖海红 戴婷婷　王优优　姜梅玲
2	自噬及其相关信号通路调节对胃癌放射敏感性影响的研究	三等奖	苏州大学附属第二医院	邢春根　朱宝松　赵　奎 吴永友　杨晓东　龚　巍 刘玉龙　陆雪官　陈正荣

15. 香港桑麻基金会纺织科技奖(3 项)

序号	项目名称	获奖等级	完成单位	主要完成人
1	丝胶回收与综合利用关键技术及产业化	一等奖	苏州大学	邢铁玲
2	超临界 CO_2 流体无水生态染色关键技术及中试装备系统	二等奖	苏州大学	陈　廷
3	纺粘非织造气流拉伸关键技术及应用	二等奖	苏州大学	龙家杰

16. 各类校级奖(9 项)

序号	获奖类别	获奖等级	获奖人	所在单位
1	周氏教育科研奖	优异奖	王家宏	体育学院
2	周氏教育科研奖	优异奖	何　耀	功能纳米与软物质研究院
3	周氏教育科研奖	优异奖	倪　宏	医学部儿科临床医学院
4	周氏教育科研奖	优秀奖	王　宏	外国语学院
5	周氏教育科研奖	优秀奖	毛新良	唐仲英血液学研究中心
6	周氏教育科研奖	优秀奖	权小锋	东吴商学院(财经学院)东吴证券金融学院
7	周氏教育科研奖	优胜奖	李亚红	材料与化学化工学部
8	周氏教育科研奖	优胜奖	高玉振	医学部基础医学与生物科学学院
9	周氏教育科研奖	优胜奖	康振辉	功能纳米与软物质研究院

二、人文社科研究成果获奖情况

1. 国家旅游局优秀旅游学术成果奖(人文社会科学)(1 项)

序号	项目名称	成果形式	获奖等级	主要完成人	所在单位
1	乡村居民旅游支持度影响模型及机理——基于不同生命周期阶段的苏州乡村旅游地比较	论文	优秀奖	汪德根	社会学院

2. 江苏省“社科应用研究精品工程”优秀成果(4 项)

序号	项目名称	成果形式	获奖等级	主要完成人	所在单位
1	公共环境促进乡村文明——《苏北(汉王镇)新农村居民公共空间环境状况调查报告》	调查报告	一等奖	张　琦	金螳螂建筑与城市环境学院
2	中国外资企业有效税负研究	著作	二等奖	李　伟	东吴商学院(财经学院)东吴证券金融学院

续表

序号	项 目 名 称	成果形式	获奖等级	主要完成人	所在单位
3	苏州率先创建全国文明城市群研究	研究报告	二等奖	芮国强	凤凰传媒学院
4	对网络问政公众参与现状的调查研究——以苏州市为例	论文	二等奖	王 芹	社会学院

3. 苏州市首届"社科应用研究精品工程"优秀成果奖(15 项)

序号	项 目 名 称	成果形式	获奖等级	主要完成人	所在单位
1	生态文明应做好十大制度建设	研究报告	一等奖	张劲松	政治与公共管理学院
2	苏州在苏南自主创新示范区中的功能定位与实现路径	论文	一等奖	王 俊 段进军 孙 强 钱 龙	东吴商学院(财经学院) 东吴证券金融学院
3	践行群众路线的媒体创新平台——大型新闻谈话节目"对话苏州"的探索与思考	研究报告	一等奖	苏州媒体创新研究课题组	凤凰传媒学院
4	苏州城乡一体化实践探索的理论思考	论 文	二等奖	乔耀章 巩建青	政治与公共管理学院
5	苏州市企业低碳物流建构决策咨询报告	研究报告	二等奖	陈 铭	东吴商学院(财经学院) 东吴证券金融学院
6	苏州生态文明城市建设面临困难与解决对策研究	论 文	三等奖	宋言奇	社会学院
7	全球化视角下的我国企业专利战略研究	论 文	三等奖	张 斌	东吴商学院(财经学院) 东吴证券金融学院
8	我国农业保险制度建立与完善机制研究——以苏州市为例	论 文	三等奖	姚海明	东吴商学院(财经学院) 东吴证券金融学院
9	遗产旅游地意象媒介传播机制——苏州园林与江南古镇的比较研究	论 文	三等奖	周永博 沈 敏 魏向东 梁 峰	社会学院

续表

序号	项 目 名 称	成果形式	获奖等级	主要完成人	所在单位
10	双重变奏:苏州文化遗产“创新”利用与文化产业“创意”发展	论　文	三等奖	朱　琳 冀洪雪 周　晨	社会学院
11	苏州市人口老龄化问题及对策研究	论　文	三等奖	何　艳 张　斌	东吴商学院(财经学院) 东吴证券金融学院
12	苏州新生代流动人口现状研究	论　文	三等奖	李　亮 宋　璐 梁君林 蔡建璞	社会学院
13	苏州:探索农民工均等公共服务新路	论　文	三等奖	叶继红	政治与公共管理学院
14	社会养老服务体系建设研究:以苏州实践为例	论　文	三等奖	魏文斌 李永根 高伟江 梁振华	东吴商学院(财经学院) 东吴证券金融学院
15	保护迁徙的天使——苏州市流动儿童医疗保险研究	研究报告	三等奖	马伟玲 邱苗苗 徐　琪	政治与公共管理学院

2013 年度苏州大学科研成果鉴定情况

2013 年度苏州大学科研成果鉴定情况一览表

序号	项目名称	完成人	组织鉴定单位	所在单位	鉴定形式	成果水平	鉴定编号	鉴定日期
1	海绵状树脂吸附剂开发及其在化工有机废水治理中的应用	路建美	中国石油和化学工业联合会	材料与化学化工学部	会议	国际领先	中石化联鉴字〔2013〕第 028 号	2013 年 5 月 8 日
2	泥鳅健康养殖技术与示范推广	凌去非	江苏省海洋与渔业局	医学部	会议	国内领先	苏海科鉴〔2013〕第 2 号	2013 年 2 月 20 日

续表

序号	项目名称	完成人	组织鉴定单位	所在单位	鉴定形式	成果水平	鉴定编号	鉴定日期
3	草型湖泊河蟹养殖及其有机污染控制	宋学宏	江苏省海洋与渔业局	医学部	会议	国内领先	苏海科鉴〔2013〕第18号	2013年7月10日
4	"太湖1号"青虾苗种规模化繁育技术示范	宋学宏	江苏省海洋与渔业局	医学部	会议	国内领先	苏海科鉴〔2013〕第10号	2013年5月30日

2013年度苏州大学科研成果专利授权情况

2013年度苏州大学科研成果专利授权情况一览表

序号	专利号	专利名称	类别	第一发明人	学院(部)	授权公告日
1	ZL201220266404.1	一种气泡静电纺丝装置	实用新型	何吉欢	纺织与服装工程学院	2012年12月26日
2	ZL201220298220.3	发动机起动系统	实用新型	张茂青	机电工程学院	2012年12月26日
3	ZL201220288856.X	气泡静电纺丝装置	实用新型	刘福娟	纺织与服装工程学院	2012年12月26日
4	ZL201110224256.7	一种聚合物阴离子交换膜及其制备方法	发明	严　锋	材料与化学化工学部	2013年1月2日
5	ZL201110110985.X	一种染料敏化太阳能电池光阳极修饰材料	发明	严　锋	材料与化学化工学部	2013年1月2日
6	ZL201010250710.1	一种柱层析上样装置	发明	张雨青	医学部	2013年1月2日
7	ZL201010214576.X	一种金属络合物及其制备与应用	发明	曹雪琴	材料与化学化工学部	2013年1月2日
8	ZL201110213403.0	一种板式换热器的设计方法	发明	张晓晖	物理科学与技术学院　能源学院	2013年1月2日

续表

序号	专利号	专利名称	类别	第一发明人	学院(部)	授权公告日
9	ZL201110124232.4	一种用于红外景象仿真器的投影光学系统	发明	季轶群	现代光学技术研究所	2013年1月2日
10	ZL201110006899.4	硝基化合物催化还原制备氨基化合物的方法	发明	顾宏伟	材料与化学化工学部	2013年1月2日
11	ZL201220320676.5	一种用于心律失常的实时检测手表	实用新型	孙万平	医学部	2013年1月2日
12	ZL201220315746.8	用于废/污水处理的光反应器和废/污水处理一体化装置	实用新型	刘德启	材料与化学化工学部	2013年1月2日
13	ZL201220324546.9	一种核桃破壳装置	实用新型	黄　颖	机电工程学院	2013年1月2日
14	ZL201110059022.1	一种阻燃双马来酰亚胺树脂及其制备方法	发明	梁国正	材料与化学化工学部	2013年1月9日
15	ZL201220302372.6	一种气液增压压力机	实用新型	王明娣	机电工程学院	2013年1月9日
16	ZL201220311397.2	一种噬菌体模型教具	实用新型	朱越雄	医学部	2013年1月9日
17	ZL201220354008.4	一种无针注射器	实用新型	肖莹华	机电工程学院	2013年1月9日
18	ZL201110086059.3	蚕丝宣纸及其制备方法	发明	丁志平	艺术学院	2013年1月9日
19	ZL201220343379.2	道路吸尘扫地车的除尘装置	实用新型	胡子刚	金螳螂建筑与城市环境学院	2013年1月9日
20	ZL201220323627.7	潜水坦克的舰船打孔机	实用新型	胡子刚	金螳螂建筑与城市环境学院	2013年1月9日
21	ZL201220026447.2	一种组织工程支架	实用新型	刘福娟	纺织与服装工程学院	2013年1月9日
22	ZL201110141476.3	一种浅水草型湖库清洁渔业拦网设施	发明	宋学宏	医学部	2013年1月9日

续表

序号	专利号	专利名称	类别	第一发明人	学院(部)	授权公告日
23	ZL200910234497.2	一种紫甘薯花色苷的提取方法	发明	张雨青	医学部	2013 年 1 月 16 日
24	ZL201010288301.0	一种鱼皮胶原蛋白的制备方法	发明	叶元土	医学部	2013 年 1 月 16 日
25	ZL201220311403.4	一种球状病毒模型教具	实用新型	朱越雄	医学部	2013 年 1 月 16 日
26	ZL201220357440.9	一种测量齿轮	实用新型	钱志良	机电工程学院	2013 年 1 月 16 日
27	ZL201220354181.4	一种以超临界二氧化碳流体为介质的织物绳状染色机	实用新型	刘　静	纺织与服装工程学院	2013 年 1 月 16 日
28	ZL201110112117.5	刺五加总苷的制备方法	发明	李贺然	医学部	2013 年 1 月 23 日
29	ZL201110439281.7	一种减少渐进多焦点镜片像散的优化方法	发明	秦琳玲	现代光学技术研究所	2013 年 1 月 23 日
30	ZL201220337502.X	一种静电纺丝装置	实用新型	徐　岚	纺织与服装工程学院	2013 年 1 月 23 日
31	ZL201220343522.8	静电纺丝装置	实用新型	徐　岚	纺织与服装工程学院	2013 年 1 月 23 日
32	ZL201220337537.3	静电纺丝装置	实用新型	徐　岚	纺织与服装工程学院	2013 年 1 月 23 日
33	ZL201220315858.3	基于射频技术的生物培养皿管理系统	实用新型	汝长海	机电工程学院	2013 年 1 月 23 日
34	ZL201220298839.4	夹紧装置	实用新型	吴冬敏	机电工程学院	2013 年 1 月 23 日
35	ZL201220351081.6	细胞真空吸附固定装置	实用新型	汝长海	机电工程学院	2013 年 1 月 23 日
36	ZL201220355859.0	一种夹心式压电陶瓷喷头	实用新型	李浩莹	机电工程学院	2013 年 1 月 23 日

续表

序号	专利号	专利名称	类别	第一发明人	学院(部)	授权公告日
37	ZL200910030150.6	1,2,3,4-四(4-吡啶基)环丁烷的制备方法	发明	郎建平	材料与化学化工学部	2013年1月30日
38	ZL201010018276.4	一种催化制备α-羟基膦酸酯的方法	发明	徐　凡	材料与化学化工学部	2013年1月30日
39	ZL201110144488.1	一种人可溶性B7-DC定量检测试剂盒	发明	陈永井	医学部	2013年1月30日
40	ZL201110204143.0	一种采用原子转移自由基聚合法制备聚合物的方法	发明	程振平	材料与化学化工学部	2013年1月30日
41	ZL201110365148.1	一种巯基聚乙二醇修饰的光磁复合纳米材料及其应用	发明	刘　庄	功能纳米与软物质研究院	2013年1月30日
42	ZL201220354032.8	一种乒乓球发送机冲击装置	实用新型	肖莹华	机电工程学院	2013年1月30日
43	ZL201220377359.7	齿轮–同步齿形带数控剪板机驱动装置	实用新型	王传洋	机电工程学院	2013年1月30日
44	ZL201010525419.0	丝绸磨漆画及其制备方法	发明	丁志平	艺术学院	2013年2月6日
45	ZL201110059023.6	一种官能化梯形聚倍半硅氧烷及其制备方法	发明	梁国正	材料与化学化工学部	2013年2月13日
46	ZL201110110986.4	一种侧链用硫辛酸修饰的亲水性聚合物	发明	钟志远	材料与化学化工学部	2013年2月13日
47	ZL201110194441.6	一种多彩变幻的光纤照明系统	发明	曹　冰	现代光学技术研究所	2013年2月13日

续表

序号	专利号	专利名称	类别	第一发明人	学院(部)	授权公告日
48	ZL201110403428.7	一种表面修饰的埃洛石及其制备方法	发明	梁国正	材料与化学化工学部	2013年2月13日
49	ZL201220250143.4	多孔气泡静电纺丝装置	实用新型	何吉欢	纺织与服装工程学院	2013年2月20日
50	ZL201220427716.6	一种多冲试验机	实用新型	吴炯杰	机电工程学院	2013年2月20日
51	ZL201220444383.8	一种层流床及其围帘	实用新型	许 义	医学部	2013年2月20日
52	ZL201220194929.9	一种煤矿井下作业人员定位仪及定位用基站	实用新型	吕 岗	电子信息学院	2013年2月20日
53	ZL201220452120.1	一种革兰阴性菌细胞壁内毒素模型教具	实用新型	朱越雄	医学部	2013年2月20日
54	ZL201220451968.2	免疫球蛋白IgG模型教具	实用新型	朱越雄	医学部	2013年2月20日
55	ZL201220452118.4	一种革兰氏阴性菌鞭毛根部模型教具	实用新型	朱越雄	医学部	2013年2月20日
56	ZL201220452117.X	一种根霉模型教具	实用新型	朱越雄	医学部	2013年2月20日
57	ZL201220452116.5	一种ATP合酶模型教具	实用新型	朱越雄	医学部	2013年2月20日
58	ZL201220452112.7	加强型交叉缆索式大桥	实用新型	胡子刚	金螳螂建筑与城市环境学院	2013年2月20日
59	ZL201220452060.3	交叉缆索式大桥	实用新型	胡子刚	金螳螂建筑与城市环境学院	2013年2月20日
60	ZL201220452111.2	加强型双通道大桥	实用新型	吴永发	金螳螂建筑与城市环境学院	2013年2月20日
61	ZL201220193162.8	安全气囊导尿管	实用新型	胡化刚	医学部	2013年2月20日
62	ZL201220298049.6	L型工作的夹紧装置	实用新型	吴冬敏	机电工程学院	2013年2月20日

续表

序号	专利号	专利名称	类别	第一发明人	学院(部)	授权公告日
63	ZL201110203700.7	一种有机-无机杂化太阳能电池及其制备方法	发明	孙宝全	功能纳米与软物质研究院	2013年2月27日
64	ZL201110185308.4	一种双作用柱塞泵	发明	王明娣	机电工程学院	2013年2月27日
65	ZL201110046183.7	一种新型手性色谱柱固定相及其制备方法	发明	杨永刚	材料与化学化工学部	2013年2月27日
66	ZL201110029800.2	一种检测TP53基因点突变方法及其试剂盒	发明	孙万平	医学部	2013年2月27日
67	ZL201110001159.1	一种草鱼脂肪性肝病实验模型建立方法	发明	叶元土	医学部	2013年2月27日
68	ZL201010158924.6	一种合成茚酮-2-苯硫醚衍生物的方法	发明	邹建平	材料与化学化工学部	2013年2月27日
69	ZL201220384081.6	电池同心度检测装置	实用新型	任鑑民	张家港工业技术研究院	2013年2月27日
70	ZL201220468690.X	一种竞速比赛用电子计时设备	实用新型	雍　明	体育学院	2013年3月6日
71	ZL201010142320.2	一种制作全息光栅的方法	发明	李朝明	信息光学工程研究所	2013年3月6日
72	ZL201110289544.0	一种用于成像光谱仪的大视场大相对孔径前置物镜	发明	季轶群	现代光学技术研究所	2013年3月6日
73	ZL200910027427.X	联苯环辛烯类木脂素、其制备方法及其用途	发明	李贺然	医学部	2013年3月6日
74	ZL201110088751.X	全正色散腔锁模全光纤激光器	发明	刘东峰	现代光学技术研究所	2013年3月6日

续表

序号	专利号	专利名称	类别	第一发明人	学院(部)	授权公告日
75	ZL201010620104.4	一种鱼类肠道粘膜细胞分离和原代培养方法	发明	叶元土	医学部	2013年3月6日
76	ZL201220457911.3	一种克氏针导向装置	实用新型	丁文全	医学部	2013年3月6日
77	ZL201220457908.1	一种鞭毛鞭杆模型教具	实用新型	朱越雄	医学部	2013年3月6日
78	ZL201220463173.3	基于ZigBee技术的漂移沉浮式水质监测系统	实用新型	李云飞	计算机科学与技术学院	2013年3月6日
79	ZL201220463336.8	基于物联网技术的中央空调远程实时监控和故障检测诊断系统	实用新型	李云飞	计算机科学与技术学院	2013年3月6日
80	ZL201110208632.3	含有黄芪皂苷类活性成分的组合物及其制备方法和应用	发明	许琼明	医学部	2013年3月6日
81	ZL201110065634.1	眼镜蛇毒物理改性方法和在制备镇痛或免疫抑制药物中的应用	发明	秦正红	医学部	2013年3月6日
82	ZL201110242940.8	一种偏振出光发光二极管	发明	韩　琴	现代光学技术研究所	2013年3月13日
83	ZL201220521518.6	酶标法-双抗体夹心法模型教具	实用新型	朱越雄	医学部	2013年3月13日
84	ZL201220256385.4	一种生丝颣节电子检验装置	实用新型	孟　凯	纺织与服装工程学院	2013年3月20日
85	ZL201220256386.9	一种人工血管的生物力学性能测试装置	实用新型	赵荟菁	材料与化学化工学部	2013年3月20日

续表

序号	专利号	专利名称	类别	第一发明人	学院(部)	授权公告日
86	ZL201220528429.4	一种倒锥孔的电火花加工装置	实用新型	高　强	机电工程学院	2013年3月20日
87	ZL201110263951.4	3-[4-(磺酰)苯]脲类化合物在制备抗肿瘤药物中的应用	发明	侯廷军	功能纳米与软物质研究院	2013年3月20日
88	ZL201110231312.X	一种阻燃氰酸酯树脂及其制备方法	发明	梁国正	材料与化学化工学部	2013年3月20日
89	ZL201110216000.1	一种含磷杂菲结构的碳纳米管及其制备方法	发明	梁国正	材料与化学化工学部	2013年3月20日
90	ZL201220266403.7	静电纺丝装置	实用新型	何吉欢	纺织与服装工程学院	2013年3月20日
91	ZL201220511772.8	一种用于引流管的衬垫	实用新型	王红玉	医学部	2013年3月20日
92	ZL201220489331.2	一种腹膜透析外接短管	实用新型	庞建红	医学部	2013年3月27日
93	ZL201220489345.4	一种陀螺装置	实用新型	吴俊波	机电工程学院	2013年3月27日
94	ZL200910182734.5	电三稳态的材料及其制备和应用	发明	路建美	材料与化学化工学部	2013年3月27日
95	ZL201010256866.0	一种键合型手性固定相的制备方法	发明	朱秀林	材料与化学化工学部	2013年3月27日
96	ZL201010264658.5	一种蓝萼甲素的提取方法	发明	张　健	医学部	2013年3月27日
97	ZL201010288256.9	一种微孔硅/双马来酰亚胺-三嗪树脂复合材料	发明	顾媛娟	材料与化学化工学部	2013年3月27日
98	ZL201010529163.0	具有偏好随机游动能量均衡的数据传输方法	发明	张书奎	计算机科学与技术学院	2013年3月27日

续表

序号	专利号	专利名称	类别	第一发明人	学院(部)	授权公告日
99	ZL201010567421.4	一种制备α-酰氧基醚的方法	发明	陆新华	材料与化学化工学部	2013年3月27日
100	ZL201110154068.1	一种数控磨床的机床主轴零点及磨头半径的测定方法	发明	仇谷烽	现代光学技术研究所	2013年3月27日
101	ZL201110197362.0	古树名木生长延缓剂、输送方法及其装置	发明	魏胜林	金螳螂建筑与城市环境学院	2013年3月27日
102	ZL201110206997.2	一种用于光学传递函数测量的光谱目标发生器	发明	陈新华	现代光学技术研究所	2013年3月27日
103	ZL201110314104.6	一种富马酸喹硫平缓释片及其制备方法	发明	曹青日	医学部	2013年3月27日
104	ZL201220551148.0	一种电气设备强制使用的监控装置	实用新型	邵　雷	电子信息学院	2013年3月27日
105	ZL201220559093.8	一种用于点读普通书籍的点读机	实用新型	乔东海	电子信息学院	2013年3月27日
106	ZL201220525354.4	多孔气泡静电纺丝装置	实用新型	何吉欢	纺织与服装工程学院	2013年3月27日
107	ZL201220525353.X	一种多孔气泡静电纺丝装置	实用新型	何吉欢	纺织与服装工程学院	2013年3月27日
108	ZL201220514941.3	一种安全防漏尿管	实用新型	胡化刚	医学部	2013年3月27日
109	ZL201220544815.2	气泡纺丝装置	实用新型	何吉欢	纺织与服装工程学院	2013年3月27日
110	ZL201220562005.X	静电纺丝装置	实用新型	何吉欢	纺织与服装工程学院	2013年3月27日
111	ZL201110207224.6	含有刺五加苷类活性成分的组合物及其制备方法和用途	发明	许琼明	医学部	2013年3月27日

续表

序号	专利号	专利名称	类别	第一发明人	学院(部)	授权公告日
112	ZL201110072563.8	眼镜蛇长链神经毒素在制备毒蕈碱型M4受体激活剂方面的应用	发明	陶　金	医学部	2013年3月27日
113	ZL201110026695.7	一种全景镜头及其变焦方法	发明	马　韬	现代光学技术研究所	2013年4月3日
114	ZL201110298118.3	一种微博信息的压缩编码和解码的方法及装置	发明	李培峰	计算机科学与技术学院	2013年4月3日
115	ZL201210138364.7	一种情感词典构建方法及系统	发明	李寿山	计算机科学与技术学院	2013年4月3日
116	ZL201220561804.5	一种安瓿存取盒	实用新型	胡化刚	医学部	2013年4月3日
117	ZL201110142535.9	抗人IL-1α单克隆抗体及其应用	发明	刘海燕	医学部	2013年4月3日
118	ZL201110253108.8	量子点-聚电解质荧光纳米复合物及其应用	发明	谢洪平	医学部	2013年4月3日
119	ZL201220522130.8	基于WI-FI技术的数控机床远程诊断系统	实用新型	李云飞	计算机科学与技术学院	2013年4月3日
120	ZL201220559091.9	一种触摸式电子白板	实用新型	乔东海	电子信息学院	2013年4月3日
121	ZL201220559092.3	一种带压力敏感膜的电子记事本	实用新型	乔东海	电子信息学院	2013年4月3日
122	ZL201220559126.9	一种带折叠标准键盘的电子记事本	实用新型	乔东海	电子信息学院	2013年4月3日

续表

序号	专利号	专利名称	类别	第一发明人	学院(部)	授权公告日
123	ZL201010575561.6	碱性锌二氧化锰电池及其制备方法	发明	金成昌	化学电源研究所	2013年4月3日
124	ZL200810243143.X	具有对称结构的含咔唑和萘酰亚胺基团的化合物、其制备方法及用途	发明	路建美	材料与化学化工学部	2013年4月10日
125	ZL200910231739.2	一种纳米硅基材料的制备和应用	发明	邵名望	功能纳米与软物质研究院	2013年4月10日
126	ZL201010189082.0	一种小口径丝素蛋白管状材料及其制备方法	发明	赵荟菁	纺织与服装工程学院	2013年4月10日
127	ZL201010233425.9	一种丝素蛋白多孔三维材料的制备方法	发明	张　冰	纺织与服装工程学院	2013年4月10日
128	ZL201010585229.8	基于表面等离子体共振腔的超深亚波长可调谐纳米光刻结构与方法	发明	王钦华	现代光学技术研究所	2013年4月10日
129	ZL201110177362.4	三氯化铝在催化胺与碳化二亚胺加成反应中的应用	发明	沈　琪	材料与化学化工学部	2013年4月10日
130	ZL201110309817.3	基于Peano曲线分形图的提花织物的加工方法	发明	杨旭红	纺织与服装工程学院	2013年4月10日
131	ZL201220367388.5	聚合物微流控芯片键合装置	实用新型	王传洋	机电工程学院	2013年4月10日
132	ZL201110438971.0	一种大视区小像散的渐进多焦点镜片	发明	秦琳玲	现代光学技术研究所	2013年4月10日

续表

序号	专利号	专利名称	类别	第一发明人	学院(部)	授权公告日
133	ZL200910025435.0	丝素蛋白多孔三维材料及其制备方法	发明	卢神州	纺织与服装工程学院	2013年4月17日
134	ZL201010022742.6	一种多氟脂肪族羧酸的制备方法	发明	李战雄	纺织与服装工程学院	2013年4月17日
135	ZL201010018142.2	一种钌化合物催化炔烃氧化成1,2-二酮的方法	发明	王璐	分析测试中心	2013年4月17日
136	ZL201010529473.2	基于伸展树的事件区域检测方法	发明	张书奎	计算机科学与技术学院	2013年4月17日
137	ZL201110247529.X	一种含聚异丁烯和聚阴离子的两亲性嵌段共聚物及其制备	发明	倪沛红	材料与化学化工学部	2013年4月17日
138	ZL201110265682.5	一种低频光栅及其制备方法	发明	唐敏学	信息光学工程研究所	2013年4月17日
139	ZL201110309819.2	基于广义Mandelbrot集的印花织物图案的生成方法	发明	杨旭红	纺织与服装工程学院	2013年4月17日
140	ZL201220589130.X	女式T恤包装盒	实用新型	张小艺	艺术学院	2013年4月17日
141	ZL201220589178.0	连衣裙包装盒	实用新型	张小艺	艺术学院	2013年4月17日
142	ZL201110210231.1	多头焊锡机构	发明	潘明强	机电工程学院	2013年4月17日
143	ZL201110144651.4	用于修复有机酚污染土壤的淋洗液及有机酚污染土壤的修复方法	发明	刘德启	材料与化学化工学部	2013年4月24日
144	ZL201220114683.X	能量储存与转换装置	实用新型	徐艳辉	化学电源研究所	2013年4月24日

续表

序号	专利号	专利名称	类别	第一发明人	学院(部)	授权公告日
145	ZL201220613322.X	一种光内同轴送粉激光熔覆喷嘴	实用新型	朱　萍	机电工程学院	2013年4月24日
146	ZL201220589151.1	一种DVD光盘包装盒	实用新型	张小艺	艺术学院	2013年4月24日
147	ZL201010233438.6	一种羟基酪醇的制备方法	发明	乔春华	医学部	2013年5月1日
148	ZL201010581199.3	一种基于硅纳米结构的太阳能电池	发明	孙宝全	功能纳米与软物质研究院	2013年5月1日
149	ZL201110248666.5	一种侧链功能化聚合物及其制备方法	发明	朱秀林	材料与化学化工学部	2013年5月1日
150	ZL201220643747.5	实验用鼠类临时束缚网	实用新型	车　轶	医学部	2013年5月1日
151	ZL201220463325.X	基于RFID和ZigBee网络的大气质量检测系统	实用新型	李云飞	计算机科学与技术学院	2013年5月1日
152	ZL201220628220.5	一种药物粉碎器	实用新型	袁德敬	医学部	2013年5月8日
153	ZL201010198853.2	一种鉴别桑蚕丝和柞蚕丝的定量分析方法	发明	李　兵	医学部	2013年5月8日
154	ZL201110189750.4	在超临界二氧化碳流体中天然纤维的染色方法	发明	龙家杰	纺织与服装工程学院	2013年5月8日
155	ZL201110247531.7	一种含聚异丁烯和聚阳离子的两亲性嵌段共聚物及其制备	发明	倪沛红	材料与化学化工学部	2013年5月8日

续表

序号	专利号	专利名称	类别	第一发明人	学院(部)	授权公告日
156	ZL201110378570.0	一种钒酸盐黄色荧光粉、制备方法及其应用	发明	黄彦林	材料与化学化工学部	2013年5月8日
157	ZL201220662264.X	基于RFID的铁塔气象参数测量仪	实用新型	陆晓峰	计算机科学与技术学院	2013年5月8日
158	ZL201220459425.5	玻璃化冷冻自动化操作系统	实用新型	汝长海	机电工程学院	2013年5月8日
159	ZL201220629789.3	冻存管自动存取及识别装置	实用新型	汝长海	机电工程学院	2013年5月8日
160	ZL201110067778.0	斜纹夜蛾基因工程病毒1号及其构建方法	发明	朱　江	金螳螂建筑与城市环境学院	2013年5月15日
161	ZL201110067777.6	斜纹夜蛾基因工程病毒2号及其构建方法	发明	朱　江	金螳螂建筑与城市环境学院	2013年5月15日
162	ZL201110263588.6	一种活性炭的改性方法	发明	朱　健	材料与化学化工学部	2013年5月15日
163	ZL201110103900.5	一种真丝绸精练剂	发明	王祥荣	纺织与服装工程学院	2013年5月22日
164	ZL201110128940.5	一种超支化聚硅氧烷及其制备方法	发明	顾嫒娟	材料与化学化工学部	2013年5月22日
165	ZL201110149696.0	一种快速判断纺织品上无机纳米材料的方法	发明	郑　敏	纺织与服装工程学院	2013年5月22日
166	ZL201110227221.9	聚乙二醇修饰的氧化石墨烯及其应用	发明	彭　睿	功能纳米与软物质研究院	2013年5月22日
167	ZL201210015822.8	甘草次酸衍生物制备抗炎药物中的应用	发明	敖桂珍	医学部	2013年5月22日

续表

序号	专利号	专利名称	类别	第一发明人	学院(部)	授权公告日
168	ZL201220468691.4	一种用于制备静电纺丝管的收集器	实用新型	赵荟菁	纺织与服装工程学院	2013 年 5 月 22 日
169	ZL201110177187.9	一种制备双峰分布聚合物的方法	发明	张丽芬	材料与化学化工学部	2013 年 5 月 29 日
170	ZL201220367745.8	剪板机数控驱动装置	实用新型	王传洋	机电工程学院	2013 年 5 月 29 日
171	ZL201110008242.1	2-氧代-1-吡咯烷衍生物的制备方法	发明	纪顺俊	材料与化学化工学部	2013 年 6 月 5 日
172	ZL201110177383.6	面部表情差异的测量方法和装置	发明	李文石	电子信息学院	2013 年 6 月 5 日
173	ZL201220655379.6	一种过滤烟嘴	实用新型	何吉欢	纺织与服装工程学院	2013 年 6 月 5 日
174	ZL201220652533.4	一种电子可编程熔丝电路	实用新型	张立军	城市轨道交通学院	2013 年 6 月 5 日
175	ZL201220663307.6	气体吸附装置	实用新型	何吉欢	纺织与服装工程学院	2013 年 6 月 5 日
176	ZL201220655500.5	激光熔覆设备粉嘴的调节装置	实用新型	曹　非	机电工程学院	2013 年 6 月 5 日
177	ZL200910231740.5	一种荧光纤维膜的制备方法	发明	秦传香	材料与化学化工学部	2013 年 6 月 5 日
178	ZL201110076933.5	一种白藜芦醇的制备方法	发明	敖桂珍	医学部	2013 年 6 月 5 日
179	ZL201110105342.6	一种双组分基因载体及其应用	发明	倪沛红	材料与化学化工学部	2013 年 6 月 5 日
180	ZL201220626505.5	一种部分相干涡旋光束的测量装置	实用新型	赵承良	物理科学与技术学院　能源学院	2013 年 6 月 5 日
181	ZL201220698807.3	电动车用锂电池超级电容复合电源控制装置	实用新型	王永琛	物理科学与技术学院　能源学院	2013 年 6 月 5 日

续表

序号	专利号	专利名称	类别	第一发明人	学院(部)	授权公告日
182	ZL201220695434.4	一种机动车尾气净化装置	实用新型	何吉欢	纺织与服装工程学院	2013年6月5日
183	ZL201220698693.2	气泡复合静电纺丝装置	实用新型	何吉欢	纺织与服装工程学院	2013年6月5日
184	ZL201220698694.7	涡流式气泡纺丝装置	实用新型	何吉欢	纺织与服装工程学院	2013年6月5日
185	ZL201220721477.5	一种丝、粉同送熔覆复合喷嘴	实用新型	张迎寅	机电工程学院	2013年6月5日
186	ZL201220513684.1	基于丝杠-铰杆增力机构的机械夹紧装置	实用新型	陆新娟	机电工程学院	2013年6月5日
187	ZL201220721146.1	一种嵌入式无线数据采集系统	实用新型	林健荣	机电工程学院	2013年6月5日
188	ZL201220721478.X	基于位移传感器的二维微动台	实用新型	陈　涛	机电工程学院	2013年6月5日
189	ZL201110169581.8	显微注射机构	发明	汝长海	机电工程学院	2013年6月5日
190	ZL201110349369.X	一种非球面铣磨方法	发明	杨晓飞	现代光学技术研究所	2013年6月12日
191	ZL201110351047.9	一种载银抗菌性氨基硅油织物整理剂及其制备方法	发明	谢洪德	材料与化学化工学部	2013年6月12日
192	ZL201010188999.9	一种丝素修饰的聚氨酯医用生物材料的制备方法	发明	孙东豪	材料与化学化工学部	2013年6月12日
193	ZL201010201656.1	虾白斑综合症病毒核酸样品制备方法及虾白斑综合症病毒检测方法	发明	薛仁宇	医学部	2013年6月12日
194	ZL201110139249.7	甘草次酸衍生物及其作为抗肿瘤药物的应用	发明	敖桂珍	医学部	2013年6月12日

续表

序号	专利号	专利名称	类别	第一发明人	学院(部)	授权公告日
195	ZL201110143384.9	基于交指结构的3dB双分支定向耦合器	发明	徐峰柳	电子信息学院	2013年6月12日
196	ZL201110298119.8	一种多重PCR扩增方法及试剂盒	发明	孙万平	医学部	2013年6月12日
197	ZL201110390185.8	基于非清晰区域抑制的多特征融合显著区域提取方法	发明	刘纯平	计算机科学与技术学院	2013年6月12日
198	ZL201210070300.8	美洲凌霄花多糖在制备抗凝血药物中的应用	发明	张　健	医学部	2013年6月12日
199	ZL201220702065.7	一种随机电磁高斯谢尔模涡旋光束的产生及测量装置	实用新型	朱时军	物理科学与技术学院　能源学院	2013年6月12日
200	ZL201220712058.5	浴霸遮光装置	实用新型	胡子刚	金螳螂建筑与城市环境学院	2013年6月12日
201	ZL201220565808.0	动力型铅酸蓄电池强化正极板	实用新型	柳　颖	化学电源研究所	2013年6月12日
202	ZL201220642291.0	一种微颗粒生产设备	实用新型	潘明强	机电工程学院	2013年6月12日
203	ZL201220734125.3	MEMS矢量水听器纤毛自动化粘接装置	实用新型	陈　涛	机电工程学院	2013年6月12日
204	ZL201220734975.3	同步定位光刻曝光装置	实用新型	陈　涛	机电工程学院	2013年6月12日
205	ZL201010223741.8	一种偶氮苯衍生物的制备方法	发明	顾宏伟	材料与化学化工学部	2013年6月19日
206	ZL201010251530.5	氮桥联双酚功能化咪唑盐及其离子型铁(III)配合物	发明	孙宏枚	材料与化学化工学部	2013年6月19日

续表

序号	专利号	专利名称	类别	第一发明人	学院(部)	授权公告日
207	ZL201010583195.9	一种纳米纤维化丝素蛋白基多孔支架的制备方法	发明	吕　强	纺织与服装工程学院	2013年6月19日
208	ZL201110029805.5	一种高强度生物支架材料及其制备方法	发明	吕　强	纺织与服装工程学院	2013年6月19日
209	ZL201110331585.1	基于热固性树脂的碳纳米管复合材料及其制备方法	发明	梁国正	材料与化学化工学部	2013年6月19日
210	ZL201110378673.7	一种钛合金渗氧表面强化处理方法	发明	陈长军	机电工程学院	2013年6月19日
211	ZL201210082016.2	一种棉织物的丝胶后整理方法	发明	陈国强	纺织与服装工程学院	2013年6月19日
212	ZL201220715068.4	一种微创胸腔闭式引流装置	实用新型	赵雪萍	医学部	2013年6月19日
213	ZL201110354462.X	金属/TiO_2复合多层膜光催化剂及其制备方法	发明	董　雯	物理科学与技术学院　能源学院	2013年6月19日
214	ZL201110226010.3	一种测量膜基反射镜三维面形的方法	发明	谢　佩	信息光学工程研究所	2013年7月3日
215	ZL201110387762.8	一种对称层合板的铺层制作方法	发明	曾春梅	现代光学技术研究所	2013年7月3日
216	ZL201320007900.X	折扇扇面复合机	实用新型	丁志平	艺术学院	2013年7月3日
217	ZL201010568204.7	三次位相板精度的检测方法及系统	发明	解　滨	现代光学技术研究所	2013年7月3日

续表

序号	专利号	专利名称	类别	第一发明人	学院(部)	授权公告日
218	ZL201320129016.3	一种多指型微夹持器	实用新型	陈　涛	机电工程学院	2013年7月3日
219	ZL201320025639.6	IC测试座自动组装装置	实用新型	陈　涛	机电工程学院	2013年7月3日
220	ZL201320017945.5	一种翻身垫	实用新型	卢　珏	医学部	2013年7月3日
221	ZL201320035848.9	长玻璃柱靶腔的靶球精确定位装置	实用新型	陈　涛	机电工程学院	2013年7月3日
222	ZL201320010684.4	医用敷料	实用新型	苏晓东	物理科学与技术学院　能源学院	2013年7月3日
223	ZL201010214518.7	一种活性染料的无醛固色剂	发明	周向东	纺织与服装工程学院	2013年7月10日
224	ZL201010250639.7	一种 TiO_2-SiO_2 双组份纳米纤维及其制备方法	发明	秦大可	纺织与服装工程学院	2013年7月10日
225	ZL201010616553.1	一种检测急性髓系白血病易感性的试剂盒	发明	周翊峰	医学部	2013年7月10日
226	ZL201010618923.5	羟基磷灰石/丝素蛋白复合材料及其制备方法	发明	周竹发	材料与化学化工学部	2013年7月10日
227	ZL201110046182.2	一种制备过酸酯化合物的方法	发明	万小兵	材料与化学化工学部	2013年7月10日
228	ZL201110057643.6	一种以复合二氧化钛薄膜为电介质的电容器制备方法	发明	狄国庆	物理科学与技术学院　能源学院	2013年7月10日
229	ZL201110188380.2	一种重组新城疫病毒修饰的自体肿瘤疫苗的制备及其应用	发明	赵李祥	医学部	2013年7月10日

续表

序号	专利号	专利名称	类别	第一发明人	学院(部)	授权公告日
230	ZL201110189748.7	一种用于牛仔服装酶洗的防返沾色剂	发明	王祥荣	纺织与服装工程学院	2013年7月10日
231	ZL201110411784.3	一种白光LED用硅酸盐基绿色荧光材料及其制备方法	发明	黄彦林	材料与化学化工学部	2013年7月10日
232	ZL201110426855.7	一种改性聚醚酰亚胺/双马来酰亚胺树脂及其制备方法	发明	顾嫒娟	材料与化学化工学部	2013年7月10日
233	ZL201210017389.1	一种上转换发光材料及其制备方法	发明	黄彦林	材料与化学化工学部	2013年7月10日
234	ZL201210035116.X	碳纳米管/热固性树脂复合材料及其制备方法	发明	梁国正	材料与化学化工学部	2013年7月10日
235	ZL201210084001.X	一种复方桑红茶煎剂及其制备方法	发明	盛家镛	纺织与服装工程学院	2013年7月10日
236	ZL201320027094.2	一种产生径向或角向偏振自聚焦艾里光束的装置	实用新型	赵承良	物理科学与技术学院 能源学院	2013年7月10日
237	ZL201320042637.8	滑轮式植物双层玻璃幕墙	实用新型	肖　湘	金螳螂建筑与城市环境学院	2013年7月10日
238	ZL201320067080.3	一种浸泡消毒装置	实用新型	朱远见	医学部	2013年7月10日
239	ZL201320067177.4	一种煮沸消毒晾干装置	实用新型	朱远见	医学部	2013年7月10日
240	ZL201320068098.5	一种消毒装置	实用新型	朱远见	医学部	2013年7月10日
241	ZL201320043934.4	汽车尾气的湿式除尘装置	实用新型	胡子刚	金螳螂建筑与城市环境学院	2013年7月10日

续表

序号	专利号	专利名称	类别	第一发明人	学院(部)	授权公告日
242	ZL201110437117.2	甲磺酸去铁胺在制备治疗绝经后骨质疏松疾病药物中的用途	发明	徐又佳	医学部	2013年7月10日
243	ZL201320035595.5	跨行式拖拉机	实用新型	胡子刚	金螳螂建筑与城市环境学院	2013年7月10日
244	ZL201320037364.8	高架跨行传动机构	实用新型	胡子刚	金螳螂建筑与城市环境学院	2013年7月10日
245	ZL201210043066.X	风叶可开合的风力发电风机	发明	胡子刚	金螳螂建筑与城市环境学院	2013年7月17日
246	ZL201110243048.1	同轴定位夹具	发明	陈　涛	机电工程学院	2013年7月17日
247	ZL201320049169.7	一种穿戴式下肢外骨骼助行机器人	实用新型	李伟达	机电工程学院	2013年7月17日
248	ZL201320043138.0	一种偏转度检测控制系统及包含该系统的力量平衡训练器	实用新型	陆阿明	体育学院	2013年7月17日
249	ZL201320035970.6	一种细胞电熔合装置	实用新型	汝长海	机电工程学院	2013年7月17日
250	ZL201320063143.8	无铁芯永磁电机	实用新型	刘吉柱	机电工程学院	2013年7月17日
251	ZL201220632332.8	铅酸蓄电池高强度正极板	实用新型	柳　颖	化学电源研究所	2013年7月17日
252	ZL201320090422.3	产生拉盖尔-高斯关联的部分相干高斯光束的系统	实用新型	袁扬胜	物理科学与技术学院　能源学院	2013年7月24日
253	ZL201210053540.7	催化剂及其制备方法、催化剂的应用及应用方法	发明	姚英明	材料与化学化工学部	2013年7月24日
254	ZL201210092937.7	测量磷酸钴锂中杂质含量的方法	发明	徐艳辉	化学电源研究所	2013年7月24日

续表

序号	专利号	专利名称	类别	第一发明人	学院(部)	授权公告日
255	ZL201220461225.3	电液动力可控喷印亚微米纤维装置	实用新型	汝长海	机电工程学院	2013年7月24日
256	ZL201320087386.5	一种浇冒口去除机	实用新型	李伟达	机电工程学院	2013年7月24日
257	ZL201110189746.8	在低压二氧化碳介质中活性分散染料的固色方法	发明	龙家杰	纺织与服装工程学院	2013年7月24日
258	ZL201110202352.1	一种五偶氮苯及其合成方法	发明	徐冬梅	材料与化学化工学部	2013年7月24日
259	ZL201110357105.9	一种丝素蛋白纳米球的制备方法	发明	邢铁玲	纺织与服装工程学院	2013年7月24日
260	ZL201110387267.7	提高天然彩色蚕丝纤维色深度和耐晒牢度的方法	发明	李　鹏	纺织与服装工程学院	2013年7月24日
261	ZL201110411790.9	一种$CaCu_3Ti_4O_{12}$微纳级纤维及其制备方法	发明	秦大可	纺织与服装工程学院	2013年7月24日
262	ZL201320041824.4	转动式植物双层玻璃幕墙	实用新型	肖湘东	金螳螂建筑与城市环境学院	2013年7月24日
263	ZL201320080386.2	一种文蛤采集器	实用新型	钱志良	机电工程学院	2013年7月24日
264	ZL201320067362.3	一种消毒晾干装置	实用新型	朱远见	医学部	2013年7月24日
265	ZL201320083659.9	分散染料喷印免蒸洗上浆联动装置	实用新型	丁志平	艺术学院	2013年7月24日
266	ZL201220684591.5	产生径向贝塞尔-高斯光束的系统	实用新型	王　飞	物理科学与技术学院　能源学院	2013年7月31日
267	ZL201110435546.6	多孔丝素支架的制备方法	发明	张克勤	纺织与服装工程学院	2013年7月31日

序号	专利号	专利名称	类别	第一发明人	学院(部)	授权公告日
268	ZL201320105496.X	微小器件装配系统	实用新型	陈　涛	机电工程学院	2013年7月31日
269	ZL201220590925.2	一种小儿雾化吸入面罩	实用新型	梁培荣	医学部	2013年7月31日
270	ZL201320088600.9	燃煤设备的余热回收利用装置	实用新型	胡子刚	金螳螂建筑与城市环境学院	2013年7月31日
271	ZL201320089812.9	燃煤设备余热利用及除尘装置	实用新型	胡子刚	金螳螂建筑与城市环境学院	2013年7月31日
272	ZL201010532947.9	一种改性多孔板的制备方法	发明	陈　红	材料与化学化工学部	2013年8月7日
273	ZL201110188281.4	一种锂离子电池正极材料及其制备方法	发明	郑洪河	物理科学与技术学院 能源学院	2013年8月7日
274	ZL201110226437.3	一种含磷杂菲结构的超支化聚硅氧烷及其制备方法	发明	梁国正	材料与化学化工学部	2013年8月7日
275	ZL201110319737.6	一种泥鳅的孵化培育方法	发明	凌去非	医学部	2013年8月7日
276	ZL201210021680.6	一种表面改性碳纳米管及其制备方法	发明	梁国正	材料与化学化工学部	2013年8月7日
277	ZL201220367666.7	液压同步复合传动剪板机驱动装置	实用新型	王传洋	机电工程学院	2013年8月7日
278	ZL201220705625.4	动态关节角度测量装置	实用新型	王国栋	体育学院	2013年8月7日
279	ZL201320080357.6	一种文胸罩杯材料的裁切装置	实用新型	钱志良	机电工程学院	2013年8月7日
280	ZL201320106566.3	一种 Transwell 实验用装置	实用新型	秦立强	医学部	2013年8月7日
281	ZL201320106567.8	一种裸鼠荷瘤实验装置	实用新型	徐加英	医学部	2013年8月7日

续表

序号	专利号	专利名称	类别	第一发明人	学院(部)	授权公告日
282	ZL201320109738.2	一种自热艾灸贴装置	实用新型	朱越雄	医学部	2013年8月7日
283	ZL201320108912.1	一种枪头盒	实用新型	徐加英	医学部	2013年8月7日
284	ZL201320125325.3	基于RFID技术的远程电梯监控系统	实用新型	李云飞	计算机科学与技术学院	2013年8月7日
285	ZL201220632918.4	一种可内外夹持的偏心轮机械手抓取装置	实用新型	黄　颖	机电工程学院	2013年8月7日
286	ZL201220632917.X	一种可内外夹持的机械手抓取装置	实用新型	王明娣	机电工程学院	2013年8月7日
287	ZL201320110862.0	精加工前薄壁结构件自动排列定位机	实用新型	陈　涛	机电工程学院	2013年8月7日
288	ZL201320116746.X	一种直式单手留置针	实用新型	胡化刚	医学部	2013年8月7日
289	ZL201110177188.3	高富勒烯含量液晶分子作为异质结太阳能电池受体材料的应用	发明	屠迎锋	材料与化学化工学部	2013年8月14日
290	ZL201110325597.3	具有移动节点的监测区域空洞修复方法	发明	张书奎	计算机科学与技术学院	2013年8月21日
291	ZL201110357395.7	用于脱机手写汉字识别的汉字字符切分方法	发明	刘纯平	计算机科学与技术学院	2013年8月21日
292	ZL201320166180.1	一种药物敏感试验纸碟法专用测量贴	实用新型	朱越雄	医学部	2013年8月21日
293	ZL201110007020.8	一种适用于羟醛反应的反应装置	发明	顾宏伟	材料与化学化工学部	2013年8月28日

续表

序号	专利号	专利名称	类别	第一发明人	学院(部)	授权公告日
294	ZL201110182900.9	应用代谢组学技术评价与预测药物毒性和药效的方法	发明	谢洪平	医学部	2013年8月28日
295	ZL201110263589.0	一种小分子化合物在制备抗肺癌药物中的应用	发明	余慧东	功能纳米与软物质研究院	2013年8月28日
296	ZL201110311659.5	一种表面改性碳纳米管及其制备方法	发明	梁国正	材料与化学化工学部	2013年8月28日
297	ZL201220697062.9	一种用于绿枝扦插的自动喷雾插床	实用新型	谈建中	金螳螂建筑与城市环境学院	2013年8月28日
298	ZL201220713936.5	短信控制LED显示屏	实用新型	石润彬	电子信息学院	2013年8月28日
299	ZL201320014531.7	一种测量部分相干高斯光束波前相位半径的装置	实用新型	朱时军	物理科学与技术学院 能源学院	2013年8月28日
300	ZL201320171077.6	一种胸管	实用新型	赵　奇	医学部	2013年8月28日
301	ZL201320171053.0	一种胃管固定装置	实用新型	邬　青	医学部	2013年8月28日
302	ZL201320088915.3	燃煤设备排烟除尘装置	实用新型	胡子刚	金螳螂建筑与城市环境学院	2013年8月28日
303	ZL201320175589.X	扣式电池的等距分隔装置	实用新型	周新明	工程训练中心	2013年8月28日
304	ZL201320174935.2	扣式电池盒的自动落料机构	实用新型	周新明	工程训练中心	2013年8月28日
305	ZL201320175055.7	扣式电池的吸取移动装置	实用新型	周新明	工程训练中心	2013年8月28日
306	ZL201320184538.3	一种血氧饱和度探头	实用新型	朱远见	医学部	2013年8月28日

续表

序号	专利号	专利名称	类别	第一发明人	学院(部)	授权公告日
307	ZL201320035725.5	小型电机叠片自动排列的装置	实用新型	陈　涛	机电工程学院	2013年9月4日
308	ZL201110269307.8	事件信息融合方法和系统	发明	李培峰	计算机科学与技术学院	2013年9月4日
309	ZL201110210756.5	一种调制类型识别方法及系统	发明	朱灿焰	城市轨道交通学院	2013年9月4日
310	ZL201320172296.6	一种注射器支架	实用新型	万慎娴	医学部	2013年9月4日
311	ZL201320180686.8	一种间歇充气加压装置	实用新型	李春会	医学部	2013年9月4日
312	ZL201320171690.8	一种用于长玻璃柱体阳极键合的自动化键合设备	实用新型	陈　涛	机电工程学院	2013年9月4日
313	ZL201320049894.4	啮齿动物电刺激跳跃笼	实用新型	鲍　捷	体育学院	2013年9月4日
314	ZL201320182526.7	一种输液固定机构	实用新型	阮爱超	医学部	2013年9月4日
315	ZL201320198657.4	动静脉内瘘热敷器	实用新型	马芳琴	医学部	2013年9月4日
316	ZL201320191346.5	一种喷气型纺织机的主喷嘴结构	实用新型	冯志华	机电工程学院	2013年9月4日
317	ZL201110384743.X	用于锂电池的正极材料及其制备方法、锂电池正极和锂电池	发明	李德成	化学电源研究所	2013年9月4日
318	ZL201110091426.9	一种超支化聚硅氧烷及其制备方法	发明	顾嫒娟	材料与化学化工学部	2013年9月4日
319	ZL201110142537.8	一种载有人胰岛素样生长因子-Ⅰ基因的重组转基因载体及其应用	发明	贡成良	医学部	2013年9月4日

续表

序号	专利号	专利名称	类别	第一发明人	学院(部)	授权公告日
320	ZL201110335068.1	一种具有细胞靶向作用的水溶性紫杉醇衍生物及其制备	发明	倪沛红	材料与化学化工学部	2013年9月4日
321	ZL201110378574.9	一种铌酸盐红色荧光粉、制备方法及其应用	发明	黄彦林	材料与化学化工学部	2013年9月4日
322	ZL201110411787.7	一种适于白光LED应用的氟硅酸盐红色荧光粉及其制备方法	发明	黄彦林	材料与化学化工学部	2013年9月4日
323	ZL201110438808.4	脂肪和肥胖相关基因作为辐射生物剂量计的应用	发明	杨　洋	医学部	2013年9月4日
324	ZL201210103405.9	称量分级鉴蛹机	发明	司马杨虎	金螳螂建筑与城市环境学院	2013年9月11日
325	ZL201010285349.6	衬衫样板生成方法及系统	发明	尚笑梅	纺织与服装工程学院	2013年10月9日
326	ZL201210120265.6	一种人脸识别方法及系统	发明	张　莉	计算机科学与技术学院	2013年10月9日
327	ZL201320195465.8	一种输液连接管	实用新型	郝素娟	医学部	2013年10月9日
328	ZL201320235860.4	一种可防止胃胀气的胃管	实用新型	王　濯	医学部	2013年10月9日
329	ZL201320046022.2	一种飞行式管道机器人	实用新型	王富东	机电工程学院	2013年10月9日
330	ZL201320239481.2	一种打标装置、打标系统	实用新型	陈　涛	机电工程学院	2013年10月9日
331	ZL201320254357.3	显微注射系统	实用新型	汝长海	机电工程学院	2013年10月9日
332	ZL201110385082.2	天然彩色家蚕丝的颜色固定方法	发明	王建南	纺织与服装工程学院	2013年10月9日

续表

序号	专利号	专利名称	类别	第一发明人	学院(部)	授权公告日
333	ZL201320224723.0	可调节聚合物射流速度的静电纺丝装置	实用新型	徐　岚	纺织与服装工程学院	2013年10月9日
334	ZL201110260556.0	一种N-砜基脒的制备方法	发明	万小兵	材料与化学化工学部	2013年10月9日
335	ZL201210108724.9	一种环状聚合物及其制备方法	发明	周年琛	材料与化学化工学部	2013年10月9日
336	ZL201210017381.5	一种铕离子激活的氟钼酸盐红色荧光粉、制备方法及应用	发明	黄彦林	材料与化学化工学部	2013年10月9日
337	ZL201210158192.X	一种导电高分子纳米材料及其用途	发明	刘　庄	功能纳米与软物质研究院	2013年10月9日
338	ZL201110357104.4	一种认知无线网络路由的维护方法	发明	赵雄鹰	城市轨道交通学院	2013年10月9日
339	ZL201110361546.6	一种非接触式超声波面形修抛方法及装置	发明	黄启泰	现代光学技术研究所	2013年10月9日
340	ZL201010288289.3	一种低聚(硫)醚的制备方法	发明	毛金成	材料与化学化工学部	2013年10月9日
341	ZL201110142541.4	高富勒烯含量液晶及其制备方法	发明	屠迎锋	材料与化学化工学部	2013年10月9日
342	ZL201210068699.6	一种基于离子晶体的太阳能电池用固态电解质	发明	严　锋	材料与化学化工学部	2013年10月9日
343	ZL201110384999.0	一种含有环氧和叔胺双官能团的活性共聚物的制备方法	发明	程振平	材料与化学化工学部	2013年10月9日

续表

序号	专利号	专利名称	类别	第一发明人	学院(部)	授权公告日
344	ZL201110411788.1	一种硅酸盐长余辉荧光粉及其制备方法	发明	黄彦林	材料与化学化工学部	2013年10月9日
345	ZL201210018711.2	一种UV固化涂料用环氧丙烯酸酯及其制备方法	发明	顾嫒娟	材料与化学化工学部	2013年10月9日
346	ZL201110371283.7	一种用于菌头偶合反应的铜催化剂体系	发明	毛金成	材料与化学化工学部	2013年10月9日
347	ZL201210018714.6	一种膨胀石墨薄片/热固性树脂复合材料的制备方法	发明	顾嫒娟	材料与化学化工学部	2013年10月9日
348	ZL201110078720.6	用于染料敏化太阳能电池的添加剂	发明	严　锋	材料与化学化工学部	2013年10月9日
349	ZL201110078927.3	一种用于染料敏化太阳能电池的添加剂	发明	严　锋	材料与化学化工学部	2013年10月9日
350	ZL201010288285.5	一种丝素蛋白/磷酸钙骨水泥复合材料及其制备方法	发明	谢瑞娟	纺织与服装工程学院	2013年10月9日
351	ZL201210017841.4	一种防水增效剂以及提高纺织品防水整理的方法	发明	刘　丹	纺织与服装工程学院	2013年10月9日
352	ZL200910181912.2	含有丙烯酸酯类功能基团的环碳酸酯单体及其制备和应用	发明	陈　维	材料与化学化工学部	2013年10月9日
353	ZL201320224312.1	一种丁型肝炎病毒模型教具	实用新型	朱越雄	医学部	2013年10月9日

续表

序号	专利号	专利名称	类别	第一发明人	学院(部)	授权公告日
354	ZL201320224311.7	一种副黏病毒主要结构蛋白模型教具	实用新型	朱越雄	医学部	2013年10月9日
355	ZL201320231172.0	巨噬细胞甘露糖受体对病原菌识别与结合的示教教具	实用新型	朱越雄	医学部	2013年10月9日
356	ZL201320224724.5	一种冬虫夏草菌丝浅层静置液体培养立体支撑架	实用新型	朱越雄	医学部	2013年10月9日
357	ZL201320027095.7	一种部分相干艾里光束的产生及测量装置	实用新型	赵承良	物理科学与技术学院　能源学院	2013年10月9日
358	ZL201320256917.9	一种不等宽构件的激光直接成形装置	实用新型	朱刚贤	机电工程学院	2013年10月9日
359	ZL201320277846.0	一种小型水生动物恐惧记忆行为箱	实用新型	车　轶	医学部	2013年10月9日
360	ZL201320218311.6	一种气车动遮阳装置	实用新型	陈　庆	机电工程学院	2013年10月9日
361	ZL201320204335.6	一种便携式超声波测距仪	实用新型	黄克亚	机电工程学院	2013年10月9日
362	ZL201320204254.6	一种不规则面积自动测量装置	实用新型	黄克亚	机电工程学院	2013年10月9日
363	ZL201320049263.2	一种高像素CMOS镜头质量分析的视频采集系统	实用新型	邵　雷	电子信息学院	2013年10月9日
364	ZL201320125356.9	一种用于城市河道净化的人工生态岛	实用新型	李蒙英	医学部	2013年10月16日
365	ZL201320225375.9	一种便携式太阳能电源装置	实用新型	周　华	物理科学与技术学院　能源学院	2013年10月16日

续表

序号	专利号	专利名称	类别	第一发明人	学院(部)	授权公告日
366	ZL201320246548.5	一种农业大棚温湿控制系统	实用新型	陈　庆	机电工程学院	2013年10月16日
367	ZL200910034857.4	一种二聚酰胺及其制备方法	发明	李战雄	纺织与服装工程学院	2013年11月13日
368	ZL201110361574.8	一种聚合物接枝氧化石墨烯的制备方法	发明	屠迎锋	材料与化学化工学部	2013年11月13日
369	ZL201210123709.1	一种含有富马酸喹硫平的缓释片剂	发明	曹青日	医学部	2013年11月13日
370	ZL201110221086.7	一种电压跌落的实时检测方法	发明	仲兴荣	电子信息学院	2013年11月13日
371	ZL201110076928.4	一种3-吲哚芳基甲磺酰胺的制备方法	发明	贾　俊	医学部	2013年11月13日
372	ZL201210178492.4	一种表面增强拉曼散射活性基底及其制备方法	发明	程　丝	材料与化学化工学部	2013年11月13日
373	ZL201110260601.2	多重靶向性的光动力学疗法聚合物载体及其制备方法	发明	陈高健	材料与化学化工学部	2013年11月13日
374	ZL201110293715.7	一种多孔硫代铟酸盐的制备方法	发明	戴　洁	材料与化学化工学部	2013年11月13日
375	ZL201320275263.4	用于远度跳跃项目的距离测量装置	实用新型	雍　明	体育学院	2013年11月13日
376	ZL201320166853.3	一种专用于药物抗菌试验纸碟法的一次性塑料培养皿	实用新型	朱越雄	医学部	2013年11月13日

续表

序号	专利号	专利名称	类别	第一发明人	学院(部)	授权公告日
377	ZL201320302658.9	一种洁净手术室变风量变级别的送风装置	实用新型	俞卫刚	物理科学与技术学院 能源学院	2013年11月13日
378	ZL201320174272.4	一种用于肠道疾病检测机器人的外置式驱动机构	实用新型	胡海燕	机电工程学院	2013年11月13日
379	ZL201320338590.X	一种拆装式白色假丝酵母模型教具	实用新型	朱越雄	医学部	2013年11月13日
380	ZL201320363630.6	CPT原子频标	实用新型	乔东海	电子信息学院	2013年11月13日
381	ZL201110230725.6	道路地面冲洗吸污车	发明	胡子刚	金螳螂建筑与城市环境学院	2013年11月13日
382	ZL201210106538.1	一种发射波长可控的高分子荧光微球及其制备方法	发明	范丽娟	材料与化学化工学部	2013年12月4日
383	ZL201210136332.3	一种防水透湿涂层胶、制备方法及其应用	发明	周向东	纺织与服装工程学院	2013年12月4日
384	ZL201210082018.1	一种丝胶复合氨基酸的制备方法	发明	盛家镛	纺织与服装工程学院	2013年12月4日
385	ZL201110314776.7	一种活性无皂乳液的制备方法	发明	程振平	材料与化学化工学部	2013年12月4日
386	ZL201110299418.3	一种高空电缆除冰装置	发明	吴国银	机电工程学院	2013年12月4日
387	ZL201110293713.8	ING4与OSM双基因共表达载体及其应用	发明	杨吉成	医学部	2013年12月4日
388	ZL201110429844.4	一种丝绵含胶率的测定方法	发明	邢铁玲	纺织与服装工程学院	2013年12月4日

续表

序号	专利号	专利名称	类别	第一发明人	学院(部)	授权公告日
389	ZL201210106539.6	一种闭孔的介孔氧化硅及其制备方法	发明	梁国正	材料与化学化工学部	2013年12月4日
390	ZL201110387268.1	一种六方氮化硼/热固性树脂复合材料及其制备方法	发明	梁国正	材料与化学化工学部	2013年12月4日
391	ZL201320352214.6	一种基于低功耗原子钟的局部授时定位系统	实用新型	郭思宇	电子信息学院	2013年12月4日
392	ZL201320369022.6	一种染色体核型分析中长短臂选配组合教具	实用新型	曹广力	医学部	2013年12月4日
393	ZL201320369021.1	一种染色体核型分析教具	实用新型	曹广力	医学部	2013年12月4日
394	ZL201320358706.6	一种钢瓶的固定及移动装置	实用新型	徐加英	医学部	2013年12月4日
395	ZL201320108794.4	一种抗体存放盒	实用新型	秦立强	医学部	2013年12月4日
396	ZL201320392570.0	一种真核细胞染色体模式结构教具	实用新型	曹广力	医学部	2013年12月4日
397	ZL201110231326.1	基于人工神经网络智能路灯节能控制系统	发明	陶　智	物理科学与技术学院　能源学院	2013年12月4日
398	ZL201010530828.X	一种提高竹黄菌中竹红菌素产量的方法	发明	王剑文	医学部	2013年12月4日
399	ZL201320387125.5	一种用于电火花线切割机床的小型简易夹具	实用新型	俞亮亮	机电工程学院	2013年12月4日

续表

序号	专利号	专利名称	类别	第一发明人	学院(部)	授权公告日
400	ZL201320385940.8	电磁场暴露实验鼠笼	实用新型	秦粉菊	医学部	2013 年 12 月 4 日
401	ZL201320356902.X	一种对磁传感器进行检测和标定的系统	实用新型	乔东海	电子信息学院	2013 年 12 月 4 日
402	ZL201320419570.5	一种血球计数板教具	实用新型	朱越雄	医学部	2013 年 12 月 4 日
403	ZL201320310944.X	简易型落地太阳能热水器	实用新型	胡子刚	金螳螂建筑与城市环境学院	2013 年 12 月 4 日
404	ZL201320273233.X	水上救生器具	实用新型	胡子刚	金螳螂建筑与城市环境学院	2013 年 12 月 4 日
405	ZL201320310880.3	落地太阳热水器	实用新型	胡子刚	金螳螂建筑与城市环境学院	2013 年 12 月 4 日
406	ZL201320273232.5	救生网	实用新型	胡子刚	金螳螂建筑与城市环境学院	2013 年 12 月 4 日
407	ZL201320353830.3	隔离器的封闭传递装置	实用新型	诸葛洪祥	医学部	2013 年 12 月 4 日
408	ZL201320353926.X	高效筒状气体净化器	实用新型	诸葛洪祥	医学部	2013 年 12 月 4 日
409	ZL201320353927.4	一种气体净化器	实用新型	诸葛洪祥	医学部	2013 年 12 月 4 日
410	ZL201320354150.3	动物隔离器排泄物收集消毒装置	实用新型	诸葛洪祥	医学部	2013 年 12 月 4 日

注：加“*”者为 2012 年获得授权但未列入《苏州大学年鉴 2013》的专利。

2013 年度苏州大学软件著作权授权情况

2013 年度苏州大学软件著作权授权情况一览表

序号	登记号	名称	登记日期	学院
1	2013SR001347	并行化蛋白质侧链结构预测软件 1.0	2013 年 1 月 6 日	计算机科学与技术学院
2	2013SR003686	面向语义的图像检索系统 1.0	2013 年 1 月 11 日	计算机科学与技术学院
3	2013SR003531	基于压缩通讯的并行 BP 推理平台 1.0	2013 年 1 月 11 日	计算机科学与技术学院
4	2013SR003917	具有可视化界面的图论软件	2013 年 1 月 14 日	电子信息学院
5	2013SR004661	P2P 种子信息收集软件 2.0	2013 年 1 月 15 日	计算机科学与技术学院
6	2013SR004449	网络流量识别分析平台 2.0	2013 年 1 月 15 日	计算机科学与技术学院
7	2013SR006175	彩色数码提花配色软件 V1.0	2013 年 1 月 18 日	计算机科学与技术学院
8	2013SR006959	基于二型模糊逻辑的多线程时序分析软件 1.0	2013 年 1 月 22 日	计算机科学与技术学院
9	2013SR006957	基于构件技术的全站仪软件系统 V1.0	2013 年 1 月 22 日	计算机科学与技术学院
10	2013SR007167	RFID 标签读写系统 V1.0	2013 年 1 月 23 日	计算机科学与技术学院
11	2013SR007999	基于 DVS 技术的全站仪系统软件 V1.0	2013 年 1 月 24 日	计算机科学与技术学院
12	2013SR008165	P2P 集群分析系统中央控制软件 1.0	2013 年 1 月 25 日	计算机科学与技术学院
13	2013SR008071	带电作业用工具库房温湿度控制系统 V1.0	2013 年 1 月 25 日	计算机科学与技术学院
14	2013SR008166	设备状态显示与警示系统 V1.0	2013 年 1 月 25 日	计算机科学与技术学院
15	2013SR022077	基于 STM32F103ZE 的 GPRS 通信软件 1.0	2013 年 3 月 11 日	电子信息学院

续表

序号	登记号	名 称	登记日期	学院
16	2013SR022709	苏州大学车辆管理系统	2013 年 3 月 12 日	计算机科学与技术学院
17	2013SR022706	苏州大学成人教育学院网络教学综合平台	2013 年 3 月 12 日	计算机科学与技术学院
18	2013SR026288	基于 GSM 的电量参数检测软件 1.0	2013 年 3 月 21 日	电子信息学院
19	2013SR026620	基于 STM32F103ZE 的 LED 屏显示软件	2013 年 3 月 21 日	电子信息学院
20	2013SR026668	基于 STM32F103ZE 的嵌入式语音播报软件	2013 年 3 月 21 日	海外教育学院
21	2013SR035840	基于 DSP 的多线程实时音视频处理系统软件 1.0	2013 年 4 月 22 日	电子信息学院
22	2013SR035832	在线公式编辑器 1.0	2013 年 4 月 22 日	物理科学与技术学院 能源学院
23	2013SR042636	基于 IPCG 的即时通讯审计监控系统 1.0	2013 年 5 月 9 日	计算机科学与技术学院
24	2013SR042953	苏州大学计算机科学与技术学院通用工资管理系统 V1.0	2013 年 5 月 10 日	计算机科学与技术学院
25	2013SR045728	微波多端口网络半自动测量软件 1.0	2013 年 5 月 16 日	电子信息学院
26	2013SR045418	变容二极管特性参数的自动测量软件 1.0	2013 年 5 月 16 日	电子信息学院
27	2013SR047632	基于资格迹的强化学习方法仿真平台软件	2013 年 5 月 21 日	计算机科学与技术学院
28	2013SR049075	资源约束下的回归测试用例集优化软件	2013 年 5 月 23 日	计算机科学与技术学院
29	2013SR050176	基于逻辑变异测试的测试用例优化软件	2013 年 5 月 27 日	计算机科学与技术学院
30	2013SR053272	SaaS 计费与服务质量监控系统 1.0	2013 年 6 月 1 日	计算机科学与技术学院
31	2013SR072371	整数上的完全同态加密系统	2013 年 6 月 3 日	计算机科学与技术学院
32	2013SR057296	基于逗号的中文分句和基本语篇单元识别软件 V1.0	2013 年 6 月 9 日	计算机科学与技术学院

续表

序号	登记号	名 称	登记日期	学院
33	2013SR079589	Miu Chat 即时通讯通讯软件	2013 年 6 月 18 日	计算机科学与技术学院
34	2013SR079887	基于 pallier 同态加密算法的安全投票系统	2013 年 6 月 18 日	计算机科学与技术学院
35	2013SR062472	苏大维赛轮滑计时软件	2013 年 6 月 26 日	计算机科学与技术学院
36	2013SR062633	基于 WEB 服务的信息批量添加与发布软件 V1.0	2013 年 6 月 26 日	电子信息学院
37	2013SR063414	Avens 服装数据归档软件 V1.0	2013 年 6 月 27 日	城市轨道交通学院
38	2013SR064860	个人博客系统	2013 年 7 月 13 日	计算机科学与技术学院
39	2013SR065186	基于电子地图的信息管理软件 V1.0	2013 年 7 月 13 日	电子信息学院
40	2013SR072251	非接触式人体尺寸自动提取系统	2013 年 7 月 24 日	纺织与服装工程学院
41	2013SR074100	FuRe 员工绩效管理系统	2013 年 7 月 26 日	计算机科学与技术学院
42	2013SR075408	计算机实验教学网上作业系统	2013 年 7 月 27 日	计算机科学与技术学院
43	2013SR075410	药品库存管理系统	2013 年 7 月 27 日	计算机科学与技术学院
44	2013SR082006	蛋白质配体含水柔性对接软件 1.0	2013 年 8 月 7 日	计算机科学与技术学院
45	2013SR081639	蛋白质 LOOP 运动模拟软件 1.0	2013 年 8 月 7 日	计算机科学与技术学院
46	2013SR081969	楼宇安全防护系统监控中心软件 1.0	2013 年 8 月 7 日	计算机科学与技术学院
47	2013SR081441	基于 GPRS 的电量参数检测传输软件 1.0	2013 年 8 月 7 日	电子信息学院
48	2013SR084807	个性化桌面定制软件 1.0	2013 年 8 月 14 日	计算机科学与技术学院
49	2013SR087579	门禁管理系统	2013 年 8 月 20 日	计算机科学与技术学院
50	2013SR087534	MKL25Z128VLK4 微控制器功能测试软件	2013 年 8 月 20 日	计算机科学与技术学院

续表

序号	登记号	名称	登记日期	学院
51	2013SR087585	图形构件化嵌入式与物联网开发平台	2013 年 8 月 20 日	计算机科学与技术学院
52	2013SR087582	Hadoop 云计算单平台与多平台自动配置控制软件	2013 年 8 月 20 日	电子信息学院
53	2013SR087363	基于 Android 的城市公交线路查询系统	2013 年 8 月 20 日	计算机科学与技术学院
54	2013SR087242	楼宇安全防护系统数据网关软件 1.0	2013 年 8 月 20 日	计算机科学与技术学院
55	2013SR087367	楼宇安全防护系统故障通知手机客户端软件 1.0	2013 年 8 月 20 日	计算机科学与技术学院
56	2013SR087684	楼宇安全防护系统报警服务器软件 1.0	2013 年 8 月 21 日	计算机科学与技术学院
57	2013SR087683	楼宇安全防护系统报警客户机软件 1.0	2013 年 8 月 21 日	计算机科学与技术学院
58	2013SR088657	二维数据库管理器 2D-DBM	2013 年 8 月 23 日	计算机科学与技术学院
59	2013SR089650	SD-FSL-5in1-Programmer 写入软件	2013 年 8 月 26 日	计算机科学与技术学院
60	2013SR089643	城市物流配送路径规划软件	2013 年 8 月 26 日	计算机科学与技术学院
61	2013SR089572	基于二维三视图的三维重建自动化软件	2013 年 8 月 26 日	机电工程学院
62	2013SR089728	二维数据的快速查询与存储软件	2013 年 8 月 26 日	计算机科学与技术学院
63	2013SR095687	Pushi 物联网信息集成发布系统 2.0	2013 年 9 月 5 日	计算机科学与技术学院
64	2013SR096192	基于 WEB 的昼夜节律分析软件 V1.0	2013 年 9 月 6 日	医学部
65	2013SR099766	Crossed Cube 结构城市公交网络性质演示系统 V1.0	2013 年 9 月 12 日	计算机科学与技术学院
66	2013SR100055	BC 互连网络性质演示系统 V1.0	2013 年 9 月 13 日	计算机科学与技术学院
67	2013SR108706	在线能耗数据采集传输系统软件 V1.0	2013 年 9 月 15 日	计算机科学与技术学院
68	2013SR103912	门控系统测试软件 1.0	2013 年 9 月 23 日	电子信息学院
69	2013R11L195238	公开可验的矩阵相乘委托计算系统	2013 年 10 月 12 日	计算机科学与技术学院

续表

序号	登记号	名称	登记日期	学院
70	2013SR109286	城市园林绿化企业信息填报系统 V1.0	2013 年 10 月 16 日	计算机科学与技术学院
71	2013SR109289	Android 手机模拟小键盘系统 V1.0	2013 年 10 月 16 日	计算机科学与技术学院
72	2013SR114095	视频显著区域提取系统 V1.0	2013 年 10 月 26 日	计算机科学与技术学院
73	2013SR114724	城市公交线路换乘查询系统	2013 年 10 月 28 日	计算机科学与技术学院
74	2013SR115065	大学生在线考试系统	2013 年 10 月 28 日	计算机科学与技术学院
75	2013SR115165	办公信息管理系统	2013 年 10 月 28 日	计算机科学与技术学院
76	2013SR115072	文档安全系统	2013 年 10 月 28 日	计算机科学与技术学院
77	2013SR114638	基于机器视觉的疲劳驾驶预警系统 V1.0	2013 年 10 月 28 日	计算机科学与技术学院
78	2013SR115635	蛋白质肽段全柔性计算对接软件 1.0	2013 年 10 月 29 日	计算机科学与技术学院
79	2013SR118033	糖尿病风险评估系统 V1.0	2013 年 11 月 2 日	医学部
80	2013SR118033	糖尿病风险评估系统 V1.0	2013 年 11 月 2 日	医学部
81	2013SR119669	学校突发公共卫生事件管理水平评价系统 V1.0	2013 年 11 月 5 日	医学部
82	2013SR119669	学校突发公共卫生事件管理水平评价系统 V1.0	2013 年 11 月 5 日	医学部
83	2013SR122932	企业员工信息管理系统	2013 年 11 月 11 日	计算机科学与技术学院
84	2013SR123032	三相直流无刷无感电机控制器测试软件	2013 年 11 月 11 日	计算机科学与技术学院
85	2013SR123431	基于 K60 微控制器的图形构件化教育机器人软件	2013 年 11 月 11 日	计算机科学与技术学院
86	2013SR123334	基于 MQX 的数码相册软件	2013 年 11 月 11 日	计算机科学与技术学院
87	2013SR123330	基于嵌入式以太网的远程机房控制软件	2013 年 11 月 11 日	计算机科学与技术学院
88	2013SR123029	面向企业展台的远程监控软件	2013 年 11 月 11 日	计算机科学与技术学院

续表

序号	登记号	名 称	登记日期	学院
89	2013SR123434	网络五子棋游戏软件	2013 年 11 月 11 日	计算机科学与技术学院
90	2013SR124218	电脑绣花企业订单管理系统 V1.0	2013 年 11 月 12 日	计算机科学与技术学院
91	2013SR128137	局域无线数据传输系统软件 V1.0	2013 年 11 月 18 日	计算机科学与技术学院
92	2013SR137337	三维球体随机堆积程序	2013 年 12 月 3 日	纺织与服装工程学院
93	2013SR137340	服装企业面料管理系统	2013 年 12 月 3 日	纺织与服装工程学院
94	2013SR141291	中文事件信息抽取预处理系统 V1.0	2013 年 12 月 9 日	计算机科学与技术学院
95	2013SR151546	加速度数据实时显示软件	2013 年 12 月 20 日	城市轨道交通学院
96	2013SR151065	电梯能耗测量与能效评价平台 V1.0	2013 年 12 月 20 日	计算机科学与技术学院
97	2013SR154096	网上考试系统	2013 年 12 月 23 日	计算机科学与技术学院
98	2013SR153960	服装量体尺寸归并与导出系统	2013 年 12 月 23 日	纺织与服装工程学院
99	2013SR154597	电压监测装置维护软件 V1.0	2013 年 12 月 23 日	城市轨道交通学院
100	2013SR155417	基于动态和自适应公交到站时间预测系统 1.0	2013 年 12 月 24 日	计算机科学与技术学院
101	2013SR157284	电压监测装置嵌入式软件 V1.0	2013 年 12 月 25 日	城市轨道交通学院
102	2013SR157298	无线温度测量终端嵌入式软件 V1.0	2013 年 12 月 25 日	城市轨道交通学院
103	2013SR157508	无线温度测量基站嵌入式软件 V1.0	2013 年 12 月 25 日	城市轨道交通学院
104	2013SR161643	基于语音处理的情感转换软件 V1.0	2013 年 12 月 30 日	电子信息学院
105	2013SR162095	中文事件触发词抽取系统 V1.0	2013 年 12 月 30 日	计算机科学与技术学院

2013 年度苏州大学承担的省部级以上项目情况

一、科技项目情况

1. 国家重点基础研究发展计划("973 计划"及重大科学研究计划)项目(课题)(6 项)

序号	项目批准号	项目名称	项目负责人	承担单位	资助经费(万元)	完成时间
1	2014CB932600	有机纳米聚集体界面分子取向调控及光电器件应用基础研究	唐建新	功能纳米与软物质研究院	500	2013 年—2018 年
2	2014CB748600	视网膜多模态医学影像处理与分析及其应用基础研究	陈新建	电子信息学院	500	2013 年—2018 年
3	2013CB530501	自身抗原特异性免疫识别的分子基础与调控机制及其对自身免疫反应的影响	熊思东	生物医学研究院	303(前两年)	2013 年—2018 年
4	2013CB910102	胁迫环境中线粒体代谢与细胞凋亡调控机制	何苏丹	唐仲英血液学研究中心	285(前两年)	2013 年—2018 年
5	2013CB933502	有机微纳晶态材料的可控制备和图案阵列化研究	揭建胜	功能纳米与软物质研究院	310(前两年)	2013 年—2018 年
6	2013CB932702	生物医用纳米材料的细胞代谢及其分析方法研究	刘　坚	功能纳米与软物质研究院	374(前两年)	2013 年—2018 年

2. 国家科技重大专项(1 项)

序号	项目批准号	项目名称	项目负责人	承担单位	资助经费(万元)	完成时间
1	2013ZX10003007	结核分枝杆菌潜伏感染的免疫学特征及特异性防治策略(潜伏感染创新型疫苗)的临床前研究	熊思东	生物医学研究院	2 035	2013 年—2018 年

3. “863 计划”青年科学家专题(1 项)

序号	项目批准号	项目名称	项目负责人	承担单位	资助经费(万元)	完成时间
1	2014AA020518	新型低成本癌症早期诊断分子影像技术开发	马　楠	材料与化学化工学部	108	2014 年—2016 年

4. 国际科技合作项目(2 项)

序号	项目批准号	项目名称	项目负责人	承担单位	资助经费(万元)	完成时间
1		纳米生物金属树枝体的设计、合成及其在化疗药物中的应用	毛金成	材料与化学化工学部	后资助	
2		基于非线性分解方法的 PCT-CT 图像肺肿瘤分割算法研究	陈新建	电子信息学院	后资助	2013 年—2015 年

5. 国家自然科学基金项目(311 项)

序号	项目批准号	项目名称	项目负责人	承担单位	资助经费(万元)	项目类别	完成时间
1	11371273	非线性规划的无惩罚型方法及其理论	陈中文	数学科学学院	55	面上项目	2017 年 12 月 31 日
2	11371269	对若干超椭圆积分的零点个数的估计	刘长剑	数学科学学院	50	面上项目	2017 年 12 月 31 日

续表

序号	项目批准号	项目名称	项目负责人	承担单位	资助经费（万元）	项目类别	完成时间
3	11371270	单调流和余维 1 Aubry-Mather 理论	秦文新	数学科学学院	50	面上项目	2017 年 12 月 31 日
4	11371268	拟共形映射理论中的若干问题	沈玉良	数学科学学院	55	面上项目	2017 年 12 月 31 日
5	11371274	组合信用风险理论中几个前沿问题的研究	王过京	数学科学学院	55	面上项目	2017 年 12 月 31 日
6	11371272	函数型数据的统计推断	杨立坚	数学科学学院	50	面上项目	2017 年 12 月 31 日
7	11371271	热力学形式以及相关问题的研究	赵　云	数学科学学院	50	面上项目	2017 年 12 月 31 日
8	11301368	分子网格及线性泊松波尔兹曼方程无网格高精度算法研究	陈旻昕	数学科学学院	22	青年科学基金项目	2016 年 12 月 31 日
9	11301367	覆盖广义粗糙集中的粗糙隶属度函数及其应用	葛　洵	数学科学学院	20	青年科学基金项目	2016 年 12 月 31 日
10	11301366	基于高维短序列生物数据的系统重构研究	马欢飞	数学科学学院	22	青年科学基金项目	2016 年 12 月 31 日
11	11301365	非齐次不可压缩 Navier-Stokes 方程的整体适定性	王　云	数学科学学院	23	青年科学基金项目	2016 年 12 月 31 日
12	11326229	时间分数阶偏微分方程的差分方法	张亚楠	数学科学学院	3	专项基金项目	2014 年 12 月 31 日
13	21374069	对 GLUT 高亲和的含糖聚合物的设计、合成及微纳调控	陈高健	物理科学与技术学院 能源学院	76	面上项目	2017 年 12 月 31 日
14	21374073	模型胶体链的玻璃化动力学微观理论研究：链结构、维度和受限	陈　康	物理科学与技术学院 能源学院	80	面上项目	2017 年 12 月 31 日

续表

序号	项目批准号	项目名称	项目负责人	承担单位	资助经费（万元）	项目类别	完成时间
15	51372158	新型内嵌硫化物团簇富勒烯的有效制备、能级调控及光伏特性研究	冯　莱	物理科学与技术学院　能源学院	80	面上项目	2017年12月31日
16	11374223	特异电磁材料体系的非局域和非线性效应研究	高　雷	物理科学与技术学院　能源学院	80	面上项目	2017年12月31日
17	11374219	低维体系拓扑态设计与输运特性研究	江　华	物理科学与技术学院　能源学院	76	面上项目	2017年12月31日
18	11374220	钙钛矿型过渡金属氧化物异质界面电子结构重构的第一性原理研究	睢　胜	物理科学与技术学院　能源学院	76	面上项目	2017年12月31日
19	11374224	声学相干完美吸收体	赖　耘	物理科学与技术学院　能源学院	76	面上项目	2017年12月31日
20	51372159	掠角沉积II-VI族化合物/硅复合纳米结构阵列薄膜及光电转换性能研究	李　亮	物理科学与技术学院　能源学院	80	面上项目	2017年12月31日
21	21374074	细胞内吞路径中与膜重构现象相关的协作机制研究	杨　恺	物理科学与技术学院　能源学院	80	面上项目	2017年12月31日
22	11374218	竞争相互作用下胶体体系微相分离的研究	张天辉	物理科学与技术学院　能源学院	80	面上项目	2017年12月31日
23	11374222	具有涡旋位相的部分相干矢量光束的产生、传输及应用基础研究	赵承良	物理科学与技术学院　能源学院	89	面上项目	2017年12月31日

续表

序号	项目批准号	项目名称	项目负责人	承担单位	资助经费（万元）	项目类别	完成时间
24	11375126	强磁场射频调制螺旋波等离子体及Ⅳ族半导体纳米材料的制备	诸葛兰剑	物理科学与技术学院 能源学院	96	面上项目	2017年12月31日
25	11304217	纳米金属-绝缘层核壳结构以及纳米金属-上转换材料复合结构在染料敏化太阳能电池上的应用研究	邓楷模	物理科学与技术学院 能源学院	30	青年科学基金项目	2016年12月31日
26	11304215	电磁波在双零折射率光子晶体中奇异传播性质的研究	杭志宏	物理科学与技术学院 能源学院	25	青年科学基金项目	2016年12月31日
27	61307037	基于小分子体异质结有机太阳能电池的电荷传导特性研究	娄艳辉	物理科学与技术学院 能源学院	24	青年科学基金项目	2016年12月31日
28	51302181	高性能硅酸铁锂阴极材料的设计、合成与表征	倪江锋	物理科学与技术学院 能源学院	25	青年科学基金项目	2016年12月31日
29	21303113	金属表面受限的多组份超分子配位自组装的研究	石子亮	物理科学与技术学院 能源学院	25	青年科学基金项目	2016年12月31日
30	21303114	锂-空气电池阴极尖晶石纳米线/管阵列双功能催化剂的制备及其电化学性能研究	田景华	物理科学与技术学院 能源学院	25	青年科学基金项目	2016年12月31日
31	11304216	高灵敏度光学非线性测量技术的研究	杨俊义	物理科学与技术学院 能源学院	28	青年科学基金项目	2016年12月31日
32	61322504	变换光学和电磁人工媒质	陈焕阳	物理科学与技术学院 能源学院	100	优秀青年科学基金项目	2016年12月31日

续表

序号	项目批准号	项目名称	项目负责人	承担单位	资助经费（万元）	项目类别	完成时间
33	1347613	第四期理论物理前沿暑期讲习班——软凝聚态物理的若干前沿领域	陈　康	物理科学与技术学院　能源学院	20	专项基金项目	2014年12月31日
34	11347105	各向异性核壳结构电磁颗粒体系所受光力的研究	倪亚贤	物理科学与技术学院　能源学院	5	专项基金项目	2014年12月31日
35	51373113	pH和还原双重生物响应氨基酸聚氨酯纳米药物载体的设计合成	程　茹	材料与化学化工学部	85	面上项目	2017年12月31日
36	21371125	半导体金属氧硫簇与有机共轭配体的膜组装及光电性质研究	戴　洁	材料与化学化工学部	80	面上项目	2017年12月31日
37	51373111	基于石墨烯及导电高分子复合的三维多孔电极材料的构筑及其电催化性能研究	杜玉扣	材料与化学化工学部	85	面上项目	2017年12月31日
38	21374071	通过研究基质的作用及优化组合提高共轭高分子纤维膜的传感性能	范丽娟	材料与化学化工学部	83	面上项目	2017年12月31日
39	21373006	基于多元纳米复合催化剂的可控合成及其催化应用评价	顾宏伟	材料与化学化工学部	83	面上项目	2017年12月31日
40	51373115	溶液环境扰动诱导蛋白质二级结构或性质变化的原位光谱及二维相关分析研究	黄　鹤	材料与化学化工学部	78	面上项目	2017年12月31日
41	21372174	基于2-吡啶噁唑为核心的有机发光材料的合成及其器件性能的研究	纪顺俊	材料与化学化工学部	80	面上项目	2017年12月31日

续表

序号	项目批准号	项目名称	项目负责人	承担单位	资助经费（万元）	项目类别	完成时间
42	21373142	含氰金属配体桥连的钼（钨）铜硫簇基配位聚合物的组装、结构及非线性光学研究	郎建平	材料与化学化工学部	82	面上项目	2017 年 12 月 31 日
43	21374066	基于生物相容和生物可降解聚合物的抗肿瘤前药的合成及性能研究	倪沛红	材料与化学化工学部	83	面上项目	2017 年 12 月 31 日
44	21375091	高性能电化学发光应用于氧化应激相关疾病基础研究	屠一锋	材料与化学化工学部	88	面上项目	2017 年 12 月 31 日
45	21373145	可控生长与同步图案化组装贵金属纳米晶及其光学性质研究	吴继红	材料与化学化工学部	82	面上项目	2017 年 12 月 31 日
46	21371128	金属配合物（金属簇）-高分子组装制备多进制电存储材料的研究	徐庆锋	材料与化学化工学部	80	面上项目	2017 年 12 月 31 日
47	21372171	新型β-二亚胺基稀土金属配合物的设计合成、转化及催化性能研究	薛明强	材料与化学化工学部	80	面上项目	2017 年 12 月 31 日
48	21373143	光敏剂共价功能化石墨烯的电子传递和对光催化增强作用研究	杨　平	材料与化学化工学部	80	面上项目	2017 年 12 月 31 日
49	21372172	多芳氧基稳定的稀土金属-锌杂双金属化合物的合成及其催化性能	姚英明	材料与化学化工学部	85	面上项目	2017 年 12 月 31 日
50	21371126	二性硫酚金属模型物的合成及模拟MT金属活性中心反应性研究	虞　虹	材料与化学化工学部	80	面上项目	2017 年 12 月 31 日

续表

序号	项目批准号	项目名称	项目负责人	承担单位	资助经费（万元）	项目类别	完成时间
51	21374070	高分子修饰的纳米金沉积膜对胚胎干细胞生长和分化的影响	袁　琳	材料与化学化工学部	78	面上项目	2017年12月31日
52	21372173	α位氧取代氮烯中间体的产生、光谱、结构与反应机理	曾小庆	材料与化学化工学部	80	面上项目	2017年12月31日
53	21374072	结合圆偏振光辐照和聚合物后分散技术制备光响应型聚合物手性纳米粒子	张　伟	材料与化学化工学部	83	面上项目	2017年12月31日
54	21374068	基于非共价键相互作用和可控自由基聚合的大分子精密合成	张正彪	材料与化学化工学部	83	面上项目	2017年12月31日
55	21374067	基于有机硒化合物的通用型活性自由基聚合调控体系研究	朱　健	材料与化学化工学部	83	面上项目	2017年12月31日
56	21302133	过渡金属化学选择性催化碳氢键胺化机理的理论计算研究	鲍晓光	材料与化学化工学部	25	青年科学基金项目	2016年12月31日
57	21301125	高性能多孔硅基纳米复合锂离子电池负极材料的制备及性能研究	陈冬赟	材料与化学化工学部	25	青年科学基金项目	2016年12月31日
58	51302178	新型内嵌原子簇富勒烯的合成及其物理化学性质研究	谌　宁	材料与化学化工学部	25	青年科学基金项目	2016年12月31日
59	21304063	基于环糊精超分子交联剂的大形变、自修复水凝胶	郭明雨	材料与化学化工学部	25	青年科学基金项目	2016年12月31日
60	21304061	新型POSS基杂化星形聚合物的快速合成及结构表征	何金林	材料与化学化工学部	25	青年科学基金项目	2016年12月31日

续表

序号	项目批准号	项目名称	项目负责人	承担单位	资助经费（万元）	项目类别	完成时间
61	21301123	新型碱蒸汽后处理工艺在多级孔沸石材料中的应用及材料催化性质研究	李　华	材料与化学化工学部	25	青年科学基金项目	2016 年 12 月 31 日
62	21306121	粒径均一碳微球材料的制备与改性及其对油品吸附脱氮性能的研究	李　娜	材料与化学化工学部	25	青年科学基金项目	2016 年 12 月 31 日
63	21305098	多维核磁共振波谱方法研究含氟高分子结构	李晓虹	材料与化学化工学部	28	青年科学基金项目	2016 年 12 月 31 日
64	21304062	具有纤溶功能的新型小口径血管替代材料的构建	刘小莉	材料与化学化工学部	26	青年科学基金项目	2016 年 12 月 31 日
65	21302132	二硒代酯的合成及其选择性自由基加成反应研究	潘向强	材料与化学化工学部	25	青年科学基金项目	2016 年 12 月 31 日
66	21301124	金属硫化物纳米复合负极材料的可控构筑及其性能研究	邵　杰	材料与化学化工学部	25	青年科学基金项目	2016 年 12 月 31 日
67	21303115	单晶电极/非水体系界面的现场表面增强拉曼光谱研究	徐敏敏	材料与化学化工学部	25	青年科学基金项目	2016 年 12 月 31 日
68	21305100	高效免标记功能核酸传感器研究	严吉林	材料与化学化工学部	25	青年科学基金项目	2016 年 12 月 31 日
69	51302177	双功能磁性介孔生物活性玻璃微球的研究	张　英	材料与化学化工学部	25	青年科学基金项目	2016 年 12 月 31 日
70	51303118	聚合物太阳能电池中电子给/受体界面电荷转移态的研究	周　祎	材料与化学化工学部	25	青年科学基金项目	2016 年 12 月 31 日

续表

序号	项目批准号	项目名称	项目负责人	承担单位	资助经费（万元）	项目类别	完成时间
71	21334004	精确控制蛋白质与材料表界面的相互作用及其作用机制研究	陈　红	材料与化学化工学部	310	重点项目	2018年12月31日
72	21336005	超高密度信息存储有机材料的设计、合成及调控器件性能的研究	路建美	材料与化学化工学部	310	重点项目	2018年12月31日
73	21344002	抗酶解功能型仿生多肽自组装软物质纳米材料	李新明	材料与化学化工学部	10	专项基金项目	2014年12月31日
74	61361160412	荧光硅纳米结构的设计及其生物光学成像的应用基础研究	何　耀	功能纳米与软物质研究院	110	国际（地区）合作与交流项目	2016年12月31日
75	61311140170	叠层有机光电器件的界面调控及性能优化研究	李艳青	功能纳米与软物质研究院	21.72	国际（地区）合作与交流项目	2015年12月31日
76	21381260025	2013两岸光电材料成果交流研讨会	廖良生	功能纳米与软物质研究院	0.5	国际（地区）合作与交流项目	2013年9月7日
77	11375127	同步辐射光谱预测方法（Bethe-Salpeter程序）的发展及其应用	Keith Gilmore	功能纳米与软物质研究院	90	面上项目	2017年12月31日
78	21373144	非对称金属纳米粒子结构的可控组装及表面等离子体性质研究	江　林	功能纳米与软物质研究院	82	面上项目	2017年12月31日
79	21371127	基于金属氧化物牺牲模板法的纳米微粒/金属有机骨架复合材料的制备与应用研究	陆　广	功能纳米与软物质研究院	80	面上项目	2017年12月31日

续表

序号	项目批准号	项目名称	项目负责人	承担单位	资助经费（万元）	项目类别	完成时间
80	51302180	用于磁靶向肿瘤联合治疗的复合功能稀土纳米材料研究	程　亮	功能纳米与软物质研究院	25	青年科学基金项目	2016 年 12 月 31 日
81	21304064	基于高分子单晶的人工纳米马达的研究	董　彬	功能纳米与软物质研究院	26	青年科学基金项目	2016 年 12 月 31 日
82	11304213	惰性基底上有机半导体薄膜生长的原位实时成像研究	黄丽珍	功能纳米与软物质研究院	25	青年科学基金项目	2016 年 12 月 31 日
83	61307036	掺杂有机半导体的电传导特性及其在光电器件中的应用	王照奎	功能纳米与软物质研究院	28	青年科学基金项目	2016 年 12 月 31 日
84	31300824	功能化氧化石墨烯作为新型纳米佐剂在肿瘤 DNA 疫苗中的研究	许利耕	功能纳米与软物质研究院	25	青年科学基金项目	2016 年 12 月 31 日
85	21303112	沸石咪唑酯骨架材料的柔性及其中的小分子吸附和扩散机理的理论研究	张理玲	功能纳米与软物质研究院	25	青年科学基金项目	2016 年 12 月 31 日
86	91333112	同步辐射光进光出原位实时表征技术在有机发光器件界面中的应用研究	孙旭辉	功能纳米与软物质研究院	91	重大研究计划	2016 年 12 月 31 日
87	61373094	基于支持向量机的增量式强化学习技术及其应用研究	伏玉琛	计算机科学与技术学院	77	面上项目	2017 年 12 月 31 日
88	61373097	伪事件关系检测基础理论与关键技术研究	洪　宇	计算机科学与技术学院	76	面上项目	2017 年 12 月 31 日
89	61375073	情感信息抽取的资源建设及关键技术研究	李寿山	计算机科学与技术学院	78	面上项目	2017 年 12 月 31 日
90	61373096	基于浅层文本理解的社会关系网络构建研究	钱龙华	计算机科学与技术学院	73	面上项目	2017 年 12 月 31 日

续表

序号	项目批准号	项目名称	项目负责人	承担单位	资助经费（万元）	项目类别	完成时间
91	61373092	基于超图的主题建模算法研究	曾　嘉	计算机科学与技术学院	76	面上项目	2017年12月31日
92	61373093	测度学习及其应用研究	张　莉	计算机科学与技术学院	76	面上项目	2017年12月31日
93	61373095	基于句法结构和篇章结构的统计机器翻译关键技术研究	张　民	计算机科学与技术学院	79	面上项目	2017年12月31日
94	61373164	基于安全网络编码的P2P数据分发关键技术研究	朱艳琴	计算机科学与技术学院	75	面上项目	2017年12月31日
95	61305088	基于篇章语义的文档级统计机器翻译研究	贡正仙	计算机科学与技术学院	25	青年科学基金项目	2016年12月31日
96	61301299	基于深度学习的时序3D深度图动作语义理解	季　怡	计算机科学与技术学院	24	青年科学基金项目	2016年12月31日
97	61303019	大规模社交网络中基于复杂社会行为的社会信任关系挖掘	刘冠峰	计算机科学与技术学院	23	青年科学基金项目	2016年12月31日
98	61303205	RHL网络中不相交并行计算结构的嵌入研究	王　岩	计算机科学与技术学院	22	青年科学基金项目	2016年12月31日
99	61303108	基于强化学习的前列腺癌蛋白质间相互作用网络的模型及方法研究	朱　斐	计算机科学与技术学院	23	青年科学基金项目	2016年12月31日
100	61331011	跨语言社会舆情分析基础理论与关键技术研究	周国栋	计算机科学与技术学院	285	重点项目	2018年12月31日
101	81371629	基于多模态医学影像技术的湿性年龄相关性黄斑变性诊断与分析	陈新建	电子信息学院	75	面上项目	2017年12月31日

续表

序号	项目批准号	项目名称	项目负责人	承担单位	资助经费（万元）	项目类别	完成时间
102	61372146	基于语音分析的心理生理计算若干关键问题研究	赵鹤鸣	电子信息学院	84	面上项目	2017年12月31日
103	61307044	有机/无机复合结构的近红外-可见光上转换器件研究	陈　俊	电子信息学院	25	青年科学基金项目	2016年12月31日
104	61307082	连续调谐波长变换在正交频分复用弹性光网络中的应用	高明义	电子信息学院	24	青年科学基金项目	2016年12月31日
105	81302700	靶向蛋白质精氨酸甲基转移酶PRMT1的药物发现与机理研究	梁中洁	电子信息学院	23	青年科学基金项目	2016年12月31日
106	11305112	可激发复杂网络斑图动力学及其在与记忆相关的神经信息表达中的应用	弭元元	电子信息学院	20	青年科学基金项目	2016年12月31日
107	61301076	波导式人工电磁媒质及其在微带天线中的应用研究	杨歆汨	电子信息学院	23	青年科学基金项目	2016年12月31日
108	61301077	新型无结(Junction-less)多晶硅薄膜晶体管的研制及其关键问题的研究	张冬利	电子信息学院	26	青年科学基金项目	2016年12月31日
109	61322109	光网络	沈纲祥	电子信息学院	100	优秀青年科学基金项目	2016年12月31日
110	61340004	汉语耳语音感知中关键技术研究	陈雪勤	电子信息学院	9	专项基金项目	2014年12月31日
111	51310305022	2013 IEEE-NEMS微纳米分子系统技术国际会议	陈　涛	机电工程学院	5	国际（地区）合作与交流项目	2013年12月31日
112	51310305041	第三届纳米操作制造与测量国际会议	王蓬勃	机电工程学院	4	国际（地区）合作与交流项目	2013年12月31日

续表

序号	项目批准号	项目名称	项目负责人	承担单位	资助经费（万元）	项目类别	完成时间
113	61375090	基于医生心理模型的骨科机器人直觉化交互机制与方法研究	匡绍龙	机电工程学院	82	面上项目	2017年12月31日
114	61305118	面向移动机器人语义对象的协同感知注意机制及分割方法研究	陈国栋	机电工程学院	25	青年科学基金项目	2016年12月31日
115	51305284	SiCp/Al复合材料超精密切削加工表面/亚表面损伤形成机理与抑制方法研究	王阳俊	机电工程学院	25	青年科学基金项目	2016年12月31日
116	61304047	基于一致性分析的复杂网络下拥塞控制建模与算法研究	杨歆豪	机电工程学院	25	青年科学基金项目	2016年12月31日
117	61305108	基于概率优化的立体放疗机器人肿瘤位置实时跟踪模型	郁树梅	机电工程学院	26	青年科学基金项目	2016年12月31日
118	51304141	超声场中泡沫铝夹芯板的制备和泡孔形态控制的基础研究	宋滨娜	沙钢钢铁学院	25	青年科学基金项目	2016年12月31日
119	51305285	纳米强化钢激光-GMA复合焊接热影响区的相变机理及性能调控	王晓南	沙钢钢铁学院	25	青年科学基金项目	2016年12月31日
120	61304095	基于混合逻辑动态模型的电力电子变换器显式预测控制研究	仲兆准	沙钢钢铁学院	24	青年科学基金项目	2016年12月31日
121	11372205	气流气泡纺制备纳米纤维及其机理研究	何吉欢	纺织与服装工程学院	90	面上项目	2017年12月31日
122	31370968	具有促进血管再生活性的蚕丝丝素三维支架	李明忠	纺织与服装工程学院	80	面上项目	2017年12月31日

续表

序号	项目批准号	项目名称	项目负责人	承担单位	资助经费（万元）	项目类别	完成时间
123	51373114	可注射丝素蛋白弹性水凝胶及其用于角膜修复的研究	卢神州	纺织与服装工程学院	78	面上项目	2017年12月31日
124	51373110	聚合物相分离制备非晶结构色纤维与机制研究	张克勤	纺织与服装工程学院	82	面上项目	2017年12月31日
125	51303119	取向丝蛋白纳米纤维水凝胶束构建仿生微环境及其调控神经干细胞命运的研究	刘　茜	纺织与服装工程学院	26	青年科学基金项目	2016年12月31日
126	51303121	多场耦合作用下亚微米纤维制备机理研究	吴丽莉	纺织与服装工程学院	25	青年科学基金项目	2016年12月31日
127	51303117	基于生丝疵点发生理论与识别模型的虚拟生丝检验系统研究	许建梅	纺织与服装工程学院	24	青年科学基金项目	2016年12月31日
128	51375321	基于碳纳米管薄膜扬声器的结构声辐射有源控制	李　双	城市轨道交通学院	70	面上项目	2017年12月31日
129	51375322	稀疏框架下信号瞬态成分提取及其机械故障预示研究	朱忠奎	城市轨道交通学院	80	面上项目	2017年12月31日
130	51308364	考虑力学性质时间相关性的相对实用的软黏土本构模型研究	江建洪	城市轨道交通学院	25	青年科学基金项目	2016年12月31日
131	71301112	混合垄断下道路收费和通行能力最优决策模型	秦菲菲	城市轨道交通学院	20.5	青年科学基金项目	2016年12月31日
132	61303206	无线网络中的频谱资源二次分配机制研究	孙玉娥	城市轨道交通学院	23	青年科学基金项目	2016年12月31日
133	51307113	发光二极管系统的光电热理论的研究	陶雪慧	城市轨道交通学院	26	青年科学基金项目	2016年12月31日

续表

序号	项目批准号	项目名称	项目负责人	承担单位	资助经费（万元）	项目类别	完成时间
134	61305020	复杂运动轨迹的不变量语义表示方法研究及应用	杨剑宇	城市轨道交通学院	25	青年科学基金项目	2016年12月31日
135	81301128	运动通过激活自噬减轻线粒体损伤对老龄脑缺血再灌注发挥保护作用	罗丽	体育学院	23	青年科学基金项目	2016年12月31日
136	71373169	区域低碳创新网络共生机理与路径仿真:以苏南自主创新示范区为例	沈能	东吴商学院（财经学院）东吴证券金融学院	56	面上项目	2017年12月31日
137	71373168	中国企业在东亚生产网络的嵌入与升级研究	赵增耀	东吴商学院（财经学院）东吴证券金融学院	60	面上项目	2017年12月31日
138	71302120	中国企业情境下的员工亲社会性规则违背研究	李锐	东吴商学院（财经学院）东吴证券金融学院	20	青年科学基金项目	2016年12月31日
139	71302121	风险投资、财务信息质量与股票崩盘风险	权小锋	东吴商学院（财经学院）东吴证券金融学院	21	青年科学基金项目	2016年12月31日
140	71301113	零售商主导的供应链契约设计及其绩效分析	王要玉	东吴商学院（财经学院）东吴证券金融学院	23	青年科学基金项目	2016年12月31日
141	71372180	团队建言氛围结构及其形成机制	段锦云	教育学院	55	面上项目	2017年12月31日
142	21303111	固体核磁共振技术研究P3HT:PCBM太阳能电池材料的结构及工作机理	舒婕	分析测试中心	25	青年科学基金项目	2016年12月31日

续表

序号	项目批准号	项目名称	项目负责人	承担单位	资助经费（万元）	项目类别	完成时间
143	61378055	全低温非球面系统微晶元件制造的工艺基础研究	郭培基	现代光学技术研究所	73	面上项目	2017 年 12 月 31 日
144	61378057	双表面等离子波共振腔纳米图形产生和成像光刻技术	王钦华	现代光学技术研究所	76	面上项目	2017 年 12 月 31 日
145	61307009	基于微纳结构的准全息式集成三维显示技术的研究	楼益民	现代光学技术研究所	26	青年科学基金项目	2016 年 12 月 31 日
146	61307017	基于虚拟双目相位偏折的自由曲面透明光学元件绝对面形测试技术研究	马锁冬	现代光学技术研究所	24	青年科学基金项目	2016 年 12 月 31 日
147	61340007	可缩放多尺度光学系统成像原理与实现方法	季轶群	现代光学技术研究所	9	专项基金项目	2014 年 12 月 31 日
148	51302179	基于石墨烯纳米条纹垂直结构器件及其在磁场作用下的气敏特性研究	王艳艳	信息光学工程研究所	25	青年科学基金项目	2016 年 12 月 31 日
149	41371173	中国传统民居地理分布规律的初步研究	余　亮	金螳螂建筑与城市环境学院	80	面上项目	2017 年 12 月 31 日
150	81311130114	水通道蛋白 1 通过调控 T-型钙通道 Cav3.2 参与三叉神经元功能调节及机制	陶　金	医学部基础医学与生物科学学院	8.75	国际（地区）合作与交流项目	2013 年 12 月 31 日
151	81373251	应用视觉信息加工 ERPs 客观评价视力的法医临床学研究	陈溪萍	医学部基础医学与生物科学学院	65	面上项目	2017 年 12 月 31 日
152	31370887	负性共刺激分子 PD-L1 途径在脑胶质瘤干细胞侵袭性生长中的作用及机制	居颂光	医学部基础医学与生物科学学院	80	面上项目	2017 年 12 月 31 日

续表

序号	项目批准号	项目名称	项目负责人	承担单位	资助经费（万元）	项目类别	完成时间
153	81371392	抑制LRRK2激酶活性保护帕金森氏病的实验研究	刘朝晖	医学部基础医学与生物科学学院	70	面上项目	2017年12月31日
154	81372342	盐霉素通过阻断Wnt信号通路参与杀伤乳腺癌干细胞的作用机制	吕德生	医学部基础医学与生物科学学院	75	面上项目	2017年12月31日
155	81373236	B7-1双价抗体对自身免疫性狼疮样肾病的免疫干预效应研究	邱玉华	医学部基础医学与生物科学学院	70	面上项目	2017年12月31日
156	31371437	脂肪细胞源性外泌体的分泌调节和代谢功能	苏　雄	医学部基础医学与生物科学学院	90	面上项目	2017年12月31日
157	81372867	TGF-β1/miR-411/MAPK信号通路参与调控横纹肌肉瘤肌分化调节因子MyoD功能的分子机制研究	孙茂民	医学部基础医学与生物科学学院	70	面上项目	2017年12月31日
158	81371229	T-型钙通道Cav3.2参与偏头痛发生及机制研究	陶　金	医学部基础医学与生物科学学院	70	面上项目	2017年12月31日
159	81373184	OX40/OX40L功能复合体在SLE患者$CD4^+$T细胞上的表达及其放大自身反应的作用机制	王　勤	医学部基础医学与生物科学学院	70	面上项目	2017年12月31日
160	21376155	基于能量代谢调控的SAM和GSH联合高产机制研究	卫功元	医学部基础医学与生物科学学院	80	面上项目	2017年12月31日
161	81372574	Erbin调控EGFR信号的机制及其在结直肠癌中的作用	吴　华	医学部基础医学与生物科学学院	85	面上项目	2017年12月31日

续表

序号	项目批准号	项目名称	项目负责人	承担单位	资助经费（万元）	项目类别	完成时间
162	81372343	共刺激分子 OX40 联合 STAT3/Akt 信号轴介导乳腺肿瘤干细胞浸润、转移及免疫抑制的分子机制	谢　芳	医学部基础医学与生物科学学院	70	面上项目	2017 年 12 月 31 日
163	81372277	TGF-β/Smads 与 IL-6/JAK/STAT 信号通路在非小细胞肺癌上皮－间质转化（EMT）过程中协同作用的机制	张洪涛	医学部基础医学与生物科学学院	62	面上项目	2017 年 12 月 31 日
164	31371407	Wnt/β-catenin 信号调控不同分化状态间充质干细胞定向迁移的机制研究	张焕相	医学部基础医学与生物科学学院	70	面上项目	2017 年 12 月 31 日
165	31301183	Fstl1 在卵巢卵泡发育过程中的分子作用机制	董莺莺	医学部基础医学与生物科学学院	23	青年科学基金项目	2016 年 12 月 31 日
166	21305099	基于蛋白质突变体和同位素标记技术的双重内标法棕榈酰化蛋白质组定量分析	郭　琳	医学部基础医学与生物科学学院	25	青年科学基金项目	2016 年 12 月 31 日
167	31300969	斑马鱼促甲状腺激素生物节律的研究	季　成	医学部基础医学与生物科学学院	21	青年科学基金项目	2016 年 12 月 31 日
168	81300143	利用诱导多能干细胞研究抑制 PPARγ 对于 ARVC 病症发展的影响	姜　岩	医学部基础医学与生物科学学院	23	青年科学基金项目	2016 年 12 月 31 日
169	31300630	孤儿核受体 Nur77 调控 TRAF6/NF-κB 信号转导的分子机制及其在炎症相关性肠癌中的作用	吴　华	医学部基础医学与生物科学学院	25	青年科学基金项目	2016 年 12 月 31 日

续表

序号	项目批准号	项目名称	项目负责人	承担单位	资助经费（万元）	项目类别	完成时间
170	81302617	microRNA-20 和 ZFP148 的表达与调控对病毒性心肌炎法医学鉴定的应用研究	许弘飞	医学部基础医学与生物科学学院	23	青年科学基金项目	2016 年 12 月 31 日
171	81372920	云芝多糖通过 TLR2/Akt 途径防治小肠辐射损伤的机制研究	陈　秋	医学部放射医学与防护学院	85	面上项目	2017 年 12 月 31 日
172	81372921	镁离子通过 NF-κB/ICAM-1 通路防治放射性脑损伤的机制研究	涂　彧	医学部放射医学与防护学院	65	面上项目	2017 年 12 月 31 日
173	11375125	空气氚个体防护的高效氚过滤方法研究	文万信	医学部放射医学与防护学院	102	面上项目	2017 年 12 月 31 日
174	81372922	耐辐射球菌 PprI 蛋白质异源高效表达及其抗放作用与机理的研究	杨占山	医学部放射医学与防护学院	65	面上项目	2017 年 12 月 31 日
175	81372212	DNA 甲基化/羟甲基化介导肝癌 CD133 + 细胞促侵袭转移的机制研究	张长松	医学部放射医学与防护学院	16	面上项目	2014 年 12 月 31 日
176	11374221	紫外线引起的人眼 γD 晶状体蛋白点突变及白内障机理研究	周如鸿	医学部放射医学与防护学院	76	面上项目	2017 年 12 月 31 日
177	11304212	电离辐射前后肿瘤细胞在四维时空中生长模式的实验比较和建模分析	陈丹丹	医学部放射医学与防护学院	30	青年科学基金项目	2016 年 12 月 31 日
178	81302382	长链非编码 RNA-X53654 在放射性肺损伤中的功能研究	焦　旸	医学部放射医学与防护学院	23	青年科学基金项目	2016 年 12 月 31 日

续表

序号	项目批准号	项目名称	项目负责人	承担单位	资助经费（万元）	项目类别	完成时间
179	31300694	KLF5 在放射性肠损伤中的作用及机制研究	李　明	医学部放射医学与防护学院	22	青年科学基金项目	2016 年 12 月 31 日
180	11304214	壳聚糖抗菌的分子机制及其功能化研究	李伟峰	医学部放射医学与防护学院	25	青年科学基金项目	2016 年 12 月 31 日
181	41303006	放射性核素 239Pu、240Pu 在江苏北部潮滩典型植被中的迁移机制	刘志勇	医学部放射医学与防护学院	25	青年科学基金项目	2016 年 12 月 31 日
182	81302383	PEG-纳米石墨烯-DTPA 对放射性钚元素促排效果的研究	万建美	医学部放射医学与防护学院	23	青年科学基金项目	2016 年 12 月 31 日
183	91326112	基于聚合硼酸根晶格鉴别能力的新型镧锕分离方案基础研究	王殳凹	医学部放射医学与防护学院	90	重大研究计划	2016 年 12 月 31 日
184	81373025	低剂量微波辐射通过活性氧诱导适应性反应中的 NF-κB 信号通路研究	曹　毅	医学部公共卫生学院	60	面上项目	2017 年 12 月 31 日
185	81373010	绝经后妇女骨质疏松性骨折相关蛋白的鉴定及其功能研究	邓飞艳	医学部公共卫生学院	70	面上项目	2017 年 12 月 31 日
186	81372979	维生素 D 影响卵巢癌干细胞特性获得及体内致瘤性的研究	李冰燕	医学部公共卫生学院	75	面上项目	2017 年 12 月 31 日
187	81372980	苹果多酚通过 UHRF1 介导的泛素化修饰抑制乳腺癌转移的体内外研究	李新莉	医学部公共卫生学院	65	面上项目	2017 年 12 月 31 日
188	81372981	维生素 D 在糖尿病发生和发展中的作用	张增利	医学部公共卫生学院	85	面上项目	2017 年 12 月 31 日

续表

序号	项目批准号	项目名称	项目负责人	承担单位	资助经费（万元）	项目类别	完成时间
189	81302425	谷物膳食纤维对小肠胆固醇吸收和代谢的调控作用及其机制研究	韩淑芬	医学部公共卫生学院	23	青年科学基金项目	2016年12月31日
190	81302499	汉族人群 Corin 蛋白与高血压发病关系的研究	张　欢	医学部公共卫生学院	23	青年科学基金项目	2016年12月31日
191	81320108026	中国汉族人群缺血性脑卒中相关基因的新一代测序研究	张永红	医学部公共卫生学院	280	重大国际（地区）合作与交流项目	2018年12月31日
192	81320003	隐形雾霾-氡的健康危害与防护	童　建	医学部公共卫生学院	20	专项基金项目	2015年12月31日
193	81373333	EGFR 受体介导的肺肿瘤靶向 siRNA 类脂质载体的构建及转运调控机制研究	崔京浩	医学部药学院	70	面上项目	2017年12月31日
194	81371278	硫化氢诱导小胶质细胞 M2 极化促进脑缺血后血管新生的机制研究	贾　佳	医学部药学院	70	面上项目	2017年12月31日
195	81373430	Cathepsin L 在调控电离辐射诱导的脑胶质瘤侵袭迁移中的作用	梁中琴	医学部药学院	70	面上项目	2017年12月31日
196	81373402	鞘氨醇激酶 2 在脑预适应激活自噬信号通路中的作用及机制	盛　瑞	医学部药学院	75	面上项目	2017年12月31日
197	81371393	帕金森病相关蛋白 parkin 新底物的发现及对线粒体自噬的作用	王光辉	医学部药学院	80	面上项目	2017年12月31日
198	31371072	去泛素化酶 Ataxin-3 介导线粒体损伤以及参与神经退行性疾病发病的机制	王洪枫	医学部药学院	80	面上项目	2017年12月31日

续表

序号	项目批准号	项目名称	项目负责人	承担单位	资助经费（万元）	项目类别	完成时间
199	81374055	艾迪注射液中拮抗斑蝥肾脏毒性的物质基础和作用机制研究	杨世林	医学部药学院	70	面上项目	2017年12月31日
200	31370872	负性协同刺激分子B7-H4的核转移促进肿瘤发展的作用机制研究	章　良	医学部药学院	80	面上项目	2017年12月31日
201	81373382	前额叶皮层锥体神经元顶树突震荡形式编码的性质、机制及其与药物成瘾的关系研究	镇学初	医学部药学院	100	面上项目	2017年12月31日
202	81372688	肿瘤微环境中MFG-E8对神经胶质瘤发展的作用及其机制研究	郑龙太	医学部药学院	62	面上项目	2017年12月31日
203	81302660	基于消除溶血性的PSA/PSD衍生物的设计、合成与抗肿瘤活性研究	陈　重	医学部药学院	23	青年科学基金项目	2016年12月31日
204	81302719	具靶向穿膜与内涵体逃逸功能的新型聚酰胺-胺siRNA递送系统的构建及抗肿瘤研究	程丽芳	医学部药学院	23	青年科学基金项目	2016年12月31日
205	31300887	神经退行性疾病相关蛋白Omi对线粒体底物蛋白的调控机制研究	胡青松	医学部药学院	25	青年科学基金项目	2016年12月31日
206	21302134	SUV39H2和G9a选择性可转换抑制剂的设计与合成	刘　峰	医学部药学院	25	青年科学基金项目	2016年12月31日
207	31300888	DRAM 1加速α-synuclein降解的分子机制及其在帕金森病中的作用	邬珺超	医学部药学院	21	青年科学基金项目	2016年12月31日

续表

序号	项目批准号	项目名称	项目负责人	承担单位	资助经费（万元）	项目类别	完成时间
208	81311140267	siRNA 负载 DEC-205 修饰温敏性纳米载体的 DCs 摄取机制与细胞内动态	崔京浩	医学部药学院	6	国际（地区）合作与交流项目	2015 年 6 月 30 日
209	31330030	帕金森病遗传与环境因素对小胶质细胞的激活及机制	王光辉	医学部药学院	307	重点项目	2018 年 12 月 31 日
210	81370216	MiR-146a 治疗心肌梗死的机制及靶向投递的研究	程　柯	唐仲英血液学研究中心	75	面上项目	2017 年 12 月 31 日
211	81372245	吡非尼酮对肿瘤免疫微环境的作用机制研究	黄玉辉	唐仲英血液学研究中心	62	面上项目	2017 年 12 月 31 日
212	31371392	GAS2 调控慢性粒细胞白血病干细胞生长的研究	赵　昀	唐仲英血液学研究中心	75	面上项目	2017 年 12 月 31 日
213	81372376	肿瘤细胞主导的肿瘤血管正常化和消除研究	周泉生	唐仲英血液学研究中心	70	面上项目	2017 年 12 月 31 日
214	81370373	轴突导向分子 Sema4D 及其可溶性片段参与动脉粥样硬化形成的机制研究	朱　力	唐仲英血液学研究中心	75	面上项目	2017 年 12 月 31 日
215	81301844	Matriptase 表达上调在慢性淋巴细胞白血病中的作用机制及治疗靶点价值研究	刘　萌	唐仲英血液学研究中心	23	青年科学基金项目	2016 年 12 月 31 日
216	81301534	活化型高分子激肽原抑制内皮祖细胞活性在关节炎动脉粥样硬化发展中的作用	阳艾珍	唐仲英血液学研究中心	24	青年科学基金项目	2016 年 12 月 31 日
217	81320108023	多发性骨髓瘤细胞中大 MAF 家族蛋白泛素化酶的蛋白组学分析及其病理学意义研究	毛新良	唐仲英血液学研究中心	280	重大国际（地区）合作与交流项目	2018 年 12 月 31 日

续表

序号	项目批准号	项目名称	项目负责人	承担单位	资助经费（万元）	项目类别	完成时间
218	81361128010	中风后 BNIP3 介导的迟发性神经元死亡机制研究	徐兴顺	神经科学研究所	100	国际（地区）合作与交流项目	2016 年 12 月 31 日
219	31371139	天使症候群（Angelman Syndrome, AS）TrkB 信号损伤的机制研究及靶向干预	曹聪	神经科学研究所	80	面上项目	2017 年 12 月 31 日
220	31371179	Toll 样受体介导瘙痒的分子细胞机制研究	刘通	神经科学研究所	86	面上项目	2017 年 12 月 31 日
221	81302195	Gαi-PSD95 信号复合物在恶性胶质瘤中的表达及生物学功能研究	曹聪	神经科学研究所	23	青年科学基金项目	2016 年 12 月 31 日
222	81301011	神经肽 Humanin 在脑白质损伤中的保护作用及机制	陈静	神经科学研究所	23	青年科学基金项目	2016 年 12 月 31 日
223	81300968	消退素（Resolvins）治疗化疗诱发的周围神经病变及病理痛的细胞分子机制研究	刘通	神经科学研究所	23	青年科学基金项目	2016 年 12 月 31 日
224	81301090	ASIC1a 对 a-synuclein 自噬降解调控及其在帕金森病发病中的作用研究	王芬	神经科学研究所	23	青年科学基金项目	2016 年 12 月 31 日
225	31300909	电场对大脑皮层扩散波时空动力学特性的调控及细胞机制	肖颖	神经科学研究所	26	青年科学基金项目	2016 年 12 月 31 日
226	81330026	脊髓损伤后运动神经环路重建的细胞分子机制研究	刘耀波	神经科学研究所	290	重点项目	2018 年 12 月 31 日
227	31370908	钙网蛋白在免疫调节与肿瘤免疫中作用机制的研究	高晓明	医学部生物医学研究院	90	面上项目	2017 年 12 月 31 日

续表

序号	项目批准号	项目名称	项目负责人	承担单位	资助经费（万元）	项目类别	完成时间
228	31370871	膜型乳铁蛋白在B细胞免疫功能中的作用及其机制研究	王　俊	医学部生物医学研究院	80	面上项目	2017年12月31日
229	31370894	HMGB1在病毒性心肌炎内质网应激相关炎症中的作用及其分子机制	岳　艳	医学部生物医学研究院	80	面上项目	2017年12月31日
230	81371795	人类疱疹病毒去泛素化酶（DUB）干扰宿主天然免疫等重要信号通路的研究	郑春福	医学部生物医学研究院	100	面上项目	2017年12月31日
231	31370873	IFNs诱导的抗病毒蛋白Viperin的泛素化及其对IFNs抗病毒功能的影响	郑　慧	医学部生物医学研究院	80	面上项目	2017年12月31日
232	81300553	mir-184在反复自然流产中的作用及机制研究	董福禄	医学部生物医学研究院	23	青年科学基金项目	2016年12月31日
233	31300738	膜结合型乳铁蛋白作为一种新型模式识别受体的研究	董红亮	医学部生物医学研究院	23	青年科学基金项目	2016年12月31日
234	31300714	RNA解旋酶DDX25促进登革病毒感染的作用及机制研究	冯婷婷	医学部生物医学研究院	23	青年科学基金项目	2016年12月31日
235	31300886	载脂蛋白E4和Ⅰ型单纯疱疹病毒感染协同导致老年痴呆的分子机制	李　洁	医学部生物医学研究院	28	青年科学基金项目	2016年12月31日
236	81371930	应用改性丝素蛋白共价枝接BMP-2寡肽促进脊柱融合的实验研究	陈　亮	附属第一医院	70	面上项目	2017年12月31日
237	81370626	白血病新融合基因PAX5-UBE2D4的致病机制研究	仇惠英	附属第一医院	70	面上项目	2017年12月31日

续表

序号	项目批准号	项目名称	项目负责人	承担单位	资助经费（万元）	项目类别	完成时间
238	81372687	Spy1/CLIPR-59 相互作用对胶质瘤凋亡和侵袭性的影响及其机制	崔　岗	附属第一医院	70	面上项目	2017 年 12 月 31 日
239	51373112	长效可控药物释放静电纺纤维支架构建及抗增生性瘢痕研究	崔文国	附属第一医院	82	面上项目	2017 年 12 月 31 日
240	81370718	妊娠期子宫 Corin 表达调控机制及其在子痫前期发病中的作用	董宁征	附属第一医院	70	面上项目	2017 年 12 月 31 日
241	81371387	OX40/PKC/NF-κB 途径在多发性肌炎发病中的作用及机制研究	方　琪	附属第一医院	70	面上项目	2017 年 12 月 31 日
242	81370617	新型血小板受体 CLEC-2 维持脑血管完整性的机制研究	傅建新	附属第一医院	70	面上项目	2017 年 12 月 31 日
243	81372018	Wnt/β-catenin 信号通路在钛颗粒诱导成骨细胞性骨形成减少中的作用及机制	耿德春	附属第一医院	70	面上项目	2017 年 12 月 31 日
244	81370714	孕期高盐饮食与冠状动脉粥样硬化胎源机制研究	吕娟秀	附属第一医院	69	面上项目	2017 年 12 月 31 日
245	81370719	孕期高盐对胎肾 RAS 发育及高血压胎源性机制研究	茅彩萍	附属第一医院	70	面上项目	2017 年 12 月 31 日
246	81371279	TRPC1 和 TRPC4 在蛛网膜下腔出血后脑血管痉挛中的作用机制研究	王　中	附属第一医院	70	面上项目	2017 年 12 月 31 日
247	81372443	一种新型囊泡（exosome）介导 HER2/neu 靶向的乳腺癌 T 细胞瘤苗	谢宇锋	附属第一医院	62	面上项目	2017 年 12 月 31 日

续表

序号	项目批准号	项目名称	项目负责人	承担单位	资助经费（万元）	项目类别	完成时间
248	81372276	以B7-H3⁺为特征的新型髓源性抑制细胞（MDSC）亚群在肺癌侵袭转移中的作用机制研究	张光波	附属第一医院	70	面上项目	2017年12月31日
249	81371280	大鼠颅内动脉瘤壁平滑肌细胞增殖活性的探讨	张世明	附属第一医院	70	面上项目	2017年12月31日
250	81372689	候选lncRNA调控A2B5⁺/CD133⁻胶质瘤干细胞干性维持和侵袭的机制研究	周幽心	附属第一医院	50	面上项目	2017年12月31日
251	81300444	T细胞IL-7信号途径在Allo-HSCT后淋巴细胞增殖性疾病发病中作用机制研究	陈广华	附属第一医院	23	青年科学基金项目	2016年12月31日
252	81302772	蛇床子素对小鼠心肌纤维化TGF-β/Smads信号通路的作用机制研究	陈　蓉	附属第一医院	23	青年科学基金项目	2016年12月31日
253	81301341	HO-1对低氧状态下脐血间充质干细胞成骨分化的调控及机制研究	顾巧丽	附属第一医院	23	青年科学基金项目	2016年12月31日
254	81300040	缺氧性肺动脉高压中Notch通路对钙敏感受体的调节作用研究	郭　强	附属第一医院	23	青年科学基金项目	2016年12月31日
255	31300746	新型PD-L1⁺CD14⁺HLA-DR-MDSCs亚群在食管鳞状细胞癌淋巴结转移中的作用机制研究	黄海涛	附属第一医院	23	青年科学基金项目	2016年12月31日

续表

序号	项目批准号	项目名称	项目负责人	承担单位	资助经费（万元）	项目类别	完成时间
256	81300026	OX40/OX40L 信号及其介导的 $CD4^+$ $OX40^+$ T 细胞活化在支气管哮喘发病机制中的实验研究	雷　伟	附属第一医院	23	青年科学基金项目	2016 年 12 月 31 日
257	81300357	CXCR3 受体通过调节胰腺星状细胞活性促进胰腺损伤修复的研究	沈佳庆	附属第一医院	23	青年科学基金项目	2016 年 12 月 31 日
258	81301059	自噬应激对脊髓急性损伤和修复的影响及其调控机制的研究	苏　敏	附属第一医院	23	青年科学基金项目	2016 年 12 月 31 日
259	81301646	VEGF 和 MMP-9 在增生期血管瘤发生中的作用研究	孙智勇	附属第一医院	20	青年科学基金项目	2016 年 12 月 31 日
260	61304123	超声弹性成像检测关节软骨退变的基础研究	王　兰	附属第一医院	24	青年科学基金项目	2016 年 12 月 31 日
261	81300424	新融合基因 NUP98-HOXD8 的致白血病机制研究	王琴荣	附属第一医院	23	青年科学基金项目	2016 年 12 月 31 日
262	81300537	B7-H3 表达缺陷在特发性少、弱、畸精症发病中的作用机制研究	魏雪栋	附属第一医院	23	青年科学基金项目	2016 年 12 月 31 日
263	81302384	选择性 Cox-2 抑制剂在放射性脑损伤中的保护作用及机制研究	徐晓婷	附属第一医院	23	青年科学基金项目	2016 年 12 月 31 日
264	81302046	TLR4 及 TLR9 信号通路活化促进多发性骨髓瘤细胞生长的机制研究	徐　杨	附属第一医院	23	青年科学基金项目	2016 年 12 月 31 日

续表

序号	项目批准号	项目名称	项目负责人	承担单位	资助经费（万元）	项目类别	完成时间
265	81302145	VASH2 基因在肝细胞癌中转录激活并通过 Sonic Hedgehog 信号通路促进肝癌细胞上皮-间质转化的机制研究	薛小峰	附属第一医院	24	青年科学基金项目	2016 年 12 月 31 日
266	81302146	B7-H3 分子调控 survivin 表达在胰腺癌抵抗吉西他滨化疗中的作用机制	赵　鑫	附属第一医院	23	青年科学基金项目	2016 年 12 月 31 日
267	81302147	新候选抑癌基因 NLK 在肠癌中的功能鉴定及其表观遗传学调控机制的研究	支巧明	附属第一医院	23	青年科学基金项目	2016 年 12 月 31 日
268	81300478	糖基化终末产物介导的糖尿病代谢记忆与糖尿病性勃起功能障碍的关系及防治研究	周　峰	附属第一医院	23	青年科学基金项目	2016 年 12 月 31 日
269	81302275	FOXM1 介导 FSH 促卵巢癌血管生成拟态及其分子机制研究	周金华	附属第一医院	23	青年科学基金项目	2016 年 12 月 31 日
270	81302148	EGFL7 转录激活在胰腺癌发生发展中的作用及其机制研究	周　进	附属第一医院	22	青年科学基金项目	2016 年 12 月 31 日
271	81301906	磷脂酰肌醇 3 激酶抑制剂 XJM002 抗雄激素非依赖性前列腺癌的作用及机制的研究	周秀敏	附属第一医院	23	青年科学基金项目	2016 年 12 月 31 日
272	51303120	可去 PEG 屏蔽的还原敏感型化疗药物与 siRNA 的共运输纳米载体的构建及评价	朱彩虹	附属第一医院	25	青年科学基金项目	2016 年 12 月 31 日

续表

序号	项目批准号	项目名称	项目负责人	承担单位	资助经费（万元）	项目类别	完成时间
273	81301559	椎体后凸成形术中丝素增强型 α-磷酸三钙/硫酸钙复合骨水泥及其成骨机制	朱雪松	附属第一医院	22	青年科学基金项目	2016 年 12 月 31 日
274	81320108018	粘弹性力学无创诊断早期骨关节炎的研究	罗宗平	附属第一医院	280	重大国际（地区）合作与交流项目	2018 年 12 月 31 日
275	81320108006	胎儿缺氧诱导的表观遗传改变机制介导的胎源性血管发育障碍	徐智策	附属第一医院	280	重大国际（地区）合作与交流项目	2018 年 12 月 31 日
276	31320103918	负性 B7 家族免疫卡控点分子在结肠癌微环境及肿瘤免疫逃逸中的作用机制	张学光	附属第一医院	257	重大国际（地区）合作与交流项目	2018 年 12 月 31 日
277	81341126	叶酸介导的纳米金粒子对宫颈癌细胞的物理及生物放射增敏研究	秦颂兵	附属第一医院	10	专项基金项目	2014 年 12 月 31 日
278	81341048	P-糖蛋白调控 18F-FDG 摄取的作用机理及其临床意义	吴翼伟	附属第一医院	10	专项基金项目	2014 年 12 月 31 日
279	81372411	电离辐射对神经突起生长发育的抑制作用及其发生机制中 NFAT3/NFATc4 所起作用的研究	田　野	附属第二医院	65	面上项目	2017 年 12 月 31 日
280	81372024	ROS 在调控心肌衰老过程中 Beclin 1-Vps34 复合体功能和自噬流的机制研究	朱　江	附属第二医院	70	面上项目	2017 年 12 月 31 日
281	81300588	肾结石形成中 CaSR 对大鼠髓袢升支粗段管周膜氯通道的调控	孔淑敏	附属第二医院	23	青年科学基金项目	2016 年 12 月 31 日

续表

序号	项目批准号	项目名称	项目负责人	承担单位	资助经费（万元）	项目类别	完成时间
282	81301905	Hsp27 对可溶性环氧化物水解酶抑制剂 t-AUCB 诱导胶质瘤细胞凋亡的影响及机制	李俊漾	附属第二医院	23	青年科学基金项目	2016 年 12 月 31 日
283	81302438	利用 hepcidin 基因敲除小鼠研究"铁过载"对绝经后骨质疏松的影响及其机制	沈光思	附属第二医院	23	青年科学基金项目	2016 年 12 月 31 日
284	81302584	硫化氢对系统性硬化病相关肺间质纤维化体内外模型的影响及机制研究	王　峙	附属第二医院	23	青年科学基金项目	2016 年 12 月 31 日
285	81301267	反因子核酸酶靶向编辑 HER-2 基因的分子影像学评价	肖　莉	附属第二医院	23	青年科学基金项目	2016 年 12 月 31 日
286	81301494	免疫分子 B7-H3 在老年性骨质疏松中的表达及作用研究	严茹红	附属第二医院	22.5	青年科学基金项目	2016 年 12 月 31 日
287	81301933	miR-100 通过胞内及胞外途径调控 SWI/SNF 复合物影响大肠癌放射敏感性的机制研究	杨晓东	附属第二医院	23	青年科学基金项目	2016 年 12 月 31 日
288	81301091	BAG3 在多巴胺能神经元自噬调控中的作用及机制研究	杨亚萍	附属第二医院	23	青年科学基金项目	2016 年 12 月 31 日
289	81371513	肾缺血再灌注损伤的 MRI 磁敏感成像研究	邢　伟	附属第三医院	70	面上项目	2017 年 12 月 31 日
290	81370372	载脂蛋白 M 通过 1-磷酸鞘氨醇受体 1 途径参与高密度脂蛋白的抗炎作用	张晓膺	附属第三医院	70	面上项目	2017 年 12 月 31 日

续表

序号	项目批准号	项目名称	项目负责人	承担单位	资助经费(万元)	项目类别	完成时间
291	81301960	Tim-1 在 $CD8^+$ T 细胞介导肠癌肿瘤免疫应答中的作用研究	陈陆俊	附属第三医院	23	青年科学基金项目	2016 年 12 月 31 日
292	81301223	全瘤及肺 CT 灌注早期评估肺肿瘤射频消融反应的兔肺 VX2 肿瘤模型病理-影像对照及初步临床研究	单　飞	附属第三医院	23	青年科学基金项目	2016 年 12 月 31 日
293	81300220	红景天苷对动脉粥样硬化模型内皮祖细胞功能的影响及机制	贾　方	附属第三医院	23	青年科学基金项目	2016 年 12 月 31 日
294	81300422	microRNA-10a 在急性髓系白血病中表达的临床意义及耐药机制探讨	刘　琰	附属第三医院	23	青年科学基金项目	2016 年 12 月 31 日
295	81300687	特异性 11β-HSD1 骨组织靶向抑制剂改善肥胖相关炎症的机制研究	王　龙	附属第三医院	23	青年科学基金项目	2016 年 12 月 31 日
296	81302585	瘦素对原发性干燥综合征 B 细胞的免疫调节和机制	徐　婷	附属第三医院	23	青年科学基金项目	2016 年 12 月 31 日
297	81302197	细胞内 microRNA 和细胞外 microRNA 在星形细胞瘤中的生物学功能与临床应用研究	支　枫	附属第三医院	22	青年科学基金项目	2016 年 12 月 31 日
298	81302047	活化 B 细胞(ABC)型弥漫大 B 细胞淋巴瘤中 NF-κB/YY1/miR-181a/b 反馈通路研究	朱丹霞	附属第三医院	23	青年科学基金项目	2016 年 12 月 31 日

续表

序号	项目批准号	项目名称	项目负责人	承担单位	资助经费（万元）	项目类别	完成时间
299	81370627	胰岛素样生长因子结合蛋白7促进急性髓细胞白血病髓外浸润的信号通路研究	胡绍燕	附属儿童医院	70	面上项目	2017年12月31日
300	81370787	Tie2信号激活在急性肾损伤后慢性肾小管间质纤维化中的防治和逆转作用及其机制	李晓忠	附属儿童医院	70	面上项目	2017年12月31日
301	81370773	EPO/BMP/Alk3信号通路介导低出生体重大鼠肾单位发育障碍的机制	李艳红	附属儿童医院	70	面上项目	2017年12月31日
302	81370217	川崎病血管内皮细胞损伤的新机制-内皮微颗粒中miR-199b-5p的作用	吕海涛	附属儿童医院	75	面上项目	2017年12月31日
303	81300692	早期营养过度对ACE2调控远期血压的影响及其机制的研究	侯　淼	附属儿童医院	23	青年科学基金项目	2016年12月31日
304	81301380	miR-146a在UVA诱导皮肤成纤维细胞光老化中作用机制的研究	李　巍	附属儿童医院	23	青年科学基金项目	2016年12月31日
305	81301129	运动训练抑制发育期惊厥海马苔藓纤维发芽机制的探讨	师晓燕	附属儿童医院	23	青年科学基金项目	2016年12月31日
306	81300423	组蛋白乙酰转移酶2A（KAT2A）在儿童急性白血病中的作用机制研究	陶燕芳	附属儿童医院	23	青年科学基金项目	2016年12月31日
307	81372375	miR-SNP介导卡培他滨结直肠癌化疗反应个体差异的分子机制研究	华　东	医学部	75	面上项目	2017年12月31日

续表

序号	项目批准号	项目名称	项目负责人	承担单位	资助经费（万元）	项目类别	完成时间
308	31371391	Sel1L 在胰岛 β 细胞生长发育调控中的作用及其机制研究	龙乔明	医学部	75	面上项目	2017 年 12 月 31 日
309	81302196	细胞融合与脉络膜丛乳头状细胞癌变在双色荧光示踪模型中的研究	费喜峰	医学部	23	青年科学基金项目	2016 年 12 月 31 日
310	21307086	针对食品中环境有机污染物前处理的微纳结构材料研究与应用	王　羽	苏州先伟纳米技术有限公司	25	青年科学基金项目	2016 年 12 月 31 日
311	61372012	无线能量与数据遥测在生物医疗中的应用研究	郭永新	新国大苏州研究院	78	面上项目	2017 年 12 月 31 日

6. 江苏省自然科学基金项目(72 项)

序号	项目批准号	项目名称	项目负责人	承担单位	资助经费（万元）	项目类别	完成时间
1	BK20130003	关于频谱高效和节能的下一代光网的综合性研究	沈纲祥	电子信息学院	100	杰青	2013 年 7 月—2016 年 6 月
2	BK20130004	蛋白泛素化和去泛素化通路在 IF-Ns 抗病毒信号中的角色	郑　慧	医学部生物医学研究院	100	杰青	2013 年 7 月—2016 年 6 月
3	BK20130005	无机功能纳米材料在医学应用中的探索研究	刘　庄	功能纳米与软物质研究院	100	杰青	2013 年 7 月—2016 年 6 月
4	BK20130052	基于硅基纳米探针的肿瘤标志物高灵敏联合检测的应用基础研究	何　耀	功能纳米与软物质研究院	100	重点	2013 年 7 月—2016 年 6 月
5	BK20131160	多活性中心高度参与的杂环骨架的高效构建	黄志斌	材料与化学化工学部	10	面上	2013 年 7 月—2016 年 6 月

续表

序号	项目批准号	项目名称	项目负责人	承担单位	资助经费（万元）	项目类别	完成时间
6	BK20131161	在体调控和药物抑制 LRRK2 激酶活性保护帕金森氏病的实验研究	刘朝晖	医学部基础医学与生物科学学院	10	面上	2013 年 7 月—2016 年 6 月
7	BK20131162	基于石墨烯/硅纳米阵列新型碳/硅复合光伏器件的研究	揭建胜	功能纳米与软物质研究院	10	面上	2013 年 7 月—2016 年 6 月
8	BK20131163	具有准同型相界 $BiFeO_3$ 薄膜光电化学性能增强的研究	方　亮	物理科学与技术学院　能源学院	10	面上	2013 年 7 月—2016 年 6 月
9	BK20131164	自适应网络的分布式估计研究	倪锦根	电子信息学院	10	面上	2013 年 7 月—2016 年 6 月
10	BK20131165	IGF-1R 缺失细胞自发获得放射抵抗性及其调控机制的研究	于　冬	医学部放射医学与防护学院	10	面上	2013 年 7 月—2016 年 6 月
11	BK20130278	Size Modified Poisson-Nernst-Planck 方程组的计算方法研究	陈旻昕	数学科学学院	20	青年	2013 年 7 月—2016 年 6 月
12	BK20130281	二维和三维双零折射率光子晶体中的特殊电磁性质的研究	杭志宏	物理科学与技术学院　能源学院	20	青年	2013 年 7 月—2016 年 6 月
13	BK20130283	类石墨烯体系物理特性和输运现象研究	江　华	物理科学与技术学院　能源学院	20	青年	2013 年 7 月—2016 年 6 月
14	BK20130284	各向异性特异纳米颗粒体系的光操控研究	倪亚贤	物理科学与技术学院　能源学院	20	青年	2013 年 7 月—2016 年 6 月

续表

序号	项目批准号	项目名称	项目负责人	承担单位	资助经费（万元）	项目类别	完成时间
15	BK20130285	绝缘表面上的超分子配位自组装的研究	石子亮	物理科学与技术学院 能源学院	20	青年	2013年7月—2016年6月
16	BK20130286	活性阴离子聚合法快速高效制备POSS基星形聚合物	何金林	材料与化学化工学部	20	青年	2013年7月—2016年6月
17	BK20130289	界面电荷转移态对聚合物太阳能电池光电转换过程的影响	周祎	材料与化学化工学部	20	青年	2013年7月—2016年6月
18	BK20130293	表面涂层多尺度形貌在线软测量技术研究	肖杰	材料与化学化工学部	20	青年	2013年7月—2016年6月
19	BK20130294	醇或醚类直接生成碳氮、碳碳键反应的研究	赵应声	材料与化学化工学部	20	青年	2013年7月—2016年6月
20	BK20130295	新型内嵌硫化物富勒烯的合成及其结构性质与电化学研究	谌宁	材料与化学化工学部	20	青年	2013年7月—2016年6月
21	BK20130296	二硒代酯调控RAFT聚合及末端官能化修饰	潘向强	材料与化学化工学部	20	青年	2013年7月—2016年6月
22	BK20130314	高介电钛酸铜铋钠/聚偏氟乙烯复合材料的制备与性能研究	苏艳丽	材料与化学化工学部	20	青年	2013年7月—2016年6月
23	BK20130322	一类微分包含系统的区间观测器设计研究	黄俊	机电工程学院	20	青年	2013年7月—2016年6月

续表

序号	项目批准号	项目名称	项目负责人	承担单位	资助经费（万元）	项目类别	完成时间
24	BK20130323	基于概率优化的立体放疗机器人的肿瘤实时跟踪技术研究	郁树梅	机电工程学院	20	青年	2013年7月—2016年6月
25	BK20130325	融合肌电和脑血氧信号的人体下肢运动意识识别方法研究	郭　浩	机电工程学院	20	青年	2013年7月—2016年6月
26	BK20130329	基于视觉注意机制的移动机器人语义分割方法研究	陈国栋	机电工程学院	20	青年	2013年7月—2016年6月
27	BK20130331	复杂切换系统的鲁棒控制器设计与快速收敛算法研究	余　雷	机电工程学院	20	青年	2013年7月—2016年6月
28	BK20130304	氮微合金化对于CuZr基非晶合金各演变过程的影响	侯纪新	沙钢钢铁学院	20	青年	2013年7月—2016年6月
29	BK20130308	富铌渣中Nb、Fe元素电化学选择性还原和分离	许继芳	沙钢钢铁学院	20	青年	2013年7月—2016年6月
30	BK20130315	纳米强化钢激光-GMA复合焊接热影响区的相变机理及性能控制	王晓南	沙钢钢铁学院	20	青年	2013年7月—2016年6月
31	BK20130317	基于混杂模型的电力电子变换器显式预测控制研究	仲兆准	沙钢钢铁学院	20	青年	2013年7月—2016年6月
32	BK20130309	取向丝蛋白水凝胶可控递送物理信号调控神经干细胞命运	刘　茜	纺织与服装工程学院	20	青年	2013年7月—2016年6月

续表

序号	项目批准号	项目名称	项目负责人	承担单位	资助经费（万元）	项目类别	完成时间
33	BK20130312	人体绘图（Body Mapping）运动服装设计机理及性能评价	王发明	纺织与服装工程学院	20	青年	2013年7月—2016年6月
34	BK20130313	织物表面 TiO_2 涂层特殊浸润性构建、调控及运用研究	赖跃坤	纺织与服装工程学院	20	青年	2013年7月—2016年6月
35	BK20130319	新型高电流驱动能力多晶硅薄膜晶体管的研制	张冬利	电子信息学院	20	青年	2013年7月—2016年6月
36	BK20130321	有机/无机近红外成像器件研制	陈　俊	电子信息学院	20	青年	2013年7月—2016年6月
37	BK20130324	介观荧光分子层析的建模与基于压缩感知的重建方法研究	邹　玮	电子信息学院	20	青年	2013年7月—2016年6月
38	BK20130326	基于波导式人工电磁媒质的新型天线研究	杨歆汨	电子信息学院	20	青年	2013年7月—2016年6月
39	BK20130282	复杂网络在神经信息处理中的作用	弭元元	电子信息学院	20	青年	2013年7月—2016年6月
40	BK20130303	高分辨率星载SAR中城市主干道提取理论与方法研究	谢　锋	城市轨道交通学院	20	青年	2013年7月—2016年6月
41	BK20130307	最优化LED系统设计的理论方法的研究	陶雪慧	城市轨道交通学院	20	青年	2013年7月—2016年6月
42	BK20130316	基于多层语义的复杂运动轨迹表示与识别方法研究	杨剑宇	城市轨道交通学院	20	青年	2013年7月—2016年6月

续表

序号	项目批准号	项目名称	项目负责人	承担单位	资助经费（万元）	项目类别	完成时间
43	BK20130280	同步辐射光谱预测方法的新发展以及用于新能源材料器件的优化设计	Keith Gilmore	功能纳米与软物质研究院	20	青年	2013年7月—2016年6月
44	BK20130287	对称性缺失的金属纳米粒子结构的可控组装及表面等离子体性质研究	江　林	功能纳米与软物质研究院	20	青年	2013年7月—2016年6月
45	BK20130288	基于有机、无机P型掺杂的高效有机光电子器件	王照奎	功能纳米与软物质研究院	20	青年	2013年7月—2016年6月
46	BK20130291	柔性沸石咪唑酯骨架材料的动力学特性及其吸附和分离性能的理论研究	张理玲	功能纳米与软物质研究院	20	青年	2013年7月—2016年6月
47	BK20130292	基于高分子单晶的催化剂载体的研究	董　彬	功能纳米与软物质研究院	20	青年	2013年7月—2016年6月
48	BK20130297	利用手性两亲小分子制备单手螺旋的纳米碳管	陈媛丽	功能纳米与软物质研究院	20	青年	2013年7月—2016年6月
49	BK20130298	荧光硅纳米颗粒的生物安全性研究	苏媛媛	功能纳米与软物质研究院	20	青年	2013年7月—2016年6月
50	BK20130305	具有磁靶向肿瘤治疗的功能稀土复合纳米材料的构建与应用	程　亮	功能纳米与软物质研究院	20	青年	2013年7月—2016年6月
51	BK20130306	复合双亲性氧化石墨烯的聚乳酸微泡药物载体研究	张　琦	功能纳米与软物质研究院	20	青年	2013年7月—2016年6月

续表

序号	项目批准号	项目名称	项目负责人	承担单位	资助经费（万元）	项目类别	完成时间
52	BK20130310	基于半导体薄膜材料的杂化光伏器件制备及研究	宋　涛	功能纳米与软物质研究院	20	青年	2013 年 7 月—2016 年 6 月
53	BK20130311	光转换纳米复合材料在有机太阳电池中的光谱操作研究	王海桥	功能纳米与软物质研究院	20	青年	2013 年 7 月—2016 年 6 月
54	BK20130318	纳米复合体作为电荷捕获层在有机场效应晶体管存储器中的应用研究	高　旭	功能纳米与软物质研究院	20	青年	2013 年 7 月—2016 年 6 月
55	BK20130328	新型非对称石墨烯光探测器制备及光电流产生机制研究	李绍娟	功能纳米与软物质研究院	20	青年	2013 年 7 月—2016 年 6 月
56	BK20130320	多尺度光学系统可缩放实时成像技术及实现方法研究	季轶群	现代光学技术研究所	20	青年	2013 年 7 月—2016 年 6 月
57	BK20130327	透明光学自由曲面虚拟双目条纹反射绝对面形测量研究	马锁冬	现代光学技术研究所	20	青年	2013 年 7 月—2016 年 6 月
58	BK20130330	薄膜型微透镜阵列与图文阵列耦合成像关键技术研究	楼益民	现代光学技术研究所	20	青年	2013 年 7 月—2016 年 6 月
59	BK20130290	基于质谱技术的棕榈酰化蛋白质组定量分析方法研究	郭　琳	医学部基础医学与生物科学学院	20	青年	2013 年 7 月—2016 年 6 月
60	BK20130302	促甲状腺激素在斑马鱼中的节律研究	季　成	医学部基础医学与生物科学学院	20	青年	2013 年 7 月—2016 年 6 月

续表

序号	项目批准号	项目名称	项目负责人	承担单位	资助经费（万元）	项目类别	完成时间
61	BK20130337	Erbin在结直肠癌细胞增殖调控中的作用及机制	吴　华	医学部基础医学与生物科学学院	20	青年	2013年7月—2016年6月
62	BK20130339	胆固醇转运子ABCA1抗动脉粥样硬化的新机制研究	赵　颖	医学部基础医学与生物科学学院	20	青年	2013年7月—2016年6月
63	BK20130279	电离辐射前后肿瘤细胞在四维时空中生长模式的实验比较和建模分析	陈丹丹	医学部放射医学与防护学院	20	青年	2013年7月—2016年6月
64	BK20130336	KLF5在Flagellin介导的肠道辐射损伤防护中的作用机制研究	李　明	医学部放射医学与防护学院	20	青年	2013年7月—2016年6月
65	BK20130300	老年男性骨质疏松症的标记蛋白鉴定及其功能机制研究	邓飞艳	医学部公共卫生学院	20	青年	2013年7月—2016年6月
66	BK20130334	谷物膳食纤维对小肠胆固醇吸收和代谢的调控作用及其机制研究	韩淑芬	医学部公共卫生学院	20	青年	2013年7月—2016年6月
67	BK20130299	帕金森病相关蛋白Omi在线粒体上的功能研究	胡青松	医学部药学院	20	青年	2013年7月—2016年6月
68	BK20130332	DRAM 1在帕金森病中神经保护作用机制的研究	郇珺超	医学部药学院	20	青年	2013年7月—2016年6月
69	BK20130338	新型G9a/GLP抑制剂的设计与合成及“靶向”抗肿瘤研究	刘　峰	医学部药学院	20	青年	2013年7月—2016年6月

续表

序号	项目批准号	项目名称	项目负责人	承担单位	资助经费（万元）	项目类别	完成时间
70	BK20130333	造血干细胞自噬在急淋白血病发病中的作用研究	张素萍	医学部唐仲英血液学研究中心	20	青年	2013年7月—2016年6月
71	BK20130301	PSD95 结合肽 CN2097 对自闭症模型小鼠的治疗作用及机制研究	曹　聪	医学部神经科学研究所	20	青年	2013年7月—2016年6月
72	BK20130335	PEG 可脱落的 pH 与氧化还原双敏感化疗药物与 siRNA 的共运输纳米载体的构建与评价	朱彩虹	医学部骨科研究所	20	青年	2013年7月—2016年6月

7. 江苏省科技支撑项目(3 项)

序号	项目批准号	项目名称	项目负责人	承担单位	资助经费（万元）	项目类别	完成时间
1	BE2013052	基于电响应的超高密度信息存储有机材料设计合成及其纳米器件制备工艺研究	李　华	材料与化学化工学部	50	工业支撑	2013年4月—2016年4月
2	BE2013051	纺织品的超临界 CO_2 无水生态退浆前处理关键技术研究	龙家杰	纺织与服装工程学院	60	工业支撑	2013年4月—2016年4月
3	BE2013631	中药5类抗癌新药白头翁皂苷及其制剂的研发	许琼明	医学部药学院	50	社发支撑	2013年7月—2016年6月

8. 江苏省产学研前瞻性联合研究项目(10 项)

序号	项目批准号	项 目 名 称	项目负责人	承担单位	资助经费(万元)	完成时间
1	BY2013030-01	高效多晶黑硅电池技术开发	苏晓东	物理科学与技术学院能源学院	60	2013 年 9 月—2015 年 8 月
2	BY2013030-02	锂离子电池新型电解液系统的研制与开发	郑洪河	物理科学与技术学院能源学院	60	2013 年 9 月—2015 年 8 月
3	BY2013030-03	多头多形态多功能熔体直纺聚酯纤维产业化技术研究	戴礼兴	材料与化学化工学部	15	2013 年 9 月—2015 年 8 月
4	BY2013030-04	高发射率远红外纳米复合材料的研发及其在真丝纤维功能改性上的应用	王作山	材料与化学化工学部	30	2013 年 9 月—2015 年 8 月
5	BY2013030-05	纳米碳化锆感应蓄热保温聚酯纤维研究	左保齐	纺织与服装工程学院	30	2013 年 9 月—2015 年 8 月
6	BY2013030-06	IPv6 无中心网络中基于可信保障的融合通信应用平台研发	朱艳琴	计算机科学与技术学院	15	2013 年 9 月—2015 年 8 月
7	BY2013030-07	Touch DNA 快速提取试剂盒的研制及法医学应用研究	高玉振	医学部基础医学与生物科学学院	15	2013 年 9 月—2015 年 8 月
8	BY2013030-08	智慧社区信息感知技术及应用平台研发	杨季文	计算机科学与技术学院	30	2013 年 9 月—2015 年 8 月
9	BY2013030-09	基于物联网的城市照明节能关键技术研究与产业化	李云飞	计算机科学与技术学院	15	2013 年 9 月—2015 年 8 月
10	BY2013030-10	PBO 高性能纤维工艺的开发	毛金成	材料与化学化工学部	15	2013 年 9 月—2015 年 8 月

9. 江苏省软科学研究计划项目(3 项)

序号	项目批准号	项目名称	项目负责人	承担单位	资助经费（万元）	完成时间
1	BR2013019	促进我省农业实现现代化的财政政策研究	茆晓颖	东吴商学院（财经学院）东吴证券金融学院	5	2013 年 7 月—2013 年 10 月
2	BR2013020	以文化科技融合促进江苏新兴文化产业发展的制度创新研究	芮国强	凤凰传媒学院	3	2013 年 7 月—2013 年 10 月
3	BR2013020	高校院所科技专家为企业科技咨询长效机制研究	糜志雄	科学技术与产业部	3	2013 年 7 月—2013 年 10 月

10. 教育部博士学科点专项基金项目(27 + 14 项)

序号	项目批准号	项目名称	项目负责人	承担单位	资助经费（万元）	项目类别	完成时间
1	20133201110001	几何结构形变空间的一些几何拓扑问题	张 影	数学科学学院	12	博导类	2014 年 1 月—2016 年 12 月
2	20133201110002	函数型数据的统计推断	杨立坚	数学科学学院	12	博导类	2014 年 1 月—2016 年 12 月
3	20133201110003	Cu_2O 过渡层提高 PZT 铁电梯度薄膜光电转换效率的研究	沈明荣	物理科学与技术学院 能源学院	12	博导类	2014 年 1 月—2016 年 12 月
4	20133201110005	还原敏感可逆交联、具不对称膜结构的聚合物囊泡用于肝癌的高效靶向治疗	孟凤华	材料与化学化工学部	12	博导类	2014 年 1 月—2016 年 12 月
5	20133201110009	基于尺度效应的微对象动态粘着控制机理及操作方法	陈立国	机电工程学院	12	博导类	2014 年 1 月—2016 年 12 月

续表

序号	项目批准号	项目名称	项目负责人	承担单位	资助经费（万元）	项目类别	完成时间
6	20133201110018	多尺度模拟方法相结合研究体相异质结太阳能电池	李有勇	功能纳米与软物质研究院	12	博导类	2014年1月—2016年12月
7	20133201110021	光学黑洞单纳米线太阳电池高效陷光和光电转换机理研究	李孝峰	现代光学研究所	12	博导类	2014年1月—2016年12月
8	20133201110013	病毒性心肌炎中的内质网应激：作用及机制研究	熊思东	医学部生物医学研究院	12	博导类	2014年1月—2016年12月
9	20133201110017	孕期成瘾药物滥用对子代前额叶多巴胺受体影响的机制研究	镇学初	医学部药学院	12	博导类	2014年1月—2016年12月
10	20133201110016	前列腺癌去势抵抗相关miRNA及其调控网络的数据整合与实验验证	单玉喜	附属第二医院	12	博导类	2014年1月—2016年12月
11	20133201120003	硅烯体系超导与超流态的输运性质研究	江　华	物理科学与技术学院　能源学院	4	新教师类	2014年1月—2016年12月
12	20133201120028	高效蓝色磷光Cu(Ⅰ)材料的合成及电致发光性能研究	孙迎辉	物理科学与技术学院　能源学院	4	新教师类	2014年1月—2016年12月

续表

序号	项目批准号	项目名称	项目负责人	承担单位	资助经费（万元）	项目类别	完成时间
13	20133201120005	锂-空气电池 $Ba_{0.9}Co_{0.5}Fe_{0.4}Nb_{0.1}O_{3-\delta}$ 钙钛矿氧化物双功能催化剂的制备及电化学性能研究	金　超	物理科学与技术学院　能源学院	4	新教师类	2014 年 1 月—2016 年 12 月
14	20133201120004	新型多孔光电功能聚合物应用于环境监测方面的研究	赵云峰	物理科学与技术学院　能源学院	4	新教师类	2014 年 1 月—2016 年 12 月
15	20133201120007	活性阴离子聚合法快速可控制备含 POSS 核星形聚合物	何金林	材料与化学化工学部	4	新教师类	2014 年 1 月—2016 年 12 月
16	20133201120008	聚合物太阳能电池中给/受体界面电荷转移态的研究	周　祎	材料与化学化工学部	4	新教师类	2014 年 1 月—2016 年 12 月
17	20133201120012	大规模社交网络中基于复杂社会行为的面向信任的社会信息挖掘	刘冠峰	计算机科学与技术学院	4	新教师类	2014 年 1 月—2016 年 12 月
18	20133201120009	有机/无机近红外上转换器件	陈　俊	电子信息学院	4	新教师类	2014 年 1 月—2016 年 12 月
19	20133201120026	沸石咪唑酯骨架材料的柔性力场开发及其动力学特性和分离机理的理论研究	张理玲	功能纳米与软物质研究院	4	新教师类	2014 年 1 月—2016 年 12 月
20	20133201120024	荧光硅纳米颗粒在细胞和活体层面的生物安全性研究	苏媛媛	功能纳米与软物质研究院	4	新教师类	2014 年 1 月—2016 年 12 月

续表

序号	项目批准号	项目名称	项目负责人	承担单位	资助经费（万元）	项目类别	完成时间
21	20133201120027	图形化柔性模板诱导组装的金属纳米结构制作方法及机理研究	刘艳花	信息光学工程研究所	4	新教师类	2014 年 1 月—2016 年 12 月
22	20133201120017	新型 PSD95 结合肽 CN2097 对自闭症模型小鼠治疗作用及机制研究	曹聪	医学部神经科学研究所	4	新教师类	2014 年 1 月—2016 年 12 月
23	20133201120030	HIF-1alpha 和 VEGF 在急性脑缺血引起血脑屏障损伤中的作用	金新春	医学部神经科学研究所	4	新教师类	2014 年 1 月—2016 年 12 月
24	20133201120019	一种结核病治疗新方法的建立及应用	齐兴梅	医学部生物医学研究院	4	新教师类	2014 年 1 月—2016 年 12 月
25	20133201120021	TLR4 及 TLR9 信号通路活化促进多发性骨髓瘤细胞生长的机制研究	徐杨	附属第一医院	4	新教师类	2014 年 1 月—2016 年 12 月
26	20133201130004	基于 2-吡啶噁唑构建有机发光材料：合成、表征及其器件性能的研究	纪顺俊	材料与化学化工学部	40	优先发展领域	2014 年 1 月—2016 年 12 月
27	20133201130003	面向高性能微纳器件的多能场耦合键合机理与调控技术研究	孙立宁	机电工程学院	40	优先发展领域	2014 年 1 月—2016 年 12 月

续表

序号	项目批准号	项目名称	项目负责人	承担单位	资助经费（万元）	项目类别	完成时间
28	20123201110010	特异纳米材料体系的异常电磁散射特性研究	高　雷	物理科学与技术学院 能源学院	12	博导类联合	2013 年 1 月—2015 年 12 月
29	20123201110011	RPB5 调节蛋白与乙型肝炎病毒 HBx 在肝癌生长中协同作用的研究	魏文祥	医学部基础医学与生物科学学院	12	博导类联合	2013 年 1 月—2015 年 12 月
30	20123201110012	砷致肺氧化损伤对 Keap1-Nrf2/ARE 通路作用研究	安　艳	医学部公共卫生学院	12	博导类联合	2013 年 1 月—2015 年 12 月
31	20123201110020	位相调制的纳米图形化关键技术研究	陈林森	信息光学工程研究所	12	博导类联合	2013 年 1 月—2015 年 12 月
32	20123201120001	基于覆盖的粗糙隶属度函数及其应用	葛　洵	数学科学学院	4	新教师类联合	2013 年 1 月—2015 年 12 月
33	20123201120005	多进制有机电存储材料的设计合成及调控纳米器件性能研究	李　华	材料与化学化工学部	4	新教师类联合	2013 年 1 月—2015 年 12 月
34	20123201120014	液体核磁（NMR）双通道平行采集（PANSY）测定 Nafion 的化学结构	李晓虹	材料与化学化工学部	4	新教师类联合	2013 年 1 月—2015 年 12 月
35	20123201120019	一种新的端炔制备方法和其活性中间体的性质研究	张士磊	医学部药学院	4	新教师类联合	2013 年 1 月—2015 年 12 月
36	20123201120020	膜结合型乳铁蛋白作为一种新型 B 淋巴细胞丝裂原受体的研究	董红亮	生物医学研究院	4	新教师类联合	2013 年 1 月—2015 年 12 月

续表

序号	项目批准号	项目名称	项目负责人	承担单位	资助经费（万元）	项目类别	完成时间
37	20123201120022	超声弹性成像诊断早期骨关节炎的理论研究与应用	王　兰	骨科研究所	4	新教师类联合	2013年1月—2015年12月
38	20133201110019	硅纳米线在肿瘤治疗中的应用研究	何　耀	功能纳米与软物质研究院	12	博导类联合	2014年1月—2016年12月
39	20133201110020	高效柔性有机-无机杂化光伏电池的器件制备及界面研究	孙宝全	功能纳米与软物质研究院	12	博导类联合	2014年1月—2016年12月
40	20133201120002	几类非线性发展方程的差分方法和误差分析	张亚楠	数学科学学院	4	新教师类联合	2014年1月—2016年12月
41	20133201120025	纳米复合体浮栅对有机场效应晶体管存储器性能的增益作用研究	高　旭	功能纳米与软物质研究院	4	新教师类联合	2014年1月—2016年12月

11. 教育部科学技术研究重点项目(1项)

序号	项目批准号	项目名称	项目负责人	承担单位	资助经费（万元）	完成时间
1	213016A	心脏酶Corin在高血压性疾病中的机理和应用研究	董宁征	唐仲英医学研究院	50	2014年1月—2016年12月

12. 环保部核与辐射防护项目(1项)

序号	项目批准号	项目名称	项目负责人	承担单位	资助经费（万元）	完成时间
1	监测1309	放射工作人员辐射安全与防护知识培训	涂　彧	医学部	5	2013年12月

13. 农业部项目(1 项)

序号	项目批准号	项目名称	项目负责人	承担单位	资助经费（万元）	完成时间
1		太湖鲢鱼、鳙鱼、银鱼、鲌鱼增殖放流效果评估和跟踪监测试点	黄鹤忠	医学部基础医学与生物科学学院	20	2013 年

14. 中国石油和化学工业联合会科技指导计划项目(2 项)

序号	项目批准号	项目名称	项目负责人	承担单位	资助经费（万元）	完成时间
1		高容量树脂型吸附剂及其对含高浓度疏水性有机废水治理关键技术的研发	路建美	材料与化学化工学部	自筹	2015 年 12 月
2		低浓度重金属废水吸附治理技术及重金属纳米化回收技术研究	徐庆锋	材料与化学化工学部	自筹	2015 年 12 月

15. 住建部项目(4 项)

序号	项目批准号	项目名称	项目负责人	承担单位	资助经费（万元）	完成时间
1	K12013175	绿色环保模块建筑研发与应用	滕育梅	金螳螂建筑与城市环境学院	自筹	2013 年 1 月—2015 年 12 月
2	K120139	生态玻璃幕墙植物种植技术集成应用研究	肖湘东	金螳螂建筑与城市环境学院	自筹	2013 年 1 月—2014 年 12 月
3	K12013114	热色智能玻璃建筑节能性能研究及优化设计	吴　玺	物理科学与技术学院能源学院	自筹	2013 年 3 月—2014 年 3 月
4	R22013196	苏南城乡一体化进程中半城市化地区整合发展思路与对策研究——基于空间绩效的视角	雷　诚	金螳螂建筑与城市环境学院	自筹	2013 年 1 月—2014 年 12 月

二、人文社科项目情况

1. 国家社科项目(22 项)

序号	负责人	项目批准号	项目名称	项目来源	项目类别	承担单位
1	汤哲声	13&ZD120	百年中国通俗文学价值评估、阅读调查及资料库建设	国家社科	重大项目	文学院
2	金太军	13AZD018	新型城镇化进程中地方政府社会管理创新研究	国家社科	重点项目	政治与公共管理学院
3	李中原	13BFX089	多数人之债的非典型形态研究	国家社科	一般项目	王健法学院
4	史浩明	13BFX108	空间建设用地使用权制度研究	国家社科	一般项目	王健法学院
5	赵艳敏	13BFX157	美国新反补贴税法的违法性与中国对策研究	国家社科	一般项目	王健法学院
6	母小勇	13BKS108	大学创新人才培养的马克思主义人学基础研究	国家社科	一般项目	教育学院
7	胡　燕	13BTQ065	我国普通公众档案馆利用行为研究	国家社科	一般项目	社会学院
8	王　宏	13BYY034	基于《大中华文库》的中国典籍英译翻译策略研究	国家社科	一般项目	外国语学院
9	王　军	13BYY149	基于概念匹配、释义与连通的衔接功能语用研究	国家社科	一般项目	外国语学院
10	刘锋杰	13BZW002	文学政治学的历史形态与当代创新研究	国家社科	一般项目	文学院
11	王　耘	13BZX093	作为美学范畴之“空”的历史沿革研究	国家社科	一般项目	文学院
12	施从美	13BZZ039	政府购买服务于农村非营利组织培育机制研究	国家社科	一般项目	政治与公共管理学院

续表

序号	负责人	项目批准号	项目名称	项目来源	项目类别	承担单位
13	许小亮	13CFX008	法律世界主义研究	国家社科	青年项目	王健法学院
14	焦艳鹏	13CFX040	基于统计分析的我国环境保护刑事司法效能及其优化研究	国家社科	青年项目	王健法学院
15	李燕领	13CTY016	中国体育公共服务多元供给主体协同创新研究	国家社科	青年项目	体育学院
16	岳春林	13CTY038	太极拳延缓认知老年化的实证研究	国家社科	青年项目	体育学院
17	张　蕾	13CZW070	古典章回小说承继下的现代通俗小说形态研究	国家社科	青年项目	文学院
18	胡　宇	13CZX010	交往实践政治哲学研究	国家社科	青年项目	社会学院
19	刘尧成	13CJL030	国际量化宽松冲击对中国经济的动态影响与应对策略研究	国家社科	青年项目	东吴商学院
20	李晓明	13FFX004	行政刑法新论	国家社科	后期资助项目	王健法学院
21	韩焕忠	13FZJ001	佛教四书学研究	国家社科	后期资助项目	政治与公共管理学院
22	卢　朗	13BG069	创意产业背景下工艺文化遗产的生产性保护研究	国家社科艺术	一般项目	艺术学院

2. 全国教育科学"十二五"规划项目〔国家级〕(2 项)

序号	负责人	项目批准号	项目名称	项目来源	项目类别	承担单位
1	李西顺	BEA130025	叙事德育模式的理论建构及操作模式开发研究	全国教育科学规划	一般项目	教育学院
2	曹永国	BIA130077	大学青年教师自我认同的形成机理与推进策略研究	全国教育科学规划	一般项目	教育学院

3. 国家自然科学基金项目(7 项)

序号	负责人	项目批准号	项目名称	项目来源	项目类别	承担单位
1	王要玉	71301113	零售商主导的供应链契约设计及其绩效分析	国家自然科学基金	青年科学基金项目	东吴商学院(财经学院)东吴证券金融学院
2	李　锐	71302120	中国企业情境下的员工亲社会性规则违背研究	国家自然科学基金	青年科学基金项目	东吴商学院(财经学院)东吴证券金融学院
3	权小锋	71302121	风险投资、财务信息质量与股票崩盘风险	国家自然科学基金	青年科学基金项目	东吴商学院(财经学院)东吴证券金融学院
4	段锦云	71372180	团队建言氛围结构及其形成机制	国家自然科学基金	面上项目	教育学院
5	赵增耀	71373168	中国企业在东亚生产网络的嵌入与升级研究	国家自然科学基金	面上项目	东吴商学院(财经学院)东吴证券金融学院
6	沈　能	71373169	区域低碳创新网络共生机理与路径仿真:以苏南自主创新示范区为例	国家自然科学基金	面上项目	东吴商学院(财经学院)东吴证券金融学院
7	罗　丽	81301128	运动通过激活自噬减轻线粒体损伤对老龄脑缺血再灌注发挥保护作用	国家自然科学基金	青年科学基金项目	体育学院

4. 教育部项目(24 项)

序号	负责人	项目批准号	项目名称	项目来源	项目类别	承担单位
1	章正璋	13YJA820071	物权法与侵权法对占有的二元保护机制研究	教育部	规划项目	王健法学院
2	王昭武	13YJA820051	共谋射程理论:共犯研究的一种新路径	教育部	规划项目	王健法学院
3	刘思萱	13YJC820054	公共政策对我国司法裁判的影响研究	教育部	青年项目	王健法学院

续表

序号	负责人	项目批准号	项目名称	项目来源	项目类别	承担单位
4	何会涛	13YJC630045	双重网络交互及其对海外人才在华创业成长绩效影响机制研究	教育部	青年项目	东吴商学院
5	余敏江	13YJC630213	区域生态环境协同治理与美丽中国建设研究	教育部	青年项目	政治与公共管理学院
6	叶继红	13YJAZH119	农民工精神文化需求与城市公共文化服务体系建设研究——以苏南例	教育部	规划项目	政治与公共管理学院
7	崔恒秀	13YJC880009	教会大学外籍女教师群体研究	教育部	青年项目	社会学院
8	宋　璐	13YJA840019	子女迁移对农村老年人生活福利的影响研究——基于12年跟踪调查的动态研究	教育部	规划项目	社会学院
9	张　林	13YJA890035	人口"高龄化"背景下老年人体质健康测评体系的构建	教育部	规划项目	体育学院
10	王家宏	13YJA890028	体育资源市场化配置中的政府职能研究	教育部	规划项目	体育学院
11	戴俭慧	13YJA890004	政府购买体育公共服务的理论与实证研究	教育部	规划项目	体育学院
12	王　妍	13YJC890039	中国近代社会发展中重大体育事件的文化影响力研究——以1936年中国参奥事件为例	教育部	青年项目	体育学院
13	徐　芳	13YJC870028	数字图书馆的用户交互模型与服务改进研究	教育部	青年项目	社会学院
14	孟祥春	13YJC752015	文化、文学与文明：利维斯文学批评研究	教育部	青年项目	外国语学院
15	张乃禹	13YJC752036	中国晚清文学革命著述在韩国开化期的传播及其影响研究	教育部	青年项目	外国语学院

续表

序号	负责人	项目批准号	项目名称	项目来源	项目类别	承担单位
16	孔　明	13YJC190011	矩阵推理测验的项目生成研究	教育部	青年项目	教育学院
17	陈　霖	13YJA860001	中国当代青年亚文化传播的变迁	教育部	规划项目	凤凰传媒学院
18	艾立中	13YJC760001	民国戏曲学校研究	教育部	青年项目	文学院
19	范英豪	13YJC760014	魏晋南北朝设计艺术与文化研究	教育部	青年项目	艺术学院
20	朱耀平	13YJA720029	胡塞尔遗稿中的心灵哲学研究	教育部	规划项目	政治与公共管理学院
21	孙　莉	13JJD820006	城镇化的政府推进：过程正当性与程序法理	教育部	基地重大项目	王健法学院
22	崔玉平	13JJD190003	教育培训和市民化对城市外来务工人员犯罪行为影响的实证研究	教育部	基地重大项目	教育学院
23	马亚中	13JJD750006	清诗纪事续编	教育部	基地重大项目	文学院
24	张劲松	12JPJ042	生活中的生态文明	教育部	普及读物项目	政治与公共管理学院

5．全国教育科学"十二五"规划项目〔省部级〕(3 项)

序号	负责人	项目批准号	项目名称	项目来源	项目类别	承担单位
1	唐　斌	DAA130210	杜威教育哲学：出场语境与当代价值	全国教育科学规划	教育部重点项目	教育学院
2	崔玉平	DIA130292	长三角区域高等教育联动改革与协调发展战略研究	全国教育科学规划	教育部重点项目	教育学院
3	付亦宁	EIA130399	基于深度学习视角的大学生学习行为研究	全国教育科学规划	教育部重点项目	教育学院

6. 国家体育总局项目(6 项)

序号	负责人	项目批准号	项目名称	项目来源	项目类别	承担单位
1	胡　乔	1861SS13022	基于公共体育服务体系的公共体育文化建设研究	国家体育总局	一般项目	体育学院
2	杨卫东	1920SS13081	我国公共体育服务体系建设中的公民参与研究	国家体育总局	一般项目	体育学院
3	张　森	1934SS13095	中美体育休闲体育比较研究	国家体育总局	一般项目	体育学院
4	雍　明	2058SS14089	我国景观体育赛事管理的创新与实证研究	国家体育总局	一般项目	体育学院
5	张秋霞	2064SS14095	青少年体育与健康素养评价体系构建与应用——以苏州市为例	国家体育总局	一般项目	体育学院
6	钟　华	2072SS14103	新型城镇化进程中的体育公共服务政府转型研究	国家体育总局	一般项目	体育学院

7. 司法部项目(3 项)

序号	负责人	项目批准号	项目名称	项目来源	项目类别	承担单位
1	上官丕亮	12SFB2011	弱势公民社会权的宪法保障研究	司法部	一般项目	王健法学院
2	庞　凌	12SFB2008	社会管理创新与社会组织法治化研究	司法部	一般项目	王健法学院
3	陈　仪	12SFB3011	公法视野下的自然资源国家所有权问题研究	司法部	中青年项目	王健法学院

8. 中国法学会项目(3 项)

序号	负责人	项目批准号	项目名称	项目来源	项目类别	承担单位
1	朱　谦	CLS(2013)B20	政府重大环境决策社会风险评估制度的构建	中国法学会	重点课题	王健法学院
2	丁建安	CLS(2013)D212	企业劳动规章的法律效力研究	中国法学会	自选课题	王健法学院
3	顾　婷	CLS(2013)D224	联合国“聪明制裁”制度研究	中国法学会	自选课题	王健法学院

9. 江苏省社科基金项目(17项)

序号	负责人	项目批准号	项目名称	项目来源	项目类别	承担单位
1	王　宁	13ZD008	江苏戏曲文化史研究	2013省社科重大项目	重大项目	文学院
2	金太军	13WTB011	加快推进社会体制改革研究	省社科	十八大专项	政治与公共管理学院
3	吴声功	13MLA001	马克思主义基本原理前沿问题研究维度	省社科	重点项目	政治与公共管理学院
4	田芝健	13DSA001	江苏非公有制企业党的纪检组织建设创新研究	省社科	重点项目	政治与公共管理学院
5	邢建国	13EYA002	跨国并购绩效研究	省社科	重点项目	东吴商学院
6	乔耀章	13ZZA001	中国特色社会主义政治发展道路研究	省社科	重点项目	政治与公共管理学院
7	余敏江	13ZZB005	推进美丽江苏建设的多维合力研究	省社科	一般项目	政治与公共管理学院
8	上官丕亮	13FXA001	行政诉讼中的法律解释方法研究	省社科	重点项目	王健法学院
9	张井梅	13LSC009	西欧“博学时代”综合研究	省社科	青年项目	社会学院
10	朱新福	13WWB003	生态批评视域中的美国自然诗流变研究	省社科	一般项目	外国语学院
11	王　芹	13XWB007	推进档案馆大众化的现实路径研究	省社科	一般项目	社会学院
12	雍　明	13TYB003	我国景观体育赛事管理的创新与实证研究	省社科	一般项目	体育学院
13	李燕领	13TYC007	江苏体育资源市场化配置与政府职能创新研究	省社科	青年项目	体育学院
14	罗时进	13JDA010	吴文化民间知识体系构建研究	省社科基地	重点项目	文学院
15	任孝温	13JDB026	江南非物质文化遗产保护策略研究	省社科基地	一般项目	凤凰传媒学院
16	徐国源	13JDB027	文化诗学与城市价值观重构	省社科基地	一般项目	文学院
17	樊和平 李兰芬	13DWB001	公民道德发展理论研究	省社科	一般项目	政治与公共管理学院

10. 其他省(部)级项目(9项)

序号	负责人	项目批准号	项目名称	项目来源	项目类别	承担单位
1	权小锋	2013MZACR002-28	中国慈善组织薪酬与人才政策研究:基于个人组织匹配视角	民政部	自选项目	东吴商学院
2	朱　琳	13XZB005	苏州创建全国公共文化服务示范区及"后续效应"研究	江苏省规划办	省市协作项目	社会学院
3	江　牧	1345	《鲁班经》全集	全国高校古籍整理研究工作委员会	直接资助项目	艺术学院
4	杨　锐	2013-GR-18	上海产业结构调整与经济增长绩效的实证研究	上海市人民政府发展研究中心	专项课题	东吴商学院
5	叶继红	13JDNF02YB	城郊失地农民的职业发展研究:以杭嘉湖地区为例	浙江省规划办	重点研究基地课题	政治与公共管理学院
6	卜　璐	13SFB3037	国际私法中的强制性规范研究	司法部	中青年项目	王健法学院
7	程　迈	13SFB2006	海外孔子学院发展中的法律问题	司法部	一般项目	王健法学院
8	茆晓颖	BR2013019	促进我省农业实现现代化的财政政策研究	江苏省科技厅	省软科学	东吴商学院
9	芮国强	BR2013020	以文化科技融合促进江苏新兴文化产业发展的制度创新研究	江苏省科技厅	省软科学	凤凰传媒学院

教职工队伍结构

教职工人员情况

2013 年全校教职工人员构成情况一览表 单位:人

类　别	小　计	其中:女
专任教师	2 898	1 160
行政人员	848	400
教辅人员	664	375
科研机构人员	124	42
工勤人员	404	91
校办工厂、农(林)场职工	28	1
其他附设机构人员数	100	67
合计	5 066	2 136

专任教师学历结构情况

2013 年全校专任教师学历结构情况一览表 单位:人

	总计	其中:女	正高职	副高职	中级	初级	无职称
博士	1 575	531	571	612	392		
硕士	878	448	85	244	487	62	
未获博士、硕士学位							
学士	200	85	34	74	80	10	2
研究生肄业							
未获学士学位	241	93	58	103	70	10	
高等学校专科毕业及本科肄业两年以上	4	3			2	2	
高等学校本专科肄业未满两年及以下							
合计	2 898	1 160	748	1033	1031	84	2

专任教师年龄结构情况

2013 年全校专任教师年龄结构情况一览表

单位:人

年龄段	总计	其中:女	正高职	副高职	中级	初级	无职称
30 岁及以下	254	124	5	36	158	53	2
31~35 岁	614	292	51	184	362	17	
36~40 岁	556	265	69	216	261	10	
41~45 岁	426	177	99	191	134	2	
46~50 岁	528	165	212	239	75	2	
51~55 岁	272	83	138	102	32		
56~60 岁	202	52	128	65	9		
61 岁及以上	46	2	46				
合计	2 898	1 160	748	1 033	1 031	84	2

教职工中级及以上职称情况

2013 年苏州大学教职工中级及以上职称情况一览表

单位:人

院(部)、部门、附属单位	教职工人数	其中:女	正高职	副高职	中级
党委办公室	10	3	3	1	6
校长办公室	26	8	8	4	6
纪监审办公室	24	13		11	9
党委组织部	6	3		3	2
党代表联络办(与党委组织部合署办公)	1				1
党委统战部	5	2		2	3
党委宣传部	13	7	2	2	6
新闻中心	2	1			2
党校	3	3		2	1
离退休工作部(处)	18	7		5	7
工会	13	7	1	2	4
团委	10	5			6
机关党工委	3	2		1	2
群团与直属单位党工委	4	1		2	2

续表

院(部)、部门、附属单位	教职工人数	其中:女	正高职	副高职	中级
发展委员会办公室	13	8	2	2	6
对外联络接待办公室	1				1
教务部	35	20	4	2	19
招生就业处	17	3	1		9
科学技术与产业部	38	7	1	10	12
人文社会科学院	11	5	1	2	2
人事处	24	15	2	1	13
国际合作交流处(海外教育学院)	41	29		10	23
学生工作部(处)	15	5	1	1	11
人武部	6	2		1	4
研究生院	20	7	5	5	9
党委研究生工作部(与研究生院合署办公)	1		1		
国有资产与实验室管理处	35	16		7	15
财务处	38	25	1	6	20
保卫部(处)	72	6		2	10
继续教育处(成人教育学院)	22	9		5	11
后勤管理处	174	75		12	41
校医院(挂靠后勤管理处)	40	32		14	19
艺术教育中心	4	2	1	1	1
图书馆	161	105	6	37	62
档案馆	15	14	1	6	4
博物馆	8	4		1	2
分析测试中心	43	30	1	17	20
工程训练中心	33	7		6	7
信息化建设与管理中心	23	6		4	11
学报编辑部	8	5	1	2	4
信息光学工程研究所	32	13	4	7	19
化学电源研究所	33	9	5	9	14
张家港工业技术研究院	4	1		1	3
文学院	77	31	27	21	22
凤凰传媒学院	48	20	10	12	20
社会学院	97	39	24	29	38
政治与公共管理学院	142	57	35	58	45
教育学院	79	38	15	34	25
东吴商学院(财经学院)　东吴证券金融学院	164	75	28	70	54

续表

院(部)、部门、附属单位	教职工人数	其中:女	正高职	副高职	中级
王健法学院	78	22	22	28	24
知识产权研究院	1	1			1
外国语学院	240	165	21	72	131
金螳螂建筑与城市环境学院	72	35	15	19	25
数学科学学院	136	44	37	49	43
金融工程研究中心	7	3	3	1	3
物理科学与技术学院	133	38	31	44	43
现代光学技术研究所	41	11	8	14	15
能源学院	28	5	13	8	4
材料与化学化工学部	220	90	76	75	51
功能纳米与软物质研究院	70	22	24	15	22
纳米科学技术学院	12	8		1	5
计算机科学与技术学院	142	45	22	46	67
电子信息学院	95	30	16	36	38
机电工程学院	123	38	22	49	42
沙钢钢铁学院	20	7	2	2	12
纺织与服装工程学院	93	38	26	36	21
现代丝绸国家工程实验室	18	9	3	5	7
城市轨道交通学院	62	23	9	24	25
体育学院	146	46	17	70	48
艺术学院	106	49	20	30	37
音乐学院	40	27	9	4	16
医学部	138	78	21	16	72
骨科研究所	17	8	3	5	5
神经科学研究所	30	19	10	1	6
心血管病研究所	6	4	2	2	1
唐仲英医学研究院	1	1		1	
医学部基础医学与生物科学学院	196	91	38	78	69
医学部放射医学与防护学院	48	16	13	18	14
医学部公共卫生学院	50	23	13	21	14
医学部药学院	92	39	25	34	29
医学部护理学院	4	1		1	1
医学部第一临床医学院	171	64	45	71	49
医学部实验中心	65	31		20	31
临床医学研究院(挂靠苏州大学附属第一医院)	1		1		

续表

院(部)、部门、附属单位	教职工人数	其中:女	正高职	副高职	中级
医学部实验动物中心	20	10	1	2	6
医学部第二临床医学院	61	29	25	12	22
医学部儿科临床医学院	40	21	10	14	16
敬文书院[挂靠学生工作部(处)]	4	2	1		1
唐文治书院	1	1			
文正学院	45	14	2	12	24
应用技术学院	49	17	1	15	27
阳澄湖校区	188	71	5	43	104
社会服务系(宿迁学院)	1			1	
老挝苏州大学	8	2	1		5
出版社有限公司	41	16	8	10	18
教服集团	180	40		4	11
东吴饭店	6			1	3
辐照技术研究所	8			1	5
总计	5 066	2 136	812	1 441	1 846

2013 年获副高及以上技术职称人员名单

一、2013 年获高级职务聘任人员名单

文学院

正高职：王　耘

副高职：陈国安

社会学院

副高职：王　晗　　张井梅　　周永博

东吴商学院(财经学院)　东吴证券金融学院

正高职：王　俊　　徐　涛

副高职：王群伟　　王丹枫　　朱冬琴　　朱　淀　　李　伟

王健法学院

正高职：沈同仙　方新军
副高职：孙国平　吴　江　肖丽娟

外国语学院

正高职：杨彩梅
副高职：张　卓

教育学院

正高职：段锦云

艺术学院

正高职：黄燕敏
副高职：陈　铮

体育学院

副高职：李燕领

数学科学学院

正高职：刘长剑　唐　煜
副高职：陈旻昕　吴建春　丰世富　程东亚　李　阳　滕冬梅

金融工程研究中心

正高职：钱晓松

物理科学与技术学院　能源学院

副高职：施夏清　田文得　张卫东　倪亚贤　杨俊义

信息光学工程研究所

副高职：叶　燕

现代光学技术研究所

副高职：曾春梅

材料与化学化工学部

正高职：朱　健　范丽娟　张　伟　张正彪　葛健锋　袁　琳
副高职：李耀文　李　华　王会芳　陆新华　程　丝

纺织与服装工程学院

正高职：施建平　　邢铁玲
副高职：王　卉　　赵荟菁　　孟　凯　　关晋平（同级转评）　　刘宇清　　许建梅
于法鹏

计算机科学与技术学院

副高职：章晓芳　　严建峰　　杨　璐　　贾俊铖　　王　进　　黄　河

电子信息学院

副高职：游善红　　倪锦根　　方二喜　　羊箭锋

机电工程学院

正高职：王明娣
副高职：李春光　　任子武　　孙荣川　　胡海燕　　邢占文　　陈　良　　潘明强
刘吉柱　　盛小明（同级转评）

金螳螂建筑与城市环境学院

副高职：丁格菲　　戴叶子

城市轨道交通学院

副高职：郑建颖　　黄伟国　　江建洪

医学部神经科学研究所

正高职：曹　聪

生物医学研究院

副高职：洪　超　　郁　晓

医学部基础医学与生物科学学院

正高职：卫功元　　蔡春芳
副高职：刘　超　　孙　毅　　王大慧　　王晓春　　孙志红　　孙　静

医学部放射医学与防护学院

副高职：俞家华　　张舒羽

医学部公共卫生学院

副高职：汤在祥

医学部药学院

副高职：张　熠　李环球　任海刚　刘江云（同级转评）

医学部第一临床医学院

正高职：陈苏宁（同级转评）　陶　敏　凌春华　虞正权　崔　岗　嵇富海
副高职：余云生　陈延斌　李勇刚　陈友国　鲁　燕　席启林　王根林
魏明刚　秦颂兵　郭炯炯　徐晓婷　张洪涛　刘思兰　钱忠来
沈　蕾　薛　群　陆士奇

医学部第二临床医学院

正高职：罗蔚锋　周晓中　靳　勇
副高职：施敏骅　蒋　震　徐跃华　朱　旬　张力元　朱雅群　任琼珍
曹勇军　危少华　张迎春　胡艾君

医学部儿科临床医学院

副高职：孙　斌　汤继宏　李艳红

阳澄湖校区

正高职：龚伟申
副高职：熊　伟　查素霞　谢桂花　葛菊英　林健荣　黄克亚　刘　军
王　静

文正学院

副高职：杨　帆

应用技术学院

副高职：曹灿明

财务处

副高职：牛明艳

后勤管理处

副高职：顾晓红

出版社有限责任公司

正高职：沈海牧
副高职：汤定军　谢金海　朱绍昌

图书馆

副高职：秦　波　　朱　琴　　储开稳(同级转评)　　董丽娟

分析测试中心

副高职：胡丽华

化学电源研究所

副高职：孟良荣　　张　娟

二、2013 年获高级职务任职资格人员名单

音乐学院

正高职：孙德芬
副高职：胡晓玲

纪监审办公室

副高职：陈　敏

离退休工作部(处)

副高职：韦庆辛

学生工作部(处)

副高职：朱晨花

文学院

副高职：逢成华
副高职：张　健

材料与化学化工学部

副高职：龚学锋

艺术学院

副高职：倪敏玲

文正学院

副高职：王宗善

阳澄湖校区合作发展部

副高职：王仕琼

凤凰传媒学院

副高职：常青伟

政治与公共管理学院

副高职：邢光晟

教育学院

副高职：王　平

2013 年聘请讲座教授、客座教授、兼职教授名单

讲座教授

数学科学学院

黄京芳　美国北卡莱罗纳大学教堂山分校数学系博士

材料与化学化工学部

Peter L. Rinaldi　美国阿克伦大学教授

Christopher Y. Li　美国德雷塞尔 Drexel 大学教授

KANG En Tang　新加坡国立大学教授

NEOH Koon Gee　新加坡国立大学教授

John Texter　美国东密歇根大学教授

Yoshio Sakka　日本国立材料科学研究所教授

David Mark Haddleton　英国华威 Warwick 大学教授

附属儿童医院（医学部儿科临床医学院）

A. Leland Albright, MD　肯尼亚 Kijabe 医院小儿神经外科教授

Raul C Ribeiro　美国圣裘德儿童研究医院教授

Ching-Hon Pui　美国圣裘德儿童研究医院教授

功能纳米与软物质研究院

Janos Kirz　美国纽约州立大学石溪分校杰出研究教授、劳伦斯-伯克利国家实验室先进光源装置科学顾问

Nobuo Ueno　日本千叶大学融合科学研究院纳米材料系教授

Yeshayahu Lifshitz　以色列工程院教授

金螳螂建筑与城市环境学院

廖再毅　加拿大瑞尔森大学终身教授、博士生导师

神经科学研究所

柳　杨　德国萨尔州大学博士

电子信息学院

李昕欣　中科院上海微系统与信息技术研究所传感技术国家重点实验室主任、研究员

钱　毅　美国内布拉斯加林肯大学终身教授

蒋田仔　中国科学院自动化研究所脑网络组研究中心主任、教授

放射医学与防护学院

高明远　中国科学院化学研究所研究员

Tom K. Hei　美国哥伦比亚大学终身教授

艺术学院

梁君午　西班牙籍华人著名画家

纳米科学技术学院

Henry R. Kang　美国埃尔卡米诺学院康普顿中心化学系教授

机电工程学院

奚廷斐　北京大学前沿交叉学科研究院生物医用材料与组织工程中心主任

物理科学与技术学院

吉瀚涛　美国普林斯顿大学天体物理系教授

客座教授

电子信息学院

Mukherjee　美国加利福尼亚大学戴维斯分校杰出教授

艺术学院

沈威峰　苏州画院院长

杨明义　苏州国画院国家一级画师

杭鸣时　当代中国著名水彩画画家

医学部放射医学与防护学院

王祥科　中科院“百人计划”引进海外杰出人才，国家杰出青年基金获得者

周平坤　博导，国家“973”项目首席科学家，国家杰出青年基金获得者

汪小琳　中国工程物理研究院科技委副主任、博士生导师、研究员

吴宜灿　中科院核能安全技术研究所所长、中国科学技术大学核科学技术学院副院长

医学部护理学院

吴　瑛　首都医科大学护理学院院长

Pamela Sue Hinds　*Cancer Nuring* 杂志主编、美国护理科学院院士、美国国立儿童医疗中心护理研究部主任及转化科学中心副主任、美国 George Washington 大学儿科学教授

李　选　台湾中山医学大学护理学院教授

刘华平　北京协和医学院护理学院院长、教授

安力彬　大连大学护理学院院长、教授

医学部药学院

喻爱明　美国加州大学戴维斯分校医学院副教授

体育学院

郭家骅　台北市立大学教授

附属第一医院(医学部第一临床医学院)

詹楚生　香港大学附属玛丽医院教授

金一平　美国洛杉矶加州大学医学院病理系免疫遗传学中心研究系列副教授

机电工程学院

吴忠俊　美国马里兰大学外科系人工脏器研究室主任

电子信息学院

Byrav Ramamurthy　美国内布拉斯加林肯大学教授

附属第二医院(医学部第二临床医学院)

克莱蒙·克劳德·阿布　法国巴黎昂日·蒙多尔医学集团泌尿外科教授

医学部公共卫生学院

李丙军　南京军区疾病预防控制中心主任、南京军区军事医学研究所所长、《中华卫生杀虫药械》杂志社社长

材料与化学化工学部

Cordelia Selomulya　澳大利亚莫纳士大学副教授

Meng Wai Woo　澳大利亚莫纳士大学助理教授

Benu P. Adhikari　澳大利亚巴拉腊特大学副教授

Harvinder Sidhu　澳大利亚新南威尔士大学副教授

Sakamon Devahastin　泰国皇家蒙克库特科技大学教授

Romain Jeantet　法国国立园艺学院教授

Luis Echegoyen　美国德克萨斯大学艾尔帕索分校教授

功能纳米与软物质研究院

Satoshi Kera　日本千叶大学融合科学研究院纳米材料系副教授

Hisao Ishii　日本千叶大学融合科学研究院教授

Chongwu Zhou　南加州大学电子工程系教授

音乐学院

魏正启　上海音乐学院圆号教授

现代光学技术研究所

彭海波　北京中科思远光电科技有限公司博士

沙钢钢铁学院

周国治　中国科学院院士

朱国辉　安徽工业大学教授

东吴商学院(财经学院)　东吴证券金融学院

邱永和　台湾东吴大学经济学系教授

兼职教授

电子信息学院

李昕欣　中科院上海微系统与信息技术研究所传感技术国家重点实验室主任、研究员

东吴商学院(财经学院) 东吴证券金融学院

黄庭明 江苏张家港酿酒有限公司董事长、总经理、党委书记

张瑞宇 青海省金融办副主任、国家开发银行评审局副局长

医学部放射医学与防护学院

罗培志 天演药业创始人兼总裁

梁 旻 东曜药业有限公司科研总监、东源生物医药科技(上海)有限公司总经理、教授

马振坤 丹诺医药(苏州)有限公司首席执行官、博士

凤凰传媒学院

胡正荣 中国传媒大学副校长

尹韵公 中国社会科学院研究员

王 惠 北京市政府新闻办公室主任、北京市政府新闻发言人

陈卫星 中国传媒大学国际传播学院副院长

张英进 美国圣地亚哥加州大学中国研究中心主任

丁俊杰 中国传媒大学教授

陈培爱 厦门大学教授

金定海 上海师范大学教授

陈 刚 北京大学教授

贾丽军 《创意经济》主编

张建雄 《苏州日报》总编辑

陆玉方 苏州广电总台副台长

沈 玲 《城市商报》总编辑

郎永淳 中央电视台新闻播音员

医学部

任 进 中科院上海药物所研究员、博士生导师、研究组长、药物安全评价中心主任

宋 鄂 苏州大学附属理想眼科医院执行院长

物理科学与技术学院

王栩生 苏州阿特斯阳光电力科技有限公司技术总监、博士

骨科研究所

王长军 第四军医大学科研部副部长、教授

医学部护理学院

刘红霞 北京中医药大学副教授、硕士生导师

艺术学院

吴元新 南通蓝印花布博物馆馆长、研究员级高级工艺美术师

李建华 浙江万事利集团总裁

马 可 著名服装设计师

数学科学学院

高红兵 上海长江养老保险股份有限公司投资总监、博士

叶振飞 上海证券有限责任公司投资总监、博士

化学电源研究所

杨　军　上海交通大学化学化工学院教授、博士生导师

机电工程学院

席　宁　美国密西根州立大学及香港城市大学教授

李文荣　香港城市大学教授

人文社会科学院

朱金海　上海市人民政府发展研究中心副主任、党组成员

系统生物学研究中心

黄　昆　美国俄亥俄州立大学生物医学信息学系副教授

孙之荣　清华大学生命科学学院教授

院士、博士研究生导师(在职)名单

院士情况一览表

序号	姓名	性别	出生年月	从事专业	备　注
1	薛鸣球	男	1930 年 10 月	光学工程	中国工程院院士
2	潘君骅	男	1930 年 10 月	光学工程	中国工程院院士
3	阮长耿	男	1939 年 8 月	内科学(血液病学)	中国工程院院士
4	李述汤	男	1947 年 1 月	材料化学	中国科学院院士、第三世界科学院院士
5	柴之芳	男	1942 年 9 月	放射医学	中国工程院院士
6	李永舫	男	1948 年 8 月	材料学	中国科学院院士
7	陈晓东	男	1965 年 2 月	应用化学	澳大利亚工程院院士、新西兰皇家科学院院士

博士研究生导师情况一览表

序号	姓名	性别	出生年月	专业名称	备　注
1	刘锋杰	男	1953 年 12 月	文艺学	
2	侯　敏	男	1961 年 1 月	文艺学	
3	徐国源	男	1965 年 1 月	文艺学	
4	李　勇	男	1967 年 2 月	文艺学	
5	徐　山	男	1955 年 12 月	汉语言文字学	

续表

序号	姓名	性别	出生年月	专业名称	备　注
6	曹　炜	男	1963 年 10 月	汉语言文字学	
7	罗时进	男	1956 年 4 月	中国古代文学	
8	赵杏根	男	1956 年 12 月	中国古代文学	
9	马亚中	男	1957 年 10 月	中国古代文学	
10	马卫中	男	1959 年 3 月	中国古代文学	
11	朱栋霖	男	1949 年 6 月	中国现当代文学	
12	刘祥安	男	1957 年 2 月	中国现当代文学	
13	王　尧	男	1960 年 4 月	中国现当代文学	
14	汪卫东	男	1968 年 9 月	中国现当代文学	
15	方汉文	男	1950 年 12 月	比较文学与世界文学	
16	季　进	男	1965 年 1 月	比较文学与世界文学	
17	汤哲声	男	1956 年 8 月	中国通俗文学	
18	周　秦	男	1949 年 1 月	戏剧影视文学	
19	倪祥保	男	1953 年 4 月	戏剧影视文学	
20	陈　龙	男	1965 年 6 月	戏剧影视文学	
21	王　宁	男	1967 年 4 月	戏剧影视文学	
22	马中红	女	1962 年 12 月	媒介文化	
23	王国平	男	1948 年 10 月	中国近现代史	
24	池子华	男	1961 年 8 月	中国近现代史	
25	余同元	男	1962 年 1 月	中国近现代史	
26	王卫平	男	1962 年 10 月	中国近现代史	
27	朱从兵	男	1965 年 8 月	中国近现代史	
28	朱小田	男	1963 年 7 月	中国史	
29	王宇博	男	1960 年 2 月	中国史	
30	李兰芬	女	1950 年 9 月	马克思主义哲学	
31	杨思基	男	1958 年 2 月	马克思主义哲学	
32	邢冬梅	女	1964 年 9 月	马克思主义哲学	
33	陈　忠	男	1968 年 2 月	马克思主义哲学	
34	车玉玲	女	1970 年 1 月	马克思主义哲学	
35	庄友刚	男	1971 年 6 月	马克思主义哲学	
36	蒋国保	男	1951 年 6 月	中国哲学	

续表

序号	姓名	性别	出生年月	专业名称	备　注
37	周可真	男	1958 年 7 月	中国哲学	
38	臧知非	男	1958 年 9 月	中国哲学	
39	沈荣华	男	1948 年 7 月	政治学理论	
40	赵　康	男	1950 年 2 月	政治学理论	
41	王俊华	女	1954 年 8 月	政治学理论	
42	乔耀章	男	1954 年 9 月	政治学理论	
43	钮菊生	男	1956 年 4 月	政治学理论	
44	王卓君	男	1958 年 3 月	政治学理论	
45	金太军	男	1963 年 6 月	政治学理论	
46	钱振明	男	1964 年 12 月	政治学理论	
47	周　毅	男	1966 年 1 月	政治学理论	
48	张劲松	男	1967 年 9 月	政治学理论	
49	葛建一	男	1953 年 12 月	政治学理论	
50	朱炳元	男	1950 年 12 月	马克思主义基本原理	
51	吴声功	男	1952 年 2 月	马克思主义基本原理	
52	方世南	男	1954 年 6 月	马克思主义基本原理	
53	田芝健	男	1963 年 7 月	马克思主义基本原理	
54	陆树程	男	1956 年 4 月	思想政治教育	
55	姜建成	男	1957 年 7 月	思想政治教育	
56	郭彩琴	女	1963 年 12 月	思想政治教育	
57	陈进华	男	1970 年 9 月	伦理学	
58	黄　鹏	男	1949 年 8 月	财政学	
59	夏永祥	男	1955 年 6 月	财政学	
60	孙文基	男	1963 年 1 月	财政学	
61	贝政新	男	1952 年 11 月	金融学	
62	万解秋	男	1955 年 10 月	金融学	
63	乔桂明	男	1956 年 7 月	金融学	
64	王光伟	男	1960 年 1 月	金融学	
65	李晓峰	男	1952 年 3 月	企业管理学	
66	邢建国	男	1956 年 11 月	企业管理学	
67	罗正英	女	1957 年 12 月	企业管理学	

续表

序号	姓名	性别	出生年月	专业名称	备注
68	赵增耀	男	1963 年 4 月	企业管理学	
69	袁勇志	男	1962 年 6 月	企业管理学	
70	田晓明	男	1964 年 9 月	企业管理学	
71	段进军	男	1968 年 3 月	区域经济学	
72	周永坤	男	1948 年 3 月	宪法学与行政法学	
73	陈立虎	男	1954 年 10 月	宪法学与行政法学	
74	孙　莉	女	1954 年 12 月	宪法学与行政法学	
75	艾永明	男	1957 年 5 月	宪法学与行政法学	
76	李晓明	男	1959 年 6 月	宪法学与行政法学	
77	黄学贤	男	1963 年 3 月	宪法学与行政法学	
78	胡玉鸿	男	1964 年 2 月	宪法学与行政法学	
79	王克稳	男	1964 年 8 月	宪法学与行政法学	
80	章志远	男	1975 年 5 月	宪法学与行政法学	
81	朱　谦	男	1964 年 11 月	环境与资源保护法学	
82	魏玉娃	女	1963 年 1 月	国际法学	
83	贾冠杰	男	1953 年 7 月	英语语言文学	
84	顾佩娅	女	1956 年 9 月	英语语言文学	
85	朱新福	男	1963 年 3 月	英语语言文学	
86	王　军	男	1966 年 1 月	英语语言文学	
87	王腊宝	男	1967 年 1 月	英语语言文学	
88	赵爱国	男	1955 年 3 月	俄语语言文学	
89	周民权	男	1953 年 1 月	俄语语言文学	
90	苏晓军	男	1964 年 11 月	外语语言学与应用语言学	
91	王　宏	男	1956 年 9 月	外语语言学与应用语言学	
92	刘电芝	女	1955 年 7 月	高等教育学	
93	童辉杰	男	1956 年 7 月	高等教育学	
94	周　川	男	1957 年 10 月	高等教育学	
95	许庆豫	男	1959 年 11 月	高等教育学	
96	母小勇	男	1962 年 9 月	高等教育学	

续表

序号	姓名	性别	出生年月	专业名称	备注
97	吴继霞	女	1962 年 10 月	高等教育学	
98	崔玉平	男	1964 年 5 月	高等教育学	
99	赵蒙成	男	1969 年 9 月	高等教育学	
100	冯成志	男	1970 年 7 月	高等教育学	
101	黄辛隐	女	1958 年 5 月	高等教育学	
102	李超德	男	1961 年 6 月	设计艺术学	
103	董新光	男	1949 年 6 月	体育教育训练学	
104	汪康乐	男	1950 年 6 月	体育教育训练学	
105	罗时铭	男	1953 年 2 月	体育教育训练学	
106	王家宏	男	1955 年 6 月	体育教育训练学	
107	张　林	男	1956 年 10 月	体育教育训练学	
108	王国祥	男	1963 年 11 月	体育教育训练学	
109	王　岗	男	1965 年 9 月	体育教育训练学	
110	邰崇禧	男	1952 年 8 月	体育教育训练学	
111	游　宏	男	1948 年 1 月	基础数学	
112	恽自求	男	1948 年 8 月	基础数学	
113	钱定边	男	1957 年 2 月	基础数学	
114	黎先华	男	1957 年 4 月	基础数学	
115	余红兵	男	1962 年 10 月	基础数学	
116	黄毅生	男	1962 年 11 月	基础数学	
117	唐忠明	男	1963 年 4 月	基础数学	
118	陆芳言	男	1966 年 4 月	基础数学	
119	沈玉良	男	1967 年 3 月	基础数学	
120	张　影	男	1967 年 10 月	基础数学	
121	姚林泉	男	1961 年 1 月	计算数学	
122	岳兴业	男	1966 年 10 月	计算数学	
123	王过京	男	1959 年 5 月	概率论与数理统计	
124	殷剑兴	男	1948 年 12 月	应用数学	
125	杜北梁	男	1949 年 8 月	应用数学	
126	余王辉	男	1959 年 1 月	应用数学	
127	马欣荣	男	1964 年 9 月	应用数学	

续表

序号	姓名	性别	出生年月	专业名称	备　　注
128	曹永罗	男	1967 年 9 月	应用数学	
129	秦文新	男	1967 年 11 月	应用数学	
130	季利均	男	1975 年 10 月	应用数学	
131	杨　凌	男	1971 年 4 月	应用数学	
132	陈中文	男	1963 年 8 月	运筹学与控制论	
133	沈百荣	男	1964 年 11 月	系统生物学	
134	狄国庆	男	1957 年 1 月	凝聚态物理	
135	晏世雷	男	1958 年 5 月	凝聚态物理	
136	吴雪梅	女	1967 年 2 月	凝聚态物理	
137	沈明荣	男	1969 年 2 月	凝聚态物理	
138	高　雷	男	1971 年 2 月	凝聚态物理	
139	王明湘	男	1972 年 3 月	凝聚态物理	
140	马桂林	男	1948 年 9 月	无机化学	
141	戴　洁	男	1955 年 12 月	无机化学	
142	郎建平	男	1964 年 6 月	无机化学	
143	李宝龙	男	1965 年 6 月	无机化学	
144	李亚红	女	1968 年 6 月	无机化学	
145	胡传江	男	1973 年 4 月	无机化学	
146	贯定先	男	1966 年 4 月	无机化学	
147	屠一锋	男	1963 年 7 月	分析化学	
148	邹建平	男	1962 年 8 月	有机化学	
149	姚英明	男	1968 年 8 月	有机化学	
150	孙宏枚	男	1968 年 11 月	有机化学	
151	王兴旺	男	1972 年 10 月	有机化学	
152	毛金成	男	1978 年 7 月	有机化学	
153	狄俊伟	男	1964 年 11 月	分析化学	
154	邓安平	男	1962 年 2 月	分析化学	
155	杨　平	男	1953 年 1 月	物理化学	
156	郑军伟	男	1964 年 8 月	物理化学	
157	姚建林	男	1970 年 7 月	物理化学	
158	杜玉扣	男	1966 年 6 月	物理化学	

续表

序号	姓名	性别	出生年月	专业名称	备　注
159	李述汤	男	1947 年 1 月	高分子化学与物理	
160	朱秀林	男	1955 年 10 月	高分子化学与物理	
161	倪沛红	女	1960 年 6 月	高分子化学与物理	
162	邵名望	男	1961 年 11 月	高分子化学与物理	
163	程振平	男	1966 年 1 月	高分子化学与物理	
164	杨永刚	男	1971 年 7 月	高分子化学与物理	
165	钟志远	男	1974 年 2 月	高分子化学与物理	
166	严　锋	男	1971 年 11 月	高分子化学与物理	
167	孟凤华	女	1973 年 4 月	高分子化学与物理	
168	周竹发	男	1956 年 12 月	材料学	
169	石世宏	男	1956 年 9 月	材料学	
170	戴礼兴	男	1961 年 2 月	材料学	
171	梁国正	男	1961 年 3 月	材料学	
172	黄彦林	男	1966 年 1 月	材料学	
173	顾媛娟	女	1968 年 12 月	材料学	
174	路建美	女	1960 年 10 月	应用化学	
175	洪若瑜	男	1966 年 10 月	应用化学	
176	顾宏伟	男	1976 年 1 月	应用化学	
177	徐冬梅	女	1966 年 9 月	应用化学	
178	周年琛	女	1957 年 7 月	应用化学	
179	赵优良	男	1975 年 9 月	应用化学	
180	白　伦	男	1948 年 4 月	纺织工程	
181	陈宇岳	男	1962 年 3 月	纺织工程	
182	冯志华	男	1962 年 4 月	纺织工程	
183	李明忠	男	1963 年 5 月	纺织工程	
184	陈　廷	男	1974 年 1 月	纺织工程	
185	左葆齐	男	1957 年 2 月	纺织材料与纺织品设计	
186	潘志娟	女	1967 年 11 月	纺织材料与纺织品设计	
187	王国和	男	1964 年 11 月	纺织材料与纺织品设计	

续表

序号	姓名	性别	出生年月	专业名称	备　注
188	杨旭红	女	1968 年 3 月	纺织材料与纺织品设计	
189	芮延年	男	1951 年 2 月	纺织化学与染整工程	
190	陈国强	男	1957 年 11 月	纺织化学与染整工程	
191	朱亚伟	男	1963 年 7 月	纺织化学与染整工程	
192	唐人成	男	1966 年 1 月	纺织化学与染整工程	
193	李战雄	男	1970 年 12 月	纺织化学与染整工程	
194	刘国联	女	1953 年 3 月	服装	
195	陈　雁	女	1956 年 12 月	服装	
196	许　星	女	1958 年 2 月	服装	
197	朱巧明	男	1963 年 7 月	计算机应用技术	
198	樊建席	男	1965 年 3 月	计算机应用技术	
199	吕　强	男	1965 年 4 月	计算机应用技术	
200	周国栋	男	1967 年 3 月	计算机应用技术	
201	刘　全	男	1969 年 10 月	计算机应用技术	
202	王宜怀	男	1962 年 2 月	计算机应用技术	
203	龚声蓉	男	1966 年 4 月	计算机应用技术	
204	钟宝江	男	1972 年 11 月	计算机应用技术	
205	李凡长	男	1964 年 9 月	计算机软件与理论	
206	朱士群	男	1950 年 12 月	光学	
207	顾济华	男	1957 年 3 月	光学	
208	方建兴	男	1963 年 4 月	光学	
209	宋瑛林	男	1966 年 12 月	光学	
210	潘君骅	男	1930 年 10 月	光学工程	
211	薛鸣球	男	1930 年 10 月	光学工程	
212	吴建宏	男	1960 年 7 月	光学工程	
213	陈林森	男	1961 年 1 月	光学工程	
214	沈为民	男	1963 年 4 月	光学工程	
215	王钦华	男	1964 年 1 月	光学工程	
216	郭培基	男	1968 年 7 月	光学工程	
217	傅戈雁	女	1956 年 3 月	光学工程	

续表

序号	姓名	性别	出生年月	专业名称	备　注
218	汪一鸣	女	1956 年 2 月	信号与信息处理	
219	王加俊	男	1969 年 11 月	信号与信息处理	
220	赵鹤鸣	男	1957 年 8 月	信号与信息处理	
221	毛凌锋	男	1971 年 6 月	信号与信息处理	
222	朱灿焰	男	1962 年 10 月	信号与信息处理	
223	沈卫德	男	1950 年 11 月	特种经济动物饲养学	
224	谈建中	男	1957 年 8 月	特种经济动物饲养学	
225	张雨青	男	1958 年 4 月	特种经济动物饲养学	
226	徐世清	男	1963 年 10 月	特种经济动物饲养学	
227	许维岸	男	1964 年 2 月	特种经济动物饲养学	
228	贡成良	男	1965 年 2 月	特种经济动物饲养学	
229	夏春林	男	1957 年 3 月	人体解剖与组织胚胎学	
230	张学光	男	1951 年 11 月	免疫学	
231	缪竞诚	男	1952 年 2 月	免疫学	
232	顾宗江	男	1956 年 5 月	免疫学	
233	邱玉华	女	1957 年 1 月	免疫学	
234	洪法水	男	1960 年 12 月	免疫学	
235	吴昌平	男	1961 年 10 月	免疫学	
236	刘海燕	女	1971 年 2 月	免疫学	
237	诸葛洪祥	男	1951 年 10 月	病原生物学	
238	黄　瑞	女	1960 年 4 月	病原生物学	
239	夏超明	男	1962 年 4 月	病原生物学	
240	吴士良	男	1951 年 6 月	病理学与病理生理学	
241	谷振勇	男	1963 年 1 月	法医学	
242	谢洪平	男	1964 年 3 月	法医学	
243	陶陆阳	男	1966 年 6 月	法医学	
244	杨占山	男	1949 年 12 月	放射医学	
245	刘芬菊	女	1954 年 12 月	放射医学	
246	樊赛军	男	1961 年 8 月	放射医学	
247	曹建平	男	1962 年 5 月	放射医学	

续表

序号	姓名	性别	出生年月	专业名称	备　注
248	张学农	男	1962 年 11 月	放射医学	
249	文万信	男	1964 年 3 月	放射医学	
250	涂　彧	男	1965 年 7 月	放射医学	
251	阮长耿	男	1939 年 8 月	内科学(血液病学)	
252	张　日	男	1955 年 9 月	内科学(血液病学)	
253	孙爱宁	女	1956 年 9 月	内科学(血液病学)	
254	甘建和	男	1958 年 9 月	内科学(传染病学)	
255	吴德沛	男	1958 年 10 月	内科学(血液病学)	
256	傅晋翔	男	1960 年 10 月	内科学(血液病学)	
257	黄建安	男	1960 年 10 月	内科学(呼吸系病学)	
258	陈卫昌	男	1962 年 9 月	内科学(消化系病学)	
259	杨向军	男	1963 年 5 月	内科学(心血管病学)	
260	柴忆欢	女	1949 年 1 月	儿科学	
261	汪　健	男	1963 年 1 月	儿科学	
262	古桂雄	男	1954 年 6 月	儿科学	
263	倪　宏	男	1968 年 3 月	儿科学	
264	严春寅	男	1949 年 12 月	外科学(泌尿外科学)	
265	温端改	男	1950 年 11 月	外科学(泌尿外科学)	
266	张世明	男	1951 年 2 月	外科学(神经外科学)	
267	吴浩荣	男	1951 年 12 月	外科学(普通外科学)	
268	单玉喜	男	1952 年 10 月	外科学(泌尿外科学)	
269	孙俊英	男	1953 年 9 月	外科学(骨外科学)	
270	钱海鑫	男	1955 年 1 月	外科学(普通外科学)	
271	李德春	男	1955 年 2 月	外科学(普通外科学)	
272	董启榕	男	1956 年 7 月	外科学(骨外科学)	
273	沈振亚	男	1957 年 9 月	外科学(胸心血管外科学)	
274	何小舟	男	1959 年 9 月	外科学(泌尿外科学)	
275	侯建全	男	1960 年 2 月	外科学(泌尿外科学)	
276	杨惠林	男	1960 年 3 月	外科学(骨外科学)	
277	徐又佳	男	1962 年 3 月	外科学(骨外科学)	

续表

序号	姓名	性别	出生年月	专业名称	备　注
278	陈　亮	男	1972 年 2 月	外科学（骨外科学）	
279	李晓强	男	1962 年 4 月	外科学（胸心血管外科学）	
280	兰　青	男	1964 年 12 月	外科学（神经外科学）	
281	田　野	男	1965 年 1 月	外科学（神经外科学）	
282	邢春根	男	1965 年 2 月	外科学（泌尿外科学）	
283	刘春风	男	1965 年 2 月	神经病学	
284	徐兴顺	男	1972 年 8 月	神经病学	
285	高　歌	男	1950 年 3 月	流行病与卫生统计学	
286	徐　勇	男	1959 年 12 月	流行病与卫生统计学	
287	张永红	男	1960 年 10 月	流行病与卫生统计学	
288	周建华	女	1955 年 4 月	劳动卫生与环境卫生学	
289	安　艳	女	1969 年 9 月	劳动卫生与环境卫生学	
290	童　建	男	1953 年 5 月	卫生毒理学	
291	杨世林	男	1953 年 12 月	药理学	
292	梁中琴	女	1954 年 11 月	药理学	
293	秦正红	男	1955 年 3 月	药理学	
294	谢梅林	男	1958 年 2 月	药理学	
295	王剑文	男	1964 年 9 月	药理学	
296	乔春华	女	1973 年 1 月	药理学	
297	张慧灵	女	1965 年 1 月	药理学	
298	徐智策	男	1956 年 1 月	胚胎生理与围产基础医学	
299	张鲁波	男	1962 年 5 月	胚胎生理与围产基础医学	
300	茅彩萍	女	1968 年 7 月	胚胎生理与围产基础医学	
301	蒋星红	女	1960 年 10 月	医学神经生物学	
302	张焕相	男	1965 年 7 月	医学神经生物学	
303	陶　金	男	1979 年 11 月	医学神经生物学	

续表

序号	姓名	性别	出生年月	专业名称	备　注
304	魏文祥	男	1962 年 1 月	医学细胞生物学	
305	张洪涛	男	1970 年 3 月	基因组医学	
306	陆培荣	男	1969 年 2 月	眼科学	
307	国　风	女	1973 年 9 月	肿瘤学	
308	秦立强	男	1970 年 3 月	营养与食品卫生学	
309	缪丽燕	女	1966 年 4 月	药剂学	
310	吴翼伟	男	1957 年 2 月	影像医学与核医学	
311	胡春洪	男	1965 年 5 月	影像医学与核医学	
312	杨建平	男	1957 年 3 月	麻醉学	
313	何向东	男	1948 年 7 月	马克思主义哲学	西南大学(挂靠)
314	任　平	男	1956 年 10 月	马克思主义哲学	江苏师范大学(挂靠)
315	韩璞根	男	1963 年 12 月	马克思主义哲学	江苏省社会科学院《江海学刊》杂志社(挂靠)
316	吴先满	男	1957 年 9 月	金融学	江苏省社会科学院(挂靠)
317	聂庆平	男	1961 年 10 月	金融学	中国证券业协会(挂靠)
318	何德旭	男	1962 年 9 月	金融学	中国社会科学院财贸经济研究所(挂靠)
319	巴曙松	男	1969 年 8 月	金融学	国务院发展研究中心金融研究所(挂靠)
320	夏东民	男	1956 年 1 月	马克思主义基本原理	江苏理工学院(挂靠)
321	周　宏	男	1962 年 6 月	马克思主义基本原理	常熟理工学院(挂靠)
322	闵春发	男	1950 年 12 月	思想政治教育	南京邮电大学(挂靠)
323	朱永新	男	1958 年 8 月	高等教育学	全国政协常务委员(挂靠)
324	于振峰	男	1957 年 3 月	体育教育训练学	首都体育学院(挂靠)
325	李颖川	男	1960 年 1 月	体育教育训练学	首都体育学院(挂靠)
326	王广虎	男	1956 年 1 月	体育人文社会学	成都体育学院(挂靠)
327	梁晓龙	男	1957 年 1 月	体育人文社会学	国家体育总局体育科学研究所(挂靠)

续表

序号	姓名	性别	出生年月	专业名称	备　注
328	鲍明晓	男	1962 年 11 月	体育人文社会学	国家体育总局体育科学研究所(挂靠)
329	盛　雷	女	1963 年 3 月	运动人体科学	江苏省体育科学研究所(挂靠)
330	丁晓原	男	1958 年 5 月	文艺学	常熟理工学院(挂靠)
331	朱志荣	男	1961 年 2 月	文艺学	华东师范大学(挂靠)
332	高凯征	男	1949 年 4 月	中国古代文学	辽宁大学(兼职)
333	周建忠	男	1955 年 1 月	中国古代文学	南通大学(挂靠)
334	梅新林	男	1958 年 1 月	中国古代文学	浙江师范大学(挂靠)
335	朱万曙	男	1962 年 5 月	中国古代文学	安徽大学(兼职)
336	邓红梅	女	1966 年 3 月	中国古代文学	山东师范大学(挂靠)
337	张仲谋	男	1955 年 1 月	中国古代文学	江苏师范大学(挂靠)
338	张　强	男	1956 年 10 月	中国古代文学	淮阴师范学院(挂靠)
339	方　忠	男	1964 年 8 月	中国现当代文学	江苏师范大学(挂靠)
340	刘洪一	男	1960 年 8 月	比较文学与世界文学	深圳大学(挂靠)
341	宋炳辉	男	1964 年 8 月	比较文学与世界文学	上海外国语大学(挂靠)
342	殷企平	男	1955 年 6 月	英语语言文学	浙江大学(挂靠)
343	雍和明	男	1963 年 8 月	英语语言文学	广东商学院(挂靠)
344	傅黎明	男	1956 年 7 月	设计艺术学	吉林大学(挂靠)
345	周新国	男	1951 年 5 月	中国近现代史	扬州大学(挂靠)
346	张海林	男	1957 年 10 月	中国近现代史	南京大学(挂靠)
347	陆建洪	男	1957 年 11 月	中国近现代史	苏州经贸职业技术学院(挂靠)
348	王稳地	男	1957 年 4 月	应用数学	西南大学(挂靠)
349	周汝光	男	1965 年 9 月	应用数学	江苏师范大学(挂靠)
350	朱林生	男	1962 年 11 月	基础数学	常熟理工学院(挂靠)
351	王维凡	男	1955 年 1 月	运筹学与控制论	浙江师范大学(挂靠)
352	陈　洪	男	1964 年 12 月	凝聚态物理	西南大学(挂靠)
353	马余强	男	1964 年 11 月	凝聚态物理	南京大学(挂靠)
354	张解放	男	1959 年 8 月	光学	浙江师范大学(挂靠)
355	王怀生	男	1962 年 12 月	分析化学	聊城大学(挂靠)

续表

序号	姓名	性别	出生年月	专业名称	备　注
356	顾海鹰	男	1963 年 5 月	分析化学	南通大学(挂靠)
357	陶冠红	男	1967 年 12 月	分析化学	苏州市科技局(挂靠)
358	史达清	男	1962 年 4 月	有机化学	江苏师范大学(挂靠)
359	王　磊	男	1962 年 7 月	有机化学	淮北煤炭师范学院(挂靠)
360	纪顺俊	男	1958 年 11 月	有机化学	苏州市人事局(挂靠)
361	唐　勇	男	1964 年 9 月	有机化学	中科院上海有机化学研究所(挂靠)
362	陶福明	男	1960 年 6 月	物理化学	美国加州大学(挂靠)
363	罗孟飞	男	1963 年 3 月	物理化学	浙江师范大学(挂靠)
364	李金林	男	1963 年 9 月	物理化学	中南民族大学(挂靠)
365	张红雨	男	1970 年 6 月	物理化学	山东理工大学(挂靠)
366	张瑞勤	男	1963 年 8 月	高分子化学与物理	香港城市大学(挂靠)
367	屠树江	男	1957 年 10 月	化学生物学	江苏师范大学(挂靠)
368	王　辉	男	1958 年 11 月	光学工程	浙江师范大学(挂靠)
369	王相海	男	1965 年 1 月	计算机应用技术	辽宁师范大学(挂靠)
370	张　康	男	1959 年 4 月	计算机应用技术	德克萨斯大学达拉斯分校(挂靠)
371	崔志明	男	1961 年 7 月	计算机应用技术	苏州职业大学(挂靠)
372	梁培康	男	1961 年 5 月	信号与信息处理	中国兵器工业集团第214 研究所苏州研发中心(挂靠)
373	周国泰	男	1949 年 8 月	纺织材料与纺织品设计	西北工程科技学院(挂靠)
374	汤克勇	男	1964 年 3 月	纺织化学与染整工程	郑州大学(挂靠)
375	吴国庆	男	1957 年 10 月	纺织工程	南通大学(挂靠)
376	徐卫林	男	1969 年 4 月	纺织工程	武汉纺织大学(挂靠)
377	顾晓松	男	1953 年 12 月	人体解剖与组织胚胎学	南通大学(挂靠)
378	邱一华	男	1955 年 3 月	人体解剖与组织胚胎学	南通大学(挂靠)
379	彭聿平	女	1955 年 7 月	人体解剖与组织胚胎学	南通大学(挂靠)

续表

序号	姓名	性别	出生年月	专业名称	备　注
380	金国华	男	1957 年 10 月	人体解剖与组织胚胎学	南通大学(挂靠)
381	丁　斐	女	1958 年 7 月	人体解剖与组织胚胎学	南通大学(挂靠)
382	王晓冬	男	1958 年 12 月	人体解剖与组织胚胎学	南通大学(挂靠)
383	卢斌峰	男	1969 年 2 月	免疫学	美国匹兹堡大学(挂靠)
384	高　琪	男	1953 年 1 月	病原生物学	江苏省寄生虫研究所(挂靠)
385	廖　军	男	1957 年 1 月	设计艺术学	苏州工艺美术职业技术学院(挂靠)
386	赵国屏	男	1948 年 8 月	病原生物学	中科院上海生命科学研究院(挂靠)
387	王红阳	男	1952 年 1 月	病理学与病理生理学	上海东方肝胆外科医院(挂靠)
388	沈　敏	女	1955 年 3 月	法医学	司法部司法鉴定科学技术研究所(挂靠)
389	周平坤	男	1963 年 9 月	放射医学	军事医学科学院放射与辐射研究所(挂靠)
390	吴锦昌	男	1959 年 4 月	放射医学	苏州市立医院(挂靠)
391	程英升	男	1966 年 12 月	内科学(消化系病学)	上海第六人民医院(挂靠)
392	郭传勇	男	1962 年 10 月	内科学(消化系病学)	上海市第十人民医院(挂靠)
393	吴庆宇	男	1957 年 10 月	内科学(血液病学)	美国克利夫兰 Lerner 研究所(挂靠)
394	贾伟平	男	1956 年 11 月	内科学(内分泌与代谢病学)	上海市第六人民医院(挂靠)
395	章振林	男	1966 年 12 月	内科学(内分泌与代谢病学)	上海市第六人民医院(挂靠)
396	王　琛	男	1960 年 5 月	内科学(内分泌与代谢病学)	上海市第六人民医院(挂靠)
397	汪年松	男	1966 年 1 月	内科学(肾脏病学)	上海市第六人民医院(挂靠)

续表

序号	姓名	性别	出生年月	专业名称	备　注
398	臧国庆	男	1960 年 9 月	内科学(传染病学)	上海市第六人民医院(挂靠)
399	刘　璠	男	1957 年 5 月	外科学(骨外科学)	南通大学(挂靠)
400	蒋　垚	男	1951 年 6 月	外科学(骨外科学)	上海市第六人民医院(挂靠)
401	张晓膺	男	1959 年 8 月	外科学(胸心血管外科学)	苏州大学附属第三医院(挂靠)
402	朱健华	男	1956 年 3 月	内科学(心血管病学)	南通大学(挂靠)
403	汤锦波	男	1963 年 11 月	外科学(骨外科学)	南通大学(挂靠)
404	张长青	男	1962 年 9 月	外科学(骨外科学)	上海市第六人民医院(挂靠)
405	吴孟超	男	1922 年 8 月	外科学(普通外科学)	上海东方肝胆外科医院(挂靠)
406	杨甲梅	男	1951 年 12 月	外科学(普通外科学)	上海东方肝胆外科医院(挂靠)
407	杨广顺	男	1952 年 1 月	外科学(普通外科学)	上海东方肝胆外科医院(挂靠)
408	赵玉武	男	1963 年 3 月	神经病学	上海市第六人民医院(挂靠)
409	白跃宏	男	1958 年 6 月	康复医学与理疗学	上海市第六人民医院(挂靠)
410	滕银成	男	1965 年 10 月	妇产科学	上海市第六人民医院(挂靠)
411	吴为山	男	1962 年 1 月	设计艺术学	特聘博士生导师
412	孙晓云	女	1955 年 8 月	设计艺术学	特聘博士生导师
413	吴永发	男	1965 年 1 月	设计学	特聘博士生导师
414	蒋春山	男	1963 年 2 月	信号与信息处理	特聘博士生导师
415	陆安南	男	1959 年 5 月	信号与信息处理	特聘博士生导师
416	潘高峰	男	1964 年 4 月	信号与信息处理	特聘博士生导师
417	郭述文	男	1955 年 9 月	信号与信息处理	特聘博士生导师
418	陈新建	男	1979 年 5 月	信号与信息处理	特聘博士生导师
419	陈　康	男	1978 年 4 月	凝聚态物理	特聘博士生导师
420	张泽新	男	1977 年 11 月	凝聚态物理	特聘博士生导师
421	廖良生	男	1956 年 7 月	凝聚态物理	特聘博士生导师

续表

序号	姓名	性别	出生年月	专业名称	备　注
422	王雪峰	男	1969 年 1 月	凝聚态物理	特聘博士生导师
423	杨　浩	男	1979 年 4 月	凝聚态物理	特聘博士生导师
424	马万里	男	1974 年 11 月	凝聚态物理	特聘博士生导师
425	揭建胜	男	1977 年 9 月	凝聚态物理	特聘博士生导师
426	孙周洲	男	1976 年 9 月	凝聚态物理	特聘博士生导师
427	杨朝辉	男	1978 年 3 月	凝聚态物理	特聘博士生导师
428	李　亮	男	1979 年 2 月	凝聚态物理	特聘博士生导师
429	Steffen Duhm	男	1978 年 6 月	凝聚态物理	特聘博士生导师
430	胡志军	男	1973 年 4 月	高分子化学与物理	特聘博士生导师
431	康振辉	男	1976 年 3 月	高分子化学与物理	特聘博士生导师
432	唐建新	男	1979 年 4 月	高分子化学与物理	特聘博士生导师
433	王穗东	男	1977 年 1 月	高分子化学与物理	特聘博士生导师
434	陈　红	女	1967 年 10 月	高分子化学与物理	特聘博士生导师
435	黄　鹤	男	1967 年 2 月	高分子化学与物理	特聘博士生导师
436	李艳青	女	1980 年 10 月	高分子化学与物理	特聘博士生导师
437	潘勤敏	女	1965 年 12 月	高分子化学与物理	特聘博士生导师
438	屠迎锋	男	1976 年 11 月	高分子化学与物理	特聘博士生导师
439	蔡远利	男	1967 年 9 月	高分子化学与物理	特聘博士生导师
440	陈　康	男	1978 年 4 月	高分子化学与物理	特聘博士生导师
441	董　彬	男	1978 年 1 月	高分子化学与物理	特聘博士生导师
442	陆　广	男	1974 年 10 月	高分子化学与物理	特聘博士生导师
443	刘　坚	男	1975 年 3 月	化学生物学	特聘博士生导师
444	何　耀	男	1981 年 5 月	化学生物学	特聘博士生导师
445	邹贵付	男	1979 年 9 月	材料物理与化学	特聘博士生导师
446	杨瑞枝	女	1972 年 11 月	材料物理与化学	特聘博士生导师
447	鲍桥梁	男	1979 年 4 月	材料物理与化学	特聘博士生导师
448	孙立宁	男	1964 年 1 月	光学工程	特聘博士生导师
449	袁　孝	男	1961 年 9 月	光学工程	特聘博士生导师
450	彭长四	男	1966 年 7 月	光学工程	特聘博士生导师
451	陈　琛	男	1963 年 11 月	光学工程	特聘博士生导师

续表

序号	姓名	性别	出生年月	专业名称	备　注
452	李孝峰	男	1979 年 9 月	光学工程	特聘博士生导师
453	蔡阳健	男	1977 年 12 月	光学	特聘博士生导师
454	陈焕阳	男	1983 年 8 月	光学	特聘博士生导师
455	杭志宏	男	1978 年 10 月	光学	特聘博士生导师
456	陈　瑶	男	1970 年 4 月	材料学	特聘博士生导师
457	高立军	男	1965 年 2 月	材料学	特聘博士生导师
458	孙旭辉	男	1970 年 9 月	材料学	特聘博士生导师
459	李　斌	男	1974 年 6 月	材料学	特聘博士生导师
460	郑洪河	男	1967 年 7 月	材料学	特聘博士生导师
461	杨　磊	男	1982 年 1 月	材料学	特聘博士生导师
462	吕　强	男	1978 年 4 月	纺织材料与纺织品设计	特聘博士生导师
463	何吉欢	男	1965 年 3 月	纺织材料与纺织品设计	特聘博士生导师
464	王晓沁	男	1969 年 1 月	纺织材料与纺织品设计	特聘博士生导师
465	周丁华	男	1965 年 9 月	外科学(普通外科学)	特聘博士生导师
466	周宁新	男	1952 年 12 月	外科学(普通外科学)	特聘博士生导师
467	邹　练	男	1959 年 11 月	外科学(泌尿外科学)	特聘博士生导师
468	罗宗平	男	1961 年 5 月	外科学(骨外科学)	特聘博士生导师
469	张睢扬	男	1955 年 8 月	内科学(呼吸系病学)	特聘博士生导师
470	武　艺	男	1965 年 3 月	内科学(血液病学)	特聘博士生导师
471	周泉生	男	1955 年 6 月	内科学(血液病学)	特聘博士生导师
472	朱　力	男	1959 年 8 月	内科学(血液病学)	特聘博士生导师
473	戴克胜	男	1969 年 1 月	内科学(血液病学)	特聘博士生导师
474	何苏丹	女	1980 年 4 月	内科学(血液病学)	特聘博士生导师
475	李　凯	男	1959 年 11 月	内科学(呼吸系病学)	特聘博士生导师
476	徐　薇	女	1974 年 8 月	免疫学	特聘博士生导师
477	张惠敏	女	1979 年 6 月	免疫学	特聘博士生导师
478	高晓明	男	1962 年 2 月	免疫学	特聘博士生导师
479	杨　林	男	1964 年 8 月	免疫学	特聘博士生导师
480	熊思东	男	1962 年 10 月	免疫学	特聘博士生导师

续表

序号	姓名	性别	出生年月	专业名称	备 注
481	吕德生	男	1962 年 1 月	免疫学	特聘博士生导师
482	尹芝南	男	1964 年 10 月	免疫学	特聘博士生导师
483	郑春福	男	1968 年 11 月	免疫学	特聘博士生导师
484	郑 慧	男	1978 年 12 月	免疫学	特聘博士生导师
485	尹 斌	男	1970 年 6 月	病理学与病理生理学	特聘博士生导师
486	李建明	男	1970 年 10 月	病理学与病理生理学	特聘博士生导师
487	徐广银	男	1964 年 2 月	医学神经生物学	特聘博士生导师
488	刘耀波	男	1971 年 12 月	医学神经生物学	特聘博士生导师
489	王建荣	男	1962 年 5 月	医学细胞生物学	特聘博士生导师
490	宋耀华	男	1961 年 3 月	医学细胞生物学	特聘博士生导师
491	何玉龙	男	1967 年 1 月	医学生物化学	特聘博士生导师
492	苏 雄	男	1977 年 10 月	医学细胞与分子生物学	特聘博士生导师
493	杨金铭	男	1959 年 12 月	药理学	特聘博士生导师
494	镇学初	男	1963 年 7 月	药理学	特聘博士生导师
495	李浩莹	男	1973 年 12 月	药理学	特聘博士生导师
496	陈大为	男	1958 年 12 月	药理学	特聘博士生导师
497	毛新良	男	1971 年 6 月	药理学	特聘博士生导师
498	王光辉	男	1964 年 1 月	药理学	特聘博士生导师
499	许国强	男	1973 年 12 月	药理学	特聘博士生导师
500	张洪建	男	1962 年 8 月	药物分析学	特聘博士生导师
501	张小虎	男	1967 年 11 月	药物化学	特聘博士生导师
502	雷署丰	男	1975 年 10 月	流行病学与卫生统计学	特聘博士生导师
503	赵国屏	男	1948 年 8 月	病原生物学	特聘博士生导师
504	孙宝全	男	1973 年 11 月	物理化学	特聘博士生导师
505	李有勇	男	1975 年 1 月	物理化学	特聘博士生导师
506	侯廷军	男	1975 年 3 月	物理化学	特聘博士生导师
507	江 林	女	1978 年 7 月	物理化学	特聘博士生导师
508	迟力峰	女	1957 年 10 月	物理化学	特聘博士生导师
509	刘 庄	男	1982 年 8 月	化学生物学	特聘博士生导师

续表

序号	姓名	性别	出生年月	专业名称	备　注
510	张克勤	男	1972 年 8 月	纺织工程	特聘博士生导师
511	王　晗	男	1963 年 7 月	基因组医学	特聘博士生导师
512	冯　莱	女	1975 年 1 月	无机化学	特聘博士生导师
513	吴　涛	男	1976 年 10 月	无机化学	特聘博士生导师
514	马　楠	男	1981 年 10 月	分析化学	特聘博士生导师
515	肖　杰	男	1980 年 3 月	应用化学	特聘博士生导师
516	王汝海	男	1971 年 12 月	信号与信息处理	特聘博士生导师
517	乔东海	男	1965 年 8 月	信号与信息处理	特聘博士生导师
518	沈纲祥	男	1975 年 8 月	信号与信息处理	特聘博士生导师
519	常春起	男	1972 年 10 月	信号与信息处理	特聘博士生导师
520	曾　嘉	男	1980 年 1 月	计算机应用技术	特聘博士生导师
521	杨立坚	男	1966 年 8 月	概率论与数理统计	特聘博士生导师
522	侯　波	男	1980 年 5 月	光学	特聘博士生导师
523	赖　耘	男	1977 年 11 月	光学	特聘博士生导师
524	汝长海	男	1976 年 8 月	光学工程	特聘博士生导师
525	陈立国	男	1974 年 11 月	光学工程	特聘博士生导师
526	范韶华	男	1970 年 10 月	金融数学	特聘博士生导师
527	毛志强	男	1964 年 10 月	金融数学	特聘博士生导师
528	Srdjan Stojanovic	男	1957 年 5 月	金融数学	特聘博士生导师
529	卞志村	男	1975 年 8 月	金融学	特聘博士生导师
530	袁先智	男	1965 年 7 月	金融工程	特聘博士生导师
531	董洁林	男	1959 年 3 月	企业管理	特聘博士生导师
532	赵宇亮	男	1963 年 2 月	放射医学	特聘博士生导师
533	周如鸿	男	1966 年 12 月	放射医学	特聘博士生导师
534	柴之芳	男	1942 年 9 月	放射医学	特聘博士生导师
535	张忠平	男	1965 年 1 月	放射医学	特聘博士生导师
536	王殳凹	男	1985 年 6 月	特种医学	特聘博士生导师
537	陈晓东	男	1965 年 2 月	应用化学	特聘博士生导师
538	李永舫	男	1948 年 8 月	材料学	特聘博士生导师
539	曾小庆	男	1979 年 8 月	物理化学	特聘博士生导师

续表

序号	姓名	性别	出生年月	专业名称	备　注
540	Anandamayee Majumdar	女	1975 年 6 月	统计学	特聘博士生导师
541	Ruben Mercade Prieto	男	1979 年 10 月	应用化学	特聘博士生导师
542	张真庆	男	1978 年 1 月	药物分析学	特聘博士生导师
543	张　民	男	1970 年 6 月	计算机应用技术	特聘博士生导师
544	张　明	男	1959 年 10 月	高等教育学	特聘博士生导师
545	孙洪涛	男	1979 年 4 月	材料学	特聘博士生导师
546	周晓方	男	1963 年 3 月	计算机应用技术	特聘博士生导师
547	王宜强	男	1966 年 5 月	免疫学	特聘博士生导师
548	华益民	男	1966 年 12 月	医学神经生物学	特聘博士生导师
549	杨大伟	男	1981 年 10 月	基础数学	特聘博士生导师
550	李彦光	男	1982 年 4 月	无机化学	特聘博士生导师
551	樊　健	男	1975 年 11 月	有机化学	特聘博士生导师
552	张　桥	男	1982 年 6 月	物理化学	特聘博士生导师
553	殷黎晨	男	1982 年 9 月	材料物理与化学	特聘博士生导师
554	冯敏强	男	1974 年 7 月	材料学	特聘博士生导师
555	王发明	男	1981 年 7 月	服装设计与工程	特聘博士生导师
556	彭天庆	男	1965 年 12 月	病理学与病理生理学	特聘博士生导师
557	王志伟	男	1970 年 6 月	病理学与病理生理学	特聘博士生导师
558	龙乔明	男	1963 年 9 月	医学细胞与分子生物学	特聘博士生导师
559	赖福军	男	1973 年 9 月	企业管理	特聘博士生导师
560	鲍晓光	男	1980 年 7 月	物理化学	特聘博士生导师
561	张晓宏	男	1967 年 1 月	材料物理与化学	特聘博士生导师
562	晏成林	男	1980 年 1 月	材料物理与化学	特聘博士生导师
563	史培新	男	1975 年 10 月	智能交通科学与技术	特聘博士生导师
564	徐博翎	女	1983 年 1 月	智能机器人技术	特聘博士生导师
565	李杨欣	女	1965 年 6 月	病理学与病理生理学	特聘博士生导师
566	刘　通	男	1980 年 2 月	医学神经生物学	特聘博士生导师
567	胡绍燕	女	1967 年 3 月	临床医学	专业学位博士生导师

续表

序号	姓名	性别	出生年月	专业名称	备　注
568	季　伟	女	1956 年 11 月	临床医学	专业学位博士生导师
569	王　翎	女	1964 年 2 月	临床医学	专业学位博士生导师
570	周幽心	男	1964 年 2 月	临床医学	专业学位博士生导师
571	姚　阳	男	1956 年 9 月	临床医学	专业学位博士生导师
572	刘　红	女	1963 年 7 月	临床医学	专业学位博士生导师
573	陈　钟	男	1963 年 7 月	临床医学	专业学位博士生导师
574	王晓东	男	1964 年 9 月	临床医学	专业学位博士生导师
575	沈宗姬	女	1955 年 2 月	临床医学	专业学位博士生导师
576	董　选	女	1953 年 7 月	临床医学	专业学位博士生导师
577	侯月梅	女	1959 年 2 月	临床医学	专业学位博士生导师
578	李　勋	男	1962 年 12 月	临床医学	专业学位博士生导师
579	荆志成	男	1971 年 8 月	临床医学	专业学位博士生导师
580	唐晓文	女	1969 年 10 月	临床医学	专业学位博士生导师
581	韩　悦	女	1970 年 2 月	临床医学	专业学位博士生导师
582	仇惠英	女	1966 年 9 月	临床医学	专业学位博士生导师
583	凌春华	男	1965 年 3 月	临床医学	专业学位博士生导师
584	陈　锐	女	1968 年 7 月	临床医学	专业学位博士生导师
585	李惠萍	女	1958 年 1 月	临床医学	专业学位博士生导师
586	许春芳	男	1964 年 3 月	临床医学	专业学位博士生导师
587	成兴波	男	1955 年 11 月	临床医学	专业学位博士生导师
588	施毕旻	女	1965 年 11 月	临床医学	专业学位博士生导师
589	卢国元	男	1966 年 3 月	临床医学	专业学位博士生导师
590	朱新国	男	1970 年 4 月	临床医学	专业学位博士生导师
591	程树群	男	1966 年 2 月	临床医学	专业学位博士生导师
592	沈　锋	男	1962 年 3 月	临床医学	专业学位博士生导师
593	徐耀增	男	1961 年 10 月	临床医学	专业学位博士生导师
594	沈忆新	男	1960 年 7 月	临床医学	专业学位博士生导师
595	姜为民	男	1961 年 8 月	临床医学	专业学位博士生导师
596	侯瑞兴	男	1963 年 3 月	临床医学	专业学位博士生导师
597	刘锦波	男	1966 年 1 月	临床医学	专业学位博士生导师
598	欧阳骏	男	1964 年 4 月	临床医学	专业学位博士生导师

续表

序号	姓名	性别	出生年月	专业名称	备注
599	浦金贤	男	1962 年 1 月	临床医学	专业学位博士生导师
600	郑世营	男	1957 年 10 月	临床医学	专业学位博士生导师
601	何靖康	男	1966 年 10 月	临床医学	专业学位博士生导师
602	赵　军	男	1968 年 3 月	临床医学	专业学位博士生导师
603	王　中	男	1964 年 3 月	临床医学	专业学位博士生导师
604	董　军	男	1971 年 7 月	临床医学	专业学位博士生导师
605	李向东	男	1967 年 12 月	临床医学	专业学位博士生导师
606	虞正权	男	1965 年 1 月	临床医学	专业学位博士生导师
607	杜彦李	男	1963 年 10 月	临床医学	专业学位博士生导师
608	赵天兰	女	1963 年 11 月	临床医学	专业学位博士生导师
609	董万利	男	1959 年 8 月	临床医学	专业学位博士生导师
610	薛寿儒	男	1967 年 4 月	临床医学	专业学位博士生导师
611	方　琪	男	1965 年 11 月	临床医学	专业学位博士生导师
612	罗蔚锋	男	1966 年 10 月	临床医学	专业学位博士生导师
613	姜卫剑	男	1960 年 3 月	临床医学	专业学位博士生导师
614	张汝芝	女	1968 年 6 月	临床医学	专业学位博士生导师
615	倪才方	男	1962 年 8 月	临床医学	专业学位博士生导师
616	朱晓黎	男	1971 年 3 月	临床医学	专业学位博士生导师
617	李晓忠	男	1965 年 8 月	临床医学	专业学位博士生导师
618	冯　星	男	1959 年 10 月	临床医学	专业学位博士生导师
619	吕海涛	男	1969 年 1 月	临床医学	专业学位博士生导师
620	王　易	男	1966 年 7 月	临床医学	专业学位博士生导师
621	华　东	男	1967 年 1 月	临床医学	专业学位博士生导师
622	陆雪官	男	1969 年 11 月	临床医学	专业学位博士生导师
623	陶　敏	男	1962 年 11 月	临床医学	专业学位博士生导师
624	周菊英	女	1965 年 1 月	临床医学	专业学位博士生导师
625	蒋敬庭	男	1964 年 9 月	临床医学	专业学位博士生导师
626	凌　扬	男	1960 年 3 月	临床医学	专业学位博士生导师
627	周彩存	男	1962 年 9 月	临床医学	专业学位博士生导师
628	徐　峰	男	1969 年 2 月	临床医学	专业学位博士生导师
629	俞卫锋	男	1963 年 3 月	临床医学	专业学位博士生导师

续表

序号	姓名	性别	出生年月	专业名称	备　注
630	何志旭	男	1967 年 10 月	临床医学	专业学位博士生导师
631	时立新	男	1962 年 1 月	临床医学	专业学位博士生导师
632	孙诚谊	男	1963 年 3 月	临床医学	专业学位博士生导师
633	王小林	男	1954 年 6 月	临床医学	专业学位博士生导师
634	王季石	男	1958 年 12 月	临床医学	专业学位博士生导师
635	伍国锋	男	1963 年 4 月	临床医学	专业学位博士生导师
636	程明亮	男	1957 年 8 月	临床医学	专业学位博士生导师
637	楚　兰	女	1968 年 6 月	临床医学	专业学位博士生导师
638	王艺明	男	1964 年 4 月	临床医学	专业学位博士生导师
639	赵淑云	女	1968 年 2 月	临床医学	专业学位博士生导师

各类人才工程入选人员名单

1. 中组部“千人计划”入选名单

吴庆宇

2. 中组部“青年千人计划”入选名单

杨　磊　陆　广　陈新建　晏成林　张　桥　徐博翎　王殳凹　鲍晓光　曾小庆
刘　通　郑　慧　李　亮　黄小青

3. 教育部“万人计划”第一批青年拔尖人才支持计划入选名单

康振辉

4. 2012 年度教育部“新世纪优秀人才支持计划”人员名单

王兴旺　陈　忠

5. 2012 年教育部“长江学者奖励计划”特聘教授名单

金太军

6. 2012 年中青年科技创新领军人才入选名单

何　耀

7. 2013 年度“香江学者计划”资助人选名单

林生晃

8. 江苏省 2013 年国家“百千万人才工程”入选人员名单

刘　庄

9. 2012 年度江苏省有突出贡献中青年专家名单

孙立宁

10. 2013 年度江苏省“双创计划”引进人才名单

鲍桥梁　郑　慧　李　亮　陆　广　陈新建　蔡远利　张　民　徐广银　张真庆
常春起　苏　雄　许国强　吴　涛　徐兴顺

11. 2013 年度江苏省“双创团队”入选名单

陈晓东(团队)　张克勤(团队)

12. 2013 年度高层次留学人才回国资助人员名单

许国强

13. 2013 年度江苏省“博士聚集计划”资助名单

王　俊　杭志宏　陶雪慧　王　云　陆伟新　赵　颖　曹　聪　杨　磊　张冬利
石子亮

14. 第四批江苏特聘教授名单

钟志远　张云龙　李彦光　孙洪涛　Ruben Mercade Prieto

15. 第十批江苏省“六大人才高峰”入选名单

杨　磊　沈纲祥　张　民　朱忠奎　何　耀　邹贵付

16. 江苏省第四期“333 高层次人才培养工程”培养对象增选名单

第一层次：陈林森　杨惠林
第二层次：杨立坚　曹永罗　陈　红　钟志远　王　晗　胡玉鸿
第三层次：何　耀　李孝峰　马　楠　陶　金　孙宝全　康振辉　杨永刚
严　锋　许国强　李建明　刘　全　常春起　马万里　季利均
陈　忠　黄　轶　王腊宝

17. 2013 年度江苏高校优秀科技创新团队名单

光网络与通信团队(带头人:沈纲祥)

18. 2013 年度省属高校聘请外国短期专家国际科技合作聘专重点项目资助名单

沈百荣　蔡春芳

19. 2013 年度省属高校聘请外国短期专家杰出青年教师培育聘专项目资助名单

陶　金　孙　毅　李　兵　盛敏奇

20. 2011—2012 年度苏州市高等院校、科研院所紧缺高层次人才引进资助入选名单

吴　涛　李孝峰　肖　杰　冯　莱　王　俊　胡　广　孙　毅　陶砚蕴

21. 首批校内特聘教授名单

王　尧　王卫平　车玉玲　赵增耀　胡玉鸿　王腊宝　曹永罗　郎建平

22. 苏州大学首批东吴讲席教授名单

陈永珍　吴　莹

23. 苏州大学首批“东吴名医”名单

陈　珑　李　锐　苏　敏　董　军　宋　锴　张力元　陈文华

2013 年博士后出站、进站和在站人数情况

博士后流动站名称	出站人数	进站人数	2013 年年底在站人数
哲学	1	0	3
应用经济学	0	2	8
法学	3	4	11
政治学	0	1	8
教育学	0	1	7
体育学	1	4	11
中国语言文学	5	6	18
外国语言文学	0	2	5
中国史	0	2	2
数学	2	3	8
物理学	0	7	19
化学	2	7	17
光学工程	0	10	27
材料科学与工程	2	16	34
计算机科学与技术	0	3	6
化学工程与技术	1	2	3
纺织科学与工程	2	12	21
畜牧学	0	1	1
基础医学	7	11	30
临床医学	2	11	19
公共卫生与预防医学	0	4	8
药学	0	6	11
特种医学	0	2	2
设计学	0	1	4
合计	28	118	283

2013 年出站博士后研究人员情况一览表

序号	姓名	性别	出生年月	人员类别	进站时专业技术职务	批准进站时间	出站时间	流动站名称	学科专业名称	研究方向及研究课题	合作导师	在站期间获科研资助情况	资助金额（万元）	出站去向
1	张　锋	男	1982 年 3 月	统招	讲师	2010 年 7 月	2013 年 1 月	基础医学	纺织科学与工程	基于蚕丝蛋白的外周神经修复	张学光	2011 年度“江苏省博士后科研资助计划”第一批资助项目 C 类；中国博士后科学基金第 48 批面上资助二等资助；中国博士后科学基金第五批特别资助	20	苏州大学
2	童李君	女	1982 年 12 月	在职	讲师	2010 年 2 月	2013 年 1 月	中国语言文学	中国通俗文学	近现代弹词研究	汤哲声	中国博士后科学基金第 47 批面上资助二等资助	3	苏州职业大学
3	王杰龙	男	1972 年 1 月	在职	讲师	2008 年 7 月	2013 年 1 月	基础医学	运动人体科学	运动与共刺激分子表达及其网络调节机制的研究	张学光			苏州大学
4	李　浩	男	1982 年 1 月	在职	讲师	2010 年 3 月	2013 年 3 月	数学	基础数学	分形 Tiling 的几何性质	曹永罗	2010 年度“江苏省博士后科研资助计划”第一批资助项目 C 类	1	浙江万里学院
5	张艳梅	女	1972 年 10 月	在职	副教授	2010 年 10 月	2013 年 4 月	中国语言文学	中国现当代文学	当代文化语境中的戏曲传播	朱栋霖	中国博士后科学基金第 49 批面上资助二等资助	3	杭州师范大学钱江学院
6	李吉远	男	1976 年 6 月	在职	讲师	2010 年 7 月	2013 年 4 月	体育学	体育人文社会学	明代武术史研究	罗时铭			浙江农林大学
7	王　文	男	1981 年 2 月	企业联合招收		2010 年 4 月	2013 年 5 月	材料科学与工程	材料物理与化学	高性能电子电气绝缘材料的研究与应用	梁国正	2010 年度“江苏省博士后科研资助计划”第二批资助项目 C 类	1	苏州巨峰电气绝缘系统股份有限公司

续表

序号	姓名	性别	出生年月	人员类别	进站时专业技术职务	批准进站时间	出站时间	流动站名称	学科专业名称	研究方向及研究课题	合作导师	在站期间获科研资助情况	资助金额（万元）	出站去向
8	刘翠平	女	1980年11月	在职	讲师	2009年9月	2013年5月	基础医学	医学细胞生物学	中国汉族人群类风湿性关节炎症与PDCD1基因SNPs的相关性分析研究	张学光	中国博士后科学基金第46批面上资助二等资助	3	苏州大学附属第一医院
9	何　雷	男	1973年4月	在职	讲师	2010年12月	2013年5月	法学	诉讼法	经济犯罪的基础理论及实证研究	李晓明			浙江警察学院
10	危当恒	男	1974年6月	在职	讲师	2008年7月	2013年7月	临床医学	内科学	SDF-1/CXCR4在血管内膜增生中的作用及其机制	阮长耿			南华大学
11	张　英	女	1977年11月	在职	讲师	2011年4月	2013年7月	纺织科学与工程	纺织科学与工程	生物活性玻璃与丝素蛋白复合磁性纳米材料的研究	李明忠			苏州大学
12	温　波	男	1970年4月	在职	副教授	2008年10月	2013年7月	哲学	马克思主义哲学	马克思主义中国化出场的文化路径研究	任　平	中国博士后科学基金第45批面上资助二等资助	3	苏州科技学院
13	孙　虎	男	1973年6月	在职	讲师	2008年7月	2013年7月	中国语言文学	中国古代文学	清代湖嘉文化家族与文学研究	罗时进	中国博士后科学基金第44批面上资助二等资助；2009年度"江苏省博士后科研资助计划"第一批资助项目C类	4	苏州科技学院
14	殷　敏	女	1979年4月	在职	副教授	2010年12月	2013年7月	法学	国际法学	国际贸易争端解决下"用尽当地救济原则"研究	陈立虎	中国博士后科学基金第52批面上资助二等资助	5	上海对外经贸大学

续表

序号	姓名	性别	出生年月	人员类别	进站时专业技术职务	批准进站时间	出站时间	流动站名称	学科专业名称	研究方向及研究课题	合作导师	在站期间获科研资助情况	资助金额（万元）	出站去向
15	陆志方	男	1972 年 3 月	在职	副主任医师	2011 年 3 月	2013 年 8 月	临床医学	骨外科	新型微纳米球控释系统诱导人源 MSCs 构建人工骨的研究	杨惠林	2011 年度“江苏省博士后科研资助计划”第二批资助项目 C 类、中国博士后科学基金第 50 批面上资助二等资助	4	南京市第二医院
16	张幸鼎	男	1981 年 12 月	统招	讲师	2011 年 7 月	2013 年 9 月	基础医学	药理学	ZKSCAN3 在多发性骨髓瘤耐药性中的作用机制	杨　林	2011 年度“江苏省博士后科研资助计划”第二批资助项目 C 类、中国博士后科学基金第 50 批面上资助二等资助	4	西安交通大学苏州研究院
17	路　丹	女	1982 年 1 月	统配	讲师	2009 年 8 月	2013 年 9 月	数学	系统生物学	PH 结构域与磷脂结合特异性及其生物功能的计算生物学研究	沈百荣			
18	许琼明	男	1975 年 1 月	企业联合招收	讲师	2008 年 12 月	2013 年 10 月	基础医学	放射医学	清开灵冻干粉针有效物质和质量标准的研究	张学农			苏州大学
19	黄　灯	女	1974 年 2 月	在职	副教授	2011 年 3 月	2013 年 12 月	中国语言文学	中国现当代文学	1949—1985 中国当代小说及连环画叙事研究	王　尧	中国博士后科学基金第 50 批面上资助二等资助	3	广东金融学院
20	于晓慧	女	1981 年 4 月	统招	讲师	2011 年 5 月	2013 年 12 月	材料科学与工程	材料学	纳米半导体材料结构和性能的计算模拟研究	孙旭辉、李有勇			江南大学
21	邓俊杰	男	1983 年 6 月	统招	讲师	2011 年 7 月	2013 年 12 月	化学	高分子化学与物理	水溶性温敏高分子的仿生设计与共聚序列调控	蔡远利	中国博士后科学基金第 51 批面上资助二等资助	5	出国

续表

序号	姓名	性别	出生年月	人员类别	进站时专业技术职务	批准进站时间	出站时间	流动站名称	学科专业名称	研究方向及研究课题	合作导师	在站期间获科研资助情况	资助金额（万元）	出站去向
22	吴志平	男	1969 年 8 月	企业联合招收	农艺师	2010 年 4 月	2013 年 12 月	纺织科学与工程	植物学	药物诱导三眠蚕的调控机理及超细纤度茧丝生产技术体系的研究	谈建中、陈国强	2011 年度“江苏省博士后科研资助计划”第一批资助项目 C 类	1	江苏华佳控股集团
23	柯雪丹	女	1978 年 12 月	企业联合招收		2011 年 3 月	2013 年 12 月	基础医学	医学寄生虫学	间日疟原虫感染红细胞膜蛋白组分的变化与分析	高　琪			江苏省血吸虫病防治研究所
24	潘向强	男	1983 年 7 月	统招	讲师	2011 年 7 月	2013 年 12 月	化学工程与技术	化学	有机硒化合物在高分子化学中的应用	朱秀林	中国博士后科学基金第 51 批面上资助二等资助	5	苏州大学
25	王洪枫	女	1981 年 2 月	统招	讲师	2011 年 10 月	2013 年 12 月	基础医学	药学	帕金森氏症相关蛋白 parkin 对错误折叠蛋白的调控	王光辉			苏州大学
26	甘朝伦	男	1975 年 11 月	企业联合招收		2011 年 2 月	2013 年 12 月	化学	化学	动力锂离子电池电解液的研究	郑军伟			张家港市国泰华荣化工新材料有限公司
27	程　迈	男	1981 年 11 月	统招	讲师	2011 年 10 月	2013 年 12 月	法学	宪法与行政学	德国政党的财政制度	胡玉鸿	中国博士后科学基金第 52 批面上资助二等资助	5	南昌大学
28	孙　植	男	1971 年 12 月	在职	讲师	2010 年 11 月	2013 年 12 月	中国语言文学	中国古代文学	盛唐边塞诗人诗作系列研究	罗时进	中国博士后科学基金第 50 批面上资助二等资助	3	南京师范大学泰州学院

2013 年在站博士后研究人员情况一览表

序号	姓名	性别	出生年月	人员类别	进站时专业技术职务	批准进站时间	流动站名称	学科专业名称	研究方向及研究课题	合作导师	在站期间获科研资助情况	资助金额（万元）
1	万小兵	男	1976 年 2 月	在职	副教授	2008 年 10 月	化学	有机化学	炔烃的绿色氧化研究	顾宏伟	2009 年度“江苏省博士后科研资助计划”第一批资助项目 C 类;中国博士后科学基金第 45 批面上资助二等资助;中国博士后科学基金第三批特别资助	15.5
2	邓明宇	男	1974 年 5 月	企业联合招收	讲师	2008 年 12 月	材料科学与工程	材料物理与化学	新型高分子表面活性剂的合成及在酰胺类除草水乳剂、微乳剂中的应用	戴礼兴		
3	季爱明	男	1972 年 1 月	企业联合招收	讲师	2009 年 3 月	光学工程	光学工程	基于光学技术的汽车电气系统安全性研究	王钦华		
4	王　畅	女	1976 年 1 月	在职	副教授	2009 年 3 月	基础医学	放射医学	放射损伤与修复机理研究	樊赛军	2009 年度“江苏省博士后科研资助计划”第一批资助项目 C 类	2
5	王晓辉	男	1974 年 7 月	在职	讲师	2009 年 3 月	化学	应用化学	二聚酸衍生物的光限幅材料研究	路建美		
6	徐乃玉	女	1971 年 7 月	在职	讲师	2009 年 3 月	基础医学	免疫学	中药化学成分抗肿瘤及免疫调节作用机制研究	刘海燕	中国博士后科学基金第 47 批面上资助二等资助	3
7	张立荣	女	1973 年 4 月	在职	讲师	2009 年 3 月	中国语言文学	中国古代文学	北宋七言律诗研究	杨海明		
8	范凯斌	男	1975 年 5 月	在职	讲师	2009 年 8 月	体育学	体育教育训练学	我国优秀篮球运动员体能训练科学化设计	王家宏		
9	孙茂民	男	1968 年 9 月	在职	副教授	2009 年 8 月	数学	系统生物学	神经退化疾病的系统生物学研究	沈百荣		

续表

序号	姓名	性别	出生年月	人员类别	进站时专业技术职务	批准进站时间	流动站名称	学科专业名称	研究方向及研究课题	合作导师	在站期间获科研资助情况	资助金额（万元）
10	冯　芳	女	1976 年 12 月	在职	讲师	2009 年 10 月	化学	高分子化学与物理	生物可降解聚合物微球用于蛋白质和抗癌药物的释放研究	钟志远		
11	张林挺	男	1976 年 12 月	在职	讲师	2009 年 12 月	体育学	运动人体科学	核心力量练习对人体骨密度的影响	张　林		
12	周春燕	女	1969 年 3 月	在职	教授	2010 年 3 月	政治学	政治学理论	社会主义核心价值体系与人的全面发展研究	姜建成	2010 年度“江苏省博士后科研资助计划”第一批资助项目 C 类	1
13	陈　芳	女	1977 年 1 月	在职	副审编	2010 年 4 月	中国语言文学	汉语言文学	汉语古音学理论建构的思考	张玉来		
14	韩　琴	女	1981 年 4 月	在职	讲师	2010 年 7 月	物理学	凝聚态物理	宽禁带半导体纳米结构的光电性质研究	吴雪梅		
15	姜艳娇	女	1978 年 12 月	统招	讲师	2010 年 7 月	化学	高分子化学与物理	多功能可注射性生物可降解水凝胶的设计、合成及其在蛋白质释放上的应用	钟志远		
16	李西杰	男	1976 年 8 月	在职	讲师	2010 年 7 月	政治学	政治学理论	知识分子社会责任的政治研究	乔耀章		
17	敬龙军	男	1976 年 3 月	在职	副教授	2010 年 10 月	体育学	体育教育训练学	我国优秀竞走运动员技术诊断与体能综合评价研究	王家宏		
18	方健雯	女	1973 年 5 月	在职	副教授	2010 年 12 月	应用经济学	数量经济学	产业集群与技术创新	赵增耀	2011 年度“江苏省博士后科研资助计划”第一批资助项目 C 类	1
19	韩　轶	女	1983 年 5 月	在职	讲师	2010 年 12 月	法学	宪法学与行政法学	民族主义与宪政	黄学贤		

续表

序号	姓名	性别	出生年月	人员类别	进站时专业技术职务	批准进站时间	流动站名称	学科专业名称	研究方向及研究课题	合作导师	在站期间获科研资助情况	资助金额（万元）
20	孙万平	男	1973 年 12 月	在职	讲师	2010 年 12 月	临床医学	免疫学	白血病融合基因的分子诊断	陈子兴	中国博士后科学基金第 49 批面上资助二等资助；中国博士后科学基金第五批特别资助	18
21	王明娣	女	1975 年 3 月	在职	副教授	2010 年 12 月	光学工程	机械制造与自动化	激光机器人在工业中的应用	孙立宁	2011 年度“江苏省博士后科研资助计划”第一批资助项目 C 类	1
22	薛　洁	女	1976 年 6 月	在职	讲师	2010 年 12 月	材料科学与工程	药理学	基于生物酶技术的高性能有机纤维的表面改性研究	梁国正	2011 年度“江苏省博士后科研资助计划”第一批资助项目 C 类	2
23	杨盛达	男	1969 年 10 月	在职	讲师	2010 年 12 月	法学	宪法学与行政法学	现代宪法核心价值观研究	胡玉鸿	中国博士后科学基金第 50 批面上资助二等资助	3
24	张蓓蓓	女	1982 年 1 月	在职	讲师	2010 年 12 月	艺术学	服装	一体两面：北朝、唐与两宋服饰演变	张朋川	2011 年度“江苏省博士后科研资助计划”第二批资助项目 C 类；中国博士后科学基金第 49 批面上资助二等资助；中国博士后科学基金第五批特别资助	19
25	罗　丽	女	1975 年 3 月	在职	讲师	2011 年 1 月	基础医学	体育教育训练学	不同模式运动训练对衰老大鼠自噬的影响与机制研究	秦正红	中国博士后科学基金第 51 批面上资助二等资助	5
26	邢占文	男	1981 年 1 月	企业联合招收	讲师	2011 年 1 月	材料科学与工程	材料学	计算机辅助的数字化导航模板及其临床应用	李浩莹	2011 年度“江苏省博士后科研资助计划”第一批资助项目 C 类；中国博士后科学基金第 50 批面上资助二等资助；中国博士后科学基金第五批特别资助	19

续表

序号	姓名	性别	出生年月	人员类别	进站时专业技术职务	批准进站时间	流动站名称	学科专业名称	研究方向及研究课题	合作导师	在站期间获科研资助情况	资助金额（万元）
27	韩　坚	男	1972 年 11 月	在职	副教授	2011 年 3 月	应用经济学	区域经济学	中国低碳城市发展研究——以苏州为例	夏永祥	中国博士后科学基金第 51 批面上资助二等资助	5
28	刘怀堂	男	1971 年 9 月	在职	讲师	2011 年 3 月	中国语言文学	古代文学	昆曲地方化——以湘鄂粤川地方戏为个案	周　秦		
29	王　俊	女	1973 年 3 月	在职	副教授	2011 年 3 月	哲学	中国哲学	我国参与国际区域经济合作的理念基础与战略走向	陈　忠	2011 年度“江苏省博士后科研资助计划”第二批资助项目 C 类	1
30	苑　丰	男	1981 年 1 月	在职	讲师	2011 年 3 月	政治学	政治学理论	网络媒介影响下群体性事件治理对策研究	金太军		
31	钟再强	男	1969 年 2 月	在职	副教授	2011 年 3 月	外国语言文学	英语语言文学	后殖民理论渊源及发展现状探究	王腊宝		
32	胡延维	女	1970 年 3 月	在职	讲师	2011 年 4 月	基础医学	药学	白头翁皂苷抗血吸虫新活性的发现及其构效关系和作用机制研究	杨世林	中国博士后科学基金第 50 批面上资助二等资助	3
33	陈　涛	男	1980 年 12 月	企业联合招收	讲师	2011 年 5 月	光学工程	机械电子	高精度光刻平台研制	陈林森		
34	郭开波	男	1975 年 9 月	企业联合招收	副教授	2011 年 5 月	光学工程	材料加工工程	中空激光熔覆成形多参数耦合闭环控制研究	郭培基	中国博士后科学基金第 51 批面上资助二等资助	5
35	潘明强	男	1982 年 6 月	企业联合招收	讲师	2011 年 5 月	光学工程	机械制造及自动化	大幅面纳米图形激光光刻技术与装备研究	陈林森	中国博士后科学基金第 51 批面上资助二等资助	5
36	陈　磊	男	1982 年 2 月	企业联合招收	讲师	2011 年 7 月	化学	有机化学	紫杉醇类化合物侧链的不对称合成研究	郎建平		

续表

序号	姓名	性别	出生年月	人员类别	进站时专业技术职务	批准进站时间	流动站名称	学科专业名称	研究方向及研究课题	合作导师	在站期间获科研资助情况	资助金额（万元）
37	董首成	男	1984年8月	统招	讲师	2011年7月	化学工程与技术	有机化学	新型有机光电材料的合成和应用	廖良生	中国博士后科学基金第51批面上资助二等资助	5
38	金子信悟	男	1980年12月	统招		2011年7月	化学	应用化学	下一代锂离子电池用高容量正极材料的研究	郑俊伟		
39	练学淦	男	1976年10月	在职	讲师	2011年7月	临床医学	临床医学	颈动脉窦压力感受器敏感性对颈动脉支架置入术的影响	何小舟	2011年度"江苏省博士后科研资助计划"第二批资助项目C类	1
40	陆　叶	女	1974年10月	在职	讲师	2011年7月	基础医学	药理学	自噬调控慢性肝炎恶性转化及其机体的免疫功能	梁中琴		
41	孙荣川	男	1981年9月	在职	讲师	2011年7月	光学工程	机械电子工程	基于集理论的移动机器人室内稀疏感知条件下环境建模与定位方法研究	孙立宁		
42	王海波	男	1978年10月	在职	副教授	2011年7月	物理学	凝聚态物理	氮掺杂石墨烯薄膜材料的制备及其电化学性能研究	沈明荣	2011年度"江苏省博士后科研资助计划"第二批资助项目C类；中国博士后科学基金第50批面上资助二等资助	4
43	夏景光	男	1972年10月	统招	讲师	2011年7月	基础医学	物理	人工纳米材料的免疫毒性	刘海燕		
44	肖模艳	女	1975年4月	在职	讲师	2011年7月	中国语言文学	汉语言文学	北京话代词史	曹　炜		

续表

序号	姓名	性别	出生年月	人员类别	进站时专业技术职务	批准进站时间	流动站名称	学科专业名称	研究方向及研究课题	合作导师	在站期间获科研资助情况	资助金额（万元）
45	谢鑫荟	男	1976 年 11 月	统招	主治医师	2011 年 7 月	临床医学	叫醒外科及创伤学系	可吸收镁合金内植物在脊柱外科的应用研究	杨惠林	中国博士后科学基金第 51 批面上资助二等资助	5
46	陈　虹	女	1983 年 4 月	在职	讲师	2011 年 9 月	数学	基础数学	群换的 K2 群	游　宏		
47	迟玉梅	女	1969 年 3 月	统招	讲师	2011 年 9 月	中国语言文学	汉语言文学	苏州评弹语料中的吴语虚词三功能	曹　炜		
48	郭冷秋	女	1975 年 6 月	在职	副教授	2011 年 9 月	基础医学	药物化学	刺五加总苷改善睡眠剥夺大鼠学习记忆能力的机制研究	镇学初		
49	罗喜召	男	1978 年 12 月	在职	讲师	2011 年 9 月	数学	应用数学	可证安全的抗持续泄露公钥加密方案研究	殷剑兴	2011 年度“江苏省博士后科研资助计划”第二批资助项目 C 类	1
50	苗变丽	女	1977 年 4 月	在职	讲师	2011 年 9 月	中国语言文学	中国现当代文学	新世纪长篇小说研究	王　尧		
51	杨俊义	男	1978 年 12 月	企业联合招收	讲师	2011 年 9 月	光学工程	光学工程	半导体黑硅太阳能电池的研究	宋瑛林	2012 年度“江苏省博士后科研资助计划”第一批资助项目 C 类	1
52	丁　钢	男	1972 年 1 月	在职	讲师	2011 年 10 月	教育学	高等教育学	现代职教体系中高职院校文化自觉范式及评价机制研究	许庆豫		
53	韩志达	男	1980 年 2 月	企业联合招收	副教授	2011 年 10 月	材料科学与工程	材料学	高性能软磁材料的研发	戴礼兴		
54	秦炜炜	男	1983 年 2 月	在职	讲师	2011 年 10 月	教育学	高等教育学	研究型大学教学支持服务思想与实践研究	周　川	中国博士后科学基金第 52 批面上资助二等资助；中国博士后科学基金第六批特别资助	20

续表

序号	姓名	性别	出生年月	人员类别	进站时专业技术职务	批准进站时间	流动站名称	学科专业名称	研究方向及研究课题	合作导师	在站期间获科研资助情况	资助金额（万元）
55	汤在祥	男	1981 年 2 月	在职	讲师	2011 年 10 月	公共卫生与预防医学	流行病与卫生统计学	全基因组关联分析在慢性病易感染基因检测中的应用	张永红	2012 年度"江苏省博士后科研资助计划"第二批资助项目 C 类；中国博士后科学基金第 52 批面上资助二等资助	7
56	靳奇峰	男	1976 年 7 月	企业联合招收	讲师	2011 年 11 月	化学	化学	生物相容性聚氨酯用于选择性激光烧结快速成型制备生物医用材料的研究	李浩莹		
57	廖　原	男	1973 年 11 月	在职	讲师	2011 年 11 月	法学	宪法学与行政法学	法治视野下的优质政府研究	黄学贤	中国博士后科学基金第 51 批面上资助二等资助	5
58	邢铁玲	女	1974 年 12 月	企业联合招收	副教授	2011 年 11 月	纺织科学与工程	纺织化学与染整工程	生物酶法改性蚕丝纤维及其产品功能性研究	陈国强	中国博士后科学基金第 51 批面上资助二等资助；中国博士后科学基金第六批特别资助	20
59	曾冬梅	女	1980 年 12 月	统招	讲师	2011 年 11 月	纺织科学与工程	纺织工程	天然纤维蛋白分子自组装及其机理的探讨	张克勤	中国博士后科学基金第 53 批面上资助二等资助	5
60	朱嘉珺	女	1984 年 1 月	统招	讲师	2011 年 11 月	法学	经济学	侵犯商标犯罪的比较研究	李晓明		
61	李　华	男	1973 年 5 月	在职	讲师	2011 年 12 月	体育学	体育教育训练学	城市体育营销研究——以中国武术职业联赛为例	王　岗		
62	张　杰	男	1981 年 2 月	统招	讲师	2011 年 12 月	临床医学	血液学	GPIb 结合 VWF 功能的调控及信号转导机制研究	戴克胜		

续表

序号	姓名	性别	出生年月	人员类别	进站时专业技术职务	批准进站时间	流动站名称	学科专业名称	研究方向及研究课题	合作导师	在站期间获科研资助情况	资助金额（万元）
63	张再兴	男	1970年7月	在职	讲师	2011年12月	纺织科学与工程	材料学	芳香族杂环类纤维的染色机理与高耐温日晒牢度染色整理研究	陈国强		
64	程文红	女	1979年5月	在职	副教授	2012年1月	应用经济学	国际贸易学	促进物流产业发展的财税政策研究	黄　鹏		
65	刘　永	男	1983年4月	企业联合招收	工程师	2012年1月	材料科学与工程	材料学	反渗透膜壳结构设计、制造工艺及性能研究	梁国正	2012年度“江苏省博士后科研资助计划”第一批资助项目B类	3
66	宋秀葵	女	1969年1月	在职	副教授	2012年1月	外国语言文学	文艺美学	人文主义地理学生态文化思想与生态批评	朱新福		
67	王群伟	男	1983年3月	在职	讲师	2012年1月	应用经济学	企业管理	不确定条件下江苏新能源产业发展路径及其引致效应研究	赵增耀	中国博士后科学基金第51批面上资助一等资助；中国博士后科学基金第六批特别资助	23
68	周海博	男	1979年3月	在职	副教授	2012年1月	法学	法学理论	公司程序论	孙　莉		
69	刘新芳	女	1982年6月	统招		2012年3月	纺织科学与工程	纺织工程	蚕丝蛋白的不通聚集态结构及其力学性能的研究	张克勤	2012年度“江苏省博士后科研资助计划”第一批资助项目B类	3
70	赵庆欢	男	1978年9月	在职		2012年3月	材料科学与工程	材料科学与工程	氧化还原敏感性纳米靶向药物输运载体的研究	钟志远	中国博士后科学基金第52批面上资助二等资助；中国博士后科学基金第六批特别资助	5
71	程　亮	男	1983年1月	在职	讲师	2012年4月	材料科学与工程	材料科学与工程	HER2抗体介导的pH敏感生物可降解光交联聚合物胶束用于乳腺癌的高效靶向治疗	钟志远		

续表

序号	姓名	性别	出生年月	人员类别	进站时专业技术职务	批准进站时间	流动站名称	学科专业名称	研究方向及研究课题	合作导师	在站期间获科研资助情况	资助金额（万元）
72	丑修建	男	1979年9月	在职	副教授	2012年4月	光学工程	光学工程	基于MEMS红外光源阵列的新型光电特征标识技术研究	孙立宁	2012年度“江苏省博士后科研资助计划”第一批资助项目C类；中国博士后科学基金第52批面上资助二等资助；中国博士后科学基金第六批特别资助	21.5
73	何少波	男	1980年5月	企业联合招收		2012年4月	材料科学与工程	材料物理与化学	纳米绝缘材料的研究	梁国正		
74	贺丽虹	女	1972年5月	在职	讲师	2012年4月	基础医学	细胞生物学	调控间充质干细胞定向迁移的关键miRNA筛选及功能研究	张焕相		
75	黄萍珍	女	1977年2月	企业联合招收		2012年4月	材料科学与工程	材料学	5-羟甲基糠醛之辈铸造用呋喃树脂的研究	顾爱娟		
76	李从云	男	1972年10月	在职	副教授	2012年4月	中国语言文学	中国现当代文学	中国当代文学创作与晚明文化的关联研究	朱栋霖		
77	林　莉	女	1982年12月	在职	讲师	2012年4月	政治学	当代中国政府与政治	城乡结合部社会管理的协同治理结构研究——基于苏南与苏北的比较分析	金太军		
78	刘家胜	男	1971年2月	企业联合招收		2012年4月	物理学	信号与信息处理	电动汽车智能充电系统	黄贤武		
79	骆建建	男	1978年6月	在职	副教授	2012年4月	教育学	高等教育学	高职院校内部运行机制研究	周　川		
80	宋效峰	男	1973年10月	在职	副教授	2012年4月	政治学	国际政治	亚太地区合作的制度建构及其前景	钮菊生	2013年度“江苏省博士后科研资助计划”第一批资助项目C类；中国博士后科学基金第52批面上资助二等资助	6

续表

序号	姓名	性别	出生年月	人员类别	进站时专业技术职务	批准进站时间	流动站名称	学科专业名称	研究方向及研究课题	合作导师	在站期间获科研资助情况	资助金额（万元）
81	王桃云	男	1973 年 1 月	在职	副教授	2012 年 4 月	基础医学	药理学	大豆豆荚中大豆异黄酮的分离鉴定、抗氧化活性及作用机制研究	杨世林		
82	徐敏敏	男	1983 年 10 月	在职	讲师	2012 年 4 月	材料科学与工程	物理化学	单晶电极/非水溶剂界面的电化学层隔绝纳米粒子增强拉曼光谱研究	戴礼兴		
83	杨建营	男	1972 年 1 月	在职	教授	2012 年 4 月	体育学	体育教育训练	现代性推动下武术的现代化发展研究	王家宏		
84	俞卫刚	男	1975 年 10 月	在职	讲师	2012 年 4 月	物理学	凝聚态物理	PTFE 过滤在生物医药领域中的适用性研究与决策	高　雷		
85	范　杰	女	1980 年 8 月	在职	讲师	2012 年 5 月	纺织科学与工程	纺织工程	基于纤维微观结构特征的织物热湿传导机理研究	何吉欢	2013 年度“江苏省博士后科研资助计划”第一批资助项目 C 类；中国博士后科学基金第 52 批面上资助二等资助；中国博士后科学基金第六批特别资助	21
86	刘晓平	男	1971 年 9 月	企业联合招收	副教授	2012 年 5 月	艺术学	艺术设计	当代高级酒店建筑及度假地空间及装饰设计创新研究	李朝德		
87	朱冬琴	女	1970 年 12 月	在职	讲师	2012 年 5 月	应用经济学	金融学	政治联系、寻租与公司财务行为	罗正英	中国博士后科学基金第 52 批面上资助二等资助	5
88	朱刚贤	男	1980 年 10 月	企业联合招收		2012 年 6 月	材料科学与工程	材料学	光内送粉激光快速成形复杂结构关键技术研究	石世宏	2013 年度“江苏省博士后科研资助计划”第一批资助项目 C 类；中国博士后科学基金第 52 批面上资助二等资助；中国博士后科学基金第六批特别资助	21

续表

序号	姓名	性别	出生年月	人员类别	进站时专业技术职务	批准进站时间	流动站名称	学科专业名称	研究方向及研究课题	合作导师	在站期间获科研资助情况	资助金额（万元）
89	陈源源	男	1983年10月	统招		2012年7月	基础医学	免疫学	肠道菌群对肿瘤免疫以及移植免疫的影响	刘海燕		
90	窦卫东	男	1977年7月	在职	副教授	2012年7月	物理学	凝聚态物理	有机-有机界面电子结构	唐建新	中国博士后科学基金第52批面上资助二等资助	5
91	高志明	男	1972年4月	在职	副教授	2012年7月	中国语言文学	汉语言文字学	《世说新语》文学语言研究	曹　炜		
92	龚　成	男	1984年8月	统招		2012年7月	数学	基础数学	代数几何中的模空间	唐忠明	中国博士后科学基金第54批面上资助二等资助	5
93	谷　鹏	男	1977年1月	在职	副教授	2012年7月	体育学	体育人文社会学	中国体育的媒介奇观研究	王家宏		
94	顾巧丽	女	1976年12月	在职	助理研究员	2012年7月	临床医学	骨外科学	间充质肝细胞在骨科疾病中的应用研究	杨惠林	2013年度"江苏省博士后科研资助计划"第二批资助项目B类	3
95	郭　新	女	1986年2月	统招		2012年7月	材料科学与工程	材料化学工程	纳米材料的可控组装及在光电器件构筑中的性能调控	李艳青	中国博士后科学基金第54批面上资助一等资助	8
96	韩焕忠	男	1970年1月	在职	副教授	2012年7月	哲学	中国哲学	佛教四书学	周可真	中国博士后科学基金第52批面上资助二等资助；中国博士后科学基金第六批特别资助	20
97	贯砚农	男	1967年2月	在职	副教授	2012年7月	艺术学	美术学	明代苏州地区书画作伪研究	张朋川	中国博士后科学基金第52批面上资助二等资助	5

续表

序号	姓名	性别	出生年月	人员类别	进站时专业技术职务	批准进站时间	流动站名称	学科专业名称	研究方向及研究课题	合作导师	在站期间获科研资助情况	资助金额（万元）
98	金　超	男	1976年9月	在职	副教授	2012年7月	物理学	凝聚态物理	符合结构型陶瓷阳极的制备及其耐硫、抗积碳性能研究	沈明荣	2012年度“江苏省博士后科研资助计划”第二批资助项目B类；中国博士后科学基金第52批面上资助一等资助	11
99	潘国庆	男	1984年10月	在职	讲师	2012年7月	材料科学与工程	材料学	温度响应性分子印迹识别表面用于细胞片技术的研究	李　斌	中国博士后科学基金第52批面上资助一等资助；中国博士后科学基金第六批特别资助	23
100	庞　欢	男	1985年4月	在职	讲师	2012年7月	物理学	凝聚态物理	新型电化学储能材料的开发与优化	郑洪河	中国博士后科学基金第52批面上资助二等资助	5
101	王会芳	女	1981年8月	在职	副教授	2012年7月	化学	无机化学	含新型两性类配体的金属配合物的制备与性质研究	郎建平		
102	王　兰	女	1983年8月	在职	讲师	2012年7月	基础医学	骨外科学	超声弹性成像法诊断早期骨关节炎的理论研究与应用	罗宗平	2012年度“江苏省博士后科研资助计划”第二批资助项目C类；中国博士后科学基金第54批面上资助二等资助	7
103	谢宗刚	男	1974年2月	在职	副主任医师	2012年7月	纺织科学与工程	纺织工程	关节软骨细胞外基质(ECM)纳米结构在软骨细胞表型维持中的作用及机制研究	左保齐		
104	朱彩虹	女	1978年9月	在职	技术员	2012年7月	材料科学与工程	材料学	具有梯度弹性模量纤维环支架的构建和功能研究	李　斌	中国博士后科学基金第52批面上资助二等资助	5

续表

序号	姓名	性别	出生年月	人员类别	进站时专业技术职务	批准进站时间	流动站名称	学科专业名称	研究方向及研究课题	合作导师	在站期间获科研资助情况	资助金额（万元）
105	缪宇锋	男	1975年9月	在职	医师	2012年8月	临床医学	普通外科学	GABA受体对肠肿瘤细胞增殖能力的影响	钱海鑫		
106	张继生	男	1969年11月	在职	教授	2012年8月	体育学	民族传统体育学	中国武术国际化	王家宏	2012年度“江苏省博士后科研资助计划”第二批资助项目C类	1
107	陈卫东	男	1972年10月	在职	副教授	2012年9月	教育学	高等教育学	新媒体对大学课堂教与学的影响研究	周　川	2012年度“江苏省博士后科研资助计划”第二批资助项目C类	1
108	程　亮	男	1983年9月	在职	讲师	2012年9月	材料科学与工程	应用化学	上转换纳米材料在生物医学中的应用	刘　庄	2012年度“江苏省博士后科研资助计划”第二批资助项目C类;中国博士后科学基金第53批面上资助二等资助	7
109	郭　浩	男	1984年4月	在职	讲师	2012年9月	光学工程	光机电一体化设备与微纳制造	智能服务机器人多信息融合关键技术及实验方法研究	孙立宁		
110	何金林	男	1986年10月	在职	讲师	2012年9月	材料科学与工程	材料学	高真空活性阴离子聚合在新型高分子材料合成中的应用	戴礼兴	中国博士后科学基金第53批面上资助二等资助	5
111	胡娟梅	女	1981年9月	统招		2012年9月	物理学	软凝聚态物理	复杂大分子与细胞的相互作用	马余强	2013年度“江苏省博士后科研资助计划”第一批资助项目C类;中国博士后科学基金第54批面上资助二等资助	7

续表

序号	姓名	性别	出生年月	人员类别	进站时专业技术职务	批准进站时间	流动站名称	学科专业名称	研究方向及研究课题	合作导师	在站期间获科研资助情况	资助金额（万元）
112	黄　俊	男	1984 年 3 月	在职	讲师	2012 年 9 月	光学工程	光机电一体化设备与微纳制造	微分包含理论及其在机器人控制中的应用	孙立宁	2012 年度“江苏省博士后科研资助计划”第二批资助项目 C 类；中国博士后科学基金第 53 批面上资助一等资助	10
113	李优坤	男	1973 年 2 月	在职	副教授	2012 年 9 月	政治学	国家区域政治理论与实践	国家利益视角下三代领导集体国际理念研究	钮菊生		
114	林　俊	男	1983 年 2 月	在职	住院医师	2012 年 9 月	临床医学	骨外科学	椎间盘退行性疾病病因学及临床相关研究	杨惠林	中国博士后科学基金第 53 批面上资助二等资助	5
115	苏媛媛	女	1983 年 9 月	在职	副教授	2012 年 9 月	基础医学	纳米医学	硅基纳米材料的生物学反应	何　耀	中国博士后科学基金第 53 批面上资助一等资助	8
116	王建军	男	1971 年 8 月	企业联合招收	副教授	2012 年 9 月	化学	高分子化学与物理	功能性二茂铁单体及含二茂铁聚酯的制备	倪沛红		
117	王立川	男	1983 年 11 月	在职	讲师	2012 年 9 月	纺织科学与工程	服装设计与工程	服装生产碳排放的评估与控制	陈　雁		
118	许　悦	男	1982 年 11 月	企业联合招收	讲师	2012 年 9 月	政治学	政治学	大型装修装饰公司材供组织架构研究	金太军		
119	赵　杰	男	1984 年 9 月	在职	讲师	2012 年 9 月	物理学	凝聚态物理	薄膜沉积方法研究	邹贵付	中国博士后科学基金第 53 批面上资助二等资助	5
120	荆兴梅	女	1969 年 9 月	在职	副教授	2012 年 10 月	外国语言文学	英语语言文学	托尼·莫里森作品研究	朱新福	2013 年度“江苏省博士后科研资助计划”第二批资助项目 B 类	3

续表

序号	姓名	性别	出生年月	人员类别	进站时专业技术职务	批准进站时间	流动站名称	学科专业名称	研究方向及研究课题	合作导师	在站期间获科研资助情况	资助金额（万元）
121	林生晃	男	1982年1月	统招		2012年10月	物理学	凝聚态物理学	二维原子晶体材料的可控制备及应用技术研究	鲍桥梁	中国博士后科学基金第53批面上资助二等资助	5
122	沈彤	女	1985年5月	在职	助理研究员	2012年10月	基础医学	病理学	基于基因敲除斑马鱼及小鼠模型探讨Erbin参与肠相关炎症及肿瘤的机制	李建明	2013年度“江苏省博士后科研资助计划”第二批资助项目B类；中国博士后科学基金第54批面上资助二等资助	9
123	肖波	男	1979年1月	在职	讲师	2012年10月	基础医学	遗传学	斑马鱼CLOCK蛋白质因子对不同代谢过程的直接调控作用	王晗	2013年度“江苏省博士后科研资助计划”第一批资助项目C类；中国博士后科学基金第54批面上资助一等资助	10
124	张连义	男	1973年2月	在职	讲师	2012年10月	中国语言文学	中国现当代文学	新时期农民形象研究	王尧	2013年度“江苏省博士后科研资助计划”第一批资助项目C类	2
125	张亚楠	男	1984年9月	在职	助理研究员	2012年10月	数学	计算数学	偏微分方程数值方法	岳兴业	中国博士后科学基金第53批面上资助一等资助	8
126	朱光磊	男	1983年12月	在职	讲师	2012年10月	哲学	管理哲学	儒家伦理的现代诠释	李兰	2013年度“江苏省博士后科研资助计划”第二批资助项目C类；中国博士后科学基金第54批面上资助一等资助	9
127	朱新财	男	1972年5月	在职	讲师	2012年10月	应用经济学	金融学	外部网络、双重治理与家族企业绩效研究	罗正英		

续表

序号	姓名	性别	出生年月	人员类别	进站时专业技术职务	批准进站时间	流动站名称	学科专业名称	研究方向及研究课题	合作导师	在站期间获科研资助情况	资助金额（万元）
128	陈玉华	男	1973年11月	在职	讲师	2012年11月	纺织科学与工程	蚕丝生物工程	家蚕精子形成与二型分化的相关研究	陈国强	2013年度“江苏省博士后科研资助计划”第二批资助项目B类	4
129	郭明友	男	1972年7月	在职	副教授	2012年11月	中国语言文学	中国古代文学	中国古代造园文献研究	马亚中		
130	季　成	男	1985年2月	在职	讲师	2012年11月	基础医学	基因组医学	斑马鱼五羟色胺乙酰转移酶AANAT的生物钟研究	王　晗	中国博士后科学基金第54批面上资助二等资助	5
131	刘小莉	女	1984年10月	在职	实验员	2012年11月	化学	高分子化学与物理	材料表面改性及其生物相容性研究	陈　红	中国博士后科学基金第54批面上资助二等资助	5
132	汪许莹	女	1983年5月	在职	讲师	2012年11月	中国语言文学	现当代文学	昆曲电影研究	朱栋霖	2013年度“江苏省博士后科研资助计划”第一批资助项目C类	2
133	王明洲	男	1972年12月	在职	讲师	2012年11月	教育学	高等教育学	高等教育境界论	许庆豫		
134	许利耕	男	1981年4月	在职	讲师	2012年11月	基础医学	免疫学	基于纳米佐剂的幽门螺杆菌新型疫苗的研制	刘　庄	中国博士后科学基金第53批面上资助一等资助	8
135	姚望舒	男	1975年11月	在职	副教授	2012年11月	计算机科学与技术	计算机应用	基于李群的复杂数据分析与关键技术	李凡长		
136	周　顺	男	1982年9月	统招		2012年11月	纺织科学与工程	纺织科学与纺织品设计	来源家蚕丝组织的稳定细胞系的建立及蚕丝蛋白的体外表达应用研究	王晓沁	2013年度“江苏省博士后科研资助计划”第二批资助项目C类	1.5

续表

序号	姓名	性别	出生年月	人员类别	进站时专业技术职务	批准进站时间	流动站名称	学科专业名称	研究方向及研究课题	合作导师	在站期间获科研资助情况	资助金额（万元）
137	朱　旬	女	1969 年 10 月	在职	主任医师	2012 年 11 月	基础医学	免疫学	化疗药物诱导乳腺癌细胞表达 B7-H1 分子的作用机制及化疗疗效的关系	张学光		
138	胡青松	男	1986 年 11 月	统招		2012 年 12 月	药学	药理学	雷帕霉素抑制神经炎症发生的机制	王光辉	中国博士后科学基金第 53 批面上资助二等资助	5
139	李　一	女	1984 年 9 月	在职	讲师	2012 年 12 月	中国语言文学	现当代文学	中国当代小说的英译传播与海外研究	王　尧		
140	梁中洁	女	1983 年 12 月	在职	讲师	2012 年 12 月	基础医学	系统生物学	基于多靶标的药物设计	沈百荣	中国博士后科学基金第 53 批面上资助二等资助	5
141	刘　楠	男	1982 年 4 月	在职	讲师	2012 年 12 月	光学工程	光机电一体化设备与微纳制造	高动态高精度激光干涉光刻系统设计与研究	孙立宁		
142	刘艳花	女	1984 年 3 月	企业联合招收	讲师	2012 年 12 月	光学工程	光学工程	纳米结构色工程	陈林森		
143	马锁冬	男	1984 年 12 月	在职	讲师	2012 年 12 月	光学工程	光学仪器与光学设计	高光谱光学场景生成机理与关键技术研究	沈为民	2013 年度“江苏省博士后科研资助计划”第二批资助项目 B 类	3
144	糜菁熠	男	1972 年 3 月	企业联合招收	副主任医师	2012 年 12 月	基础医学	人体解剖与组织胚胎学	体外诱导自身性抗炎因子用于骨性关节炎治疗的基础和临床研究	夏春林		
145	弭元元	女	1986 年 1 月	在职	讲师	2012 年 12 月	物理学	理论物理	复杂疾病生物网络的构建、表征及其控制	沈百荣		

续表

序号	姓名	性别	出生年月	人员类别	进站时专业技术职务	批准进站时间	流动站名称	学科专业名称	研究方向及研究课题	合作导师	在站期间获科研资助情况	资助金额（万元）
146	彭少平	男	1978 年 9 月	企业联合招收		2012 年 12 月	药学	药学	石杉碱甲全合成及产业化研究	张洪建		
147	钱　郁	男	1981 年 5 月	在职	讲师	2012 年 12 月	物理学	理论物理	复杂疾病相关的分子网络的数学建模及其在临床上的应用	沈百荣		
148	盛敏奇	男	1983 年 10 月	在职	讲师	2012 年 12 月	材料科学与工程	材料学	金属/半导体异质结构的制备与性能研究	邵名望	中国博士后科学基金第 54 批面上资助二等资助	5
149	束霞平	男	1975 年 3 月	在职	副教授	2012 年 12 月	教育学	高等教育学	文化创意产业与高等艺术教育互动发展研究	周　川	2013 年度“江苏省博士后科研资助计划”第一批资助项目 C 类	2
150	宋茂新	男	1983 年 5 月	在职	助理研究员	2012 年 12 月	光学工程	光学设计与光学系统	1.6 米焦距 50 米离轴超低温真空无穷远光学模拟系统设计研究	潘君骅		
151	孙宏鹏	男	1983 年 6 月	在职	讲师	2012 年 12 月	公共卫生与预防医学	流行病与卫生统计	轻度认知障碍的代谢组研究	徐　勇	中国博士后科学基金第 53 批面上资助二等资助	5
152	孙佩华	男	1981 年 11 月	企业联合招收		2012 年 12 月	药学	药学	PDE10A 抑制剂 PR-001346 抗精神分裂症作用的临床前药效研究	镇学初		
153	王　进	男	1985 年 7 月	在职	讲师	2012 年 12 月	计算机科学与技术	计算机应用技术	基于网络编码理论的安全高效多播传输策略研究	樊建席	中国博士后科学基金第 53 批面上资助二等资助	5
154	伍　凌	男	1984 年 4 月	在职	讲师	2012 年 12 月	材料科学与工程	材料学	基于橄榄石结构 LiMnyFe1-yPO4 高效电子/离子传输网络的构建及其作用机制研究	郑军伟	中国博士后科学基金第 54 批面上资助一等资助	8

续表

序号	姓名	性别	出生年月	人员类别	进站时专业技术职务	批准进站时间	流动站名称	学科专业名称	研究方向及研究课题	合作导师	在站期间获科研资助情况	资助金额（万元）
155	信丽丽	女	1987年4月	在职	讲师	2012年12月	公共卫生与预防医学	卫生毒理学	HSPA1A启动自荧光素酶报告基因细胞体系在金属纳米颗粒毒性评估中的应用	童　建	中国博士后科学基金第54批面上资助二等资助	5
156	熊赖虎	男	1980年9月	在职	讲师	2012年12月	法学	法学伦理	法律经济学与法律形式主义	周永坤		
157	许小亮	男	1984年10月	在职	讲师	2012年12月	法学	法学伦理	新帝国与世界共和主义	胡玉鸿	2013年度“江苏省博士后科研资助计划”第一批资助项目C类；中国博士后科学基金第54批面上资助二等资助	6
158	余　雷	男	1983年7月	在职	讲师	2012年12月	光学工程	光学设计与光学系统	复杂切换系统的智能控制方法与应用	孙立宁	2013年度“江苏省博士后科研资助计划”第一批资助项目C类；中国博士后科学基金第53批面上资助二等资助	6
159	张　欢	女	1982年9月	在职	讲师	2012年12月	公共卫生与预防医学	流行病与卫生统计	雌激素水平与脑卒中发病、预后关系的研究	张永红	2013年度“江苏省博士后科研资助计划”第一批资助项目C类；中国博士后科学基金第53批面上资助一等资助	9
160	张　健	女	1979年11月	在职	主治医师	2012年12月	临床医学	内科学	血小板相关功能与病理生理	戴克胜		
161	张　翔	男	1982年10月	企业联合招收	讲师	2012年12月	光学工程	光学工程	基于体布拉格光栅的光束控制技术研究	袁　孝		

续表

序号	姓名	性别	出生年月	人员类别	进站时专业技术职务	批准进站时间	流动站名称	学科专业名称	研究方向及研究课题	合作导师	在站期间获科研资助情况	资助金额（万元）
162	郑计岳	男	1984年1月	在职	讲师	2012年12月	药学	药物化学	靶向帕金森症的小分子药物设计与合成的研究	张小虎	中国博士后科学基金第54批面上资助二等资助	5
163	仲兆准	男	1980年9月	在职	讲师	2012年12月	计算机科学与技术	计算机应用	多智能体系统的分布式预测控制方案研究	孙立宁	2013年度“江苏省博士后科研资助计划”第二批资助项目B类	3
164	周　鼎	男	1973年10月	企业联合招收		2012年12月	药学	药学	PDE-10A抑制剂用于治疗精神分裂病	张洪建		
165	周刘蕾	女	1982年10月	企业联合招收	讲师	2012年12月	光学工程	光学工程	光电互感器的研究	王明湘、李文石、孙志中		
166	姜　晓	女	1980年5月	师资博士后	讲师	2013年1月	中国语言文学	语言学及应用语言学	影视语言研究	曹　炜		
167	李　锐	男	1981年8月	师资博士后	讲师	2013年1月	应用经济学	产业经济学	本土情境下自我牺牲型领导研究	田晓明	中国博士后科学基金第53批面上资助一等资助	8
168	陈　冬	男	1982年12月	统招博士后		2013年2月	药学	药理学	帕金森病相关蛋白parkin与线粒体自噬	王光辉	2013年度“江苏省博士后科研资助计划”第二批资助项目C类	2
169	高　瑜	男	1982年4月	师资博士后	讲师	2013年2月	计算机科学与技术	控制理论与工程	基于模型预测控制的机器人控制研究	孙立宁	2013年度“江苏省博士后科研资助计划”第一批资助项目C类；中国博士后科学基金第54批面上资助二等资助	7
170	皮　斌	男	1985年12月	在职	住院医师	2013年2月	临床医学	骨外科	Sema 3A壳聚糖微球-丝素基磷酸钙骨水泥成骨机制研究	杨惠林		

续表

序号	姓名	性别	出生年月	人员类别	进站时专业技术职务	批准进站时间	流动站名称	学科专业名称	研究方向及研究课题	合作导师	在站期间获科研资助情况	资助金额（万元）
171	石子亮	男	1980年4月	师资博士后	副教授	2013年2月	物理学	软凝聚态物质物理	利用超高真空隧道扫描显微镜研究短肽分子在金属表面的吸附和自组装	马余强	中国博士后科学基金第54批面上资助一等资助	8
172	许弘飞	男	1980年6月	师资博士后	讲师	2013年2月	基础医学	法医学	颅脑损伤中 microRNA 调控及其法医学应用研究	陶陆阳		
173	陈艳丽	女	1981年11月	师资博士后	讲师	2013年3月	化学	无机化学	具有气体分离应用的新型高性能混合基质膜的研究	冯　莱	2013年度“江苏省博士后科研资助计划”第一批资助项目C类；中国博士后科学基金第54批面上资助二等资助	7
174	冯婷婷	女	1983年12月	师资博士后	讲师	2013年3月	基础医学	免疫学	DEAD-BOX 家族基因与登革病毒感染机制的研究	刘海燕	中国博士后科学基金第54批面上资助二等资助	5
175	李丹丹	女	1981年5月	师资博士后	讲师	2013年3月	数学	金融数学	税收激励政策对风险投资的影响	姜礼尚	2013年度“江苏省博士后科研资助计划”第一批资助项目C类	1
176	李绍娟	女	1984年12月	师资博士后	讲师	2013年3月	物理学	凝聚态物理	新型非对称石墨烯光电探测器的光电流产生机制研究	鲍桥梁	2013年度“江苏省博士后科研资助计划”第一批资助项目A类	6
177	刘　茜	女	1985年1月	师资博士后	副教授	2013年3月	纺织科学与工程	纺织工程	丝蛋白水凝胶可控递送生物物理信号调控神经干细胞命运	吕　强	中国博士后科学基金第54批面上资助二等资助	5
178	刘运宇	男	1983年2月	企业联合招收		2013年3月	物理学	凝聚态物理	下一代 IBC 全背接触高效太阳电池	章灵军、苏晓东	2013年度“江苏省博士后科研资助计划”第一批资助项目C类	1

续表

序号	姓名	性别	出生年月	人员类别	进站时专业技术职务	批准进站时间	流动站名称	学科专业名称	研究方向及研究课题	合作导师	在站期间获科研资助情况	资助金额（万元）
179	邵伟钰	女	1978年10月	在职	讲师	2013年3月	体育学	体育人文社会学	我国公共体育服务的财政保障体系研究	王家宏	2013年度“江苏省博士后科研资助计划”第二批资助项目B类	3
180	袁茹	女	1973年7月	在职	讲师	2013年3月	中国语言文学	中国古代文学	明代文话与明代散文流派研究	罗时进		
181	赵红卫	女	1975年3月	在职	讲师	2013年3月	中国语言文学	中国古代文学	清初山左词人群体研究——基于区域文化与清词演进的双重视角	罗时进	2013年度“江苏省博士后科研资助计划”第二批资助项目C类	2
182	钟英斌	男	1980年7月	师资博士后	讲师	2013年3月	基础医学	基因组医学	组蛋白甲基转移酶Ezh2在斑马鱼生物钟中作用的研究	王晗		
183	曹莉	女	1976年6月	在职	讲师	2013年4月	药学	药理学	不良因素对胎儿神经系统的影响及药物干预	镇学初	2013年度“江苏省博士后科研资助计划”第二批资助项目C类	2
184	段小丽	女	1980年1月	全脱产		2013年4月	材料科学与工程	新能源材料与器件	硅纳米结构的光伏器件应用的基础研究	孙宝全		
185	刘福娟	女	1979年11月	在职	讲师	2013年4月	纺织科学与工程	纺织工程	蚕茧热传导机理及仿生纺织品设计	何吉欢	2013年度“江苏省博士后科研资助计划”第二批资助项目B类	3
186	刘庆红（退站）	女	1975年8月	在职	讲师	2013年4月	材料科学与工程	有机无机复合材料	基于石墨烯碳纳米结构的构筑与性能研究	江林		
187	楼益民	男	1983年7月	企业联合招收	讲师	2013年4月	光学工程	光学工程	基于微纳结构的三维显示技术研究	陈林森	中国博士后科学基金第54批面上资助一等资助	8
188	任子武	男	1976年7月	在职	讲师	2013年4月	计算机科学与技术	智能机器人技术	先进机器人机构与智能控制技术	孙立宁	中国博士后科学基金第54批面上资助二等资助	5

续表

序号	姓名	性别	出生年月	人员类别	进站时专业技术职务	批准进站时间	流动站名称	学科专业名称	研究方向及研究课题	合作导师	在站期间获科研资助情况	资助金额（万元）
189	王　萍	女	1984年9月	企业联合招收	讲师	2013年4月	纺织科学与工程	纺织工程	高密度电子提花机的系统受力分析	何吉欢、李锡放	2013年度“江苏省博士后科研资助计划”第二批资助项目C类	3
190	王阳俊	男	1979年11月	在职	讲师	2013年4月	光学工程	光信息器件与微纳米制造	基于阳极键合表面微观形貌多尺度分析的孔洞形成机理研究	孙立宁		
191	吴　华	男	1982年11月	师资博士后	讲师	2013年4月	基础医学	病理学与病理生理学	孤儿核受体Nur77与Toll样受体信号转导的交互作用及调控	李建明	2013年度“江苏省博士后科研资助计划”第二批资助项目C类；中国博士后科学基金第54批面上资助二等资助	6
192	袁　丹	女	1986年8月	师资博士后	讲师	2013年4月	化学	有机化学	导向有机反应的金属有机化学	姚英明	中国博士后科学基金第54批面上资助二等资助	5
193	袁　莉	女	1974年3月	企业联合招收	副教授	2013年4月	纺织科学与工程	纺织材料与纺织品设计	新型多功能共聚酯纤维的研究	陈国强、高永明		
194	张铁文	女	1974年5月	全脱产	副主任医师	2013年4月	临床医学	血液学	血小板在血栓和出血性疾病中的作用机制研究	戴克胜		
195	陈　栋	男	1983年6月	师资博士后	讲师	2013年5月	材料科学与工程	材料加工工程	复杂硫酸渣高效利用的基础研究	陈　瑶		
196	葛　洵	男	1982年3月	在职	讲师	2013年5月	教育学	比较教育学	在预测研究中，对于以类别变量形式表示的不完备信息系统，如何使用基于覆盖广义粗糙集的知识约简和系统参数的重要度实现预测效度指标的缩减	许庆豫	2013年度“江苏省博士后科研资助计划”第二批资助项目C类；中国博士后科学基金第54批面上资助二等资助	6

续表

序号	姓名	性别	出生年月	人员类别	进站时专业技术职务	批准进站时间	流动站名称	学科专业名称	研究方向及研究课题	合作导师	在站期间获科研资助情况	资助金额（万元）
197	黄丽珍	女	1984 年 1 月	师资博士后	副教授	2013 年 5 月	物理学	凝聚态物理	有机半导体薄膜生长的实时原位成像研究	迟力峰	2013 年度“江苏省博士后科研资助计划”第二批资助项目 B 类	3
198	姜　岩	女	1978 年 10 月	师资博士后	副教授	2013 年 5 月	基础医学	血液学	诱导性多能干细胞检测药物的心肌毒性	童　建	中国博士后科学基金第 54 批面上资助二等资助	5
199	姜政志	男	1982 年 8 月	师资博士后	讲师	2013 年 5 月	化学工程与技术	应用化学	质子交换膜燃料电池阴极氧还原催化剂研究	孙旭辉	2013 年度“江苏省博士后科研资助计划”第二批资助项目 B 类	3.5
200	李　娜	女	1982 年 8 月	在职	讲师	2013 年 5 月	化学工程与技术	化学工程	活性炭的表面改性及其用于液态烃吸附脱氮的研究	陈晓东	中国博士后科学基金第 54 批面上资助二等资助	5
201	王海桥	男	1980 年 11 月	师资博士后	副教授	2013 年 5 月	材料科学与工程	无机非金属材料	金属氧化物纳米晶界面层在有机太阳能电池中的应用研究	马万里	2013 年度“江苏省博士后科研资助计划”第二批资助项目 A 类	6
202	向德辉	男	1983 年 4 月	师资博士后	副教授	2013 年 5 月	计算机科学与技术	计算机应用技术	基于结构特异性的 PET-CT 双模态影像肺肿瘤分割方法研究	陈新建		
203	杨晓明	女	1978 年 1 月	企业联合招收	副教授	2013 年 5 月	化学	高分子化学与物理	环保型 PCM 拉丝板	屠迎锋	中国博士后科学基金第 54 批面上资助二等资助	5
204	詹耀辉	男	1983 年 7 月	师资博士后	讲师	2013 年 5 月	光学工程	光学工程	单根纳米线太阳电池光电输运机制研究	李孝峰	2013 年度“江苏省博士后科研资助计划”第二批资助项目 B 类	3
205	陈华荣	男	1981 年 2 月	在职	副教授	2013 年 6 月	法学	法学理论	体育权利的基本理论体系研究	胡玉鸿		

续表

序号	姓名	性别	出生年月	人员类别	进站时专业技术职务	批准进站时间	流动站名称	学科专业名称	研究方向及研究课题	合作导师	在站期间获科研资助情况	资助金额（万元）
206	蒋鹏飞	男	1976 年 9 月	在职	副教授	2013 年 6 月	法学	法理学	我国司法制度合理转型基础理论研究	周永坤		
207	靳　鸿	女	1974 年 7 月	在职	副教授	2013 年 6 月	光学工程	光学工程	智能功耗管理与功率测试技术研究	孙立宁		
208	王　燕	女	1981 年 12 月	企业联合招收	副教授	2013 年 6 月	基础医学	药理学	全血高特异性快速基因分型检测技术	秦正红		
209	赵　卿	女	1973 年 11 月	全脱产		2013 年 6 月	临床医学	血液学	血小板参与血栓形成的调控机理研究	戴克胜		
210	钟博文	男	1981 年 4 月	企业联合招收	讲师	2013 年 6 月	光学工程	光学工程	基于粘滑驱动的跨尺度精密运动技术研究	陈林森		
211	朱明新	男	1978 年 11 月	师资博士后	讲师	2013 年 6 月	法学	国际法学	全球治理框架下的非正式国际性造法问题研究	陈立虎		
212	白树猛	男	1983 年 11 月	统招		2013 年 7 月	纺织科学与工程	纺织材料与纺织品设计	含纳米结构且力学性能可控的丝蛋白基生物材料的制备及应用	吕　强		
213	高　峰	男	1986 年 7 月	统招		2013 年 7 月	药学	药理学	帕金森病相关蛋白参与线粒体自噬的机制研究	王光辉		
214	韩淑芬	女	1981 年 2 月	师资博士后	讲师	2013 年 7 月	公共卫生与预防医学	营养与食品卫生学	谷物膳食纤维对小肠胆固醇吸收和代谢的调控作用及其机制研究	秦立强	2013 年度“江苏省博士后科研资助计划”第二批资助项目 A 类	6
215	何素文	女	1981 年 9 月	企业联合招收		2013 年 7 月	纺织科学与工程	纺织材料与纺织品设计	芳纶 1313 高强化性能的研究及应用	钟　州、陈国强		

续表

序号	姓名	性别	出生年月	人员类别	进站时专业技术职务	批准进站时间	流动站名称	学科专业名称	研究方向及研究课题	合作导师	在站期间获科研资助情况	资助金额（万元）
216	黄剑莹	女	1981 年 1 月	师资博士后	讲师	2013 年 7 月	纺织科学与工程	纺织工程	特殊浸润性 TiO_2 网膜在纺织印染含油废水中的应用	张克勤	2013 年度“江苏省博士后科研资助计划”第二批资助项目 B 类	3
217	李杰玲	女	1982 年 12 月	在职	讲师	2013 年 7 月	中国语言文学	中国古代文学	海外清诗文献整理与研究	马亚中		
218	李　珂	女	1983 年 11 月	全脱产		2013 年 7 月	光学工程	光学工程	微纳光伏器件前沿陷光研究	李孝峰		
219	李　梅	女	1982 年 7 月	统招		2013 年 7 月	基础医学	医学神经生物学	TIGAR 在脑缺血时表达调节以及对神经损伤的影响	徐广银		
220	李文杰	女	1981 年 10 月	在职	讲师	2013 年 7 月	基础医学	医学神经与细胞生物学	脊髓运动神经环路的精确组成和功能	刘耀波		
221	刘　开	男	1983 年 11 月	统招		2013 年 7 月	材料科学与工程	材料学	功能纳米粒子在早期肿瘤中的靶向标记与分布研究	刘　庄	2013 年度“江苏省博士后科研资助计划”第二批资助项目 C 类	1
222	刘丽双	女	1967 年 9 月	在职	副教授	2013 年 7 月	光学工程	光学工程	基于压电-磁电复合式振动能量拾取 MEMS 器件基础研究	孙立宁		
223	彭林祥	男	1978 年 9 月	在职	副教授	2013 年 7 月	中国语言文学	中国现当代文学	三十年代新文学广告的整理与研究	王　尧		
224	邵智斌	男	1984 年 6 月	统招		2013 年 7 月	材料科学与工程	材料学	石墨烯和类似石墨烯的二维纳米材料与半导体纳米材料组成的光电器件	揭建胜	2013 年度“江苏省博士后科研资助计划”第二批资助项目 B 类	3

续表

序号	姓名	性别	出生年月	人员类别	进站时专业技术职务	批准进站时间	流动站名称	学科专业名称	研究方向及研究课题	合作导师	在站期间获科研资助情况	资助金额（万元）
225	宋　涛	男	1984 年 5 月	师资博士后	讲师	2013 年 7 月	材料科学与工程	新能源材料与器件	新型硅纳米结构光伏器件	孙宝全	2013 年度“江苏省博士后科研资助计划”第二批资助项目 C 类	1.5
226	王华光	男	1986 年 3 月	统招		2013 年 7 月	物理学	凝聚态物理	胶体粒子聚集态行为的实验研究	张泽新	2013 年度“江苏省博士后科研资助计划”第二批资助项目 C 类	1
227	王　军	男	1981 年 11 月	在职	讲师	2013 年 7 月	光学工程	激光技术	单光子检测技术研究	袁　孝		
228	徐士鑫	男	1984 年 12 月	统招		2013 年 7 月	数学	计算数学	离子通道在生物中的应用及模拟	岳兴业		
229	薛　征	男	1982 年 6 月	师资博士后	讲师	2013 年 7 月	中国语言文学	媒介文化	解构主义与电影类型研究	陈　龙		
230	严文颖	女	1985 年 12 月	统招		2013 年 7 月	临床医学	内科学	消化系统癌症的组学分析和系统生物学建模	陈卫昌		
231	张　岩	男	1986 年 7 月	统招		2013 年 7 月	纺织科学与工程	纺织工程	三维卷曲结构真丝的成型机理	陈宇岳	2013 年度“江苏省博士后科研资助计划”第二批资助项目 C 类	2
232	张艳清	女	1981 年 10 月	统招		2013 年 7 月	化学	物理化学	锂离子电池电极/电解液界面形成机理及高电压适配电解液研究	郑军伟		
233	张　熠	男	1977 年 6 月	在职	副教授	2013 年 7 月	基础医学	肿瘤生物学	NAC1/HDAC4/HIF1α 通路调控肿瘤细胞糖酵解的机制及靶向干预	王建荣		
234	赵国栋	男	1984 年 9 月	统招		2013 年 7 月	纺织科学与工程	蚕丝生物工程	家蚕泌丝行为的分子调控机制研究	陈国强	2013 年度“江苏省博士后科研资助计划”第二批资助项目 C 类	2

续表

序号	姓名	性别	出生年月	人员类别	进站时专业技术职务	批准进站时间	流动站名称	学科专业名称	研究方向及研究课题	合作导师	在站期间获科研资助情况	资助金额（万元）
235	庄文卓	女	1973 年 5 月	在职	副教授	2013 年 7 月	基础医学	细胞生物学	自噬维持基因组稳定性对胶质瘤干/祖细胞辐射敏感性的影响	张焕相	2013 年度“江苏省博士后科研资助计划”第二批资助项目 B 类	4
236	姜　智	女	1974 年 12 月	在职	讲师	2013 年 8 月	临床医学	系统生物学	整合、利用糖组学数据寻找和验证新的癌症生物标志物	沈百荣		
237	李炳宗	男	1973 年 9 月	在职	副教授	2013 年 8 月	临床医学	内科学	多发性骨髓瘤发病机制研究	傅晋翔		
238	郭　琳	男	1979 年 7 月	统招		2013 年 9 月	药学	药理	sigma-1 受体别构剂的开发及其在精神疾病治疗中的应用	镇学初		
239	何　艳	女	1979 年 2 月	在职	助理研究员	2013 年 9 月	公共卫生与预防医学	流行病与卫生统计学	长链非编码 RNA 中遗传多态与肝细胞肝癌的关联性研究与功能分析	张永红		
240	黄　慧	女	1983 年 3 月	师资博士后	讲师	2013 年 9 月	材料科学与工程	材料学	碳基纳米复合材料的可控合成及其性质研究	康振辉		
241	林海平	男	1980 年 7 月	师资博士后	讲师	2013 年 9 月	材料科学与工程	计算化学	运用第一性原理 DFT 计算和 XAS 光谱模拟研究 CdSe 量子点在不同其配体作用下的物理和化学性质	李有勇		
242	刘晓东	男	1986 年 12 月	统招		2013 年 9 月	材料科学与工程	材料学	高性能聚合物太阳能电池的研究	李永舫		
243	卢培培	女	1986 年 11 月	师资博士后	讲师	2013 年 9 月	数学	计算数学	大波数时谐 Maxwell 方程	岳兴业		

续表

序号	姓名	性别	出生年月	人员类别	进站时专业技术职务	批准进站时间	流动站名称	学科专业名称	研究方向及研究课题	合作导师	在站期间获科研资助情况	资助金额（万元）
244	吴绍龙	男	1985 年 10 月	师资博士后	讲师	2013 年 9 月	光学工程	光学工程	硅基微/纳结构光伏器件的研究	李孝峰		
245	徐　酩	男	1983 年 10 月	统招		2013 年 9 月	药学	药剂学	功能多肽修饰药物靶向载体的评价和应用	陈大为		
246	尤万春	男	1985 年 2 月	在职		2013 年 9 月	临床医学	外科学	Rapamycin 在蛛网膜下腔出血后脑保护的作用机制	王　中		
247	喻锋平	男	1975 年 11 月	在职	副教授	2013 年 9 月	外国语言文学	英语语言文学	解释学视域中的中国典籍英译研究	王　宏		
248	张　琦	男	1970 年 8 月	企业联合招收	教授	2013 年 9 月	设计学	设计艺术学	酒店室内设计方法研究	王　琼、李超德		
249	张　英	女	1977 年 11 月	在职	讲师	2013 年 9 月	化学	高分子化学与物理	Fe_3O_4 磁性纳米粒子的表面修饰及其与细胞、蛋白质的相互作用	陈　红		
250	郑兆柱	男	1981 年 4 月	师资博士后	讲师	2013 年 9 月	纺织科学与工程	纺织工程	功能化丝素蛋白材料在微流控生物传感器中的应用研究	David Kaplan	2013 年度“江苏省博士后科研资助计划”第二批资助项目 C 类	2
251	胡小龙	男	1985 年 4 月	师资博士后	讲师	2013 年 10 月	畜牧学	特种经济动物饲养	家蚕转录因子（Caudal）功能研究	贡成良		
252	李敏敬	女	1982 年 9 月	师资博士后	讲师	2013 年 10 月	公共卫生与预防医学	流行病学	复杂疾病致病机理研究	雷署丰		
253	梁　勇	男	1976 年 12 月	企业联合招收	讲师	2013 年 10 月	临床医学	血液学	微生物菌群在移植物抗宿主病延迟注射硼替佐米中的作用	吴德沛		
254	梁志强	男	1985 年 8 月	师资博士后	讲师	2013 年 10 月	化学	物理化学	Au 纳米颗粒在有机太阳能中的应用	江　林		

续表

序号	姓名	性别	出生年月	人员类别	进站时专业技术职务	批准进站时间	流动站名称	学科专业名称	研究方向及研究课题	合作导师	在站期间获科研资助情况	资助金额（万元）
255	刘红艳	女	1982 年 12 月	在职	讲师	2013 年 10 月	纺织科学与工程	纺织工程	气流气泡纺制备纳米纤维及其机理研究	何吉欢		
256	罗承良	男	1983 年 3 月	师资博士后	讲师	2013 年 10 月	基础医学	法医学	线粒体损害对脑外伤后细胞凋亡与脑功能的影响	陶陆阳		
257	孟祥春	男	1977 年 9 月	在职	讲师	2013 年 10 月	外国语言文学	英语语言文学	中国译论中的“意境美学”效度研究	汪榕培		
258	莫兴波	男	1983 年 5 月	师资博士后	讲师	2013 年 10 月	公共卫生与预防医学	遗传流行病学	corin 基因多态性与高血压、脑卒中发病及预后关系研究	雷署丰		
259	孙迎辉	男	1977 年 5 月	企业联合招收	副教授	2013 年 10 月	物理学	材料物理与化学	离子液体代替传统硅锭切割液的可行性研究	邹贵付		
260	薛运周	男	1984 年 10 月	全脱产		2013 年 10 月	材料科学与工程	材料学	二维原子晶体材料的可控制备及其光电性质研究	鲍桥梁		
261	杨　明	男	1977 年 10 月	在职	副教授	2013 年 10 月	体育学	体育人文社会学	我国学校体育现代化发展模式研究	王家宏		
262	张丹丹	女	1983 年 2 月	在职	讲师	2013 年 10 月	化学	无机非金属材料	基于金属纳米粒子增强的有机电致发光器件性能的研究	唐建新		
263	张洪宾	男	1983 年 11 月	师资博士后	讲师	2013 年 10 月	材料科学与工程	材料学	拓扑绝缘体纳米材料的光电特性及相关器件研究	揭建胜		
264	章顺虎	男	1986 年 5 月	师资博士后	讲师	2013 年 10 月	材料科学与工程	材料加工工程	材料干燥场函数建模及热-力学组合判据研究	陈晓东		

续表

序号	姓名	性别	出生年月	人员类别	进站时专业技术职务	批准进站时间	流动站名称	学科专业名称	研究方向及研究课题	合作导师	在站期间获科研资助情况	资助金额（万元）
265	韩秀丽	女	1974 年 12 月	统招		2013 年 11 月	中国史	中国近现代史	苏州评弹与江南居民生活	朱小田		
266	李学如	男	1972 年 11 月	在职	讲师	2013 年 11 月	中国史	专门史	宗族保障与近代苏南社会	王卫平		
267	刘曰涛	男	1980 年 4 月	在职	讲师	2013 年 11 月	光学工程	机械电子工程	基于超声致热的高效低温阳极键合机理及调控方法研究	孙立宁		
268	倪江锋	男	1979 年 8 月	企业联合招收	副教授	2013 年 11 月	物理学	材料物理与化学	MoO_2/MoS_2 核壳纳米结构在能源及催化中的应用	高立军、蒋加星		
269	王羿萌	男	1987 年 5 月	在职	医师	2013 年 11 月	临床医学	骨外科学	极化丝素蛋白/Nell-1双相复合生物材料促骨形成机制的研究	杨惠林		
270	夏成前	男	1970 年 12 月	企业联合招收	副教授	2013 年 11 月	体育学	体育人文社会	江苏省基本实现体育现代化的指标体系研究	王家宏、程志理		
271	曾金栋	男	1986 年 3 月	企业联合招收		2013 年 11 月	材料科学与工程	材料学	功能性丙烯酸酯压敏胶带的制备与性能研究	杨晓明、严 锋		
272	周碧蓉	女	1973 年 5 月	在职	副教授	2013 年 11 月	临床医学	血液病学	动脉粥样硬化中血小板活化与纤维蛋白原的调控	戴克胜		
273	庄小将	男	1972 年 12 月	在职	讲师	2013 年 11 月	应用经济学	城市与区域发展	区域创新视角下资源型城市经济可持续发展研究	段进军		

续表

序号	姓名	性别	出生年月	人员类别	进站时专业技术职务	批准进站时间	流动站名称	学科专业名称	研究方向及研究课题	合作导师	在站期间获科研资助情况	资助金额（万元）
274	John McLeod	男	1984年2月	师资博士后	讲师	2013年12月	材料科学与工程	材料物理与化学	X射线吸收光谱的从头计算方法研究	孙旭辉		
275	董晓华	女	1976年10月	在职	副教授	2013年12月	药学	药理学	Clk-1对HIF-1a影响及机制	镇学初		
276	霍子文	男	1972年12月	在职	讲师	2013年12月	体育学	体育教育训练学	竞技篮球哲学理论与实践范式探索	王家宏		
277	焦晴晴	女	1984年8月	在职	助理研究员	2013年12月	临床医学	免疫学	共刺激分子ICOS/ICOSL在特应性皮炎患者外周血淋巴细胞上的表达及其在特应性皮炎发病机制中的作用研究	张学光		
278	刘素梅	女	1973年12月	在职	副教授	2013年12月	政治学	政治学理论	政府公共服务能力建设	王卓君		
279	卢业虎	男	1986年1月	师资博士后	讲师	2013年12月	纺织科学与工程	服装设计与工程	防护服装高温液体和蒸汽防护性能表征与多级评价体系构建	王发明		
280	田红星	男	1970年4月	在职	教授	2013年12月	法学	法理学	自然保护区社区共管法律机制研究	胡玉鸿		
281	汪　勇	男	1983年9月	师资博士后	讲师	2013年12月	特种医学	放射医学	构建基于新型近红外荧光量子点的多元分子影像探针	柴之芳		
282	王杨云	女	1986年10月	师资博士后	讲师	2013年12月	特种医学	放射医学	新型肿瘤微环境响应性聚氨基酸的设计合成及生物医学应用	赵宇亮		
283	袁　超	男	1985年6月	统招		2013年12月	材料科学与工程	材料物理与化学	功能纳米材料在生物分子荧光成像中的研究	刘　庄		

2013 年人员变动情况

2013 年苏州大学教职工调进人员一览表

序号	姓　名	性别	调进工作部门、院(部)	调进时间
1	冯　茉*	女	物理科学与技术学院　能源学院	2012 年 2 月
2	马　楠*	男	材料与化学化工学部	2012 年 2 月
3	傅　楠*	女	材料与化学化工学部	2012 年 3 月
4	石子亮*	男	物理科学与技术学院　能源学院	2012 年 6 月
5	马　冬*	女	城市轨道交通学院	2012 年 6 月
6	秦菲菲*	女	城市轨道交通学院	2012 年 6 月
7	袁　静*	女	金螳螂建筑与城市环境学院	2012 年 8 月
8	王晓娟*	女	医学部基础医学与生物科学学院	2012 年 8 月
9	郑兆柱*	男	现代丝绸与国家工程实验室	2012 年 8 月
10	朱　萏*	女	社会学院	2012 年 8 月
11	曾智媛*	女	纪监审办公室	2012 年 8 月
12	成　明*	男	城市轨道交通学院	2012 年 9 月
13	张　民*	男	计算机科学与技术学院	2012 年 10 月
14	苏　雄*	男	医学部基础医学与生物科学学院	2012 年 10 月
15	张　琦*	男	功能纳米与软物质研究院	2012 年 10 月
16	娄艳辉*	女	物理科学与技术学院　能源学院	2012 年 10 月
17	赵应声*	男	材料与化学化工学部	2012 年 11 月
18	郑春福*	男	生物医学研究院	2012 年 11 月
19	张治青*	女	神经科学研究所	2012 年 11 月
20	陈　俊*	男	电子信息学院	2012 年 12 月
21	董　晨*	男	医学部公共卫生学院	2012 年 12 月
22	张　慧*	女	分析测试中心	2012 年 12 月
23	吴　铎	男	材料与化学化工学部	2013 年 1 月
24	江　华	男	物理科学与技术学院　能源学院	2013 年 1 月
25	赵晓莉	女	校医院	2013 年 1 月
26	段湘煜	男	计算机科学与技术学院	2013 年 1 月
27	熊德意	男	计算机科学与技术学院	2013 年 1 月
28	王　萍	女	现代丝绸与国家工程实验室	2013 年 1 月
29	宋　涛	男	功能纳米与软物质研究院	2013 年 1 月
30	赵彦伟	男	材料与化学化工学部	2013 年 1 月
31	陈文亮	男	计算机科学与技术学院	2013 年 1 月
32	郑　慧	男	生物医学研究院	2013 年 2 月

续表

序号	姓　名	性别	调进工作部门、院(部)	调进时间
33	许国强	男	医学部药学院	2013 年 2 月
34	黄丽珍	女	功能纳米与软物质研究院	2013 年 2 月
35	刘　茜	女	现代丝绸与国家工程实验室	2013 年 2 月
36	俞慧君	女	医学部基础医学与生物科学学院	2013 年 2 月
37	李绍娟	女	功能纳米与软物质研究院	2013 年 2 月
38	李玲斐	女	艺术学院	2013 年 2 月
39	张丽丽	女	纺织与服装工程学院	2013 年 2 月
40	董　雪	女	纺织与服装工程学院	2013 年 2 月
41	周　坤	男	物理科学与技术学院　能源学院	2013 年 2 月
42	朱惠芳	女	分析测试中心	2013 年 3 月
43	仇晓琰	女	医学部药学院	2013 年 3 月
44	樊　健	男	功能纳米与软物质研究院	2013 年 3 月
45	金新春	男	神经科学研究所	2013 年 3 月
46	匡绍龙	男	机电工程学院	2013 年 3 月
47	杨　湛	男	机电工程学院	2013 年 3 月
48	袁　丹	女	材料与化学化工学部	2013 年 3 月
49	王立功	男	医学部放射医学与防护学院	2013 年 3 月
50	李　洁	女	生物医学研究院	2013 年 3 月
51	李　青	男	功能纳米与软物质研究院	2013 年 4 月
52	刘　通	男	神经科学研究所	2013 年 4 月
53	向德辉	男	电子信息学院	2013 年 4 月
54	谢宇锋	男	附属第一医院(医学部第一临床医学院)	2013 年 4 月
55	刘慧玲	女	骨科研究所	2013 年 4 月
56	杨　阳	女	纳米科学技术学院	2013 年 4 月
57	潘　越	男	材料与化学化工学部	2013 年 5 月
58	曾小庆	男	材料与化学化工学部	2013 年 5 月
59	陈维倩	女	心血管病研究所	2013 年 5 月
60	田景华	男	物理科学与技术学院　能源学院	2013 年 5 月
61	刘洪涛	男	附属第一医院(医学部第一临床医学院)	2013 年 5 月
62	王宜强	男	附属第一医院(医学部第一临床医学院)	2013 年 5 月
63	詹耀辉	男	光电信息科学与工程学院	2013 年 5 月
64	钟博文	男	机电工程学院	2013 年 5 月
65	李敏敬	女	医学部公共卫生学院	2013 年 5 月
66	何熙翼	女	人文社会科学院	2013 年 5 月
67	周　琼	女	人文社会科学院	2013 年 5 月
68	高峰青	男	唐仲英血液学研究中心	2013 年 5 月

续表

序号	姓　名	性别	调进工作部门、院(部)	调进时间
69	左　斌	男	唐仲英血液学研究中心	2013 年 5 月
70	高明义	女	电子信息学院	2013 年 6 月
71	沈　铨	男	城市轨道交通学院	2013 年 6 月
72	赖跃坤	男	纺织与服装工程学院	2013 年 6 月
73	王　璐	女	功能纳米与软物质研究院	2013 年 6 月
74	孙晓燕	女	生物医学研究院	2013 年 6 月
75	胡　松	女	幼儿园	2013 年 6 月
76	刘尧成	男	东吴商学院(财经学院)　东吴证券金融学院	2013 年 7 月
77	孙洪涛	男	材料与化学化工学部	2013 年 7 月
78	杨君杰	女	心血管病研究所	2013 年 7 月
79	李　杨	男	王健法学院	2013 年 7 月
80	洪少华	男	出版社有限公司	2013 年 7 月
81	何　帆	男	骨科研究所	2013 年 7 月
82	余　嘉	男	骨科研究所	2013 年 7 月
83	李西顺	男	教育学院	2013 年 7 月
84	孙小华	女	校医院(挂靠后勤管理处)	2013 年 7 月
85	许佳捷	男	计算机科学与技术学院	2013 年 7 月
86	张洪宾	男	功能纳米与软物质研究院	2013 年 7 月
87	王　帅	男	生物医学研究院	2013 年 7 月
88	林海平	男	功能纳米与软物质研究院	2013 年 7 月
89	周孟圆	女	艺术学院	2013 年 7 月
90	汪　莹	女	唐仲英血液学研究中心	2013 年 7 月
91	谭晓芳	女	功能纳米与软物质研究院	2013 年 7 月
92	刘俪佳	女	功能纳米与软物质研究院	2013 年 8 月
93	第五娟	女	医学部放射医学与防护学院	2013 年 8 月
94	王殳凹	男	医学部放射医学与防护学院	2013 年 8 月
95	李彦光	男	功能纳米与软物质研究院	2013 年 8 月
96	刘会聪	女	机电工程学院	2013 年 8 月
97	黄程韦	男	光电信息科学与工程学院	2013 年 8 月
98	高丽华	女	社会学院	2013 年 8 月
99	王义鹏	男	医学部药学院	2013 年 8 月
100	何　慧	女	医学部药学院	2013 年 8 月
101	李江凡	女	外国语学院	2013 年 8 月
102	刘　瑶	女	医学部基础医学与生物科学学院	2013 年 8 月
103	杨世通	男	医学部放射医学与防护学院	2013 年 8 月

续表

序号	姓　名	性别	调进工作部门、院(部)	调进时间
104	鲍璐佳	女	教务部	2013 年 8 月
105	田　欣	男	医学部放射医学与防护学院	2013 年 8 月
106	王杨云	女	医学部放射医学与防护学院	2013 年 8 月
107	汪　勇	男	医学部放射医学与防护学院	2013 年 8 月
108	吴晨健	男	电子信息学院	2013 年 8 月
109	陈培阳	男	金螳螂建筑与城市环境学院	2013 年 8 月
110	张　靓	女	金螳螂建筑与城市环境学院	2013 年 8 月
111	梁志强	男	功能纳米与软物质研究院	2013 年 8 月
112	孙磊磊	女	金螳螂建筑与城市环境学院	2013 年 8 月
113	朱丽娟	女	神经科学研究所	2013 年 8 月
114	吴绍龙	男	光电信息科学与工程学院	2013 年 8 月
115	卢培培	女	数学科学学院	2013 年 8 月
116	李正华	男	计算机科学与技术学院	2013 年 8 月
117	黄　慧	女	功能纳米与软物质研究院	2013 年 8 月
118	徐　蒙	男	凤凰传媒学院	2013 年 8 月
119	冯　洋	女	凤凰传媒学院	2013 年 8 月
120	李红霞	女	政治与公共管理学院	2013 年 8 月
121	曾　攀	男	国际合作交流处(海外教育学院)	2013 年 8 月
122	莫　娲	女	文学院	2013 年 8 月
123	丁义珏	男	社会学院	2013 年 8 月
124	秦　烨	女	文学院	2013 年 8 月
125	朱　兴	男	分析测试中心	2013 年 8 月
126	刘　朋	男	分析测试中心	2013 年 8 月
127	曹霞敏	女	医学部基础医学与生物科学学院	2013 年 8 月
128	胡小龙	男	医学部基础医学与生物科学学院	2013 年 8 月
129	罗承良	男	医学部基础医学与生物科学学院	2013 年 8 月
130	李　敏	女	生物医学研究院	2013 年 8 月
131	卫　林	男	生物医学研究院	2013 年 8 月
132	章顺虎	男	沙钢钢铁学院	2013 年 8 月
133	莫兴波	男	医学部公共卫生学院	2013 年 8 月
134	盛　洁	女	城市轨道交通学院	2013 年 8 月
135	姜享旭	男	功能纳米与软物质研究院	2013 年 8 月
136	徐　飞	女	教育学院	2013 年 8 月
137	涂　飞	男	唐仲英血液学研究中心	2013 年 8 月
138	刘金光	男	党委宣传部	2013 年 8 月
139	顾芝亚	女	医学部基础医学与生物科学学院	2013 年 8 月

续表

序号	姓　名	性别	调进工作部门、院(部)	调进时间
140	石小蕊	女	医学部基础医学与生物科学学院	2013年8月
141	吴安庆	男	医学部放射医学与防护学院	2013年8月
142	刘　遥	女	研究生院	2013年8月
143	祝　嘉	男	博物馆	2013年8月
144	胡月华	女	唐文治书院	2013年8月
145	夏文佳	女	国际合作交流处(海外教育学院)	2013年8月
146	芮　雪	女	国有资产与实验室管理处	2013年8月
147	孙艳芸	女	神经科学研究所	2013年8月
148	崔苏妍	女	城市轨道交通学院	2013年8月
149	徐　娜	女	金螳螂建筑与城市环境学院	2013年8月
150	吴　杰	男	东吴商学院(财经学院)　东吴证券金融学院	2013年8月
151	周　扬	男	数学科学学院	2013年8月
152	柯　征	女	敬文书院	2013年8月
153	张　晶	女	音乐学院	2013年8月
154	蔺　瑶	女	医学部	2013年8月
155	孙宝印	男	物理科学与技术学院　能源学院	2013年8月
156	王健翔	男	物理科学与技术学院　能源学院	2013年8月
157	苏丽娟	女	沙钢钢铁学院	2013年8月
158	王　婷	女	医学部基础医学与生物科学学院	2013年8月
159	尹　飞	男	招生就业处	2013年8月
160	胡淑芬	女	神经科学研究所	2013年8月
161	仲冬艳	女	骨科研究所	2013年8月
162	冯永杰	女	神经科学研究所	2013年8月
163	黄　娅	女	神经科学研究所	2013年8月
164	曾　妍	女	心血管病研究所	2013年8月
165	辛　颖	女	纪监审办公室	2013年8月
166	陈　松	男	体育学院	2013年8月
167	许　凯	男	教务部	2013年8月
168	王方星	男	医学部护理学院	2013年8月
169	赵群涛	男	数学科学学院	2013年8月
170	吴莹莹	女	艺术学院	2013年8月
171	曾永安	男	政治与公共管理学院	2013年8月
172	向丹婷	女	功能纳米与软物质研究院	2013年8月
173	黄晓阳	男	保卫部(处)	2013年8月
174	瞿　静	女	纺织与服装工程学院	2013年8月

续表

序号	姓　名	性别	调进工作部门、院(部)	调进时间
175	张婷婷	女	校长办公室	2013年8月
176	沈　玮	男	校长办公室	2013年8月
177	蔡梦婷	女	纳米科学技术学院	2013年8月
178	鲍美美	女	物理科学与技术学院　能源学院	2013年8月
179	耿长兴	男	机电工程学院	2013年9月
180	曲冬梅	女	后勤管理处	2013年9月
181	杨再兴	男	医学部放射医学与防护学院	2013年9月
182	张　阳	男	教育学院	2013年9月
183	杨　铭	女	材料与化学化工学部	2013年9月
184	杨大伟	男	数学科学学院	2013年9月
185	吕美红	女	神经科学研究所	2013年9月
186	陈丽君	女	城市轨道交通学院	2013年9月
187	邓益斌	男	医学部药学院	2013年9月
188	唐永圣	男	城市轨道交通学院	2013年9月
189	刘　杏	女	神经科学研究所	2013年9月
190	魏东磊	女	骨科研究所	2013年9月
191	张　召	男	计算机科学与技术学院	2013年10月
192	徐小飞	男	物理科学与技术学院　能源学院	2013年10月
193	唐　强	男	城市轨道交通学院	2013年10月
194	滕昕辰	女	医学部药学院	2013年10月
195	王发明	男	纺织与服装工程学院	2013年10月
196	吴　迪	男	电子信息学院	2013年10月
197	陈丽华	女	医学部公共卫生学院	2013年10月
198	陈翔宇	男	功能纳米与软物质研究院	2013年10月
199	齐　菲	女	生物制造研究中心	2013年10月
200	游腾飞	男	政治与公共管理学院	2013年10月
201	徐海东	男	医学部药学院	2013年10月
202	马淑燕	女	生物医学研究院	2013年10月
203	刘瑞芳	女	生物医学研究院	2013年10月
204	沈立军	男	生物医学研究院	2013年10月
205	王仲娟	女	生物医学研究院	2013年10月
206	金晓瑜	女	功能纳米与软物质研究院	2013年10月

续表

序号	姓　名	性别	调进工作部门、院(部)	调进时间
207	潘臣炜	男	医学部公共卫生学院	2013 年 11 月
208	唐朝君	女	唐仲英血液学研究中心	2013 年 11 月
209	陈　寒	女	外国语学院	2013 年 11 月
210	陈冬宇	男	东吴商学院(财经学院)　东吴证券金融学院	2013 年 11 月
211	周义程	男	政治与公共管理学院	2013 年 11 月
212	卢业虎	男	纺织与服装工程学院	2013 年 11 月
213	朱　恒	男	材料与化学化工学部	2013 年 11 月
214	陈洪霞	女	国有资产与实验室管理处	2013 年 11 月
215	黄怡然	男	国有资产与实验室管理处	2013 年 11 月
216	廖　凡	女	功能纳米与软物质研究院	2013 年 11 月
217	封　琼	女	医学部放射医学与防护学院	2013 年 11 月
218	刘雅婧	女	纳米科学技术学院	2013 年 11 月
219	晏成林	男	物理科学与技术学院　能源学院	2013 年 12 月
220	丁治民	男	文学院	2013 年 12 月
221	王永光	男	机电工程学院	2013 年 12 月
222	王德永	男	沙钢钢铁学院	2013 年 12 月
223	蔡改改	女	城市轨道交通学院	2013 年 12 月
224	戴细春	女	纺织与服装工程学院	2013 年 12 月

注：标“*”者为“2012 年苏州大学教职工调进人员一览表”未收录部分。

2013 年苏州大学教职工调出、辞职人员一览表

序号	姓　名	性别	离校前工作部门、院(部)	离校时间	调往工作单位
1	俞进伟*	男	金螳螂建筑与城市环境学院	2012 年 2 月	常熟理工学院
2	毛志强*	男	金融工程研究中心	2012 年 3 月	辞职
3	储海虹*	女	材料与化学化工学部	2012 年 6 月	海安县药品与食品监督管理局
4	项　莉*	女	外国语学院	2012 年 10 月	辞职
5	卢　芳*	女	神经科学研究所	2012 年 12 月	合同到期
6	朱　琳	女	数学科学学院	2013 年 1 月	辞职
7	张建平	男	附属第一医院(医学部第一临床医学院)	2013 年 1 月	辞职
8	王　莹	女	电子信息学院	2013 年 1 月	辞职

续表

序号	姓　名	性别	离校前工作部门、院(部)	离校时间	调往工作单位
9	刘又玲	女	凤凰传媒学院	2013年2月	中华儿女报刊社
10	李　沛	男	生物制造研究中心	2013年3月	辞职
11	曹雪波	男	材料化学与化工学部	2013年3月	辞职
12	赵　伟	男	功能纳米与软物质研究院	2013年3月	辞职
13	候廷军	男	功能纳米与软物质研究院	2013年3月	浙江大学
14	杜孝成	男	计算机科学与技术学院	2013年3月	辞职
15	彭　莉	女	财务处	2013年4月	辞职
16	姚　岚	女	外国语学院	2013年5月	辞职
17	徐新玉	男	阳澄湖校区轨道交通系	2013年5月	苏州建设交通高等职业技术学校
18	卢有德	男	生物医学研究院	2013年5月	辞职
19	袁大星	男	功能纳米与软物质研究院	2013年5月	合同期满
20	董　涛	男	图书馆	2013年5月	开除
21	王为华	男	神经科学研究所	2013年6月	辞职
22	卞文娟	女	材料与化学化工学部	2013年6月	辞退
23	高春雷	男	艺术学院	2013年6月	辞退
24	朱钧钧	男	功能纳米与软物质研究院	2013年6月	辞职
25	范　洁	女	文学院	2013年6月	辞职
26	陶宏毅	男	后勤管理处	2013年6月	辞职
27	刘　佳	男	艺术学院	2013年6月	苏州市文化广播新闻出版局
28	李振平	女	唐仲英血液学研究中心	2013年6月	合同期满
29	赵小梅	女	唐仲英血液学研究中心	2013年6月	合同期满
30	常　慧	男	功能纳米与软物质研究院	2013年6月	合同期满
31	高　莉	女	材料与化学化工学部	2013年6月	辞职
32	林春佑	男	机电工程学院	2013年7月	辞职
33	田　田	女	艺术学院	2013年7月	上海市教育委员会
34	王金坡	男	实验室与设备管理处	2013年7月	合同期满

续表

序号	姓　名	性别	离校前工作部门、院(部)	离校时间	调往工作单位
35	张　帅	男	功能纳米与软物质研究院	2013 年 7 月	合同期满
36	陈允诗	女	幼儿园	2013 年 7 月	辞职
37	王　希	女	幼儿园	2013 年 7 月	辞职
38	徐发萍	女	医学部实验动物中心	2013 年 7 月	合同期满
39	甘　胜	男	功能纳米与软物质研究院	2013 年 7 月	合同期满
40	刘小龙	男	机电学院生物制造研究中心	2013 年 7 月	辞职
41	张理玲	女	功能纳米与软物质研究院	2013 年 7 月	辞职
42	郭　静	女	生物制造研究中心	2013 年 7 月	辞职
43	马海阔	男	医学部药学院	2013 年 9 月	辞职
44	芮国强	男	凤凰传媒学院	2013 年 9 月	常州大学
45	严宏军	男	敬文书院	2013 年 9 月	辞职
46	蒋　虹	女	附属第一医院(医学部第一临床医学院)	2013 年 9 月	辞职
47	金　苗	女	化学电源研究所	2013 年 9 月	辞职
48	邢卫星	男	医学部实验中心	2013 年 9 月	辞退
49	薛　白	女	外国语学院	2013 年 9 月	辞职
50	朱香卫	男	阳澄湖校区电子信息系	2013 年 9 月	苏州工业园区工业技术学校
51	崔新梅	女	文学院	2013 年 9 月	辞职
52	徐庆阳	女	功能纳米与软物质研究院	2013 年 9 月	合同期满
53	彭丽梅	女	电子信息学院	2013 年 9 月	辞职
54	朱喜凤	女	外国语学校	2013 年 9 月	辞职
55	吕德生	男	医学部基础医学与生物科学学院	2013 年 10 月	辞职
56	李浩莹	男	机电工程学院	2013 年 10 月	辞退
57	吴　彬	男	信息化建设与管理中心	2013 年 10 月	吴中区交通运输局
58	吴伟宏	男	文正学院	2013 年 10 月	辞职
59	Keith Gilmore	男	功能纳米与软物质研究院	2013 年 11 月	法国格勒诺布尔欧洲同步辐射装置研究中心

续表

序号	姓　名	性别	离校前工作部门、院(部)	离校时间	调往工作单位
60	刘小春	女	材料与化学化工学部	2013 年 11 月	合同期满
61	何文君	女	医学部药学院	2013 年 12 月	合同到期
62	包婉蓉	女	生物医学研究院	2013 年 12 月	香港浸会大学
63	周晓京	女	应用技术学院	2013 年 12 月	吴江人力资源和社会保障局
64	何广胜	男	附属第一医院(医学部第一临床医学院)	2013 年 12 月	江苏省人民医院
65	尚　海	男	材料与化学化工学部	2013 年 12 月	辞职
66	陈　维	男	材料与化学化工学部	2013 年 12 月	辞职

注：标“＊”者为“2012 年苏州大学教职工调出、辞职人员一览表”未收录部分。

2013 年度教职工死亡人员名单

序号	姓名	性别	出生年月	生前所在部门、院部	原职称	原职务	死亡时间	备注
1	刘金春	男	1949 年 2 月	医学部实验材料供应中心	初级		2013 年 1 月	退休
2	李玉英	女	1938 年 7 月	医学部基础医学与生物科学学院	中级		2013 年 1 月	退休
3	杨启玉	女	1928 年 10 月	后勤管理处	职员		2013 年 1 月	退休
4	蔡肇夏	女	1926 年 6 月	材料与化学化工学部	副高		2013 年 1 月	退休
5	蒋子敬	男	1912 年 12 月	社会学院		副科	2013 年 1 月	退休
6	黄仲元	男	1938 年 3 月	教服集团	中级工		2013 年 1 月	退休
7	邵阿苟	男	1933 年 7 月	教服集团	高级工		2013 年 1 月	退休
8	梁学曾	男	1927 年 7 月	学生工作部(处)		副厅	2013 年 1 月	离休
9	葛玉今	男	1938 年 5 月	后勤管理处	中级		2013 年 2 月	退休
10	夏冬生	男	1927 年 10 月	后勤管理处		副科	2013 年 2 月	退休
11	吕玉英	女	1932 年 9 月	后勤管理处	中级		2013 年 2 月	退休
12	沈可仁	男	1941 年 7 月	计算机科学与技术学院	副高		2013 年 2 月	退休
13	高丽珍	女	1930 年 3 月	纺织与服装工程学院	中级		2013 年 2 月	退休
14	顾馨祥	女	1929 年 9 月	材料与化学化工学部	副高		2013 年 2 月	退休
15	金灼章	女	1925 年 10 月	图书馆		副处	2013 年 2 月	离休

续表

序号	姓 名	性别	出生年月	生前所在部门、院部	原职称	原职务	死亡时间	备注
16	刘明新	男	1927 年 4	继续教育处		副处	2013 年 2 月	离休
17	葛子山	男	1934 年 11 月	医学部基础医学与生物科学学院	副高		2013 年 3 月	退休
18	胡喜麟	男	1929 年 8 月	社会学院	副高		2013 年 3 月	退休
19	姜振镛	男	1926 年 3 月	物理科学与技术学院		副处	2013 年 3 月	离休
20	俞　荣	女	1922 年 3 月	附属第一医院		正科	2013 年 3 月	离休
21	黄文浩	男	1920 年 1 月	社会学院	副高	副处	2013 年 4 月	退休
22	赵增禧	男	1928 年 4 月	政治与公共管理学院	副高		2013 年 4 月	退休
23	何永昌	男	1927 年 8 月	社会学院	副高		2013 年 5 月	退休
24	曹　鄂	男	1923 年 11 月	党委办公室		正厅	2013 年 5 月	离休
25	刘克良	男	1936 年 10 月	医学部放射医学与防护学院	副高		2013 年 6 月	退休
26	周宣彝	男	1932 年 2 月	后勤管理处		正科	2013 年 6 月	退休
27	周兴福	男	1947 年 8 月	教服集团	初级工		2013 年 6 月	退休
28	薛守贤	男	1931 年 9 月	政治与公共管理学院	副高	正处	2013 年 6 月	离休
29	徐水源	男	1924 年 12 月	后勤管理处	高级工		2013 年 7 月	退休
30	李允鹤	男	1927 年 3 月	医学部基础医学与生物科学学院	正高		2013 年 7 月	退休
31	孟阳春	女	1927 年 11 月	医学部基础医学与生物科学学院	正高		2013 年 7 月	退休
32	沈　丹	女	1940 年 9 月	医学部基础医学与生物科学学院	正高		2013 年 7 月	退休
33	孟繁跃	男	1928 年 7 月	医学部基础医学与生物科学学院		副处	2013 年 7 月	离休
34	王风殿	男	1930 年 7 月	附属第一医院		副处	2013 年 7 月	离休
35	王曾熙	女	1934 年 3 月	学报编辑部	中级		2013 年 8 月	退休
36	秦国英	男	1929 年 1 月	后勤管理处	科员		2013 年 9 月	退休
37	吴荣琴	女	1939 年 1 月	离退休工作处		副处	2013 年 9 月	退休
38	杨佩霞	女	1929 年 10 月	数学科学学院	副高		2013 年 9 月	退休
39	顾志学	男	1930 年 10 月	医学部基础医学与生物科学学院	副高		2013 年 9 月	退休

续表

序号	姓 名	性别	出生年月	生前所在部门、院部	原职称	原职务	死亡时间	备注
40	金佩书	女	1920年7月	后勤管理处	中级工		2013年9月	退休
41	孙鹤才	男	1937年11月	材料与化学化工学部	正高		2013年9月	退休
42	黄国治	男	1930年9月	后勤管理处	高级工		2013年9月	退休
43	王国林	男	1939年9月	医学部放射医学与防护学院	副高		2013年10月	退休
44	叶长宝	男	1924年5月	数学科学学院		副处	2013年10月	退休
45	方君喆	男	1929年7月	东吴商学院(财经学院) 东吴证券金融学院	副高	副处	2013年10月	退休
46	周鼎坤	男	1932年7月	政治与公共管理学院	副高		2013年11月	退休
47	周云良	男	1917年4月	后勤管理处	中级		2013年11月	退休
48	黄少华	男	1931年3月	应用技术学院		副处	2013年11月	离休
49	何景行	男	1921年7月	外国语学院		副处	2013年11月	离休
50	薛鸣球	男	1930年10月	现代光学技术研究所	正高		2013年11月	在职
51	张明英	女	1933年10月	材料与化学化工学部	副高		2013年12月	退休
52	唐生荣	男	1937年11月	机电工程学院	中级		2013年12月	退休
53	顾德本	男	1942年1月	材料与化学化工学部	副高		2013年12月	退休
54	沈公亮	男	1937年4月	材料与化学化工学部	副高		2013年12月	退休

离休干部名单

姚焕熙	江　静	王春元	丘　晓	陈克潜	李绍元	孙文定
张　正	廖素青	耿　直	邱　光	李明中	王瑞林	牟　琨
何景行	黄国忠	王德孟	江　村	郑玠玉	蒋鉴挺	苏宝山
姜宗尧	王永光	赵经涌	程　扬	薛守贤	陈富德	虞国桢
袁　涛	迟秀梅	刘　炳	张　枫	廖慧予	周振泰	朱文君

顾奎先	金灼章	李恩普	薛文焕	沈萍	姜振镛	金方一
郭辉鄂	孙旭东	汤瑞	黄凤云	陆振岳	曹积盛	赵敏
刘明新	蒋璆	于子明	李世达	李秀贞	张咸仁	王诚培
何孔鲁	蒋麟	陈君谋	李振山	黄一宁	倪健	杨恒源
吴奈夫	仲济生	卜仲康	章祖敏	李希贤	曹学明	陈禾勤
张佩华	葛云卿	王恒炳	李瑛	李品新	林冈	谢文煜
黄少华	杨宗晋	曹鄂	秦和鸣	金均	蒋挺先	周毓修
刘宝珠	任志	钟枚	关毅	余广通	贺野	陈耿人
王世英	杨康为	李贤	孙叔	王亚平	程元令	徐庆亭
沈毅	何践	陈文璋	尤长华	赵琪	沈慧文	张诺
刘雅琴	赵梅珍	赵爱科	周衍洛	袁海观	贝伟	鲍洪贤
鞠竞华	封兰	姜新民	张德初	张淑庆	于培国	曹钰
刘涉洛	李维华	俞荣	徐桂森	沈淑能	陶不敏	唐月清
陈德新	朱燕	黄德珍	周鸣	樊志成	王凤殿	樊学华
闻宇平	熊重廉	龚辉	裘申	陈赐龄	丁志英	冷墨林
唐锦元	张立中	姚群铨	刘汉祥	吕玉功	戴立干	刘爱清
祝仰进	马云芬	纪一农	黄文锦	刘林	王生庭	赵爱菊
孙玲	陈荣	蒋华	高洪江	杨格	李惠章	孙杰
孙国山	宗洛	高延安	吴健	李思达	梁学曾	吴莹
王述谟	翁春林	穆荣普	刘兴亚	刘延祖	陈守谦	梁绍琪
孟繁耀	吕去癖	魏振文	黄宗湘	姜卜吴	高原	徐远社
周旭辉	陆明强	许绍基	苏斌	茅伟	徐利	李馨
耿杰	嵇佩玉	陈巾范	严荣芬	赵建群	雷在春	刘希国
黄健						

2013 年退休人员名单

白伦	蔡杰	曹根发	曹启君	查建英	柴惠雯	陈本仁
陈林华	陈锡林	陈增励	程炳敖	程平	储光	戴小星
邓惠萍	费卫星	冯一中	巩玮	顾福珍	顾丽娟	顾莹惠
郭志荣	韩惠英	黄怀庆	黄明声	简寿元	江惠林	姜富强
蒋瑞英	李静	李敏华	梁亚红	刘步林	刘昌明	刘清芳
刘雅梅	吕美	马康定	毛新华	梅小龙	糜咪	潘建平
彭桃芝	浦冠勤	钱培德	时文彪	宋亚英	孙永正	谭池澈
汤莉萍	唐建平	唐丽华	万一星	汪丙秀	汪企明	王道锦

王　洪	王建英	王金良	王坤泉	王力仁	王蒙莎	王苏光
王铁妹	王岳宝	闻荻江	吴继先	吴健康	吴三妹	吴晓园
夏金龙	邢菊兰	徐安康	徐建华	徐建中	徐玲金	徐龙兴
徐　楠	徐培君	徐伟国	徐逸娟	许惠英	杨海坤	杨海明
杨亚安	殷爱荪	俞　政	张　芳	张高峻	张金妹	张俊芳
赵慧军	赵金良	钟康民	周淮元	周建军	周金良	周盘英
周亚洲	周银玲	周永坤	周玉成	朱凤芝	朱丽琼	朱锁龙
朱秀英						

办 学 条 件

办学经费投入与使用情况

2013 年学校总收入情况一览表

单位：万元

序号	资金来源	部门决算	部门预算	增减数
1	财政补助收入	112 404.52	73 226.03	39 178.49
2	上级补助收入	2 993.03		2 993.03
3	事业收入	86 405.25	48 756.00	37 649.25
4	其他收入	34 535.08	13 000.00	21 535.08
5	附属单位上缴收入			
6	经营收入	1 922.61	1 000.00	922.61
7	合计	238 260.49	135 982.03	102 278.46

2013 年学校总支出情况一览表

单位：万元

序号	项　目	部门决算	部门预算	增减数
1	工资福利支出	50 491.88	33 571.48	16 920.40
2	商品和服务支出	82 664.41	54 343.36	28 321.05
3	对个人和家庭补助支出	53 011.80	30 188.19	22 823.61
4	基本建设支出	920.00		920.00
5	其他资本性支出	25 059.42	5 079.00	19 980.42
6	债务利息支出	10 876.00	11 800.00	−924.00
7	经营支出	1 463.99	1 000.00	463.99
8	合计	224 487.50	135 982.03	88 505.47

学校 2013 年与 2012 年总支出情况对比表

序号	项目	2013 年度（万元）	2012 年度（万元）	增减对比（万元）	增减百分比
1	工资福利支出	50 491.88	44 218.46	6 273.42	14.19%
2	商品和服务支出	82 664.41	74 491.05	8 173.36	10.97%
3	对个人和家庭补助支出	53 011.80	50 011.35	3 000.45	6.00%
4	基本建设支出	920.00		920.00	
5	其他资本性支出	25 059.42	40 180.38	−15 120.96	−37.63%
6	债务利息支出	10 876.00	11 413.10	−537.10	−4.71%
7	经营支出	1 463.99	1 774.21	−310.22	−17.48%
8	合计	224 487.50	222 088.55	2 398.95	1.08%

2013 年学校总资产情况

2013 年学校总资产情况一览表

单位：万元

序号	项目	年初数	本年增加数	本年减少数	年末数
1	流动资产	150 481.82	726 047.55	727 652.59	148 876.78
2	固定资产	481 851.54	28 996.27	75.54	510 772.27
	(1) 房屋	322 209.00	5 550.99		327 759.99
	(2) 汽车	1 144.89	18.00		1 162.89
	(3) 单价在 20 万元以上的设备	58 033.58	10 791.48	75.54	68 749.52
	(4)其他固定资产	100 464.07	12 635.80		113 099.87
3	在建工程	304 508.47	5 507.57	57 495.53	252 520.51
4	对外投资	3 938.32		112.48	3 825.84
5	无形资产				
6	合计	940 780.15	760 551.39	785 336.14	915 995.40

学校土地面积和已有校舍建设面积情况

学校土地面积

独墅湖校区	1 190 779.6 平方米(1 786.16 亩)
本部	3 444 51.65 平方米(5 16.67 亩)
北校区	185 383.4 平方米(2 78.07 亩)
南校区	90 476.6 平方米(135.72 亩)
东校区	272 964.9 平方米(409.43 亩)
原评弹学校	8 238.6 平方米(12.36 亩)
阳澄湖校区	597 293.63 平方米(895.94 亩)
三元坊校区	15 767.4 平方米(23.65 亩)
合计	2 705 355.78 平方米(4 058.01 亩)

已有校舍建设面积

1. 教室	196 547.65 平方米
2. 图书馆	89 188.27 平方米
3. 实验室	473 963.43 平方米
4. 风雨操场体育馆	23 598.97 平方米
5. 会堂	14 538.68 平方米
6. 系行政用房	82 015.29 平方米
7. 校行政用房	18 891.73 平方米
8. 学生宿舍	483 474.59 平方米
9. 学生食堂	68 410.81 平方米
10. 单身教工住宅	19 818.53 平方米
11. 教工食堂	6 750.09 平方米
12. 生活福利及其他用房	84 981.1 平方米
13. 教工住宅	249 551.4 平方米
其他用房	27 637.01 平方米
合计	1 839 367.55 平方米

全校(教学)实验室情况

全校(教学)实验室情况一览表

单位	实验室数 教学	国家	部级	省级	校级	教学实验室	国家级	部级	省级(示范中心)	校级
文学院 凤凰传媒学院	1			1		传媒与文学实验教学中心			传媒与文学实验教学中心	
社会学院	1				1	档案管理实验室				档案管理实验室
政治与公共管理学院	1				1	行政与公共关系实验室				行政与公共关系实验室
东吴商学院(财经学院) 东吴证券金融学院	1				1	经济管理实验教学中心				经济管理实验教学中心
外国语学院	1				1	外语电化教学实验室				外语电化教学实验室
教育学院	1			1		心理与教师教育实验教学中心			心理与教师教育实验教学中心	
体育学院	1				1	体育教育中心实验室				体育教育中心实验室
艺术学院	1			1		艺术设计实验教学中心			艺术设计实验教学中心	
数学科学学院	1				1	数学计算实验室				数学计算实验室
物理科学与技术学院 能源学院	4	1		2	1	物理实验教学中心 物理基础课实验教学中心 工程物理实验中心 新能源材料与器件实验教学中心	物理实验教学中心		物理基础课实验教学中心 新能源材料与器件实验教学中心	工程物理实验中心
材料与化学化工学部	3			1	2	化学实验教学中心 工程化学实验教学中心 材料实验教学中心			化学基础课实验教学中心	工程化学实验教学中心 材料实验教学中心
纳米科学技术学院	1			1		纳米材料与技术实验教学中心			纳米材料与技术实验教学中心	
纺织与服装工程学院	2	1		1		纺织与服装设计实验教学中心 纺织服装实验教学中心	纺织与服装设计实验教学中心		纺织服装实验教学中心	

续表

单位	实验室数					教学实验室	国家级	部级	省级（示范中心）	校级
	教学	国家	部级	省级	校级					
计算机科学与技术学院	2	1		1		计算机基础课实验教学中心 计算机与信息技术实验教学中心	计算机与信息技术实验教学中心		计算机基础课实验教学中心	
电子信息学院	3			1	2	电工电子基础课实验中心 通信实验室 微电子实验室			电工电子基础课实验教学中心	通信实验室 微电子实验室
机电工程学院 沙钢钢铁学院	3			1	2	机械基础课实验教学中心 自动控制工程教学实验中心 冶金工程实验教学中心			机械基础课实验教学中心	自动控制工程教学实验中心 冶金工程实验教学中心
医学部基础医学与生物科学学院	3			3		基础医学实验教学中心 临床技能实验教学中心 生物基础课实验教学中心			基础医学教学实验中心 临床技能实验教学中心 生物基础课实验教学中心	
医学部公共卫生学院	1				1	预防医学实验室				预防医学实验室
医学部放射医学与防护学院	1				1	放射医学实验室				放射医学实验室
医学部药学院	2			1	1	药学实验室 药学学科综合训练中心			药学学科综合训练中心	药学实验室
金螳螂建筑与城市环境学院	3			1	2	建筑与城市环境设计实践教育中心 园林与园艺实验室 城市规划与管理实验室			建筑与城市环境设计实践教育中心	园林与园艺实验室城市规划与管理实验室
城市轨道交通学院	5			1	4	车辆工程实验室 电气控制实验室 交通工程实验室 铁道信号实验室 轨道交通实践教育中心			轨道交通实践教育中心	车辆工程实验室 电气控制实验室 交通工程实验室 铁道信号实验室

续表

单　　位	实验室数					教学实验室	国家级	部级	省级（示范中心）	校级
	教学	国家	部级	省级	校级					
工程训练中心	1			1		工程训练中心			工程训练中心	
分析测试中心	1				1	分析测试中心				分析测试中心
小计	44	3	0	18	23					

苏州大学图书馆馆藏情况

2013 年图书馆馆藏情况一览表　　单位：册（盘）

类　　别	上年积累	本年实增	本年实减	本年积累
中文图书（印刷本）	274 490 1	71 751	11 739	2 804 913
古　籍	137 645	476		138 121
善　本	7 217	0		7 217
中文图书（电子本）	1 084 598	510 000		1 594 598
外文图书（印刷本）	222 932	687		223 619
外文图书（电子本）	23 567	36 085		59 652
中文报纸（电子本）	569	0		569
中文期刊（电子本）	35 717	0		35 717
外文期刊（电子本）	17 688	4 821		22 509
中文期刊合订本	220 681	5 232		225 913
外文期刊合订本	94 548	532		95 080
音像资料	13 840	0		13 840
缩微资料	573	0		573
网络数据库	75	2		77
赠　书	15 620	1 085		16 705

海外交流与合作

2013 年公派出国(境)人员情况

2013 年教职工长期出国(境)人员情况一览表

序号	姓　名	院(部)、部门	类　别	前往学校或机构	外出期限
1	宋　璐	社会学院	访问学者	美国雪城大学	2013 年 1 月—2013 年 12 月
2	曹海霞	物理科学与技术学院　能源学院	访问学者	美国德克萨斯大学奥斯汀分校	2013 年 1 月—2014 年 1 月
3	范学良	城市轨道交通学院	访问学者	意大利都灵理工大学	2013 年 1 月—2014 年 1 月
4	闵　玮	附属第一医院	博士后	美国阿拉巴马大学伯明翰分校	2013 年 1 月—2014 年 1 月
5	许光辉	金螳螂建筑与城市环境学院	访问学者	美国塞勒姆州立大学	2013 年 1 月—2014 年 1 月
6	李　龙	体育学院	访问学者	美国北亚利桑那大学	2013 年 1 月—2013 年 6 月
7	徐新平	物理科学与技术学院　能源学院	合作研究	韩国首尔国立大学	2013 年 1 月—2014 年 12 月
8	李朝明	信息光学工程研究所	访问学者	美国中佛罗里达大学	2013 年 1 月—2014 年 1 月
9	丁远蓉	纺织与服装工程学院	访问学者	美国北卡州立大学	2013 年 1 月—2014 年 7 月
10	钟宝江	计算机科学与技术学院	访问学者	新加坡南洋理工大学	2013 年 1 月—2014 年 1 月
11	张秋霞	体育学院	访问学者	美国宾州州立大学	2013 年 1 月—2014 年 1 月
12	周　顺	纺织与服装工程学院	合作研究	美国 Tufts 大学	2013 年 1 月—2015 年 1 月

续表

序号	姓　名	院(部)、部门	类　别	前往学校或机构	外出期限
13	王杰龙	体育学院	访问学者	美国伊利诺伊大学香槟分校	2013年2月—2014年1月
14	张亚楠	数学科学学院	访问学者	新加坡国立大学	2013年2月—2014年2月
15	张　健	凤凰传媒学院	合作研究	美国威斯康星大学麦迪逊分校	2013年2月—2014年2月
16	李　晶	东吴商学院(财经学院)　东吴证券金融学院	合作研究	芬兰阿尔托大学	2013年2月—2013年8月
17	朱学新	东吴商学院(财经学院)　东吴证券金融学院	研修访问	台湾东吴大学	2013年2月—2013年8月
18	车　轶	医学部基础医学与生物科学学院	访问学者	加拿大多伦多大学	2013年2月—2014年2月
19	赵益明	附属第一医院血液研究所	访问学者	美国俄克拉荷马医学研究中心	2013年2月—2014年2月
20	侯德仁	社会学院	访问学者	美国达特茅斯学院	2013年2月—2013年8月
21	陶家骏	文学院	任教	韩国又松大学	2013年3月—2014年1月
22	方　红	外国语学院	合作研究	澳大利亚昆士兰大学	2013年3月—2013年8月
23	陈　珑	附属第一医院	合作研究	加拿大多伦多西部医院	2013年3月—2014年3月
24	周亚峰	附属第一医院	访问学者	香港大学	2013年3月—2014年3月
25	吴　健	计算机科学与技术学院	访问学者	美国中阿肯色大学	2013年3月—2014年3月
26	陈　艳	东吴商学院(财经学院)　东吴证券金融学院	合作研究	法国商科联盟	2013年3月—2013年8月
27	潘文东	外国语学院	任教	日本花园大学	2013年3月—2015年8月
28	李建祥	医学部公共卫生学院	任教	日本广岛大学	2013年4月—2014年3月

续表

序号	姓　名	院(部)、部门	类　别	前往学校或机构	外出期限
29	郑　宪	海外教育学院	任教	日本帝冢山学院大学	2013 年 4 月—2014 年 3 月
30	朱冬梅	东吴商学院(财经学院)　东吴证券金融学院	合作研究	法国商科联盟	2013 年 4 月—2013 年 9 月
31	段慧敏	外国语学院	访问学者	法国巴黎四大	2013 年 4 月—2013 年 10 月
32	方　亮	物理科学与技术学院　能源学院	访问学者	新加坡南洋理工大学	2013 年 4 月—2014 年 4 月
33	杨　颖	东吴商学院(财经学院)　东吴证券金融学院	访问学者	日本关西学院大学	2013 年 4 月—2014 年 3 月
34	韩　冰	附属第一医院	访问学者	美国加州大学洛杉矶分校戴维格芬医学院	2013 年 4 月—2014 年 4 月
35	李　华	材料与化学化工学部	合作研究	加拿大蒙克顿大学	2013 年 5 月—2014 年 4 月
36	吴　萍	医学部基础医学与生物科学学院	访问学者	加拿大奎尔夫大学	2013 年 5 月—2014 年 5 月
37	韩宏岩	医学部基础医学与生物科学学院	访问学者	美国佛罗里达州斯克里普斯研究所	2013 年 5 月—2014 年 5 月
38	汪维鹏	医学部药学院	博士后	美国加州大学戴维斯分校	2013 年 6 月—2014 年 6 月
39	黄　泰	社会学院	访问学者	香港大学	2013 年 6 月—2014 年 6 月
40	何宋兵	附属第一医院	访问学者	美国圣路易斯华盛顿大学	2013 年 7 月—2014 年 6 月
41	王军宁	文学院	任教	美国福尔门大学	2013 年 7 月—2014 年 5 月
42	郑　敏	纺织与服装工程学院	访问学者	韩国斧庆国立大学	2013 年 7 月—2014 年 7 月
43	章晓芳	计算机科学与技术学院	访问学者	澳大利亚斯威本科技大学	2013 年 7 月—2014 年 7 月
44	郭世平	政治与公共管理学院	合作研究	台湾东吴大学	2013 年 7 月—2014 年 1 月
45	朱雪珍	东吴商学院(财经学院)　东吴证券金融学院	访问学者	美国旧金山大学	2013 年 7 月—2014 年 1 月

续表

序号	姓　名	院(部)、部门	类　别	前往学校或机构	外出期限
46	王子欧	电子信息学院	访问学者	美国明尼苏达大学	2013年7月—2014年7月
47	杨　巍	医学部放射医学与防护学院	访问学者	美国哈佛大学麻省总医院	2013年7月—2014年9月
48	李　乐	苏州大学阳澄湖校区	访问学者	丹麦奥尔胡斯大学	2013年7月—2014年7月
49	黄鸿山	社会学院	合作研究	台湾东吴大学	2013年8月—2014年1月
50	王雪峰	医学部基础医学与生物科学学院	访问学者	美国匹兹堡大学	2013年8月—2014年8月
51	董裕力	物理科学与技术学院　能源学院	合作研究	瑞士联邦理工学院	2013年8月—2014年8月
52	张建良	外国语学院	任教	美国福尔曼大学	2013年8月—2014年5月
53	吴新宇	应用技术学院	合作研究	美国圣地亚哥州立大学	2013年8月—2014年2月
54	陈　一	凤凰传媒学院	访问学者	美国加州大学圣地亚哥分校	2013年8月—2014年8月
55	高　旭	功能纳米与软物质研究院	合作研究	日本国立材料科学研究所	2013年8月—2014年8月
56	张　涛	东吴商学院(财经学院)　东吴证券金融学院	访问学者	美国塞勒姆州立大学	2013年8月—2014年2月
57	胡剑凌	电子信息学院	合作研究	美国拉玛尔大学	2013年9月—2014年8月
58	汪志蕾	外国语学院	合作研究	韩国国立全北大学	2013年9月—2014年2月
59	郑丽虹	艺术学院	访问学者	法国巴黎塞尔奇高等艺术学院	2013年9月—2014年2月
60	徐玉红	数学科学学院	博士后	法国布雷斯特大学	2013年9月—2014年8月
61	张桂菊	现代光学技术研究所	访问学者	美国中佛罗里达大学	2013年9月—2014年9月
62	吕仁才	数学科学学院	访问学者	加拿大滑铁卢大学	2013年9月—2014年8月

续表

序号	姓　名	院(部)、部门	类　别	前往学校或机构	外出期限
63	赵　云	数学科学学院	访问学者	美国宾州州立大学	2013年9月—2014年9月
64	王　波	金螳螂建筑与城市环境学院	访问学者	美国特洛伊大学	2013年9月—2014年9月
65	陈长军	机电工程学院	访问学者	美国哥伦比亚大学	2013年9月—2014年9月
66	张　敏	机电工程学院	合作研究	美国哥伦比亚大学	2013年9月—2014年9月
67	方　敏	艺术学院	访问学者	台湾艺术大学	2013年9月—2014年2月
68	陶新华	教育学院	合作研究	日本龙谷大学	2013年9月—2014年3月
69	朱　彦	外国语学院	访问学者	英国剑桥大学	2013年9月—2014年5月
70	程　茹	材料与化学化工学部	访问学者	美国康奈尔大学	2013年10月—2014年10月
71	赵秀玲	金螳螂建筑与城市环境学院	合作研究	新加坡国立大学	2013年10月—2014年9月
72	许建梅	纺织与服装工程学院	访问学者	美国北卡罗来纳州立大学	2013年10月—2014年10月
73	张晓霞	艺术学院	合作研究	台湾政治大学	2013年10月—2014年4月
74	陈小英	外国语学院	访问学者	日本关西学院大学	2013年10月—2014年4月
75	曹雪琴	材料与化学化工学部	合作研究	新加坡生物工程和纳米技术研究院	2013年10月—2014年11月
76	季轶群	现代光学技术研究所	访问学者	美国亚利桑那大学	2013年10月—2014年10月
77	徐　刚	金螳螂建筑与城市环境学院	访问学者	英国伦敦南岸大学	2013年11月—2014年10月
78	王琳辉	医学部基础医学与生物科学学院	访问学者	美国罗切斯特大学	2013年11月—2014年11月
79	董刚强	体育学院	合作研究	美国俄勒冈东方医学学院	2013年11月—2014年11月
80	刘晓平	金螳螂建筑与城市环境学院	合作研究	香港大学	2013年11月—2014年11月

续表

序号	姓　名	院(部)、部门	类　别	前往学校或机构	外出期限
81	许维岸	医学部基础医学与生物科学学院	合作研究	美国斯克里普斯研究所	2013年11月—2014年5月
82	鲁征浩	电子信息学院	合作研究	新加坡南洋理工大学	2013年12月—2014年12月
83	高明强	国际合作交流处	担任中方院长	美国波特兰州立大学	2013年12月—2015年12月
84	王振华	机电工程学院	合作研究	香港中文大学	2013年12月—2014年12月
85	刘　亮	东吴商学院(财经学院)　东吴证券金融学院	访问学者	美国加州大学圣巴巴拉大学	2013年12月—2014年12月
86	蒋　丽	东吴商学院(财经学院)　东吴证券金融学院	访问学者	美国乔治梅森大学	2013年12月—2014年6月
87	郭开波	机电工程学院	访问学者	英国埃克赛特大学	2013年12月—2014年12月
88	崔文国	医学部骨科研究所	访问学者	美国哈佛大学	2013年12月—2014年12月
89	李新莉	医学部公共卫生学院	访问学者	美国塔夫兹大学	2013年12月—2014年12月
90	刘卫东	体育学院	访问学者	美国俄亥俄州立大学	2013年12月—2014年12月

2013年教职工公派短期出国(境)人员情况一览表

序号	姓　名	院(部)、部门	类　别	前往国家或地区	外出期限
1	胡玉鸿	王健法学院	国际会议	南非	2012年3月26日—2013年3月29日
2	孙庆民	纺织与服装工程学院	访问考察	老挝	2012年12月29日—2013年1月2日
3	张克勤	纺织与服装工程学院	国际会议	新加坡	2013年1月1日—2013年1月5日
4	刘电芝	教育学院	国际会议	意大利	2013年1月13日—2013年2月8日
5	曹建平	医学部	国际会议	泰国	2013年1月14日—2013年1月19日
6	严　峰	材料与化学化工学部	国际会议	日本	2013年1月18日—2013年1月21日

续表

序号	姓　名	院(部)、部门	类　别	前往国家或地区	外出期限
7	王　云	数学科学学院	合作研究	日本	2013年1月24日—2013年2月19日
8	孙宝全	纳米科学技术学院	合作研究	英国	2013年1月25日—2013年2月2日
9	方　亮	物理科学与技术学院　能源学院	合作研究	新加坡	2013年2月1日—2013年2月28日
10	陈新建	电子信息学院	国际会议	美国	2013年2月9日—2013年2月17日
11	曹建平 周新文	医学部	国际会议	日本	2013年2月11日—2013年2月15日
12	彭文华 沈险锋	王健法学院	校际交流	韩国	2013年2月20日—2013年2月23日
13	程晓军 褚　玮	团委	辩论比赛	马来西亚	2013年2月21日—2013年3月3日
14	刘　庄 彭　睿	纳米科学与技术学院	国际会议	英国	2013年2月24日—2013年3月1日
15	陈　红 钟志远 袁　琳	材料与化学化工学部	国际会议	英国	2013年2月24日—2013年3月1日
16	岳兴业	数学科学学院	合作交流	美国	2013年3月1日—2013年4月30日
17	胡亚球 孙国平	王健法学院	国际会议	印度	2013年3月5日—2013年3月10日
18	沈纲祥	电子信息学院	国际会议	美国	2013年3月16日—2013年3月22日
19	周　超	数学科学学院	国际会议	泰国	2013年3月17日—2013年3月23日
20	陈　雁 潘志娟	纺织与服装工程学院	合作交流	英国	2013年3月23日—2013年3月30日
21	冯　芸	音乐学院	研讨会	日本	2013年3月26日—2013年3月30日
22	严　锋	材料与化学化工学部	国际会议	美国	2013年4月1日—2013年4月6日
23	邢冬梅	政治与公共管理学院	合作交流	英国	2013年4月1日—2013年7月4日

续表

序号	姓　名	院(部)、部门	类　别	前往国家或地区	外出期限
24	张正彪	材料与化学化工学部	国际会议	美国	2013年4月6日—2013年4月12日
25	赵　雷	计算机科学与技术学院	国际会议	澳大利亚	2013年4月6日—2013年4月13日
26	李　斌 杨　磊	骨科研究所	国际会议	美国	2013年4月9日—2013年4月15日
27	钱锡生	文学院	合作研究	日本	2013年4月9日—2013年5月8日
28	王　进	计算机科学与技术学院	国际会议	意大利	2013年4月12日—2013年4月21日
29	耿曙生	出版社有限公司	书展	英国、爱尔兰	2013年4月12日—2013年4月23日
30	张克勤	纺织与服装工程学院	国际会议	韩国	2013年4月15日—2013年4月19日
31	殷爱荪	校长办公室	校际交流	日本	2013年4月16日—2013年4月21日
32	徐子良 蒋　峰 宋晓萍 尹维君 高志斌 唐凤珍	文正学院	校际交流	日本	2013年4月16日—2013年4月21日
33	石子亮	物理科学与技术学院　能源学院	合作研究	德国	2013年4月16日—2013年7月14日
34	田晓明	校长办公室	工作访问	美国	2013年4月20日—2013年4月30日
35	芮国强 马中红 陈　霖	凤凰传媒学院	工作访问	美国	2013年4月20日—2013年4月30日
36	徐雯彦	国际合作交流处	工作访问	美国	2013年4月20日—2013年4月30日
37	钮秀山 王永山 顾　军	机电工程学院	校际交流	英国、德国	2013年4月24日—2013年4月29日
38	朱秀林	校长办公室	合作研究	加拿大	2013年5月1日—2013年5月25日

续表

序号	姓　名	院(部)、部门	类　别	前往国家或地区	外出期限
39	陈新建	电子信息学院	国际会议	美国	2013 年 5 月 3 日—2013 年 5 月 10 日
40	施夏清	物理科学与技术学院 能源学院	合作研究	德国	2013 年 5 月 5 日—2013 年 7 月 5 日
41	屠一锋	材料与化学化工学部	国际会议	西班牙	2013 年 5 月 10 日—2013 年 5 月 17 日
42	曹　健居　民	继续教育处	校际交流	法国、德国、比利时	2013 年 5 月 10 日—2013 年 5 月 21 日
43	缪世林	医学部	校际交流	法国、德国、比利时	2013 年 5 月 10 日—2013 年 5 月 21 日
44	陆少杰	东吴商学院(财经学院)　东吴证券金融学院	校际交流	法国、德国、比利时	2013 年 5 月 10 日—2013 年 5 月 21 日
45	戴佩良	轨道交通学院	校际交流	法国、德国、比利时	2013 年 5 月 10 日—2013 年 5 月 21 日
46	周国华	王健法学院	校际交流	法国、德国、比利时	2013 年 5 月 10 日—2013 年 5 月 21 日
47	陆伟中	计算机科学与技术学院	校际交流	法国、德国、比利时	2013 年 5 月 10 日—2013 年 5 月 21 日
48	陈炳亮	教育学院	校际交流	法国、德国、比利时	2013 年 5 月 10 日—2013 年 5 月 21 日
49	逄成华	文学院	校际交流	法国、德国、比利时	2013 年 5 月 10 日—2013 年 5 月 21 日
50	严　俊	纺织与服装工程学院	校际交流	法国、德国、比利时	2013 年 5 月 10 日—2013 年 5 月 21 日
51	孙琪华	财务处	校际交流	法国、德国、比利时	2013 年 5 月 10 日—2013 年 5 月 21 日
52	袁　晶	海外教育学院	校际交流	法国、德国、比利时	2013 年 5 月 10 日—2013 年 5 月 21 日
53	赵荟菁	纺织与服装工程学院	国际会议	美国	2013 年 5 月 11 日—2013 年 5 月 16 日
54	姚建林	材料与化学化工学部	学术访问	加拿大	2013 年 5 月 12 日—2012 年 5 月 17 日
55	高祖林	党委办公室	工作访问	美国	2013 年 5 月 12 日—2013 年 5 月 17 日

续表

序号	姓　名	院(部)、部门	类　别	前往国家或地区	外出期限
56	马卫中	招生就业处	工作访问	美国	2013 年 5 月 12 日—2013 年 5 月 17 日
57	盛惠良	财务处	工作访问	美国	2013 年 5 月 12 日—2013 年 5 月 17 日
58	王家宏	研究生院	工作访问	美国	2013 年 5 月 12 日—2013 年 5 月 17 日
59	赖央央	继续教育处	工作访问	美国	2013 年 5 月 12 日—2013 年 5 月 17 日
60	弥元元	系统生物研究中心	合作研究	日本	2013 年 5 月 12 日—2013 年 6 月 13 日
61	黄　兴	国际合作交流处	校际交流	加拿大	2013 年 5 月 13 日—2013 年 5 月 20 日
62	曹永罗	数学科学学院	校际交流	加拿大	2013 年 5 月 13 日—2013 年 5 月 20 日
63	赵鹤鸣	电子信息学院	校际交流	加拿大	2013 年 5 月 13 日—2013 年 5 月 20 日
64	高　雷	物理科学与技术学院　能源学院	校际交流	加拿大	2013 年 5 月 13 日—2013 年 5 月 20 日
65	冯志华	机电工程学院	校际交流	加拿大	2013 年 5 月 13 日—2013 年 5 月 20 日
66	唐建新	研究生院	校际交流	加拿大	2013 年 5 月 13 日—2013 年 5 月 20 日
67	李凡长	计算机科学与技术学院	校际交流	加拿大	2013 年 5 月 13 日—2013 年 5 月 20 日
68	陈　红	材料与化学化工学部	校际交流	加拿大	2013 年 5 月 13 日—2013 年 5 月 20 日
69	朱履骅	国际合作交流处	校际交流	加拿大	2013 年 5 月 13 日—2013 年 5 月 20 日
70	沈纲祥	电子信息学院	合作研究	韩国	2013 年 5 月 15 日—2013 年 5 月 20 日
71	吕　强	纺织与服装工程学院	国际会议	美国	2013 年 5 月 19 日—2013 年 5 月 23 日
72	康振辉	功能纳米与软物质研究院	国际会议	新加坡	2013 年 5 月 19 日—2013 年 5 月 23 日

续表

序号	姓　名	院(部)、部门	类　别	前往国家或地区	外出期限
73	赵优良 程振平 朱　建	材料与化学化工学部	国际会议	西班牙	2013年5月19日—2013年5月26日
74	陈国强 陈　雁 关晋平 王祥荣	纺织与服装工程学院	国际会议	澳大利亚	2013年5月21日—2013年5月26日
75	钟志远	材料与化学化工学部	国际会议	韩国	2013年5月22日—2013年5月26日
76	赖　云	物理科学与技术学院　能源学院	国际会议	德国	2013年5月22日—2013年5月27日
77	方世南	政治与公共管理学院	国际会议	巴西、阿根廷	2013年5月22日—2013年6月4日
78	路建美 于毓兰	校长办公室	合作交流	美国	2013年5月29日—2013年6月5日
79	孟祥春	外国语学院	合作交流	美国	2013年5月29日—2013年6月5日
80	陆惠星	国际合作交流处	合作交流	美国	2013年5月29日—2013年6月5日
81	徐庆锋 李　华	材料与化学化工学部	合作研究	美国	2013年6月1日—2013年6月20日
82	吴建军	继续教育处	访问考察	法国、英国	2013年6月5日—2013年6月12日
83	钱福良	科学技术与产业部	工作访问	意大利、法国	2013年6月11日—2013年6月19日
84	沈百荣	系统生物研究中心	工作访问	意大利、法国	2013年6月11日—2013年6月19日
85	何吉欢 邢铁玲 徐　岚 唐人成 刘福娟 卢神州	纺织与服装工程学院	国际会议	希腊	2013年6月13日—2013年6月22日
86	胡　广	系统生物研究中心	合作研究	比利时	2013年6月15日—2013年7月14日
87	唐忠明	数学科学学院	合作研究	意大利	2013年6月15日—2013年7月15日

续表

序号	姓　名	院(部)、部门	类　别	前往国家或地区	外出期限
88	朱士群	物理科学与技术学院　能源学院	国际会议	美国	2013年6月16日—2013年6月20日
89	焦艳鹏	王健法学院	学术访问	法国	2013年6月16日—2013年6月28日
90	吴雪梅	物理科学与技术学院　能源学院	国际会议	日本	2013年6月21日—2013年6月23日
91	沈纲祥 游善红	电子信息学院	国际会议	西班牙	2013年6月22日—2013年6月28日
92	葛建一	附属第一医院	合作交流	法国	2013年6月23日—2013年6月29日
93	杨成诚	物理科学与技术学院　能源学院	访问考察	英国、法国	2013年6月23日—2013年6月30日
94	高　雷	物理科学与技术学院　能源学院	国际会议	新加坡	2013年6月25日—2013年6月30日
95	张惠敏	生物医学研究院	国际会议	美国	2013年6月26日—2013年7月1日
96	王群伟	东吴商学院(财经学院)　东吴证券金融学院	国际会议	南非	2013年6月29日—2013年7月6日
97	严　锋	材料与化学化工学部	国际会议	新加坡	2013年6月30日—2013年7月5日
98	廖良生	纳米科学技术学院	国际会议	新加坡	2013年6月30日—2013年7月5日
99	李孝峰	现代光学技术研究所	国际会议	新加坡	2013年6月30日—2013年7月6日
100	赵　云	数学科学学院	合作研究	意大利	2013年6月30日—2013年8月11日
101	镇学初	药学院	国际会议	新加坡	2013年7月2日—2013年7月4日
102	熊思东	校长办公室	国际会议	加拿大	2013年7月2日—2013年7月7日
103	邢冬梅 李兰芬	政治与公共管理学院	国际会议	新加坡	2013年7月2日—2013年7月12日
104	刘　皓	政治与公共管理学院	国际会议	日本	2013年7月5日—2013年7月9日

续表

序号	姓　名	院(部)、部门	类　别	前往国家或地区	外出期限
105	万解秋 陈　瑛	东吴商学院(财经学院)　东吴证券金融学院	合作研究	澳大利亚	2013年7月7日—2013年7月14日
106	赵优良	材料与化学化工学部	合作研究	日本	2013年7月8日—2013年9月15日
107	狄俊伟	材料与化学化工学部	国际会议	澳大利亚	2013年7月9日—2013年7月13日
107.5	束霞平	艺术学院	文化研修	新加坡	2013年7月11日—2013年7月20日
109	顾正磊	机电工程学院	文化研修	新加坡	2013年7月11日—2013年7月20日
110	吉成元 杨林江	文正学院	文化研修	韩国	2013年7月11日—2013年7月22日
111	凌亦青 王宗善	文正学院	文化研修	日本	2013年7月12日—2013年7月18日
112	严　明	纺织与服装工程学院	文化研修	韩国	2013年7月15日—2013年7月30日
113	王晓莉 吴苏珍	国际合作交流处	文化研修	日本	2013年7月15日—2013年8月10日
114	唐　煜	数学科学学院	国际会议	匈牙利	2013年7月19日—2013年7月25日
115	钟志远	材料与化学化工学部	国际会议	美国	2013年7月20日—2013年7月26日
116	蒋星红	校长办公室	工作访问	加拿大	2013年7月20日—2013年7月27日
117	周　毅 晏世雷 资　虹	教务部	工作访问	加拿大	2013年7月20日—2013年7月27日
118	黄学贤	王健法学院	工作访问	加拿大	2013年7月20日—2013年7月27日
119	陈　龙	凤凰传媒学院	工作访问	加拿大	2013年7月20日—2013年7月27日
120	朱艳琴	计算机科学与技术学院	工作访问	加拿大	2013年7月20日—2013年7月27日

续表

序号	姓 名	院(部)、部门	类 别	前往国家或地区	外出期限
121	戈志强	基础医学与生物科学学院	工作访问	加拿大	2013 年 7 月 20 日—2013 年 7 月 27 日
122	季利均 杜北梁 殷剑兴	数学科学学院	国际会议	德国	2013 年 7 月 20 日—2013 年 7 月 28 日
123	黄 河	计算机科学与技术学院	国际会议	印度	2013 年 7 月 28 日—2013 年 8 月 2 日
124	吴 鹏	校长办公室	文化研修	日本	2013 年 7 月 29 日—2013 年 8 月 7 日
125	杨 燕	学生工作处	文化研修	日本	2013 年 7 月 29 日—2013 年 8 月 7 日
126	鹏 睿 李有永 倪沛红	材料与化学化工学部	工作坊	加拿大	2013 年 7 月 30 日—2013 年 8 月 4 日
127	王 尧 季 进	文学院	国际会议	日本	2013 年 8 月 2 日—2013 年 8 月 11 日
128	姜文华	物理科学与技术学院 能源学院	国际会议	加拿大	2013 年 8 月 3 日—2013 年 8 月 8 日
129	徐大诚 石明慧	电子信息学院	国际会议	日本	2013 年 8 月 3 日—2013 年 8 月 8 日
130	李培峰 朱巧明	计算科学与技术学院	国际会议	保加利亚	2013 年 8 月 3 日—2013 年 8 月 10 日
131	曹惠民	文学院	学术访问	马来西亚	2013 年 8 月 4 日—2013 年 8 月 12 日
132	曹金元 顾雁飞	城市轨道交通学院	文化研修	韩国	2013 年 8 月 5 日—2013 年 8 月 14 日
133	潘爱华	纺织与服装工程学院	文化研修	韩国	2013 年 8 月 5 日—2013 年 8 月 14 日
134	孙 静	医学部	文化研修	韩国	2013 年 8 月 5 日—2013 年 8 月 14 日
135	袁冬梅	电子信息学院	文化研修	韩国	2013 年 8 月 5 日—2013 年 8 月 14 日
136	范丽娟	材料与化学化工学部	学术访问	美国	2013 年 8 月 10 日—2013 年 8 月 25 日

续表

序号	姓　名	院(部)、部门	类　别	前往国家或地区	外出期限
137	李孝峰	现代光学技术研究所	国际会议	瑞典	2013年8月11日—2013年8月16日
138	唐建新	纳米科学技术学院	国际会议	瑞典	2013年8月11日—2013年8月16日
139	刘　庄	纳米科学技术学院	国际会议	新加坡	2013年8月19日—2013年8月23日
140	郎建平 李红喜 李海燕 虞　红 姚英明 陆澄容 任志刚 赵　蓓	材料与化学化工学部	国际会议	新加坡	2013年8月19日—2013年8月23日
141	姚　尧	文学院	国际会议	韩国	2013年8月20日—2013年8月25日
142	刘海燕 戴建锋 张进平 董春生 熊思东 徐　薇 岳艳丽	生物医学研究院	国际会议	意大利	2013年8月20日—2013年8月29日
143	李　亮 宋　路	社会学院	国际会议	韩国	2013年8月25日—2013年9月1日
144	张　文	骨科研究所	国际会议	韩国	2013年8月27日—2013年8月31日
145	康振辉	功能纳米与软物质研究院	国际会议	意大利	2013年9月1日—2013年9月6日
146	钟　俊	功能纳米与软物质研究院	合作研究	加拿大	2013年9月1日—2013年9月23日
147	王立川 陈之戈	纺织与服装工程学院	国际会议	英国	2013年9月5日—2013年9月10日
148	董　雯	物理科学与技术学院　能源学院	国际会议	意大利、法国	2013年9月11日—2013年9月16日
149	邓飞燕	公共卫生学院	国际会议	日本	2013年9月11日—2013年9月18日

续表

序号	姓名	院(部)、部门	类别	前往国家或地区	外出期限
150	徐卫	外国语学院	研讨会	日本	2013年9月12日—2013年9月15日
151	徐庆锋	材料与化学化工学部	国际会议	日本	2013年9月16日—2013年9月21日
152	龚政 孟红燕 景秀琛 胡华刚	护理学院	工作访问	英国	2013年9月25日—2013年10月3日
153	季进 王剑敏 资虹	教务部	工作访问	美国	2013年9月27日—2013年10月2日
154	袁晶	海外教育学院	工作访问	美国	2013年9月27日—2013年10月2日
155	沈百荣	系统生物研究中心	国际会议	韩国	2013年10月1日—2013年10月5日
156	王卓君	党委办公室	工作访问	日本、韩国	2013年10月1日—2013年10月9日
157	金太军	政治与公共管理学院	工作访问	日本、韩国	2013年10月1日—2013年10月9日
158	杨季文	计算机科学与技术学院	工作访问	日本、韩国	2013年10月1日—2013年10月9日
159	黄兴 陆惠星	国际合作交流处	工作访问	日本、韩国	2013年10月1日—2013年10月9日
160	唐忠明	图书馆	工作访问	美国	2013年10月2日—2013年10月6日
161	朱士群	物理科学与技术学院 能源学院	国际会议	美国	2013年10月5日—2013年10月11日
162	许建梅	纺织与服装工程学院	国际会议	土耳其、以色列	2013年10月6日—2013年10月11日
163	俞家华	医学部	国际会议	日本	2013年10月6日—2013年10月13日
164	陈新建	电子信息学院	国际会议	日本	2013年10月8日—2013年10月7日
165	顾清	出版社有限公司	书展	德国	2013年10月8日—2013年10月17日
166	李斌	骨科研究所	国际会议	意大利	2013年10月12日—2013年10月17日

续表

序号	姓 名	院(部)、部门	类 别	前往国家或地区	外出期限
167	白 伦 戴晓群	纺织与服装工程学院	国际会议	意大利	2013 年 10 月 12 日—2013 年 10 月 17 日
168	詹葵华	机电工程学院	国际会议	意大利	2013 年 10 月 12 日—2013 年 10 月 17 日
169	陈永亮	计算机科学与技术学院	国际会议	日本	2013 年 10 月 15 日—2013 年 10 月 27 日
170	李 莹	电子信息学院	国际论坛	日本	2013 年 10 月 21 日—2013 年 11 月 3 日
171	葛建一	附属第一医院	工作访问	美国	2013 年 10 月 22 日—2013 年 10 月 27 日
172	曹 健	研究生院	工作访问	法国	2013 年 10 月 27 日—2013 年 11 月 1 日
173	陈 雁 关晋平	纺织与服装工程学院	工作访问	法国	2013 年 10 月 27 日—2013 年 11 月 1 日
174	王 云	数学科学学院	合作研究	日本	2013 年 10 月 29 日—2013 年 11 月 10 日
175	王 静	社会学院	培训	法国	2013 年 10 月 30 日—2013 年 11 月 19 日
176	张建初	出版社有限公司	书展	土耳其、以色列	2013 年 11 月 1 日—2013 年 11 月 10 日
177	黄辛隐	社会学院	国际会议	日本	2013 年 11 月 3 日—2013 年 11 月 9 日
178	吕 强 夏晓燕	计算机科学与技术学院	国际会议	美国	2013 年 11 月 8 日—2013 年 11 月 13 日
179	康振辉	纳米科学技术学院	国际会议	韩国	2013 年 11 月 9 日—2013 年 11 月 14 日
180	唐建新 张丹丹	纳米科学技术学院	国际会议	日本	2013 年 11 月 11 日—2013 年 11 月 16 日
181	季 进	文学院	国际会议	捷克	2013 年 11 月 12 日—2013 年 11 月 18 日
182	曹建平	医学部	国际会议	韩国	2013 年 11 月 13 日—2013 年 11 月 18 日
183	王传洋	机电工程学院	国际会议	美国	2013 年 11 月 13 日—2013 年 11 月 23 日
184	许 铗 张永红	医学部	国际会议	美国	2013 年 11 月 14 日—2013 年 11 月 26 日

续表

序号	姓　名	院(部)、部门	类　别	前往国家或地区	外出期限
185	朱秀林	校长办公室	工作访问	法国	2013年11月17日—2013年11月23日
186	王　尧	文学院	工作访问	法国	2013年11月17日—2013年11月23日
187	黄　兴	国际合作交流处	工作访问	法国	2013年11月17日—2013年11月23日
188	张才君 车玉玲 章小波 朱　妍 谢燕兰 蒋　慧 张　晨 周军华 陆树程	政治与公共管理学院	国际会议	韩国	2013年11月19日—2013年11月24日
189	曹永罗	数学科学学院	会议	新加坡	2013年11月25日—2013年11月30日
190	刘海燕	医学部	国际会议	韩国	2013年11月30日—2013年12月4日
191	金太军 李慧凤 黄建洪 张　晨 沈承诚 陈晓刚	政治与公共管理学院	国际会议	德国	2013年12月1日—2013年12月6日
192	曹永罗	数学科学学院	国际会议	法国	2013年12月1日—2013年12月7日
193	王卓君	党委办公室	培训	英国	2013年12月1日—2013年12月21日
194	朱巧明	计算机科学与技术学院	国际会议	智利	2013年12月4日—2013年12月8日
195	赵　昀	唐仲英血液学研究中心	国际会议	美国	2013年12月6日—2013年12月11日
196	张克勤	纺织与服装工程学院	国际会议	新加坡	2013年12月8日—2013年12月12日
197	史恩慧	数学科学学院	国际会议	日本	2013年12月10日—2013年12月15日

续表

序号	姓　名	院(部)、部门	类　别	前往国家或地区	外出期限
198	王腊宝	外国语学院	学术访问	澳大利亚	2013年12月13日—2013年12月19日
199	唐忠明	图书馆	国际会议	越南	2013年12月16日—2013年12月20日
200	徐光银	神经科学研究所	国际会议	日本	2013年12月17日—2012年12月21日
201	陈翔宇	功能纳米与软物质研究院	合作研究	日本	2013年12月20日—2014年2月20日

2013年教职工因公赴港澳台地区人员情况一览表

序号	姓　名	院(部)、部门	类　别	前往学校或机构	外出时间
1	包　峰	功能纳米与软物质研究院	研修访问	台湾清华大学	2013年1月7日—2013年1月13日
2	朱　谦 高积顺	王健法学院	交流访问	台湾亚洲大学	2013年1月14日—2013年1月21日
3	殷爱荪	校长办公室	交流访问	台湾中州科技大学、东吴大学、清华大学、中华大学	2013年1月21日—2013年1月27日
4	施盛威 袁昌兵 胡　荣 卞海勇 茹　翔 吴昌政 杜　明 张毅驰 徐进华 赖央央 宋　丹 周炳忠 唐凤珍	文正学院	交流访问	台湾中州科技大学、东吴大学、清华大学、中华大学	2013年1月21日—2013年1月27日
5	杨季文	计算机科学与技术学院	合作研究	香港丰利科技有限公司	2013年1月25日—2013年2月10日
6	江　涌 刘　标	校长办公室	交流访问	香港中文大学、香港大学、澳门科技大学	2013年1月27日—2013年1月30日
7	张国华	学生工作部(处)	交流访问	香港中文大学、香港大学、澳门科技大学	2013年1月27日—2013年1月30日

续表

序号	姓　名	院(部)、部门	类　别	前往学校或机构	外出时间
8	季　进 王剑敏	教务部	交流访问	香港中文大学、香港大学、澳门科技大学	2013年1月27日—2013年1月30日
9	黄　鹂	外国语学院	交流访问	香港中文大学、香港大学、澳门科技大学	2013年1月27日—2013年1月30日
10	王福利	文学院	讲学	台湾东吴大学	2013年2月17日—2013年6月30日
11	蒋　慧	政治与公共管理学院	合作研究	台湾东吴大学	2013年2月20日—2013年5月31日
12	李寿山	计算机科学与技术学院	合作研究	香港理工大学	2013年3月1日—2013年7月31日
13	廖良生	功能纳米与软物质研究院	学术会议	台湾交通大学	2013年3月3日—2013年3月7日
14	王昭武	王健法学院	学术访问	台湾大学	2013年3月11日—2013年3月14日
15	李　成	城市轨道交通学院	学术会议	香港力学学会、澳门大学	2013年3月18日—2013年3月24日
16	王明娣	机电工程学院	参加会议	香港信息工程研究学会	2013年3月25日—2013年3月28日
17	孙万平	药学院	学术会议	香港信息工程研究学会	2013年3月25日—2013年3月28日
18	周　川	教育学院	学术会议	台湾中华文化总会	2013年4月9日—2013年4月16日
19	孙旭辉	功能纳米与软物质研究院	学术访问	台湾淡江大学	2013年4月15日—2013年4月20日
20	吴忠伟	政治与公共管理学院	学术会议	台湾华严专宗研究所	2013年4月25日—2013年4月29日
21	冯　芸	音乐学院	交流访问	台湾东吴大学	2013年4月27日—2013年5月5日
22	金菊花	城市轨道交通学院	交流访问	台湾东吴大学	2013年4月27日—2013年5月5日
23	杜　明	文正学院	交流访问	台湾东吴大学	2013年4月29日—2013年5月5日
24	孟凤华	材料与化学化工学部	学术会议	台湾清华大学	2013年5月1日—2013年5月5日

续表

序号	姓　名	院(部)、部门	类　别	前往学校或机构	外出时间
25	刘　庄	纳米科学技术学院	学术会议	台湾清华大学	2013 年 5 月 1 日—2013 年 5 月 5 日
26	严建峰	计算机科学与技术学院	合作研究	香港城市大学	2013 年 5 月 1 日—2013 年 8 月 31 日
27	王　尧	文学院	讲学	台湾政治大学	2013 年 5 月 2 日—2013 年 5 月 12 日
28	沈卫德 贡成良	基础医学与生物科学学院	学术交流	中华海峡两岸文经教育推广协会	2013 年 5 月 2 日—2013 年 5 月 9 日
29	姜艳红	外国语学院	学术会议	台湾政治大学	2013 年 5 月 2 日—2013 年 5 月 9 日
30	沈同仙	王健法学院	学术会议	台湾政治大学	2013 年 5 月 3 日—2013 年 5 月 7 日
31	江　林	功能纳米与软物质研究院	参加会议	香港城市大学	2013 年 5 月 5 日—2013 年 5 月 10 日
32	田晓明	校长办公室	讲学	台湾台南大学	2013 年 5 月 6 日—2013 年 5 月 12 日
33	樊建席	计算机科学与技术学院	合作研究	香港城市大学	2013 年 5 月 20 日—2013 年 8 月 20 日
34	张晓晖	物理科学与技术学院　能源学院	参加会议	香港科技大学	2013 年 6 月 2 日—2013 年 6 月 9 日
35	王明湘	电子信息学院	合作研究	香港科技大学	2013 年 6 月 17 日—2013 年 6 月 20 日
36	刘稚颖 王　静	大学生心理健康教育研究中心	学术会议	香港城市大学	2013 年 6 月 23 日—2013 年 6 月 29 日
37	刘　茜 王建南	纺织与服装工程学院	学术会议	香港科技大学	2013 年 6 月 25 日—2013 年 6 月 30 日
38	袁　琳 蔡　琪 刘小莉 武照强	材料与化学化工学部	学术会议	香港第四届亚洲生物材料大会	2013 年 6 月 26 日—2013 年 6 月 30 日
39	朱蓉蓉	政治与公共管理学院	学术会议	香港树仁大学	2013 年 6 月 26 日—2013 年 7 月 2 日
40	胡玉鸿	王健法学院	学术会议	香港树仁大学	2013 年 6 月 28 日—2013 年 7 月 1 日

续表

序号	姓　名	院(部)、部门	类　别	前往学校或机构	外出时间
41	董　雯	物理科学与技术学院　能源学院	合作研究	香港浸会大学	2013年7月15日—2013年7月20日
42	孟玲玲 严宏军	敬文书院	交流访问	香港中文大学	2013年7月15日—2013年7月21日
43	朱　淀 蒋　丽 王群伟 沈　能	东吴商学院(财经学院) 东吴证券金融学院	学术会议	台湾东吴大学	2013年7月16日—2013年7月20日
44	孙周洲	物理科学与技术学院　能源学院	学术会议	台湾IEEE磁学学会	2013年7月20日—2013年7月26日
45	朱履骅	港澳台办公室	交流访问	台湾东吴大学	2013年7月21日—2013年7月28日
46	王　进	计算机学院	进修学习	香港城市大学	2013年7月24日—2013年9月4日
47	陈焕阳	物理科学与技术学院　能源学院	合作研究	香港科技大学	2013年8月1日—2013年8月15日
48	吴雪梅	物理科学与技术学院　能源学院	访问、科研合作	香港中文大学	2013年8月6日—2013年8月15日
49	张凤琴 黄　河	东吴商学院(财经学院) 东吴证券金融学院	交流访问	台湾东吴大学	2013年8月17日—2013年8月25日
50	孙周洲	物理科学与技术学院　能源学院	学术会议	香港科技大学	2013年8月18日—2013年8月23日
51	常春起	电子信息学院	合作研究	香港大学	2013年8月23日—2013年8月26日
52	顾　迁	文学院	学术会议	台湾经学文化事业有限公司	2013年8月24日—2013年8月31日

续表

序号	姓　名	院(部)、部门	类　别	前往学校或机构	外出时间
53	朱建刚 胡　乔 陈　新	体育学院	交流访问	台湾中州科技大学	2013 年 9 月 4 日—2013 年 9 月 12 日
54	张国华	学生工作部	交流访问	台湾中州科技大学	2013 年 9 月 4 日—2013 年 9 月 12 日
55	翟惠生	招生就业处	交流访问	台湾中州科技大学	2013 年 9 月 4 日—2013 年 9 月 12 日
56	蒋珠燕	东吴商学院(财经学院)东吴证券金融学院	讲学	台湾东吴大学	2013 年 9 月 8 日—2013 年 10 月 19 日
57	李　亮	物理科学与技术学院　能源学院	学术会议	台湾成功大学	2013 年 10 月 5 日—2013 年 10 月 10 日
58	孙宝全 马万里	纳米科学技术学院	学术会议	台湾成功大学	2013 年 10 月 5 日—2013 年 10 月 10 日
59	张永泉	王健法学院	学术会议	台湾辅仁大学	2013 年 10 月 20 日—2013 年 10 月 24 日
60	王则斌	东吴商学院(财经学院)东吴证券金融学院	访问交流	台湾东吴大学	2013 年 10 月 20 日—2013 年 10 月 27 日
61	孙周洲	物理科学与技术学院　能源学院	合作研究	香港科技大学	2013 年 10 月 20 日—2014 年 1 月 19 日
62	石子亮	软凝聚态物理及交叉研究中心	合作研究	香港科技大学	2013 年 10 月 31 日—2013 年 11 月 7 日
63	王国志	体育学院	交流访问	台湾中华台北大专院校体育总会	2013 年 11 月 4 日—2013 年 11 月 10 日
64	沈百荣	系统生物研究中心	学术会议	台湾“中央研究院”	2013 年 11 月 7 日—2013 年 11 月 12 日
65	吴中伟	政治与公共管理学院	学术会议	台湾大学	2013 年 11 月 7 日—2013 年 11 月 12 日

续表

序号	姓　名	院(部)、部门	类　别	前往学校或机构	外出时间
66	陈　红 倪沛红 周年琛 蔡远利 程振平 徐东梅 严　锋 钟志远 华道本 赵优良 屠迎锋 李晓虹 范丽娟 朱　健 张正彪 程　丝 张晓华 陈高健 杨晓明 张　伟 陈小芳 潘向强 何金林	材料与化学化工学部	学术会议	台北高分子学会	2013年11月16日—2013年11月26日
67	李孝峰	现代光学技术研究所	讲学	台湾长庚大学	2013年11月25日—2013年11月29日
68	张　莉	计算机科学与技术学院	学术会议	香港理工大学	2013年12月2日—2013年12月5日
69	钟志远	材料与化学化工学部	合作研究、讲学	澳门大学	2013年12月2日—2013年12月5日
70	程晓军 褚　玮	团委	辩论赛	台湾中华辩论推广协进会	2013年12月6日—2013年12月9日
71	毛秋瑾	艺术学院	学术会议	香港大学	2013年12月7日—2013年12月12日
72	钱　敏	电子信息学院	学术会议	香港中文大学	2013年12月8日—2013年12月13日

2013年学生长期出国(境)交流人员情况一览表

序号	学生姓名	学生人数	类　别	去往国家(地区)、院校	出国年限
1	曹宓秋　刘　颖 何　烨　蔡冰波	4	校际交流	阿根廷拉普拉塔国立大学	2013年8月—2014年8月

续表

序号	学生姓名	学生人数	类 别	去往国家（地区）、院校	出国年限
2	张涵碧 潘 洋 施茗稀	3	校际交流	澳大利亚邦德大学	2013 年 5 月—2013 年 8 月
3	曹婧怡 陈佳豪 赵 旭 赵 越 钱逸铭	5	校际交流	德国福特王恩应用技术大学	2013 年 9 月—2014 年 2 月
4	华 成	1	国家留学基金委	俄罗斯奥廖尔国立大学	2013 年 9 月—2014 年 7 月
5	韩玉珊 张 曦 张清钰 金 英 刘 云	5	校际交流	俄罗斯莫斯科市立师范大学	2013 年 2 月—2013 年 7 月
6	殷 雯	1	国家留学基金委	俄罗斯人民友谊大学	2013 年 9 月—2014 年 7 月
7	姜 枫 丁佳瑶 黄清慧 肖安琦	4	校际交流	俄罗斯社会人文学院	2013 年 9 月—2014 年 1 月
8	余桂芳	1	国家留学基金委	俄罗斯圣彼得堡国立大学	2013 年 9 月—2014 年 7 月
9	凃 珺 黄 舒	2	“4 +1”本硕连读	法国 SKEMA	2013 年 8 月—2014 年 8 月
10	苏晨松 张若冰 周道驰 王 樯 杨 晓	5	“3 +2”本硕连读	法国 SKEMA 苏州校区	2013 年 8 月—2015 年 8 月
11	陈 珺 孙梦蝶 林 强	3	校际交流	法国拉罗谢尔大学	2013 年 9 月—2014 年 7 月
12	陆津津 金艾琳 张 叶 聂 蕤 梁 琰 殷 怡 万碧群 顾咪咪 俞维仪	9	校际交流	法国圣太田让·莫奈大学	2013 年 9 月—2014 年 7 月
13	吴 灏	1	“2 +2”双学位	韩国大邱大学	2013 年 9 月—2016 年 2 月
14	刘欣珏	1	校际交流	韩国梨花女子大学	2013 年 8 月—2014 年 2 月
15	王 旭	1	校际交流	韩国全北大学	2013 年 9 月—2014 年 2 月

续表

序号	学生姓名	学生人数	类 别	去往国家（地区）、院校	出国年限
16	窦晶晶　李利婷 李婷婷	3	“2+2”双学位	韩国又松大学	2013年8月—2015年8月
17	刘　宇	1	“2+2”双学位	加拿大滑铁卢大学	2013年8月—2015年8月
18	郭思杰　朱文文	2	校际交流	加拿大滑铁卢大学	2013年9月—2013年12月
19	胡倩倩　顾俊华 王雪任　陈　晨 殷鹏辉　韩毅宁 李　敏	7	校际交流（3+1+1）	加拿大滑铁卢大学	2013年9月—2015年7月
20	张　菁　马禹骞	2	江苏省—安大略省交流项目	加拿大卡尔顿大学	2013年8月—2014年5月
21	龚梦雪　程天蕾 肖　琳　邵蔚秋 林愉翔	5	校际交流（3+1+1.5）	加拿大劳伦森大学	2013年8月—2014年7月
22	唐子捷	1	江苏省—安大略省交流项目	加拿大瑞尔森大学	2013年8月—2014年5月
23	许煜晗　谭嘉禛	2	江苏省—安大略省交流项目	加拿大渥太华大学	2013年8月—2014年5月
24	许浩田	1	江苏省—安大略省交流项目	加拿大西安大略大学	2013年8月—2014年5月
25	吴佳伟	1	“3+2”本硕连读	美国阿克隆大学	2013年8月—2015年5月
26	王潇涵　王佳颖	2	“1+2+2”中美人才交流项目	美国鲍尔州立大学	2013年8月—2015年8月
27	钱　易　刘文琦 史鸿飞	3	“1+2+1”中美人才交流项目	美国北亚利桑那大学	2013年8月—2015年8月
28	葛盛晓　金　文	2	校际交流	美国宾汉姆顿大学	2013年8月—2013年12月
29	郭　看　卢宇婧 曹欣媛　王楷琳 赵丹青	5	校际交流	美国匹兹堡州立大学	2013年8月—2014年1月
30	何云成　沈宇辰 郭斯达　江步云 钱静怡	5	“1+2+1”中美人才交流项目	美国乔治梅森大学	2013年8月—2015年8月

续表

序号	学生姓名	学生人数	类 别	去往国家（地区）、院校	出国年限
31	刘俊杰	1	"1+2+1"中美人才交流项目	美国特洛伊大学	2013 年 8 月—2015 年 8 月
32	尤方舟 盛 悦 张康建	3	省教育交流协会	美国威奇塔州立大学	2013 年 8 月—2014 年 2 月
33	夏 雨 冷丽艳	2	"2+2"双学位	日本北陆大学	2013 年 3 月—2015 年 7 月
34	徐海月	1	校际交流	日本兵库县立大学	2013 年 3 月—2014 年 2 月
35	杨颖慧	1	校际交流	日本兵库县立大学	2013 年 9 月—2014 年 7 月
36	柳 玲 周 丹	2	校际交流	日本东京学艺大学	2013 年 3 月—2014 年 2 月
37	周 炎	1	校际交流	日本东京学艺大学	2013 年 9 月—2014 年 7 月
38	刘晓彤	1	校际交流	日本福井大学	2013 年 3 月—2014 年 2 月
39	谢 越	1	校际交流	日本福井大学	2013 年 9 月—2014 年 7 月
40	齐韵瑢 钱 丽 王志娜 钱 拓	4	校际交流	日本宫崎公立大学	2013 年 9 月—2014 年 7 月
41	许少伟	1	校际交流	日本关西学院大学	2013 年 3 月—2014 年 2 月
42	毛 敏	1	校际交流	日本关西学院大学	2013 年 9 月—2014 年 7 月
43	戴如平	1	校际交流	日本花园大学	2013 年 3 月—2014 年 2 月
44	高晓璇	1	校际交流	日本金泽大学	2013 年 3 月—2014 年 2 月
45	王 莹	1	校际交流	日本金泽大学	2013 年 9 月—2014 年 7 月
46	张华瑶	1	校际交流	日本京都产业大学	2013 年 3 月—2014 年 2 月
47	王天琪 张启玮	2	校际交流	日本京都产业大学	2013 年 9 月—2014 年 7 月
48	李孟琦 葛君言	2	校际交流	日本明治大学	2013 年 9 月—2014 年 7 月

续表

序号	学生姓名	学生人数	类别	去往国家（地区）、院校	出国年限
49	张雅先	1	校际交流	日本奈良女子大学	2013年9月—2014年7月
50	何敏琪	1	校际交流	日本群马县立女子大学	2013年9月—2014年7月
51	马　跃	1	校际交流	日本神户国际大学	2013年3月—2014年2月
52	侯　禧	1	校际交流	日本神户亲和女子大学	2013年9月—2014年7月
53	邹晟怡	1	校际交流	日本信州大学	2013年10月—2013年11月
54	李玉培	1	校际交流	日本信州大学	2013年3月—2014年2月
55	蔡梦娇	1	校际交流	日本信州大学	2013年9月—2014年7月
56	马　可	1	校际交流	日本信州大学	2013年9月—2014年7月
57	徐思峻	1	校际交流	日本信州大学	2013年9月—2014年7月
58	金芝萍	1	校际交流	日本信州大学	2014年1月—2014年2月
59	印婷郁　王雨菲	2	校际交流	西班牙巴塞罗拉自治大学	2013年9月—2014年2月
60	严新露　瞿梦青 李协缙　孙　娅 朱　娜　伍　星 王艺霏　缪桃南 冯士潇　黄婉婧 张修齐　沈李炯 吴　玥　邵修远 章　琦　徐佳惠 陈佳慧　张思敏 张艳梅　齐　妙 孟　星　于　森 侯凯鹏　牛梓潞 敬霖志　俞小彤 常悦鹏　孙玉红	28	“3+2”本硕连读	新加坡国立大学	2013年8月—2015年5月

续表

序号	学生姓名	学生人数	类别	去往国家（地区）、院校	出国年限
61	黄　奕　姚　静 于海博　吴辛夷 严　卉	5	淡马锡奖学金项目	新加坡南洋理工大学	2013 年 1 月—2013 年 5 月
62	卞　烨　周　宓 武和平　钱文晶 肖　尧	5	国家留学基金委优秀本科生项目	英国曼彻斯特大学	2013 年 9 月—2014 年 6 月
63	李越昊　王储君 吴　凯　李怡萱 柴思雨　张　洁 马　也　刘嘉隆 蒋　合	9	“2+2”双学位	英国曼彻斯特大学	2013 年 9 月—2014 年 6 月
64	孙希洋　王逸璇 陆　茸　楼晶晶	4	研修	台湾大学	2013 年 9 月—2014 年 1 月
65	吴　迪　於佳毓	2	交换学习	台湾东华大学	2013 年 2 月—2013 年 6 月
66	郑　洁　张　林 承轶凡　穆皓洲 杨莉雅　王思婕 徐中卿	7	研修	台湾东华大学	2013 年 9 月—2014 年 1 月
67	邓　琦　姚俞欢 张伊蕊　周　锐 薛　钰	5	交换学习	台湾东吴大学	2013 年 2 月—2013 年 6 月
68	刘力欣	1	研修	台湾东吴大学	2013 年 2 月—2013 年 6 月
69	沈秋月　赵　哲 张令仪　徐佳娴 朱丹丹　黄鹤群 谢　宁　王　萱 孔洁莉　邓　佳 朱晨婕　岳　蓉 杨艺彬　张　勇	14	研修	台湾东吴大学	2013 年 9 月—2014 年 1 月
70	王艺羽　卢　苗 罗　兰　周京艳	4	交换学习	台湾科技大学	2013 年 2 月—2013 年 6 月
71	宋晓楠　周　欣 盛庆芳	3	研修	台湾科技大学	2013 年 9 月—2014 年 1 月
72	何嘉俐　代安迪 王欣然	3	交换学习	台湾世新大学	2013 年 2 月—2013 年 6 月

续表

序号	学生姓名	学生人数	类 别	去往国家（地区）、院校	出国年限
73	李 虹 夏 璐 马薇妮 陆哲斌 侯 悦 金 然 吕彬心 吴乐韵 张梦莎 朱惠丹 谭皓华 钱静娴 陈艺滢 华爽爽 徐铭洁	15	研修	台湾世新大学	2013 年 9 月—2014 年 1 月
74	陈 思 蔡依璇 杨 佩 彭思思 陈亮风 孙晓白	6	研修	台湾艺术大学	2013 年 9 月—2014 年 1 月
75	马玲玲 刘怡辰 张 颖	3	交换学习	台湾云林科技大学	2013 年 2 月—2013 年 6 月
76	乞灿星 万骏飞	2	研修	台湾云林科技大学	2013 年 9 月—2014 年 1 月
77	沈鹏飞 周 楠 徐新越 束 迅	4	交换学习	台湾中华大学	2013 年 2 月—2013 年 6 月
78	毛凌霄 周 炎	2	研修	台湾中华大学	2013 年 9 月—2014 年 1 月
79	张希威	1	研修	台湾清华大学	2013 年 2 月—2013 年 8 月
80	胡 松 王 霓 刘蔚蔚 吕 希 杨芯喆 徐汉欣 杨 希 王 哲 杨金鑫 沈诗旻 吴晓颖 邱燕青 石 媛 于 月 钱 程 黄梦成	16	校际交流（攻读硕士）	澳门科技大学	2013 年 9 月—2015 年 7 月

2013 年学生公派短期出国（境）交流人员情况一览表

序号	项 目 名 称	交流院校	国家（地区）	人数	外出期限
1	“江苏高校学生境外学习政府奖学金”项目	新南威尔士大学	澳大利亚	2	2013 年 7 月 14 日—2013 年 8 月 17 日
2	澳大利亚文化探访项目	邦德大学	澳大利亚	10	2013 年 7 月 11 日—2013 年 7 月 21 日

续表

序号	项 目 名 称	交流院校	国家（地区）	人数	外出期限
3	金螳螂欧洲专业实践研修项目	法国列奥那多·达·芬奇大学、意大利多莫斯设计学院、IED设计学院	法国、意大利	9	2013年8月12日—2013年8月23日
4	语言、文化体验项目	大邱大学	韩国	32	2013年8月5日—2013年8月14日
5	城轨中日韩三国暑期夏令营	又松大学	韩国	5	2013年7月29日—2013年8月3日
6	城轨又松大学暑期夏令营	又松大学	韩国	20	2013年8月5日—2013年8月14日
7	韩国语言文化研修项目	大真大学	韩国	16	2013年7月11日—2013年7月22日
8	纺织学院暑期赴韩国项目	首尔大学	韩国	6	2013年7月17日—2013年7月23日
9	全球汗马项目	庆南大学	韩国	4	2013年8月5日—2013年8月23日
10	冬季感受韩国文化活动	全北大学	韩国	5	2013年2月12日—2013年2月27日
11	“江苏高校学生境外学习政府奖学金”项目	约克大学	加拿大	1	2013年7月15日—2013年8月20日
12	加拿大滑铁卢大学科研夏令营	滑铁卢大学	加拿大	6	2013年7月29日—2013年8月5日
13	江苏大学生赴美文化交流(14天)项目	哈佛大学、斯坦福大学	美国	12	2013年7月23日—2013年8月6日
14	江苏大学生赴美文化交流(21天)项目	哈佛大学、斯坦福大学	美国	19	2013年7月17日—2013年8月7日
15	国际交流课程项目	加州州立大学长滩分校	美国	21	2013年7月15日—2013年8月4日
16	“江苏高校学生境外学习政府奖学金”项目	杜克大学	美国	12	2013年7月14日—2013年8月17日
17	“江苏高校学生境外学习政府奖学金”项目	圣路易斯大学	美国	3	2013年7月15日—2013年8月18日
18	日语强化培训项目	宫崎公立大学	日本	18	2013年7月15日—2013年8月11日

续表

序号	项目名称	交流院校	国家（地区）	人数	外出期限
19	暑期日本文化探访项目	国士馆大学	日本	13	2013年7月29日—2013年8月7日
20	日本暑期文化探访项目	花园大学	日本	17	2013年7月12日—2013年7月21日
21	兵库县立大学短期文化交流	兵库县立大学	日本	6	2013年11月2日—2013年11月10日
22	短期修学旅行项目	南洋理工大学	新加坡	17	2013年7月11日—2013年7月20日
23	江苏大学生赴英国文化交流（14天）项目	剑桥大学、牛津大学	英国	36	2013年8月4日—2013年8月17日
24	“江苏高校学生境外学习政府奖学金”项目	剑桥大学、曼彻斯特大学	英国	1	2013年7月14日—2013年8月11日
25	“江苏高校学生境外学习政府奖学金”项目	伦敦政治经济大学、曼彻斯特大学	英国	7	2013年7月17日—2013年8月14日
26	辩论赛活动	马来西亚槟城州政府	马来西亚	7	2013年2月21日—2013年3月5日
27	金螳螂暑期港澳专业实践研修项目	香港理工大学、香港大学	香港	48	2013年7月14日—2013年7月18日
28	香港高校学术文化交流项目	香港城市大学	香港	34	2013年7月14日—2013年7月21日
29	国际会议	控制工程与信息科学研究协会	香港	2	2013年8月27日—2013年8月28日
30	研修	台湾大学	台湾	3	2013年6月2日—2013年6月22日
31	箐政学者	台湾清华大学	台湾	8	2013年7月5日—2013年8月26日
32	《溪城讲堂》暑期研习班	台湾东吴大学	台湾	56	2013年7月21日—2013年8月25日
33	学术会议	台湾奇美医学中心	台湾	1	2013年8月16日—2013年8月20日
34	访问交流	台湾中州科技大学	台湾	10	2013年9月4日—2013年9月12日
35	辩论赛活动	台湾中华辩论推广协进会	台湾	6	2013年12月6日—2013年12月9日

2013 年苏州大学与国(境)外大学交流合作情况

2013 年苏州大学与国(境)外大学交流合作情况一览表

序号	国家或地区	学校名称	协议内容	协议时间	期限
1	法国	雷恩商学院	本升硕项目合作协议书	2013 年 3 月 6 日	1 年
2	法国	SKEMA 商科学院	合作协议书	2013 年 11 月 1 日	3 年
3	法国	东方语音文化大学	合作协议书	2013 年 11 月 19 日	5 年
4	英国	南安普顿大学	谅解备忘录	2013 年 3 月 25 日	5 年
5	美国	威斯康星大学麦迪逊	谅解备忘录	2013 年 4 月 25 日	3 年
6	美国	巴德学院	学生联合培养协议书	2013 年 5 月 27 日	长期
7	韩国	又松大学	关于共同培养“2+2”双学位学生的协议书	2013 年 3 月 4 日	长期
8	日本	东京农业科技大学	学术交流与合作协议书	2013 年 3 月 15 日	5 年
9	日本	日本大阪府教职员会	交流协议书	2013 年 4 月 25 日	2 年
10	日本	国家放射科学研究所	合作备忘录	2013 年 8 月 26 日	5 年
11	日本	神户国际大学	交换留学协议书	2013 年 9 月 25 日	4 年
12	日本	北陆大学	共同培养本科生教育合作协议书	2013 年 10 月 12 日	3 年
13	沙特阿拉伯王国	沙特阿拉伯王国驻华大使馆文化处	教育合作协议书	2013 年 9 月 17 日	4 年
14	台湾	台南大学	学术交流协议书	2013 年 5 月 9 日	5 年
15	台湾	东华大学	学生交流协议书	2013 年 5 月 31 日	5 年
16	台湾	南台科技大学	学术交流协议书	2013 年 11 月 15 日	5 年

2013 年举办各类短期汉语班情况

2013 年举办各类短期汉语班情况一览表

序号	期　限	班级名称	人数
1	2013 年 2 月 23 日—2013 年 3 月 23 日	日本宫崎公立大学	30
2	2013 年 8 月 11 日—2013 年 9 月 8 日	日本立命馆大学	6
3	2013 年 3 月 1 日—2013 年 7 月 1 日	韩国大真大学	111
4	2013 年 9 月 1 日—2013 年 12 月 31 日	韩国大真大学	157
5	2013 年 9 月 1 日—2013 年 12 月 31 日	韩国蔚山大学	29
6	2013 年 5 月 14 日—2013 年 5 月 25 日	美国 Concordia 大学	12
7	2013 年 5 月 14 日—2013 年 6 月 7 日	美国阿巴拉契亚大学	18
8	2013 年 5 月 16 日—2013 年 6 月 13 日	美国北亚利桑那州州立大学	6
9	2013 年 6 月 28 日—2013 年 7 月 4 日	美国福尔曼大学	12
10	2013 年 9 月 1 日—2013 年 12 月 31 日	加拿大滑铁卢大学	25
11	2013 年 2 月 28 日—2013 年 6 月 8 日	新加坡南洋理工大学	19
12	2013 年 9 月 1 日—2013 年 12 月 31 日	新加坡理工学院	13

2013 年在聘语言文教专家和外籍教师情况

2013 年在聘语言文教专家和外籍教师情况一览表

序号	国籍	姓　名	聘　期	事由	备注
1	英国	Hunter Ian Allan	2013 年 9 月 1 日—2014 年 7 月 15 日	任教	续聘
2	英国	Blair Christopher David	2013 年 9 月 1 日—2014 年 7 月 15 日	任教	续聘
3	德国	Knupfer Vinzenz	2013 年 9 月 1 日—2014 年 7 月 15 日	任教	

续表

序号	国籍	姓名	聘期	事由	备注
4	法国	Salanon Alexandre Louis Andre Marcellin	2013 年 9 月 1 日—2014 年 7 月 15 日	任教	续聘
5	法国	Mathalie Andree Brazier	2013 年 9 月 1 日—2014 年 7 月 15 日	任教	
6	加拿大	Chantal Pelletier	2013 年 9 月 1 日—2014 年 7 月 15 日	任教	续聘
7	加拿大	David Kindred	2013 年 9 月 1 日—2014 年 7 月 15 日	任教	续聘
8	美国	Selestad Harold Edward	2013 年 9 月 1 日—2014 年 7 月 15 日	任教	
9	美国	Harlow III Richard Forrest	2013 年 9 月 1 日—2014 年 7 月 15 日	任教	续聘
10	美国	Jeffrey Scott Lee	2013 年 9 月 1 日—2014 年 7 月 15 日	任教	续聘
11	美国	Patrick Brian Sheley	2013 年 9 月 1 日—2014 年 7 月 15 日	任教	
12	美国	Ball Jennifer Maureen	2013 年 9 月 1 日—2014 年 7 月 15 日	任教	
13	美国	Matthew David Manning	2013 年 9 月 1 日—2014 年 7 月 15 日	任教	续聘
14	美国	Applebaum Bruce Leo	2013 年 9 月 1 日—2014 年 7 月 15 日	任教	续聘
15	乌克兰	Lutso Iryna	2013 年 9 月 1 日—2014 年 7 月 15 日	任教	续聘
16	西班牙	De La Heras Jose Daniel	2013 年 9 月 1 日—2014 年 7 月 15 日	任教	续聘
17	西班牙	Moreno Carrero Carlos Antonio	2013 年 9 月 1 日—2014 年 7 月 15 日	任教	
18	韩国	Lee Gyeonhee	2013 年 9 月 1 日—2014 年 7 月 15 日	任教	
19	韩国	Choe Geum Dan	2013 年 9 月 1 日—2014 年 7 月 15 日	任教	
20	韩国	Kim Eunseon	2013 年 9 月 1 日—2014 年 7 月 15 日	任教	
21	韩国	Lee Jung In	2013 年 9 月 1 日—2014 年 7 月 15 日	任教	

续表

序号	国籍	姓名	聘期	事由	备注
22	日本	Naito Takayoshi	2013年9月1日—2014年7月15日	任教	
23	日本	Fujii Yoko	2013年9月1日—2014年7月15日	任教	
24	日本	Tomiko Hasegawa	2013年9月1日—2014年7月15日	任教	
25	日本	Mitsuru Araki	2013年9月1日—2014年7月15日	任教	
26	日本	Kono Yuzuru	2013年9月1日—2014年7月15日	任教	
27	日本	Yagi Yoshiharu	2013年9月1日—2014年7月15日	任教	续聘

2013 年教师出版书目

2013 年教师出版书目一览表

序号	专著名称	类别	作者、著录方式		出版单位、时间
1	华语电影与中国戏曲	专著	邵雯艳	著	复旦大学出版社 2013 年 3 月
2	昆剧折子戏研究	专著	王　宁	著	时代出版传媒股份有限公司 黄山书社 2013 年 2 月
3	苏州古石桥	专著	王家伦 谢勤国 陈建红	著	东南大学出版社 2013 年 6 月
4	日本小说家与郁达夫	专著	倪祥妍	著	北京大学出版社 2013 年 10 月
5	边缘耀眼——中国现当代通俗小说讲论	专著	汤哲声	著	北京大学出版社 2013 年 1 月
6	中外电影赏析	编著	陈子平 汤哲声	主编	苏州大学出版社 2013 年 7 月
7	恬致堂集*	古籍整理	赵杏根	整理	上海世纪出版股份有限公司 上海古籍出版社 2012 年 12 月
8	海虞诗苑　海虞诗苑续编	古籍整理	王卫平	主编	上海世纪出版股份有限公司 上海古籍出版社 2013 年 4 月
			罗时进 王文荣	点校	
9	坚守与超越：高校图书馆发展研究	编著	罗时进 唐忠明	主编	苏州大学出版社 2013 年 10 月
10	贝青乔集（外一种）	古籍整理	马卫中 陈国安	点校	上海世纪出版股份有限公司 上海古籍出版社 2013 年 4 月
11	现代转型之痛苦"肉身"：鲁迅思想与文学新论	专著	汪卫东	著	北京大学出版社 2013 年 1 月
12	中国昆曲年鉴 2013	编著	朱栋霖	主编	苏州大学出版社 2013 年 11 月
13	中国历代文选·魏晋南北朝文选	古籍整理	张　珊 傅　刚	编选	北京联合出版公司 2013 年 5 月
			杨庆存	主编	

续表

序号	专著名称	类别	作者、著录方式		出版单位、时间
14	作为问题的八十年代	专著	王 尧	著	生活·读书·新知 三联书店 2013年12月
15	比较文学理论	专著	方汉文	著	北京大学出版社2013年6月
16	当代新闻采访写作	教材	徐国源	著	苏州大学出版社2013年5月
17	文学政治学的创构——百年来文学与政治关系论争研究	专著	刘锋杰 薛 雯 尹传兰等	著	复旦大学出版社 2013 年 11月
18	梦里潮音	专著	鲁枢元	著	海天出版社2013年3月
19	花坞笛声——寸心书屋昆曲随笔*	专著	周 秦	著	山东画报出版社2012年9月
20	中国昆曲论坛2011	编著	周 秦等	主编	古吴轩出版社2013年2月
21	行政学本土化:理论与方法	专著	芮国强	著	人民出版社2013年11月
22	中国青年亚文化研究年度报告2012	编著	马中红	主编	清华大学出版社2013年6月
23	新闻传播学概论	专著	陈 霖	著	苏州大学出版社2013年5月
24	大众传播学导论	教材	陈 龙	著	苏州大学出版社2013年5月
25	现代广告学	教材	王军元	著	苏州大学出版社2013年5月
26	网络传播学	教材	程 洁	著	苏州大学出版社2013年5月
27	新闻评论学	教材	杨新敏	著	苏州大学出版社2013年5月
28	霸主的陨落——著名历史学家王卫平正说春秋霸主吴国的兴衰盛亡史*	专著	王卫平	著	漓江出版社2012年9月
29	苏州文献丛书第二辑	编著	王卫平	主编	上海世纪出版股份有限公司 上海古籍出版社2013年7月
30	近代中国的社会保障与区域社会	编著	王卫平 赵晓阳	主编	社会科学文献出版社2013年6月
31	《红十字运动研究》2013年卷	编著	严晓凤 池子华 郝如一	主编	合肥工业大学出版社2013年2月
32	红十字运动:历史与发展研究	专著	池子华	著	合肥工业大学出版社2013年2月
33	中国近代社会史论	专著	池子华	著	合肥工业大学出版社2013年3月

续表

序号	专著名称	类别	作者、著录方式		出版单位、时间
34	流民问题与近代社会	专著	池子华	著	合肥工业大学出版社 2013 年 9 月
35	红十字:近代战争灾难中的人道主义	编著	池子华 曹金国 薛丽蓉 阎智海	著	合肥工业大学出版社 2013 年 9 月
36	江西红十字运动百年回眸	编著	方　娅 池子华	主编	合肥工业大学出版社 2013 年 11 月
37	中国近现代史纲要	教材	朱蓉蓉 王玉贵	主编	苏州大学出版社 2013 年 2 月
38	王鏊集	编著	王卫平	主编	上海古籍出版社 2013 年 9 月
			吴建华	点校	
39	泗水长流 阳春永驻:泗水、泗阳历史文化研究	专著	臧知非 胡火金等	著	苏州大学出版社 2013 年 11 月
40	空间理论视角下的外来农民工城市融入问题研究:对苏南的考察	专著	高　峰	著	科学出版社 2013 年 5 月
41	乡村生态社区的衰变与治理机制	编著	王俊敏	主编	科学出版社 2013 年 5 月
42	职业安全与健康管理	编著	刘绮莉	主编	合肥工业大学出版社 2013 年 6 月
43	劳动经济学	教材	陈晓红等	副主编	科学出版社 2013 年 2 月
44	近代中国避暑度假旅游研究(1895—1937)	专著	吕晓玲	著	合肥工业大学出版社 2013 年 2 月
45	儒佛交涉论	专著	韩焕忠	著	安徽人民出版社 2013 年 4 月
46	儒学纵横论	专著	蒋国保	著	安徽人民出版社 2013 年 4 月
47	方东美与现代新儒学	专著	蒋国保	著	安徽人民出版社 2013 年 4 月
48	多元价值审视下的中国哲学	编著	蒋国保	主编	安徽人民出版社 2013 年 4 月
49	农民集中居住与移民文化适应——基于江苏农民集中居住区的调查	专著	叶继红	著	社会科学文献出版社 2013 年 11 月
50	道德社会学引论*	专著	龚长宇	著	中国人民大学出版社 2012 年 10 月
51	科学发展观与苏南发展模式问题研究*	专著	姜建成	著	吉林人民出版社 2012 年 11 月

续表

序号	专著名称	类别	作者、著录方式		出版单位、时间
52	抗日战争时期的民间外交研究*	专著	朱蓉蓉	著	吉林人民出版社2012年1月
53	中国近现代史纲要	教材	朱蓉蓉 王玉贵	主编	苏州大学出版社2013年1月
54	马克思主义基本原理概论	教材	马华芳 曹润生	主编	苏州大学出版社2013年1月
55	库存控制与供应链协调*	专著	张小洪	著	吉林人民出版社2012年12月
56	医院规模和布局建设现状分析和评价研究:以上海市为例	专著	车莲鸿	著	吉林人民出版社2013年3月
57	昆明样本:地方治理创新与反思	专著	沈荣华	著	清华大学出版社2013年2月
58	地方政府改革与深化行政管理体制改革研究	编著	沈荣华	编著	经济科学出版社2013年5月
59	艾森克心理健康思想解析	专著	李宏利	著	浙江教育出版社2013年9月
60	自然与自由——卢梭与现代性教育困境*	专著	曹永国	著	福建教育出版社2012年12月
61	学校发展的理论与实务——以苏南地区中小学为例	专著	陈羿君等	著	苏州大学出版社2013年1月
62	《大公报》与中国近代高等教育	编著	周　川 洪　芳	主编	福建教育出版社2013年8月
63	中国近代国立大学校长角色分析	专著	肖卫兵	著	福建教育出版社2013年4月
64	苏南高等教育与地区经济互动关系研究	专著	崔玉平等	著	苏州大学出版社2013年12月
65	PSYCHTOOLBOX 工具箱及 MATLAB 编程实例	编著	冯成志	编著	电子工业出版社2013年8月
66	近现代苏南教育家概览	编著	尹艳秋	编著	苏州大学出版社2013年5月
67	中小企业社会资本与创业绩效关系研究——基于动态能力视野	专著	田晓明等	著	杏林人民出版社2013年6月
68	中国外资企业有效税负研究*	专著	李　伟	著	文汇出版社2012年12月
69	财政学教程	编著	孙文基 邵伟钰	主编 副主编	苏州大学出版社2013年8月

续表

序号	专著名称	类别	作者、著录方式		出版单位、时间
70	企业伦理与文化研究	专著	魏文斌	著	苏州大学出版社 2013 年 10 月
71	企业战略管理	编著	李晓锋 魏文斌 王　敏 杨传明	编著	苏州大学出版社 2013 年 8 月
72	多维视角的企业技术创新理论与实证研究	专著	张方华	著	中国科学技术大学出版社 2013 年 4 月
73	管理会计新编	编著	张　薇	编著	苏州大学出版社 2013 年 8 月
74	文化产业的金融支持与服务创新	专著	乔桂明 刘沁清 郑晓玲 伍纯刚	著	苏州大学出版社 2013 年 1 月
75	价值链、虚拟资本和全球网络(上册)	编著	李宗诚	著	光明日报出版社 2013 年 8 月
76	价值链、虚拟资本和全球网络(下册)	编著	李宗诚	著	光明日报出版社 2013 年 8 月
77	代工企业的专用性投资对能力构建的作用:机制及调节因素	专著	周　俊	著	苏州大学出版社 2013 年 10 月
78	个人成功论	专著	李晓明	著	中国财富出版社 2013 年 6 月
79	新编商务英语阅读教程	教材	毛群英 朱冬梅 陶丽萍	编著	复旦大学出版社 2013 年 7 月
80	效率视角下的中国节能减排问题研究	专著	王群伟 周德群 周　鹏	著	复旦大学出版社 2013 年 7 月
81	数据化决策	译著	邓洪涛	译	世界图书出版广东有限公司 2013 年 9 月
82	中国城镇化研究报告	专著	段进军 姚士谋等	著	苏州大学出版社 2013 年 8 月
83	消费者破产法律制度比较研究	专著	卜　璐	著	武汉大学出版社 2013 年 6 月
84	走向新世纪的国际贸易制度*	专著	陈立虎	著	元照出版有限公司(台湾) 2012 年 12 月

续表

序号	专著名称	类别	作者、著录方式		出版单位、时间
85	侵权责任法学	教材	方新军	主编	北京大学出版社 2013 年 3 月
86	法学流派的人学之维	专著	胡玉鸿 许小亮 陈　颐	著	北京大学出版社 2013 年 3 月
87	中国刑法基本原理	专著	李晓明 李洪欣 陈珊珊	著	法律出版社 2013 年 8 月
88	中国刑法总论	编著	李晓明	主编	清华大学出版社 2013 年 9 月
89	宪法原理	教材	上官丕亮 陆永胜 朱中一	著	苏州大学出版社 2013 年 8 月
90	中国刑法罪刑适用	专著	彭文华等	著	法律出版社 2013 年 8 月
91	犯罪既遂原理	专著	彭文华	著	中国政法大学出版社 2013 年 6 月
92	刑法总论讲义	译著	钱叶六	译	中国人民大学出版社 2013 年 3 月
93	美国民事诉讼法	译著	张利民 孙国平 赵艳敏	译	商务印书馆 2013 年 8 月
94	大陆法系无权处分制度比较研究	专著	章正璋	著	中国政法大学出版社 2013 年 6 月
95	环境资讯公开与公众参与研究	专著	朱　谦	著	元照出版有限公司（台湾）2013 年 5 月
96	行政法视野中的服务型政府研究	专著	黄学贤等	著	中国政法大学出版社 2013 年 6 月
97	英语（一）自学指导	教材	叶建敏 周明亚	主编	苏州大学出版社 2013 年 5 月
98	英语（二）自学指导	教材	周明亚 叶建敏	主编	苏州大学出版社 2013 年 5 月
99	Illustrated Traditional Chinese Toys and Games	译著	王　宏等	译	Global ePress, LLC 2013 年 5 月
100	人类的故事	译著	王　宏等	译	外语教学与研究出版社 2013 年 10 月
101	翻译研究新思路——2012 年全国翻译高层研讨会论文集	编著	王　宏	主编	国防工业出版社 2013 年 7 月

续表

序号	专著名称	类别	作者、著录方式		出版单位、时间
102	戏曲杂谈:英汉对照	编著	钟玉琴	编著	苏州大学出版社2013年9月
			金焕荣	译注	
103	盆景天地:英汉对照	编著	汤　坚	编著	苏州大学出版社2013年9月
			陆小明	译注	
104	建筑例谈:英汉对照	编著	陶友华	编著	苏州大学出版社2013年9月
			杨志红 陆小明	译注	
105	书画浅谈:英汉对照	编著	刘金林	编著	苏州大学出版社2013年9月
			陆小明	译注	
106	文学盛衰的权力因素:中国中古文学场域研究	专著	王　欣	著	苏州大学出版社2013年1月
107	西方修辞学经典文选:英文	编注	袁　影	编注	苏州大学出版社2013年1月
108	中韩小说现代化转型比较研究	专著	张乃禹	著	苏州大学出版社2013年9月
109	英语(一)自学指导	教材	周明亚 叶建敏	主编	苏州大学出版社2013年11月
110	英语(二)自学指导	教材	叶建敏 周明亚	主编	苏州大学出版社2013年11月
111	外语教学要素观:英文	专著	左步雷	著	世界图书出版广东有限公司2013年11月
112	心灵鸡汤小故事:让我们从这儿开始:英汉对照	编著	方华文	编著	安徽科学技术出版社2013年9月
113	老人与海	译著	方华文	译	译林出版社2013年7月
114	丛林故事	译著	方华文	译	接力出版社2013年6月
115	RED ORIGIN(《红色的起点》英文版)	译著	方华文等	译	波兰马尔沙维克出版社2013年1月
116	生成语法框架下关系结构的句法与一语习得研究	专著	杨彩梅	著	商务印书馆出版2013年11月
117	汤显祖和莎士比亚的女性观与性别意识	专著	张　玲	著	中国传媒大学出版社2013年10月
118	紫萧记:英汉对照	译著	汪榕培 张　玲 顾　薇	译	上海外语教育出版社2013年1月

续表

序号	专著名称	类别	作者、著录方式		出版单位、时间
119	道韵清幽	编著	臧其林	编著	苏州大学出版社2013年9月
			王金华	译注	
120	英汉语篇间接回指	专著	王　军	著	商务印书馆出版2013年9月
121	法语单词“源”来如此	编著	吕玉冬	编著	北京大学出版社2013年1月
122	法语词根宝典	编著	吕玉冬	编著	东华大学出版社2013年1月
123	涉外秘书英语阅读	编著	莫玉羚 周红宇	主编	华东师范大学出版社2013年3月
124	应用语言学高级教程	编著	贾冠杰	编著	上海外语教育出版社2013年9月
125	中华文明与地方文化英文实用手册*	编著	冷　洁 叶建敏	主编	苏州大学出版社2012年12月
126	Jimmy Du's Essential Chinese	教材	杜争鸣	著	Cambridge Scholars Publishing 2013年
127	边缘	译著	陆　洵	译	人民文学出版社2013年12月
128	计算机应用基础教程	教材	徐进华	主编	苏州大学出版社2013年7月
129	计算机应用基础实验指导书	教材	李海燕	主编	苏州大学出版社2013年7月
130	大学计算机基础	教材	李海燕 周克兰 吴　瑾	编著	清华大学出版社2013年7月
131	复杂场景下图像与视频分析	专著	龚声蓉 刘纯平 季　怡	著	人民邮电出版社2013年9月
132	本群机器学习	专著	李凡长 张　莉 杨季文 钱旭培 王邦军 何书萍	著	中国科学技术大学出版社2013年4月
133	动态模糊数据分析理论与方法	专著	李凡长 杨季文 张　莉 路　梅等	著	科学出版社2013年3月
134	微波技术与天线(第三版)学习指导与实验教程	教材	郭辉萍 曹洪龙 刘学观	编著	西安电子科技大学出版社2013年3月

续表

序号	专著名称	类别	作者、著录方式		出版单位、时间
135	硬件描述语言实验教程	编著	曲 波等	编著	苏州大学出版社 2013 年 4 月
136	信号与系统:使用变换方法和 MATLAB 分析	译著	胡剑凌等	译	机械工业出版社 2013 年 6 月
137	电工电子技术	教材	芮延年	主编	电子工业出版社 2013 年 5 月
138	大学体育理论与实践	编著	王全法 陆升汉 王 政	主编	苏州大学出版社 2013 年 8 月
139	大学生健美操*	编著	陈瑞琴 周杏芬 汪康乐	主编	苏州大学出版社 2012 年 12 月
140	中国画技法	教材	袁 牧	主编	中国纺织出版社 2013 年 6 月
141	美术与设计教学档案 袁牧卷*	绘画	袁 牧	画	苏州大学出版社 2012 年 12 月
142	美术与设计教学档案 姜竹松卷*	绘画	姜竹松	画	苏州大学出版社 2012 年 12 月
143	美术与设计教学档案 张骅骝卷*	绘画	张骅骝	画	苏州大学出版社 2012 年 12 月
144	美术与设计教学档案 王鹭卷*	绘画	王 鹭	画	苏州大学出版社 2012 年 12 月
145	美术与设计教学档案 徐海鸥卷*	绘画	徐海鸥	画	苏州大学出版社 2012 年 12 月
146	美术与设计教学档案 黄艾卷*	绘画	黄 艾	画	苏州大学出版社 2012 年 12 月
147	美术与设计教学档案 黄晖卷*	绘画	黄 晖	画	苏州大学出版社 2012 年 12 月
148	美术与设计教学档案 钱流卷*	绘画	钱 流	画	苏州大学出版社 2012 年 12 月
149	美术与设计教学档案 李超德卷*	绘画	李超德	画	苏州大学出版社 2012 年 12 月
150	美术与设计教学档案 戴家峰卷*	绘画	戴家峰	画	苏州大学出版社 2012 年 12 月
151	美术与设计教学档案 袁牧卷*	绘画	袁 牧	画	苏州大学出版社 2012 年 12 月

续表

序号	专著名称	类别	作者、著录方式		出版单位、时间
152	色彩构成基础与应用	编著	周　慧	编著	化学工业出版社 2013 年 1 月
153	广告设计	教材	王言升 李　芳	主编	中国纺织出版社 2013 年 7 月
154	水性笔风景速写	编著	黄　艾	编著	中国纺织出版社 2013 年 2 月
155	艺术心理学*	教材	陈正俊	著	上海交通大学出版社 2012 年 12 月
156	设计概论*	教材	陈正俊	著	东方出版中心 2012 年 12 月
157	包装设计	教材	张大鲁 孟　娟	主编	中国纺织出版社 2013 年 7 月
158	平面构成创意与设计	编著	李　颖	编著	化学工业出版社 2013 年 1 月
159	图形用户界面的文化传播	专著	方　敏	著	中国文联出版社 2013 年 3 月
160	工部厂库须知	校注	江　牧	校注	人民出版社 2013 年 12 月
161	设计速写	编著	陈姝雅	编著	东方出版中心 2013 年 3 月
162	设计基础素描	编著	王　鹭	编著	苏州大学出版社 2013 年 8 月
163	符号江苏:苏绣	专著	李　明 沈建东	著	译林出版社 2013 年 1 月
164	展示设计	编著	王　峥	主编	中国纺织出版社 2013 年 7 月
165	中国古典园林设计	编著	周玉明等	编著	化学工业出版社 2013 年 9 月
166	中国设计全集 服饰类编 容妆篇*	编著	许　星 廖　军	编	海天出版社 2012 年 10 月
167	组织学与胚胎学	教材	王晓东 陈永珍 徐邦生	主编	科学出版社 2013 年 5 月
168	心理统计学	教材	姚应水	主编	人民卫生出版社 2013 年 8 月
			隋　虹 林爱华	副主编	
169	卫生法律制度与监督学	教材	樊立华	主编	人民卫生出版社 2013 年 1 月
			刘金宝	副主编	
170	卫生学	教材	仲来福	主审	人民卫生出版社 2013 年 4 月
			朱启星	主编	
			牛　侨 吴小南	副主编	

续表

序号	专著名称	类别	作者、著录方式		出版单位、时间
171	医学人际沟通学	教材	翁开源	主编	人民军医出版社 2013 年 3 月
172	高等药理学	编著	丁　健	主编	科学出版社 2013 年 5 月
173	生物制药工艺学	编著	吴梧桐	主编	中国医药科技出版社 2013 年 4 月
174	临床各科疾病护理观察要点	编著	李惠玲 侯云英	主编	人民卫生出版社 2013 年 4 月
175	心血管病护理学	编著	汪小华 惠　杰 沈振亚	主编	苏州大学出版社 2013 年 3 月
176	实用泌尿外科学	编著	郭震华 那彦群	主编	人民卫生出版社 2013 年 11 月
			叶章群 孙则禹 侯建全 温端改	副主编	
177	医院工作研究文库——实践与思考	编著	侯建全 郁中华	主编	苏州大学出版社 2013 年 11 月
178	临床各科疾病护理观察要点	编著	李惠玲 侯云英	主编	人民卫生出版社 2013 年 4 月
179	MRI 诊断手册	编著	胡春洪 汪文胜 方向明	主编	人民军医出版社 2013 年 10 月
180	实用临床技能学	教材	陈卫昌 蒋　彬	主编	苏州大学出版社 2013 年 10 月
181	白血病诊疗临床实践	编著	吴德沛 陈苏宁	主编	科学技术文献出版社 2013 年 2 月
182	低糖和防治糖尿病美食便方	编著	周　莉 谢英彪	主编	人民卫生出版社 2013 年 4 月
183	专家教您走出"吃"的误区	编著	周　莉 谢英彪	主编	人民军医出版社 2013 年 10 月
184	LyGDI 的生物学功能与信号转导通路研究进展	编著	周新文 段卫明	主编	中国原子能出版社 2013 年 10 月
185	血液病学高级教程	编著	阮长耿 沈志祥 黄晓军	主编	人民军医出版社 2013 年 7 月

续表

序号	专著名称	类别	作者、著录方式		出版单位、时间
186	儿童肠道菌群——基础与临床*	编著	武庆斌 郑跃杰 黄永坤	主编	科学出版社2012年6月
187	儿童先天性颌面颈部囊肿和瘘管手术治疗精要	编著	杨代茂 窦训武	编著	苏州大学出版社2013年9月
188	孙教授育儿营养经*	编著	孙朝琪	主编	中国轻工业出版社2012年5月
189	文化年服务年融合——新医改背景下医院思政工作新探索	编著	卢祖元	主编	江苏人民出版社2013年12月

注：加"＊"者为2012年出版但未列入《苏州大学年鉴2013》的图书。

2013年苏州大学规章制度文件目录

2013 年苏州大学规章制度文件目录一览表

序号	文号	文件标题	日期
1	苏大委〔2013〕9 号	中共苏州大学委员会关于改进工作作风、密切联系群众的有关规定	2013 年 3 月 5 日
2	苏大委〔2013〕17 号	中国共产党苏州大学代表大会代表任期制实施细则(试行)	2013 年 4 月 11 日
3	苏大委〔2013〕35 号	苏州大学处级领导班子后备干部工作规定	2013 年 5 月 24 日
4	苏大委〔2013〕48 号	苏州大学绩效工资实施办法(暂行)	2013 年 7 月 9 日
5	苏大委办〔2013〕1 号	苏州大学党政公文处理工作条例	2013 年 1 月 15 日
6	苏大〔2013〕6 号	苏州大学学生学习证明出具管理办法(修订稿)	2012 年 12 月 27 日
7	苏大〔2013〕21 号	苏州大学高水平运动员管理条例	2013 年 7 月 13 日
8	苏大人〔2013〕11 号	苏州大学外籍教师管理暂行办法	2013 年 1 月 15 日
9	苏大人〔2013〕12 号	苏州大学外籍教师社会保障待遇实施办法	2013 年 1 月 15 日
10	苏大人〔2013〕16 号	苏州大学临床医学教育督学暂行条例	2013 年 1 月 19 日
11	苏大人〔2013〕46 号	关于《苏州大学教师专业技术职务聘任暂行办法》的补充规定	2013 年 4 月 21 日
12	苏大人〔2013〕66 号	苏州大学"东吴名医培养计划"实施办法	2013 年 6 月 4 日
13	苏大人〔2013〕71 号	苏州大学教职工奖励暂行办法	2013 年 6 月 13 日
14	苏大人〔2013〕85 号	苏州大学学院党政管理人员编制和内设机构管理暂行办法	2013 年 7 月 7 日
15	苏大教〔2013〕51 号	苏州大学本科生考试管理办法(试行)	2013 年 6 月 18 日
16	苏大教〔2013〕79 号	苏州大学纳米科学与技术学院本科生校内选拔和专业分流工作条例(试行)	2013 年 8 月 28 日
17	苏大教〔2013〕86 号	苏州大学"本科教学质量与教学改革工程"专项资金管理暂行办法	2013 年 9 月 16 日

续表

序号	文　号	文　件　标　题	日　期
18	苏大教〔2013〕114 号	苏州大学教师教学工作条例	2013 年 12 月 12 日
19	苏大教〔2013〕117 号	苏州大学"本科教学质量与教学改革工程"项目管理暂行办法	2013 年 12 月 14 日
20	苏大教〔2013〕119 号	苏州大学本科生转专业实施办法(修订稿)	2013 年 12 月 20 日
21	苏大教〔2013〕120 号	苏州大学本科课程考核管理办法(试行)	2013 年 12 月 20 日
22	苏大教〔2013〕121 号	苏州大学学生助教工作实施细则(试行)	2013 年 12 月 23 日
23	苏大教〔2013〕122 号	苏州大学推荐优秀应届本科毕业生免试攻读硕士学位研究生工作实施办法(修订稿)	2013 年 12 月 20 日
24	苏大教〔2013〕123 号	苏州大学本科生毕业设计(论文)工作办法	2013 年 12 月 20 日
25	苏大教〔2013〕124 号	苏州大学普通高等教育本科生学籍管理条例(修订稿)	2013 年 12 月 20 日
26	苏大教〔2013〕126 号	苏州大学"箬政基金"项目管理条例	2013 年 12 月 23 日
27	苏大教〔2013〕127 号	苏州大学实验教学示范中心建设管理办法	2013 年 12 月 24 日
28	苏大教〔2013〕128 号	苏州大学本科教学兼职教师管理办法(试行)	2013 年 12 月 24 日
29	苏大教〔2013〕129 号	苏州大学双学位专业与辅修专业课程免修管理办法(试行)	2013 年 12 月 26 日
30	苏大教〔2013〕130 号	苏州大学本科生赴国(境)外大学交流学习的课程认定及学分转换管理办法(试行)	2013 年 12 月 26 日
31	苏大教〔2013〕131 号	苏州大学本科生创新学分认定管理条例	2013 年 12 月 26 日
32	苏大教〔2013〕135 号	苏州大学本科生选课管理办法(修订稿)	2013 年 12 月 26 日
33	苏大教〔2013〕137 号	苏州大学高等教育自学考试本科毕业生学士学位授予工作实施细则(修订稿)	2013 年 12 月 30 日
34	苏大教〔2013〕138 号	苏州大学成人高等教育本科毕业生学士学位授予工作实施细则(修订稿)	2013 年 12 月 30 日
35	苏大教〔2013〕139 号	苏州大学普通高等教育本科毕业生学士学位授予工作实施细则(修订稿)	2013 年 12 月 30 日
36	苏大成教〔2013〕1 号	苏州大学成人学历教育网络化教学试运行管理办法	2013 年 1 月 18 日

续表

序号	文　号	文　件　标　题	日　期
37	苏大招〔2013〕3 号	苏州大学全日制普通本科招生宣传工作管理暂行办法	2013 年 6 月 11 日
38	苏大招〔2013〕4 号	苏州大学全日制普通本科招生中学奖励办法(试行)	2013 年 6 月 10 日
39	苏大招〔2013〕11 号	苏州大学全日制普通本科招生宣传工作优秀个人评选暂行办法	2013 年 12 月 14 日
40	苏大研〔2013〕9 号	苏州大学研究生中期考核管理暂行办法	2013 年 1 月 7 日
41	苏大研〔2013〕10 号	苏州大学研究生学籍信息管理办法	2013 年 1 月 7 日
42	苏大研〔2013〕11 号	苏州大学研究生学位论文研究课题开题管理暂行办法	2013 年 1 月 7 日
43	苏大研〔2013〕12 号	苏州大学优秀博士学位论文选题立项资助办法	2013 年 1 月 7 日
44	苏大研〔2013〕31 号	苏州大学国(境)外博士研究生联合培养管理办法(试行)	2013 年 8 月 30 日
45	苏大学位〔2013〕13 号	苏州大学授予博士、硕士学位和培养研究生的二级学科自主设置与管理办法(试行)	2013 年 7 月 13 日
46	苏大学〔2013〕1 号	苏州大学优良学风班评选办法	2013 年 1 月 7 日
47	苏大学〔2013〕46 号	苏州大学全日制本科生奖学金评定实施细则(修订)和苏州大学全日制本科生学业和德育测评细则(修订)	2013 年 3 月 11 日
48	苏大学〔2013〕48 号	苏州大学家庭经济困难学生认定工作条例	2013 年 3 月 11 日
49	苏大科技〔2013〕8 号	苏州大学科研成果奖励条例(自然科学类)(修订稿)	2013 年 1 月 18 日
50	苏大科技〔2013〕9 号	苏州大学纵向科研经费管理条例(自然科学类)(修订稿)	2013 年 1 月 21 日
51	苏大科技〔2013〕14 号	苏州大学横向科研项目及经费管理条例(自然科学类)	2013 年 6 月 3 日
52	苏大科技〔2013〕15 号	苏州大学纵向科研经费管理条例(自然科学类)(修订稿)实施细则	2013 年 6 月 3 日
53	苏大国资〔2013〕8 号	苏州大学招标投标管理暂行办法	2013 年 11 月 7 日
54	苏大国资〔2013〕9 号	苏州大学仪器设备采购管理实施细则(试行)	2013 年 11 月 7 日

续表

序号	文　号	文　件　标　题	日　期
55	苏大国资〔2013〕10 号	苏州大学国有资产管理暂行办法	2013 年 11 月 7 日
56	苏大国资〔2013〕12 号	苏州大学工程建设项目招标采购管理实施细则(试行)	2013 年 11 月 26 日
57	苏大国资〔2013〕13 号	苏州大学教材与文献资源采购管理实施细则(试行)	2013 年 11 月 26 日
58	苏大国资〔2013〕14 号	苏州大学采购评审专家管理暂行办法	2013 年 11 月 26 日
59	苏大国资〔2013〕15 号	苏州大学实验材料采购管理实施细则(试行)	2013 年 12 月 2 日
60	苏大国资〔2013〕16 号	苏州大学办公物资采购管理实施细则(试行)	2013 年 12 月 11 日
61	苏大国资〔2013〕17 号	苏州大学采购供应商管理暂行办法	2013 年 12 月 11 日
62	苏大国资〔2013〕18 号	苏州大学服务类项目采购实施细则(试行)	2013 年 12 月 11 日
63	苏大设备〔2013〕3 号	苏州大学大型仪器设备收费管理暂行办法	2013 年 3 月 23 日

2013 年市级以上媒体关于苏州大学的报道部分目录

新　闻　标　题	媒体名称	报道时间
采访全国政协委员、我校副校长熊思东	中央电视台综合频道	2013 年 3 月 4 日
"2011 计划"首批认定名单公示	中央电视台综合频道	2013 年 4 月 12 日
资助苏大寒门学子　老人捐全部财产	中央电视台新闻频道	2013 年 3 月 7 日
关注高校自主招生	中央电视台新闻频道	2013 年 4 月 11 日
第十三届"挑战杯"竞赛决赛举行	中央电视台综合频道	2013 年 10 月 16 日
全国大学生课外学术科技作品竞赛:创意无限点亮智慧火花	中央电视台新闻频道	2013 年 10 月 17 日
四千名师生参加第十三届"挑战杯"决赛	《中国青年报》	2013 年 10 月 14 日
"挑战杯"厉行节俭 Style	《中国青年报》	2013 年 10 月 15 日
第十三届"挑战杯"决赛亍幕	《中国青年报》	2013 年 10 月 15 日
苏州大学:创新的种子在这里萌芽	《中国青年报》	2013 年 10 月 15 日
第十三届"挑战杯"组委会二次全会召开	《中国青年报》	2013 年 10 月 16 日
挑战杯新设"累进创新奖"和"交叉创新奖"	《中国青年报》	2013 年 10 月 17 日
第十三届"挑战杯"竞赛决赛闭幕	《中国青年报》	2013 年 10 月 18 日
"中国式创新"大爆发枕戈待旦	《中国青年报》	2013 年 10 月 18 日
挑战杯新规挑战比赛病	《中国青年报》	2013 年 10 月 18 日
不能漏掉真正有潜力的学生	《中国青年报》	2013 年 10 月 18 日
挑战杯不只是 10 月的挑战杯	《中国青年报》	2013 年 10 月 18 日
瞧瞧高校学生科技投入龙虎榜	《中国青年报》	2013 年 10 月 18 日
兴趣小组做出大成绩	《中国青年报》	2013 年 10 月 18 日

续表

新闻标题	媒体名称	报道时间
领队心语	《中国青年报》	2013年10月18日
因为一件漂亮衣服干上了科研	《中国青年报》	2013年10月18日
让抗癌药物便宜些,再便宜些	《中国青年报》	2013年10月18日
甲方乙方何时才能走到一起	《中国青年报》	2013年10月18日
大学生眼中的摊贩和城管	《中国青年报》	2013年10月18日
10年老教头	《中国青年报》	2013年10月18日
我要把作品送到“嫦娥”上去	《中国青年报》	2013年10月18日
盐城工学院:进军挑战杯不分先后	《中国青年报》	2013年10月18日
摸底“光伏下乡”	《中国青年报》	2013年10月18日
挑战杯全国大学生创新创业示范园区在苏州成立	《中国青年报》	2013年10月18日
科技之光——挑战杯,一场大学生的嘉年华	《中国青年报》	2013年10月18日
为世界培养一流的科学家	《中国青年报》	2013年12月13日
苏州大学师生清明祭扫忆师恩	《中国教育报》	2013年4月8日
2011计划:点亮高校创新之光	《中国教育报》	2013年4月12日
苏州大学研究生创新联盟助企业获益4亿元	《中国教育报》	2013年5月15日
“三无”和“三有”的共同旨归	《中国教育报》	2013年5月20日
“挑战杯”竞赛决赛揭幕	《中国教育报》	2013年10月16日
第十三届“挑战杯”决赛闭幕	《中国教育报》	2013年10月19日
吴志祥:创业梦想在坚持中实现	《中国教育报》	2013年10月21日
苏州大学:智能收发室巧解快递难	《中国教育报》	2013年11月27日
面对快递“围城”高校如何破解	《中国教育报》	2013年12月2日
苏州大学纳米科技学院实验室(图)	《中国教育报》	2013年12月9日
东吴大学旧址晋级“国宝”	《中国科学报》	2013年5月9日
微观世界的协同创新之梦	《中国科学报》	2013年5月14日
苏大研究生科研创新成果汇展　庆祝研究生荣誉日	《中国科学报》	2013年5月23日
苏州大学成立中国传统文化工作坊	《中国科学报》	2013年6月27日

续表

新闻标题	媒体名称	报道时间
苏大教服集团启动外来劳务子女夏令营	《中国科学报》	2013 年 7 月 18 日
迎新季,各校有高招	《中国科学报》	2013 年 8 月 29 日
第十七次全国电化学大会在苏州大学举行	《中国科学报》	2013 年 11 月 21 日
地方高水平大学共商发展之道	《中国科学报》	2013 年 12 月 12 日
苏州高校联办大学生心理短剧赛	《中国科学报》	2013 年 12 月 19 日
新技术助力苏州大学首届校园马拉松	《中国科学报》	2013 年 12 月 26 日
苏大"973"计划项目获重大突破	《中国科学报》	2013 年 1 月 10 日
哈佛大学商学院学生来苏开展学术交流	《中国科学报》	2013 年 1 月 24 日
苏大教授主持译《明清小品文》 英文国际版在全球发行	《中国科学报》	2013 年 2 月 28 日
康振辉:见微知著 揭秘未来	《中国科学报》	2013 年 3 月 8 日
苏大两项目获江苏省科学技术奖	《中国科学报》	2013 年 3 月 21 日
苏大谋划建设一流音乐厅	《中国科学报》	2013 年 4 月 18 日
苏州大学新增 6 个本科专业	《中国科学报》	2013 年 4 月 25 日
《明清小品文》全英文国际版出版	《中国社会科学报》	2013 年 3 月 1 日
苏州基层统战理论与实践研究所成立	《中国社会科学报》	2013 年 11 月 6 日
东京审判研究具有深刻现实意义	《中国社会科学报》	2013 年 11 月 18 日
苏大设 24 小时"智能收发室"	《中国社会科学报》	2013 年 12 月 18 日
蛇形机器人检测结肠疾病	《科技日报》	2013 年 5 月 31 日
柔性太阳能电池可任意弯曲	《科技日报》	2013 年 6 月 17 日
唐仲英医学研究院大楼在苏大奠基	《科技日报》	2013 年 6 月 22 日
苏州大学举办首届科技开放日	《科技日报》	2013 年 7 月 10 日
苏大学生启迪山里娃"追逐"梦想	《科技日报》	2013 年 8 月 29 日
苏大获 300 项国家自然科学基金立项资助	《科技日报》	2013 年 8 月 29 日
苏大将举办大学生课外学术科技作品竞赛	《科技日报》	2013 年 9 月 25 日
香山科学会议在苏州大学召开	《科技日报》	2013 年 10 月 25 日
智能收发室 24 小时收发快件	《科技日报》	2013 年 11 月 14 日

续表

新闻标题	媒体名称	报道时间
全国电化学大会在苏州大学举行	《科技日报》	2013年12月4日
苏大每周请戏曲名家走进课堂	《新华日报》	2013年3月12日
清明祭扫忆恩师	《新华日报》	2013年4月4日
“2011计划”名单公示　江苏入选占近三成	《新华日报》	2013年4月13日
苏大一项调研显示:儿童寄养优于机构照料	《新华日报》	2013年4月18日
我往哪里去,我的选择我做主	《新华日报》	2013年6月28日
400家企业争赴苏大科技“盛宴”	《新华日报》	2013年7月7日
苏大教授入选科学中国人年度人物	《新华日报》	2013年7月12日
“最严作息”有何不可	《新华日报》	2013年9月4日
苏州大学迎来“挑战杯”全国大赛	《新华日报》	2013年9月30日
让每一粒创新种子都发芽	《新华日报》	2013年10月3日
苏州大学“双创人才”领跑全省	《新华日报》	2013年11月12日
苏大与张家港合建城管实习基地	《新华日报》	2013年11月26日
苏大携手美国Cadence公司共建联合实验室	《人民日报海外版》	2013年6月7日
吴经国要把奥林匹克博物馆建在苏州	《人民日报海外版》	2013年11月15日
新农合和城镇医保补助提高	《光明日报》	2013年3月6日
“戏曲评弹鉴赏”课受欢迎	《光明日报》	2013年3月8日
呵护生命之花绽放——来自苏州大学附属儿童医院的故事	《光明日报》	2013年4月28日
孤残儿童家庭寄养:好在哪里,难在哪里	《光明日报》	2013年5月14日
以德以术,以担当	《光明日报》	2013年7月4日
苏州大学:遏制干部车轮子　丰富教师菜盘子	《光明日报》	2013年9月17日
“挑战杯”决赛苏州开赛	《光明日报》	2013年10月16日
大学精神的价值诉求离不开社会发展进程	《光明日报》	2013年10月16日
沈威峰画作热展省美术馆	《扬子晚报》	2013年1月29日
苏大“两百分考”很“文学”　鸿门宴是如何排座的?	《扬子晚报》	2013年2月25日
七旬妪立遗嘱　所有财产捐苏大	《扬子晚报》	2013年3月6日

续表

新闻标题	媒体名称	报道时间
苏州"金砖门诊楼"有望涅槃新生	《扬子晚报》	2013 年 3 月 7 日
"戏曲走近大学生"在苏大启动	《扬子晚报》	2013 年 3 月 8 日
苏大教授主持英译《明清小品文》全球发行	《扬子晚报》	2013 年 3 月 12 日
苏大应用技术学院闯进独立学院百强榜	《扬子晚报》	2013 年 3 月 28 日
苏大才女设计彭丽媛出访服饰	《扬子晚报》	2013 年 3 月 28 日
苏大 2013 年新增 6 个本科专业	《扬子晚报》	2013 年 4 月 13 日
苏大男生推创意简历	《扬子晚报》	2013 年 4 月 15 日
姑苏大、中、小学师生爱心献灾区　2000 师生手捧千纸鹤为雅安祈福	《扬子晚报》	2013 年 4 月 23 日
苏大学生食堂新推"半份菜"	《扬子晚报》	2013 年 4 月 24 日
苏州寄养家庭数量严重不足　多数儿童无法正常接受教育	《扬子晚报》	2013 年 4 月 26 日
苏大学生 T 恤上描绘"母爱"	《扬子晚报》	2013 年 5 月 12 日
用蛇形机器人深入结肠做检测	《扬子晚报》	2013 年 5 月 18 日
诺贝尔化学奖得主艾伦·黑格受聘苏大	《扬子晚报》	2013 年 5 月 18 日
江苏 11 所高校 2013 招生政策公布	《扬子晚报》	2013 年 5 月 22 日
江苏高校 29 个协同创新中心揭牌	《扬子晚报》	2013 年 5 月 25 日
翟俊杰:不想拍成历史教科书	《扬子晚报》	2013 年 6 月 4 日
"第一夫人时装设计师"苏大当教授	《扬子晚报》	2013 年 6 月 6 日
部分高校投放计划略减	《扬子晚报》	2013 年 6 月 11 日
江苏 8 高校 13 门课入选第三批"精品视频公开课"	《扬子晚报》	2013 年 6 月 14 日
苏州大学答考生问	《扬子晚报》	2013 年 6 月 21 日
"道德典型"报苏大保证第一专业录取	《扬子晚报》	2013 年 6 月 27 日
9 高校学长学姐打造"民间版"招生指南	《扬子晚报》	2013 年 6 月 30 日
苏大最高分录在 7 年制临床医学	《扬子晚报》	2013 年 7 月 15 日
本二批次热门院校录取线出炉	《扬子晚报》	2013 年 7 月 22 日
苏大"最严苛作息表":午休 1 小时,晚上也有课	《扬子晚报》	2013 年 9 月 3 日
罗援将军为苏大新生做国防教育讲座	《扬子晚报》	2013 年 9 月 4 日

续表

新 闻 标 题	媒体名称	报道时间
苏大学生缴费可用支付宝	《扬子晚报》	2013 年 9 月 5 日
苏大控烟良好程度全国第三	《扬子晚报》	2013 年 9 月 13 日
集体婚礼　四对新人在苏大办民国婚礼	《扬子晚报》	2013 年 10 月 4 日
苏大"励志姐"自习教室搭帐篷!	《扬子晚报》	2013 年 10 月 8 日
全国大学生"挑战杯"苏州揭幕	《扬子晚报》	2013 年 10 月 15 日
"5 段蛇"擅钻肠,"猫人"就是摔不死	《扬子晚报》	2013 年 10 月 15 日
记者观察　第 13 届"挑战杯"创下多项新纪录	《扬子晚报》	2013 年 10 月 15 日
第十三届"挑战杯"闭幕　苏大团体总分第二	《扬子晚报》	2013 年 10 月 18 日
苏大学子摘"挑战杯"课外大赛特等奖	《扬子晚报》	2013 年 10 月 24 日
苏大设"智能收发室"可 24 小时收发快件	《扬子晚报》	2013 年 11 月 6 日
苏大举行第三届江苏 MPA 论坛	《扬子晚报》	2013 年 11 月 19 日
全国电化学大会在苏大举行　11 位院士把脉"最前沿课题"	《扬子晚报》	2013 年 11 月 20 日
校园有个"驴帮你"　专帮同学取快递	《扬子晚报》	2013 年 11 月 20 日
国际机器人大赛　苏大两度夺冠	《扬子晚报》	2013 年 12 月 6 日
苏州大学设立"校友返校日"	《扬子晚报》	2013 年 12 月 13 日
选择苏州大学的六大理由	《扬子晚报》	2013 年 12 月 13 日
每位选手鞋面佩有"计时芯片"　自动计时防止绕近路	《扬子晚报》	2013 年 12 月 24 日
苏大李永舫教授当选中科院院士	《扬子晚报》	2013 年 12 月 26 日
白蚕成本育彩蚕　打破骨折恶循环	《江苏科技报》	2013 年 3 月 11 日
绿色生态印染美梦成真	《江苏科技报》	2013 年 4 月 22 日
"奇思妙想"点亮绿色校园设计	《江苏科技报》	2013 年 5 月 6 日
我省 50 余专家候选两院院士	《江苏科技报》	2013 年 5 月 27 日
苏大蛇形机器人让无痛检查结肠病成为可能	《江苏科技报》	2013 年 6 月 3 日
柔性太阳能电池轻薄如纸可弯曲	《江苏科技报》	2013 年 6 月 17 日
苏大实践聚焦"白衣天使"健康	《江苏科技报》	2013 年 8 月 26 日
第十七次全国电化学大会在苏州大学举行	《江苏科技报》	2013 年 11 月 25 日

续表

新闻标题	媒体名称	报道时间
弘扬雷锋精神　苏大学生集体献血39800毫升	《江苏教育》	2013年3月5日
苏州大学参与编制中国《绿色校园评价标准》	《江苏教育》	2013年4月15日
苏州大学深入开展“我的中国梦”主题教育活动	《江苏教育》	2013年4月27日
苏大两门课程入选教育部“精品视频公开课建设计划”	《江苏教育报》	2013年1月2日
我省23项高校校园文化建设优秀成果获教育部奖励	《江苏教育报》	2013年1月2日
苏州大学力推高雅艺术进校园	《江苏教育报》	2013年3月22日
苏大学生远赴贵州支教	《江苏教育报》	2013年8月30日
第十三届“挑战杯”全国大学生课外学术科技作品竞赛10月开锣	《江苏教育报》	2013年9月30日
马可:我把彭丽媛当姐姐	《金陵晚报》	2013年6月6日
彭丽媛立领装再次惊艳世界	《金陵晚报》	2013年6月7日
大学生研制机器蛇　查结肠病不痛了	《金陵晚报》	2013年6月7日
美国机器蛇潜伏起来搞侦察	《金陵晚报》	2013年6月7日
日本机器蛇专用于地震救援	《金陵晚报》	2013年6月7日
苏州大学2013年自主招生考试开考	《江南时报》	2013年2月26日
《解读苏南》荣获国家级图书奖	《江南时报》	2013年2月26日
七旬退休教师捐赠所有财产　资助苏大寒门学子完成学业	《江南时报》	2013年3月6日
高雅艺术进校园“曲高”不“和寡”　第七届“戏曲走近大学生”活动苏大启动	《江南时报》	2013年3月8日
居民小家电“生病”　大学生“医生”问诊把脉	《江南时报》	2013年3月8日
苏大邀大学生村官校友返校传经验	《江南时报》	2013年3月28日
她设计出“丽媛style”　她的名字叫马可	《江南时报》	2013年3月28日
苏大2013年新增6个本科专业	《江南时报》	2013年4月17日
全国首家农民合作社集体资产七年翻六番	《江南时报》	2013年4月19日
情系灾区　祈福雅安	《江南时报》	2013年4月24日
“怒放的青春”苏州载誉续航	《江南时报》	2013年5月3日

续表

新闻标题	媒体名称	报道时间
全国大学生苏州竞技绿色校园设计	《江南时报》	2013年5月3日
苏大"杏林"志愿服务队亮相	《江南时报》	2013年5月7日
东吴大学旧址晋级"国宝"	《江南时报》	2013年5月7日
杨明义受聘苏大客座教授	《江南时报》	2013年5月8日
苏大17人获博士后科学基金资助	《江南时报》	2013年5月15日
苏大唐仲英医学研究院奠基	《江南时报》	2013年5月24日
"有心人　爱同行"苏州大学生支教贵州再出发	《江南时报》	2013年5月29日
苏大携手美国Cadence公司共建联合实验室	《江南时报》	2013年6月6日
"丽媛style"设计者马可当上母校苏州大学兼职教授	《江南时报》	2013年6月6日
苏大附一院"禽"况研究成果登上国际顶尖医学期刊	《江南时报》	2013年6月14日
诺贝尔化学奖得主艾伦·黑格受聘苏大	《江南时报》	2013年6月14日
苏州大学成立中国传统文化工作坊	《江南时报》	2013年6月19日
苏大特别优秀生可获5万、2万不等奖学金	《江南时报》	2013年6月27日
艺术类提前批次美术类投档分　苏大列江苏高校首位	《江南时报》	2013年7月12日
苏大教授入选"科学中国人2012年度人物"	《江南时报》	2013年7月12日
苏大志愿者"科学商店"进社区	《江南时报》	2013年7月19日
苏大本二批次新增一批计划　南信大热门专业分数远超本一线	《江南时报》	2013年7月22日
苏大研究生获"中国青少年科技创新奖"	《江南时报》	2013年7月22日
苏大赤子8年无悔造绿洲	《江南时报》	2013年8月21日
学员平均减重21斤　苏大附一院营养科暑期减重班结束	《江南时报》	2013年9月11日
苏大师生调研:农村养老需多元化发展	《江南时报》	2013年9月13日
苏大校园上演民国风集体婚礼	《江南时报》	2013年10月8日
"挑战杯"决赛昨在苏州开幕	《江南时报》	2013年10月14日
苏大设智能收发室　可24小时收发快件	《江南时报》	2013年11月5日

续表

新闻标题	媒体名称	报道时间
国际奥委会委员吴经国苏大吐心声——想在苏州建奥林匹克博物馆	《江南时报》	2013年11月14日
苏大学生国际机器人大赛创佳绩	《江南时报》	2013年12月6日
40所地方高校聚苏研讨大学发展	《江南时报》	2013年12月10日
苏州大学设立"校友返校日"	《江南时报》	2013年12月12日
苏大学生"变身"面点大厨	《江南时报》	2013年12月13日
全国首届民间核雕艺术大赛举行	《江南时报》	2013年12月16日
16所在苏高校联办心理短剧赛	《江南时报》	2013年12月17日
排在后面的亲,不必担心计时不准啦,计时芯片绑鞋带上,基本木有误差	《江南时报》	2013年12月23日
郎永淳:不忘初心,坚守前行	《江南时报》	2013年12月25日
苏大李永舫教授当选中科院院士	《江南时报》	2013年12月25日
被包装的"苦难"?	《南方周末》	2013年10月21日
内外协同　打造中国"纳米城"	《群众》	2013年6月1日
王腊宝委员——该有本《苏州百科全书》	《苏州日报》	2013年1月7日
牛！苏大师生给联合国翻译文件	《苏州日报》	2013年1月11日
苏大学子身患重病　福彩中心紧急救助	《苏州日报》	2013年1月15日
走出国门办大学	《苏州日报》	2013年1月28日
百万爱心款资助苏大学子	《苏州日报》	2013年1月28日
吴和坤:让全球的音乐思想在苏州碰撞交汇	《苏州日报》	2013年2月1日
《明清小品文》有了洋版本	《苏州日报》	2013年2月24日
本科生留学政府给奖学金	《苏州日报》	2013年2月24日
苏大自主招生14选1	《苏州日报》	2013年2月25日
200名苏大学子踊跃献血	《苏州日报》	2013年3月4日
女作家爱心遗嘱捐家产	《苏州日报》	2013年3月5日
课堂"变"戏院	《苏州日报》	2013年3月7日
苏大两项目获省科技一等奖	《苏州日报》	2013年3月7日
博习医院的西医东渐	《苏州日报》	2013年3月8日

续表

新　闻　标　题	媒体名称	报道时间
苏大自主招生面试尝鲜“无领导小组讨论”	《苏州日报》	2013 年 3 月 10 日
新儿童医院长得像“细胞”	《苏州日报》	2013 年 3 月 12 日
黄埭中学“联姻”苏大数学院	《苏州日报》	2013 年 3 月 22 日
为脑卒中高危人群建档案	《苏州日报》	2013 年 3 月 22 日
一个人得了三种原发癌	《苏州日报》	2013 年 3 月 22 日
刘佳:从尘世跃向艺术之巅	《苏州日报》	2013 年 3 月 22 日
主动为发展谋划	《苏州日报》	2013 年 3 月 23 日
苏大出版社第七次荣膺国家级图书奖	《苏州日报》	2013 年 3 月 24 日
苏大音乐教育引进美国模式	《苏州日报》	2013 年 3 月 26 日
苏大村官校友返校“传经”	《苏州日报》	2013 年 3 月 26 日
苏大教授校注陆游全集获图书大奖	《苏州日报》	2013 年 3 月 28 日
“32 句诗我们整整练了一星期”	《苏州日报》	2013 年 4 月 3 日
苏大附一院开我市首个矮小门诊	《苏州日报》	2013 年 4 月 4 日
苏大受助学子祭扫谢恩师	《苏州日报》	2013 年 4 月 5 日
儿童医院门前好走了	《苏州日报》	2013 年 4 月 11 日
“2011 计划”苏州榜上有名	《苏州日报》	2013 年 4 月 13 日
劳模医生带出一支创新团队	《苏州日报》	2013 年 4 月 16 日
“头痛”真能从脚“医”	《苏州日报》	2013 年 4 月 16 日
设计精英　高校论坛	《苏州日报》	2013 年 4 月 18 日
15 名苏州医生待命赴灾区	《苏州日报》	2013 年 4 月 22 日
学科制高点“接地气”	《苏州日报》	2013 年 4 月 24 日
世界顶级骨科团队 6 次来苏为百名患儿手术	《苏州日报》	2013 年 4 月 25 日
陆慕社区“攀亲”苏大	《苏州日报》	2013 年 4 月 27 日
苏大研究生工作站将向“创新团队”转变	《苏州日报》	2013 年 4 月 27 日
苏大教授获德国学术大奖	《苏州日报》	2013 年 5 月 3 日
“做个好学生”是主流取向	《苏州日报》	2013 年 5 月 4 日
300 名大学生成医院志愿者	《苏州日报》	2013 年 5 月 4 日

续表

新 闻 标 题	媒体名称	报道时间
市集邮协会成立30周年	《苏州日报》	2013年5月11日
2012中国地级城市医院竞争力排行榜　苏大附一院跃居第二	《苏州日报》	2013年5月14日
骨髓移植病友共聚苏大附一院	《苏州日报》	2013年5月18日
"在场主义散文奖"苏大颁奖	《苏州日报》	2013年5月18日
资中筠：我写的是历史一个侧面	《苏州日报》	2013年5月18日
有了"机器蛇"无痛检测结肠病	《苏州日报》	2013年5月19日
苏大唐仲英医学研究院奠基	《苏州日报》	2013年5月23日
图文：职业秀	《苏州日报》	2013年5月27日
脚趾不疼　她又能走了	《苏州日报》	2013年5月28日
人工血管搭桥术为患者保住大腿	《苏州日报》	2013年5月28日
身着汉服推广经典诵读	《苏州日报》	2013年5月31日
用一种建材搞装修	《苏州日报》	2013年6月1日
吴文化资源数据库入选国家发展项目	《苏州日报》	2013年6月1日
苏大携全球名企共建联合实验室	《苏州日报》	2013年6月5日
贴上了这张膜手机充电只需晒太阳	《苏州日报》	2013年6月5日
马可：我的设计灵感来自"爱"	《苏州日报》	2013年6月6日
白内障患者少照紫外线	《苏州日报》	2013年6月7日
"90后"毕业照玩"穿越"	《苏州日报》	2013年6月9日
诺奖得主受聘苏大名誉教授	《苏州日报》	2013年6月11日
苏大附一院禽流感研究成果登上国际顶级医学期刊	《苏州日报》	2013年6月14日
苏大再发声明"喊话"傅萍	《苏州日报》	2013年6月16日
为设计人才提供就业机会	《苏州日报》	2013年6月19日
苏大成立中国传统文化工作坊	《苏州日报》	2013年6月19日
苏大司法鉴定所升级为我市首个司法鉴定中心	《苏州日报》	2013年6月19日
苏大附一院平江新院年底开诊	《苏州日报》	2013年6月21日
傅萍系主动退学	《苏州日报》	2013年6月21日

续表

新闻标题	媒体名称	报道时间
苏大音乐学院创立双学位双专业项目	《苏州日报》	2013年6月22日
全国性草根联赛"苏州造"	《苏州日报》	2013年6月23日
八大平台集成服务企业创新	《苏州日报》	2013年6月25日
小册在手　过组织生活无忧	《苏州日报》	2013年6月27日
达到本一线即可报苏大　超5分以上录取把握大	《苏州日报》	2013年6月27日
鼓励大学毕业生服务基层	《苏州日报》	2013年6月30日
图文:大学生社区走秀	《苏州日报》	2013年7月2日
探讨统计学进展及方向	《苏州日报》	2013年7月8日
22名苏大学子签约金螳螂	《苏州日报》	2013年7月10日
苏大实践团队开拔	《苏州日报》	2013年7月13日
暑期兼职"对口"不容易	《苏州日报》	2013年7月15日
大学生护水在行动	《苏州日报》	2013年7月17日
支教先集训　备课试讲学厨艺	《苏州日报》	2013年7月18日
大学生科普小朋友	《苏州日报》	2013年7月19日
苏大学生连续五年"医行大别山"	《苏州日报》	2013年7月25日
在苏高校录取通知书首批发出6170份	《苏州日报》	2013年7月26日
大学生支教办起家长夜校	《苏州日报》	2013年7月28日
全国12所中学学生苏城"舌战"	《苏州日报》	2013年7月29日
苏大北校区要变身	《苏州日报》	2013年8月9日
苏大学生安徽探寻傩文化	《苏州日报》	2013年8月13日
全国写生美术作品展开幕　李超德两作品入选	《苏州日报》	2013年8月20日
苏大学生可用支付宝缴纳学杂费	《苏州日报》	2013年8月20日
苏大研究生获"中国青少年科技创新奖"	《苏州日报》	2013年8月21日
苏州大学医学生送课藏族孤儿学校	《苏州日报》	2013年8月22日
苏大学生给轨交提建议　能否多点"苏州文化"	《苏州日报》	2013年8月22日
阮长耿:科研点亮生命光芒	《苏州日报》	2013年8月22日
"90后"上大学:新生接新生	《苏州日报》	2013年8月24日
联系群众确保常态长效	《苏州日报》	2013年8月27日

续表

新 闻 标 题	媒体名称	报道时间
晚上要上课,你能接受吗?	《苏州日报》	2013 年 8 月 28 日
罗援将军:文化侵略不容忽视	《苏州日报》	2013 年 8 月 31 日
《徽州往事》苏州站完美收官	《苏州日报》	2013 年 9 月 12 日
苏大将连办五场音乐会　首场周日献演	《苏州日报》	2013 年 9 月 14 日
省内高校美术作品联展	《苏州日报》	2013 年 9 月 17 日
848 苏大学生淘宝开店	《苏州日报》	2013 年 9 月 17 日
苏州大学生网上月均支出 595 元	《苏州日报》	2013 年 9 月 18 日
陈艳青:"三落三起"铸造传奇	《苏州日报》	2013 年 9 月 19 日
让苏州话跟普通话和谐共存	《苏州日报》	2013 年 9 月 20 日
30 万善款助力学子	《苏州日报》	2013 年 9 月 24 日
"挑战杯"决赛落户苏大	《苏州日报》	2013 年 9 月 25 日
苏大教授当选国际宇航科学院通讯院士	《苏州日报》	2013 年 9 月 27 日
苏大师生回忆和于光远的两次学术缘——对教育执著待人随和	《苏州日报》	2013 年 9 月 27 日
大学生不出校门尝遍苏帮小吃	《苏州日报》	2013 年 9 月 28 日
拖拽图形就能编程	《苏州日报》	2013 年 10 月 6 日
朱栋霖:再造苏州文化辉煌从激活传统开始	《苏州日报》	2013 年 10 月 11 日
"挑战"集聚创新力	《苏州日报》	2013 年 10 月 13 日
"挑战杯"决赛今日启幕	《苏州日报》	2013 年 10 月 14 日
挑战创新　实现"中国梦"	《苏州日报》	2013 年 10 月 15 日
大学生作品引百企关注	《苏州日报》	2013 年 10 月 18 日
支持创新创业项目产业化	《苏州日报》	2013 年 10 月 18 日
相城区和苏大甜蜜"牵手"	《苏州日报》	2013 年 10 月 19 日
五中与苏大共建数学教科研基地	《苏州日报》	2013 年 10 月 24 日
"智能收发室"全天自助服务	《苏州日报》	2013 年 11 月 5 日
我打算在家乡苏州建奥林匹克博物馆	《苏州日报》	2013 年 11 月 9 日
吴静钰:力争奥运三连冠	《苏州日报》	2013 年 11 月 14 日
薛鸣球院士逝世	《苏州日报》	2013 年 11 月 15 日

续表

新闻标题	媒体名称	报道时间
苏州近万人报考硕研生	《苏州日报》	2013年11月16日
全国电化学大会在苏召开	《苏州日报》	2013年11月17日
技术研发人才最紧俏	《苏州日报》	2013年11月23日
中国戏剧节成了留学生第二课堂	《苏州日报》	2013年11月25日
大学生普及防艾知识	《苏州日报》	2013年11月29日
黑硅太阳能电池光伏大会受关注	《苏州日报》	2013年11月30日
携手机器人上国际擂台	《苏州日报》	2013年12月6日
促进体育产业成最具活力新兴产业	《苏州日报》	2013年12月8日
地方高水平大学推动区域协调发展	《苏州日报》	2013年12月8日
佛教居士林助学苏大学子	《苏州日报》	2013年12月9日
苏大将设“校友返校日”	《苏州日报》	2013年12月12日
苏州核雕　主场竞技	《苏州日报》	2013年12月15日
培育病毒学人才　苏大中科院共建“高尚荫菁英班”	《苏州日报》	2013年12月21日
苏大举办首届校园马拉松	《苏州日报》	2013年12月22日
“我本科毕业时就业压力很大”	《苏州日报》	2013年12月24日
苏大李永舫当选中科院院士	《苏州日报》	2013年12月24日
为绣娘提供更多原创作品	《苏州日报》	2013年12月27日
苏大入选全国首批法律人才培养基地	《姑苏晚报》	2013年1月3日
哈佛大学商学院学生来苏开展学术交流	《姑苏晚报》	2013年1月8日
大学生涂鸦内裤涂出创意	《姑苏晚报》	2013年1月8日
《十梓街》3天点击超8000次	《姑苏晚报》	2013年1月8日
苏大现首位国家973计划首席科学家	《姑苏晚报》	2013年1月9日
老人捐出全部财产资助寒门学子	《姑苏晚报》	2013年1月9日
苏大10课题入选“973”	《姑苏晚报》	2013年1月9日
苏大学子获联合国文件翻译证书	《姑苏晚报》	2013年1月11日
苏大王健法学院进驻钟爱驿站	《姑苏晚报》	2013年1月14日

续表

新闻标题	媒体名称	报道时间
苏大首次入选36所研究型大学	《姑苏晚报》	2013年1月16日
“手术帝”自割直肠息肉	《姑苏晚报》	2013年1月18日
天使情系临汾　助贫困学子度寒冬	《姑苏晚报》	2013年1月22日
每一个孩子都是上帝的作品	《姑苏晚报》	2013年1月27日
以自己的传统与世界对话——方汉文访谈录	《姑苏晚报》	2013年1月27日
苏大出版社《解读苏南》获国家级图书奖	《姑苏晚报》	2013年2月23日
附一院率先引进胆胰疾病诊治“神器”	《姑苏晚报》	2013年2月23日
苏大自主招生考试昨开考	《姑苏晚报》	2013年2月25日
苏大自主招生开考　4400人争夺300个名额	《姑苏晚报》	2013年2月25日
《明清小品文》英文版全球发行	《姑苏晚报》	2013年2月26日
地校携手全面合作	《姑苏晚报》	2013年3月3日
苏大学生集体献血39800毫升	《姑苏晚报》	2013年3月4日
附二院胸心外科成功救治老年罕见心脏肿瘤患者	《姑苏晚报》	2013年3月5日
传统艺术进校园找观众	《姑苏晚报》	2013年3月7日
附儿院园区总院门诊楼本月封顶	《姑苏晚报》	2013年3月12日
丰泽彩韵扮　靓东方水城——姜竹松访谈录	《姑苏晚报》	2013年3月17日
苏大附一院成为江苏省唯一省级血友病诊疗定点机构	《姑苏晚报》	2013年3月18日
苏大附一院成全国中风诊疗重镇	《姑苏晚报》	2013年3月21日
大学四年,说了四年相声	《姑苏晚报》	2013年3月21日
这里将走出更多数学尖子	《姑苏晚报》	2013年3月22日
苏大“汉服女孩”直面质疑	《姑苏晚报》	2013年3月25日
苏大附一院联合手术切除肿瘤	《姑苏晚报》	2013年3月26日
苏大MPA联谊会捐助白血病女孩	《姑苏晚报》	2013年3月27日
苏大《陆游全集校注》荣获国家级图书大奖	《姑苏晚报》	2013年3月28日
戏曲评弹“拥抱”大学课堂	《姑苏晚报》	2013年3月28日
大学生村官校友返校传经验	《姑苏晚报》	2013年3月29日

续表

新 闻 标 题	媒体名称	报道时间
大学生环保社团能做多大的事?	《姑苏晚报》	2013 年 3 月 30 日
文化走出去 翻译当先行	《姑苏晚报》	2013 年 3 月 31 日
附二院成功实施气管支架安放术	《姑苏晚报》	2013 年 4 月 2 日
苏大附二院血管外科治愈离奇血栓患者	《姑苏晚报》	2013 年 4 月 2 日
苏大附二院重症监护室里的"春天"	《姑苏晚报》	2013 年 4 月 2 日
附一院救治一重症药物超敏患者	《姑苏晚报》	2013 年 4 月 2 日
捐百万遗产的陈老师 孩子们来看您了	《姑苏晚报》	2013 年 4 月 4 日
苏大学子清明祭扫名医陈明斋	《姑苏晚报》	2013 年 4 月 5 日
苏大附一院成为江苏省唯一省级血友病诊疗定点机构	《姑苏晚报》	2013 年 4 月 9 日
教育部首推"2011 计划"	《姑苏晚报》	2013 年 4 月 12 日
苏大今年新增 6 个本科专业	《姑苏晚报》	2013 年 4 月 13 日
苏大音乐厅或将成为第二座高校专业音乐厅	《姑苏晚报》	2013 年 4 月 13 日
苏大附一院送医进社区	《姑苏晚报》	2013 年 4 月 15 日
附二院为六旬老人卸除脑内"炸弹"	《姑苏晚报》	2013 年 4 月 16 日
附一院成为省唯一省级血友病诊疗定点机构	《姑苏晚报》	2013 年 4 月 16 日
为捐造血干细胞每天跑步 3 公里	《姑苏晚报》	2013 年 4 月 17 日
苏大学生解决无水化印染难题	《姑苏晚报》	2013 年 4 月 18 日
苏大师生调研孤残儿童家庭寄养	《姑苏晚报》	2013 年 4 月 18 日
苏大附一院 15 人救援队集结	《姑苏晚报》	2013 年 4 月 22 日
苏大学生食堂推行"半份菜"	《姑苏晚报》	2013 年 4 月 23 日
苏大食堂开卖"半份菜"	《姑苏晚报》	2013 年 4 月 24 日
苏大教授钟志远获德国"贝塞尔研究奖"	《姑苏晚报》	2013 年 4 月 25 日
美国小儿骨科专家来苏义诊手术	《姑苏晚报》	2013 年 4 月 25 日
婴儿腰部有咖啡色胎记要当心	《姑苏晚报》	2013 年 4 月 25 日
苏大已建设 96 家研究生工作站	《姑苏晚报》	2013 年 4 月 27 日
俄罗斯导演在苏州与大学生畅聊电影	《姑苏晚报》	2013 年 4 月 29 日
苏大学生拿出"自能校园"方案	《姑苏晚报》	2013 年 4 月 29 日

续表

新 闻 标 题	媒 体 名 称	报 道 时 间
苏大附二院成功抢救一大出血孕妇	《姑苏晚报》	2013 年 4 月 30 日
大学生到医院当导医志愿者	《姑苏晚报》	2013 年 5 月 4 日
东吴大学旧址晋级"国保"	《姑苏晚报》	2013 年 5 月 6 日
著名画家杨明义受聘苏大客座教授	《姑苏晚报》	2013 年 5 月 7 日
党旗飘扬在隔离病区	《姑苏晚报》	2013 年 5 月 7 日
江苏四高校入选首批"2011 计划"	《姑苏晚报》	2013 年 5 月 7 日
失足少年与大学生牵手交流	《姑苏晚报》	2013 年 5 月 9 日
"爸爸妈妈,我已经改过了"	《姑苏晚报》	2013 年 5 月 9 日
法官呼吁市民捐赠书籍	《姑苏晚报》	2013 年 5 月 9 日
苏大图书馆举办集邮展	《姑苏晚报》	2013 年 5 月 11 日
大学生 T 恤上描绘"母爱"	《姑苏晚报》	2013 年 5 月 12 日
苏大教授在老挝的"外教生活"	《姑苏晚报》	2013 年 5 月 12 日
全国地级排名附一院升至亚军	《姑苏晚报》	2013 年 5 月 14 日
苏大附一院居百强榜亚军	《姑苏晚报》	2013 年 5 月 14 日
苏大 17 名博士后获助中国博士后科学基金	《姑苏晚报》	2013 年 5 月 15 日
一 H7N9 禽流感确诊患者出院	《姑苏晚报》	2013 年 5 月 17 日
出院后,要给哥哥做顿好饭	《姑苏晚报》	2013 年 5 月 17 日
苏大本科生研制出蛇形机器人	《姑苏晚报》	2013 年 5 月 18 日
苏大研究生展示"现代四大发明"	《姑苏晚报》	2013 年 5 月 19 日
苏大附二院开展"道德讲堂"活动	《姑苏晚报》	2013 年 5 月 21 日
"我的创新故事"视频征集即日启动	《姑苏晚报》	2013 年 5 月 22 日
大学生的诚信"撑不起"雨伞?	《姑苏晚报》	2013 年 5 月 22 日
大学生面对面向创业明星取经	《姑苏晚报》	2013 年 5 月 23 日
苏大唐仲英医学研究院大楼奠基	《姑苏晚报》	2013 年 5 月 23 日
友新街道爱心漂向贵州留守儿童	《姑苏晚报》	2013 年 5 月 25 日
范伯群:为市民大众文学正名	《姑苏晚报》	2013 年 5 月 26 日
提灯女神的灯光,照亮患者心灵	《姑苏晚报》	2013 年 5 月 27 日
国际华人骨科研究大会在苏召开	《姑苏晚报》	2013 年 5 月 28 日
注射肉毒毒素 解放僵硬脚趾	《姑苏晚报》	2013 年 5 月 28 日
交响乐《江苏风韵》周四苏大上演	《姑苏晚报》	2013 年 5 月 28 日

续表

新闻标题	媒体名称	报道时间
一个月内苏州已有4人捐角膜	《姑苏晚报》	2013年5月29日
国家新闻出版改革发展项目库公布　苏大出版社项目首次入选	《姑苏晚报》	2013年6月1日
交行冠名第十三届"挑战杯"	《姑苏晚报》	2013年6月1日
高校学生比拼室内设计创意	《姑苏晚报》	2013年6月1日
附儿院贫困重症患儿可申请医疗救助款	《姑苏晚报》	2013年6月2日
在校民工子弟获赠1000副眼镜	《姑苏晚报》	2013年6月2日
东吴大学名师嵇健鹤	《姑苏晚报》	2013年6月2日
苏大研制出柔性太阳能电池	《姑苏晚报》	2013年6月5日
手机贴张膜,晒晒太阳就能充电	《姑苏晚报》	2013年6月5日
马可:设计师要用作品"说话"	《姑苏晚报》	2013年6月6日
苏大与Cadence公司共建实验室	《姑苏晚报》	2013年6月6日
彭丽媛是我的知音	《姑苏晚报》	2013年6月6日
苏大情侣毕业照走红网络	《姑苏晚报》	2013年6月9日
诺贝尔化学奖得主黑格受聘苏大名誉教授	《姑苏晚报》	2013年6月11日
解放军第100医院放射肿瘤治疗中心成为苏大放射医学与防护学院教学基地	《姑苏晚报》	2013年6月11日
书中多处内容失实,不排除诉诸法律	《姑苏晚报》	2013年6月13日
苏州胰腺病患者有望享受国际先进诊疗技术	《姑苏晚报》	2013年6月14日
H7N9禽流感临床特征首次披露	《姑苏晚报》	2013年6月14日
三个职工就有一个是志愿者	《姑苏晚报》	2013年6月19日
苏大附儿院推出"天使救助"	《姑苏晚报》	2013年6月19日
苏大附儿院举行大型义诊	《姑苏晚报》	2013年6月19日
中西合作帮扶贫困患儿	《姑苏晚报》	2013年6月19日
苏大成立传统文化工作坊	《姑苏晚报》	2013年6月20日
苏大附一院平江新院病房楼7月底封顶	《姑苏晚报》	2013年6月21日
苏州大学举证傅萍在撒谎	《姑苏晚报》	2013年6月21日
傅萍班主任和同学都说她造假	《姑苏晚报》	2013年6月21日

续表

新闻标题	媒体名称	报道时间
苏大毕业生党员拿到特殊毕业礼	《姑苏晚报》	2013 年 6 月 22 日
创业模拟实训:走出"大学生小老板"	《姑苏晚报》	2013 年 6 月 23 日
电影,需好故事更需新观念	《姑苏晚报》	2013 年 6 月 23 日
常大、上财分获男女团体冠军	《姑苏晚报》	2013 年 6 月 24 日
街道组织活动支招高考填志愿	《姑苏晚报》	2013 年 6 月 26 日
苏州室内设计总评榜启动	《姑苏晚报》	2013 年 6 月 27 日
超过本一线 5 分填报苏大希望较大	《姑苏晚报》	2013 年 6 月 27 日
苏大学子毕业典礼亲友共同见证	《姑苏晚报》	2013 年 6 月 29 日
图文:陈艳青获硕士学位	《姑苏晚报》	2013 年 6 月 30 日
苏大艺术类提前批次录取结束	《姑苏晚报》	2013 年 7 月 11 日
苏大教授入选科学中国人年度人物	《姑苏晚报》	2013 年 7 月 12 日
苏大学子赴内蒙古修建沙漠绿洲	《姑苏晚报》	2013 年 7 月 14 日
苏大投档线超省控线 14 分	《姑苏晚报》	2013 年 7 月 15 日
苏大医生走进大别山爱心义诊	《姑苏晚报》	2013 年 7 月 21 日
苏大学生陪社区孩子欢度暑假	《姑苏晚报》	2013 年 7 月 22 日
苏州大学首份录取通知书发放	《姑苏晚报》	2013 年 7 月 26 日
苏大学生在贵州办起家长夜校	《姑苏晚报》	2013 年 7 月 28 日
苏州大学社会实践传递青春正能量	《姑苏晚报》	2013 年 8 月 2 日
兼职被骗了　6 成大学生选择忍气吞声	《姑苏晚报》	2013 年 8 月 9 日
苏大学生为小伙伴出谋划策选电子产品	《姑苏晚报》	2013 年 8 月 17 日
苏大赤子 8 年无悔造绿洲	《姑苏晚报》	2013 年 8 月 19 日
医学专家沙漠里造出 5 万亩绿洲	《姑苏晚报》	2013 年 8 月 19 日
苏大同学交学费有神器啦!	《姑苏晚报》	2013 年 8 月 20 日
苏大学子首获中国青少年科技创新奖	《姑苏晚报》	2013 年 8 月 21 日
"95 后"踏入大学校园	《姑苏晚报》	2013 年 8 月 24 日
苏大获 300 项国家自然科学基金立项资助	《姑苏晚报》	2013 年 8 月 30 日
罗援少将为苏大新生做国防教育讲座	《姑苏晚报》	2013 年 8 月 31 日

续表

新闻标题	媒体名称	报道时间
江苏高校优秀美术作品苏大展出	《姑苏晚报》	2013年9月17日
苏大外籍吉他教授办首场公益大师班	《姑苏晚报》	2013年9月23日
独墅湖大学生音乐文化节下月登场	《姑苏晚报》	2013年9月24日
全国大学生将在苏州比试学术科技作品	《姑苏晚报》	2013年9月25日
前中顾委委员、经济学家于光远去世	《姑苏晚报》	2013年9月27日
苏大戴克胜教授当选国际宇航科学院通讯院士	《姑苏晚报》	2013年9月27日
第13届"挑战杯"决赛今天在苏开赛	《姑苏晚报》	2013年10月14日
看看大学生的理想生活啥模样	《姑苏晚报》	2013年10月15日
"挑战杯"决赛闭幕　苏大团体总分荣获全国第二	《姑苏晚报》	2013年10月18日
相城区与苏大签订全面合作框架协议	《姑苏晚报》	2013年10月19日
苏大"4土豪"食堂走红	《姑苏晚报》	2013年11月1日
青剑湖学校与苏州大学博物馆共建文化艺术教育基地	《姑苏晚报》	2013年11月2日
苏大应用技术学院创就业工作显成效　毕业生非失业率领先同类高校	《姑苏晚报》	2013年11月4日
吴经国:想在苏建奥林匹克博物馆	《姑苏晚报》	2013年11月9日
光学专家薛鸣球院士12日在苏逝世	《姑苏晚报》	2013年11月14日
考研族队伍继续壮大	《姑苏晚报》	2013年11月16日
这段缘,源自吉他弦	《姑苏晚报》	2013年11月19日
苏大举办第六场校园招聘	《姑苏晚报》	2013年11月23日
大学生用趣味小游戏普及防艾知识	《姑苏晚报》	2013年11月29日
苏大研发黑硅太阳能电池	《姑苏晚报》	2013年11月30日
聚生命之星火,点希望之明灯	《姑苏晚报》	2013年12月1日
钟志远:研制搭载抗癌药物的"运输车"	《姑苏晚报》	2013年12月2日
苏大研发出"黑硅片"太阳能电池　效率超18%	《姑苏晚报》	2013年12月2日
苏州高校Sing光大道　明星争霸赛免费开放	《姑苏晚报》	2013年12月4日
国际机器人大赛　苏大学生创佳绩	《姑苏晚报》	2013年12月6日

续表

新闻标题	媒体名称	报道时间
社会管理创新　旨在实现民生福祉	《姑苏晚报》	2013 年 12 月 8 日
苏大寒门学子受捐助	《姑苏晚报》	2013 年 12 月 9 日
每人捐 1 元,让门卫宿管喝上热豆浆	《姑苏晚报》	2013 年 12 月 12 日
苏大设“校友返校日”	《姑苏晚报》	2013 年 12 月 12 日
全国首届民间核雕艺术大赛在苏举行	《姑苏晚报》	2013 年 12 月 15 日
16 所高校联办心理短剧赛	《姑苏晚报》	2013 年 12 月 16 日
民间核雕艺术大赛在苏举行	《姑苏晚报》	2013 年 12 月 16 日
苏大中科院共建高尚荫菁英班	《姑苏晚报》	2013 年 12 月 23 日
苏大校园马拉松计时芯片 DIY	《姑苏晚报》	2013 年 12 月 23 日
苏大李永舫教授当选中科院院士	《姑苏晚报》	2013 年 12 月 24 日
苏大研究生工作站落户镇湖绣庄	《姑苏晚报》	2013 年 12 月 27 日
苏大举办首届慈善晚会	《姑苏晚报》	2013 年 12 月 28 日
封封感谢信　浓浓医患情	《城市商报》	2013 年 1 月 7 日
苏大教授成为“973 计划”首席科学家	《城市商报》	2013 年 1 月 9 日
苏州首批医学重点学科确定	《城市商报》	2013 年 1 月 14 日
苏大附二院获“苏州市劳模创新工作室”授牌	《城市商报》	2013 年 1 月 14 日
苏大首次入围 36 所研究型大学	《城市商报》	2013 年 1 月 15 日
哈佛商学院学生来苏开展学术交流	《城市商报》	2013 年 1 月 21 日
苏大附二院团委组织全院向临汾红丝带学校及贫困家庭捐赠衣物	《城市商报》	2013 年 1 月 28 日
卫生部脑卒中筛查与防治基地筛查点落户苏大附二院高新区医院	《城市商报》	2013 年 1 月 28 日
苏大自主招生有人欢喜有人愁	《城市商报》	2013 年 2 月 25 日
轨交 2 号线站点公共艺术水韵十足	《城市商报》	2013 年 2 月 28 日
七旬老人捐赠所有财产资助寒门学子求学	《城市商报》	2013 年 3 月 5 日
苏大自主招生面试真新颖　圆桌讨论怎么解决雾霾	《城市商报》	2013 年 3 月 10 日
短兵相接——吴慎峰　王玉明油画联展	《城市商报》	2013 年 3 月 10 日

续表

新闻标题	媒体名称	报道时间
亮出新武器宣战“头号杀手”	《城市商报》	2013 年 3 月 21 日
学校“跨级”合作培养尖子生	《城市商报》	2013 年 3 月 22 日
新婚四天后他就将入院捐髓	《城市商报》	2013 年 3 月 22 日
ICU,他们让死神黯然退却	《城市商报》	2013 年 3 月 22 日
一台手术成功　切除 3 个癌症	《城市商报》	2013 年 3 月 22 日
校园一角　那枝百年青枫	《城市商报》	2013 年 3 月 27 日
马可　苏州培养的女设计师	《城市商报》	2013 年 3 月 27 日
苏大附二院血管外科治愈离奇血栓患者	《城市商报》	2013 年 4 月 1 日
苏大学子明清祭扫忆师恩	《城市商报》	2013 年 4 月 5 日
黄埭中学接连冒出“数学牛人”	《城市商报》	2013 年 4 月 12 日
苏州纳米科技协同创新中心入选“2011 计划”	《城市商报》	2013 年 4 月 13 日
苏大音乐学院 9 月份开始招生	《城市商报》	2013 年 4 月 13 日
苏大 2013 年新增 6 个本科专业	《城市商报》	2013 年 4 月 13 日
我市昨通报 H7N9 禽流感防控疫情　吴江确诊老人病情危重全力抢救中	《城市商报》	2013 年 4 月 14 日
苏图读书会开始招会员	《城市商报》	2013 年 4 月 16 日
苏大学生发明纺织品染色新技术	《城市商报》	2013 年 4 月 18 日
难保的大腿终于保住了	《城市商报》	2013 年 4 月 22 日
附一院组地震应急救援队	《城市商报》	2013 年 4 月 22 日
“圆梦计划”助学百名苏大贫困生	《城市商报》	2013 年 4 月 25 日
苏大教授获德国“贝塞尔研究奖”	《城市商报》	2013 年 4 月 25 日
苏大学子拿出零能耗概念作品	《城市商报》	2013 年 4 月 29 日
东吴大学旧址晋级国家重点文保单位	《城市商报》	2013 年 5 月 6 日
到苏大图书馆去看邮展吧	《城市商报》	2013 年 5 月 12 日
图文:苏州昆剧院“小兰花班”优秀青年演员陈晓蓉个人演出专场在苏大敬贤堂拉开帷幕	《城市商报》	2013 年 5 月 12 日
全国地级城市医院百强　苏大附一院雄居第二	《城市商报》	2013 年 5 月 14 日
苏州首位人感染 H7N9 禽流感患者康复出院	《城市商报》	2013 年 5 月 17 日

续表

新闻标题	媒体名称	报道时间
苏大学生研制出蛇形检测机器人	《城市商报》	2013 年 5 月 18 日
他们用爱心致敬青春	《城市商报》	2013 年 5 月 19 日
“挑战杯”大学生科技作品竞赛启动	《城市商报》	2013 年 5 月 22 日
支教队员又要前往贵州　“有心人”捎去一份爱心	《城市商报》	2013 年 5 月 23 日
苏大唐仲英医学研究院奠基	《城市商报》	2013 年 5 月 23 日
医院小讲堂传递道德大能量	《城市商报》	2013 年 5 月 27 日
注射肉毒毒素解放僵硬脚趾	《城市商报》	2013 年 5 月 27 日
苏州创业大讲堂走进高校	《城市商报》	2013 年 5 月 30 日
著名设计师马可回苏大受聘兼职教授	《城市商报》	2013 年 6 月 6 日
H7N9 禽流感有何发病规律?	《城市商报》	2013 年 6 月 14 日
暑假带你孩子游名校	《城市商报》	2013 年 6 月 18 日
附一院平江新院门诊年底试运行	《城市商报》	2013 年 6 月 21 日
苏州大学列举傅萍造假证据	《城市商报》	2013 年 6 月 21 日
家长别包办　多听考生怎么想	《城市商报》	2013 年 6 月 26 日
去夏令营治青少年Ⅰ型糖尿病	《城市商报》	2013 年 6 月 26 日
苏大今年招生计划数省内最高	《城市商报》	2013 年 6 月 27 日
相城举办青年创业大讲堂	《城市商报》	2013 年 6 月 27 日
陈艳青硕士毕业了	《城市商报》	2013 年 6 月 30 日
文正学院大手笔激励学生扎根基层	《城市商报》	2013 年 7 月 1 日
苏大艺术类提前批次美术类投档	《城市商报》	2013 年 7 月 11 日
苏大教授入选“科学中国人 2012 年度人物”	《城市商报》	2013 年 7 月 12 日
苏大学生暑期实践“行走中国”	《城市商报》	2013 年 7 月 13 日
苏大艺术学院开展暑期支教	《城市商报》	2013 年 7 月 15 日
苏州地方高校招生良好　苏大投档线仅次于南京几所名校	《城市商报》	2013 年 7 月 15 日
苏大学生五年“医行大别山”	《城市商报》	2013 年 7 月 25 日
姑苏区与苏大签约共建苏州自主创新广场	《城市商报》	2013 年 8 月 8 日

续表

新闻标题	媒体名称	报道时间
汽车尾气对PM2.5浓度有直接影响	《城市商报》	2013年8月8日
苏大24岁研究生获“中国青少年科技创新奖”	《城市商报》	2013年8月21日
新生报到刷卡五秒全搞定	《城市商报》	2013年8月24日
苏州大学志愿者给藏族孤儿送去生理卫生课	《城市商报》	2013年8月26日
“我在这里,在你最需要帮助的时候”	《城市商报》	2013年9月9日
苏大有省高校优秀美术作品展	《城市商报》	2013年9月17日
苏州大学生月均网上支出595元	《城市商报》	2013年9月18日
第十三届“挑战杯”下月在苏大开赛	《城市商报》	2013年9月25日
苏大学生研发图形化编程平台	《城市商报》	2013年10月1日
苏大校园上演民国集体婚礼	《城市商报》	2013年10月4日
以智慧与创意发起挑战	《城市商报》	2013年10月15日
第十三届“挑战杯”竞赛在苏州闭幕　苏大团体获全国第二	《城市商报》	2013年10月18日
我想在家乡建奥林匹克博物馆	《城市商报》	2013年11月10日
陪孩子做游戏　吴静钰认真咯	《城市商报》	2013年11月14日
全国硕士研究生考试　苏州近万人报名	《城市商报》	2013年11月16日
大学生在趣味问答中普及防艾知识	《城市商报》	2013年11月29日
黑硅太阳能电池潜能激发	《城市商报》	2013年11月30日
国际机器人大赛　苏大学生出尽风头	《城市商报》	2013年12月8日
地方高校协同建设现代大学制度	《城市商报》	2013年12月9日
佛教居士林捐善款资助困难学子	《城市商报》	2013年12月10日
全国首届民间核雕艺术大赛在苏举行	《城市商报》	2013年12月15日
苏州医生蒋文平获“生命英雄”殊荣	《城市商报》	2013年12月16日
精彩精彩,大学生的心理短剧赛	《城市商报》	2013年12月16日
大学生校内办个人油画展	《城市商报》	2013年12月22日
苏州大学设立“校友返校日”	《城市商报》	2013年12月22日

续表

新　闻　标　题	媒体名称	报道时间
苏大首届校园马拉松赛　自主研发芯片准确计时	《城市商报》	2013 年 12 月 23 日
苏大首届慈善晚会募集 46.5 万善款	《城市商报》	2013 年 12 月 28 日
苏大研究生一科研成果将终结"充电器时代"	人民网	2013 年 6 月 5 日
马可:与彭丽媛相识 10 多年　丽媛 style 只会有一个	人民网	2013 年 6 月 6 日
诺贝尔化学奖得主受聘苏州大学名誉教授	人民网	2013 年 6 月 11 日
协同创新,苏州园区装上新引擎	人民网	2013 年 6 月 15 日
唐仲英医学研究院大楼在苏大奠基	人民网	2013 年 6 月 22 日
以德以术,以担当	人民网	2013 年 7 月 4 日
苏州大学举办首届科技开放日	人民网	2013 年 7 月 10 日
苏大艺术类提前批次录取结束　美术最高分 526 分	人民网	2013 年 7 月 11 日
苏大教授吴永发入选"科学中国人年度人物"	人民网	2013 年 7 月 15 日
苏大理科最高分 380 分　被录取到 7 年制临床医学	人民网	2013 年 7 月 15 日
苏大本二录取生源质量高　61%进档考生超本一线	人民网	2013 年 7 月 22 日
苏州姑苏区与苏大共建自主创新广场　入驻率 70%	人民网	2013 年 8 月 8 日
苏大学生可用支付宝缴纳学杂费　8 月 24 日启用	人民网	2013 年 8 月 20 日
苏大获 300 项自然科学基金立项资助	人民网	2013 年 8 月 29 日
苏大学生启迪山里娃"追逐"梦想	人民网	2013 年 8 月 29 日
退休教师夫妇 50 年积累 190 万元　捐献母校助学	人民网	2013 年 11 月 23 日
苏大校园招聘会现场火爆　技术研发类岗位需求高	人民网	2013 年 11 月 25 日
大学生用趣味小游戏普及防艾知识(图)	人民网	2013 年 11 月 29 日
苏州大学学生在国际机器人大赛创佳绩	人民网	2013 年 12 月 6 日
全国 40 所地方高水平大学校领导齐聚苏州研讨地方大学发展	人民网	2013 年 12 月 9 日

续表

新 闻 标 题	媒体名称	报道时间
第七届全国体育产业学术会议在苏州大学举行	人民网	2013 年 12 月 9 日
苏大学生变身厨师体验食堂工作	人民网	2013 年 12 月 12 日
400 多件核雕作品同台竞技　全国首届民间核雕艺术大赛在苏举行	人民网	2013 年 12 月 17 日
苏州大学联合中科院共建"高尚荫菁英班"	人民网	2013 年 12 月 20 日
澳大利亚学校邀苏州大学男生工作　日薪 1600 元	人民网	2013 年 12 月 26 日
全国地级城市医院百强　苏大附一院雄居第二	新华网	2013 年 5 月 14 日
苏大 17 名博士后获助中国博士后科学基金	新华网	2013 年 5 月 15 日
苏大研究生展示"现代四大发明"	新华网	2013 年 5 月 20 日
全球最大单体量医学研究院落户苏州大学	新华网	2013 年 5 月 23 日
苏大教授获德国学术大奖　获 4.5 万欧元奖金等	新华网	2013 年 5 月 30 日
苏大研制出柔性太阳能电池　能像纸一样弯曲	新华网	2013 年 6 月 5 日
苏大附一院禽流感研究成果登上顶级医学期刊	新华网	2013 年 6 月 14 日
苏大司法鉴定所升级苏州首个司法鉴定中心	新华网	2013 年 6 月 19 日
苏大中国传统文化工作坊　推广"中华经典"	新华网	2013 年 6 月 19 日
唐仲英医学研究院大楼在苏大奠基	新华网	2013 年 6 月 22 日
22 名苏大学子签约金螳螂	新华网	2013 年 7 月 10 日
苏州大学首份录取通知书发放	新华网	2013 年 7 月 26 日
苏大研究生获"中国青少年科技创新奖"	新华网	2013 年 8 月 21 日
苏大执行新教学作息时间引热议	新华网	2013 年 8 月 28 日
苏大发起"无手机日"　面对提问动脑筋不百度	新华网	2013 年 11 月 22 日
苏大新技术使太阳能电池效率超 18%	新华网	2013 年 11 月 29 日
新型城镇化与社会治理协同创新高层论坛在苏州大学举行	新华网	2013 年 12 月 30 日
苏大入选全国首批法律人才培养基地	新华网苏州频道	2013 年 1 月 3 日
武书连大学排行榜　苏大首次入围 36 所研究型大学	新华网苏州频道	2013 年 1 月 15 日

续表

新闻标题	媒体名称	报道时间
老挝苏州大学校区动工建设	新华网苏州频道	2013 年 3 月 15 日
苏大附一院成为全国筛查防治中心	新华网苏州频道	2013 年 3 月 22 日
苏大在黄埭中学设立教学基地	新华网苏州频道	2013 年 3 月 22 日
苏大音乐教育引进美国模式	新华网苏州频道	2013 年 3 月 26 日
苏大村官校友返校"传经"	新华网苏州频道	2013 年 3 月 26 日
苏大才女设计彭丽媛出访服饰　创新执着成就国际范	新华网苏州频道	2013 年 3 月 28 日
苏大学生解决无水化印染难题	新华网苏州频道	2013 年 4 月 18 日
百余人齐聚苏大培训"项目设计"	新华网苏州频道	2013 年 4 月 23 日
隆力奇牵手苏大"圆梦计划"助学贫困生	新华网苏州频道	2013 年 4 月 25 日
陆慕社区"攀亲"苏大　共建社会实践基地	新华网苏州频道	2013 年 4 月 27 日
苏大设智能收发室　可 24 小时收发快件	新华网苏州频道	2013 年 11 月 4 日
苏大学生 T 恤上描绘"母爱"庆祝母亲节	新浪网	2013 年 5 月 13 日
苏大学子研制出蛇形结肠病检测机器人　有望减轻病人不适	新浪网	2013 年 5 月 17 日
电影《一号目标》苏大取景　学生偶遇"周恩来"	新浪网	2013 年 5 月 26 日
苏大为 3000 多名毕业生党员赠送特殊礼物	新浪网	2013 年 6 月 21 日
苏州大学:道德典型报考保证第一专业录取	新浪网	2013 年 6 月 27 日
400 家企业争赴苏大科技"盛宴"	新浪网	2013 年 7 月 7 日
苏大理想眼科为彝族女孩征集眼角膜供体	新浪网	2013 年 7 月 10 日
苏大招生:服从志愿的进档考生　将通过增加计划录取	新浪网	2013 年 7 月 14 日
苏大学子调研汽车尾气对 PM2.5 浓度影响	新浪网	2013 年 8 月 8 日
苏大赤子 8 年无悔在沙漠地区造绿洲(附图)	新浪网	2013 年 8 月 19 日
苏大 24 岁硕士获"中国青少年科技创新奖"	新浪网	2013 年 8 月 21 日
苏大 300 个项目获国家自然科学基金立项资助　再创历史新高	新浪网	2013 年 8 月 28 日
央视"名嘴"郎永淳做客苏大　与师生分享从业感悟	新浪网	2013 年 12 月 23 日

续表

新　闻　标　题	媒体名称	报道时间
苏大举行首届慈善晚会　筹款超46万	新浪网	2013年12月30日
苏大自主招生开考　4400人争夺300个名额	新浪网新闻中心	2013年2月25日
苏大学生集体献血39800毫升	新浪网新闻中心	2013年3月4日
苏州儿医园区总院明年启用　主题细胞分裂有童趣	新浪网新闻中心	2013年3月12日
苏州大学副校长:公务员过度医疗是一种腐败	新浪网新闻中心	2013年3月15日
高端医疗不能“高处不胜寒”	新浪网新闻中心	2013年3月15日
老挝苏州大学校区动工　中国首家境外高校开始全面建设	新浪网新闻中心	2013年3月18日
“丽媛style”的设计者是苏大才女　23岁获国际大赛金奖	新浪网新闻中心	2013年3月28日
清明祭扫忆恩师	新浪网新闻中心	2013年4月4日
苏大调研发现:孤残儿童家庭寄养亟待全面提升	新浪网新闻中心	2013年4月17日
图文:苏大学子为雅安祈福	新浪网新闻中心	2013年4月22日
苏大教授荣获德国洪堡基金会“贝塞尔研究奖”	新浪网新闻中心	2013年4月24日
苏大师生给联合国翻译文件　司长亲自来致谢	人民网江苏视窗	2013年1月11日
苏州十位医务工作者上榜“江苏健康卫士”	人民网江苏视窗	2013年1月25日
“丽媛style”设计出自苏大毕业生　23岁已获国际大奖	人民网江苏视窗	2013年3月28日
2013年苏大新增音乐表演等6个本科专业	人民网江苏视窗	2013年4月13日
苏大食堂推行半份菜　告别“舌尖上的浪费”	人民网江苏视窗	2013年4月23日
苏大团体总分荣获全国第二	网易	2013年10月18日

后　记

《苏州大学年鉴2014》将2013年学校的各种信息汇编成集，力求全面地记载学校一年来的主要工作、重大事件、发展特色，充分地展示学校各方面发展的成果，供学校各方面查考、借鉴、比较。

本书编写体例与往年基本相同，记载的内容主要是2013年学校各方面的工作，主要数据截止时间为2013年12月31日。

本书的编写工作是在学校各单位的大力支持下完成的，在此谨表示衷心感谢。除编委以外，档案馆的袁春荣、付丽琴、高国华、钦春英、付双双、王凝萱、蔡月芬、徐云鹏等同志也参加了编写工作，付出了辛勤的劳动，使编写工作顺利完成。

特别值得一提的是，苏州大学出版社有限公司对《苏州大学年鉴》的出版，数十年如一日，给予大力支持，在此表示衷心感谢。

在编写过程中，我们力求资料翔实、数据准确，但由于面广量大，书中可能仍有疏漏之处，敬请广大读者批评指正。

编　者

2014年12月